LE GUIDE VERT

Brésil

DÉCOUPAGE GÉOGRAPHIQUE DU GUIDE SUR LA CARTE CI-CONTRE

L'équipe du Guide Vert Michelin, de gauche à droite :
Camille Bouvet, Denis Rasse, Natacha Brumard, Amaury de Valroger, Lucie Fontaine, Philippe Orain, Florence Dyan, Catherine Guégan, Hervé Dubois, Fiona Lale, Hélène Payelle, Marie-Pierre Renier, Éric Boucher, Véronique Aissani, Marie Simonet, Carole Diascorn, Jérôme Lévêque, Marion Capéra, Pascal Grougon, Dominique Auclair.

Édito

Redonner du sens au voyage en prenant son temps et dans un plus grand respect de l'environnement, voilà ce à quoi devraient ressembler nos déplacements de demain.

Alors, profitons de cette tendance pour ralentir le pas et nous imprégner en profondeur de la richesse des lieux que nous traversons et des gens que nous rencontrons. Laissons-nous surprendre et réapprenons à nous étonner de tout ce qui se trouve sous nos yeux, en ville ou à la campagne, sur un chemin de traverse, loin de chez nous ou juste au bout de la rue.

Le Brésil est une destination magnifique, riche de milliers de sites naturels, villages... sans oublier les femmes et les hommes qui font vivre ces patrimoines et leurs traditions d'exception. Autant de lieux incontournables ou insolites, connus ou plus confidentiels, que l'équipe du Guide Vert Michelin a cherchés et dénichés pour vous au cours de ses innombrables tournées sur le terrain.

Dans cette nouvelle formule du Guide Vert Michelin, en complément des sites étoilés ★★★, nos auteurs ont également souhaité partager avec vous leurs itinéraires, leurs infos pratiques, leurs plus belles expériences de slow tourisme.
Pour la première fois, ils vous font part de leurs coups de cœur pour des adresses qui s'engagent dans une démarche écoresponsable, signalées au fil des pages par le symbole .

J'espère que chaque jour vous rendra plus riche et heureux de tout ce que vous découvrirez avec le Guide Vert Michelin !

À votre tour de faire le plein de beau, de bon et de rencontres.

Bon voyage au Brésil !

Philippe Orain,
Directeur du Guide Vert Michelin

Sommaire

Retrouvez nos carnets d'adresses à la fin de chaque chapitre

COMPRENDRE LE BRÉSIL

pidjoe/Getty Images Plus

Fred_Pinheiro/Getty Images Plus

ORGANISER SON VOYAGE

stocklapse/Getty Images Plus

Nos incontournables

★★★

Brasília

Dressée comme un mirage de béton au milieu de la savane, la capitale fédérale du Brésil fait songer à un délire de science-fiction. Cette utopie architecturale dessinée en 1960 par Oscar Niemeyer fascine par son gigantisme. **Voir p. 366**

Thi Soares/Getty Images Plus/© NIEMEYER, OSCAR/Adagp, Paris 2023

Marcio Silva/Getty Images Plus

★★★

Olinda

L'un des bijoux du Brésil, préservé par l'Unesco, égrène aux flancs des collines boisées sa vieille ville aux ruelles escarpées, bordées d'églises baroques, de galeries d'art et d'artisanat et de maisons coloniales aux façades colorées. **Voir p. 298**

Brastock Images/Getty Images Plus

★★★

Le Corcovado

Aussi célèbre que la statue de la Liberté à New York, le Christ Rédempteur (par Paul Landowski) veille en majesté du haut de sa colline sur la baie de Rio, l'une des plus belles au monde. **Voir p. 64**

★★★

Carnaval de Rio

Une semaine de folie qui voit défiler les meilleures écoles de samba : une vague dansante de plumes multicolores et de paillettes !
Voir p. 95 et 474

FernandoQuevedo/Getty Images Plus

Pedro_Turrini/Getty Images Plus

★★★

Le Pantanal

Terre ocre, végétation et marécages à perte de vue... Riche d'une biodiversité incroyable, la plus grande zone humide de la planète est sans nul doute le meilleur endroit pour observer de près les animaux sauvages du Brésil : jaguars, loutres, caïmans, toucans et aras. **Voir p. 382**

Nos incontournables

★★★

Salvador de Bahia

L'ancienne capitale du Brésil, à la beauté coloniale fanée, est aussi une cité métisse à la vitalité incandescente, qui vibre au rythme des tambours de la capoeira et du candomblé. **Voir p. 228**

Barichivich/Getty Images Plus

★★★

Les chutes d'Iguaçu

À la frontière de l'Argentine, au sud-est du pays, plongez au cœur de ces gigantesques cataractes et laissez-vous déborder d'émotion devant leur étourdissant spectacle.
Voir p. 188

Starcevic/Getty Images Plu

luoman/Getty Images Plus

MaFelipe/Getty Images Plus

★★★

La rencontre des eaux

En aval de Manaus, au milieu d'une jungle touffue, la confluence des eaux noires et acides du Rio Negro et des eaux limoneuses et ocre du Rio Solimões marque la naissance du fleuve Amazone, le plus long et puissant du monde. **Voir p. 411**

★★

La Costa Verde

Aux portes de Rio, cette côte sauvage exhale des parfums de paradis. Goûtez aux charmes du village colonial de Paraty et évadez-vous sur Ilha Grande, ourlée de plages sublimes et coiffée d'une forêt tropicale luxuriante. **Voir p. 116**

Anderson Spinelli/Getty Images Plus

★★★

Parc des Lençóis Maranhenses

La magie singulière d'un immense désert de dunes blanches, entrecoupé de lagunes d'eau douce turquoise ou émeraude. **Voir p. 344**

Nos coups de cœur

Train à vapeur Maria Fumaça à Tiradentes.
R. Harding/hemis.fr

TOP 5
Villes coloniales

1. Ouro Preto (p. 165)
2. Salvador (p. 228)
3. Olinda (p. 298)
4. Tiradentes (p. 179)
5. Paraty (p. 118)

Ouro Preto.
Fred_Pinheiro/Getty Images Plus

❤ **Se prendre pour Fitzcarraldo** en écoutant un opéra de Verdi en pleine Amazonie, dans le Teatro Amazonas de Manaus, réplique du palais Garnier construite en 1896 par les barons du caoutchouc, à la belle époque de la ville. **Voir p. 404**.

❤ **Embarquer à bord** de la Maria Fumaça, le vieux train à vapeur qui fait la liaison à petite allure, à travers vallons et bananeraies, entre Tiradentes et São João del Rei, dans l'État du Minas Gerais. **Voir p. 184**.

❤ **Arpenter les cascades,** grottes, canyons et mornes bleutés de la Chapada Diamantina, un parc national de l'État de Bahia, ancienne région diamantifère riche d'étonnantes formations géologiques propices aux randonnées et baignades, mais aussi à l'escalade, au VTT. **Voir p. 270**.

❤ **Élever son âme** vers le ciel en admirant les lignes courbes et sensuelles de la Catedral Metropolitana de Brasília, chef-d'œuvre en béton armé de l'architecte moderniste Oscar Niemeyer, l'un des maîtres d'œuvre de la capitale fédérale du Brésil, inaugurée en 1960. **Voir p. 371**.

❤ **Surfer les vagues** à Ilha do Mel ou lézarder sur le sable de l'île de Santa Catarina, dans le sud du pays. **Voir p. 205 et 212**

Plage de Joaquina sur l'île de Santa Catarina.
Bruno Santos/Getty Images Plus

Nos coups de cœur

Museu do Amanhã par l'architecte Santiago Calatrava, Rio.
R.M. Nunes/Getty Images Plus/© Adagp Paris 2023

❤ **Plonger avec bouteilles,** ou masque et tuba au milieu des tortues, dauphins, bébés requins et bancs de poissons multicolores à Fernando de Noronha, archipel au large de Natal réputé comme l'un des meilleurs sites de plongée sous-marine au monde. Puis se mettre les doigts de pied en éventail en sirotant une caïpirinha sur l'une des multiples plages paradisiaques que compte l'île. **Voir p. 308**.

Plongée au milieu de poissons multicolores.
João Vianna/Getty Images Plus

❤ **Voir tomber la neige** au mois d'août dans la Serra Gaúcha, une formation montagneuse du sud du Brésil, dans l'État du Rio Grande do Sul, puis aller se réchauffer en mangeant une fondue à Gramado, un village pittoresque planté de pins et de chalets de style bavarois, à 150 km au nord de Porto Alegre. **Voir p. 221**.

❤ **S'interroger sur l'avenir** de notre planète au Museu do Amanhã (musée de Demain), spectaculaire vaisseau futuriste déployant ses ailes photovoltaïques. Sa silhouette éthérée semble flotter sur les eaux du port de Rio. **Voir p. 49**.

Tramway dans le quartier de Santa Teresa.
mikolajn/Getty Images Plus

Ilha Grande.
Arkadij Schell/Getty Images Plus

TOP 5
Îles paradisiaques

1. Fernando de Noronha (p. 308)
2. Ilha de Boipeba, Tinharé (p. 265)
3. Ilha Grande (p. 116)
4. Ilha do Marajó (p. 434)
5. Île de Santa Catarina (p. 212)

❤ **Musarder dans le quartier bohème** de Santa Teresa, sur les collines de Rio, repaire d'artistes et de pousadas de charme, de restaurants à la mode et de boutiques d'artisanat. Pour s'y rendre, on grimpe à bord d'un petit tramway jaune, avant de redescendre à pied, par des escaliers tapissés de carreaux de faïence venus du monde entier. **Voir p. 60**.

❤ **Déguster** les « meilleures crevettes du monde » à Canto do Antins, oasis côtier du parc national des Lençóis Maranhenses, dans le Nordeste, avant d'aller nager dans les lagunes et marcher pieds nus dans les dunes de sable, dont le drapé soyeux semble s'étirer à l'infini. **Voir p. 346**.

Nos coups de cœur

Palais d'été, Petrópolis.
Uilson Junqueira/Getty Images Plus

❤ **Saluer le génie** d'un petit estropié, l'Aleijadinho, devant les statues des douze prophètes du sanctuaire Bom Jesus de Congonhas, joyau classé par l'Unesco. Fils d'un charpentier portugais immigré et de son esclave africaine, cet artiste mûlatre et gravement mutilé par la maladie – de son vrai nom Antônio Francisco Lisboa (1738-1814) – travailla malgré la douleur pour égrener des œuvres exceptionnelles sur la route de l'Or, au Minas Gerais, dont l'église São Francisco de Assis à Ouro Preto. **Voir p. 177**.

Fête de Yemanjá à Salvador de Bahia.
Wirestock/Getty Images Plus

TOP 5
Musées

1. Pinacoteca, São Paulo (p. 138)
2. Museu de Arte, São Paulo (p. 143)
3. Museu Histórico Nacional, Rio de Janeiro (p. 53)
4. Museu Oscar Niemeyer, Curitiba (p. 200)
5. Inhotim, Brumadinho (p. 162)

Pinacoteca, São Paulo.
Alfribeiro/Getty Images Plus

❤ **Faire une offrande** à Yemanjá, la déesse de la Mer des cultes afro-brésiliens, lors de sa fête à Salvador de Bahia. Représentée sous la forme d'une sirène et communément associée à la vierge Marie, cette divinité aquatique est l'une des figures centrales du candomblé et de l'umbanda, rites qui soulignent les origines africaines de Salvador, la « Perle noire » du Brésil. **Voir p. 250**.

❤ **Fondre pour des sushis** dans un restaurant nippon de São Paulo, où vit la plus grande communauté japonaise hors du Japon. Auparavant, on aura pris le temps de visiter les nombreux musées de cette ville tournée vers la création. La Biennale est l'un des grand rendez-vous de la scène artistique mondiale. **Voir p. 128**.

❤ **Vivre comme un roi** à Petrópolis, la ville chérie de Dom Pedro II, empereur du Brésil, qui y a fait construire son palais d'été en 1843, près duquel tous les aristocrates de la cour installèrent aussi leurs villégiatures. **Voir p. 75**.

Un des douze prophètes du sanctuaire Bom Jesus de Congonhas.
Jon Arnold Images/hemis.fr

Nos coups de cœur

Gorge du Diable, chutes d'Iguaçu.
Grafissimo/Getty Images Plus

❤ **Se doper au naturel** en buvant du jus d'açaí, petit fruit noir d'un palmier ultravitaminé, au marché de Belém, sur l'estuaire de l'Amazone ou un *maté*, infusion d'herbes aux vertus stimulantes, sur le marché de Porto Alegre, à 4000 km plus au sud du pays ! **Voir p. 417 et 218**.

❤ **Se laisser flotter** au gré du courant au milieu des poissons dans les eaux cristallines de la rivière Sucuri, près de Bonito. **Voir p. 395.**

❤ **Débusquer le jaguar,** la loutre et le toucan en galopant à cheval dans les plaines humides du Pantanal, au milieu des nénuphars géants. **Voir p. 382**.

❤ **Se déhancher sur du frevo,** musique au rythme frénétique et vigoureux entonnée par des orchestres de cuivres lors du carnaval de Recife, l'un des plus authentiques et colorés du Brésil. À défaut du carnaval, on ira s'éclater le soir au son des orchestres de mangue beat dans les bars de la ville.
Voir p. 295.

❤ **Affronter les remous** et les embruns de la gorge du Diable, dans un bateau à moteur, au pied des chutes d'Iguaçu. Et le soir, s'attabler dans une churrascaria de Foz do Iguaçu pour faire bombance de viandes rôties à la broche.
Voir p. 193.

Jericoacoara.
Kseniya Ragozina/Getty Images Plus

TOP 5
Plages

1. Praia do Forte, Nordeste (p. 247)
2. Praia Lopes Mendes, Ilha Grande (p. 118)
3. Praia da Pipa (p. 315)
4. Porto de Galinhas (p. 288)
5. Jericoacoara (p. 336)

Marché d'açaí, port de Belém.
wagnerokasaki/Getty Images Plus

Et vous, quels sont vos plus beaux souvenirs de voyage ?

Partagez-les nous sur Instagram ! Vous serez peut-être sélectionnés pour une publication dans une prochaine édition en mentionnant le # : **#coupsdecoeurGuideVertMichelin**

Nos itinéraires

7 jours

Rio et la Costa Verde

En bref : plus de 600 km de plaisirs urbains et d'escapades nature.

marchello74/Getty Images Plus

Rio de Janeiro (p. 34) J-1 à 3

J-1 : Arrivée à Rio. Flâner le long de la plage de Copacabana et consacrer l'après-midi à la découverte du centre historique : la Praça XV, églises du Carmo, de Santo Antonio et São Francisco, musée d'Histoire nationale…

J-2 : Montée en train au sommet du Corcovado, puis en téléphérique jusqu'au Pain de Sucre. Soirée samba à Lapa ou à la Pedra do Sal.

J -3 : Flânerie dans le quartier de Santa Teresa, visite du monastère de São Bento, des nouveaux musées et de l'aquarium du port. Dîner à Leblon.

Paraty.
Ekaterina Belova/Getty Images Plus

Paraty (p. 118) J-4

Départ pour la « côte verte », littoral préservé devant lequel s'égrène un chapelet d'îles tropicales. Balade au fil des ruelles étroites et pavées de Paraty, entre églises baroques et galeries d'art. Nuit sur place.

Ilha Grande (p. 116) J-5 & 6

Transfert en bateau jusqu'à l'île. Randonnée dans la forêt tropicale, baignade et plongée. Deux nuits sur place.

Rio de Janeiro J-7

Retour à Rio en fin de matinée. Après-midi au choix : shopping à Ipanema et Copacabana, visite du Jardin botanique et du Parque Lage, match de foot au Maracanã ou montée au sommet du Morro dos Dois Irmãos.

Conseils : réservez en agence les transferts en minibus et bateau sur la côte plutôt que de louer une voiture.

10 jours

São Paulo, Iguaçu et le Pantanal

En bref : le Brésil de tous les extrêmes, mégalopole et nature.

JohannesCompaan/Getty Images Plus

São Paulo (p. 128) J-1

Visite de la cathédrale, de la Pinacoteca et du Museu de Arte, balade sur l'avenue Paulista, dans le Parc d'Ibirapuera et au Mercado municipal.

Chutes d'Iguaçu (p. 188) J-2 & 3

Vol jusqu'à Foz do Iguaçu. Visite des chutes côté brésilien. Le lendemain, visite des chutes côté argentin.

Le Pantanal (p. 382) J-4 à 6

Vol de Foz do Iguaçu à Campo Grande, puis transfert par la route jusqu'à une fazenda entre Miranda et Corumbá. Les deux jours suivants, randonnées à cheval et en bateau à la découverte de la flore et de la faune.

Conseils : visitez le Pantanal en saison sèche (mai-oct.) pour observer les animaux.

Bonito (p. 395) J-7 à 9

Route jusqu'à Bonito. Baignades au Rio Formoso, à Gruta do Lago Azul et au Rio da Prata. Retour sur Campo Grande le dernier soir.

Conseils : avant votre arrivée à Campo Grande, contactez une agence ou réservez dans une fazenda qui organisera votre transfert.

São Paulo J-10

Retour à São Paulo dans la journée.

Cathédrale de São Paulo.
filipefrazao/Getty Images Plus

Nos itinéraires

2 semaines

Le Nordeste et l'Amazonie

En bref : le Brésil authentique hors des sentiers battus.

micsmt/Getty Images Plus

Salvador (p. 228) — J-1 & 2

Promenade dans la ville haute et dans le quartier historique du Pelourinho, puis dans la ville basse et moderne. Le lendemain, croisière dans la baie de Tous-les-Saints.

Chapada Diamantina (p. 270) — J-3 à 5

Route de Salvador à Lençóis. Marche dans la vallée du Rio Lençóis ou vers Ribeirão do Meio. Le lendemain, excursion dans le parc. Le cinquième jour, retour sur Salvador par la route.

Recife/Olinda (p. 273 et 298) — J-6

Vol de Salvador à Recife. Visite du centre historique, de la Capela Dourada et du marché São José. Bus pour Olinda et visite de la cité coloniale et de ses églises baroques. Nuit à Olinda ou Recife.

São Luís (p. 350) — J-7

Vol jusqu'à São Luís. Visite du centre.

Amazonie.
Anna Carolina Negri/Getty Images Plus

Parc des Lençóis Maranhenses (p. 344) J-8 & 9

Route jusqu'à Barreirinhas. Excursion dans les dunes et baignade dans une lagune. Le lendemain, excursion sur Rio Preguiças et dans les Pequeños Lençóis. Retour sur São Luis.

Manaus (p. 402) J-10

Vol jusqu'à Manaus. Découverte de l'étonnant port de la ville. Flânerie au Mercado Municipal et visite du Teatro Amazonas. Puis, passage obligatoire par la plage de Ponta Negra.

Forêt amazonienne (p. 409) J-11 à 13

Excursion dans la forêt, avec deux nuits dans un lodge de jungle.

Belém (p. 417) J-14

Vol jusqu'à Belém. Visite du marché.

Salvador J-15

Retour en avion sur Salvador.

Conseils : supprimez l'escale à Belém pour vous accorder une journée de plus à Manaus ou dans le parc des Lençóis. Passez par une agence locale pour les excursions dans la Chapada Diamantina, dans le parc des Lençóis et dans la jungle amazonienne.

Le port de Manaus.
TacioPhilip/Getty Images Plus

Nos itinéraires

12 jours

L'essentiel du Brésil

En bref : un panorama général du Brésil et de ses trésors coloniaux.

Global_Pics/Getty Images Plus

Salvador (p. 228) J-1

Découverte de la ville haute de Salvador.

Salvador J-2

Visite du cœur historique de la cité : Catedral Basílica, São Francisco, Pelourinho. Puis, flânerie dans les quartiers de Carmo et Santo Antoniôs.

Salvador J-3

Croisière dans la baie de Tous-les-Saints, vers les îles d'Itaparica et dos Frades.

Brasília (p. 366) J-4

Vol de Salvador à Brasília. Visite de la capitale brésilienne bâtie par l'architecte Niemeyer : cathédrale, palais présidentiel...

Belo Horizonte (p. 158) J-5

Vol de Brasília à Belo Horizonte. Visite de la ville. Se rendre en taxi à l'église São Francisco de Assis à Pampulha.

Conseils : louez une voiture à votre arrivée à l'aéroport de Belo Horizonte, en prévoyant de la rendre dans une autre agence du même loueur dans le centre de Rio.

Ouro Preto (p. 165) J-6

Route pour Ouro Preto, puis train touristique jusqu'à Mariana pour une visite. Retour à Ouro Preto dans l'après-midi et visite des monuments du siècle d'Or brésilien.

Conseils : réservez à l'avance votre hébergement à Ouro Preto.

Congonhas (p. 177) et Tiradentes (p. 179) J-7

Route d'Ouro Preto à Congonhas. Halte pour visiter le sanctuaire de Bom Jesus, puis trajet jusqu'à Tiradentes. Visite du centre historique et des églises baroques.

São João del Rei (p. 182) J-8

Aller-retour en train à vapeur ou en voiture pour São João del Rei. Seconde nuit à Tiradentes.

Petrópolis (p. 75) J-9

Route pour Petrópolis et visite de l'ancien palais néoclassique de Dom Pedro II, du musée impérial et de l'excentrique petite maison de Santos Dumont.

Rio de Janeiro (p. 34) J-10

Ascension du Pain de Sucre en téléphérique, puis promenade sur la célèbre plage de Copacabana. Visite du Jardin botanique.

Rio de Janeiro J-11

Montée au Corcovado, puis visite du centre-ville colonial : Praça XV, églises du Carmo, de Santo Antonio et São Francisco, musée d'Histoire nationale, Teatro Municipal.

Rio de Janeiro J-12

Découverte du quartier bohème de Santa Teresa, puis du monastère de São Bento et du nouveau quartier du port, avec son aquarium. Soirée à Lapa ou à Ipanema.

Conseils : le circuit peut se faire en sens inverse, de Rio à Salvador. Dans tous les cas, n'hésitez pas à rajouter 2 jours à la fin pour aller vous détendre à la plage.

Congonhas.
FelipeGoifman/Getty Images Plus

Nos itinéraires

3 semaines

Grand tour

En bref : tous les incontournables pour devenir incollable sur le Brésil.

Mr-JoJo/Getty Images Plus

São Paulo (p. 128) — J-1

Balade sur l'avenue Paulista, dans le parc d'Ibirapuera et au Mercado Municipal. Visite de la Pinacoteca.

Chutes d'Iguaçu (p. 189) — J-2

Vol pour Foz de Iguaçu. Visite des chutes côté Brésil et du Parque das Aves.

Chutes d'Iguaçu — J-3

Visite des chutes côté argentin.

Rio de Janeiro (p. 34) — J-4 à 6

J-4 : vol pour Rio. L'après-midi : découverte du centre historique.

J-5 : promenade dans le Jardim Botânico ; en fin de journée, montée en téléphérique jusqu'au Pain de Sucre. Soirée samba à Lapa.

J-6 : montée en train au Corcovado, flânerie à Santa Teresa puis au bord des plages de Copacabana et Ipanema.

Minas Gerais — J-7

Bus de Rio à Belo Horizonte. Route jusqu'à Congonhas. En chemin, visiter le musée d'art contemporain Inhotim (**p. 162**) à Brumadinho. Nuit à Congonhas (**p. 177**).

Conseils : *louez une voiture à Belo Horizonte pour le circuit en boucle dans le Minas Gerais.*

Minais Gerais — J-8

Visite d'Ouro Preto (**p. 165**) et Mariana (**p. 175**). Le soir, retour à Belo Horizonte.

Brasília (p. 366) — J-9

Vol de Belo Horizonte à Brasília. Découverte de la capitale et des monuments modernistes de Niemeyer.

Manaus (p. 402) — J-10

Vol de Brasília à Manaus. Visite du Teatro Amazonas et du port. Excursion en bateau à la rencontre des eaux.

Conseils : réservez une excursion dans la jungle par une agence ou un lodge.

Forêt amazonienne (p. 409) J-11 & 12

Excursion dans la jungle. Nuit dans un lodge.

Belém (p. 417) J-13

Vol de Manaus à Belém. Visite de la ville et de son marché.

São Luis (p. 350) J-14

Vol de Belém à São Luis. Visite de la ville.

Parc des Lençóis Maranhenses (p. 344) J-15 & 16

Route jusqu'à Barreirinhas. Excursion dans les dunes et baignade dans une lagune. Le lendemain, excursion sur le Rio Preguiças puis retour sur São Luis.

Conseils : contactez une agence ou votre pousada *à Barreirinhas pour la visite guidée du parc des Lençóis.*

Salvador (p. 228) J-17 & 18

Vol de São Luis à Salvador. Visite de la ville haute, du quartier du Pelourinho et de la ville basse. Le lendemain, croisière dans la baie de Tous-les-Saints.

Conseils : prenez un catamaran entre Salvador et Morro de São Paulo.

Morro de São Paulo (p. 264) J-19 & 20

Évasion balnéaire sur l'île. Retour le J-21 à Salvador.

Ouro Preto.

Fred_Pinheiro/Getty Images Plus

Nos spots en famille

BrasilNut1/Getty Images Plus

Planches de surf sur la plage d'Ipanema, Rio de Janeiro.

Tout au long du guide, ce symbole vous aidera à repérer les sites ou activités qui intéresseront les enfants.

▸ **Croisière pirate à Recife** Embarquez sur un bateau pirate pour découvrir la « Venise brésilienne » par les canaux. On en prend plein les yeux et on s'amuse en compagnie des animateurs déguisés en forbans d'opérette. **Voir p. 295**.

▸ **Plongée à Búzios.** Dans la célèbre station balnéaire, les eaux calmes et peu profondes sont idéales pour explorer la faune et la flore sous-marine avec palmes et tuba. Praia da Ferradurinha est le rendez-vous des familles. Pour une intiation au surf, vous choisirez la Prala de Geribá. **Voir p. 106**.

▸ **Ascension du Corcovado à Rio.** Pour grimper jusqu'au pied du Cristo Redentor, on embarque dans un pittoresque train à crémaillère pour 20mn de voyage à travers la forêt. Et à l'arrivée, on découvre Rio et sa baie à ses pieds. Voir p 64.

Autre ascension immanquable, celle du Pain de Sucre, en téléphérique cette fois.

▸ **Baignade dans un parc aquatique à Fortaleza.** Le Beach Park de Porto das Dunas est un gigantesque complexe de piscines, tobogans et jeux aquatiques. Il y en a pour tous les âges (le toboggan de 41 m de haut est réservé aux plus grands). On peut même y passer la nuit. **Voir p. 328**.

▸ **Voyage en train à vapeur à Tiradentes.** Mise en service en 1880, la « Maria Fumaça » est toujours d'attaque. Cette locomotive à vapeur tire vaillamment son convoi pour un spectaculaire voyage de 35mn entre Tirandentes et São João del Rei à travers collines et bananeraies. **Voir p. 179.**

À l'arrivée à São João del Rei, visitez les vieilles voitures du musée ferroviaire.

▸ **Démonstration de capoeira à Salvador.** Sur la Praça XV de Novembro, les rodas de capoeira font la démonstration de leurs talents de danseurs et d'acrobates pour des battles réglées au millimètre. Le hip hop brésilien. **Voir p. 260**.

Capoeira dans une rue de Salvador.
filipefrazao/Getty Images Plus

▶ **Découverte de la faune des mers chaudes à l'aquarium de Rio.** L'AquaRio est le plus grand aquarium d'Amérique du Sud. Quelque 2000 espèces sont présentées de façon séduisante et ludique. Un dispositif numérique vous entraîne dans les profondeurs pour une plongée virtuelle. À l'entrée, le squelette d'une gigantesque baleine à bosse donne le ton. **Voir p. 49.**

Poursuivez votre exploration de l'univers par une visite au Planétarium. **Voir p. 72.**

▶ **Aventures aux chutes d'Iguaçu**. Multipliez les expériences autour de ces merveilles de la nature : promenade panoramique, sortie en bateau au pied des chutes (à partir de 12 ans), visite du Parque das Aves avec les habitants de la forêt tropicale : crocodiles, papillons, oiseaux multicolores... **Voir p. 189.**

▶ **Escapade impériale à Petrópolis.** L'ancienne capitale impériale est une petite ville propre et paisible où il fait bon flâner. En vedette, le Museu Imperial pour y voir la couronne impériale sertie de 639 diamants et la collection de carrosses. **Voir p. 75.**

▶ **Navigation immmobile à Rio.** L'Espaço Cultural de la marine brésilienne conserve une collection de navires à flot : on grimpe à bord de la reproduction fidèle d'une caravelle de Christophe Colomb, on se faufile dans les coursives d'un sous-marin, on découvre les chambrées et le mess des officiers d'un navire de guerre. **Voir p. 52.**

▶ **Selfies mémorables sur les plages de Rio**. Se baigner sur la plage de Copacabana ou d'Ipamena, courir sur le sable avec le Pain de Sucre en toile de fond, entamer une partie de beach volley avec des jeunes Brésiliens ; autant d'images inoubliables à classer dans l'album de photos familial. Au bout de la plage de Leblon, il y a même un espace réservé aux familles avec tout-petits : le Baixo Bebê. **Voir p. 68.**

▶ **Expédition en Amazonie**. En choisissant des conditions d'hébergement et d'encadrement optimales, l'Amazonie est une formidable option pour des vacances en famille inoubliables, entre balade en pirogue sur l'Amazone et exploration de la forêt. **Voir p. 399.**

Vous avez vécu une super expérience en famille ?

Partagez-la nous sur Instagram ! Vous serez peut-être sélectionnés pour une publication dans une prochaine édition en mentionnant le # : **#enfamilleGuideVertMichelin**

Train à vapeur Maria Fumaça à Tiradentes.
Gabriel Boieras/Getty Images Plus

Rio de Janeiro.
diegograndi/Getty Images Plus

DÉCOUVRIR LE BRÉSIL

Un des douze prophètes du sanctuaire Bom Jesus de Congonhas.
Pedro Carrilho/Getty Images Plus

1

Rio de Janeiro et le Sud-Est

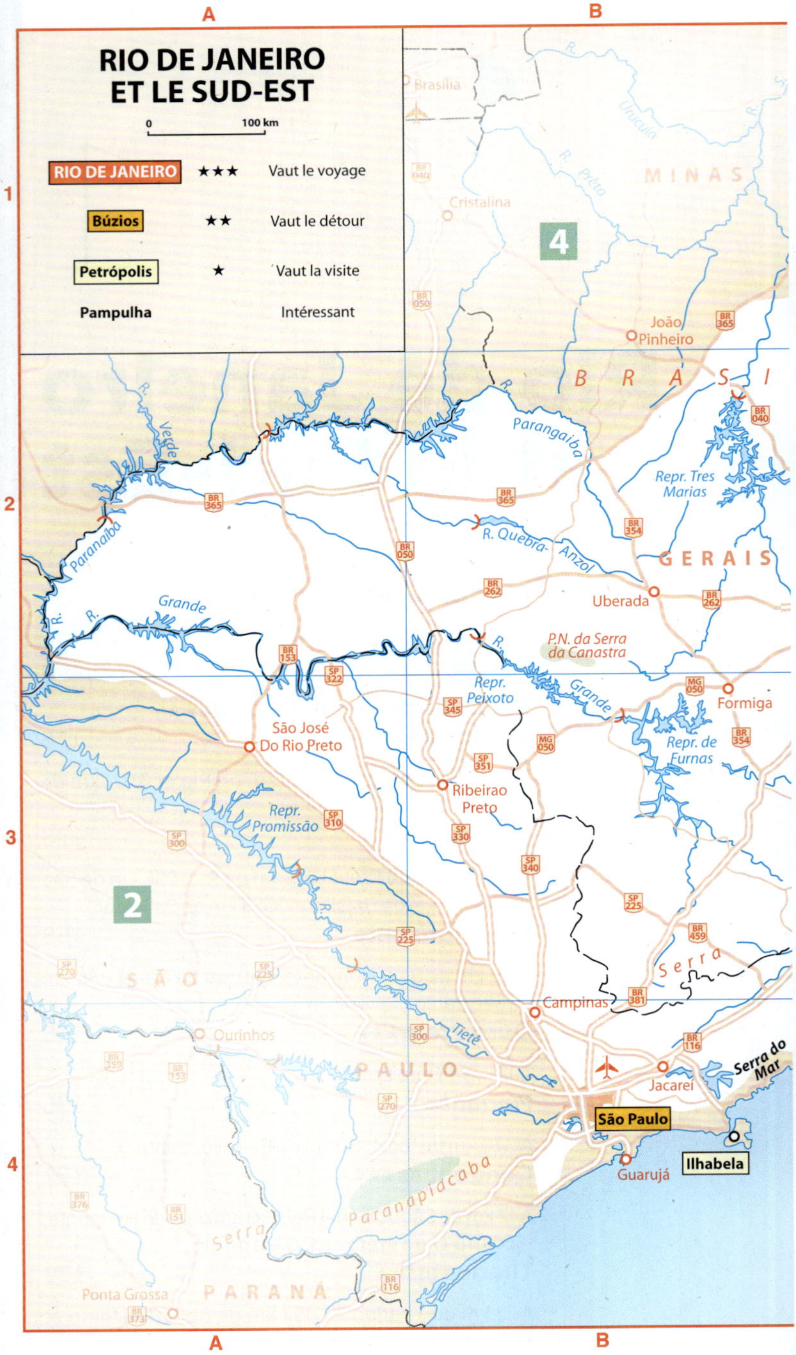
RIO DE JANEIRO
ET LE SUD-EST
0 100 km
RIO DE JANEIRO ★★★ Vaut le voyage
Búzios ★★ Vaut le détour
Petrópolis ★ Vaut la visite
Pampulha Intéressant
A
B
1
2
3
4
4
2
Brasília
Cristalina
MINAS
GERAIS
BRASIL
João Pinheiro
R. Urucuia
R. Preto
R. Parangaiba
Paranaiba
R. Verde
Repr. Tres Marias
R. Quebra-Anzol
Uberada
R. Grande
P.N. da Serra da Canastra
Repr. Peixoto
Formiga
Repr. de Furnas
São José Do Rio Preto
Ribeirao Preto
Repr. Promissão
Serra
Campinas
Ourinhos
Tietê
SÃO PAULO
Jacarei
Serra do Mar
São Paulo
Ilhabela
Guarujá
Paranapiacaba
Serra
PARANÁ
Ponta Grossa
BR 040
BR 050
BR 365
BR 354
BR 262
BR 153
SP 322
SP 345
MG 050
SP 351
SP 310
SP 330
SP 340
SP 300
SP 225
BR 459
BR 381
BR 116
SP 270
BR 369
BR 153
SP 300
SP 270
BR 376
BR 151
BR 116
BR 373

C
D
1
2
3
4
3
PLANALTO
LEIRO
Francisco
R. Pardo
Jequitinhonha
R. Jequitinhonha
Serra do Chifre
Serra do Espinhaço
R. Mucuri
R. das Velhas
R. Doce
BR 135
BR 251
BR 101
BR 418
BR 381
BR 116
BR 262
BR 040
Montes Claros
Itaobim
Teófilo
Caravelas
Gov. Valadares
ESPÍRITO SANTO
Sete Lagoas
Ipatinga
Sabará
Pampulha
Belo Horizonte
Pontal da Regência
OURO PRETO
Inhotim
Mariana
CONGONHAS
Ouro Branco
Consolheiro Lafaiete
Guarapari
Tiradentes
Barbacena
S. João del Rei
OCÉANO
da Mantiqueira
RIO DE JANEIRO
Campos
Cabo de São Tomé
Petrópolis
RIO DE JANEIRO
R. Bonito
Búzios
Serra da Bocaina
Niterói
San Pedro da Aldeia
Costa Verde
Santa Cruz
Baie de Guanabara
Cabo Frio
Dunes do Pero
Paraty
Ilha Grande
Parque Nacional da Tijuca
Baie de Paraty
ATLÁNTICO
N

Rio de Janeiro et ses environs ★★★

Cité de cœur des Brésiliens, la Cidade maravilhosa (« Cité merveilleuse ») est tout à la fois la métropole légendaire de l'hédonisme et la ville jungle. Posée sur le Corcovado, la fameuse statue du Cristo Redentor semble bénir l'ancienne capitale du Brésil. Au nord et à l'ouest du massif, d'immenses zones vibrent au rythme des tambourins des plus grandes écoles de samba et des hourras du stade Maracanã, lieux emblématiques de la culture populaire brésilienne. Ipanema, Copacabana et Flamengo paraissent être à des années-lumière : ces quartiers de la Zona Sul, aux noms magiques, s'étendent le long des rives de l'Atlantique. On y déguste un jus de coco en contemplant le coucher du soleil depuis la plage d'Arpoador, on succombe au charme romantique du quartier de Santa Teresa, on chante le pagode et le choro jusqu'au petit matin dans le quartier bohème de Lapa. Forêt profonde, plages dorées et folie urbaine, misère des favelas et luxe des quartiers chics : le contraste est saisissant. Si le cœur de Rio semblait jusqu'alors battre autour de ses plages bondées du sud, son centre de gravité semble se déplacer. La Coupe du monde de football en 2014 et surtout les Jeux olympiques de l'été 2016 ont servi de catalyseurs à de grands travaux d'infrastructure et de rénovation urbaine, qui ont permis de revaloriser le cœur historique de la métropole, autour de sa façade portuaire entièrement réhabilitée.

Se repérer

6 520 266 hab. - Capitale de l'État de Rio de Janeiro - 2e ville du pays

CARTE P. 32-33. PLAN D'AGGLOMÉRATION (PLAN X) P. 46, PLANS DÉTAILLÉS PAR QUARTIER DE LA P. 36 À LA P. 45. PLAN DE MÉTRO PAGE CI-CONTRE.

Voir encadré « Se repérer » p. 47.

À ne pas manquer

Monter au Corcovado et au Pain de Sucre ; le coucher du soleil à Ipanema ; assister à un match de foot au stade Maracanã ; déjeuner dans une *churrascaria* ; observer le défilé des Cariocas sur les plages d'Ipanema et de Copacabana ; une soirée à Lapa ; flâner à Santa Teresa ; le quartier rénové du port et ses musées.

En famille

Les plages de Copacabana et d'Ipanema, ainsi que la zone de jeux Baixo Bebê, au bout de celle de Leblon ; l'aquarium AquaRio ; l'Espaço Cultural da Marinha ; le Jardim Botânico pour les jeunes amoureux de la nature ; le Parque do Flamengo ; une visite au Planetário da Gávea et au Museu do Universo pour observer les étoiles ; l'ascension en *bondinho* jusqu'au Pão de Açúcar ou en *trenzinho* jusqu'au Corcovado ; Museu Imperial de Petrópolis ; Espaço Cultural da Marinha.

Carnet pratique p. 77

Nos adresses p. 82

La plage d'Ipanema.
dabldy/Getty Images Plus

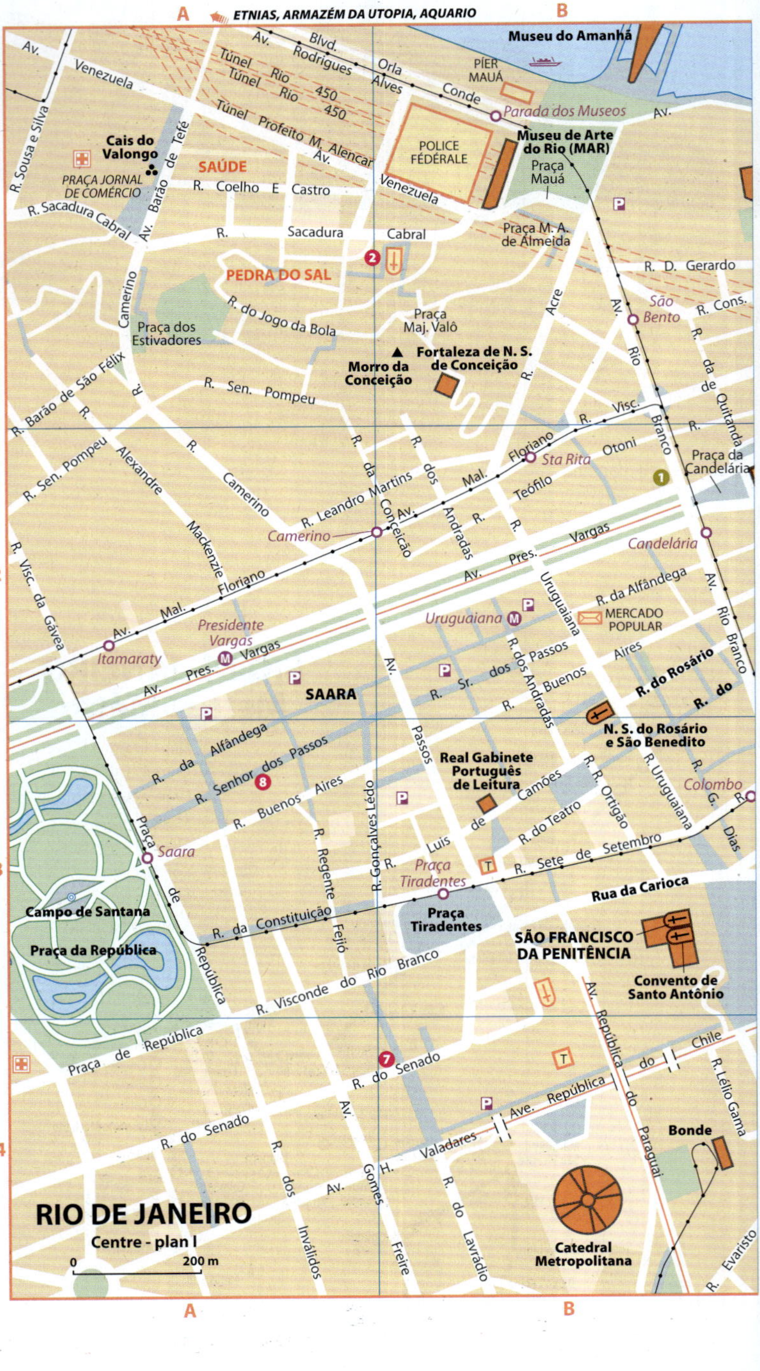
ETNIAS, ARMAZÉM DA UTOPIA, AQUARIO
A
B
1
2
3
4
RIO DE JANEIRO
Centre - plan I
0
200 m
Museu do Amanhã
PÍER MAUÁ
Parada dos Museos
Museu de Arte do Rio (MAR)
POLICE FÉDÉRALE
Praça Mauá
Praça M. A. de Almeida
Cais do Valongo
PRAÇA JORNAL DE COMÉRCIO
SAÚDE
PEDRA DO SAL
Praça dos Estivadores
Praça Maj. Valô
Morro da Conceição
Fortaleza de N. S. de Conceição
São Bento
Sta Rita
Praça da Candelária
Candelária
Camerino
Presidente Vargas
Itamaraty
Uruguaiana
MERCADO POPULAR
SAARA
N. S. do Rosário e São Benedito
Real Gabinete Português de Leitura
Colombo
Saara
Praça Tiradentes
Campo de Santana
Praça da República
SÃO FRANCISCO DA PENITÊNCIA
Convento de Santo Antônio
Bonde
Catedral Metropolitana
Av. Venezuela
Blvd. Rodrigues Alves
Orla Conde
Túnel Rio 450
Túnel Profeito M. Alencar
R. Sousa e Silva
Av. Barão de Tefé
R. Coelho E Castro
R. Sacadura Cabral
R. Camerino
R. do Jogo da Bola
R. Barão de São Félix
R. Sen. Pompeu
R. Alexandre Mackenzie
R. Leandro Martins
R. da Conceição
R. dos Andradas
R. Acre
R. D. Gerardo
R. Cons.
R. da Quitanda
Av. Rio Branco
R. Visc. Floriano
R. Teófilo Otoni
Av. Mal. Floriano
Av. Pres. Vargas
R. Uruguaiana
R. da Alfândega
R. Visc. da Gávea
R. Sr. dos Passos
R. Senhor dos Passos
R. Buenos Aires
R. do Rosário
Av. Passos
R. Luis de Camões
R. do Teatro
R. Ortigão
R. G. Dias
R. Regente Fejió
R. Gonçalves Ledo
R. Sete de Setembro
Rua da Carioca
Praça de República
R. da Constituição
R. Visconde do Rio Branco
R. do Senado
Av. República do Chile
Ave. República do Paraguai
R. Lélio Gama
R. dos Inválidos
Av. Gomes Freire
Av. H. Valadares
R. do Lavrádio
R. Evaristo

SE RESTAURER
Bar di Gengibre 1
Angu do Gomes 2
Cais do Oriente 6
Cantinho do Senado 7
Sirio & Libanês 8
SE LOGER
Hotel Windsor Guanabara Palace 1
MOSTEIRO DE SÃO BENTO
Ilha das Cobras
ÁREA MILITAR DA MARINHA
Ilha Fiscal
Espaço Cultural da Marinha
Túnel Profeito M. Alencar
N. S. da Candelária
Casa França-Brasil
Praça Pio X
Centro Cultural dos Correios
Centro Cultural Banco do Brasil
Rua do Rosário
Baía de Guanabara
NITERÓI
Praça XV
Praça Mercado Municipal
Port d'embarquement
Travessa do Comércio
Praça XV de Novembro
N. S. do Monte do Carmo
N. S. do Carmo da Antiga Sé
Paço Imperial
Palácio Tiradentes
Praça Marechal Âncora
Av. Alfred Agache
N. S. de Bonsucesso
Museu Histórico Nacional
Sete de Setembro
Largo da Carioca
Carioca
Praça Min. E. Espínola
Ld. da Misericórdia
Praça João Paulo
MUSEU NACIONAL DE BELAS ARTES
Palácio Capanema
THEATRO MUNICIPAL
Biblioteca Nacional
Praça Floriano
Santa Luzia
Praça Estados Unidos
CONSULAT DE FRANCE
Santos Dumont
Praça Virgílio de Melo Franco
Praça Itália
Praça Senador Salgado Filho
Cinelândia
CINELÂNDIA
Antônio Carlos
Praça de Monroe
Av. Inf. Dom Henrique
Av. Beira Mar
Av. Gen. Justo
Av. Rio Branco
Avenida Pres. Antônio Carlos
Av. Churchill
Av. Fr. Roosevelt
Av. Mal. Câmara
R. Santa Luzia
Ave. Nilo Peçanha
R. México
Av. Graça Aranha
R. Araújo Porto Alegre
Rua Visc. de Itaboraí
Ouvidor
R. Primeiro de Março
R. Buenos Aires
R. da Assembléia
R. S. José
Av. Pres. A. Carlos
R. Beco da Musica
Av. Alm. Barroso
Av. 13 de Maio
R. Sen. Dantas
R. A. Alvim
Av. Pres. Wilson
Ave. Calógeras
Rodrigues Alves
R. Saraiva
Inhaúma
Teófilo Otoni
Praça Niteroi
Orlo Profeito L. P. Conde
C
D
1
2
3
4

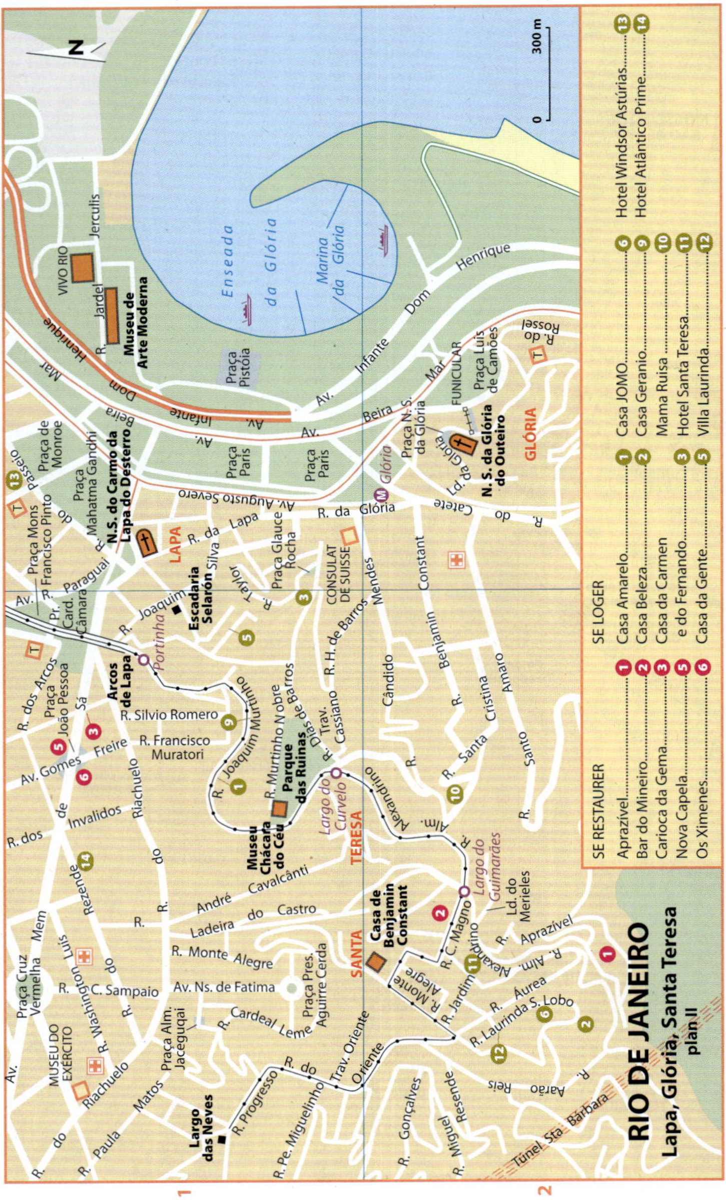

RIO DE JANEIRO
Lapa, Glória, Santa Teresa
plan II
SE RESTAURER
Aprazível 1
Bar do Mineiro 2
Carioca da Gema 3
Nova Capela 5
Os Ximenes 6
SE LOGER
Casa Amarelo 1
Casa Beleza 2
Casa da Carmen e do Fernando 3
Casa da Gente 5
Casa JOMO 6
Casa Geranio 9
Mama Ruisa 10
Hotel Santa Teresa 11
Villa Laurinda 12
Hotel Windsor Astúrias 13
Hotel Atlântico Prime 14
Enseada da Glória
Marina da Glória
Museu de Arte Moderna
VIVO RIO
N.S. do Carmo da Lapa do Desterro
LAPA
Escadaria Selarón
Arcos de Lapa
Parque das Ruinas
Museu Chácara do Céu
SANTA TERESA
Casa de Benjamin Constant
Largo do Curvelo
Largo do Guimarães
Largo das Neves
N. S. da Glória do Outeiro
GLÓRIA
CONSULAT DE SUISSE
MUSEU DO EXÉRCITO
Túnel Sta. Bárbara
0 300 m

RIO DE JANEIRO
Catete, Flamengo
plan III
0
400 m
N
SE RESTAURER
Café Lamas............... 1
Tacacá do Norte.............. 2
SE LOGER
Riale Imperial Flamingo........ 1
Windsor Flórida............ 2
CATETE
FLAMENGO
LARANJEIRAS
Museu da República
Parque do Catete
Museu de Folclore Edison Carneiro
Oi Futuro
IGREJA N.S. DA GLÓRIA HIPERMERCADO
Largo do Machado
PARQUE EDUARDO GUINLE
PALÁCIO DAS LARANJEIRAS
PALÁCIO GUANABARA
MORRO DA VIÚVA
MORRO S. JUDAS TADEU
Largo do Boticário
Trem du Corcovado
Praia do Flamengo
Praia de Botafogo
Av. Infante Dom Henrique
Praça Cuauhtémoque
Praça Canoinhas
Praça S. Salvador
Praça Jornalista Orlando Dantas
Praça Chaim Weizmann
Praça David Ben Gurion
Praça Jd. Laranjeiras
Viaduto J. Filho
Viaduto Eng. Noronha
Viaduto José de Alencar
Túnel Rio Comprido
Túnel André
Vd. S. Dantas
R. Pinheiro Machado
R. Pereira da Silva
R. das Laranjeiras
R. S. Cabral
R. Cardoso Jr.
R. Gen. Glicério
R. C. Fernandes
R. Mundo Novo
R. Juçanã
R. M. Barreto
R. Br. de Itambi
R. de Botafogo
Av. Osvaldo Cruz
Av. Rui Barbosa
R. Mq. de Paraná
R. Paulo VI
R. Paissandu
R. Paiçandu
R. Abrantes
R. S. Vergueiro
R. do Catete
R. Correia Dutra
R. F. Viana
R. S. Martins
R. Dezembro
R. G. Coutinho
R. Ipiranga
R. Alice
R. M. Portela
R. Dr. Júlio Otoni
R. Mal. P. Ferreira
R. Alexandrino
R. João Felipe
R. Br. de Petrópolis
R. G. Lopes
R. Alm.
R. Cosme Velho
Rebouças
Catete
Flamengo
A
B
C
1
2

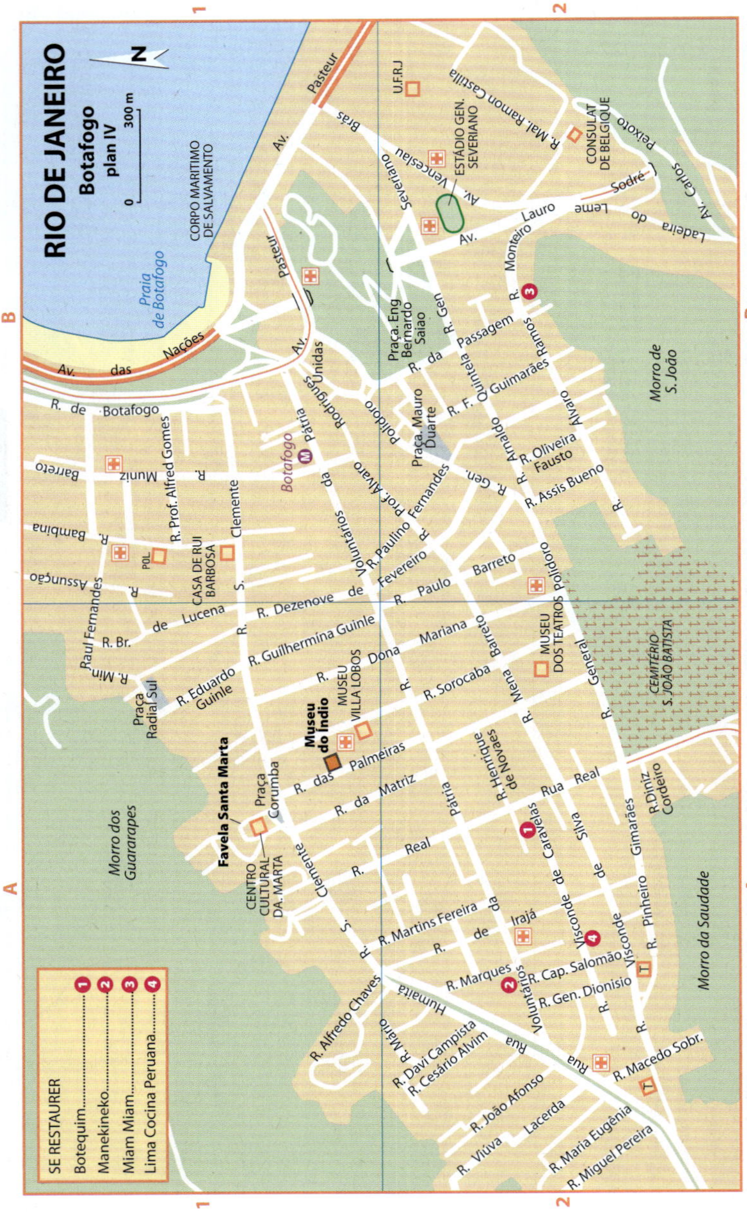
RIO DE JANEIRO
Botafogo
plan IV
0 300 m
N
SE RESTAURER
Botequim 1
Manekineko 2
Miam Miam 3
Lima Cocina Peruana 4
Praia de Botafogo
CORPO MARITIMO DE SALVAMENTO
Av. das Nações Unidas
Av. Pasteur
R. de Botafogo
Botafogo
Pátria
R. Voluntários da Pátria
R. São Clemente
CASA DE RUI BARBOSA
Favela Santa Marta
CENTRO CULTURAL DA. MARTA
Praça Corumba
Museu do Índio
MUSEU VILLA LOBOS
MUSEU DOS TEATROS
Morro dos Guararapes
Morro de S. João
Morro da Saudade
CEMITÉRIO S. JOÃO BATISTA
ESTÁDIO GEN. SEVERIANO
CONSULAT DE BELGIQUE
U.F.R.J
R. Real Grandeza
R. da Matriz
R. das Palmeiras
R. Sorocaba
R. Dona Mariana
R. Humaitá
R. Mena Barreto
R. General Polidoro
R. Visconde de Silva
R. Visconde de Caravelas
R. Dezenove de Fevereiro
R. Guilhermina Guinle
R. Eduardo Guinle
R. Paulo Barreto
R. Macedo Sobr.
R. Maria Eugênia
R. Miguel Pereira
R. Martins Ferreira
R. Marques
R. Cap. Salomão
R. Gen. Dionisio
R. Alfredo Chaves
R. Davi Campista
R. Cesário Alvim
R. João Afonso
R. Viúva Lacerda
R. Pinheiro Gimarães
R. Diniz Cordeiro
R. Henrique de Novaes
R. Assis Bueno
R. Oliveira Fausto
R. Arnaldo Quintela
R. da Passagem
R. Gen. Severiano
Av. Venceslau Brás
Av. Lauro Sodré
Ladeira do Leme
Av. Carlos Peixoto
R. Mal. Ramon Castilla
Praça Radial Sul
Praça Mauro Duarte
Praça Eng Bernardo Saiao
R. Bambina
R. Assunção
R. Muniz Barreto
R. Prof. Alfred Gomes
R. Paulino Fernandes
R. Prof. Alvaro Rodrigues
R. Alvaro Ramos
R. F. Guimarães
R. Min. Raul Fernandes
R. Br. de Lucena
A
B
1
2

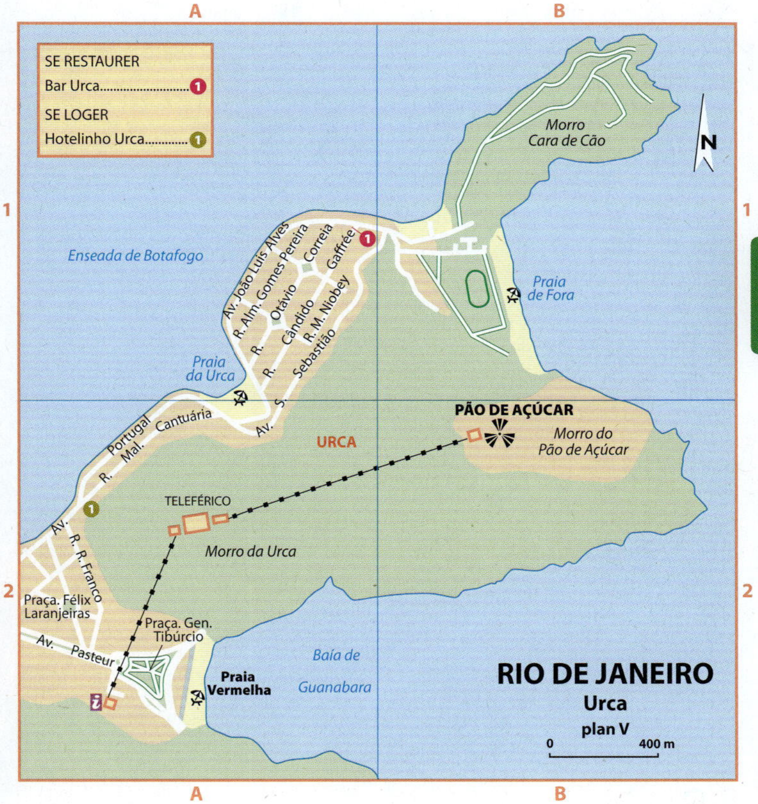
A
B
SE RESTAURER
Bar Urca 1
SE LOGER
Hotelinho Urca 1
Morro Cara de Cão
N
1
Enseada de Botafogo
Av. João Luís Alves
R. Alm. Gomes Pereira
R. Otávio
Correia
Gaffrée
R. Cândido
R. M. Niobey
Sebastião
Praia de Fora
Praia da Urca
Av. Portugal
R. Mal. Cantuária
Av. S.
PÃO DE AÇÚCAR
Morro do Pão de Açúcar
URCA
TELEFÉRICO
Morro da Urca
Av.
R. R. Franco
2
Praça. Félix Laranjeiras
Praça. Gen. Tibúrcio
Av. Pasteur
Praia Vermelha
Baía de Guanabara
RIO DE JANEIRO
Urca
plan V
0
400 m

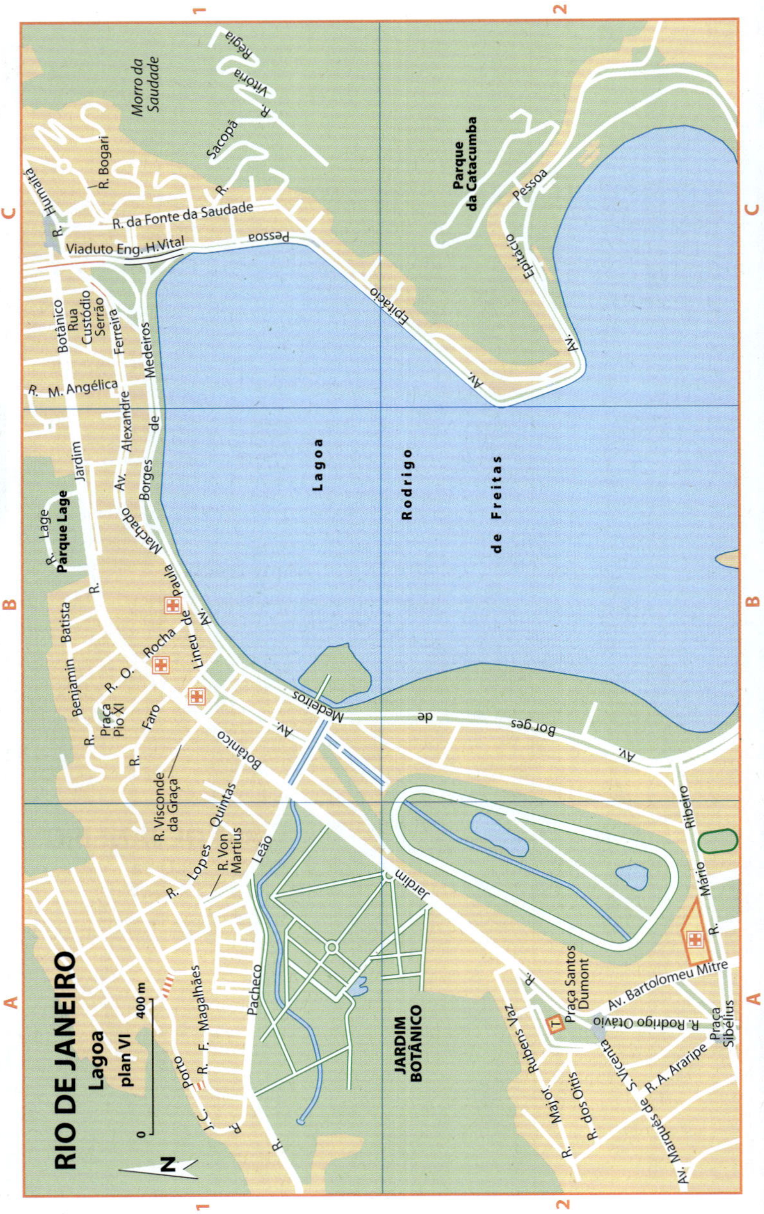
RIO DE JANEIRO
Lagoa
plan VI
0
400 m
N
Lagoa
Rodrigo
de Freitas
JARDIM BOTÂNICO
Parque Lage
Parque da Catacumba
Morro da Saudade
Praça Santos Dumont
Praça Pio XI
Praça Sibélius
R. Humaitá
R. Bogari
R. Sacopã
R. Vitória Régia
R. da Fonte da Saudade
Viaduto Eng. H.Vital
Av. Epitácio Pessoa
Rua Custódio Serrão
R. M. Angélica
R. Jardim Botânico
Av. Alexandre Ferreira
Av. Borges de Medeiros
R. Lage
R. Benjamin Batista
R. Faro
R. O. Machado
R. Rocha
Av. Lineu de Paula Machado
R. Visconde da Graça
R. Lopes Quintas
R. Von Martius
R. Pacheco Leão
R. F. Magalhães
R. J.C. Porto
R. Mário Ribeiro
Av. Bartolomeu Mitre
R. Rodrigo Otávio
R. Rubens Vaz
R. Major
R. dos Oitis
R. A. Araripe
Av. Marquês de S. Vicente
A
B
C
1
2

SE RESTAURER

Bar 420	2
Cervantes	3
Churrascaria Carretão Lido	4
Marius Degustare	7
Shirley	8
Churrascaria Palace	10
S Bistrô LEME	11

SE LOGER

Acapulco Copacabana	1
Hostel Che Lagarto Copacabana	2
Belmond Copacabana Palace	3
Hotel Rio Lancaster	4
Hotel JW Marriott	5
Hilton Rio de Janeiro Copacabana	7
Windsor Excelsior	8

1

RIO DE JANEIRO
Ipanema, Leblon
SE RESTAURER
Bracarense 2
Braseiro da Gávea 3
Casa da Feijoada 4
Celeiro 5
Embalo Bar 6
Sindicato do Chopp 9
Sushi Leblon 10
Zazá Bistrô Tropical 11
Anna 12
Artigiano 13
Delírio Tropical 14
Venga 17
SE LOGER
Ipanema Beach Hostel 3
Ipanema Inn 4
Lagoa Rodrigo de Freitas
Morro do Cantagalo
Morro do Pavão
IPANEMA
LEBLON
Praia do Ipanema
Praia do Leblon
OCEANO ATLÂNTICO
Mirante do Leblon
Planetário
Casa de Cultura Laura Alvim
Amsterdam Sauer
H. Stern
Praça N.S. da Paz
Praça Gen. Osório
Praça Milton Campos
Praça Santos Dumont
POSTO 8
POSTO 9
POSTO 10
POSTO 11
POSTO 12
plan VIII
0
400 m
A
B
C
1
2

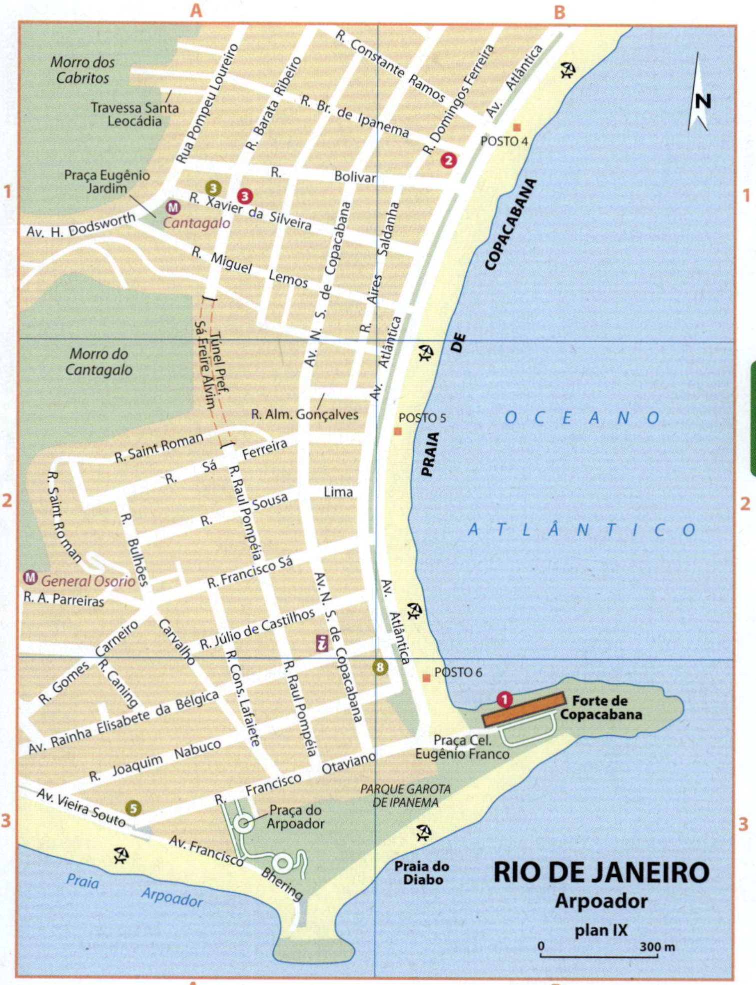

SE RESTAURER

Café do Forte 1
Don Camillo 2
O Caranguero 3

SE LOGER

Hotel Atlântico Rio 3
Hotel Fasano 5
Orla Copacabana 8

RIO DE JANEIRO
Plan X
0
3 km
PETRÓPOLIS
SÃO PAULO
ILHA DE PAQUETÁ
MUSEO DO ARTE CONTEMPORÂNEA
NITERÓI
SITIO BURLE MARX
PRAIA DA BARRA DA TIJUCA
A
B
1
2
3
BR 040
BR 116
Ilha do Governador
GALEÃO
Aeroporto Internacional Galeão
Via Expressa Pres. João Goulart
Estrada do Galeão
R. Cambaúba
Estr. do Rio Jequiá
Ilha d'Água
Praia da Bandeira
Praia S. Bento
Praia da Bica
Praia do Galeão
Praia da Ribeira
Ilha Seca
Av. Lobo Jr.
Av. Brasil
PENHA
OLARIA
R. Ibiapina
R. Uranos
Ilha do Fundão
Av. Um
Baía de Guanabara
N
RAMOS
BONSUCESSO
Estrada Ademar
Av. Novo Rio
R. L. Bulhões
Av. Brasil
Via Expressa Pres. João Goulart
Ponte Pres. Costa e Silva
(Ponte Rio-Niterói)
Ilha das Enxadas
CAJU
Ilha Pombeba
Dom Hélder Câmara
Av.
Aqua Rio
Ilha das Cobras
SÃO CRISTOVÃO
plan I
Av. A. Cavalcânti
JACAREZINHO
Feria de São Cristóvão
Av. F. Bicalho
MUHCAB
Aeroporto Santos Dumont
R. 24 de Maio
Av. Pres. Vargas
MÉIER
Estádio do Maracanã
Av. 28 de Setembro
Menezes Cortês
Av.
plan II
Av. 31 de Março
R. Uruguai
Av. Mariz e Barros
Av. P. Frontim
plan III
Praia do Flamengo
Alexandrino
Dom Henrique
ANDARAÍ
TIJUCA
R. Alm.
Conde de Bonfim
plan V
Trem do Corcovado
Túnel A. Rebouças
Av. Inf.
R.
Sumaré
ALTO DA BOA VISTA
Estr. do Redentor
Av. Portugal
Estrada do Redentor
CRISTO REDENTOR
R. S. Clemente
Av. L. Sodré
plan IV
PÃO DE AÇÚCAR
Parque Nacional da Tijuca
plan VI
plan VII
Estr. das Furnas
Estr. Vista Chinesa
Estr. Da. Castorina
Instituto Moreira Salles
Vista Chinesa
R. Marquês de S. Vicente
Av. B. de Medeiros
Lagoa Rodrigo de Freitas
Av. Atlântica
PRAIA DE COPACABANA
Parque da Cidade
Estr. da Canoa
R. Lagoa Barra
Av.
GÁVEA
LEBLON
Av. Vieira Souto
PEDRA DA GÁVEA
ROCINHA
Estr. da Gávea
VIDIGAL
Estrada da Gávea
plan VIII
plan IX
Praia de Ipanema
Av. Niemeyer
Túnel Zuzu Angel
Estrada do Joá
Praia de São Conrado
OCEANO ATLÂNTICO

Se repérer

Étirée entre les rives méridionales de la **baie de Guanabara** et celles de l'**océan Atlantique**, Rio de Janeiro est difficile à déchiffrer. Collines abruptes *(morros)*, côtes découpées, lagune... Peu de métropoles composent comme elle avec une nature omniprésente. L'immense **forêt de Tijuca** ne semble pas s'être résignée à l'avancée de la ville. Pour se ménager un espace, l'homme a dû percer des tunnels, ensabler des baies, lancer des ponts et élever des gratte-ciel sur d'étroites bandes littorales, tandis que les plus démunis érigeaient un habitat précaire sur les flancs des *morros*, seul espace disponible.

L'essentiel des lieux à visiter se trouve au sud de l'Avenida Presidente Vargas. Le **Centro** historique abrite la plupart des édifices coloniaux, les administrations et la zone d'affaires. Il se compose de petits quartiers ayant chacun leur identité : Praça Mauá, Praça Pio X, **Praça XV de Novembro**, Praça Tiradentes, **Cinelândia**, **Largo da Carioca**, **Lapa** la noctambule qu'enjambent les Arcos da Lapa et enfin **Santa Teresa**, quartier atypique et charmant construit à flanc de colline.

Le développement récent des quartiers **Saúde**, **Gamboa** et **Morro da Conceição** – autour du port, au nord du Centro – redonnent accès à la **baie de Guanabara**, longtemps laissée à l'abandon.

Du Centro, un large boulevard longeant la baie rallie **Glória**, que signalent l'église et l'hôtel du même nom. Il est doublé à l'intérieur par l'axe Ruas das Lapa/do Catete (le long de la ligne de métro) menant à **Catete**, l'ancien siège de la présidence brésilienne, populaire et commerçant. Puis surgit **Flamengo**, où les immeubles des années 1930 évoquent la splendeur d'antan. Plus à l'ouest, Cosme Velho est le point de départ du train pour le **Corcovado**. Au sud de Flamengo, **Botafogo**, quartier de passage, affiche une vocation commerçante. Il s'enroule autour d'une crique dominée par le majestueux **Pain de Sucre**, à **Urca**.

Vers le sud, deux tunnels conduisent au petit quartier de **Leme** et à **Copacabana** : 4 km d'une plage de rêve bordée d'immeubles modernes. La césure est nette ! À son extrémité ouest, **Arpoador** fait tampon avec **Ipanema** et **Leblon**, plus chics, blottis entre la plage et l'immense lagune Rodrigo da Freitas. Celle-ci est entourée par **Lagoa** au sud, **Gávea** à l'ouest et **Jardim Botânico** au nord. De là, un tunnel conduit à Botafogo.

Au-delà de Leblon, les nouveaux quartiers de **São Conrado** et de **Barra da Tijuca**, destinés à désengorger la métropole, s'étirent le long de l'océan. Enfin, de l'autre côté de la baie de Guanabara, un immense pont permet de rejoindre la ville de **Niterói**.

★★★ Centro

PLAN I

À mille lieues de l'ambiance des plages de Copacabana et d'Ipanema, le **cœur historique de Rio** vit au rythme des heures de bureau, avec sa foule de businessmen et de femmes d'affaires empressés. Authentique Manhattan miniature, le Centro présente, tout comme sa cousine nord-américaine, une architecture et un urbanisme éclectiques, où se côtoient édifices néoclassiques, héritage de l'époque coloniale, immeubles Art déco et hautes tours du Rio moderne, rues étroites et grandes avenues. Aussi animé en semaine qu'il est déserté le week-end, ce quartier affirme une vocation culturelle de plus en plus évidente, en particulier

avec la création des musées de la Praça Mauá, le MAR (Museu de Arte do Rio) et le Museu do Amanhã.
Le principal axe nord-sud du Centro est l'**Av. Rio Branco**, percée au début du 20e s.

★★ Autour du port PLAN I

Abandonnés depuis les années 1960, les quartiers populaires autour du port – Saúde, Gamboa, Morro da Conceição – connaissent depuis quelques années une réhabilitation de grande ampleur. Le programme de revitalisation, baptisé **Porto Maravilha** (le « port merveilleux ») a fait disparaître sous un tunnel la Perimetral – l'autoroute urbaine qui relie la partie nord de Rio au centre – et a ainsi permis à la ville de renouer avec la **baie de Guanabara**. Une longue promenade plantée le long des quais (*Bd Orla Conde, plus connu sous le nom* **Boulevard Olímpico**), parcourue par une ligne de tramway relie les grandes attractions du quartier. Elle est ornée de gigantesques fresques peintes, œuvres de street artistes comme le Brésilien Eduardo Kobra : superbes portraits, qui perdent de leurs couleurs avec le temps, faisant parties d'une fresque monumentale intitulée *Etnias (« Ethnicités, nous sommes tous Un »)* réalisée pour les Jeux olympiques. Les rues autour de la **Praça Mauá** retrouvent doucement leur splendeur originelle. Les façades des anciennes maisons coloniales ont repris des couleurs, et des bars et des restaurants ont ouvert un peu partout.

★★★ Mosteiro de São Bento PLAN I, BC1

R. Dom Gerardo 68 ou 40 (accès par ascenseur) - ✆ (21) 2206 8100 - www.mosteirodesaobentorio.org.br - 6h30-18h30 - gratuit - messes chantées en grégorien : lun.-sam. 7h15 et 18h,, dim. 10h et 17h30.
La façade blanche, simple et austère, de l'église, flanquée de deux tours, surgit en haut d'une petite colline, à deux pas de la Praça Mauá, mais loin toutefois de l'agitation urbaine. Cet emplacement fut choisi par les moines bénédictins en raison de ses possibilités défensives et de son climat venté, à l'écart des marais. Les travaux débutèrent en 1617 et s'achevèrent en 1669. L'intérieur, assez sombre, surprend par la richesse de son décor en bois doré, très travaillé, et son sol en rosace de marbre. À certaines heures, un rai de lumière tombe sur la Vierge à l'Enfant du maître-autel. De belles orgues, au-dessus de l'entrée, complètent l'ensemble.

★★ Museu de Arte do Rio (MAR) PLAN I, B1

Praça Mauá 5 - ✆ (21) 3031-2741 - museudeartedorio.org.br - jeu.-sam. 10h-17h - 20 R$ (-21 ans : 10 R$; -5 ans et + 60 ans : gratuit ; entrée gratuite pour tous le mar.) - billet combiné avec le Museu do Amanhã : 32 R$.
Assemblage insolite entre un édifice Belle Époque (le manoir Dom João VI, datant de 1916) et un bâtiment des années 1940, ancienne gare routière, le musée d'Art de Rio, inauguré en 2013, est dédié aux arts et aux cultures visuelles. Les deux bâtiments sont chapeautés par une structure de béton (800 tonnes !) en forme de vague, en référence à l'acronyme du musée (MAR) et aux eaux de la baie toute proche. Le musée accueille, sur une surface d'environ 15 000 m², des expositions temporaires allant de l'art baroque à l'art moderne. La visite commence par le dernier étage de l'édifice moderne, d'où vous profitez d'une très belle **vue★** sur la Praça Mauá et le Museu do Amanhã à l'arrière. Une passerelle conduit ensuite au second bâtiment, qui accueille les expositions temporaires. Les œuvres exposées proviennent des collections des musées nationaux et du fond permanent, qui comprend notamment des œuvres de Tarsila do Amaral, Alfredo Volpi, Candido Portinari et Di Cavalcanti.

★★ Museu do Amanhã PLAN I, B1

Praça Mauá 1 - ✆ (21) 3812 1800 - museudoamanha.org.br - mar.-dim. 10h-18h - 30 R$ (-21 ans : 15 R$; gratuit : -5 ans et + 60 ans.) - audioguide disponible en anglais - ✗.

Agréable restaurant face à la baie pour déjeuner d'un plat du jour.

Posé sur la jetée qui prolonge la place Mauá, le « musée de demain », œuvre brillante de l'architecte valencien Santiago Calatrava, semble flotter au-dessus d'un vaste **miroir**★ d'eau. Le bassin, où se reflète également une énorme étoile en acier de l'artiste américain Frank Stella, est alimenté par les eaux de la baie et par la pluie ruisselant sur l'édifice. En journée, la toiture du bâtiment, inspirées par les broméliacées du jardin botanique, déploie ses élégants **panneaux solaires**★ qui se déplacent sans cesse afin de capter au mieux les rayons du soleil. Inauguré fin 2015, ce musée consacré aux sciences de demain ne présente pas des objets, mais des idées, ou plutôt des questions : Qui sommes-nous ? Où vivons-nous ? Où allons-nous ? À l'aide d'installations interactives innovantes, on y aborde les problématiques liées aux changements climatiques, à la croissance de la population mondiale et à la préservation de la biodiversité.

Vers le nord, la promenade piétonne longe le **Píer Mauá**, terminal des bateaux de croisière, et plusieurs entrepôts réhabilités, tel l'**Armazém da Utopia**, qui accueille des spectacles de théâtre, danse, musique et arts visuels (*www.armazemdautopia.com.br*). À l'angle de l'Av. Barão de Tefé, un bâtiment a été couvert sur 3 000 m² d'une fresque colorée intitulée *Etnias*, de l'artiste brésilien Eduardo Kobra.

1

★★ AquaRio PLAN I, A1 EN DIRECTION

Praça Muhammad Ali, Gambôa (tramway VLT1, station Utopia AquaRio) - www.aquariomarinhodorio.com.br - 9h-18h30 (dern. entrée 17h30) - 150 R$ (3-21 ans 1/2 tarif).

Inauguré fin 2016, le plus grand aquarium d'Amérique du Sud occupe un ancien entrepôt frigorifique de 26 000 m² sur cinq étages. Il rassemble 2 000 animaux marins issus de 350 espèces différentes, répartis dans 28 bassins remplis de 4,5 millions de litres d'eau, l'équivalent de deux piscines olympiques. Dès l'entrée, les visiteurs sont accueillis par l'énorme squelette, suspendu au plafond, d'une baleine à bosse de 13 m et 37 t qui s'était échouée sur une plage au sud-ouest de Rio en 2014. Le bassin principal, de 7 m de profondeur et 500 m² de superficie, se découvre à travers un grand **tunnel** en acrylique qui donne la sensation d'être sous la mer. Autres points forts : un aquarium virtuel qui simule une expérience sous-marine interactive, un centre de recherches pour la reproduction d'espèces en captivité, un **musée du surf** et un **musée scientifique** qui, outre une galerie sur le plancton et les coquillages, présentera, par la suite, des expositions temporaires.

Morro da Conceição et ses alentours PLAN I, AB1

De l'aquarium, rebroussez chemin sur le Bd Orla Conde jusqu'à la fresque Etnias, et prenez à droite Av. Barão de Tefé.

Le Morro da Conceição marque le noyau primitif de la ville du temps des Portugais, qui y installèrent canons et fortifications pour protéger la baie contre les incursions des Français. Resté longtemps inchangé, ce quartier populaire fait l'objet d'une réhabilitation progressive.

Au pied de la colline, côté nord, des fouilles ont mis au jour l'ancien **Cais do Valongo** (*Av. Barão de Tefé*), construit en 1811 pour le **débarquement des esclaves** et inscrit au Patrimoine mondial de l'Unesco en 2017. Au cours des trois siècles de traite, près de 4 millions d'esclaves furent débarqués au Brésil, dont plus d'un million

transitèrent ici. Tout le secteur s'organisait autour d'eux : les malades étaient dirigés vers un hôpital, les plus maigres transitaient par des *casas de engorda* visant à les requinquer, les plus vaillants étaient vendus sur le marché aux esclaves, tandis que ceux qui succombaient aux séquelles du voyage étaient inhumés dans une fosse commune, le **Cemitério dos Pretos Novos** (*R. Pedro Ernesto 32* PLAN X B2).
MUHCAB - Museu da História e da Cultura Afro-Brasileira – *R. Pedro Ernesto 80* PLAN I A1 EN DIR. - *℘(21) 2233 7754 - rio.rj.gov.br/web/muhcab - merc.-sam. 10h-17h.* Ce musée inauguré en 2021 rend compte de l'histoire des Noirs au Brésil et de leurs apports culturels dans la société métissée brésilienne.
Berceau de la culture africaine, le quartier fut aussi le lieu de naissance de la samba à la **Pedra do Sal** (*R. Argemiro Bulcão*), où se déroulent des concerts en plein air *(lun. et vend. soirs)*. De là, des escaliers en pierre et des ruelles étroites, bordées de maisons colorées aux balcons en fer forgé, grimpent la colline jusqu'à la **Fortaleza de N.S. de Conceição**, construite au sommet d'un morne en 1713 (*℘(21) 2223 2177, lun.-jeu. 7h-16h, vend. 7h-12h- entrée libre*). Ses bâtiments abritent une collection de cartes anciennes ; à voir également la chapelle et de belles vues sur le port en contrebas.
Redescendre par la Ladeira do João Homem jusqu'à la Praça Mauá.

Autour de la praça Pio X PLAN I

La Praça Pio X conclut la longue perspective dessinée par l'Av. Presidente Vargas (4,5 km), large artère qui marque une frontière entre les quartiers populaires de la zone portuaire, au nord, et le centre historique au sud. C'est à ses abords et sur l'Av. Rio Branco que s'étend le quartier des affaires de Rio.

★ Igreja de N. S. da Candelária PLAN I, C2

Praça Pio X - ℘ (21) 2233 2324 - lun.-vend. 7h30-16h, dim. 9h30-13h, fermé sam.
Elle occupe l'emplacement d'un sanctuaire fondé en 1634 par le capitaine d'un vaisseau ayant miraculeusement survécu à une tempête. Bâtie en 1775, l'église actuelle ne fut consacrée qu'en 1811, en présence du prince régent. Profondément remaniée au 19e s., elle n'a conservé que sa façade originelle, mais a gagné une monumentale coupole de 630 t. Les portes en bronze, exécutées en France, furent présentées à l'Exposition universelle de Paris en 1900. Mélange de baroque et de néoclassicisme, le décor intérieur, en marbre polychrome, rompt avec la tradition des décors portugais en bois sculpté. De l'ensemble se dégage une impression de grande richesse.

★ Centro Cultural Banco do Brasil (CCBB) PLAN I, C2

R. Primeiro de Março 66 - ℘ (21) 2332-5120 - www.ccbb.com.br - tlj sf mar. 9h-21h (dim.20h).
Haut lieu de la vie culturelle carioca, le CCBB occupe l'ancien siège de l'établissement financier, d'architecture bancaire typique avec son hall en marbre et sa rotonde à colonnes coiffée d'une verrière. Un petit musée de la Banque a été aménagé dans les anciens bureaux luxueux et feutrés de la direction. Expositions, spectacles, théâtre, festival de cinéma... : surveillez la programmation, souvent de qualité. Également une librairie et une cafétéria *(9h-21h)*, ainsi qu'un distributeur.

★ Casa França-Brasil PLAN I, C2

R. Visconde de Itaboraí 78 - ℘ (21) 2332 5275 - www.casafrancabrasil.rj.gov.br - mar.-dim. 10h-20h.
Voisin du CCBB, ce **centre culturel**, créé en 1990, occupe l'ancienne Halle de commerce (1819). Cet élégant bâtiment, œuvre de l'architecte Grandjean de Montigny

de la Mission artistique française, en 1816, fut commandé par le roi du Portugal João VI pour donner du lustre à la cité dans laquelle il venait de s'installer. En 1821, la foule s'y massa pour réclamer la présence permanente de la cour à Rio, temps fort de la marche du pays vers l'indépendance. Concerts, expositions, théâtre.

Centro Cultural dos Correios PLAN I, C2

R. Visconde de Itaboraí 20 - ✆ (21) 3088 3001 - www.correios.com.br - mar.-sam. 12h-19h.

Cette fondation de la Poste brésilienne, dont elle occupe un ancien bâtiment (1922), fut inaugurée en 1993. Concerts, pièces de théâtre et expositions : sa programmation est variée.

On gagne rapidement la Praça XV de Novembro en empruntant un dédale de ruelles coupé par la Rua Primeiro de Março. Bruissant d'une intense activité en semaine, ces ruelles, leurs boutiques et leurs restaurants sont déserts le w.-end. La **Rua do Ouvidor★** se souvient qu'elle fut le centre de l'élégance carioca au 19e s. C'est là que se dresse l'**Igreja N. S. da Lapa dos Mercadores★** (1750), élevée par les commerçants du quartier en l'honneur de leur patronne. Elle fut remodelée dans un style néoclassique au 19e s. Tout près, la jolie **Travessa do Comércio**, bordée de belles façades coloniales, est enjambée par l'**Arco do Teles★** (18e s.), construction coloniale typique de Rio.

1

★★ Praça XV de Novembro PLAN I, C2

M° Uruguaiana ou Carioca.

Familièrement appelée Praça XV (prononcez « praça quïns ») par les Cariocas, la plus vieille place de Rio est aussi l'une des plus belles. Son histoire commence en 1590, quand les frères carmélites y édifient un monastère sur une rive sableuse. Baptisée jadis Largo do Carmo puis place du Palais, elle fut renommée à la mémoire de la proclamation de la République, le 15 novembre 1889. Jusqu'au début du 20e s., elle était le principal point d'embarquement et de débarquement de la ville. Depuis que l'Av. Alfredo Agache emprunte un souterrain, creusé à la fin des années 1990, on peut de nouveau rejoindre le port à pied. La place, qui accueille une brocante tous les samedis *(6h-15h)*, y a beaucoup gagné.

Sur la place, la **Chafariz da Pirâmide** (1752), étonnante fontaine carrée surmontée d'une pyramide, est une œuvre de Mestre Valentim, considéré comme le plus grand sculpteur brésilien après Aleijadinho.

★ Paço Imperial PLAN I, C2

Praça XV de Novembro 48 - ✆ (21) 2215 2093 - amigosdopacoimperial.com.br - mar.-sam. 12h-17h.

L'élégante silhouette blanche de ce palais, joyau de l'architecture coloniale, domine la place. La fille de l'empereur Pedro II y aurait signé, en 1888, la fameuse *Lei Áurea* abolissant définitivement l'esclavage. Bâti en 1743, l'édifice devient la résidence des vice-rois du Brésil quand Rio accède au rang de capitale de la colonie (1763). Il gagne un étage en façade lorsque le roi du Portugal João VI, fuyant l'avancée des troupes napoléoniennes, s'y installe en 1808. Siège du pouvoir à l'époque impériale (1822-1889), il est converti en poste sous la République. La décoration intérieure est alors détruite. Transformé en espace culturel en 1984, il accueille désormais des expositions. Le rez-de-chaussée comprend une bibliothèque, une cafétéria *(plats et bons gâteaux)* et un restaurant donnant sur le patio intérieur.

Le **Convento do Carmo** (1619), à l'angle de la Rua 7 de Setembro et de l'Av. Presidente Antonio Carlos, abrite la **Faculdade Cândido Mendes**. Après l'avoir transformé en annexe du palais, les souverains le firent relier à la cathédrale par un passage suspendu (disparu), pour éviter d'avoir à emprunter la rue.

★ Igreja de N. S. do Carmo da Antiga Sé PLAN I, C2

R. Primeiro de Março, à l'angle de R. 7 de Setembro - ✆ (21) 2242 7766 - www.antigase.com.br - lun.-vend. 7h-16h, sam. 9h30-12h30, dim. 9h-13h.

Sa tour-clocher, bâtie en 1761 puis reconstruite en 1905, se dresse sur le flanc ouest de la place, là où s'élevait la chapelle des Carmélites (1590-1754). João VI, installé dans le Paço Imperial tout proche, décida d'en faire sa chapelle royale. Cathédrale métropolitaine de 1890 à 1980, elle perdit son titre quand fut édifiée la Catedral Metropolitana (*p. 58*).

Derrière l'église, remarquez l'**Oratório de N. S. do Cabo da Boa Esperança**, survivant de l'époque coloniale.

★ Igreja da Ordem Terceira de N. S. do Monte do Carmo PLAN I, C2

R. Primeiro de Março - ✆ (21) 2242 4828 - lun.-vend. 8h-16h, sam. 8h-11h.

Jouxtant l'ancienne cathédrale, cette église (1755) s'inscrit dans un important ensemble appartenant à l'ordre des Carmélites. Sa façade en granite gris, coiffée de deux tours-clochers, est typique de l'architecture portugaise. Baroque et néoclassicisme s'y côtoient, avec un beau blason de la Vierge (importé du Portugal en 1761) au-dessus du portail. L'intérieur – une nef unique au décor doré, coiffée d'une coupole – renferme des sculptures de Luís da Fonseca et de son élève, le futur Mestre Valentim.

Palácio Tiradentes PLAN I, C2-3

R. Primeiro de Março - ✆ (21) 2588 1000 - www.palaciotiradentes.rj.gov.br - lun.-sam. 10h-17h, dim. et j. fériés 12h-17h - gratuit - ♿.

La façade pompeuse ne trompe pas sur la fonction officielle de ce palais : siège de l'Assemblée constituante du Brésil de 1926 à 1961, il accueille aujourd'hui la Chambre des députés de l'État de Rio de Janeiro depuis le transfert de la capitale à Brasília. Il fut construit à la place de la prison où le héros de l'indépendance Tiradentes fut incarcéré avant son exécution (sa statue se dresse devant le bâtiment). À voir : la salle des délibérations et sa coupole en verre bleuté.

La Praça XV se prolonge en une esplanade qui aboutit au port d'embarquement des ferries pour Niterói et l'Ilha de Paquetá. Le bâtiment jaune de l'**Estação das Barcas** ajoute une touche d'élégance à ce quartier qui attire encore quelques pêcheurs. C'est l'un des meilleurs points de vue sur le **pont de Niterói** et l'Ilha Fiscal.

Espaço Cultural da Marinha PLAN I, C1

Avenida Alfred Agache - ✆ (21) 2532 5992 -www.marinha.mil.br -mar.-dim. 11h-16h30 - 20 R$.

Ce musée maritime occupe les anciens docks de la douane. On peut grimper à bord de plusieurs navires à flot : une reproduction fidèle d'une caravelle du temps de la découverte des Amériques, un aviso de 1957 ou encore un sous-marin de 1973 dont vous pourrez parcourir les étroites coursives. Claustrophobes s'abstenir.

Ilha Fiscal PLAN I, D1

Départ (par goélette ou par mininus selon la météo) : Espaço Cultural da Marinha (voir ci dessus) - jeu.-dim. 12h30, 14h et 15h30 - comptez 2h de visite, trajet inclus - 30 R$ (entrée à l'espace culturel incluse).

L'îlot, relié à la terre par une digue, doit son nom aux douanes portuaires qui y étaient installées. Il abrite un palais néogothique (1888) digne de *La Belle au bois dormant*, dont la flèche culmine à 53 m. Le dernier bal de l'Empire brésilien y fut donné quelques jours avant la chute de Pedro II, en 1889.

Castelo PLAN I, D3-4

Coincé entre l'Av. Presidente Antônio Carlos et l'aéroport Santos-Dumont, ce quartier a vu sa physionomie changer lorsque fut arasé le Morro do Castelo, en 1922, et aménagé l'aéroport sur des terrains gagnés sur la mer, dans les années 1940.

★★ Museu Histórico Nacional PLAN I, D3

Praça Marechal Âncora - ✆ (21) 3299 0324 - www.mhn.museus.gov.br - merc.-vend. 10h-17h, sam.-dim. 13h-17h - gratuit - ✕.
Inauguré en 1922, ce vaste musée passe pour être l'un des plus importants du Brésil. Il occupe l'ancien fort Santiago (1603), sur ce qui était alors une pointe rocheuse stratégique pour la défense de la ville. Rebaptisé Calabouço en 1693, le fort servit de prison pour les esclaves. Un dépôt de munitions, la Casa do Trem (1762), puis un arsenal (1764) y furent ensuite adjoints.
La visite débute par une exposition très didactique sur l'histoire des peuples amérindiens et leur rencontre avec les Portugais (gravures, artisanat, arcs, masques...). Puis la société coloniale est évoquée à travers le mode de vie des Européens (mobilier, photos, objets usuels), l'économie des grandes fortunes du café, de la canne à sucre et de la mine et leur contrepoint, l'esclavage. Depuis les salles consacrées à l'empire (tableaux), on aperçoit le superbe patio où sont alignés des fûts de canon. Le rez-de-chaussée abrite une intéressante collection d'art sacré (peintures, croix, statues en bois et en ivoire). La visite s'achève par la salle des calèches et chaises à porteurs.
Perdue au milieu du flot urbain, à l'angle de la R. Santa Luiza et de l'Av. Presidente Antônio Carlos, l'**Igreja de Santa Luzia**★ (1732 ; PLAN I, C4) doit se rappeler avec nostalgie le temps où elle se dressait sur un terrain vide, face à la plage... Les deux tours-clochers datent du profond remaniement effectué en 1872. Messages et billets sont déposés devant la statue de N. S. dos Navegantes.

Igreja de N. S. de Bonsucesso PLAN I, D3

Largo da Misericórdia - ✆ (21) 2220 3001 - lun.-vend. 7h-15h30.
José de Anchieta (1534-1597), originaire des îles Canaries, est un père jésuite qui a joué un rôle important dans l'établissement de noyaux de peuplement colonial au Brésil et dans l'évangélisation des Amérindiens. En 1582, il fit construire une cabane près du Morro do Castelo pour traiter l'équipage de Diogo Flores de Valdez souffrant de fièvres. Un début modeste pour ce qui allait devenir la **Santa Casa da Misericórdia** de Rio de Janeiro, complexe hospitalier qui joue toujours un rôle important. Immédiatement après, en 1594, Anchieta fit ajouter une chapelle édifiée en terre battue. Celle-ci connut une série de réformes jusqu'à devenir, au 18e s., l'Igreja de Nossa Senhora de Bonsucesso. Sa façade élégante, bien que modeste, est de style architectural **baroque** jésuite. L'intérieur offre une décoration simple, en blanc et doré, typique des temples consacrés à la Vierge.

★★ Museu de Arte Moderna PLAN II, B1

Av. Infante Dom Henrique 85, Parque Do Flamengo - M° Cinelândia - ✆ (21) 3883 5600 - mam.rio - merc.-sam. 10h-18h, dim. 11h-18h (fermeture de la billetterie 30mn avant) - gratuit mais contribution bienvenue 20 R$ (10 R$).
L'édifice d'Affonso Reidy (1958) prend place dans le vaste parc paysager dessiné par Burle Marx sur les terrains gagnés sur la mer, l'**Aterro do Flamengo**, non loin

Une ville capitale

On estime à 100 000 le nombre d'Amérindiens vivant dans la région au moment de l'arrivée des Européens. Parmi les sept groupes qui les constituaient, Tupis, Tupinambás, Guaranis, Temiminós et surtout Tamoios étaient les plus nombreux.

L'arrivée des Européens

Lorsque l'expédition de **Gaspar de Lemos** débarque dans la baie de Guanabara le 1er janvier 1502, l'explorateur portugais croit qu'il s'agit de l'embouchure d'une rivière qu'il baptise Rio de Janeiro (rivière de janvier). La découverte du *pau-Brasil* (brésillet), cet arbre dont on extrait une teinture rouge, suscite la convoitise des nouveaux venus, bientôt imités par les Français. Des relations de troc plus ou moins pacifiées s'établissent avec les peuples amérindiens. Des huguenots français, commandés par Nicolas de Villegagnon, s'installent les premiers dans la baie, en 1555. Ils optent pour une petite île, aujourd'hui occupée par l'école navale de la marine et reliée à l'aéroport Santos-Dumont. L'expérience ne durera que cinq ans : en 1560, Mem de Sá, gouverneur portugais, installé à Salvador, s'empare du fort avec l'aide d'Amérindiens. En 1567, les Portugais déplacent la petite colonie qu'ils ont fondée deux ans plus tôt au pied du Pain de Sucre, sur la colline de Descanso, et la rebaptisent São Sebastião de Rio de Janeiro. Une forteresse est élevée au bord de la baie (actuel Museu Histórico Nacional). Au terme d'une lutte féroce, les Tamoios sont décimés ; les autres peuples amérindiens sont « pacifiés ». Lorsque le Brésil est divisé en deux capitaineries, Rio a acquis une telle importance qu'elle prend la tête de celle du Sud, Salvador conservant celle du Nord. En 1576, Salvador redevient néanmoins l'unique capitale du Brésil ; en 1608, Rio gagne le statut d'évêché. La découverte des mines du Minas Gerais, dont Rio est le débouché commercial naturel, attire les Français, définitivement repoussés toutefois en 1711. Au 18e s. commence alors l'âge d'or de Rio. Prenant acte de cet essor, le vice-roi du Brésil s'y installe en 1763 et en fait sa capitale.

Rio capitale

En 1808, fuyant l'avancée des troupes napoléoniennes devant Lisbonne, le prince-régent du Portugal, le futur João VI, débarque à Rio avec sa cour (pas moins de 15 000 personnes) à bord de 40 navires. L'épisode marque un tournant, car le souverain tombe sous le charme de la ville. En 1815, Rio devient même la capitale du royaume uni de Portugal, du Brésil et des Algarves. Installé dans le Paço Imperial, João fait embellir la Praça XV et élever de nouveaux bâtiments. En 1816, la Mission artistique française, dirigée par Joachim Lebreton, est invitée à constituer le noyau d'une Académie des beaux-arts. En font partie le peintre Jean-Baptiste Debret et l'architecte Grandjean de Montigny ; ce dernier dote la ville d'édifices d'inspiration néoclassique, comme la Halle de commerce (actuelle Casa França-Brasil). L'époque voit aussi émerger des idées nouvelles qui gagnent la population, favorisant l'instauration de l'indépendance du Brésil, en 1822. Rio est la capitale du nouvel empire. À la fin du 19e s., bénéficiant des retombées économiques du boom du café, la ville s'étend. Elle englobe bientôt São Cristóvão, Tijuca, Glória, Catete, Flamengo et Botafogo, où les riches barons du café se font construire de somptueuses demeures.

Avec le déclin de cette culture et après l'abolition de l'esclavage, la capitale connaît un important essor démographique : beaucoup d'esclaves s'y installent, ainsi que de nombreux émigrants européens. À la fin du 19e s., Rio compte 1 million d'habitants.

La révolution architecturale

L'instauration de la République en 1889 n'interrompt pas la tendance, mais le style architectural connaît une révolution. Paris sert de modèle, et de larges avenues sont percées, à la manière de celles du baron Haussmann, comme l'Av. Central (future Av. Rio Branco). La Praça Floriano se couvre d'édifices élégants : le Theatro Municipal, la Biblioteca Nacional et le Museu Nacional de Bela Artes. Après la Première Guerre mondiale, Rio se dote de somptueux hôtels-palaces (Glória, Copacabana) et devient ainsi une destination exotique courue de la jet-set américaine. Incorporée à la ville depuis le percement du Túnel Velho (1892) et du Túnel do Leme (1906), Copacabana bénéficie de l'engouement de l'époque pour le tourisme balnéaire. D'énormes travaux de terrassement des *morros* sont réalisés pour bâtir de nouveaux quartiers et tracer des axes de circulation. Dans les années 1940-1950, l'aéroport Santos-Dumont et le Parque Flamengo sont aménagés sur des terrains gagnés sur la baie grâce à des remblaiements, et de nouveaux tunnels sont percés.

Rio « provinciale »

Lors du transfert de la capitale fédérale à Brasília, en 1960, pour tenter d'enrayer le départ des sièges sociaux des grandes entreprises et pour désengorger la ville, un immense quartier est créé de toutes pièces, dans les années 1970-1980, à Barra da Tijuca. Au cours de la décennie suivante, un grand programme est lancé visant à englober les favelas dans la politique urbaine de la ville et à revitaliser le Centro. En prévision de la Coupe du monde de football en 2014 puis des Jeux olympiques en 2016, Rio entame de grands travaux d'infrastructure et de revitalisation urbaine, afin de rattraper son retard face à sa grande rivale, São Paulo. La baie de Guanabara est en partie dépolluée, de nouvelles lignes de métro et de tramway sont mises en service, des musées inaugurés, les favelas de la zone sud pacifiées. Mais la récession qui frappe le pays depuis 2014 touche la ville de plein fouet : grosses difficultés financières et énorme déficit. Certains établissements culturels ont fermé leurs portes, comme la Casa Daros, à Botafogo, après seulement 2 ans d'existence ; d'autres restent en chantier, tandis que la gigantesque Cité des arts, dessinée par l'architecte français Christian de Portzamparc se dresse à Barra da Tijuca, le quartier du village olympique et des principaux sites des Jeux, aujourd'hui miné par l'éclatement de la bulle immobilière.

de l'aéroport Santos-Dumont. Consacré à la sculpture et à la peinture contemporaines, le musée a perdu une grande partie de ses œuvres lors d'un tragique incendie en 1978. Mais il a retrouvé son prestige grâce à l'acquisition, en 1992, d'une partie de la célèbre **collection Gilberto Chateaubriand**, composée de 6 400 pièces : les plus grands noms de la sculpture brésilienne et internationale (Alfredo Ceschiatti, Émile-Antoine Bourdelle, Auguste Rodin, César, Constantin Brancusi, Bruno Giorgi) côtoient l'avant-garde (Jorge Barrão, Florian Raiss, Ernesto Neto, Felipe Barbosa). Les œuvres sont présentées par roulement au 1er étage de l'édifice – remarquez le superbe **escalier circulaire★** pour y accéder –, suivant cinq thématiques.
Juste à côté du Museu de Arte Moderna, sur une grande esplanade, se trouve le **monument aux morts de la Seconde Guerre mondiale**.

Largo da Carioca PLAN I, B-C3

M° Carioca.
Cette vaste esplanade piétonnière s'étire entre la butte du monastère et une rangée d'immeubles modernes, parmi lesquels les sièges de la compagnie pétrolière Petrobras et de la Banque nationale de développement.

★★ Convento et Igreja de Santo Antônio PLAN I, B3

Largo da Carioca - entrée dans le petit square de l'esplanade par un tunnel conduisant à un ascenseur - www.franciscanos.org.br - lun.-vend. 9h-19h, dim. 9h-12h -10 R$.
Vue de l'esplanade, la silhouette blanche du monastère apparaît comme une douce anomalie au milieu des gratte-ciel. Mais, une fois gagné son parvis, la foule pressée du Largo da Carioca semble soudain bien lointaine et les immeubles, dérisoires. Les Franciscains choisirent le sommet de cette colline pour édifier leur monastère (1608-1616), à côté d'une église préexistante, remaniée (1617-1620) dans le style baroque. C'est dans ce couvent que nombre de Cariocas trouvèrent refuge lors de l'invasion française (1710). L'abside de l'église, au décor en bois sculpté et doré, rehaussé théâtralement de rideaux rouges, contraste avec la sobriété de la nef aux murs blancs carrelés d'azulejos contemporains (en partie basse). De chaque côté, deux orgues surmontées d'anges sculptés se font face. Notez la frise qui orne la mezzanine, hommage des Franciscains à leurs frères morts en martyrs. Ne manquez pas le confessionnal attenant (18e s.), son splendide plafond peint et son mobilier d'époque.

★★★ Igreja da Ordem Terceira de São Francisco da Penitência PLAN I, B3

Largo da Carioca 5, à droite de l'église Santo Antônio - mar.-vend. 9h-16h, sam. 9h-12h- 10 R$.
À l'entrée, un petit musée renferme les statues de saints véhiculées lors de la procession des Cendres, notamment un étonnant Saint Louis en costume Louis XIII ! Œuvre de Manuel et Francisco Xavier de Brito, l'exubérant décor en bois doré de l'église (1700-1737) forme l'un des spécimens les plus aboutis de l'art baroque brésilien. *L'Apothéose de saint François*, au plafond de la nef, œuvre de Caetano da Costa Coelho, est le premier exemple de représentation en perspective au Brésil.
Le tracé de la **Rua da Carioca**, sur le flanc nord du monastère et du Largo da Carioca, date de 1741, quand les moines franciscains cédèrent des terrains à la ville pour la construction d'un hôpital.

★ Praça Tiradentes et praça da República PLAN I, A-B3

Entre la R. Uruguaiana et le Campo de Santana, la ville affiche une vocation résolument commerçante et populaire, invitation à s'immerger dans un Rio non touristique **(quartier Saara)**. Le **Mercado Popular** de la R. Uruguaiana est le cœur de l'activité commerciale : l'occasion d'une plongée dans le quotidien des Cariocas. On y découvrira aussi une poignée d'églises dignes d'intérêt.

Igreja de N. S. do Rosário e São Benedito PLAN I, B2-3

R. Uruguaiana 77 - ✆ (21) 2224 2900 - lun.-vend. 7h-17h, sam. 8h-13h - musée : lun.-vend. 8h-17h - 4 R$.

Cette église fut bâtie entre 1700 et 1725 par la confrérie de Notre-Dame du Rosaire et consacrée cathédrale en 1735 ; il ne lui reste que sa façade après un incendie en 1967. Elle fut le théâtre d'épisodes importants de la lutte pour l'abolition de l'esclavage. À la fin du 18e s., les Noirs de la confrérie y organisaient des processions dansées, inspirées des fêtes de la cour du roi du Congo et que de nombreux spécialistes tiennent pour être à l'origine du carnaval. .

★★ Real Gabinete Português de Leitura PLAN I, B3

R. Luís de Camões 30 - ✆ (21) 2221 3138 - www.realgabinete.com.br - lun.-vend. 10h-17h.

Fondé en 1837 à l'initiative d'un groupe de 43 immigrants portugais, ce merveilleux bijou néogothique frappe par l'élégance de sa façade autant que par sa haute salle bardée de rangées de livres anciens. Dans une atmosphère rappelant celle d'une église, où la lumière filtre à travers de délicats vitraux colorés, des lecteurs studieux tentent de composer avec le flot des curieux.

Aux abords de la Praça Tiradentes, le **Centro Cultural Carioca** et le **théâtre João Caetano** sont des hauts lieux de la vie culturelle à Rio.

Avec ses 1200 boutiques et ses 70 000 visiteurs quotidiens, le secteur des **Praça Tiradentes** et **Praça da República,** ★ est un véritable souk brésilien. Des ruelles colorées attirent la foule en période de carnaval, car on y trouve tout le nécessaire pour confectionner des parures. Cette *Feria Saara* doit son nom à l'association des commerçants *(Sociedade dos Amigos das Adjacências da Rua da Alfândega)*. Syriens, Libanais, Juifs, Grecs et Turcs s'y installèrent au tournant du 20e s. comme colporteurs, avant d'élever leurs maisons, boutique au rez-de-chaussée, habitation à l'étage. Par la suite, des immigrants chinois, coréens et japonais les ont rejoints. Après Praça Tiradentes et Praça da República, on appréciera une halte dans le vaste **Parque Campo de Santana** (PLAN I, A3), l'un des rares espaces verts du centre de Rio.

L'Orient à Rio

Le fait est peu connu, mais la **communauté libanaise** brésilienne compte environ 7 millions d'individus, descendants d'immigrants arrivés par vagues au début du 20e s., dans les années 1940 et pendant la guerre du Liban, à la fin des années 1970. La plupart sont commerçants, parfois restaurateurs (le *kibe*, l'*esfira* sont passés dans la cuisine carioca) ; d'autres ont brillé dans des domaines différents, tel le réputé philologue Antonio Houaiss, ancien ministre de la Culture, les linguistes Adriano da Gama Khoury et Saïd Ali, les écrivains Raduan Nassar, Arnaldo Jabor et , le musicien de bossa-nova João Bosco, ou les politiciens Michel Temer, ancien président de la République, Tasso Gereissati, Victor Buaiz et Antonio Britto, anciens gouverneurs d'État.

Dans sa partie nord, près de la Praça Tiradentes, la **Rua do Lavrádio** est bordée de bars, de restaurants et de magasins d'antiquités et de brocante occupant le rez-de-chaussée de maisons coloniales. Elle rejoint **Lapa** en longeant la cathédrale. Une brocante s'y tient chaque premier samedi du mois.

★ Cinelândia PLAN I, C4

M° Cinelândia.

★ Catedral Metropolitana de São Sebastião PLAN I, B4

Av. República do Chile 245 - ✆ (21) 2240 2669 - www.catedral.com.br - 7h-17h.
Avec ses 106 m de haut sur une base de 96 m de diamètre, cet énorme cône de béton, érigé par l'architecte Edgar de Oliveira da Fonseca entre 1964 et 1976, ne fait pas l'unanimité. La porte principale de la cathédrale (18 m de haut), ornée de bas-reliefs en bronze, ouvre sur un immense volume intérieur, libre de toute structure – 20 000 personnes peuvent y prendre place, dont 5 000 assises. À chaque point cardinal, un immense **vitrail** dévale du sommet à la base et chacun représente un attribut de l'église. Le sous-sol abrite un petit **musée d'Art sacré** *(mar., merc. et vend. 9h-16h, w.-end 9h-12h - 5 R$)* et un colombarium.
La **Praça Marechal Floriano**, communément appelée Cinelândia par les Cariocas en souvenir du temps où elle abritait de nombreux cinémas (seul l'Odéon a survécu), reste le cœur du Rio contemporain, lieu privilégié des manifestations politiques.

★★★ Theatro Municipal PLAN I, C4

Entrée : Praça Floriano - billeterie sur le flanc gauche, Av. Treze de Maio - ✆ (21) 2332 9191 - www.theatromunicipal.rj.gov.br - visite guidée seult (50mn), en portugais : lun. 11h et 15h, mar. 11h et 15h30, jeu. 11h et 14h, sam., 11h et 12h30 ; en anglais et espagnol : jeu. et vend. 16h - 20 R$.
Lors de son ouverture, le 14 juillet 1909, l'édifice, inspiré du **palais Garnier**, fit la fierté de la ville. Le nouveau théâtre s'inscrivait, avec le percement de l'Av. Rio Branco sur le modèle des avenues parisiennes, dans un plan général de remodelage du centre-ville, la capitale française donnant alors le *la* en matière d'architecture. Œuvre des architectes Francisco de Oliveira Passos (brésilien) et Albert Guilbert (français), il comprend une salle de 2 360 places (32 m de haut) et une scène de 28 m de profondeur. La grande fresque du plafond a été réalisée par l'artiste Eliseu Visconti. L'escalier monumental en onyx, dans l'entrée, est agrémenté de lustres et de statues. Dans l'ancien restaurant du sous-sol, de grands bas-reliefs en céramique, d'inspiration mésopotamienne, forment un décor aussi charmant qu'incongru. Six cents personnes travaillent dans ce lieu qui accueille un orchestre en résidence et un corps de ballet. Lors de son centenaire, le théâtre a fait l'objet d'importants travaux de rénovation.
Le fonds très riche de la **Biblioteca Nacional** *(Av. Rio Branco 219 - ✆ (21) 2220 3040 - lun.-vend. 9h-19h, sam. 10h30-15h - gratuit - visite guidée en anglais et espagnol lun.-vend. 14h)*,, la plus grande bibliothèque d'Amérique latine, trouve son origine dans les collections apportées par le roi du Portugal en 1808. L'intérieur du bâtiment (1910) impressionne par son architecture imposante et ses œuvres d'art monumentales.

★★★ Museu Nacional de Belas Artes PLAN I, C4

Av. Rio Branco 199 - ✆ (21) 3299 0600 - www.mnba.gov.br - mar.-vend. 10h-18h, w.-end et j. fériés 13h-18h (fermeture de la billetterie 30mn avant) - 8 R$ (gratuit le dim.) - fermé pour travaux lors de la rédaction du guide, pas de réouverture, se rens.

Theatro Municipal.
G. Gräfenhain/mauritius images/age fotostock

Logé dans un bâtiment de 1908 de style éclectique, le plus grand musée du Brésil tire l'origine de sa collection des œuvres laissées par la Mission artistique française en 1816 et par le roi João VI du Portugal en 1821. Parmi les 18 000 pièces (surtout des peintures) qu'il abrite, on distinguera, pour le 19e s., le *Portrait de Dom João VI*, par **Debret**, *La Bataille des Guararapes (1875-1879)* et *La Première Messe au Brésil*, de **Vítor Meirelles** (1832-1903), *La Bataille du Avaí*, de **Pedro Américo** (1843-1905), *Paysans à la chasse*, d'**Almeida Júnior** (1850-1899), ainsi que les paysages de **Castagneto** (1851-1900) et de **Caron** (1862-1892). Parmi les modernes figurent **Tarsila do Amaral** (1886-1973), **Maria Leontina** (1917-1984), **Candido Portinari** (1903-1962), **Ivan Serpa** (1923-1973), **Iberê Camargo** (1914-1994) et **Alberto Guignard** (1896-1962). Ne manquez pas l'immense triptyque cubiste de **Di Cavalcanti** (1897-1976) *Navire négrier*, ainsi que les œuvres de **Lasar Segall** (1891-1957), du groupe Santa Helena, précurseur de l'art moderne à São Paulo dans les années 1920.
L'art contemporain est notamment représenté par **Paulo Pasta** (1959), **Eduardo Sued** (1925) et **Jorge Guinle** (1947-1987). Notez le tableau « warholien » de **Rubens Gerchman** (1942) *La Télévision*, et le surprenant effet de perspective de *La Piscine*, de **Paulo Campanho**. La collection de gravures, l'une des plus importantes du Brésil, a pour figure de proue **Carlos Oswald** (1882-1971). On admirera enfin la belle série du préimpressionniste français **Eugène Boudin** (1824-1898). Des expositions temporaires (payantes ou gratuites) sont régulièrement proposées.

★ Palácio Capanema

Croisement R. Araújo Porto Alegre et Av. Graça Aranha.
Œuvre de Lucio Costa, Le Corbusier, Niemeyer (qui y gagna la célébrité) et Burle Marx pour les jardins suspendus, le Palácio Capanema (1947) est un des premiers édifices modernistes de Rio. Tout de verre et de béton, il semble flotter au-dessus de la rue sur une forêt de piliers étroits. Au rez-de-chaussée, **azulejos** de Paulo Rossi, de toute beauté. L'édifice a fait l'objet d'une rénovation complète en 2018.

Un tramway nommé désir

Inauguré en 1874, le **Bonde** (prononcez « bondji »), tracté par des animaux avant d'être électrifié en 1891, est le dernier tramway traditionnel d'Amérique du Sud. Il relie le Centro *(Estação dos Bondes, R. Lélio Gama 105-* PLAN I, B4 *-www.bondesdesantateresa.rj.gov.br - ttes les 30mn - lun.-vend. 8h-17h, sam.-dim. 9h-16h - 20 R$)* à Santa Teresa (terminus Dios Irmãos). Avant 2011, le wagon étant totalement ouvert sur les côtés, gamins des rues et Cariocas pressés (ou fauchés) attrapaient le Bonde en marche et voyageaient gratuitement sur le marchepied. Les accidents étaient assez fréquents, surtout lors du passage sur l'aqueduc. Entretien défaillant, subventions inexistantes ou détournées, tout le monde a souligné la vétusté du tramway. En août 2011, le Bonde a déraillé dans un virage de la R. Joaquim Murtinho, faisant 6 morts et 57 blessés (bien que le tramway eût une capacité maximum de 44 places...). Il a alors arrêté de fonctionner. Quatre ans plus tard, de nouvelles rames ont été mises en service. Avec sa structure en acier renforcé, le nouveau matériel roulant répond aux exigences de sécurité.

★ Lapa PLAN II

La réputation sulfureuse du quartier remonterait au 18e s. Dans les années 1930, une foule interlope se presse dans ses cabarets... et ses bordels. Mais Lapa est aussi le centre de la vie intellectuelle et artistique : on y trouve une école de musique et un parc. Depuis le début des années 2000 et le spectaculaire renouveau du quartier, bars et dancings réinvestissent les vieux édifices. L'esprit bohème est de retour. Les Cariocas y viennent, à la sortie des bureaux et le week-end, boire un verre, danser et écouter de la musique. Samba, forró et choro s'échappent des bars jusqu'au bout de la nuit.

La longue ligne blanche que dessinent les **Arcos da Lapa★★** – ou Aqueduto da Carioca – est une des icônes de Rio. Vestige de l'époque coloniale (1750), il est formé d'une double rangée d'arcs superposés. Il approvisionnait autrefois 16 fontaines en eau du rio Carioca.

L'**Av. Mem de Sá**, aux multiples dancings et bars à musique, est La Mecque de la nuit carioca.

Véritable attraction touristique, l'**Escadaria Selarón★**, à la jonction entre Lapa et le quartier de Santa Teresa, doit son nom à l'artiste chilien Jorge Selarón. Cet escalier de 215 marches – qui s'élève de la R. Joaquim Silva jusqu'à la R. Pinto Martins – a été recouvert par plus de 2 000 carreaux de faïence venant de 120 pays différents. Un thème récurrent si l'on y prend garde : une femme enceinte noire.

Blottie dans un coin du Largo da Lapa (R. da Lapa 111), l'**Igreja da N. S. do Carmo da Lapa do Desterro** (PLAN II, B1, 18e s.) est en partie couverte d'azulejos.

★★ Santa Teresa PLAN II

Santa Teresa s'est développée autour du couvent du même nom, fondé par des carmélites portugaises en 1750. Au fil du temps, le quartier s'est étendu vers les hauteurs, attirant les classes aisées qui y firent élever des demeures aux allures de châteaux, aujourd'hui figées dans une splendide décadence. L'opulence n'est plus de mise, mais Santa Teresa reste chère au cœur des écrivains et des artistes. Il y flotte des restes de l'esprit bohème des années 1960 et 1970. Nombreux dans

Rythmes cariocas

Dans la seconde moitié du 19e s., Rio est le **creuset de plusieurs genres musicaux**. Apparu dans la classe moyenne, le choro réinterprète les nouvelles danses venues d'Europe, comme la polka, en y ajoutant la rythmique des percussions afro-brésiliennes et en laissant une large part à l'improvisation. Il s'affirme comme un style à part entière au début du 20e s., avec Chiquinha Gonzaga, Ernesto Nazareth, Pixinguinha et Jacob do Bandolim. Décrite par les élites comme « une musique de nègres et de voyous », la **samba** émerge vers 1916 à Santo Cristo, un quartier populaire du Centre, autour de João da Bahiana, Donga, Pixinguinha et Sinhô. Portée par le **carnaval**, elle s'affirme comme le rythme brésilien par excellence dès les années 1920. Depuis, la *samba carioca* a essaimé : *samba enredo*, associée aux défilés des écoles du carnaval ; *pagode*, né dans les années 1980 lors de fêtes organisées dans le quartier de Ramos ; et enfin *samba de mesa*, où les interprètes se tiennent assis derrière une table.

le quartier, les artistes organisent chaque année une journée portes ouvertes dans leurs ateliers. L'esprit de village, encore vivace, et le décor des ruelles pavées montant à l'assaut des collines valent à ce lieu atypique d'être souvent comparé à Montmartre. Les touristes ne s'y trompent pas, même s'il est déconseillé de se promener la nuit hors des rues animées.

1

Malgré son charme, Santa Teresa est immense et ne se parcourt pas facilement à pied. Le quartier s'étend sur un ensemble de *morros* surplombant Lapa (au nord), Glória (à l'est) et la forêt de Tijuca (à l'ouest). L'itinéraire du tramway, le fameux Bondinho de Santa Teresa, qui part de Lapa et gravit la R. Joaquim Murtinho, dessine l'axe principal, hors duquel on risque de s'égarer.

★★ Museu Chácara do Céu PLAN II, A1

R. Murtinho Nobre 93 - ✆ (61) 3521-4369 - merc.-lun. 12h-17h - 8 R$ (gratuit le merc.).

Mécène et amateur d'art éclairé, l'homme d'affaires Raimundo de Castro Maya (1894-1968) a constitué l'une des plus belles collections d'art contemporain du Brésil à l'occasion de ses multiples séjours à Paris (où il était né). Elle est exposée dans son ancienne demeure à l'architecture moderniste, noyée dans un jardin luxuriant. Matisse, Picasso, Dalí, Seurat, Míro côtoient les Brésiliens Guignard, Di Cavalcanti, Portinari… Le fonds comprend de superbes cartes (17e-18e s.), gouaches et gravures, ainsi qu'une remarquable série de **Jean-Baptiste Debret** (1768-1848).

★ Parque das Ruínas PLAN II, A1

R. Murtinho Nobre 169 - ✆ (21) 2224 3922 - jeu.-dim. 9h-16h.

La demeure de ce parc connut son âge d'or à partir des années 1920, quand la riche héritière Laurinda Santos Lobo (1878-1946), reine de l'élégance, y donnait des fêtes légendaires, fréquentées notamment par le compositeur Villa-Lobos, la danseuse Isadora Duncan et l'écrivain Anatole France. Après sa mort, en 1946, l'édifice sombra dans une lente décadence. Rénové de façon originale, il a aujourd'hui l'aspect d'une coquille vide avec ses façades en brique joliment décrépies. Transformé en centre culturel, il accueille concerts, expositions et cours de capoeira. Au sommet du belvédère : la **vue**★★ sur Rio est splendide, avec la baie d'un côté et le Centro de l'autre.

Le **Largo dos Guimarães**, sur le passage du Bonde, concentre une bonne partie des bars, restaurants et lieux culturels de Santa Teresa. Incontournable.

Non loin du Largo dos Guimarães, le **Centro Cultural Laurinda Santos Lobo** *(R. Monte Alegre 306 - ✆ (21) 2215 0618 - tlj sf lun. 10h-19h - fermé au moment de la rédaction du guide, se rens.)* porte le nom de la légendaire mécène du Rio élégant des années 1920. Il présente souvent des spectacles et des expositions intéressantes.

Museu Casa de Benjamin Constant PLAN II, A2

R. Monte Alegre 255 - ✆ (21) 3970 1177 - www.museucasabenjaminconstant.museus.gov.br - merc.-vend. 10h-17h, w.-end 13h-17h - 2 R$ (gratuit le dim.)- fermé pour travaux pour une durée indéterminée.

Ingénieur, général et ministre, ce héros de la République (1837-1891) porte le nom du philosophe français vénéré par son père comme par de nombreux Brésiliens. Transformée en musée, sa demeure affiche un charme à la fois bourgeois et martial. La visite des chambres des six enfants, de la salle à manger et de la salle de bains, au mobilier originel, plonge dans l'intimité du personnage et de son époque.

Le **Largo das Neves★** (PLAN II, A1) est situé au bout de la ligne du Bonde, au nord-ouest. Cette petite place ronde, dominée par une église, compte quelques bars avec terrasse. Un des lieux vivants du quartier.

★ Glória, Catete et Flamengo PLANS II ET III

La Zona Sul commence avec ces quartiers intermédiaires, entre le Centro et Botafogo, qui connurent leur essor dans la seconde moitié du 19e s., lorsque les barons du café y élevèrent de luxueuses demeures. Ils furent au centre de la vie mondaine de la capitale brésilienne durant la première moitié du 20e s. Si, à l'exception de **Flamengo**, ils ont perdu de leur splendeur, les immeubles d'époque y forment comme un livre ouvert où se lit l'histoire de la Cité merveilleuse : splendeur et décadence.

Glória, Catete et Flamengo se succèdent du nord au sud, le long de l'**Av. Infante Dom Henrique** qui borde le **Parque do Flamengo**, en front de mer. À l'intérieur, la **Rua do Catete** suit l'axe de la ligne de métro.

Glória PLAN II

Principaux points de repère de Glória : une église et un hôtel qui ressemble à un palace. Tous deux témoignent du lustre ancien de ce quartier, quand il bénéficiait de la proximité des centres de pouvoir installés dans le Centro et à Catete. Il accueillait alors députés et sénateurs fédéraux en visite dans la capitale, avant que celle-ci ne soit transférée à Brasília.

★★ Igreja de N. S. da Glória do Outeiro PLAN II, B2

Praça de N. S. da Glória 135 - ✆ (21) 2557 4600 - mar.-vend. 9h-16h, dim. 8h-12h.

Plantée au sommet d'une colline, sa belle silhouette étroite et blanche, légèrement rebondie, révèle toute sa grâce sous un éclairage nocturne. L'église jouit d'une jolie vue sur la Marina da Glória et le Parque do Flamengo. Ce joyau d'architecture coloniale (1714-1739), tout en sobriété, est flanqué d'une tour unique. Les **azulejos** qui ornent ses murs, à l'intérieur, sont remarquables.

Un ascenseur permet d'accéder à l'église (*R. do Rússel 312*), mais il est plus agréable de gravir à pied la ruelle pavée *(Ladeira da Glória)* qui débouche sur son parvis. Juste derrière l'église, le petit **Museu Mauro Ribeiro Viegas** *(mar.-vend. 9h-12h, 13h-17h, w.-end 9h-12h - 2 R$ - fermé au moment de la rédaction du guide, se rens.)* expose de l'art sacré.

Dans le **Parque do Flamengo**, la **Marina da Glória** *(www.marinadagloria.com.br)*, en forme d'escargot, abrite des voiliers au mouillage. Possibilité de faire une excursion en goélette dans la baie de Guanabara *(départ : 9h30 ; retour : 11h30 - 80 R$ - (21) 2225 6064 - www.saveiros.com.br)*.
Œuvre de l'architecte Afonso Eduardo Reidy et du paysagiste Burle Marx (*encadré page précédente*), le **Parque do Flamengo** (ou **Aterro do Flamengo**) s'étire sur 7 km (150 ha), de l'aéroport Santos-Dumont à l'anse de Botafogo. Il occupe les remblais gagnés sur la mer en 1960 (à l'aide de matériaux provenant de l'arasement du Morro San Antônio) pour résoudre les problèmes de circulation de la ville et qui ont bouleversé à jamais la physionomie du littoral carioca. Le parc compte de multiples équipements culturels (dont le musée d'Art moderne) et sportifs, ainsi qu'une plage artificielle, mais il souffre un peu d'être coupé de la ville par les voies rapides de l'Av. Infante Dom Henrique. Le jour, l'ambiance est familiale et sportive (football surtout) ; la nuit, il est formellement déconseillé de s'y promener.

Catete PLAN III

Colonne vertébrale du quartier, la très animée **Rua do Catete** relie le quartier de Glória, au nord, à **Flamengo**, au sud. Elle affiche une vocation résolument commerçante. Quelques rares façades colorées à deux étages et balcon en fer forgé évoquent une élégance révolue.

★★ Museu da República PLAN III, C1

R. do Catete 153 - (21) 3470 7692 - www.museudarepublica.museus.gov.br - 8h-18h - gratuit.
Ancien palais des présidents de la République, le **Palácio do Catete** (1857) a vu se succéder 18 chefs d'État entre 1897 et 1960. Son propriétaire initial, le baron de Nova Friburgo, riche planteur de café, le fit élever sur la rue à la demande de sa femme qui, dit-on, souhaitait observer l'animation de la ville depuis sa fenêtre. Les parures des premières dames sont exposées juste avant l'élégant **Salão Ministerial** (salon ministériel) ouvrant sur le parc. Le 1er étage abrite des salles qui servaient de chapelle privée, une salle des banquets (avec table dressée), une salle de concerts au superbe plancher marqueté et une étonnante salle mauresque, utilisée comme fumoir. L'émouvante chambre du président Vargas est restée en l'état depuis son suicide, en 1954. Enfin, l'étage des appartements privés accueille une exposition

Burle Marx (1909-1994)

Paysagiste mondialement connu, mais aussi peintre, architecte, naturaliste..., Burle Marx se prend de passion pour les plantes lors d'un séjour à Berlin. De retour à Rio, il s'inscrit aux Beaux-Arts et réalise son premier jardin, pour une maison privée conçue par Lucio Costa et Gregori Warchavchic (1932). À la fin des années 1930, son style, influencé par le cubisme, intègre des formes organiques et sinueuses. Il collabore avec les plus grands architectes modernistes de son temps, tels Niemeyer et Le Corbusier. Son immense connaissance de la flore brésilienne lui permet une parfaite maîtrise chromatique. Parmi ses œuvres majeures figurent les jardins de Pampulha, à Belo Horizonte, ceux du ministère des Affaires étrangères, à Brasília, le **Parque do Flamengo** et les fameux **motifs des trottoirs de Copacabana**, à Rio. De ses voyages à travers le Brésil il avait rapporté quantité d'essences qui lui ont servi à composer le fabuleux jardin de sa maison, à Barra de Guaratiba.

permanente sur la présidence (photos, objets divers). Des concerts de musique classique y sont organisés.
Le **Parque do Catete**, aménagé dans les anciens jardins de la présidence, recèle de superbes palmiers royaux, ainsi qu'un bassin et une grotte artificiels.

★ Museu do Folclore Edison Carneiro PLAN III, C1

R. do Catete 181 - ☏ (21) 3826 4325 - www.cnfcp.gov.br - mar.-vend. 10h-18h, w.-end 15h-18h - gratuit - fermé au moment de la rédaction du guide, se rens..
Amour, religion, football et musique : tout ce qui nourrit l'imaginaire et la ferveur des Brésiliens a trouvé matière à représentation dans l'art populaire. Près de 1500 œuvres émouvantes, souvent colorées et parfois surprenantes, provenant des quatre coins du Brésil, sont présentées dans une parfaite mise en scène. Travail du bois, de la terre cuite, des étoffes… l'imagination des artisans est sans limites. Une salle avec illustration sonore est consacrée aux costumes de *candomblé* et de *maracatu*. Petite boutique à l'arrière (beaux objets d'artisanat brésilien).

★ Flamengo PLAN III

À la différence de Glória et de Catete, Flamengo a conservé toute son élégance et les immeubles du front de mer, à Praia do Flamengo, sont toujours des adresses cotées. Avec la percée du tunnel vers Copacabana, il a toutefois perdu sa position centrale et s'est vu déserté par une partie du Tout-Rio.
L'étonnante maison flanquée d'une tour à toit pointu *(Praia do Flamengo 158, angle de R. Dois de Dezembro)* abrite le **Centro Cultural Oduvaldo Vianna Filho** *(jeu.-mar. 10h-18h, dim. 17h).*

★ Oi Futuro PLAN III, C1

R. Dois de Dezembro 63 - ☏ (21) 3131 3060 - www.oifuturo.org.br - merc.-dim. 11h-18h (musée : jusqu'à 17h).
La très avant-gardiste fondation culturelle de l'opérateur de télécommunications Oi , présente de remarquables **expositions** d'artistes brésiliens ou étrangers. Dans le petit **musée de la Télécommunication** *(tlj sf lun. 11h-17h)*, la collection de vieux téléphones publics et de cellulaires, et surtout les cabines high-tech pour expériences sensorielles sont réjouissantes. Également deux salles de théâtre et de cinéma.

Laranjeiras et Cosme Velho PLAN III

Du Largo do Machado, une échappée vers l'ouest mène à **Laranjeiras** et au **Cosme Velho**, refuge de la bourgeoisie intellectuelle. C'est d'ici que part le train qui conduit au Corcovado.
Située en retrait de la rue Cosme Velho… et en dehors du temps, la minuscule place pavée du **Largo do Boticário** *(R. Cosme Velho 822)* est bordée de jolies maisons coloniales multicolores.

★★★ Corcovado PLAN X

Les rues et le train menant au Christ Rédempteur partent de la Rua Cosme Velho.

★★★ Cristo Redentor PLAN X, B3

Gare : R. Cosme Velho 513 - ☏ (21) 2558 1329 - www.tremdocorcovado.rio - 8h-17h, w.-end 8h-18h - dép. des trains ttes les 20mn - trajet AR + entrée : 93,50 R$ (semaine) et 117,50 R$ (w.-end, j. férié, mi-déc.-mi fév.), 5-11 ans : 64 R$ (tlj).

La baie de Botafogo et le Corcovado.
marchello74/Getty Images Plus

Attention : les billets ne se prennent pas au départ du train le jour même (sauf rares places restantes) mais uniquement par réservation sur le site Internet ou dans les points de vente agréés (liste sur le site). Lors de la réservation, vous devrez choisir votre horaire. En métro, descendez à la station Largo do Machado ; bus nos 177 (Centro)/584 (Leblon via Copacabana), descendez en face de l'église São Judas Tadeu.

À l'aller, pour profiter des plus beaux points de vue, installez-vous à l'arrière du train, ou encore du côté droit.

Le parcours en **train à crémaillère**★★ (3 824 m ; *durée : 20mn*) à travers l'épaisse **forêt de Tijuca** constitue une merveilleuse introduction à la découverte du Corcovado. Inaugurée le 9 octobre 1884 par l'empereur Dom Pedro II, la voie était initialement empruntée par des trains à vapeur. Les trains électriques ont été mis en service en 1910. Le train marque un arrêt à mi-parcours au **Centro de Visitantes Paineiras**. Vous pouvez y faire étape, à l'aller ou au retour *(conserver bien votre ticket de train)*, pour visiter la petite exposition sur le Parque Nacional da Tijuca à l'étage *(gratuit, boutique de souvenirs au rdc, café)*.

On ne présente plus le **Christ Rédempteur**, symbole universel de la Cité merveilleuse et de sa foi catholique. Perché au sommet du Corcovado (« Le Bossu »), à 710 m d'altitude, il fait partie des incontournables. Les bras ouverts et le visage fermé, face à la baie de Guanabara, la statue ne fait guère ses 30 m de haut et ses 1145 t ! C'est à l'Église catholique qu'on doit le lancement d'un concours en vue d'élever un monument commémorant le centenaire de l'indépendance du Brésil (1922). La statue est l'œuvre de l'ingénieur brésilien Heitor da Silva Costa, avec la collaboration du sculpteur français Paul Landowski, qui signa les mains et le visage typiquement Art déco. Elle nécessita cinq ans de travaux et fut inaugurée le 12 octobre 1931 par le président Vargas. À l'occasion de ses 75 ans, on consacra la chapelle située à son pied et l'on peut désormais s'y marier ! De la plate-forme, quand le temps est découvert, la vue embrasse toute la ville et la baie de Guanabara. Des plans permettent de repérer les différents sites.

Botafogo

PLAN IV

Situé au croisement entre Flamengo, Copacabana et Jardim Botânico, Botafogo est un quartier où vivent les classes moyennes, siège de nombreuses entreprises. Il est parfois surnommé le Bairro das Escolas (quartier des écoles) ou le Bairro das Clínicas (quartier des cliniques).

★ Museu do Índio PLAN IV, A1

R. das Palmeiras 55 - ✆ (21) 3214 8705 - www.gov.br/museudoindio/pt-br - mar.-vend. 9h-17h30, w.-end et j. fériés 13h-17h - gratuit - fermé au moment de la rédaction, pas de date de réouverture annoncée, se rens.

Géré par la FUNAI, la Fondation nationale chargée de la protection des peuples autochtones et de leurs terres, le musée occupe une jolie maison basse (1880) et les salles d'exposition sont réparties entre le rez-de-chaussée et l'étage. Associé à un centre de recherche sur les peuples de l'Amazonie, il puise dans un fonds de 14 000 pièces pour organiser des expositions thématiques, présentées dans une savante mise en scène (animations sonores, vidéo, jeux de lumière). Fruit d'un subtil effort d'explication, ces expositions permettent une réelle approche des modes de vie et des cultures des Amérindiens. Replacés dans leur contexte, les objets sont parfois accompagnés de reportages réalisés au cours d'expéditions scientifiques, anciennes ou récentes. Dans le jardin trônent une cabane sur pilotis ainsi qu'une énorme hutte en feuilles de palmier où résonnent des chants amérindiens : n'hésitez pas à y pénétrer. Boutique d'artisanat.

★★★ Le Pain de Sucre

PLAN V

Après Botafogo, **Urca** est un quartier résidentiel atypique : à la fois proche du centre et totalement à l'écart, il possède plusieurs plages sur l'Atlantique et la baie de Guanabara. Mais si le coin a acquis quelque notoriété, c'est surtout en raison de la présence d'un certain éperon rocheux...

★★★ Pão de Açúcar (PAIN DE SUCRE) PLAN V, B2

Av. Pasteur 520 - ✆ (21) 2546 8433 - bondinho.com.br-- 8h30-20h (18h30 pour le dernier ticket), départ toutes les 20mn - 150 R$ (6-12ans 75 R$, - 6 ans gratuit).

Planté à l'entrée de la baie de Guanabara, le Pão de Açúcar culmine à 396 m seulement, mais offre un panorama que certains préfèrent à celui du Corcovado, pourtant bien plus élevé. Il offre en tout cas l'avantage d'être moins souvent masqué par la brume. À vous de trancher ! Son appellation provient d'une mauvaise interprétation par les Portugais du nom que lui donnaient les Amérindiens, *Paunh-Acuqua* (haut promontoire pointu et isolé), que justifiait effectivement la forme du massif. La montée en téléphérique s'effectue en deux temps, avec un changement au **Morro da Urca**. Quelle que soit l'heure, ne vous attendez évidemment pas à y être seul. Si le spectacle est éblouissant à chaque instant, le coucher de soleil attire toutefois une foule plus nombreuse : l'attente est alors plus longue pour embarquer dans le téléphérique...

On peut accéder au pied du Morro da Urca (220 m) en se promenant sur la **Pista Cláudio Coutinho** (PLAN V, A2). La balade est très agréable *(assez facile, compter env. 40mn jusqu'à la 1re étape, il est possible d'acheter sur place, au Morro da Urca, un billet pour la 2e partie du trajet en téléphérique)*. Quelques téméraires font même l'ascension à pied jusqu'au sommet (cordes indispensables avec guide professionnel) : sensations garanties !

Les favelas de Rio

Rio compte quelque 800 favelas, où réside près de 24 % de sa population. Parmi les plus emblématiques, Rocinha et Vidigal, situées dans la Zona Sul de Rio. Rocinha regroupe à elle seule environ 150 000 habitants, ce qui en fait la plus importante favela du Brésil.

Des évictions à la pacification musclée

Le terme *favela* vient du nom d'un arbuste du sertão. Lors de la guerre de Canudos, en 1897, les soldats avaient leur base sur le Morro de la Favela, dans l'État de Bahia, où l'arbuste proliférait. De retour à Rio, ils sont relogés sur les pentes du Morro da Providência, qu'ils rebaptisent du nom de leur ancien campement. À la fin du 19e s., l'exode rural qui pousse les paysans du nord vers la capitale fait bourgeonner huttes et cabanes sur les collines. La réforme urbaine des années 1902-1906 contraint, en outre, les plus pauvres des Cariocas à s'exiler du centre-ville vers les favelas. Dans les années 1940, ces dernières concentrent 14 % de la population. Ne pouvant plus les ignorer, les pouvoirs publics décident alors de les combattre. Sous la dictature militaire, à partir des années 1960, deux d'entre elles sont rasées ; 130 000 personnes sont expulsées et relogées dans de nouveaux ensembles en périphérie, loin du marché du travail. Au cours des années 1980, la pauvreté urbaine augmente, les favelas grossissent en taille et en nombre.

Depuis 2009, le gouvernement a investi dans la « **pacification** » des favelas en installant des Unidades de Polícia Pacificadora (UPP). Leur implantation a fait fuir les narco-trafiquants les plus importants, rendant ces zones plus sûres pour les habitants, sans toutefois éradiquer le trafic de drogue. Parallèlement, des moyens, hélas insuffisants, ont été mis en œuvre afin d'améliorer les conditions de vie : accès à l'eau et à l'électricité, ouverture d'écoles, de centres sportifs et de dispensaires, construction de logements sociaux en dur. Par ailleurs, certaines favelas ont été démolies lors de la préparation des Jeux olympiques, et près de 77 000 personnes expulsées.

Des favelas chics ?

Grâce à la campagne antiviolence et de lutte contre la pauvreté, les favelas de la zone sud, comme celle de **Santa Marta** aujourd'hui pacifiée, s'embourgeoisent un peu et s'ouvrent au tourisme (PLAN IV, A1). Depuis 2011, les « favela tours » se multiplient. En compagnie d'un guide, les touristes enfourchent une moto-taxi ou embarquent à bord d'un van et montent au sommet des collines, où s'offrent des vues spectaculaires sur la baie de Rio *(voir « Carnet pratique/ Visites guidées »)*. L'occasion pour eux de découvrir, par exemple, **Rocinha**. Coincée entre les quartiers chics de Gavéa et de São Conrado, elle est animée par de nombreux commerces. Visible depuis les plages d'Ipanema et Leblon, **Vidigal** avait été choisie pour recevoir le pape Jean-Paul II. Elle est devenue très tendance auprès de quelques bobos, qui y investissent dans l'immobilier. Des établissements chics surgissent : bars et *pousadas* branchés, galeries d'art et même une école de stylisme fondée par une Française… Mais au-delà des effets de mode, la réalité de la plupart des favelas reste la pauvreté et la violence est loin d'avoir disparu. Depuis la fin des JO de 2016, certaines favelas ont connu un regain d'insécurité, un phénomène lié à la baisse des investissements publics dans le programme de pacification.

Coincée entre le Morro da Urca et le Morro da Urubu, la **Praia Vermelha** (PLAN V, A2), sur l'Atlantique, semble à mille lieues de l'agitation de Rio. Réputée très sûre en raison de la proximité d'une base militaire, elle est en revanche plutôt sale.

★★★ Copacabana et Leme PLAN VII

Venant de Botafogo, la route s'engouffre dans un tunnel pour déboucher sur l'Av. Princesa Isabel qui file en droite ligne vers la plage, à 200 m de là. Le visiteur a l'impression de pénétrer dans une autre ville, où les images urbaines font place à de nouvelles sensations et où le regard se surprend à ne plus rencontrer d'obstacle : le sable et l'océan s'étalent à perte de vue. C'est après, seulement, qu'on découvre l'interminable barre d'immeubles du front de mer. Short et tongs (Havaianas, bien sûr !) sont de rigueur. Bienvenue à Copacabana !

Règle d'or sur la plage : n'emportez ni valeurs ni appareil photo et ne laissez jamais vos affaires sans surveillance. La nuit, ne vous promenez pas seul au bord de la mer. En outre, prenez garde au soleil, ainsi qu'aux vagues, parfois dangereuses. Des postes de secours *(Posto)*, bien visibles, numérotés de 1 à 6, sont installés tous les 700 m : ils disposent de douches et de casiers pour déposer ses affaires.

★ Leme PLAN VII

Posté à l'extrémité est de Copacabana, Leme exhale une atmosphère presque villageoise (l'architecture en moins !) et comme telle dévoile son histoire à ceux qui prennent le temps de discuter avec ses habitants. Ce petit quartier a connu son heure de gloire dans les années 1950-1960, lorsque la jet-set venait y parader dans les restaurants à la mode. Aujourd'hui paisible, voire endormi, il abrite une population plutôt âgée. L'endroit est également apprécié des expatriés français.
À l'arrière, la **favela Babilônia** est passée à la postérité grâce au tournage d'*Orfeu Negro*, le célèbre film de Marcel Camus sur le carnaval de Rio.
Sur la **plage de Leme** (PLAN VII, B-C1), l'ambiance est familiale et décontractée. Les pêcheurs se donnent rendez-vous chaque soir au pied du *morro*, près d'un kiosque où l'on sert du poisson frais.

Forte Duque de Caxias PLAN VII, C1

Le départ s'effectue dans une base militaire en activité *(Praça Almirante Júlio de Noronha - ☏ (21) 3223 5000 - mar.-dim. 9h30-16h - 30mn de montée à pied - 4 R$)*, à l'extrémité de la plage. Perché au sommet du **Morro do Leme**, à 210 m d'altitude, le fort (1779) pointe toujours ses canons vers un ennemi invisible, mais on y vient surtout pour la vue imprenable sur la baie de Guanabara, Copacabana et le Pain de Sucre.

★★★ Copacabana PLAN VII

Mondialement célèbre, le quartier a connu son âge d'or dès les années 1920 avec la construction du **Copacabana Palace**, premier hôtel de cette catégorie au bord de la mer au Brésil. Ce palace Art déco fut réalisé par l'architecte français Joseph Gire sur le modèle du Negresco de Nice. Les vieilles photos le montrent presque isolé face à l'océan, la plage n'ayant pas encore été élargie. Depuis, les immeubles de dix étages et plus ont poussé comme des champignons ; un large terre-plein a été gagné sur la mer dont le célèbre pavage noir et blanc aux courbes géométriques (signé Burle Marx) est devenu l'un des symboles de Rio. À l'origine, ces courbes blanches et noires figurent la rencontre des eaux des fleuves Negro et Solimões qui convergent pour former l'Amazone.

S'il a largement perdu son faste d'antan, Copacabana a toutefois plus qu'un nom et une plage à offrir. L'observateur curieux y trouvera un quartier animé et commerçant, où une classe moyenne s'entasse dans des appartements exigus, côtoyant, sans les rencontrer, des touristes du monde entier.

Bordée par une **piste cyclable**, la **plage** (PLAN VII, A-B2) de Copacabana s'étire sur 4 km le long de l'Atlantique. Tout au long, se succèdent des kiosques, les pieds, dans le sable qui proposent boissons et petite restauration. Joueurs de beach-volley ou de football, familles et groupes d'amis sirotant un jus de coco à l'ombre d'un parasol, cyclistes, joggers, masseurs et vendeurs de boissons, sculptures de sable, culturistes amateurs et pickpockets professionnels : le spectacle est permanent. Les corps bronzés s'exposent sans retenue jusque sur le trottoir. Hélas pour le touriste, comme partout à Rio, la pollution extrême de l'eau rend la baignade impossible. Un **marché d'artisanat** se tient chaque soir sur le terre-plein central et chaque année, pour le réveillon, près de 2 millions de personnes se rassemblent sur le sable pour contempler le plus spectaculaire des feux d'artifice.

★ Forte de Copacabana PLAN IX, B3

Praça Coronel Eugênio Franco 1, angle Av. Atlântica et R. Francisco Otaviano - mar.-dim. 10h-18h (musée) ou 19h (enceinte) - 6 R$.

Situé dans l'enceinte du fort, le **Museu Histórico do Exército** occupe un énorme bunker (1914), désaffecté depuis 1987. Salle d'armes, salle de transmission et des cartes, machinerie des obus, canons de 305 mm : pas de doute, le musée touche à la chose militaire ! Situé au bout de la pointe rocheuse, l'immense toit du bunker, coiffé d'un dôme argenté, jouit d'une splendide vue sur Copacabana.

Dernier survivant d'une époque révolue, un petit **marché de poissons** se tient au bord de la plage, tout près du fort (*Posto 6, tous les matins sf dim.*). Les pêcheurs y vendent directement leurs prises aux consommateurs.

1

★★★ Arpoador, Ipanema et Leblon

PLANS VIII ET IX

Plus chics et plus tendance, Ipanema et Leblon ont supplanté Copacabana dans les années 1960. L'apparition de la bossa-nova, désormais profondément ancrée dans le répertoire musical brésilien, reste comme le symbole de ces années. Aujourd'hui, la vie nocturne y est animée, les restaurants sont nombreux et de qualité.

Mêmes conseils de prudence qu'à Copacabana, même si le vol y semble moins fréquent. En revanche, les vagues peuvent être particulièrement traîtres (pour preuve, le ballet des hélicoptères effectuant des sauvetages). Les postes de secours *(Posto)* sont numérotés de 7 à 12.

★★ Arpoador PLAN IX

Sans aucun doute l'un des plus beaux crépuscules de Rio et le dernier endroit de la plage où les rayons du soleil affleurent, avant de disparaître dans l'océan ou entre les deux cônes jumeaux du **Morro Dois Irmãos**. À contempler du sommet de la pointe rocheuse.

Située à l'écart, la **plage du Diable** (Praia do Diabo) est le meilleur spot de surf de Rio. Pour amateurs avertis.

★★ Ipanema et Leblon PLAN VIII

À l'instar de Copacabana, mais avec des variantes, la **plage d'Ipanema** est un théâtre sans fin. Elle est arpentée par des vendeurs de boissons portant le T-shirt

de leur sponsor, preuve qu'ils ne sont pas des « pirates ». Le maté, boisson locale, subit la dure concurrence du Coca-Cola. Un peu plus loin suivent les ramasseurs de canettes vides destinées au recyclage . Héritage de l'époque hippie, la foule applaudit en connaisseuse les plus beaux couchers de soleil. La plage est un lieu de rencontre et d'observation. Les Cariocas ont l'habitude de s'y donner rendez-vous en prenant comme repère les *Posto*. Le *Posto 9* est le coin des « Cariocas branchés » ; en face de la R. Farme de Amoedo se trouve le point gay ; le *Posto 8* a des accents plus populaires... Plus à l'ouest, le chenal qui relie Lagoa à l'Atlantique marque la séparation avec la **plage du Leblon**, assez tranquille. Appréciés de l'élite carioca, les plus luxueux appartements de la ville, dont les prix peuvent grimper jusqu'à 8 000 €/m^2, se concentrent sur le front de mer de Leblon.
Paradis du shopping à Ipanema, la **Rua Garcia d'Avila** aligne les boutiques les plus luxueuses. Le siège mondial du grand joaillier H. Stern propose une visite guidée de ses ateliers et de son show-room, le **Museu H. Stern** *(R. Garcia d'Ávila 113 -* PLAN VIII, B2 *- lun.-vend. 9h-18h, sam. 9h-14h)*. Très instructif sur les procédés de prospection, les différents types de pierre, (notez la splendide collection de tourmalines) et les techniques de taille, le tour bien rodé s'achève avec la présentation individualisée des produits de la marque. Même principe chez son concurrent, le **Museu Amsterdam Sauer** *(R. Garcia d'Ávila 105 - ✆ (21) 2525 0000 - www.sauer1941.com - lun.-vend. 10h-19h, sam. 10h-16h)*, qui présente une exposition de 3 000 pierres brutes ou taillées. On y voit notamment la réplique de la couronne impériale de Pedro II et d'une galerie de mine et des spécimens exceptionnels comme une alexandrite de 122 400 carats ou un cristal de topaze de 68 kg.

Casa de Cultura Laura Alvim PLAN VIII, C2

Av. Vieira Souto 176 - ✆ (21) 2332 2016 - www.casadeculturalauraalvim.rj.gov.br - lun.-vend. 13h-22h.
L'un des rares sites à vocation culturelle d'Ipanema occupe la superbe demeure en front de mer (une survivante !) d'une des figures de la vie mondaine d'Ipanema avant guerre, Laura Alvim (1902-1984), anticonformiste et passionnée par les arts. Ses appartements, au 3e étage, ont été conservés en l'état (avec leur mobilier), notamment l'étonnante salle de bains rose aménagée comme un salon. Le rez-de-chaussée abrite un théâtre, trois salles de cinéma, une librairie, un agréable restaurant-cafétéria dans le patio et une galerie en étage, sur le front de mer, axée sur des expositions très contemporaines.
À l'ouest de la plage, sur la route vers São Conrado, le **Mirante do Leblon** et le Parque Dois Irmãos offrent un point de vue inhabituel sur la région.

★★ Lagoa, Gávea et Jardim Botânico

PLANS VI, VIII ET X

Autrefois insalubre, la zone qui s'étend autour de Lagoa est devenue l'une des plus huppées de la ville après l'assainissement du lac... et le déménagement d'une favela. Encerclé de collines, délimité au sud par l'Atlantique, ce quartier est à la fois plus tranquille et plus éclaté que d'autres, mais bénéficie actuellement d'un engouement certain.
Gávea (à l'ouest) et la rive sud de Lagoa se tournent naturellement vers Ipanema. Jardim Botânico (c'est à la fois le nom du jardin et celui d'un quartier), au nord, s'avère plus isolé, mais la **Rua Humaitá** permet de rejoindre directement Botafogo et, de là, le Centro.

La bossa-nova

Les harmonies jazz et samba de *Chega de Saudade* (1958), composées par Tom Jobim, écrites par Vinicius de Moraes et interprétées par João Gilberto, symbolisent les années d'optimisme du « président bossa-nova » : Kubitschek (1956-1960). En 1963, la bohème de la Zona Sul s'invente son hymne à l'amour, à la plage et aux jolies femmes avec *Garota de Ipanema*, dont la version anglaise connut un succès planétaire. Après le coup d'État de 1964, la bossa-nova devient l'emblème de la chanson engagée. Échappant tout d'abord à la censure, elle innove et s'ouvre aux horizons pop et rock. Le tropicalisme de **Caetano Veloso**, de **Gilberto Gil** et de **Gal Costa** brille par son exubérance, son esprit de résistance et de liberté. Mais la répression s'abat en 1968 avec l'Acte institutionnel n° 5 qui suspend les droits civiques. Caetano et Gil sont emprisonnés, puis s'exilent ; Chico Buarque poursuit le combat.

Autour de la lagune

Coincée entre une rangée de collines et l'isthme que forme Ipanema, la lagune constitue l'une des anomalies géographiques les plus remarquables de Rio.

1

★ Lagoa Rodrigo de Freitas PLAN X, B3 ET PLAN VI, BC1-2

Plusieurs bars-cafés le long de la lagune, à proximité du Parque dos Patins.

Circuit (7,5 km) en footing, en rollers ou à vélo (piste cyclable), traversée à l'aviron ou à pédalo : la **lagune**, quoique fortement polluée, se prête à toutes les activités, y compris la simple contemplation de l'eau. Depuis le peuplement de ses abords à la fin du 19e s., elle a toujours provoqué des problèmes sanitaires, notamment l'apparition de la malaria dans les années 1920. L'étroit chenal artificiel du **Jardim d'Alah**, qui se déverse dans l'Atlantique, n'étant pas suffisant pour évacuer les eaux du Rio dos Macacos, il fut procédé à un dragage dont les deux îlots **Caiçaras** et **Piraquê** sont le résultat.

L'hippodrome de Rio, le **Jóquei Clube**, se trouve à l'ouest de la lagune.

Perché sur le *morro*, côté est de la lagune, le **Parque da Catacumba** *(Av. Epitácio Pessoa - 8h-19h)* jouit d'un beau panorama. Il occupe l'emplacement d'une favela déplacée en 1970. Sculptures dans la nature et concerts gratuits, l'été.

★★★ Jardim Botânico PLAN VI, A1-2

R. Pacheco Leão, 101 (piétons) et R. Jardim Botânico, 1008 (deux-roues) - (21) 3874 1808 - www.jbrj.gov.br - tlj sf merc. 8h-17h - 67 R$ -

Le Jardim Botânico, à l'est de la lagune, est un des plus beaux espaces verts de Rio, on peut y passer une bonne partie de la journée. Créé à l'initiative de João VI en 1808, il abrite près de 8 000 essences tropicales, parmi lesquelles les fameux palmiers royaux qui encadrent avec majesté l'allée centrale, de splendides bosquets de bambous géants, un jardin japonais, une collection de plantes médicinales, d'étonnants arbres « aux boulets de canon » (dont les fleurs rouges poussent à même le tronc), d'énormes fromagers et, bien sûr, l'incontournable *pau-Brasil*. Deux restaurants avec terrasse permettent de prolonger la visite.

★★ Parque Lage PLAN VI, B1

R. Jardim Botânico 414 - (21) 2334 4088 - www.eavparquelage.rj.gov.br - 9h-17h (18h en été).

Ce parc tire sans doute de son histoire son charme romantique. Acquis en 1809 par un lord anglais qui le fit transformer en parc paysager, il passa ensuite dans les mains d'un riche armateur. Pour les beaux yeux de son épouse, la chanteuse lyrique Gabriella Bezanzoni Lage, ce dernier fit élever le bel édifice qui abrite aujourd'hui l'**École des Beaux-Arts**. Des concerts et des spectacles y sont organisés de temps à autre. Le ravissant patio accueille un **café** réputé *(p. 89)*, tandis que le parc lui-même préserve les derniers vestiges de la forêt primaire atlantique.

Gávea PLAN X

La vie nocturne qui anime le Baixo Gávea *(p. 91)* rend le quartier populaire auprès de la jeunesse, mais il recèle également plusieurs sites à vocation culturelle et scientifique.

★ Instituto Moreira Salles PLAN X, A3

R. Marquês de São Vincente 476 - (21) 3284 7400 - www.ims.com.br - mar.-vend. 12h-18h, w.-end 10h-18h.

Créée par le riche banquier Moreira Salles (1912-2001), dont le fils Walter n'est autre que le réalisateur de *Central do Brasil, Carnets de voyage*, ou de *Sur la route* d'après Jack Kerouac, cette fondation occupe l'ancienne demeure familiale. Jeux de perspective et matériaux raffinés, l'architecture est d'Olavo Redig, le jardin de Burle Marx. Elle abrite la plus riche collection photographique privée du Brésil (notamment le fonds Marc Ferrez). Des expositions de peinture et de sculpture y sont aussi organisées. Librairie et cafétéria.

Planetário

R. Rubens Berardo 100 - (21) 2088 0536 - www.planetariodorio.com.br - tlj sf lun. 10h-17h - musée seul 15 R$).

Il regroupe le Museo do Universo (expositions, expériences interactives, télescopes) et deux dômes où sont projetés de spectaculaires films illustrant le mouvement des astres *(programme sur le site Internet -30 R$ - entrée du musée comprise).*

Le Grand Rio

São Cristóvão PLAN X, A2

Situé dans la zone nord, ce vaste quartier populaire réunit plusieurs centres d'intérêt, relativement proches les uns des autres. On les visitera à la suite, de préférence en taxi.

★★ Stade de Maracanã PLAN X, A2

Av. Presidente Castelo Branco, s/n - Portão 2 - M° Maracanã - (21)98341 1949 - www.tourmaracana.com.br - 9h-16h30, visite guidée (40mn) toutes les heures de 9h à 16h - 50 R$ visite libre, 60 R$ visite guidée - les jours de match, fin des visites 3h avant le coup d'envoi.

Inauguré en juillet 1950 pour la Coupe du monde de football (victoire finale de l'Uruguay contre le Brésil), ce stade mythique a vu, entre autres, le 1000e but du légendaire Pelé. Sa jauge originelle – près de 200 000 places – a été ramenée à environ 74 000 à l'issue de la rénovation de grande ampleur effectuée en vue de la Coupe du monde de football de 2014 (dont il a accueilli plusieurs matchs, notamment la finale) et des Jeux olympiques d'été de 2016 (les cérémonies d'ouverture et de clôture s'y sont déroulées). Il reste néanmoins parmi les plus grands stades du monde. Assister à un match, et en particulier un derby Flamengo-Fluminense, constitue une expérience, à faire de préférence accompagné d'un

Museu Nacional

Dans la nuit du 2 au 3 septembre 2018, le Musée National a été entièrement détruit par un incendie. L'ensemble des collections et des archives a été emporté. La catastrophe a révélé l'état de délabrement dans lequel se trouvait le musée faute de crédit, et la faillite des services d'urgence. Un projet de reconstruction est à l'étude.
On peut en suivre l'évolution sur www.museunacionalvive.org.br.

Brésilien (adressez-vous à une agence ou à votre hôtel). Des stars internationales y passent également en concert. La visite vous permettra d'entrer dans les coulisses (vestiaires, salle de presse...) de vous asseoir sur les gradins et de découvrir des objets liés aux grandes heures du stade.

Feira de São Cristóvão PLAN X, A2

Centro de Tradições Nordestinas - Campo de São Cristóvão - ✆ (21) 4108 9248 - www.feiradesaocristovao.org.br - mar.-jeu. 10h-17h, vend. 10h-4h, sam. 10h-0h, dim. 9h-23h.
Un marché permanent qui, à l'origine, se destinait aux immigrés du Nord-Est arrivés à Rio de Janeiro. Aujourd'hui, il est très largement fréquenté et offre une excursion fascinante. Dans un pavillon, une multitude d'échoppes vendent de l'artisanat, des hamacs, des vêtements et des produits alimentaires du Nord-Est, tandis que d'autres servent des plats et des boissons régionales au son du *forró*.

À l'ouest de Rio

Après Leblon, l'Avenida Niemeyer rejoint le très chic quartier de **São Conrado**, lové au pied du spectaculaire massif du **Pedra da Gávea★★★**... à deux pas de la plus grande favela d'Amérique du Sud, **Rocinha** (150 000 hab. env.).
Barra da Tijuca est le nouveau quartier bourgeois, destiné à désengorger Rio. C'est le « Miami » carioca, avec ses tours et ses ensembles immobiliers le long de la **Praia da Barra da Tijuca★** (12 km). Les habitants y vivent dans des propriétés sécurisées, des enclaves composées de villas ou d'immeubles entourés de pelouses, de terrains de tennis, de jardins d'enfants et de piscines. Tout y respire le mode de vie à l'américaine : gigantesques centres commerciaux, omniprésence de l'automobile... Nombre de grandes entreprises y installent leur siège social.
Au-delà de Barra da Tijuca, la route côtière est splendide, quoique assez mal carrossée. La forêt parvient presque sur la rive, les habitations se font rares et les plages, plus sauvages, même si elles attirent la foule le week-end : à **Recreio dos Bandeirantes**, l'ambiance est familiale, tandis que **Prainha** *(à 30 km de Leblon)* et **Grumari★** séduisent les surfeurs. **Barra de Guaratiba★** *(à 40 km de Leblon)* marque le début de la presqu'île de Marambaia.

★★★ Sitio Roberto Burle Marx PLAN X, A3 EN DIR.

Estrada Roberto Burle Marx 2019 - Barra de Guaratiba - ✆ (21) 2410 1412 - sitioburlemarx.blogspot.com - visites guidées (durée : 1h30), uniquement sur RV, mar.-sam. 9h30 et 13h30 - 10 R$.
Le paysagiste mondialement connu a vécu ici de 1949 à sa mort (*encadré p. 63*). Sur ses terres (365 000 m²), il avait aménagé un splendide parc comprenant 3 500 essences rapportées du Brésil et du monde entier. S'y trouve aussi une petite et simple **chapelle** du 17e s. Dans l'atelier est présentée la collection d'œuvres d'art du maître.

Forêt de Tijuca PLAN X

Contrairement à une idée répandue, la forêt de Tijuca ne constitue pas la dernière parcelle de forêt atlantique primaire de l'État. Déforestée, elle fut, pour l'essentiel, replantée à l'initiative de l'empereur Pedro II. Quelques portions originelles subsistent néanmoins aux abords du Parque Lage (*p. 71*). Considérée comme la plus grande forêt urbaine du monde, elle constitue une exceptionnelle réserve naturelle, riche en eucalyptus, jacarandas, manacas.

★★★ Parque Nacional da Tijuca PLAN X, A3

Administration : Estrada da Cascatinha 850, Alto da Boa Vista - ✆ (21) 2492 2250 - www.parquedatijuca.com.br - 8h-17h.

Pas moins de 16 sentiers de randonnée sillonnent la forêt, mais il est vivement déconseillé de les pratiquer seul : on risque de se perdre ou de faire des rencontres inopportunes. Le mieux est de passer par une agence, par exemple Rio Hiking *(www.riohiking.com.br)*. Le sommet du parc, le **Pico da Tijuca** (1 012 m), et la **Pedra da Gávea** figurent parmi les plus belles promenades. Une autre option consiste à parcourir la forêt en taxi ou en voiture de location, muni d'une bonne carte, au départ de Laranjeiras via l'**Estrada das Paineiras** pour rejoindre l'**Alto da Boa Vista** (on peut inclure la visite du Corcovado), puis continuer par la **Vista Chinesa** et la **Mesa do Imperador** – les deux plus beaux panoramas de la forêt –, et redescendre par le Jardim Botânico.

★ Museu do Açude

Estrada do Açude 764, Alto da Boa Vista - ✆ (21) 3433 4990 - www.museuscastromaya.com.br - merc.-lun. 11h-17h - 8 R$ (gratuit le jeu.). Du Centro et de Barra da Tijuca, bus n°s 301 et 302 (Centro). Descendez à l'arrêt R. Boa Vista, près de la caserne des pompiers.

Installé dans une ravissante propriété de type colonial, ce musée (associé au Chácara do Céu, à Santa Teresa ; *p. 61*) est consacré à l'art asiatique et aux arts décoratifs. Il accueille régulièrement des expositions d'artistes contemporains. De splendides pièces de **faïence** européennes (17e-19e s.), des azulejos notamment, sont disposées à l'intérieur et dans le jardin.

Baie de Guanabara PLAN X, B1-2

La plus grande des 84 îles de la baie (1,2 km² seulement) a banni les automobiles. Elle offre l'occasion d'une petite escapade hors du temps, très appréciée des Cariocas. Sa première mention (1555) est due au Français André Thevet, membre de l'expédition de Villegagnon.

Ilha de Paquetá PLAN X, B1 EN DIR.

Embarcadère : Praça XV - ✆ 0 800 721 10 12 - www.ilhadepaqueta.com.br - traversée 45mn en catamaran, 70mn en ferry : 27/j. de 4h à 23h10, retour de 5h10 à 23h30 - 6,50 R$.

Le recul de la forêt atlantique

La Mata Atlântica ne couvre plus aujourd'hui que 28 000 km², soit à peine 7 % de sa surface à l'arrivée des Portugais. La diversité de sa flore – mangroves, dunes, lagunes, marais salants, prairies de plateaux – lui a valu d'être classée par l'Unesco patrimoine de l'humanité et réserve de biosphère. Le **parc de la forêt de Tijuca** (120 km²) reçoit près de 1,5 million de visiteurs par an, ce qui peut, à terme, la mettre en péril.

Durant la traversée (15 km), on jouit d'une belle vue sur la baie. Paquetá n'a rien d'exceptionnel, mais les édifices coloniaux, les plages (où l'on renoncera à se baigner) et la végétation tropicale de cocotiers et de baobabs en font une destination agréable. On s'y déplace à vélo ou en carriole.

Niterói CARTE DE RÉGION, C4

Cette municipalité s'étire le long de l'Atlantique, de l'autre côté de la baie. Rendue fameuse par l'architecture futuriste du musée bâti par Niemeyer, elle possède aussi de superbes plages et la tradition de la pêche y reste très ancrée. L'édification du **pont Rio-Niterói** (1974 ; 13 km), qui évite d'avoir à contourner la baie, l'a rapprochée de Rio.

★ Museu de Arte Contemporânea

Mirante da Boa Viagem s/n - ✆ (21) 2620 2481 - www.culturaniteroi.com.br - mar.-dim. 10h-18h - 12 R$ (gratuit le merc.). De Rio, dép. du débarcadère Praça XV ; navette entre 6h et 23h30 (ttes les 10-20mn - 6,30 R$ le trajet) pour la Plaza Arariboia de Niterói, puis bus n° 47B, à 150 m à droite du débarcadère (4,45 R$), ou 30mn env. à pied.

L'institution accueille exclusivement des expositions. Son architecture stupéfiante (souvent comparée à une soucoupe volante), signée Niemeyer (1996), justifie le détour. Perché en haut d'une falaise, en face de Rio, le musée jouit en outre d'une **vue** imprenable, dont bénéficie aussi le restaurant.

1

À proximité

★ Petrópolis CARTE DE RÉGION, C3

À 73 km au nord de Rio. *« Arriver/Partir » p. 77.*

Centro de Informação Turistíca – *Praça da Liberdade - www.petropolis.rj.gov.br/turispetro.* Kiosque à la gare routière.

Niché à 809 m d'altitude, au cœur de la Serra Estrêla, l'ancien séjour d'été des empereurs reste une villégiature appréciée pour son climat (23 °C en moyenne) et ses palais. Proprette et fleurie, la cité doit son mélange de styles aux communautés italienne, allemande et portugaise établies ici à l'origine. Loin d'une simple « ville musée », elle affiche un réel dynamisme dû à ses entreprises de technologie et à ses étudiants.

La Praça da Liberdade occupe une position centrale dans la zone historique. Au sud, la Praça Dom Pedro et la Rua do Imperador signalent le Petrópolis moderne et commerçant. Idéale pour une escapade d'une journée lors d'un séjour à Rio, ou comme escale pour ceux qui se rendent dans le Minas Gerais en voiture.

Cathédrale São Pedro de Alcântara

R. São Pedro de Alcântara 60 - ✆ (24) 2242 4300 - mar.-sam. 9h-17h, dim. 12h30-17h.

La haute flèche de la cathédrale (1884) conclut la perspective de l'Av. Koeler. La façade est sans grâce particulière, mais l'intérieur néogothique, avec des piliers effilés et des vitraux colorés, ne manque pas d'élégance. L'empereur Dom Pedro II et son épouse reposent dans la chapelle située à droite de l'entrée, de même que la princesse Isabel et son époux, le comte d'Eu.

L'**Av. Koeler★**, qui relie la Praça da Liberdade à la cathédrale, longe un petit canal arboré. La rue chic de la Petrópolis impériale est bordée de demeures élégantes, dont la **Casa da Princesa Isabel** (toujours propriété des descendants de la famille impériale; expositions temporaires) et le **Rio Negro** (1889), résidence d'été des présidents brésiliens jusqu'en 1960.

★ Palácio de Cristal

R. Alfredo Pachá - dim.-mar. 9h-18h - gratuit - concerts sam. à partir de 18h.
Ce splendide écrin de verre, Belle Époque avant la lettre, fut importé de France en 1879 par le gendre de l'empereur. Destiné à accueillir bals et expositions florales, il fut le théâtre solennel de l'émancipation des esclaves de Petrópolis par la princesse Isabel, en 1888.

★★ Museu Imperial

R. da Imperatriz 220 - ✆ (61) 3521-4455 - www.museuimperial.museus.gov.br - mar.-dim. 10h-18h (17h pour la billetterie) - 10 R$.
De la rue, un rideau d'arbres masque partiellement la vue de la longue façade rose de l'ancien palais d'été des empereurs (1845-1855). Son musée abrite de très riches collections, occasion d'un passionnant voyage dans l'histoire du Brésil impérial. Patin aux pieds, on arpente les salles où trônent meubles, tapisseries, lustres et tableaux. Une salle plus sombre héberge les symboles impériaux, notamment un sceptre et une couronne comportant 639 brillants. Dans la salle à manger, la table est dressée et semble attendre les convives; les magnifiques pianos du salon de musique résonnent encore des morceaux joués par l'impératrice. Au 1er étage se trouvent les chambres à coucher (notez l'étonnant berceau doré en forme de coquillage), le cabinet de Dom Pedro II et une reproduction de la salle du trône du palais de São Cristóvão. Derrière le palais, au fond du jardin, un **musée des Carrosses** occupe les anciennes écuries. Cafétéria et salle d'exposition également.

Museu Casa de Santos Dumont

R. do Encanto 22 - ✆ (24) 2247 5222 - mar.-dim. 10h-17h (dern. entrée 30mn avt fermeture) - 10 R$.
Un escalier raide mène à la minuscule et coquette maison d'été (1918) du célèbre aviateur brésilien, auteur du premier vol d'un « plus lourd que l'air » dans les jardins de Bagatelle, le 12 novembre 1906, à bord du *14-Bis*. Composée d'un rez-de-chaussée et d'une pièce de séjour unique avec mezzanine, elle renferme des objets personnels (timbres et paquets de cigarettes édités à son nom, ainsi que son célèbre panama) et une maquette du fameux *14-Bis*. Dehors, une échelle fixe conduit sur le toit de la maison. Pour prendre son envol?
Perché sur les hauteurs de Petrópolis, le **Trono de Fátima** *(prenez la R. M. Bacelar à g. de l'université catholique, puis la R. Bispo Dom José - 8h-17h, w.-end 8h-18h)*, aux piliers rouges et au dôme argenté, évoque un temple cao daï! C'est pourtant bien une Vierge de Fatima qui trône à l'intérieur. Le point de vue sur la vallée est superbe et l'on regrette que l'enclos ferme avant le coucher du soleil.
Les admirateurs de l'écrivain autrichien **Stefan Zweig** *(R. Gonçalves Dias 34 ✆(24) 2245 4316 -www.casastefanzweig.org -vend.-dim. 11h-17h)* peuvent visiter la demeure où, désespéré par la guerre et le nazisme, il mit fin à ses jours avec sa femme, le 22 février 1942, en laissant ce mot derrière lui : « Avant de quitter la vie de ma propre volonté et avec ma lucidité, j'éprouve le besoin de remplir un dernier devoir : adresser de profonds remerciements au Brésil, ce merveilleux pays qui m'a procuré, ainsi qu'à mon travail, un repos si amical et si hospitalier. De jour en jour, j'ai appris à l'aimer davantage et nulle part ailleurs je n'aurais préféré édifier une nouvelle existence, maintenant que le monde de mon langage a disparu pour moi et que ma patrie spirituelle, l'Europe, s'est détruite elle-même. »

Carnet pratique

PLANS DE LA VILLE P. 36 À 46

S'informer

Riotur – *www.riotur.rio.* L'office de tourisme de la ville dispose de nombreux kiosques, voici les principaux :

Aéroport international Galeão – *Arrivées internationales - (voir ci-après).*

Aéroport Santos-Dumont – *(voir ci-contre).*

Copacabana – *Av. Princesa Isabel 183 - ☎ (21) 2541 7522.*

Pão de Açúcar – *Praça General Tibúrcio (en face de la station du téléphérique).*

Novo Rio Bus Terminal – *Av. Francisco Bicalho 1, Santo Cristo - ☎ (21) 3213 1800.*

Visites guidées

☺ Visiter les quartiers historiques et les favelas avec un guide permet de dépasser une connaissance superficielle de la Cité merveilleuse.

Visite des favelas

Beaucoup d'agences proposent des tours dans les favelas, mais peu sont vraiment recommandables.

Annabelle in Rio – *☎ (21) 9 7926 2786 - www.annabelleinriodejaneiro.com.* Captivante visite organisée dans la favela de Rocinha par une Française, qui y a elle-même vécu durant quatre ans et en connaît les moindres recoins. À la différence des autres agences qui promènent leurs groupes en minibus, celle-ci propose la visite en moto-taxis locales puis à pied, avec des haltes chez des habitants pour discuter *(durée : 3h, 35 €)*. Une partie de l'argent est versée à des organisations caritatives œuvrant dans la favela. L'agence propose également des city tours culturels et des activités hors des sentiers battus : parapente, randonnée dans la forêt de Tijuca, cours de capoeira et de cuisine...

Visite à vélo/randonnée

Rio by Bike – *Av. N. S. de Copacabana 1085 - ☎ (21) 9 6871 8933 - www.riobybike.com.* Emprunter les pistes cyclables est une façon agréable pour découvrir la ville. Le tour de 3h (*160 R$*) longe les plages d'Ipanema et de Copacabana, le Pain de Sucre, Botafogo et Lagoa. Celui de 4h (*180 R$*) intègre aussi Lapa, Flamengo et le centre historique. Tours guidés en anglais ou en français.

Arriver/Partir

En avion

☺ Rio compte deux aéroports.

Aéroport international Galeão (GIG) – PLAN X, A1 - *À 20 km au nord du centre-ville - ☎ (21) 3004 6050 - www.riogaleao.com.* Vols internationaux et aussi vols domestiques vers les grandes villes du pays.

Aéroport Santos-Dumont (SDU) – PLAN I, D4 - *Praça Senador Salgado Filho, Centro - ☎ (21) 3814 7246 - www4.infraero.gov.br.* Situé dans la baie de Glória, il accueille certains des vols en provenance et vers les grandes villes du Brésil. Atterrissages et décollages en plein centre-ville sont spectaculaires.

Compagnies aériennes –

Aerolineas Argentinas - *☎ 0800 761 0254 - www.aerolineas.com.ar.*

Air France-KLM - *☎ 0800 724 8352- www.airfrance.com.br.*

Avianca - *☎ 0800 286 6543 - www.avianca.com.br.*

Azul - *☎ (21) 4003 1118 - www.voeazul.com.br.*

Gol - *☎ 0300 115 2121 - www.voegol.com.br.*

Latam - *☎ 0300 788 0045 - www.latam.com.*

Tap - *☎ 0800 888 2099 - www.flytap.com.*

1

Transferts aéroports-centre-ville

À l'**aéroport Galeão**, les compagnies de **taxi** déterminent des prix fixes pour chaque course. Pour les taxis de rue *(en jaune)*, à prendre au niveau des départs, comptez 60 R$/30mn pour Centro/Lapa et 80 R$/45mn pour Copacabana. Souvent, le chauffeur demande un prix fixe supérieur de 20 R$ au prix normal. Comptez 100 R$ pour les taxis prépayés officiels de l'aéroport et 120 R$ pour un transfert personnalisé par votre hôtel (le taxi vous attend dans le hall de l'aéroport avec votre nom sur un carton). Attention, les embouteillages peuvent rallonger considérablement les temps de trajet.

Navette Shuttle Rio – *(21) 98997 8457 - www.shuttle rio.com.br - ttes les heures de 8h à 19h.* De Galeão *(T1, 2e ét. devant le bureau d'information (INFO) ; (T2, 2e ét. devant le bureau d'information)* pour Leme, Copacabana, Ipanema, Leblon : 30 R$. De Santos-Dumont *(point de rencontre Infraero, niveau départs)* pour Leme et Copacabana : 23 R$.

Bus – L'aéroport **Santos-Dumont** est relié à Copacabana par le bus nos 483 (4,30 R$) et à la gare routière de Rio Novo via Centro par le tramway (VLT, 4,30 R$).

En car

Rodoviária Novo Rio – PLAN X, B2 - *Av. Francisco Bicalho 1, Santo Cristo - (21) 3213 1800 - www.rodoviarioadorio.com.br.* Achetez vos billets sur place ou sur le site Internet de la gare routière. Le terminal est dans un quartier peu sûr, il est toujours préférable de s'y rendre ou d'en partir en taxi (comptez env. 40 R$ pour Copacabana). Vous pouvez sinon emprunter le tramway VLT (ligne 1) qui relie la gare routière au Centro (métro Carioca ou Cinelândia) et à l'aéroport Santos-Dumont, ou bien le bus 104 qui dessert le Centro.

Principales destinations : **Angra dos Reis** *(durée : 3h - départs ttes les heures de 4h à 20h - 60 R$ - bus Costa Verde - www.costaverdetransportes.com.br)*. **Belo Horizonte** *(6-7h - 40 liaisons/j. env. - 8h-0h - 150/220 R$ - bus Útil - www.util.com.br ; bus Viação Cometa - www.viacaocometa.com.br)*. **Brasília** *(17h-19h - env. 15 liaisons/j. - 400/500 R$ - bus Útil)*. **Búzios** *(3/4h - 10/15 liaisons/j. - 100 R$ - bus 1001 - www.autoviacao1001.com.br)*. **Ouro Preto** *(8h30 - 2 liaisons/j. - 200/280 R$ - bus Útil)*. **Paraty** *(4h30 - 10 liaisons/j. - 4h-21h - 90 R$ - bus Costa Verde)*. **Salvador** *(32h - 2 liaisons/j. - bus Águia Branca - www.aguiabranca.com.br- 350/600 R$)*. **São Paulo** *(6h - plus de 100 liaisons/j. - 24h/24 - 100/300 R$ - nombreuses compagnies)*. Bus également en direction de **Buenos Aires** *(43h)*, **Florianopolis** *(20h)*, **Foz do Iguaçu** *(26h)*, **Porto Alegre** *(26h)* et **Recife** *(42h)*.

Petrópolis

En **voiture**, de Rio *(73 km)*, prenez la route de l'aéroport, puis la BR 040.

En **bus**, *comptez 1h30 et 28 R$. Destination très bien desservie par* **Unica Facil** *(0800 886 1000 - www.unica-facil.com.br -5h30-0h - ttes les 45mn env.- 30 R$)*. De Rio départ de Novo Rio, arrivée à la Rodoviária de Petropolis, à 8 km à l'ouest du centre *(bus et taxis)*

Se déplacer

Le métro, associé à la marche à pied et au tramway dans le centre, est le moyen le plus simple et le plus rapide pour se déplacer en ville.

À pied

Si le climat et le charme de la ville sont une invitation constante à la promenade, le trafic routier, les distances et les dangers potentiels tempèrent vite l'élan initial. Sans céder à la paranoïa, restez vigilant dans les ruelles du Centro le w.-end et n'arpentez pas seul, la nuit, les plages ou les ruelles sombres de Santa Teresa. Marcher reste toutefois une excellente façon de découvrir Rio, quartier par quartier.

En voiture

Conduire à Rio relève de l'aventure tant la circulation est dense, la signalisation minimale et les nœuds routiers indéchiffrables ! Surtout, le Carioca, d'ordinaire si affable, se métamorphose dès qu'il est au volant, roulant à vive allure et cherchant à s'imposer coûte que coûte. S'arrêter aux feux rouges faisant courir le risque d'être braqué, la municipalité tolère qu'on les grille la nuit.

Location de voitures – Movida - *Aéroport Santos Dumont - ✆ 0800 606 8686 - www.movida.com.br.*

Sixt - *Aéroport Galeão ✆ 0800 047 4479 - www.sixt.com.br.*

En bus

Réseau complexe, néanmoins la plupart des bus suivent un axe allant du centre-ville vers Copacabana, Ipanema et Leblon, et inversement. Mieux vaut éviter de les prendre aux heures de pointe. L'application moovitapp – partenaire de l'office de tourisme – donne en temps réél la meilleur option de transport entre deux points de la ville. *Prix du billet : 4,05 R$.*

En taxi

La plupart du temps, vous n'aurez aucun mal à en trouver. Ils sont de couleur jaune avec des bandes bleues des deux côtés, sont équipés de compteurs et pratiquent un tarif nuit et w.-end. Prix modiques : 5,50 R$ la prise en charge et 2,50 R$/km en journée. Les radio-taxis pratiquent des tarifs nettement plus élevés.

Pour les longs trajets, n'hésitez pas à commander un **Uber**, via l'application.

JB Táxi – *✆ (21) 2178 4000 - www.jbtaxi.com.br.*

Sul Táxi – *✆ (21) 2509 2012 - www.sultaxi.net.br.*

Les sociétés de taxi qui suivent fonctionnent sur réservation :

Transcootour – *✆ (21) 2590 2220 - www.transcootour.com.br.* Cartes de crédit acceptées.

Coopertramo Radiotaxi – *✆ (21) 2209 9292 - www.radio-taxi.com.br.*

Coop Taxi RJ – *✆ (21) 3295 9606 - www.especialcoop.com.br - ♿. Cette compagnie prend en charge les personnes handicapées.*

À vélo

Des pistes cyclables ont été aménagées dans les quartiers sud (le long des plages) et le centre de Rio. Il existe un système de vélos en libre service sur abonnement, des vélos orange (appelés Bike Rio), mais les touristes de passage ne peuvent hélas pas les utiliser car il faut d'abord s'inscrire et, pour cela, disposer d'un numéro fiscal (CPF).

Location de vélos – Bike & Lazer – *R. Visconde de Pirajá 135, Ipanema - ✆ (21) 2521 2686 - R. das Laranjeiras 58, Laranjeiras - ✆ (21) 2285 7941 - www.bikeelazer.com.br - lun.-vend. 9h- 20h, sam. 9h-17h* - 20 R$/h, 80 R$/j.

Zaga Bike – *R. Miguel Lemos 51 - ✆ (21) 2287 7616 - lun.-vend. 9h-18h, w.end. 9h-17h* - . Livraison gratuite à votre hôtel sur la zone sud, entre Leme et Leblon.

En métro

Rio compte trois lignes, très pratiques pour rejoindre les sites touristiques d'Ipanema, de Copacabana, Botafogo, Flamengo, Glória et du Centro. La ligne 4 est le prolongement de la ligne 1 : elle dessert Ipanema et Leblon. Le billet coûte 6,50 R$. Le paiement

s'effectue dans les stations ou par la Metrôrio card, carte rechargeable (existe aussi en version app). *lun.-sam. 5h-0h, dim. et j. fériés 7h-23h.* Rens. : *0 800 595 1111 - www.metrorio.com.br.*
Plan du métro p. 35.

En tramway

Rio possède son tramway le (« VLT »), moderne et silencieux. Ses trois lignes traversent le centre-ville : **Azul** entre l'aéroport Santos-Dumont et la gare routière (Rodoviária), en passant par le quartier des musées du port ; **Verde** entre la Praça XV et la gare routière via Vila Olímpica, Tiradentes, Saara, Central ; **Amarelo** entre Central et Santos Dumont.*Rens. : 0800 000 0858 - www.vltrio.com.br - 6h-0h - billet : 4,30 R$.*
Un tramway à l'ancienne, surnommé le « **Bonde** », relie le Centro au quartier de Santa Teresa. *lun.-vend. 8h-17h45, sam. 10h-18h.*
Encadré p. 60.

Adresses utiles

Banque/Change

Les agences **Banco do Brasil**, **Bradesco**, **Citibank** et **Itaú** sont généralement équipées de distributeurs acceptant les cartes bancaires internationales. Vous pouvez changer vos devises auprès de ces banques ou des bureaux de change *(casas de câmbio). Lun.-vend. 10h-16h.* Évitez les distributeurs isolés. S'ils affichent tous 24h/24, la plupart n'opèrent que de 6h à 22h.
Banco do Brasil - *Aéroport Galeão, T1, 3e étage - (21) 3398 5420 - 8h-21h ; R. Senador Dantas 105, Centro* (PLAN I, C4) - *(21) 3808 3000 ; Av. N. S. de Copacabana 1274* (PLAN VII) - *(21) 3202 5100.*

Poste

Poste principale : Empresa Brasileira de Correios e Telégrafos - PLAN I, C2 - *R. Primeiro de Março 64, Centro - (21) 2219 5315 - lun.-vend. 9h-17h.*

Internet

Points wifi gratuits au bord des plages de Copacabana et d'Ipanema. Outre les réseaux des hôtels, le wifi est accessible dans la majorité des restaurants, bars et cafés.

Santé

Liste de médecins francophones sur le site Internet du consulat de France. Les consultations sont souvent onéreuses.
Ambulance - *192.* **Pompiers** - *193.* **Police** - *190.*
Urgences : Centro Pediátrico da Lagoa (Urgil) - PLAN VI, B1 - *R. Lineu de Paula Machado 64, Lagoa - (21) 2538 7000.* Pédiatrie 24h/24.
Pró-Cardiaco - PLAN IV, B2 - *R. Dona Mariana 219, Botafogo - (21) 2528 1442 - www.hospitalprocardiaco.com.br.* Cardiologie.
Clinica São Vicente - PLAN VIII, A1 - *R. João Borges 204, Gávea - (21) 2529 4422.* Urgences générales.
Clinique : Clínica Galdino Campos - PLAN VII, A-B2 - *Av. N. S. de Copacabana 492 - (21) 2548 9966.* Médecins parlant anglais.

Représentations diplomatiques

Consulat de France - PLAN I, D4 - *Av. Pr. Antônio Carlos 58, 8e étage, Centro - (21) 3974 6699 - riodejaneiro.consulfrance.org - urgences 24h/24 (21) 9 8121 2628.*
Consulat de Belgique - PLAN IV, B2 - *R. Lauro Muller 116, sala 602, Torre do Rio Sul, Botafogo - (21) 2543 8558 - www.brazil.diplomatie.belgium.be - urgences 24h/24 (21) 9 9623 1755.*

Consulat du Canada – PLAN VII, B1 - *Av. Atlântica 1130, 13e étage, Copacabana - ✆ (21) 2543 3004 - www.international.gc.ca/country-pays/brazil-bresil.*

Consulat de Suisse – PLAN II, B1 - *R. Cândido Mendes 157, 11e étage, Glória - ✆ (21) 3806 2100 - www.eda.admin.ch/riodejaneiro.*

Sécurité

Comme toutes les grandes villes, Rio de Janeiro présente des problèmes de sécurité, majoritairement dans les quartiers populaires de la zone nord. Les touristes constituant des cibles potentielles, quelques conseils s'imposent. Le plus important est de ne JAMAIS opposer de résistance en cas d'agression. Ayez sur vous la carte de visite de votre hôtel et une copie de votre passeport (laissez l'original à votre hébergement). Préférez les distributeurs d'argent abrités plutôt que directement dans la rue. Conservez montres, appareils électroniques et appareils photo à l'abri des regards. Transportez peu d'argent (un minimum cependant, pour ne pas contrarier l'agresseur); à la plage, n'emportez aucun objet de valeur ni argent. La nuit, évitez les endroits déserts et les plages.

Police touristique (DEAT) – PLAN VIII, B2 - *R. Afrânio de Melo Franco 315, Leblon - ✆ (21) 2332 2924 - 24h/24.* Pour signaler vols ou agressions. Les fonctionnaires parlent anglais, voire français.

Bataillon de la police militaire touristique (BPTUR) – PLAN VII, A2 - *R. Figueiredo Magalhâes 550, Copacabana - ✆ (21) 2332 2 7928 - lun.-vend. 9h-17h.* Certains policiers parlent français.

Agenda

À Copacabana, le **réveillon du Nouvel An** est l'occasion d'un feu d'artifice spectaculaire, regardé par 2 millions de personnes (!) sur la plage. Beaucoup sont vêtus de blanc, en hommage à Yemanjá, reine de la Mer et protectrice des marins et des pêcheurs. Des fleurs sont jetées dans l'océan.

Babilônia Feira Hype – *Date variable, calendrier sur www.babiloniafeirahype.com.br - Parque Dos Figueiras, Leblon - entrée libre.* La foire de la mode, du design, de l'artisanat et de la gastronomie. Chic.

Dia de São Sebastião – *20 janv.* Le saint patron de Rio est fêté le jour de la fondation de la ville. Procession de l'église São Sebastião de Capuchinos (Tijuca) à la Catedral Metropolina (Centro).

Carnaval – *p. 95.*

Semaine sainte – Pâques, fête majeure des chrétiens, est l'occasion de processions. Celle des Arcos de Lapa réunit une foule nombreuse.

Arte de Portas Abertas – *Date variable. À Santa Teresa - www.visitesantaterasa.rio.* Les artistes ouvrent leurs portes aux visiteurs : une merveilleuse manière de découvrir le quartier.

Festa Juninas – *Pls jours en juin.* L'un des plus importants festivals folkloriques du pays. Il se tient sur différentes places de la ville.

Rio International Film Festival – *Sept-oct. - www.festivaldorio.com.br.* L'un des plus importants festivals de cinéma d'Amérique du Sud.

Festa de N. S. da Glória do Outeiro – *15 août.* Une fête haute en couleur, avec musique et processions dans les rues du quartier.

Festa da Penha – *Ts les dim. d'oct. Igreja N. S. da Penha da França, Largo da Penha 19.* L'une des fêtes religieuses les plus importantes et les plus populaires de Rio.

1

Nos adresses

Restauration, mode d'emploi

Cuisine des quatre coins du Brésil, mais aussi portugaise, italienne, japonaise, orientale, allemande, française et polonaise, sans oublier les fruits de mer... Le cosmopolitisme de Rio se révèle sur la table, avec un art consommé d'adapter les plats à la mode locale. Toutefois, la *farofa* (farine de manioc cuite avec oignon, œuf, banane, olive...), en accompagnement, et la *feijoada* du samedi (haricots noirs avec de la viande et du riz) restent de véritables institutions. Les serveurs sont d'une grande amabilité et généralement très efficaces. Quand les plats sont copieux, vous pouvez commander un plat pour deux; renseignez-vous. Enfin, les serveurs ne verront aucun inconvénient à vous préparer un sac à emporter si vous n'avez pas terminé. Le prix du restaurant est un peu moins élevé qu'en France et l'on peut toujours se nourrir sans se ruiner, mais la note atteindra facilement 80/100 R$. La formule la plus économique est le *prato feito* (plat du jour : 15 à 25 R$) des employés et des ouvriers. Très populaire, la **formule ao kilo**, en self-service, se décline dans tous les genres : japonais, italien ou *churrascarias*. Le prix oscille entre 30 et 60 R$/kg, voire deux fois plus pour les adresses gastronomiques. Les *churrascarias*, spécialisées dans la viande, sont en règle générale excellentes. Ne manquez surtout pas d'expérimenter la formule *a rodízio* : après le buffet des entrées, des grillades sont servies à volonté par des serveurs déambulant entre les tables. Sachez que les meilleurs morceaux (*picanha, picanha nobre, fraldinha*, filet mignon) arrivent à la fin. Autre expérience incontournable : le **botequim**, bar informel très répandu où l'on peut grignoter *(beliscar)* des *petiscos* (*pastel* : chausson à la viande ou au fromage; *bolinho* : bouchée à la viande, à la morue, ou riz-fromage). Enfin, dans les *lanchonete* (snack-bars), on mange un *misto quente* (croque-monsieur) sur le pouce en buvant un jus de fruits.

Restauration dans le centre

Attention, de nombreux restaurants ferment le soir et le w.-end.

Premier prix

3 **Carioca da Gema** – PLAN II, A1 - *Av. Mem de Sá 79 - Lapa - (21) 98556-0834 - www.barcariocadagema.com.br - fermé le midi dim.-lun. - plats 40/79 R$.* Ce lieu emblématique de la vie nocturne de Lapa *(voir « En soirée »)* propose une restauration de bistrot brésilien : croquettes, plats de morue, sandwiches... dans une ambance sympathique et musicale. Idéal pour se requinquer au cours de la soirée.

6 **Os Ximenes** – PLAN II, A1 - *Pr. João Pessao 7 - Lapa - (21) 2232-3775 - tlj 11h-4h - 40/80 R$.* Une terrasse immanquable pour vous plonger dans l'ambiance de Lapa. Dès 19h et jusque tard dans la nuit, la terrasse ne désemplit pas : les habitants du quartier y croisent les bobos, les artistes, les alternatifs qui font tout le sel du quartier. Menu pléthorique où vous pourrez piocher petits en-cas pour éponger votre bière, grillades, fritures ou encore d'excellents spécialités de morue dignes d'un restaurant de très bonne tenue.

2 **Angu do Gomes** – PLAN I, B1 - *R. Sacadura Cabral 75 - Saúde - (21) 2233-4561 - www.angudogomes.com.br - fermé sam. soir et dim. soir - plats 43/74 R$.* Dans le quartier du port,

un *boteco* traditionnel avec ses tables et chaises en bois qui draine les employés du quartier à l'heure du déjeuner. On y sert depuis 1977 une cuisine populaire : *petiscos* variés, *bolinhos* (croquettes) de riz et de *feijoada*, *angu* (polenta) au porc et au lard, servie avec une bière bien congelée.

7 **Cantinho do Senado** – PLAN I, B4 - *R. do Lavrádio 50 - ✆ (21) 2509-0535 - tlj sf dim. 6h-23h - plats 30/52 R$.* Installée dans un vieux bâtiment, où l'empereur Dom Pedro II se serait reposé après un accident de carrosse, cette *lanchonete* avec terrasse est le poste d'observation de la Feira do Rio Antigo, le premier sam. du mois. On y sert une excellente *feijoada*, des truites grillées avec du riz au brocoli, un *churrasco* mixte pour 2 pers. ou des *pasteis* et *bolinhos* maison.

Budget moyen

8 **Sirio & Libanês** – PLAN I, A3 - *R. Senhor dos Passos 217 - ✆ (21) 2224-1629 - www.sirioelibanes.com.br - fermé dim. et le soir - plats 32/110 R$.* Présent au cœur du marché populaire de Praça Tiradentes et Praça da República depuis plusieurs décennies. Salle climatisée sans charme et accueil anonyme, mais humus et felafel qui ne trahissent pas. Le mezzé de six plats suffit pour 2 pers.

1 **Bar di Gengibre** – PLAN I, C2 - *R. Visconde de Itaborai 8 - ✆ (21) 2263-1484 - insta@bardogengibrecentro - ouv. tlj, service continu - plats 36/48 R$.* À l'heure du déjeuner, la terrasse est prise d'assaut par les employés du quartier. L'ambiance y est à la décontraction pour déguster de savoureuses grillades du barbecue installé sur le trottoir ou le plat du jour. Une excellente étape pour le déjeuner.

5 **Nova Capela** – PLAN II, A1 - *Av. Mem de Sá 96 et Anexo 98 - Lapa - ✆ (21) 2252-6228 - insta@nova_capela- ouv. tlj, service continu - plats 45/142 R$.* Repaire de noctambules, ouvert presque sans interruption, c'est un lieu culte de la bohemia de Lapa. Cuisine italienne, espagnole, brésilienne et portugaise. Mais on y sert, paraît-il, le meilleur *cabrito* de la ville *(cabrito a moda)*, un chopp réputé, ainsi qu'une fameuse soupe au poulet. L'endroit est plus ou moins animé selon l'heure, mais jamais désert.

6 **Cais do Oriente** – PLAN I, C2 - *R. Visconde de Itaborai 8 - ✆ (21) 2203-0178 - www.caisdooriente-rj.com.br - fermé dim. soir - plats 59/95 R$.* Installé dans un édifice du 19e s., ce vaste établissement possède une salle climatisée décorée de tapis, ainsi qu'une cour aménagée derrière de hauts murs en brique. Question cuisine, les spécialités brésiliennes sont présentées de façon soignée dans une version modernisée. La moqueca de fruits de mer est un des plats vedette. Ambiance plutôt élégante.

2 **Bar do Mineiro** – PLAN II, A2 - *R. Paschoal Carlos Magno 99 - Santa Teresa - ✆ (21) 2221-9227 - http://bardomineiro.net - 11h - 1h, fermé lun.- plats 80/185 R$.* Une salle bruyante, carrelée de blanc et éclairée au néon... Et pourtant, on adore ! Cuisine du Minas Gerais roborative, ambiance joyeuse et authentique, prix raisonnables. Goûtez la *feijoada* ou la savoureuse *carne seca* (viande séchée).

Pour se faire plaisir

1 **Aprazível** – PLAN II, A2 - *R. Aprazível 62 - Santa Teresa - ✆ (21) 96741-3850 - www.aprazivel.com.br - fermé dim. soir - plats 89/127 R$.* Niché sur les hauteurs de Santa Teresa, au milieu de la végétation, l'endroit offre une vue imprenable. On y sert une cuisine du Minas Gerais et du Nordeste, avec une touche

française : poisson tropical, canard sauce vin blanc et riz sauvage, *cabrito* (chevreau) sauce vin rouge avec purée d'igname et oignon caramélisé. Vous pouvez tester l'une des 100 cachaças proposées ! Réservation conseillée, surtout pour les huttes sur pilotis, très prisées. Un vrai coup de cœur !

Restauration à Glória, Catete et Flamengo

Premier prix

2 Tacacá do Norte – PLAN III, C1-2 - *R. Barão do Flamengo 35 - Flamengo - ✆ (21) 2225-7329 - ⌧ - ouv. tlj, service continu - plats 35/90 R$.* Les spécialités de l'État du Pará sont à l'honneur dans cette épicerie populaire, qui ne désemplit pas : les plus courageux tenteront le *tacacá* (bouillon de fécule de manioc aux crevettes séchées), les autres se régaleront avec le *casquinha de caranguejo* (crabe farci).
En dessert, ne manquez pas l'*açai*, fruit d'Amazonie réputé pour ses vertus énergisantes et servi en glace.

Budget moyen

1 Café Lamas – PLAN III, C2 - *R. Marquês de Abrantes 18 - Flamengo - ✆ (21) 2556-0799 - www.cafelamas.com.br - ouv. tlj, service continu - autour de 100 R$.* Difficile de dire ce qui fait le charme de ce restaurant sans fenêtre et au décor quelconque ouvert depuis 1874. Un certain esprit règne dans ce lieu si typiquement carioca, où des générations d'intellectuels se sont succédé (Ruy Barbosa, Machado de Assis, Olavo Bilac, Monteiro Lobato). Service en nœud papillon impeccable. Grand choix de plats de viande, avec deux recettes vedette : le steak à l'ail et le filet mignon, le meilleur de Rio affirment les habitués !

Restauration à Botafogo

Budget moyen

1 Botequim – PLAN IV, A2 - *R. Visconde de Caravelas 22 - Botafogo - ✆ (21) 2286-3391 - insta@botequimrestaurante.br - fermé dim. soir et lun. soir - plats 50/116 R$.* Le décor rustique en bois, pierre et ardoise, est assez réussi. Que l'on choisisse la petite cour ou la salle climatisée, l'endroit est calme et agréable. Classique *picanha fatiada* ou de *carne seca escondidinha* (viande séchée).
Les plats, très copieux, peuvent convenir pour trois pers. Également poisson, salade et pizzas. *Feijoada* le sam. et *cozido* le dim.

4 Lima Conina Peruana – PLAN IV, A2 - *R. Visconde de Caravelas 89 - ✆ (21) 3647-3411 - fermé dim. soir - plats 61/89 R$.* De la cuisine péruvienne contemporaine, servie dans un cadre coloré et joyeux. Les ceviche de poisson et fruits de mer sont succulents.

2 Manekineko – PLAN IV, A2 - *R. Voluntários da Pátria 446 - Cobal Humaitá - ✆ (21) 2537-1510 - www.manekineko.com.br - 12h-0h - 80/180 R$.* Un décor moderne (salle climatisée ou terrasse), où l'on sert une cuisine japonaise traditionnelle ou à la mode brésilienne (sushis au saumon et aux figues sauce aigre-douce ; makimono à la farine de manioc fourré au saumon et à la crevette, avec rondelles d'orange et de citron). Excellent chopp. Autres adresses à Ipanema, Leblon...

3 Miam Miam – PLAN IV, B2 - *R. General Góes Monteiro 34 - ✆ (21) 98366-4420 - www.miammiam.com.br - fermé dim.-lun. - plats 62/129 R$.* Petit restaurant chic aux murs de pierre et mobilier en Formica des années 1950-1970, sur fond de musique tendance. La carte, assez créative et souvent renouvelée, comprend aussi des plats traditionnels (ragoût de *bacalhau*). Coin salon pour boire un verre.

Restauration à Urca

Budget moyen

1 Bar Urca – PLAN V, A1 - *R. Cândido Gaffrée 205 - ☏ (21) 2295-8744 - www.barurca.com.br - 11h30-23h (dim. 20h) - 38/115 R$.* Plats de poisson et de fruits de mer, vue sur les petits bateaux qui traversent la baie de Guanabara. Voilà la recette de cet établissement, maintes fois primé par le magazine Veja. Boissons et amuse-bouches peuvent être servis au bar puis dégustés de l'autre côté de la rue, sous l'ombre des amandiers. *Feijoada* le sam. et cozido a portuguesa le dim.

Restauration à Copacabana et Leme

Premier prix

2 Bar 420 – PLAN VII, B2 - *Av. N. S. de Copacabana 420 - Copacabana - ☏ (21) 2547-7464 - 9h-23h - 25/55 R$.* Un petit restaurant simple, fréquenté par une clientèle de touristes et d'habitants du quartier. Parfait pour déjeuner rapidement (et à bon marché), en salle ou en terrasse, sur la rue. Au menu : salades, poissons, spaghettis bolognaises ou lasagnes.

3 Cervantes – PLAN VII, B1 - *Av. Prado Júnior 335 - Copacabana - ☏ (21) 2275-6147 - www.restaurantecervantes.com.br - ouv. tlj, service continu - plats 85/195 R$.* Une institution s'il en est ! Décrété meilleur sandwich de Rio par l'ensemble des Cariocas, le jambon-ananas ne suscite aucune critique. Forte de son succès, la boutique initiale (1965) s'est dotée d'une petite salle de restaurant, plutôt austère. Qu'importe : les noctambules viennent ici se caler l'estomac après une soirée, pas pour le décor !

1 Café do Forte – PLAN IX, B3 - *Praça Coronel Eugênio Franco 1 - Copacabana - ☏ (21) 3201-4049 - www.confeitariacolombo.com.br - fermé lun. - plats 50/85 R$.* Situé dans l'enceinte du fort de Copacabana, l'établissement jouit d'une terrasse surplombant la plage d'où la vue est sans pareille. L'endroit convient pour un petit-déj. ou pour déjeuner au calme d'une salade ou d'un sandwich. Salle climatisée.

11 S Bistrô-LEME – PLAN VII, B1 - *Av. Atlanticâ 994 - Leme - ☏ (21) 98094-7292 - insta@sbistro_leme - fermé lun. midi et mar. midi - plats 49/75 R$.* Dans la salle tendance brocante chic ou en terrasse, l'ambiance est à la décontraction. Les serveurs polyglottes virevoltent entre les groupes d'amis pour acheminer carafes de sangria et tapas teintées d'influences asiatiques. Un repaire des branchés de Leme face à un coin tranquille de la plage.

Budget moyen

4 Churrascaria Carretão Lido – PLAN VII, B1 - *R. Ronald de Carvalho 55 - Copacabana - ☏ (21) 2543-2666 - www.carretaolido.com.br - 11h30-0h - plats 48/62 R$.* Une salle sans fenêtre, où tournoient des légions de serveurs proposant, sur un rythme effréné et dans un joyeux brouhaha, toutes sortes de viandes à la broche (agneau, porc, bœuf). Les connaisseurs garderont de l'appétit pour les meilleurs morceaux (*picanha*, filet mignon), proposés en dernier. Le buffet d'entrées (salades de pâtes, sushis) est moins convaincant.

Budget moyen

9 Sindicato do Chopp – PLAN VIII, C2 - *Av. Atlântica 514 - Leme - ☏ (21) 2541-3133 - fermé le midi en sem. - plats 30/190 R$.* Vaste salle avec écrans de télévision ou grande terrasse en front de mer : à vous de choisir ! La maison propose des

1

plats de viande ou de poisson qui suffisent pour 2 pers., ce qui en fait une adresse intéressante, même si la cuisine n'a rien d'exceptionnel. Bon service malgré l'affluence constante.

3 **O Caranguejo** – PLAN IX, A1 - *R. Barata Ribeiro 771 - angle R. Xavier da Silveira, Copacabana - ✆ (21) 2236-1352 - ouv. tlj, service continu - plats 78/186 R$.* Ce petit établissement sans façon, avec terrasse sur rue, est réputé pour ses camarão empanado et son choix de petiscos. Convient pour une petite faim comme pour un vrai repas de poisson ou de langouste.

2 **Don Camillo** – PLAN IX, B1 - *Av. Atlântica 3056 - Copacabana - ✆ (21) 2549-9958 - www.doncamillo.com.br - 11h-2h - pâtes 49/94 R$.* Cette terrasse en front de mer est une des plus agréables de Copacabana. Au menu : fruits de mer, viandes, pâtes faites maison et poissons (*pargo* ou rouget en croûte de sel). Clientèle brésilienne plutôt chic.

Pour se faire plaisir

8 **Shirley** – PLAN VII, B1 - *R. Gustavo Sampaio 610 - Leme - ✆ (21) 2275-1398 - insta@ restauranteshirley - ouv. tlj, service continu - plats 56/86 R$.* Ce petit bistrot chic ne désemplit pas. Paella, risotto de poulpe, poissons du jour et crevettes... Le choix est vaste et les produits de première fraîcheur. Carte de vins sud-américains assez riche. Clientèle en majorité locale.

10 **Churrascaria Palace** – PLAN VII, B1 - *R. Rodolfo Dantas 16 - Copacabana - ✆ (21) 2541-5898 - www.churrascariapalace.com.br - 12h-0h - buffet à volonté 140 R$.* La plus ancienne churrascaria de Rio est une institution qui fait la joie des carnivores, touristes et locaux. Défilé permanent de viandes goûteuses et grillées à la perfection, serveurs aux petits soins et grand choix d'entrées et de desserts au buffet.

7 **Marius Degustare** – PLAN VII, C1 - *Av. Atlântica 290 - Leme - ✆ (21) 2104-9000 - insta@ mariusdegustare - ouv. tlj, service continu - menu degustation 280 R$.* Formule unique buffet à volonté dans ce temple de la cuisine carioca. Privilégiez plutôt les poissons et fruits de mer, la spécialité de la maison. Vous y croiserez davantage de touristes que de locaux mais l'endroit vaut le détour, tant pour sa cuisine que pour sa décoration marine délirante. Salle climatisée.

Restauration à Arpoador, Ipanema et Leblon

Premier prix

6 **Embalo Bar** – PLAN VIII, A2 - *R. Dias Ferreira 113 - Leblon - ✆ (21) 2239-8987 - 9h-22h - moins de 50 R$.* Ce botequim, autoproclamé « le plus décontracté » de Leblon, tranche en effet avec les autres établissements du quartier. Ici prime la simplicité, dans l'assiette comme pour le décor. Les employés du quartier apprécient.

14 **Delirio Tropical** – PLAN VIII, B2 - *R. Garcia d'Avila 48 - angle de R. Prudente de Morais, Ipanema - ✆ (21) 3624-8164 - insta@ deliriotropical - www.delirio.com.br - fermé le soir - moins de 50 R$.* Un restaurant de chaine en self-service, parfait à l'heure du déjeuner. Grand choix de salades et plats du jour. À midi, la queue déborde sur le trottoir.

2 **Bracarense** – PLAN VIII, A2 - *R. José Linhares 85 - Leblon - ✆ (21) 2294-3549 - www.bracarense.com.br - 💳 - 8h-0h (dim. 10h-22h) - plats 29/82 R$.* L'endroit ne paye pas de mine, mais il est considéré comme un des meilleurs botequim de Rio par de nombreux Cariocas. Les connaisseurs viennent ici boire un chopp ou déguster en terrasse

sandwich, petiscos *(pasteis, bolinho de bacalhau)* ou *porções* (crevettes à l'huile et à l'ail, émincé de filet mignon à l'ail...).

5 **Celeiro** – PLAN VIII, A2 - *R. Dias Ferreira 199 - Leblon - ✆ (21)2274-7843 - www.celeiroculinaria.com.br - fermé le soir et dim. - 40/80 R$.* Cette adresse familiale et tendance à la fois propose soupes et plats du jour en self-service ou au kilo, mais s'est fait un nom grâce à ses salades. Boulangerie-pâtisserie également, avec quiches, sandwichs et desserts. Terrasse calme.

Budget moyen

4 **Casa da Feijoada** – PLAN VIII, C2 - *R. Prudente de Morais 10 - Ipanema - ✆ (21) 2247-2776 - www.cozinhatipica.com.br - 12h-23h30 (dim. 22h30) - plats 62/120 R$.* Cette adresse touristique propose une *feijoada* préparée dans les règles de l'art. Chaque mois, 400 kg de haricots noirs, 350 kg de porc salé et 200 kg de viande séchée entrent en cuisine pour les besoins de la cause !

12 **Anna** – PLAN VIII, B2 - *Av. Epitácio Pessoa 214 - Ipanema - ✆ (21) 2529-8810 - www.annarestaurante.com.br - ⊭ - fermé le midi sf dim. - plats 81/85 R$.* Restaurant familial à l'atmosphère plutôt cosy avec ses murs de briques et sa déco façon brocante. Cuisine bourgeoise mettant à l'honneur les pâtes et les fruits de mer.

13 **Artigiano** – PLAN VIII, B2 - *Av. Epitácio Pessoa 204 - Ipanema - ✆ (21) 2512-6107 - www.restauranteartigiano.com.br - ⊭ - fermé le midi sf dim. - plats 70/80 R$.* Spécialisée dans la cuisine régionale d'Émilie-Romagne, cette table italienne sert des pâtes, risottos et pizzas avec des ingrédients importés tels jambon de Parme, mozzarella et parmesan. On peut dîner en terrasse.

17 **Venga** – PLAN VIII, A2 - *R. Dias Ferreira, 113-B - Leblon - ✆ (21) 2512-9826 - www.venga.com.br - fermé lun.- plats 25/59 R$.* Un bar à tapas sympathique et animé pour grignoter les classiques des apéritifs espagnols : jambon pata negra, chorizo, patatas bravas, calamars frits... Autre adresse à Copacabana, au 3880 av. Atlântico.

11 **Zazá Bistrô Tropical** – PLAN VIII, C2 - *R. Joana Angélica 40 - Ipanema - ✆ (21) 2247-9101 - www.zazabistro.com.br - ouv. tlj, service continu - plats 68/120 R$.* Une petite maison avec terrasse au décor coloré et cosy, style hippy chic et world food : une adresse on ne peut plus tendance ! La cuisine est de qualité, piochée sous toutes les latitudes : couscous marocain, currry de légumes bio, bœuf bourguignon.... En fin de semaine, le Brésil reprend ses droits avec une feijoada aux fruits de mer. Pour commencer, partagez un assortiment d'entrées froides ou chaudes.

Pour se faire plaisir

10 **Sushi Leblon** – PLAN VIII, A2 - *R. Dias Ferreira 256 - Leblon - ✆ (21) 2512-7830 - insta@ sushileblon- ouv. tlj, service continu - plats 22/162 R$.* Le plus huppé des restaurants japonais d'Ipanema : cadre élégant, service parfait en salle ou au bar, et rendez-vous de la jet set. Aux côtés des classiques, vous trouverez des préparations innovantes et chères comme ces lamelles de poisson blanc marinées dans le saké et l'huile à la truffe. Mieux vaut réserver.

Restauration à Gávea

Budget moyen

3 **Braseiro da Gávea** – PLAN VIII, A1 - *Praça Santos Dumont 116 - Gávea - ✆ (21) 2239-7494 - insta braseirodagavea - ouv. tlj, service continu - plats 145/215 R$.* Le

1

restaurant phare du Baixo Gávea (« meilleur lieu de drague de Rio », selon la revue Veja, pour cinq années !) est un haut lieu de la nuit carioca. Le w.-end, l'animation colonise littéralement la rue et il n'est pas rare que la soirée se prolonge à l'intérieur, rideau baissé. Question cuisine, on y trouve les classiques : *picanha*, filet mignon, poulet. Copieux.

Restauration à Petrópolis

Budget moyen

Casa d'Angelo – *R. do Imperador 700 - ✆ (24) 99226-3000 - facebook/casadangelo1914 - fermé lun. - plats 62/150 R$.* Cette brasserie, ouverte en 1914 Praça Dom Pedro II, fut d'abord un salon de thé élégant. Le cadre n'est pas d'origine, mais l'impressionnante rangée de bouteilles vaut le décor. Ses *bolinhos de bacalhau* (beignets de morue) sont réputés. Coin bar animé.

Leopoldina – *Av. Koeler 376, R. da Imperatriz 220 - ✆ (24) 2103-3000 - www.solardoimperio.com.br - ouv. tlj, service continu - plats 59/119 R$.* Le restaurant de l'hôtel Solar do Império est une des meilleures tables de la ville. La salle est somptueuse (fresque, parquet et fenêtres sur jardin) et la cuisine, tendance fusion (chicken curry, risotto, confit de canard), savoureuse.

Petite pause

Centro

Confeitaria Colombo – PLAN I, B3 - *R. Gonçalves Dias 32 - ✆ (21) 2505-1500 - www.confeitariacolombo.com.br - lun.-vend. 11h-18h, sam. 10h-18h.* Fondé en 1894, ce salon de thé viennois fut, à la Belle Époque, le lieu de rendez-vous de l'élite carioca, journalistes, politiciens, poètes et hommes d'affaires. Il conserve son splendide décor Art nouveau (1913), coiffé d'une verrière. Pâtisseries délicieuses, buffet de salades, sandwichs et plats plus élaborés.

Santa Teresa

Alda Maria Doces Portugueses – PLAN II, A2 - *R. Almirante Alexandrino 1116 - Santa Teresa - ✆ (21) 2232-1320 - www.aldamaria.com.br - mar.-sam. 11h-18h, dim. 14h-18h.* Desservie par un petit escalier décoré d'azulejos, la maison d'Alda Maria perpétue le savoir-faire des douceurs portugaises, secret de famille gardé depuis huit générations. Dégustation à emporter ou sur place, sur la vieille table en marbre de la grand-mère.

Copacabana, Leme

☺ Tout le long des deux plages, des dizaines de kiosques permettent une halte fraîcheur, pour siroter de l'eau de coco, une bière... les yeux sur l'Océan. La plupart proposent également de la petite restauration.

Bibi Sucos – PLAN IX, A1 - *R. Miguel Lemos 31 - Copacabana - ✆ (21) 2513-6000 - http://ww.bibisucos.com.br - 💳̸ - 8h30-0h (1h vend. et sam.).* Il propose 40 jus de fruits différents, notamment le fameux jus d'açaí. Le concept a fleuri dans une dizaine de lieux, de Leblon (Av. Ataulfo de Paiva 591-A) à Jardim Botânico (R. Jardim Botânico 632, Loja A)...

Ipanema, Leblon

Polis Sucos – PLAN VIII, C2 - *R. Maria Quitéria 70A - Ipanema - ✆ (21) 2247-2518 - 💳̸ - 7h-0h.* Depuis 1958, on y sert des jus de fruits : mangue, fraise, ananas, açaí et autres délices.

Cafeína – PLAN VIII, C2 - *R. Farme de Amoedo 43 - Ipanema - ✆ (21) 2521-2194 - www.cafeina.com.br - 8h-23h.* Cette boulangerie-pâtisserie-café rencontre un grand succès auprès des Cariocas, qui s'y rendent pour le petit-déjeuner ou le déjeuner (salades, sandwichs, brunch). Les tables sont disposées en terrasse ou dans la salle aux murs de brique et de faïence. Également à Leblon *(R. Design Leblon, Loja 119)*, Botafogo *(Praia de Botafogo 400)* et Copacabana *(Constante Ramos 44, R. Barata Ribeiro 507)*.

Parque Lage

Plage Café – PLAN VI, B1 - *R. Jardim Bôtanico 414 - ✆ (21) 2535-7336 - lun.-vend. 9h-18h, sam.-dim. 9h-17h.* Situé dans la cour de l'école des Beaux-Arts du parc Lage, ce café est romantique à souhait. Quelques tables, sous la colonnade néoclassique, au bord d'un bassin, permettent de savourer un bon petit-déjeuner ou de faire une pause goûter (pâtisseries, salades, quiches). Un pur moment de tranquillité!

Boire un verre

Rio offre une quantité presque infinie de lieux de sortie, souvent difficiles à classer tant ils assument de fonctions, tout à la fois bars, lieux de concert ou restaurants, selon l'heure... ou l'humeur du client! Nous avons classé dans cette rubrique les *botequim* et tous les établissements se prêtant à une pause en journée ou en début de soirée; ils accueillent parfois des groupes. À **Leblon** *(carrefour Av. Ataulfo de Paiva et R. Aristides Espinola)* et **Gávea** *(Praça Santos Dumont)* se concentrent de nombreux bars et restaurants où règne un esprit festif qui déborde souvent sur les trottoirs : ils composent le *baixo* (prononcez « baïcho »). Celui de Leblon n'est plus ce qu'il était et l'on trouve désormais l'équivalent à Lapa, Flamengo, voire Santa Teresa; mais ceux-ci n'ont pas reçu l'appellation!

Centro

Amarelinho – PLAN I, C4 - *Praça Floriano 55B - ✆ (21) 2240-8434 - 11h-1h.* Créé en 1921, le célèbre « petit jaune » est la meilleure terrasse pour observer l'animation de la place, entre deux visites de musées. On y sert pizzas, plats de viande et de poisson.

Mangue Seco – PLAN I, B3 - *R. do Lavrádio 23 - ✆ (21) 3852-1947 - merc.-sam. 11h-1h, lun.-mar. 11h-15h, fermé dim. - plats à partir de 57 R$.* Installé dans un bel édifice de la fin du 19e s., le lieu fait tout à la fois office de cachaçaria (110 marques!), de restaurant (cuisine brésilienne, poissons, moqueca, petiscos), avec terrasse sur rue, et de salle de concerts à l'étage (samba vend. et sam. à partir de 19h).

Beco do Rato – PLAN II, A1 - *R. Joaquim Silva 11 - Lapa - ✆ (21) 97968-3670 - www.becodorato.com.br - lun. et mar. 17h-1h, jeu.-sam. 17h3h, dim. 11h-22h fermé merc..* Dans une ambiance conviviale et bohème, on vient y vider des bouteilles de bière Antarctica *estupidamente gelada* (presque congelée) en écoutant de vieux airs de samba pagode joués par des orchestres traditionnels. Programme des concerts sur le site Internet. Petite restauration.

Santa Teresa

Armazem São Thiago – PLAN II, A2 - *R. Áurea 26 - ✆ (21) 2232-0822 - www.armazemsaothiago.com.br - 12h-1h.* Cette ancienne épicerie (armazém) a gardé ses rayonnages en bois, ses vitrines et sa vieille caisse, mais elle accueille un bar depuis les années 1970. Connu aussi sous le nom de Bar de Gomez, il appartient à la même famille depuis trois générations et attire une clientèle de quartier mélangée.

Glória, Catete et Flamengo

Belmonte – PLAN III, C2 - *Praia do Flamengo 300 - ✆ (21) 2552-3349 - 11h-2h - plats 49/83 R$.* La « maison mère » d'une chaîne réputée, typiquement carioca; 2500 chaussons (crevettes, crabe,

1

fromage, cœur de palmier...) y sont vendus quotidiennement ! Le concept a fleuri dans d'autres quartiers de Rio : *Ipanema (R. Teixeira de Melo 53B), Copacabana (R. Domingos Ferreira 242)...*

Tasca do Edgar – PLAN III, B2 - *R. Alice 320 - Laranjeiras - ✆ (21) 2558-9447 - dim.-mar. 11h-2h, merc.-sam. 11h-1h.* Carrelage blanc, poissons séchés au-dessus du bar et tables sur le trottoir. Ambiance animée le w.-end. On y sert de la cuisine portugaise.

Botafogo

Rua Farani – PLAN III, B2 - *Entre Praia de Botafogo et R. Br. de Itambi.* Une petite rue sans charme, mais bordée de bars qui créent une ambiance très festive le soir.

Cobal de Humaitá – PLAN IV, A2 - *R. Voluntários da Pátria 446 - 9h-19h, dim. 9h-18h.* Le marché couvert de Botafogo (fruits et légumes, vins et produits divers) compte de nombreux bars et restaurants.

Copacabana et Leme

Bip-Bip – PLAN IX, A2 - *R. Almirante Gonçalves 50 - Copacabana - ✆ (21) 2267-9656 - insta@ rodadobip - ⊭ - mar.-merc. 19h-12h, jeu. et dim. 19h-1h.* Ce modeste bar perpétue le plus pur esprit botequim. La salle est si petite que les consommateurs doivent se faufiler devant les musiciens pour se dégoter une boisson, qu'ils consommeront sur le trottoir ! Samba lun. et jeu., choro mar. et bossa-nova merc.

Arpoador, Ipanema et Leblon

Bar Da Laje – - *R. Armando Almeida Lima 8 - Vigidal - ✆ (21) 3323-5807 - www.bardalaje.rio - lun.-vend. 12h-20h, sam.-dim. 12h-22h.* Le bar dont Rio est fou depuis son ouverture en 2015. Au sommet de la colline de Vidigal, dont les pentes sont tapissées de constructions précaires, vous découvrirez depuis la somptueuse terrasse le plus beau coucher de soleil sur la plage d'Ipanema. À savourer en musique, un verre à la main, au milieu de la foule. Pour y accéder, prenez le combi de l'établissement (10/20 R$) au bout de la place de Leblon. Vous pouvez aussi vous annoncer par téléphone.

Casa Clipper – PLAN VIII, A2 - *R. Carlos Góis 263A - Leblon - ✆ (21) 2259-0148 - facebook/ Casa Clipper - 8h-0h.* Ce petit bar très vivant, avec juste quelques tables en fer et chaises en plastique dispersées sur le trottoir, a été créé dans les années 1950. On y vient pour boire un verre en s'immergeant dans une ambiance carioca sans façon. Pizzas, sandwichs et plats de viande bon marché.

Garota de Ipanema – PLAN VIII, C2 - *R. Vinícius de Moraes 49 - Ipanema - ✆ (21) 2523-3787 - 11h30-0h.* On doit à cette maison l'une des plus belles chansons du répertoire brésilien. C'est ici en effet que Vinícius de Moraes (paroles) et Tom Jobim (musique) trouvèrent l'inspiration – en contemplant les passantes – pour composer La Fille d'Ipanema, la chanson la plus connue de bossa-nova. Endroit très touristique.

Jobi – PLAN VIII, A2 - *Av. Ataulfo de Paiva 1166B - Leblon - ✆ (21) 2274-5055 - 11h-4h.* Le Jobi, qui a fêté ses 60 ans en 2016, est un restaurant (petiscos, salades, pizzas, sandwichs, plats du jour) que les Cariocas considèrent comme un bar. Le soir, la petite salle à ventilateurs et la terrasse couverte ne parviennent pas à contenir la clientèle joyeuse qui déborde sur le trottoir.

Academia da Cachaça – PLAN VIII, A2 - *R. Conde de Bernadotte 26 - Leblon - ✆ (21) 2239-1542 - www.academiadacachaca.com. br - lun.-merc. 12h-23h, jeu. 12h-1h,* *vend. 12h-0h, sam. 12h-2h, dim. 12h-22h.* Ouvert dans les années 1980 pour proposer une sélection des différentes cachaças du Brésil, idée nouvelle à l'époque, ce bar manifeste une grande inventivité dans la conception de ses cocktails à base de cachaças. À déguster avec des petiscos.

Jardim Botânico, Lagoa et Gávea

☺ Les 25 **kiosques de Lagoa** *(www.lagoarodrigo defreitas.com.br),* dispersés autour de la lagune, offrent une autre idée de sortie qu'Ipanema, le soir ou en journée.

Arab – PLAN VI, B2 - *Av. Borges de Medeiros - Lagoa - ✆ (21) 2540-0747 - www.restaurantearab.com.br - merc.-dim. 10h-23h, lun.-mar. 12h-23h.* Spécialités de couscous, falafels et kebabs, mais l'endroit vaut surtout pour l'ambiance animée du vend. soir, lorsque des groupes s'y produisent. Attention : ne vous attablez pas près de la scène si vous prévoyez un dîner en amoureux.

Bar Lagoa – PLAN VIII, C1 - *Av. Epitácio Pessoa 1674 - Lagoa - ✆ (21) 2523-1135 - insta@barlagoa - 12h-2h - plats 72/115 R$.* La rudesse proverbiale des serveurs semblera toute relative au familier des cafés parisiens ! Le décor Art déco fleure bon la patine. Dans ce rendez-vous d'intellectuels (les habitués disposent d'un serveur attitré), le chopp réputé s'apprécie au retour de la plage. On peut aussi s'y sustenter d'une *picanha carioca* (bœuf avec farofa à l'œuf et à la banane), de poisson, de *moqueca* ou de plats allemands (choucroute). L'établissement ouvert en 1934 s'appelait à l'origine Bar Berlin. Véranda sur rue.

Shopping

Spécialités culinaires

A Garrafeira – *R. Dias Ferreira 259 - Leblon - ✆ (21) 2512-3336 - lun.-sam. 10h-19h.* Un choix énorme de cachaças, de vins d'Amérique latine et d'alcools du monde entier.

Artisanat

Feira Hippie de Ipanema – PLAN VIII, C2 - *Praça General Osório - Ipanema - www.feirahippieipanema.com - dim. 8h-18h (depuis 1968).* L'appellation « hippie » est un peu exagérée, mais on trouvera là un bon choix d'artisanat, idéal pour les achats de souvenirs (hamacs, articles en cuir, bijoux).

Feira de Artesanato – PLAN IX, B1 - *Av. Atlântica, - Copacabana, entre les Posto 5 et 4 - 6h30-13h.* Peintres et artisans exposent sur le terre-plein central. Quelques pièces intéressantes au milieu d'un foisonnement d'objets kitsch. Très touristique.

Ateliê Chamego Bonzolandia – *R. Leopoldo Fróes 15 - coin de R. Almirante Alexandrino, Santa Teresa - ✆ (21) 98714-7730.* Qui ne connaît pas Getulio Damado à Santa Teresa ? Sa signature ? Des modèles réduits, comme le célèbre Bonde décliné dans toutes les tailles, ou d'incroyables personnages fabriqués à partir de matériaux recyclés.

Pé de Boi – PLAN III, B2 - *R. R. Ipiranga 55 - Laranjeiras - ✆ (21) 2285-4395 - www.pedeboi.com.br - lun.-vend. 10h-18h, sam. 9h-13h.* Le meilleur de l'artisanat populaire brésilien, selectionné au fil d'une longue expérience. La boutique fait la part belle aux peintres, graveurs et sculpteurs naïfs du Nordeste.

Produits de beauté

Granado – PLAN I, B4 - *R. do Lavradio 32 - Centro - ✆ (21) 2224-7841 - www.granado.com.br - lun.-vend. 9h-18h, sam. 10h-18h.* Fondée en 1870 par un pharmacien portugais devenu le fournisseur de la cour impériale, Granado est l'une des plus anciennes marques de cosmétiques brésiliens. Des produits efficaces et délicatement parfumés, aux emballages colorés Nombreuses succursales en ville (Ipanema, Leblon, Copacabana...) ainsi qu'à l'aéroport international.

Bijoux

Sobral – PLAN VIII, C2 - *R. Visc. de Pirajá 351 - Fórum de Ipanema - ✆ (21) 2267-0009 - www. sobraldesign.com.br - lun.-vend. 9h-20h, sam. 9h-18h.* Objets de décoration et bijoux en résine. Boutiques également à Copacabana *(av. Nossa Senhora de Copacabana, 706A)* et à l'aéroport international.

Antiquités

☺ La **R. do Lavrádio** *(Centro)* est le meilleur endroit pour chiner. Certaines boutiques proposent notamment du mobilier des années 1950-1960 signé par de grands designers à des prix raisonnables.

Feira do Rio Antigo – *R. do Lavrádio - 1er sam. du mois 10h-19h.* Les antiquaires présentent leurs trésors sur le trottoir et quantité d'étals proposent de l'artisanat et de la brocante (disques et journaux anciens, vaisselle, objets décoratifs...). Performances musicales, terrasses de restaurants bondées : ambiance chaleureuse.

Feira de Antiguidades da Associação Brasileira de Antiquários – *Praça Santos Dumont - Gávea - dim. 9h-17h.* Une brocante de plus de 80 stands (porcelaine, cristal, ivoire, sculptures, tapis, presse, livres, jouets, gravures...).

Vêtements

☺ De nombreux professionnels de la mode se sont installés à Botafogo, tels Andrea Saletto, Lenny Niemeyer, Mara Mac ou Isabela Capeto. On trouve leurs produits à Ipanema, à Leblon et dans d'autres quartiers de la zone sud de Rio.

Bikinis et maillots de bain

Bumbum – *R. Visconde de Pirajá 602 - Ipanema - ✆ (21)99548-3555 - www.bumbum.com. br.* Hommes et femmes. La marque phare des années 1980 est toujours au goût du jour, mais subit la concurrence. -

Salinas – *R. Visconde de Pirajá 351 - Forum de Ipanema, 1er étage - ✆ (21) 2227-0523.*

Blue Man – *R. Visconde de Pirajá 351 - Forum de Ipenama, 1er étage - ✆ (21) 2247-4905.*

Havaianas

Difficile d'imaginer rentrer sans sa paire de Havaianas et quelques autres pour les amis. On les trouve un peu partout (pharmacies, supermarchés...). La marque détient aussi des boutiques exclusives à Rio qui réunissent tous les modèles et surtout les plus récents.

www.havaianas.com.

Havaianas Copacabana – *R. Xavier Silveira 19 - Copacabana - ✆ (21) 2267-2418 - lun.-vend. 9h-20h, sam. 9h-18h, dim. 10h-18h.*

Musique et DVD

Tracks – *Praça Santos Dumont 140 - Gávea - ✆ (21) 2274-7182 - un.-sam. 9h-18h, dim. 13h30-18h* CD brésiliens et internationaux et grand choix de vinyles.

Librairies

Livraria da Travessa, cette chaîne possède de beaux magasins bien fournis (presse internationale, guides, plans...), ouvrant tard le soir. *www.travessa.com.br. -*

Travessa Leblon – *Av. Afrânio de Melo Franco 290 - Shopping Leblon, 2ème étage - ✆ (21) 3138-9600 - lun.-sam. 10h-23h, dim. 12h-22h.* - **Travessa Ipanema** – *R. Visconde de Pirajá 572 - Ipanema - ✆ (21) 3205-9002 - lun.-sam. 9h-23h, dim. 11h-23h.*

Livraria Leonardo da Vinci – *Av. Rio Branco 185 - Centro - ✆ (21) 2533-2237 - www.*

leonardodavinci.com.br - lun.-vend. 9h30-19h, sam. 9h30-13h30. Librairie française fondée en 1952 : ouvrages en langues étrangères, presse internationale, guides, plans…

Argumento Livraria – *R. Dias Ferreira 417 - Leblon - ✆ (21) 2239-5294 - www.livrariaargumento.com - lun.-sam. 10h-22h, dim. 9h-21h.* Café.

En soirée

Danse

☺ Lapa s'est imposé depuis quelques années comme le quartier par excellence de la nuit carioca, où l'on trouve des boîtes (généralement interdites aux moins de 18 ans) pour danser la samba, le *choro*, la *gafieira* ou le MPB. Le meilleur soir est le jeudi, celui à éviter, le lundi. Dans quelques établissements, un carton est remis à chaque personne à l'entrée, sur lequel le serveur inscrit les consommations. Sur l'addition, réglée à la sortie, s'ajoute un couvert pour les musiciens. Attention, si vous perdez votre carton, la note sera salée ! La plupart de ces adresses servent aussi à manger. Dans un autre genre, les *gafieira* sont de vastes salles, au décor souvent suranné, dédiées à la danse de salon. Le spectacle est dans la salle tout autant que sur la scène et l'ambiance, populaire à souhait. À Lapa, également, pour la plupart, elles n'ouvrent pas tous les jours.

Au rythme brésilien :

Rio Scenarium – PLAN I, A3 - *R. do Lavrádio 20 - Centro - ✆ (21) 3147-9000 - www.rioscenarium.com.br.* Installé dans un édifice avec patio du 19e s., il figure parmi les 10 bars les plus importants du monde selon le classement du journal anglais The Guardian et enregistre 20 000 entrées par mois. Armures, poupées, horloges, mobilier colonial ou des années 1950 : la magie du lieu réside dans son atmosphère autant que dans son décor. Le patron a accumulé des milliers d'antiquités, louées pour des tournages. Piste de danse et groupes de samba, forró ou choro au rez-de-chaussée, bar au 1er étage, ambiance plus cosy au second, sans oublier la salle attenante où les danseurs se déchaînent sur des standards MPB : il y en a pour tous les goûts ! Immanquable. Programme sur le site Internet.

Carioca da Gema – PLAN II, A1 - *Av. Mem de Sá 79 - Lapa - ✆ (21) 98556-0834 - www.barcariocadagema.com.br - mar. 19h30-1h30, jeu. 19h30-2h, vend. 19h30-3h, sam. 21h-3h - 35 R$/pers.* Haut lieu des nuits de Lapa, très à la mode. L'ambiance est chaleureuse et l'on peut se replier à l'étage quand la foule devient trop compacte. Jeunes talents ou valeurs sûres, on y croise le gratin de la scène brésilienne (choro, samba, MPB, bossa-nova). Mieux vaut arriver en avance pour éviter l'attente.

Café Cultural Sacrilégio – PLAN II, A1 - *Av. Mem de Sá 81 - Lapa - ✆ (21) 3970-1461 - www.sacrilegio.com.br - mar.-jeu. 19h-1h30 (20 R$), vend. 19h-4h (30 R$), sam. 20h-4h (30 R$).* Des groupes de samba, choro ou MPB mettent le feu chaque soir, tandis que la patronne, toujours sur la piste, semble gérer le lieu pour son propre plaisir ! Salle climatisée avec mezzanine et petite cour à l'arrière pour faire une pause ou déguster une carne seca.

Bar da Lapa – PLAN II, A1 - *Av. Mem de Sá 69 - Lapa - ✆ (21) 9900-39179 - insta@ bardalapa.lapa - mar.-dim. concerts à 18h - 34/35 $.* Les tambourins en guise de plateaux annoncent la couleur : la musique est à l'honneur. Goûtez aux petiscos traditionnels tels le *caldinho de feijão* (soupe de haricots noirs avec bacon), le *queijo coalho empanado* (fromage blanc pané) et les boulettes de *feijoada*.

Clube dos Democráticos – PLAN II, A1 - *R. do Riachuelo 91 - Lapa - (21) 2252-4611 - www.clubedosdemocraticos.com.br - - merc.-sam. 22h-4h, dim. 20h-0h.* Fondée en 1867, c'est la plus ancienne société de carnaval de Rio. Dans une vaste salle patinée, les couples évoluent avec grâce au son des groupes de samba, choro ou forró, dans le plus pur esprit des gafieira. On prend autant de plaisir à danser qu'à observer. Population mélangée.

Centro Cultural Estudantina Musical – PLAN I, B3 - *Praça Tiradentes 79 - Centro - (21) 2232-1149 - - programme sur la page Facebook.* Créée en 1932, l'Estudantina est une des maisons de dança de salão les plus traditionnelles et les plus populaires de Rio. Au programme toujours : forró, samba, MPB, pour le bonheur de tous !

Boate et clubs :

Shenanigan's – PLAN VIII, C2 - *R. Visconde de Pirajá 112A - Ipanema - (21) 97035-5619 - facebook/ Shenanigan's Irish Pub - mar.-jeu. 17h-0h, vend.-sam. 18h-2h ; concerts jeu.-sam.* Grand choix de bières, pub irlandais oblige ! Une clientèle cosmopolite fréquente ce lieu particulièrement animé le w.-end.

Spectacles

Le supplément du vend. du journal *Globo (Rio Show)* ainsi que l'hebdomadaire *Veja Rio* constituent d'excellentes sources d'information.

Salles de concert :

Teatro Rival Petrobras – PLAN I, C4 - *R. Álvaro Alvim 33-37 - Cinelândia, Centro - (21) 2240-4469 - www.rivalpetrobras.com.br - mar.-sam.* Ouverte dans les années 1930 pour des spectacles de théâtre, cette scène est consacrée maintenant à des noms plus ou moins connus de la musique populaire brésilienne, la MPB.

Circo Voador – PLAN II, A1 - *Arcos de Lapa - Centro - (21) 2533-0354 - www.circovoador.com.br.* Sous ce vaste chapiteau (2 500 places), au pied de l'Arcos de Lapa, sont donnés de nombreux concerts.

Vivo Rio – PLAN II, B1 - *Av. Infante Dom Henrique 85, Parque do Flamengo - face au musée d'Art moderne - (21) 2272-2901 - www.vivorio.com.br.* Cette salle de 2 100 places accueille les grands noms de la musique brésilienne que l'on écoute debout ou autour d'une table.

Fundição Progresso – PLAN II, A1 - *R. dos Arcos 24 - Lapa - (21) 3212-0800 - www.fundicaoprogresso.com.br.* Ancienne fonderie près de l'Arcos de Lapa qui accueille d'importantes manifestations : expositions, danse, théâtre populaire ou d'avant-garde, soirées samba, rock, reggae, DJ…

Concerts gratuits en plein air : Nombreux musiciens amateurs se retrouvent pour donner des concerts de *chorro* à **Botafogo**, le sam. matin dans la cour de l'Université fédérale *(Av. Pedro Calmon 550 -* PLAN IV, B2*)* et à **Flamengo**, le dim. matin, sous les jacarandas et les bougainvillées de la place São Salvador (PLAN III, B2).

Centres culturels :

Consultez la presse et les sites Internet pour découvrir les programmations. **Centro Cultural Banco do Brasil** *(p. 50)*, **Centro Cultural dos Correios** *(p. 51)*, **Casa França-Brasil** *(p. 50)*, **Fundição Progresso** *(p. 94)*, **Oi Futuro** *(p. 64)*, **Parque das Ruínas** *(p. 61)*, **Casa de Cultura Laura Alvim** *(p. 70)*, **Instituto Moreira Salles** *(p. 72)*.

Carnaval

Pour suivre les événements, renseignez-vous auprès de **Riotur** *(p. 77)*, qui diffuse d'excellentes brochures ; consultez aussi le supplément du vend. de *Globo (Rio Show)*, ainsi que l'hebdomadaire *Veja Rio*. Procurez-vous enfin le très utile guide gratuit des *blocos* et *rodas de samba*, avec agenda et plan, et le **Roteiro dos Desfiles**, le guide officiel des parades du carnaval.

Dates – 9-14 fév. 2024 ; 28 fév.-5 mars 2025 ; 13-18 fév. 2026.

Le carnaval est issu d'une tradition à la fois païenne et chrétienne, née en Europe au Moyen Âge, puis importée au Brésil où elle s'est enrichie de cultures et de musiques africaines. La fête débute le jour de l'Épiphanie et prend fin le mercredi des Cendres. Le carnaval constitue ce moment clé où la danse, la musique et l'esprit de fête servent d'exutoire collectif à la société carioca. Celui où la ville et ses habitants choisissent de rompre avec une monotonie quotidienne, d'oublier la violence, la pauvreté et tous les maux qui peuvent miner la cité. De manière symbolique, le maire remet officiellement les clés de la ville pour la durée du carnaval à un personnage extravagant, le « roi Momo », en déclarant : « Rio est à vous, et je suis maintenant votre sujet. »

Sambodrome pratique – Magiques, féeriques… les défilés du Sambodrome composent un spectacle unique au monde, à ne manquer sous aucun prétexte. Le défilé des écoles de samba avait lieu autrefois sur l'Av. Rio Branco. Dessiné par Oscar Niemeyer, inauguré en 1984 après 110 jours de travaux, le Sambodrome est formé d'une rue droite de 700 m de long aboutissant au pied d'une arche monumentale *(Praça da Apoteose)* et est bordée de gradins d'un côté et d'une barre à l'élégance discutable, de l'autre.

Comment s'y rendre – Le Sambodrome part de l'Av. Pres. Vargas et aboutit Rua Frei Caneca. Il est desservi par le métro, lequel fonctionne sans interruption pendant tout le carnaval *(M° Praça Onze pour les secteurs 2, 4, 6, 8 et 12 ; M° Central pour les secteurs 3, 5, 7 et 11)*, jusqu'à 23h le dernier jour, le Mardi gras. Les taxis imposent parfois un prix forfaitaire pour s'y rendre. Deux compagnies de taxi officielles peuvent vous conduire au Sambadrome. Une entreprise dessert le côté pair, Coopatur (21) 2573-1009/3885-1000, et l'autre le côté impair, Coopertramo (21) 2209-9292 (les taxis sont généralement rassemblés autour du secteur 11). Comptez env. 80 R$ pour la course (maxi. 4 pers.).

Billets et placement – Vous devez posséder un billet numéroté obligatoirement vendu sous scellé. Il s'achète auprès de l'association des écoles de samba, la LIESA *((21) 3213 5151 - liesa.globo.com)*, ou d'une agence de voyages. Vous pouvez aussi l'acheter en ligne sur *www.carnivalbookers.com.*

Le prix dépend du *Setor* (secteur), de l'emplacement et de la nature de la place (gradin, sièges numérotés, loges…). Il y a 13 secteurs au total. Les emplacements les moins chers sont les *arquibancadas* ou tribunes, des gradins en béton découverts et non numérotés (à l'exception du secteur 9). Situés en contrebas, les *frisas* sont des loges ouvertes pourvues de chaises (comme les premiers rangs de Roland-Garros). Enfin, les VIP se retrouvent dans les *camarotes* (cabines), dont les places sont en général prévendues. Les secteurs les plus recommandés vont de 2 à 11. Les secteurs populaires sont le *Setor* 1 (situé dans l'aire de formation, juste avant la ligne de départ des défilés, il permet de profiter au mieux de la *bateria*) et les *Setor* 12 et 13 (situés en fin de parcours, ils sont peu recommandés aux touristes). Très bon marché, ces secteurs ont aussi la fâcheuse réputation de concentrer beaucoup de voleurs... Sachez que les prix flambent à mesure que la date approche et que le marché noir fleurit aux abords du Sambodrome. La négociation est de rigueur, mais gare aux faux billets ! Le spectacle durant toute la nuit (généralement de 21h jusqu'à 6h du matin), vous pouvez vous y rendre bien après le début du défilé et partir quand bon vous semble.

À ne pas oublier – Emportez un imperméable. En dehors des nombreux stands, on vous apportera dans les gradins tout ce dont vous pourrez avoir besoin (boissons, snacks...), ainsi que des petits coussins.

Carnaval... avant le carnaval – Dès le mois de décembre, les écoles de samba répètent en public *(vend., sam., dim.)*, au Sambodrome, mais sans costumes. Une excellente occasion de goûter gratuitement à la fête. Vous pouvez aussi assister aux répétitions des écoles dans leur *quadra* (siège du club) ; elles débutent dès septembre. Les plus grandes ouvrent leurs portes au public. Dans les semaines qui précèdent les défilés, les hymnes des différentes écoles sont vendus en CD et leurs paroles figurent dans toutes les brochures. Faites un effort pour en apprendre quelques-uns par cœur : c'est ainsi qu'on reconnaît un vrai *aficionado*...

Cidade do Samba – *R. Rivadávia Corrêa 60 - Gamboa - ✆ (21) 2213-2503 - www.carnavalexperience.com.br - lun.-sam. 10h-16h - 45 R$.* Cet espace (10 fois la superficie d'un terrain de football) rassemble les ateliers de fabrique des chars des plus grandes écoles. Une passerelle permet d'observer le travail des forgerons, menuisiers, électriciens, etc. Des spectacles sont organisés pour les groupes.

Terreirão do Samba – Concerts de samba pendant 3 jours, Praça Onze.

Le défilé du Sambodrome – La Ligue indépendante des écoles de samba (LIESA) organise le carnaval et nomme les juges. Les écoles sont classées par divisions, de E (la plus modeste) à A (pour les prétendants au Groupe spécial). Le thème choisi par chaque école fait l'objet d'un long processus de décision.

Participer au défilé – Toutes les écoles de samba acceptent des participants non membres dans leur défilé. Renseignez-vous auprès d'elles plusieurs semaines à l'avance. Le coût, qui dépend de la notoriété de l'école (Mangueira et Salgueiro sont réputées), comprend notamment le costume, ainsi que la participation aux répétitions dans les *quadra* et sur place. Défiler au Sambodrome est bien sûr une expérience inoubliable !

Principales écoles de samba – Elles sont pratiquement toutes implantées dans les quartiers populaires. Énormes « machines », comptant plusieurs milliers de membres, elles engagent des sommes considérables pour un enjeu qui l'est tout autant. Les trois mois précédant le défilé officiel, les écoles font certaines de leurs répétitions sur le lieu même du défilé officiel. Vous en trouverez les coordonnées ci-contre, ainsi que pour chacune sa date de création. De nombreuses fêtes et des Feijoada Show sont organisés tout au long de l'année. Se rens.

Beija-Flor (1948) – *R. Pracinha Wallace Paes Leme 1025 - Nilópolis - ✆ (21) 2791-2866 - www.beija-flor.com.br.*

Grande Rio (1988) – *R. Almirante Barroso 5/6 - Duque de Caxias, Centro - ✆ (21) 3228-2828 - www.academicosdogranderio.com.br.*

Mangueira (1928) – *R. Visconde de Niterói 1072 - Mangueira - ✆ (21) 4104-0015 - www.mangueira.com.br.*

Mocidade Independente (1955) – *Av.Brasil 31.146 - Padre Miguel - ✆ (21) 3291-8700.*
Renascer de Jacarepaguá (1958) – *Av. Nelson Cardoso 82 - Tanque - ✆ (21) 99177-0689.*
Salgueiro (1953) – *R. Silva Teles 104 - Andaraí - ✆ (21) 2238-9226 - www.salgueiro.com.br.*
São Clemente (1961) – *Av. Presidente Vargas 3102 - Cidade Nova - ✆ (21) 99500-0034 - www.saoclemente.com.br.*
União da Ilha (1953) – *Estrada do Galeão 322 - Cacuia, Ilha do Governador - ✆ (21) 3396-8169.*
Unidos da Tijuca (1931) – *Av. Francisco Bicalho 47 - Leopoldina - ✆ (21) 2516-2749.*
Vila Isabel (1946) – *Bd 28 de Setembro 382 - Vila Isabel - ✆ (21) 3734-2064 - www.unidosdevilaisabel.com.br.*
Déroulement – Le défilé du Groupe spécial s'étale sur deux nuits, le dim. et le lun. de 21h à 6h. Chaque école dispose de 1h20. Le sam. suivant la remise du trophée, le vainqueur parade à nouveau avec les écoles les mieux classées. Un feu d'artifice ponctue le départ de chaque défilé. Premier à apparaître : la *comissão de frente* (groupe chorégraphié) et les *baianas* (danseuses bahianaises en robes blanches). Vient ensuite le couple formé par le *mestre sala* (maître de cérémonie) et la *porta bandeira* (porte-drapeau). Les *carros alegóricos* (chars allégoriques), fruit de mois de travail, rythment le spectacle. Perché sur l'un d'eux, le *puxador* (chanteur) déclame l'hymne de l'école, repris par la foule, pendant toute la durée du défilé. Les *alas* (sections de danseurs costumés à l'identique) forment le gros de la troupe. L'irruption des *passistas* (femmes en plumes, talons hauts et physique nécessairement avantageux, et hommes), qui virevoltent au milieu du défilé, est un moment fort. Une énorme vibration annonce l'arrivée de la *bateria* (carré de percussionnistes). La *velha guarda* (les anciens de l'école) ferme la marche. Des légions de balayeurs, qui s'essayent aussi à quelques pas de samba, font ensuite leur entrée : ils font disparaître confettis et cotillons qui jonchent le sol avant l'arrivée du cortège suivant. Les juges notent chaque école sur l'ensemble de ses performances.
Blocos – Les *blocos* (clubs de quartier) sont une des meilleures façons de vivre le carnaval de Rio. Ces défilés, ouverts à tous, investissent les rues et les places, animés par des groupes jouant sur scène, sur des camions ou en marchant. Un thème est plus ou moins défini. Les *blocos* (chacun possède un jour et une heure précis pour démarrer dans son quartier) s'affublent souvent de noms évocateurs ou farfelus, comme *Ven ni mim que eu sou facinha* (Viens vers moi, je suis facile) ou *Imprensa que eu gamo* (Coince-moi, j'aime ça). Du nord au sud, voici quelques-unes des manifestations les plus importantes :
Bloco Escravos da Mauá (Les esclaves de Mauá) – Largo São Francisco da Prainha, dans le Centro, près des docks, dans le quartier historique de la samba. Populaire, il est très en vogue.
Cordão do Bola Preta – À Cinelândia, il est le dernier représentant des antiques *cordões carnavalescos* de Rio (1918). L'ambiance y est plus familiale et métissée que dans la Zona Sul et il attire de plus en plus de monde. En matinée.
Cordão do Boitatá – Le dim. en fin de matinée, sur la Praça XV, il attire une population jeune et métissée.
Bloco das Carmelitas – À Santa Teresa. Au départ de la rue Santa Teresa, il remonte les ruelles du quartier, remportant un grand succès.

1

Suvaco do Cristo (Les aisselles du Christ) – À Botafogo, il doit son nom à sa situation géographique, sous le Corcovado. Il entraîne la population jeune et branchée de la Zona Sul. Très sympathique.

Monobloco – À Copacabana, le dim. à midi, il a pour fondateur et animateur Pedro Luiz, un jeune chanteur à la mode qui joue régulièrement à la Fundição Progresso. Branché.

Banda de Ipanema – Précédé par une parade informelle et haute en couleur de travestis, il attire plus de 10 000 personnes qui défilent le long de la plage derrière un camion. Depuis 1965.

Simpatia é quase amor (L'amitié, c'est presque de l'amour) – À Ipanema, il attire une foule énorme, plutôt jeune, le long de la plage.

Activités

Sport et aventure

Rio Adventures – ✆ *(21) 96423-9366 - www.rioadventures.com.* Randonnées dans la forêt de Tijuca et au Pain de Sucre, trekking dans les parcs nationaux de l'État de Rio. Parapente.

Rio Hiking – ✆ *(21) 99721-0594 - www.riohiking.com.br.* Escalade (Pain de Sucre), randonnée (forêt de Tijuca), VTT, parapente, plongée...

Rio Turismo Radical – ✆ *(21) 97166-1818 - www.rioturismoradical.com.br.* Deltaplane, plongée, rafting, trekking, escalade, parapente.

Randonnées

Les randonnées sur les *trilhas* (sentiers) sont très populaires. Il est recommandé de faire appel à un guide et de ne jamais partir seul. Emportez boisson, imperméable, lampe de poche, lunettes de soleil, crème protectrice et un sac pour vos déchets. Voici les plus fameuses *trilhas* :

Parque da Cidade-Horto Florestal – *(dép. Estrada Santa Marinha, Gávea).* Cascades.

Horto Florestal-Paineiras ou Serra da Carioca – *(dép. R. Pacheco Leão et R. Lopes Quintas).* Cascades. 2h env.

Cosme Velho-Paineiras – *(dép. R. Cosme Velho, près du train du Corcovado).* 3 cascades. 30mn env.

Parque Lage-Corcovado – *(dép. R. Jardim Botânico 414).* L'ascension, en 2h, du Corcovado à travers un parc qui compte 6 cascades. Si vous êtes en bonne condition physique.

Morro dos Cabritos – *(dép. du Parque da Catacumba, Av. Epitácio Pessoa, Lagoa).* Un sentier de 350 m qui conduit au point de vue splendide de Sacopã.

Colline de Urca – *(dép. Praia Vermelha).* 220 m de dénivelé que l'on parcourt en 40mn. Prenez ensuite la deuxième section du téléphérique jusqu'au sommet du Pain de Sucre. L'ascension de celui-ci (1h30) est une escalade qui exige cordes et casques.

Pedra da Gávea-Forêt de Tijuca – *dép. de la Zona Sul, via Geladeira, au sommet de l'Estrada das Canoas, puis Chaminé Eli Chimney, au dép. de Pedra Bonita.* Une marche difficile de 4h avec des portions d'escalade. Vues splendides.

Deltaplane/Parapente

Le spot de Rio est à São Conrado, sur la route de Barra da Tijuca. Les conditions de vent, plus clémentes le matin, peuvent conduire à l'annulation (téléphonez pour confirmation). 10-20mn de vol env., selon la météo. Après le décollage (630 m), passage au-dessus de la forêt, puis de São Conrado, et atterrissage sur la plage. Rio vue du ciel : une expérience inoubliable.

Fly Tour Brazil – ✆ *(21) 99984-5643 - www.riobywings.com.* L'agence compte quatre moniteurs expérimentés dont Paulão, anglophone. Le vol en duo coûte 300 R$, auxquels s'ajoutent 30 R$ d'inscription à l'association et le transport depuis votre hôtel (80 R$ env., pour 4 pers.). Vous pouvez être filmé (100 R$) ou photographié (50 R$) par une caméra embarquée.

Delta Flight – ✆ *(21) 99693-8800 - insta@ asadeltaflightrio.* Ricardo Hamond vous prend à l'hôtel pour vous emmener jusqu'au sommet du mont Pedra Bonita (520 m). Tous les jours selon la météo. Anglophone, Ricardo a plus de 11000 vols à son actif.

Surf

Nombreux spots à Rio, notamment en ville, à Copacabana et à Ipanema. La **plage du Diable** (vagues de 1 à 2 m), à Arpoador, est la plus courue. Au sud de Rio, **Barra-Meio** (vagues de 2 m), à Barra da Tijuca, accueille des compétitions. Également **Macumba-Pontal** (vagues de 1 à 3 m), après le Recreio dos Bandeirantes et les plages de **Prainha** et **Grumari** (vagues de 1 à 3 m).

Hébergement, mode d'emploi

Rio dispose d'un important parc hôtelier, mais il affiche complet les semaines du carnaval et du réveillon (et les prix flambent, multipliés par 3 à 5 selon les établissements). La plupart des hôtels pratiquent des tarifs basse et haute saison. D'une manière générale, l'hébergement est onéreux. Les hôtels d'Ipanema et de Copacabana sont les plus chers, tandis que ceux du Centro, de Flamengo et de Botafogo, éloignés des plages sont moins onéreux. Les adresses de charme se situent pour l'essentiel dans les hauteurs de Santa Teresa. Les appartements constituent une bonne option si vous voyagez en famille ou en groupe d'amis.

Hébergement dans le centre

(PLANS I ET II)

Budget moyen

(14) **Hotel Atlântico Prime** – PLAN II, A1 - *Rua Do Rezende, 87 - Lapa - ✆ (21) 3444-6800 - www.atlanticoprime.com.br - ♿ - 270 ch. double à partir de 168/545 R$* ☕ - ✕. La meilleure adresse du quartier. Les chambres – pas immenses – sont pimpantes et modernes avec d'agréables salles de bains. Bon buffet de petit-déjeuner avec fruits, plats chauds, viennoiseries... Le tout à moins de 5mn du cœur de l'animation de Lapa et à 15mn à pied de Cinelândia, point de départ pour explorer le centre de Rio.

Pour se faire plaisir

(13) **Windsor Astúrias Hotel** – PLAN II, B1 - *R. Senador Dantas 14 - ✆ (21) 2195-1500 - www.windsorhoteis.com - 🏊 - 166 ch. à partir de 370/669 R$* ☕. Considéré comme l'option bon marché de la chaîne Windsor Hotels, cet hôtel est situé dans une rue secondaire du quartier de Cinelândia. Depuis la terrasse, au 22e étage, que ce soit de la piscine, de la salle de sports ou du bar, on peut admirer la ville, la baie de Guanabara et les arches de Lapa.

(1) **Windsor Guanabara Palace Hotel** – PLAN I, B2 - *Av. Presidente Vargas 392 - ✆ (21) 2195-6000 - www.windsorhoteis.com - 🏊 - 542 ch. à partir de 389/523 R$* ☕ - ✕. Le plus grand hôtel du centre de Rio, situé sur l'une des avenues les plus empruntées de la ville, est prisé des entreprises. Il compte quatre catégories d'appartements dont des suites de 47 m². Depuis la piscine, située sur la terrasse, vue d'un côté sur l'église de N. S. de Candelária et la baie de Guanabara et, de l'autre, sur le Corcovado et le Cristo Redentor.

1

Hébergement à Santa Teresa

(PLAN II)

Budget moyen

3 Casa da Carmen e do Fernando – PLAN II, A1 – *R. Hermenegildo de Barros 172 - ☎ (21) 2507-3084 - - 8 ch. à partir de 200/240 R$.* Charmante pension familiale décorée des peintures du propriétaire, un artiste. Chambres simples et spacieuses, avenantes et colorées. L'agréable terrasse avec piscine et coin barbecue jouit d'une jolie vue sur la baie.

5 Casa da Gente – PLAN II, A1 - *R. Gonçalves Fontes 33 - ☎ (21) 98725 1941 - www.casadagente.com - - 8 ch. 187/192 R$ (avec ou sans sdb partagée) - réserv. recommandée.* Coup de cœur chez Pauline, chantre de l'écologie et de l'économie solidaire. Installée dans une belle maison lumineuse de 4 étages (sans ascenseur) accrochée au flanc de Santa Teresa, la maîtresse de maison partage bonne humeur, bons plans et précieux conseils (visites de communautés, d'artisans...). Petit-déj. inoubliable sur le toit végétalisé. Demandez la chambre avec véranda.

6 Casa JOMO – PLAN II, A2 - *R. Laurinda Santos Lobo 136 - ☎ (21) 99044 2366 - casajomo.art - - 9 ch. 405/545 R$ selon la catégorie, certaines ch. pour 3 jusqu'à 6 pers.* Dissimulé dans une petite rue pavée, derrière un grand portail en bois, cet établissement prend le plus grand soin de ses hôtes. Graffeurs et peintres brésiliens décorent les parties communes et les chambres d'œuvres colorées (en vente). Propreté irréprochable. Jardin semi-sauvage près de l'entrée et petite piscine avec jolie vue en direction du centre.

12 Villa Laurinda – PLAN II, A2 - *R. Laurinda Santos Lobo 98 - neiro - ☎ (21) 2507-2216 - www.villalaurinda.net - - 7 ch. 490/980 R$ selon catégorie.* Située dans une rue tranquille, cette maison de 1888 porte le nom de la mécène et collectionneuse d'art du début du 20e s. Les chambres sont petites, mais la hauteur sous plafond, le jardin et la vue sur la piscine sont une agréable compensation.

Pour se faire plaisir

1 Casa Amarelo – PLAN II, A1 - *R. Joaquim Murtinho 569 - ☎ (21) 3549-9840 - www.casa-amarelo.com - - 7 suites à partir de 490 R$ -* Il est recommandé de prendre un taxi pour rejoindre la Casa Amarelo, nichée dans une tranquille rue en pente. L'accès à cette adorable maison de 1904 se fait par le couloir d'origine et l'ascenseur d'époque. Le tarif comprend les boissons non alcoolisées consommées au bar de la piscine. Excellent restaurant en terrasse dans le jardin.

2 Casa Beleza – PLAN II, A2 - *R. Laurinda Santos Lôbo 311 - ☎ (21) 2224-7403 - www.casabeleza.com - - 5 ch. à partir de 352 R$, villa à partir de 550 R$.* Édifiée dans les années 1930, l'ancienne résidence du gouverneur de l'État de Rio de Janeiro abrite une maison d'hôtes de charme tenue par un couple franco-indien, avec piscine en plein air et jardin exotique où vivent petits singes, colibris et toucans. Décorées de meubles chinés avec goût, les trois chambres sont situées dans une aile indépendante de la maison principale, avec vue sur la piscine, tandis que le bungalow avec terrasse privée et la villa (jusqu'à 5 pers.) se trouvent en haut du jardin.

Une folie

9 Casa Geranio – PLAN II, A1 - *R. Joaquim Murtinho 383 - ✆ (21) 99190-5157 - www.casageranio.com.br - - 5 ch. 845/930 R$ selon la catégorie.* Avec le Bonde à ses pieds, cette somptueuse villa rose parée de fer forgé et de majoliques est desservie par un long escalier en marbre et se cache derrière une dense végétation. Les suites très spacieuses sont décorées avec goût et sobriété. Petit-déjeuner personnalisé et différent chaque jour. Agréable pergola pour siroter un cocktail et piscine confortable avec vue sur les tours du Centro.

11 Hotel Santa Teresa – PLAN II, A2 - *R. Almirante Alexandrino 660 - ✆ (21) 3380-0200 - www.santateresahotelrio.com - - 40 ch. à partir de 600 R$ -* Construit en 1855 et racheté par le groupe Accor, cet établissement dispose de chambres et de salles communes décorées avec les œuvres d'artistes contemporains brésiliens, mais aussi avec des ouvrages d'art populaire. L'effet obtenu prime par son élégante simplicité, agrémentée d'une touche ethnique. L'hôtel possède un spa, un bar lounge, ainsi que l'un des meilleurs restaurants de cuisine française de la ville, le Téréze.

10 Mama Ruisa – PLAN II, A2 - *R. Santa Cristina 132 - ✆ (21) 2210-0632 - www.mamaruisa.com - - 8 ch. 1700/2600 R$ - 80 R$.* Cet hôtel-boutique, conçu par Jean-Michel Ruis, un ancien de grands groupes hôteliers, occupe l'ancienne demeure d'un maire de Rio. Le séjour (130 m²), avec parquet et murs blancs, est décoré d'antiquités, et les vastes chambres, au mobilier soigné et au design épuré, jouissent d'une vue splendide sur le jardin ou la baie de Guanabara. Le petit-déjeuner est servi sous une véranda, face à la piscine. Bref, l'endroit rêvé pour une lune de miel.

Hébergement à Glória, Catete et Flamengo

(PLAN III)

Budget moyen

1 Riale Imperial Flamingo – PLAN III, C1 - *R. do Catete 186 - Catete - ✆ (21) 2112-6000 - www.rialehoteis.com.br - - 92 ch. à partir de 200 R$ -* Une belle façade à balcons en fer forgé, joliment rénovée. Le hall, par contraste, affiche un luxe un peu tape-à-l'œil, tandis que la décoration des chambres est quelconque. Celles-ci sont néanmoins confortables et impeccables, ce qui fait de cet établissement l'une des bonnes adresses de sa catégorie.

Pour se faire plaisir

2 Windsor Flórida – PLAN III, C1 - *R. Ferreira Viana 81 - Flamengo - ✆ (21) 2195-6800 - www.windsorhoteis.com - - 424 ch. à partir de 409/673 R$ -* Cet hôtel de luxe propose le confort et tous les services propres à sa catégorie (sauna, salle de gymnastique). Passé le vaste hall en marbre, des couloirs élégants distribuent des chambres impeccables, à défaut d'être charmantes. La Standard est d'un bien meilleur rapport qualité-prix que la Superior. De la terrasse sur le toit, la vue sur le Pain de Sucre et le Corcovado est splendide.

Hébergement à Botafogo et Urca

(PLANS IV ET V)

Pour se faire plaisir

1 Hotelinho Urca – PLAN V, A2 - *R. Mal. Cantuária 10 - Urca - ✆ (21) 3449-8867 - www.hotelinho.com - - 3 ch. 360/490 R$.* Au pied du Pain de Sucre, dans un secteur calme et cossu, ce Bed and Breakfast discret est une étape des plus sympathiques. Les chambres, vastes et claires, offrent de belles

1

vues sur la ville : à savourer depuis son hamac dans la chambre double. De la terrasse du petit-déjeuner, profitez d'un paysage de carte postale.

Hébergement à Copacabana et Leme

(PLANS VII ET IX)

Les hôtels du front de mer affichent des prix que leur standing ne justifie pas toujours. Les tarifs diminuent à mesure que l'on s'éloigne de la plage. Zone intermédiaire, le quartier calme de **Bairro Peixoto** est une excellente option « petit budget ».

Location d'appartements

Copacabana Holiday – *R. Barata Ribeiro - (21) 96786-3922 - www.copacabanaholiday.com.br.* Cette agence propose de nombreux studios et appart. de 1 à 3 ch. Sur Copacabana, Ipanema et Leblon, pour des durées variables de location. Le site est très détaillé..

Alex Rio Flats – *(21) 2287-7658 - www.alexrioflats.com.* Une dizaine d'appartements (du studio au 3 pièces), loués pour trois jours mini. (réserv. sur Internet seult, site également en français).

Premier prix

2 **Che Lagarto Copacabana Hostel** – PLAN VII, B1 - *R. Barata Ribeiro 111 - (21) 3209-0348 - www.chelagarto.com - 10 dortoirs 58/78 R$/pers.* . Cette auberge est située dans l'une des rues les plus fréquentées de Copacabana, proche de la plage. Le personnel est serviable ; la terrasse est équipée d'un Jacuzzi et d'un bar.

Budget moyen

4 **Hotel Rio Lancaster** – PLAN VII, B1 - *Av. Atlântica 1470 - (21) 2169-8300 - hotelriolancaster.com.br - - 70 ch. à partir de 220 R$* . Une façade Art déco face à l'océan : passé le hall un peu froid, les chambres sont spacieuses et confortables. Préférez les chambres avec balcon donnant sur la plage de Copacabana. Une adresse à – relatif – petit prix pour avoir le privilège de s'éveiller face à l'océan.

3 **Atlântico Rio** – PLAN IX, A1 - *R. Xavier da Silveira 112 - Copacabana - (21) 2128-7000 - www.atlanticorio.com.br - - 195 ch. à partir de 283/551 R$* - . Bien situé près des plages et du métro, un hôtel moderne et agréable. Chambres fonctionnelles et personnel cordial. Petite piscine et solarium sur le toit.

Pour se faire plaisir

8 **Windsor Excelsior** – PLAN VII, B2 - *Av. Atlântica 1800 - (21) 2195-5800 - www.windsorhoteis.com.br - - 233 ch. 502/888 R$ selon la catégorie -* . Le personnel est attentif et les chambres sont décorées dans le goût classique de la chaîne Windsor. Celles qui donnent sur la mer ont des fenêtres assez petites. D'autres n'ont aucune vue, mais sont moins chères.

8 **Orla Copacabana** – PLAN IX, B3 - *Av. Atlântica 4122 - (21) 2525-2425 - www.orlahotel.com.br - - 115 ch. 504/869 R$ selon la catégorie -* . Pour une fois, l'élégance du hall ne trompe pas ! Petite chambre Standard, sur cour, mais chambre De Luxe très agréable, avec vue sur la mer (dommage que les fenêtres ne s'ouvrent pas entièrement). Vue imprenable sur Copacabana depuis la minuscule piscine sur le toit. Excellent rapport qualité-prix.

Une folie

5 **JW Marriott Hotel** – PLAN VII, A2 - *Av. Atlântica 2600 - Copacabana - (21) 2545-6500 - www.marriott.com.br - - 245 ch. 805/2000 R$ avec vue mer - -* . Cet hôtel, situé au milieu de la plage de Copacabana, possède des chambres assez petites dont certaines donnent sur la mer. La meilleure vue est celle de la piscine,

au sommet de l'hôtel, où se trouve également une salle de sport très complète.

7 Hilton Rio de Janeiro Copacabana – PLAN VII, B1 - *Av. Atlântica 1020 - ✆ (21) 3501-8000 - http://www3.hilton.com - 🏊 - 545 ch. 1000/2900 R$ ☕ - 🍴*. Face à la plage de Copacabana, l'hôtel dispose de onze catégories d'hébergement, de deux restaurants, trois bars, d'un spa, d'une salle de remise en forme....Le grand luxe international.

3 Belmond Copacabana Palace – PLAN VII, B2 - *Av. Atlântica 1702 - ✆ (21) 2548-7070 - www.belmond.com - 🏊 - 242 ch. à partir de 2400 R$ ☕, comptez 4300 R$ pour une vue mer - 🍴*.]Véritable icône de Rio, le « Copa » comme l'appellent ses habitués, a été conçu dans le style des grands hôtels de la Riviera française. Ava Gardner, Marlene Dietrich et Alain Delon ont séjourné ici, et l'aile donnant sur la piscine abrite encore des clients à l'année ! Personnel courtois, couloirs parfumés, employés affairés... Un étage avec ascenseur séparé et service personnalisé est réservé aux VIP. Trois excellents restaurants : le Mee qui propose une cuisine asiatique raffinée, le Cipriani et ses spéclalités italiennes et le Pergula plus informel. Même si vous n'y résidez pas, allez jeter un coup d'œil à ce monument historique. (tenue correcte exigée).

Hébergement à Arpoador, Ipanema et Leblon

(PLANS VIII ET IX)

Rançon de la gloire, les hôtels d'Ipanema et de Leblon sont plus chers que ceux de Copacabana et il n'existe guère d'autre choix que celui des palaces du front de mer ou celui des auberges de jeunesse. La petite ruelle qui part au niveau du 175-177 R. Barão da Torre est le haut lieu des rencontres entre voyageurs à Rio. Dans un autre genre, le Fasano Vieira Souto est l'un des plus beaux palaces d'Arpoador.

Premier prix

3 Ipanema Beach Hostel – PLAN VIII, B2 - *Rua Paul Redfern, 37 - ✆ (21) 2143-2685 - www.hostelipanemabeach.com - 8 ch. et 4 dortoirs 110/143 R$/lit ☕, ch. 198/715 R$ ☕*. Esprit résolument contemporain dès le hall avec ses sofas aux couleurs acidulés. L'établissement propose des lits en dortoirs ainsi que des chambres modernes et fonctionnelles. Pour une petite différence de prix, optez pour une des « Master suites » agrémentées d'un balcon. Très bien situé à 2mn à pied de la plage et au cœur d'un quartier riche en bonnes tables et terrasses sympathiques.

Pour se faire plaisir

4 Ipanema Inn – PLAN VIII, C2 - *R. Maria Quitéria 27 - ✆ (21) 2523-6092 - http://ipanemainn.com.br - 56 ch. 766/1400 R$ ☕ selon la catégorie - 🍴*. Chambres de taille correcte offrant un confort simple dans un esprit design. Accueil professionnel et décontracté....et francophone. Certes, l'hôtel n'a pas de vue sur la mer, mais il se trouve au cœur d'Ipanema, à deux pas de la plage : pratique, l'hôtel prête serviettes de plage, parasol et chaises pliantes.

Une folie

5 Hotel Fasano – PLAN IX, A3 - *Av. Vieira Souto 80 - ✆ (21) 3202-4000 - www.fasano.com.br - 🏊 - 89 ch. 2300/2900 R$ - ☕ 168 R$ - 🍴*. Cet hôtel a été mis en scène par Philippe Starck qui s'est inspiré des années 1950-1960, l'âge d'or de la bossa nova. Remarquez le comptoir de la réception : il a été taillé dans un tronc de caryocar (pequià) et ne pèse pas moins de 6 tonnes. Les parties communes regorgent de créations de designers contemporains. Les

1

chambres sont décorées dans le même esprit. Splendide piscine à débordement sur le toit-terrasse avec une vue inoubliable sur la plage d'Ipanema. À savourer au coucher de soleil, un cocktail à la main. Le Fasano est le rendez-vous des VIP branchés.

Hébergement à Petrópolis

On y trouve de vraies adresses de charme. Réservation nécessaire le w.-end. Prix moins élevés la sem.

Pour se faire plaisir

Pousada 14bis – *R. Buenos Aires 192 - (24) 2231-0946 - www.pousada14bis.com.br - - 16 ch. 224/550 R$ -* . Tenue par un couple franco-brésilien, cette pousada se trouve dans un environnement calme. Chambres au confort simple, bien tenues. Préférez celles de l'étage, plus lumineuses. Un salon avec cheminée, aux airs de chalet suisse, conduit aux chambres du rez-de-chaussée et à la piscine, de belles dimensions. Dans une vitrine sont exposées des maquettes des avions de Santos Dumont.

Pousada Monte Imperial – *R. José de Alencar 27 - (24) 2237-1664 - www.pousadamonteimperial.com.br - - 15 ch. 350/815 R$ -* . Installée dans une splendide maison du 19e s., en plein quartier historique, cette pousada propose de jolies chambres, toutes différentes. Demandez à en voir plusieurs pour choisir. Celle sous les toits, en bois, possède un beau lit à baldaquin et un balcon sur jardin. Celles de l'annexe donnent sur la petite piscine, à l'arrière. Agréable salon-bibliothèque. La maison est fière de ses tuiles originaires...de Marseille !

Une folie

Solar do Império – *Av. Koeler 376 - (24) 2103-3000 - www.solardoimperio.com.br - - 24 ch. 708/984 R$ selon la catégorie -* . Ancienne propriété d'un négociant de café, ce splendide et romantique palais arbore une façade blanche à grosses colonnes, ouvrant sur un jardin. Les chambres, au luxe sobre et au confort irréprochable, disposent pour certaines d'un lit à baldaquin. Choisissez la vue sur le jardin. Service (anglophone) efficace.

Carnaval de Rio, défilé des gagnants.
Jon Arnold Images/hemis.fr

Búzios ★★

Le « Saint-Tropez » brésilien a réussi à allier élégance et simplicité. Les visiteurs du monde entier viennent pour ses petites plages, ses eaux bleues cristallines, ses criques calmes, ses îles et sa nature exubérante. Mais également pour admirer les rues étroites, pavées, aux nombreux restaurants et boutiques, les adorables pousadas, ainsi que pour son atmosphère détendue et sympathique, qui en a fait l'une des stations balnéaires préférées du Brésil.

Se repérer

27 560 hab. - État de Rio de Janeiro

CARTE C3 P. 32-33. PLAN DE LA PÉNINSULE ET DU CENTRE P. 108-109. Située à 169 km à l'est de Rio de Janeiro, sur la **Costa do Sol**, la péninsule s'étend sur environ 8 km. Le principal lieu de distraction de Búzios est la Orla Bardot, un prolongement de la Rua das Pedras qui borde la plage centrale de Búzios, celle d'Armação. *Encadré p. 110.*

À ne pas manquer

Les deux belvédères spectaculaires sur la péninsule de Búzios : le Mirante do Forno et le Mirante de João Fernandes.

Organiser son temps

Prévoyez plusieurs jours. Découvrez les îles pittoresques autour de la péninsule grâce à une promenade en bateau : Ilha Feia, Ilha dos Gravatás, Ilha do Caboclo, Ilha da Âncora et Ilha Branca ; allez jusqu'à la Ponta da Lagoinha, une lagune aux eaux limpides, près de la plage de Ferradura, créée par une impressionnante formation rocheuse.

En famille

Faire de la plongée avec un tuba dans les eaux limpides et peu profondes.

Carnet pratique p. 112

Nos adresses p. 112

Se promener dans le centre

PLAN P. 108-109

★★ Rua das Pedras A1

Avec des galeries d'art, des bars, des restaurants et des boutiques, qui vendent des vêtements, des lunettes de soleil et des souvenirs, la rue la plus connue de Búzios, longue d'un peu plus de 500 m, se trouve au cœur du **centre historique**. Les gens adorent se promener dans cette rue piétonne, dont le nom vient de ses pavés et qui s'anime surtout au coucher du soleil.

De nombreuses boutiques de cette rue n'ouvrent qu'après 17h et ferment après 23h. Les restaurants sont de niveau international, avec de la cuisine française, italienne, argentine, thaïlandaise et de délicieux fruits de mer brésiliens.

Au bout de la Rua das Pedras se trouve le **Píer do Centro**, sur la plage d'Armação, où attendent les « aqua-taxis » et les goélettes pour les déplacements et les promenades en mer.

En suivant la plage de Armação, on arrive à la **Orla Bardot**, où se dresse une **statue** en bronze de l'actrice française, faite par l'artiste Christina Motta.

Praia João Fernandes.
pabst_ell/Getty Images Plus

SE RESTAURER

- Bananaland Restaurante........ 2
- Lorenzo........ 3
- Restaurante Rocka........ 7

SE LOGER

- Baía do João........ 1
- Pousada Brava Club........ 2
- Casas Brancas........ 3

Pousada Casa da Pedra	4	El Cazar	8
Pousada Chez Nice	5	Insólito Boutique Hotel	9
Colonna Beach Hotel	6	Pousada Vila do Mar	12
Pousada Corsário	7		

1

Se repérer

Communément appelée Búzios, **Armação dos Búzios** occupe une péninsule, à 23 km au nord de Cabo Frio. Route d'accès à la péninsule, l'**Estrada J. B. Ribeiro Dantas** se divise à la station essence en une fourche qui donne accès au Centro de Búzios (à g.) et se prolonge (à dr.) par l'Estrada Usina, vers Ossos. Le **Centro** concentre hôtels, restaurants et boutiques le long de ruelles à angle droit. La fameuse **Rua das Pedras** est suivie, le long de la baie, de la **Orla Bardot**.

Les plages

PLAN DE LA PÉNINSULE P. 108-109

Avec plus de 25 plages, Búzios est idéale pour pratiquer le surf, le kitesurf, la plongée, la natation ou simplement pour se prélasser au bord de l'eau. Les plages à proximité de la ville sont plus calmes, avec de l'eau plus chaude, tandis que celles d'accès plus difficile sont un peu plus froides, mais avec beaucoup de vagues. Les plages ci-dessous vous donneront une bonne idée de l'offre de Búzios.

★★ Praia da Ferradurinha C2

Située dans une ravissante crique aux eaux bleu turquoise, c'est une des plus belles (et plus sûres) plages de Búzios. Très fréquentée par les familles, cette piscine naturelle est formée par des rochers qui protègent les eaux tièdes et peu profondes. Là, la visibilité sous-marine est généralement idéale pour **plonger** avec son tuba. Il y a toujours beaucoup de monde en train de bronzer sur ces formations rocheuses, qui descendent jusqu'à la mer, tandis que les pratiquants de **kayak** rament tranquillement dans la crique.

Vous trouverez une buvette qui vend à boire et à manger, et qui loue aussi de grands parasols – heureuse initiative sur cette plage ensoleillée et sans arbres.

La Ferradurinha se trouve à 10mn à pied à peine de la plage de Geribá, accessible aussi en voiture.

Praia de Geribá B2

C'est la plage la plus populaire de la péninsule, avec d'innombrables restaurants et *pousadas*, et des résidences secondaires. La large bande de sable est un espace parfait pour le **volley** et le **football de plage**. C'est l'une des meilleures plages pour pratiquer le **surf** à Búzios : nombreuses vagues, vents constants et longue étendue de sable. La pointe plus éloignée et moins urbanisée peut être plus dangereuse à cause des vagues et des courants. L'autre extrémité est un endroit plus calme, connu sous le nom de Canto (Coin) de Geribá, avec des vagues plus petites, et beaucoup de bars.

Praia de Tucuns A2 EN DIR.

Après Geribá, cette plage est située hors de Búzios, à un quart d'heure en voiture du centre. Avec ses dunes et sa beauté sauvage, Tucuns est un prolongement

People

Búzios évoque **Brigitte Bardot** se promenant dans les rues sablonneuses avec son petit ami brésilien, en 1964. Lorsque la presse publia les photos de cette jeune star en vacances, la ville, qui ne rassemblait qu'une communauté de pêcheurs, devint l'un des endroits les plus prisés du monde.

Une région marquée par les baleines

Mille ans avant l'arrivée des Portugais au Brésil, la région autour de Búzios était déjà peuplée par des Tamoios et des Goitacás. Au 16e s., le colonisateur entreprit l'exploitation des forêts jusqu'à épuisement, poussant les résidents à pratiquer la **pêche à la baleine** pour survivre. Cette activité a donné leur nom à différents endroits, comme les plages de Armação (base des baleiniers) et des Ossos (os), allusion aux squelettes de baleines étendus sur la plage une fois la graisse prélevée. L'ancien nom complet de la station, Armação dos Búzios, est rarement utilisé.

des plages du littoral qui commencent à Cabo Frio. La plage est fréquentée par les surfeurs et les kitesurfeurs.

Praia Manguinhos A-B2

Longue de 3,2 km, cette plage se trouve de l'autre côté de Geribá, au bout de la péninsule. Fréquentée par les windsurfeurs et les kitesurfeurs, elle accueille le siège du club de **windsurf** Búzios Vela Clube. La plage est idéale pour les pêcheurs. Un petit marché aux poissons s'y tient d'ailleurs tôt le matin. Au 19e s., après l'abolition de l'esclavage, les criques isolées de Búzios étaient des cachettes parfaites pour le débarquement illégal d'esclaves.

1

Praia da Tartaruga B1

La plage jouxte des récifs propices à la plongée libre. En fait, il s'agit de deux plages, la plus petite étant fréquentée par les pêcheurs et la plus grande par les baigneurs. Des buvettes vendent du poisson grillé, des huîtres fraîches et des boissons.

Praia Azeda/Azedinha C1

Fréquentées par les familles, en raison de leurs eaux peu profondes, ce sont les deux plus belles plages, à un quart d'heure à pied à peine de celle des Ossos. Pour parvenir à Azeda depuis Ossos, il vous faudra gravir une petite côte, puis descendre quelques marches de pierre. La petite plage en demi-lune offre de bonnes conditions pour la plongée. Azedinha est la continuation de la première, en plus petite encore. Il n'y a pas d'infrastructures, seuls des marchands ambulants vendent des boissons et des sandwichs. Le matin, la plage est à l'ombre.

Praia João Fernandes C1

C'est la plage qui dispose du plus grand nombre de restaurants et de *pousadas*. Facile d'accès, elle est très fréquentée les week-ends et jours fériés. Ses eaux calmes pareilles à celles d'une piscine en font un endroit idéal pour la plongée, dont l'équipement peut être loué sur place.

Avec un peu de chance, vous pourrez même voir des pêcheurs d'anchois. Plus en avant, après un rocher, se trouve la petite plage **João Fernandinho**, plantée d'arbres.

Carnet pratique

PLAN P. 108-109

S'informer

Office de tourisme – *Praça Santos Dumont (travessa dos Pescadores) - ✆ (22) 2623 4254 - www.turismo.buzios.rj.gov.br.*

Arriver/Partir

En car

Terminal Rodoviário 1001 – *Estrada da Usina, au bout de la Rua Manoel de Carvalho, Centro - ✆ (22) 2623 2050.*
Viação 1001 *(✆ (22)2764-3232) www.autoviacao1001.com.br)* assure la liaison *(en moyenne 10/j.)* depuis Rio, Durée : 3h, env. 100 R$.

Se déplacer

En bus

Les bus **Salineira** *(www.salineira.com.br)* desservent les plages de la péninsule.

En van

Très pratique pour se déplacer, comme le bus. Des vans font continuellement la navette sur la route principale le long de la péninsule. Il suffit de faire un signe ; s'il reste de la place, le van s'arrête. Tarif fixe, env. *5 R$/pers.*

En bateau

Aqua-taxi – Dép. près du ponton. Liaisons entre les plages de la péninsule. Pratique et bon marché.

En taxi

Ponto Praça Santos Dumont – A1 - *✆ (22) 2623 2160.*
Búzios Rádio Táxi - *✆ (22) 2623-2703 - www.buzios-cooper-taxi.negocio.site*

Location de voitures

Localiza A1 - *Av. J. B. Ribeiro Dantas 799 - ✆ (22) 2633 0100.*

Location de vélos

Búzios Rent a Bike – *Praça Santos Dumont 335 - ✆ (22) 2623 1020 - www.buziosrentabike.com.br - 7h-21h - sur réserv.*

Adresses utiles

Poste

Poste centrale – A1 - *Estrada da Usina Velha 360 - ✆ (22) 2623 1640 - lun.-vend. 9h-17h, sam. 9h-13h.*

Urgence/santé

Hospital Municipal Dr. Rodolpho Perisse – A2 - *Estrada Cabo Frio x Búzios, s/n - São José - ✆ (22) 2623 7622.* Urgence et pédiatrie.

Agenda

São Pedro – *29 juin.*
Fête du saint patron les pêcheurs : bateaux décorés, procession au départ de l'église de Santana (1740), située entre les plages d'Armação et des Ossos.

Nos adresses

Restauration

Búzios s'est fait un nom en matière culinaire et accueille même un festival gastronomique de rue.

Centro

Budget moyen

(2) **Bananaland Restaurante** – A1 - *R. Manoel Turíbio de Farias 50 - fermé mar. - plats 59/98 R$/kg.* Ce restaurant *ao kilo* propose de la cuisine brésilienne. Quelques exceptions, des originalités

thaïlandaises comme le porc à l'ananas et au fromage, et des classiques comme le gratin de pâtes ou le poisson en sauce aux graines de pavot. Terrasse.

3 **Lorenzo** – A1 - *R. Manoel Turíbio de Farias 40 - ✆ (22) 2623-0972 - www.lorenzobuzios.com - ouv. tlj, service continu - 48/240 R$ le plat; menu déj. 49,90 R$/.* Un grand restaurant en angle avec quelques tables en terrasse. Nappes à carreaux et musique italienne pour l'ambiance. Vaste choix de pizzas à pâte épaisse.

Pour se faire plaisir

Restaurante 74 – *R. Alto do Humaitá 10 - ✆ (22) 2623 0303 - ouv. tlj, service continu - menu 7 plats 379 R$, carte 119/179.* Situé sur l'une des terrasses du boutique-hôtel Casas Brancas, ce restaurant jouit de l'une des meilleures vues de Búzios. Vous prendrez votre repas dans un havre de tranquillité, agrémenté du bruit des vagues et de la douce musique de fond. Les plats sont un mélange de recettes brésiliennes et méditerranéennes, tels les brochettes de crevettes aux noix de cajou, le couscous de fruits de mer ou les raviolis de langouste.

Praia Brava

Budget moyen

7 **Restaurante Rocka** – D1 - *Praia Brava - ✆ (22) 2623-6159 - www.rockafish.com.br - tlj 11h-18h30, hors saison tlj sf mar.11h-17h30. 85 R$.* Ouvert au vent, avec juste un muret en brique et un toit de chaume, au-dessus de la plage, l'espace est décoré de manière contemporaine, avec des allures de lounge (canapés, coussins, transats...). Des repas simples (sandwichs, salades, calamars ou crevettes grillés), parfaitement adaptés pour les retours de plage. Sinon, des huîtres et un poisson du jour pour les grosses faims.

Boire un verre

Chez Michou – A1 - *Av. J. B. Ribeiro Dantas 90 - ✆ (22) 2633 9400 - www.chezmichou.com.br - 12h-1h (w.-end 2h).* Une idée révolutionnaire, importée par un Français en 1983 : faire des crêpes sous les yeux du client ! Les Brésiliens n'en revenaient pas et le lieu reste depuis une institution. Espace à ciel ouvert avec grand écran. Fait aussi bar.

Pátio Havana – A1 - *R. das Pedras - ✆ (22) 2623-2169 - 18h-1h.* Bonne programmation de groupes jazz, rock, blues et MPB.

Shopping

Librairie

Canto Da Tartaruga – A1-B2 - *Av. J. R. Ribeiro Dantas 1335 - Tartaruga - ✆ (22) 2623-0104 - 13h-21h.* Livres neufs et d'occasion, en portugais, anglais et français.

En soirée

☺ Búzios est fameuse pour sa vie nocturne. De déc. à mars, les choses sérieuses ne commencent qu'à 1h du matin...

Privilège – C1 - *Orla Bardot 550 - ✆ (22) 2623-5472 - www.privilegebrasil.com.* La boîte de Búzios, très tendance. Musique house, danse et performances lumineuses.

Activités

Excursions en mer

De nombreuses agences proposent des sorties à bord de grands bateaux vers les îles et/ou les plages de la péninsule. Assurez-vous que les boissons et la location des palmes et des masques sont comprises dans le prix. Les billets s'achètent au kiosque, près du ponton. Dép. ttes les 15mn de 9h à 17h45.

Malizia - A1 - *Av. J. B. Ribeiro Dantas - Centro, Shopping Praia do Canto - ✆ (22) 2623-1638 - www.maliziatour.com.br.* Location de voitures, change, excursions en mer et transfert vers Rio. Agence également au 30 Travessa dos Pescadores.

Surf

Plusieurs écoles de surf sur la Praia de Geribá (initiation, cours, location).

Plongée

Buzios Divers – *R. das Pedras 232 - ✆ (22) 2623-0670 - www.buziosdivers. com.br.* Instructeurs diplômés PADI.

Spa

Casas Brancas Spa – *Alto do Humaitá 10 - ✆ (22) 2623-0303 - www.casasbrancas.com.br.* Divers types de massages dans un cadre très soigné.

Hébergement

Le parc hôtelier est conséquent et de qualité, mais mieux vaut réserver le w.-end et en déc.-mars.

Centro

Budget moyen

4 Pousada Casa da Pedra – A1 - *Trav. Lúcio Antônio Quintanilha 57 - ✆ (22) 2623-1499 - - 13 ch. 300/1500 R$ (janv.-mars, 5 j. mini. pdt le carnaval pour env. 2300 R$).* Une jolie maison à colombages, très centrale. Chambres assez quelconques, mais confortables. Celle avec mezzanine et deux sdb est idéale pour une famille. .

Pour se faire plaisir

5 Pousada Chez Nice – A1 - *R. Luiz Joaquim Pereira 94 - ✆ (22) 2623-4035 - pousadacheznice.com. br/fr - P - 10 ch. 520/550 R$ (hte sais. : nov.-mars).* Une maison proche du centre, mais à l'écart de l'agitation, tenue par un couple francophone. Le jardin fleuri de bougainvilliers est un atout maître et l'accueil est agréable. Chambres confortables, quoique un peu exiguës. Petite préférence pour celles de l'étage, plus lumineuses. Celles du rdc disposent de hamacs. Sauna.

12 Pousada Vila do Mar – A1 - *Travessa dos Pescadores 88 - ✆ (22) 2623-1466 - www.viladomar.com - - 18 ch. et 7 suites 392/1316 R$ (pour une suite avec vue sur la mer) -* ✗. Très bien placée, dans le même édifice que le Gran Cine Bardot, non loin de la Rua das Pedras. La pousada est l'une des plus anciennes de Búzios et conserve un style marin. Certaines chambres disposent d'un salon particulier et jouissent d'une vue exceptionnelle sur la plage d'Armação et sur l'île de Caboclo. Petite piscine bordée d'arbres. Ambiance accueillante.

Alto do Humaitá

Cette colline s'élève du côté droit de la baie; elle est accessible à pied du Centro.

Une folie

8 El Cazar – C1 - *Alto do Humaitá 6 - ✆ (22) 2623-1620 - P - 25 ch. 1200/2000 R$ (pour une suite avec vue sur la mer); moins cher en basse sais -* ✗. Une architecture de caractère, pierre et boiseries. De la grande baie vitrée du salon, où trônent des antiquités, vue splendide sur la baie, tout comme de la piscine en terrasse. Le décor des chambres, un peu chargé, mais le parti pris a son charme et le confort est à la hauteur. Certaines disposent d'un balcon et ont vue sur la mer. Multiples prestations : tennis, sauna, salle de cinéma...

3 Casas Brancas – C1 - *R. Alto do Humaitá 10 - ✆ (22) 2623-1458 - www.casasbrancas.com. br - P - 32 ch. 1200/4400 R$ -* ✗. Accroché sur les pentes d'une petite colline qui glisse vers la mer, ce bel établissement aux épais murs blancs et au sol dallé de marbre évoque les îles grecques. Le coucher de soleil sur la baie depuis la piscine, entre les palmiers, est un grand moment ! On appréciera le luxe dépouillé des chambres (certaines avec terrasse). Service haut de gamme et nombreuses prestations (Spa, télé câblée, massage, boutique).

Praia João Fernandes

Pour se faire plaisir

1 **Baía do João** – D1 - *R. das Primaveras 32 - (21) 98367 3037 - www.baiadojoao.com - - 9 ch. 405/1300 R$ - 2 nuits mini en haute saison (déc.-mars).* Perché sur une colline dominant la baie, à 100 m de la plage, cet hôtel est tenu par un sympathique couple d'Argentins parlant anglais et français. Son atout : une piscine panoramique. Certaines chambres ont un balcon (et un hamac) avec vue sur la mer, les autres donnent sur le jardin. Petit-déjeuner servi dans une salle climatisée ou à l'ombre, devant la piscine.

6 **Colonna Beach Hotel** – D1 - *Praia João Fernandes - (22) 2623-2245 - www.colonnahoteis.com.br - - 54 ch. 321/1000 R$ en haute saison. -* L'architecture de ce gros bâtiment blanc à toit de tuiles, à 50 m de la plage, est plutôt réussie. Chambres sans charme particulier, mais agréables (minibar et coffre). La plupart jouissent d'une vue sur la mer, parfois même depuis la salle de bains.

Praia dos Ossos

Pour se faire plaisir

7 **Pousada Corsário** – C1 - *R. Agripino de Souza 50 - Praia dos Ossos - (22) 2623-6403 - www.pousadacorsario.com.br - - 30 ch. 491/1400 R$ -* La pousada, idéalement située dans une zone piétonne qui mène à la plage des Ossos, est proche de nombreuses plages : celles d'Azeda et d'Azedinha (10mn à pied) et João Fernandes (20mn à pied). Les chambres sont confortables et certaines possèdent un jardin intérieur. Service irréprochable.

Praia Brava

Une folie

2 **Pousada Brava Club** – D1 - *R. 17, Quadra 1, Lote 15 - Praia Brava - (22) 2623-7070 - pousadabravaclub.com.br - - 29 ch. à partir de 560 R$; forfait Semaine Sainte (4 nuits) 2547 R$, Carnaval (5 nuits) 4780 R$. -* Plus que son architecture de béton, l'avantage de cet hôtel est son emplacement exclusif, sur l'une des plages les plus agréables de la péninsule. Insistez pour obtenir une chambre avec terrasse et vue sur la mer. Confort simple et moderne.

Praia da Ferradura

Une folie

9 **Insólito Boutique Hotel** – C2 - *Praia da Ferradura, R. E1 - Condomínio Atlântico - (22) 2623-2172 - www.insolitohotel.com - - 25 ch. et appart. à partir de 1270 R$ en haute saison. -* Situé Praia da Ferradura, cet hôtel de luxe est un régal pour les sens. Tourné à la fois vers la mer et blotti dans la végétation luxuriante qui l'entoure, c'est le lieu idéal pour s'isoler du reste du monde. Chaque appartement, élégant et indépendant, est décoré selon un thème, par des œuvres et des livres d'art et de gastronomie. L'établissement met à la disposition des hôtes deux bateaux, des bicyclettes, une piscine d'eau douce et une piscine d'eau salée, un sauna, un jacuzzi et un Spa.

Costa Verde ★★ Ilha Grande ★★ et Paraty ★★

Coincée entre Rio de Janeiro et São Paulo, la Costa Verde est un véritable miracle écologique où subsistent les derniers lambeaux de la Mata Atlantica (forêt Atlantique), sur les contreforts de la Serra da Bocaina et de la Serra do Mar. Ilha Grande et Paraty, deux des plus beaux joyaux du Brésil, ont été épargnées par l'urbanisation et relativement préservées du tourisme de masse grâce à leur enclavement. Le paysage se fait de plus en plus sauvage à mesure qu'on s'éloigne de Rio. Non loin de la côte, Ilha Grande dévoile au regard son imposante silhouette montagneuse. Recouvert d'une forêt luxuriante et bordée de plages fabuleuses, l'ancien Alcatraz brésilien est désormais un paradis tropical protégé, apprécié des baigneurs et randonneurs. Plus au sud, le littoral se découpe en une myriade de criques et d'îlots. Lovée au bout de la baie, Paraty ne se découvre qu'au dernier instant. Sorte de musée vivant, la belle petite cité coloniale déroule ses rues piétonnes aux gros pavés irréguliers, ses églises baroques et ses maisons colorées à l'ancienne face à l'océan Atlantique, qui fut longtemps son unique lien avec l'extérieur.

Se repérer

Ilha Grande : 9 268 hab. - Point culminant : Pedra d'Aguá (1 031 m) - Angra dos Reis : 195 619 hab. - Paraty (ou Parati) : 41 454 hab.

CARTE C4 P. 32-33. PLAN DE PARATY P. 119.

La Costa Verde s'étire sur 400 km entre Rio de Janeiro et São Paulo. Réserves écologiques, plantations, cocoteraies et villages de pêcheurs alternent le long de cette côte ourlée de plages et d'îlots montagneux. Angra dos Reis, grand port en face d'Ilha Grande, est à 150 km à l'ouest de Rio. Paraty est à 245 km de Rio et 330 km de São Paulo.

À ne pas manquer

Les plages sublimes ; les randonnées, l'architecture coloniale.

Organiser son temps

Pas de banque ni de distributeur sur Ilha Grande : prévoyez du cash.
À Paraty comme à Ilha Grande, réservez votre hôtel en haute saison (déc.-mars).

Carnet pratique p. 122

Nos adresses p. 122

Découvrir

CARTE P. 32-33

★★ Ilha Grande C4

La compagnie publique CCR Barcas (✆ 0800 7211012, www.grupoccr.com.br) assure une liaison quotidienne en ferry (80mn, 20,50 R$) depuis Mangaratiba (à 8h, retour : 17h30) et Angra dos Reis (à 15h30, w.-end 13h30, retour : 10h). Plus

Paraty.
Uwe-Bergwitz/Getty Images Plus

rapides et fréquentes, les traversées effectuées en catamaran ou vedette rapide par des compagnies privées presque ttes les h., de 7h à 18h30, d'Angra dos Reis (30mn, 70 R$) et surtout de Conceição de Jacareí (15mn, 50 R$).

La traversée, depuis la baie de Mangaratiba ou celle d'Angra dos Reis, est magique. S'y découvrent, baignés d'une eau turquoise, un florilège d'îlots aux rochers de granite rose couverts d'une forêt touffue dégringolant dans la mer.

Ilha Grande, la troisième île du Brésil par sa taille (191 km²), fait figure aujourd'hui de petit Éden : plages de sable blond, fabuleux fonds marins, végétation luxuriante où résonnent cris de singes et chants d'oiseaux. Pourtant, elle a longtemps représenté l'enfer : elle fut tour à tour repaire de pirates, hôpital de quarantaine, puis bagne. Son premier contact avec les visiteurs européens s'était pourtant déroulé sous le signe de l'enchantement. Débarqués le 6 janvier 1502, en pleine saison des pluies, Gaspar de Lemos et son équipage furent saisis par l'intensité des parfums et l'incroyable variété de couleurs des oiseaux. Ilha Grande était alors peuplée de Tamoios.

Au 17e s., elle représente, pour les Espagnols, une source stratégique d'approvisionnement sur la route des mines d'or du Pérou. Mais ses rives font office d'abri pour pirates de tout bord et de plate-forme d'échanges pour la contrebande négrière. À la fin du 19e s., on y construit le Lazareto, un hôpital de quarantaine pour les immigrants qui arrivent en nombre au Brésil, transformé plus tard en léproserie. De 1886 à 1913, 4 332 navires y font escale.

En 1940 s'ouvrit la colonie pénitentiaire Cândido Mendes, prison de haute sécurité qui abrita certains des détenus brésiliens les plus dangereux. Elle ferma en 1994.

Vila do Abraão

Située sur le littoral nord, Vila do Abraão est la porte d'entrée et la principale agglomération de cet espace insulaire. De la mer, bateaux de pêche et voiliers signalent le village, posé en bord de plage, au pied du mont Papagaio (Pic du Perroquet, 987 m), dont la forme bien distincte attire le regard.

« Si le paradis existe, il n'est pas loin d'ici », annonce un panneau au débarcadère. Là, des bagagistes se pressent pour transporter sacs à dos et valises jusqu'aux *pousadas*, concentrées autour des deux rues principales, en terre battue. Les visiteurs se déplacent à pied ou à vélo. Aucun véhicule motorisé n'est autorisé, à l'exception des camions poubelles, de celui des pompiers et de trois minibus réservés aux locaux.
Très touristique avec ses nombreuses agences de voyages et boutiques d'artisanat et de vêtements, Abraão attire la foule en haute saison et durant le carnaval. Mais ses infrastructures assez sommaires prouvent qu'elle n'a pas encore renoncé à l'authenticité qui fait son charme. Dans les bars de plage, des musiciens grattent leur guitare. Les *pousadas* cultivent leurs jardins fleuris, pendant que l'église du village se blottit à l'ombre des palmiers.

Les alentours d'Abraão

Plusieurs sentiers de randonnée partent du village vers les multiples anses, plages, cascades et pics de l'île. Certaines marches peuvent être assez épuisantes sous la chaleur tropicale, prévoyez chapeau, antimoustique et de l'eau en quantité. Pour s'épargner la fatigue, les excursions en bateau-taxi vendues par les agences de l'île constituent une bonne alternative.
Facile, le sentier en boucle T 1 *(1h)* longe la côte en terrain plat jusqu'aux ruines de l'ancien lazaret, en passant par une piscine naturelle et un vieil aqueduc. En poursuivant par le T 2 *(1h)* à travers la jungle, on grimpe jusqu'à la jolie **cascade de Feiticeira**, haute de 15 m. Le retour peut se faire en bateau de la plage d'Abraaozinho.
L'immense **Praia Lopes Mendes★★★** passe pour être l'une des plus belles du Brésil. Sable fin et doux, vagues propices au surf... Mais elle se mérite ! On y accède par les sentiers T 10 et T 11 *(3h)*, assez raides, fréquentés par des singes. Possibilité de faire le retour en bateau.
L'ascension du **mont Papagaio★★** (982 m) se fait par le sentier T 13, mal balisé, avec de solides chaussures et une bonne forme physique *(7h AR, partir de préférence avant le lever du soleil et en compagnie d'un guide)*. Démarrez par le T 14, puis tournez à droite par le T 13. Du sommet, la vue sur la baie est splendide.

★★ La côte sud

D'Abraão, une première étape *(2h30)* mène à la **plage de Dois Rios★★**, bourgade assoupie qui compte deux restaurants et une épicerie. Elle ne semble pas s'être remise de la fermeture de la **Colônia Penal Cândido Mendes** dont on aperçoit les ruines.
La section suivante (T 16), entre singes et bosquets de bambous, est la plus belle. Elle mène à la splendide **Praia Parnaioca★★★**, dans la **Reserva Biológica da Praia do Sul**. Ni hébergement ni restaurant, mais le camping est toléré. Il se trouvera bien quelqu'un dans le hameau pour vous venir en aide. Un petit chemin en sous-bois conduit à une rivière bordée de fleurs parfumées. Baignade idyllique.
Au bout de la baie *(2h30)*, à **Aventureiro**, très relatif retour à la civilisation : un camping équipé de douches et un restaurant !

★★ Paraty PLAN DE LA VILLE CI-CONTRE

Joyau de l'époque coloniale, Paraty a si bien préservé son architecture qu'elle sert régulièrement de décor à des films historiques. Le cadre prend toute sa dimension au retour d'une sortie en mer, quand les clochers de la cité se détachent sur fond de forêts montant à l'assaut de la **Serra da Bocaina**. Car l'autre attrait de Paraty, c'est incontestablement sa baie aux côtes découpées et ses innombrables îles aux plages paradisiaques, à découvrir en bateau.

En 1596, la reconnaissance par les Portugais d'un sentier utilisé par les Indiens Goianás, le futur Caminho do Ouro (route de l'or), resta sans lendemain. C'est en 1630 seulement que s'installe une première colonie, sur l'actuel Morro da Vila Velha, à l'embouchure du Rio Perequê-Açú. En 1695, la découverte des mines d'or et de diamant du Minas Gerais marque le début de la fortune de Paraty. Grâce au Caminho do Ouro, passage obligé entre les mines et Rio (40 j. de voyage), Paraty devient le deuxième port du Brésil. Dès 1710, l'ouverture d'une route plus courte (25 j.) évitant la ville lui fait perdre son rang. Paraty continue cependant d'approvisionner le Minas Gerais en esclaves et en denrées. Les incursions des pirates et

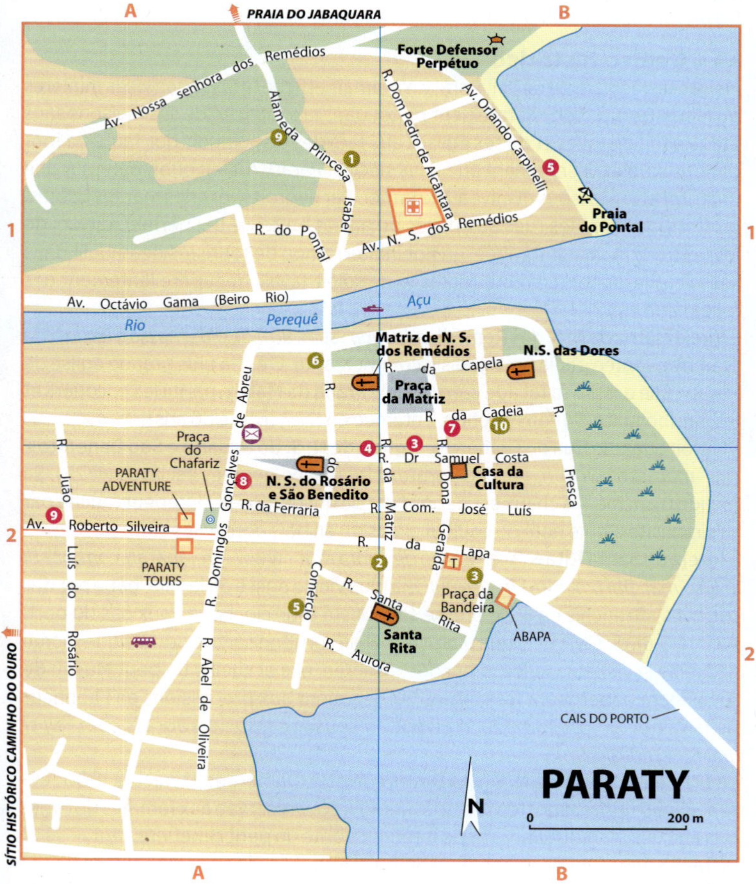

SE RESTAURER
- Banana da Terra 3
- Caminho do Ouro 4
- Dito e Feito 5
- Punto Divino 7
- Quintal Verde 8
- Sabor da Terra 9

SE LOGER
- Aldeia Paratii Pousada 1
- Pousada Arte Colonial 2
- Casa Turquesa 3
- Pousada Literária de Paraty 5
- Pousada Porto Imperial 6
- Pousada do Forte 9
- Pousada do Ouro 10

surtout l'ouverture d'une route entre São Paulo et Rio (1726) accélèrent son déclin. Freiné un temps par l'essor de la production de *cachaça* (que l'on échange contre des esclaves), puis par le boom du café au 19e s., ce dernier devient irrémédiable avec l'inauguration d'une voie ferrée désenclavant la vallée de Paraíba et l'interdiction de l'esclavage (1888). Paraty tombe dans un oubli dont elle ne sortira qu'en 1973, grâce à l'inauguration d'une route la reliant à Rio et à São Paulo, prélude à son essor touristique. Isolée pendant des décennies, la ville est restée intacte depuis la fin du 19e s., ce qui lui vaut d'être aujourd'hui l'un des sites touristiques les plus fréquentés du Brésil.

Se repérer

L'**Av. Roberto Silveira** débouche sur le **Centro Histórico** De plan carré et très petit, il est interdit d'accès aux véhicules. Côté nord coule le Rio Perequê-Açu, qu'enjambe un pont menant à la **Praia do Pontal**.

★★★ Centro histórico

Malgré la découverte de l'or, Paraty n'a jamais affiché le faste des villes minières du Minas Gerais. Son charme tient plutôt dans la simplicité de ses maisons sans étage à toit de tuiles et de ses églises aux façades de guingois qui, faute de fondations stables, s'enfoncent au fil des siècles. Paraty fut, en effet, bâtie sur une mangrove, en dessous du niveau de la mer. Par endroits, lors des marées hautes, les flots inondent les rues aux pavés de galets bruts, ce qui permet, dit-on, de les nettoyer. À la nuit tombée, un flot ininterrompu de touristes déambule dans ses rues piétonnes. Le matin, écrasée de soleil, la ville récupère lentement des folies de la nuit.

L'**Igreja Matriz de N. S. dos Remédios** *(A1 - lun.-sam. 9h-17h, dim. messe à 19h - 4 R$)* était fréquentée par la bourgeoisie commerçante. C'est la plus grande église de Paraty. Elle dresse sa façade carrée sur la **Praça da Matriz**, parmi les cocotiers et les flamboyants. Sa construction, entamée en 1787, a duré 86 ans !

Plus loin, dans la Rua do Comércio, l'**Igreja de N. S. do Rosário e São Benedito**★ *(A2 - mar.-sam. 9h-11h, 14h-17h - gratuit)* fut élevée pour les esclaves (1725). Sa façade blanchie à la chaux est dépourvue de décoration et l'intérieur touche par sa simplicité. Seule note de couleur : l'abside en bois doré et les statues.

L'**Igreja de Santa Rita**★ *(AB2 - Largo de Santa Rita - www.igrejaparati.com.br - tlj sf lun.-mar. 9h-12h, 14h-17h - gratuit)*, la plus vieille église de la ville, bâtie par des esclaves affranchis en 1722, dresse sa robuste tour-clocher à deux pas du port. À l'intérieur, de style baroque plutôt dépouillé, un fond sonore de musique sacrée accueille le visiteur. Aujourd'hui déconsacrée, elle accueille un petit **Museu de Arte Sacra** hébergeant les statues qui servaient aux processions en l'honneur de la sainte (*✆ (24) 3371 8751 - www.museusdeparaty.wordpress.com - tlj sf lun. 8h-12h,14h-17h*).

La gracieuse **Igreja de N. S. das Dores**★ (Notre-Dame-des-Douleurs 1800 ; *B1 - sam. 13h30-18h*) est postée face à la mer. Elle était réservée aux femmes de l'aristocratie des plantations. Le patio intérieur abrite un petit cimetière.

Installée dans une belle demeure coloniale du 18e s., la **Casa da Cultura**★ *(B2 - R. Dona Geralda 194, angle R. Dr. Samuel Costa - ✆ (24) 33712800 - www.casadaculturaparaty.org - mar.-sam.10h-18h - gratuit)* abrite à l'étage dans une scénographie audacieuse une très belle exposition permanente. L'histoire de Paraty et de sa population y est évoquée au moyen de bornes interactives, de portraits et d'une superbe composition de sable coloré, malheureusement mal mise en valeur. Également cafétéria, boutique d'artisanat et librairie.

Forte Defensor Perpétuo B1

Du Centro, passez le petit pont, longez la Praia do Pontal et, dans la montée, tournez à dr. dans un chemin. 9h-17h. Centre d'arts et traditions populaires : lun. et merc.-vend. 8h30-12h, 14h-17h30, sam.-dim. 9h-12h, 14h-17h, fermé mar. - gratuit
La **Praia do Pontal** n'est pas la plus belle plage de Paraty, mais c'est la plus près du centre. Au bout d'une belle allée ombragée de bambous gravissant le Morro da Vila Velha surgit le fort à toit de tuiles. Bâti par les Portugais en 1822, il protégeait des pirates l'accès du port par où transitait l'or. Le site offre un beau point de vue sur la baie. À l'intérieur, sinistres entraves et chaînes d'esclaves, grandes marmites de fer ayant servi à produire le sucre, four à manioc et divers objets d'artisanat.

★★ La baie de Paraty CARTE C4 P. 32-33

Les agences proposent plusieurs circuits (*p. 125*). Les côtes sont très découpées, couvertes d'une végétation parmi laquelle émerge parfois une villa. La plupart des îles sont privées. Certaines possèdent des bars-restaurants, mais ne comptez pas y trouver une *pousada*. **Praia Vermelha**, **Praia da Lula**, **Praia da Conceição** et **Saco do Mamanguá**, dans un fjord profond, comptent parmi les plus belles plages.

Sítio Histórico Caminho do Ouro A2 EN DIR.

À 5 km à l'ouest de Paraty par la BR-459 en direction de Cunha.
Partiellement pavé, cet ancien sentier muletier servit à convoyer l'or du Minas Gerais (18e s.), à dos d'âne ou d'esclave, puis le café de la vallée de Paraíba (19e s.) à travers la Serra Mar. La promenade *(2,5 km aller)* le long de la rivière Souza emprunte l'ancien pavement partiellement rénové par l'association qui gère le site. En chemin, on découvre une grotte, une cascade, un point de vue sur la baie, ainsi que les ruines à peine visibles de la maison où l'or était pesé et taxé. Les randonneurs chevronnés pourront effectuer un trek de 2 ou 3 jours sur le sentier (*en compagnie d'un guide d'agence agréée*).
En poursuivant la BR-459 sur 4,5 km en amont, on parvient à la **Cachoeira do Tobogã** (*accès par un sentier fléché de 200 m*), une cascade coulant dans un bassin le long d'une paroi rocheuse servant de toboggan aux baigneurs.

1

★★ Trindade

À 25 km au sud de Paraty par la BR-101.
Une route en lacets mène à ce village alangui au bord d'une superbe plage de sable blanc, au pied de collines verdoyantes. Un petit paradis sur terre, quoique très fréquenté le w.-end. Au bout du sentier du littoral *(1h de marche)*, après la **Praia do Cachadaço**, se trouve une remarquable **piscine naturelle★★** aux eaux translucides et entourées de rochers gigantesques aux formes arrondies. Trindade abrite un bon nombre de restaurants, bars et *pousadas*.

Carnet pratique

PLAN DE PARATY P. 119

S'informer

Ilha Grande : Office de Tourisme – *Face au débarcadère - ✆ (024) 3361 5760.* Consultez les sites *www.ilhagrande.com.br* et *www.ilhagrande.org.*

Paraty : Office de Tourisme – *Av. Roberto Silveira s/n, à l'entrée du centre historique - ✆ (024) 3371 1222* Consultez les sites *www.paraty. com.br* et *www. paratyonline.com.*

Arriver/Partir

En navette d'agence – Le plus simple pour rejoindre Ilha Grande depuis Rio : transferts AR en minibus et bateau rapide, assurés par Easy Transfer (*✆ (021) 9 9386 3919) - www.easytransferbrazil. com*) ou Ilha Grande Adventures (*✆ (21) 3958 8024 - www. ilhagrandeadventure.com*). On vient vous chercher à votre hôtel ou à l'aéroport pour vous conduire directement sur l'île. Un service similaire est proposé entre Ilha Grande et Paraty *85 R$ - 2h30*) et entre Rio et Paraty (*95 R$ - 4h).*

En bateau – Du continent, les bateaux pour **Ilha Grande** partent des ports de Mangaratiba (le plus proche de Rio), Conceição de Jacareí (le plus proche de l'île) ou Angra dos Reis (le plus proche de Paraty).

En car – À Rio, dép. de la rodoviária Novo Rio avec la **Costa Verde** *(✆ (24) 3371 1326 - www. costaverdetransportes.com.br).* Dessert Mangaratiba (*2 dép./j. - 2h30 de trajet - 47 R$*), Conceição de Jacareí (*12/j. - 2h30 - 67 R$*), Angra dos Reis (*13/j. - 3h - 67 R$*) et Paraty *(9/j. - 4h 40- 96 R$).* Notez que l'embarcadère d'Angra dos Reis est à 20mn à pied de la gare des bus *(en taxi : 25 R$).* Liaisons São Paulo-Paraty (*terminal de Tieté, 6h de trajet 90/100 R$)* assurées par **Reunidas** (*www. reunidas paulista.com.br, 5/j.*) et **Primar** *(www.primartuismo.com. br, 3/j.).*

En voiture – Pour Ilha Grande, garez votre véhicule dans l'un des parkings surveillés des trois ports d'embarquement. À Paraty, de nombreuses *pousadas* ont un parking. Sinon garez-vous près des berges du Rio Perequê-Açú et rejoignez le centre à pied.

Adresses utiles

À Ilha Grande

On trouve sur place une poste et des points d'accès à Internet, un bureau de change (agence Avant) face au débarcadère, mais pas de banque ni de distributeur de billets.

À Paraty

Banco do Brasil – A2 - *Av. Roberto Silveira 79 - ✆ (024) 4003 3001 - lun.-vend. 10h-15h.*

Poste – A1 – *R. José Milton de Oliveira - ✆ (024) 3371 1152 - lun.- vend. 9h-17h, sam. 9h-13h.*

Agenda

Carnaval de Paraty – *En fév.* Il est réputé pour son exubérance. Outre des cortèges en costume, on peut y voir le fameux *bloco lama*, hordes de joyeux hurluberlus qui défilent dans les rues, couverts de boue.

Festa do Divino Espírito Santo – *À la Pentecôte.* Les Portugais ont introduit cette fête au 18e s. 10 j. de festivités, danses et processions.

Festa Literária Internacional de Parati (FLIP) – *www.flip.org.br - en juil.-août.* RV mondial du livre, réunissant des centaines d'écrivains venus de tous les continents.

Les festivités de la **Semaine sainte**.

Festival de cachaça – *mi-août.* Rens. : *www.paraty.com.br*

Paraty em Foco (Festival Internacional de Fotografia) – *Dern. sem. de sept. - www. pefparatyemfoco.com.br.*

Nos adresses

Restauration

À Ilha Grande

Premier prix

Las Sorrentinas – *R. G. Vargas 38 - ✆ (24) 3361-5063 -fermé le midi - 40/75 R$.* À l'étage de la pousada Paloma, une table décontractée tenue par de jeunes Argentins sympas. Leur spécialité : les *sorrentinos*, petits raviolis ronds, servis avec différentes farces et sauces au choix. Le vin est bon et à prix doux. Divin brownie coiffé de crème glacée à la vanille en dessert.

Café do Mar – *Praia do Canto - www.cafedomar.com - ouv. tlj, service continu - 35/60 R$.* Bistrot convivial les pieds dans le sable. Salades, pâtes maison et filets de poisson grillés servis avec un choix de sauces. Soirées barbecue et musique certains jours.

Budget moyen

Lua e Mar – *Praia do Canto - ✆ (24) 3361-5113 - fermé merc.- 185/200 R$.* Un charmant établissement blanchi à la chaux avec terrasse face à la plage, sous les frondaisons d'un superbe badamier. Le soir, on dîne les pieds dans le sable, à la lumière des bougies, bercé par les mélodies d'un guitariste. Au menu : *petiscos*, fruits de mer et poissons. Des plats aux portions généreuses, à partager à deux. Mention spéciale pour la marmite de fruits de mer et du risotto aux poulpes.

Dom Mario – *R. da Praia 781 - au fond de l'impasse Buganville - ✆ (24) 3361-5349 - fermé lun. - 110/218 R$.* Dom Mario, ancien cuisinier du Méridien de Rio, a lancé cette table à l'ambiance un peu cantine et à la cuisine francobrésilienne. Les sauces sont à l'honneur, comme pour le délicieux filet mignon au poivre vert et le poisson grillé sauce Passion ou le risotto de poulpe. En dessert, goûtez la banane caramélisée. Pas très diététique mais quel régal !

O Pescador – *R. da Praia - ✆ (24) 3361-5114 - tlj sf. dim. 16h - 23h - 80/130 R$.* Le restaurant de cette pousada sert fruits de mer et poissons. La terrasse se prolonge par quelques tables sur la plage, devant le débarcadère. Spécialité de *moqueca de peixe* (ragoût de poisson) à l'huile de palme et lait de coco. Bonne carte de vins servis au verre.

À Paraty

Cuisine variée à Paraty, avec un fort penchant pour les fruits de mer et la cuisine italienne et quelques tables très raffinées pour une clientèle internationale exigeante. Un peu partout, des roulottes ou des étals proposent pâtisseries (sur le quai du port) ou *pasteis* (près du petit pont, ils mesurent 30 cm !).

Premier prix

8 **Quintal Verde** – A2 - *R. Domingos Gonçalves de Abreu 154 - ✆ (24) 3371-2647 - fermé dim. - 28/60 R$.* Juste à la lisière du centre ancien, une petite adresse sans prétention qui sert une honnête cuisine brésilienne et végétarienne, en portions copieuses. Bons jus de fruits. Le volume du large écran télé est parfois un peu envahissant mais l'atmosphère est chaleureuse.

5 **Dito e Feito** – B1 - *R. Orlando Carpinelli - ✆ (24) 3371-1173 - ⊭ - fermé le soir -10h-20h - 45/90 R$.* Un des kiosques de la plage du Pontal où l'on déjeune les pieds dans le sable, sur des tables en plastique, à l'ombre des arbres... Poisson avec riz et sauce à la crevette ou grillé, *moqueca*. Plats pour 2 pers. On peut aussi se contenter de *petiscos*.

Budget moyen

9 **Sabor da Terra** – A2 - *Av. Roberto Silveira 180 ▬ ✆ (24) 3371-2384 -11h30-22h - 60/80 R$.*

1

Comme toujours dans les restaurants ao kilo, mieux vaut arriver tôt pour bénéficier d'un choix large de plats frais (fruits de mer, poisson, grillades, poulet, risotto...). Installé dans la rue qui mène au quartier historique, dans une maison jaune avec ventilateurs au plafond. Petite terrasse. Une institution depuis plus de 20 ans.

7 **Punto Divino** – B1 - *Praça da Matriz 129 - ✆ (24) 3371-1348 - 12h-1h - 65/114 R$.* Antipasti, prosciutto, carpaccio, risotto, pizza à pâte fine : le meilleur de la cuisine italienne... par des chefs italiens. La carte propose aussi de la picanha ou du poisson. La salle est un peu chaude, mais on peut lui préférer la cour-jardin où des groupes se produisent le soir. Rançon du succès : le service peut être long.

3 **Banana da Terra** – B2 - *R. Dr. Samuel Costa 198 - ✆ (24) 99328 2688 - www.restaurantebananadaterra.com.br - fermé mar. et le midi sf. vend.-dim. - 165/180 R$.* L'une des adresses les plus originales de Paraty. Cuisine brésilienne très inventive, touchant parfois à l'excentricité. Goûtez par exemple le boa Lembrança, la spécialité, poisson et crevettes cuits dans une sauce à la noix de coco avec du gingembre et de l'ananas servis sur une crème de manioc gratinée.

Pour se faire plaisir

4 **Caminho do Ouro** – A2 - *R. Dr. Samuel Costa 181 - ✆ (24) 3371-1689 - tlj sf dim. soir 19h-0h - 120/150 R$.* De la cuisine brésilienne contemporaine d'excellente facture et à prix raisonnables, servie dans un décor arty. Carte réduite, présentation sophistiquée en petites portions et service un peu guindé. Parmi les spécialités, le risotto de crevettes et asperges, les coquilles Saint-Jacques ou encore le filet mignon au jabuticaba. Goûtez également le brie fondu aux amandes et au miel, un délice !

Le Gîte d'Indaiatiba – *BR-101 pour Angra dos Reis - km 558 (rte de Graúna), Sertão de Indaiatiba - ✆ (24) 998149927 - tlj sf lun. - plats 160/225 R$ pour 2 pers..* Tenu par un Français et une Brésilienne de Minas, ce restaurant gastronomique combine cuisine française et ingrédients locaux, en pleine nature (chute d'eau à côté du salon). Fruits et légumes du potager. Fait aussi pousada *(350/700 R$ la ch. double).*

Boire un verre

À Paraty

L'été, des concerts sont organisés Praça da Matriz, sur une scène provisoire.

Café Paraty – *R. do Comércio 253 - ✆ (24) 3371-0128.* Café connu car le guitariste de chorinho Yamandú Costa y a fait des représentations. Le soir, jazz et musique brésilienne dans des pick-up.

Paraty33 – *R. M. Jacome de Mello 357 - ✆ (24) 3371-7311 - www.paraty33.com.br.* Pop, rock, disco, lounge et musique brésilienne. Thés traditionnels, bières et cachaça.

Shopping

À Paraty

Empório da Cachaça – A1-2 - *R. Dr. Samuel Costa 22 - ✆ (24) 3371-6329 - 9h-22h (vend. 23h, sam. 0h).* Impossible de repartir sans une bouteille de cachaça, la spécialité de Paraty, qui détient une certification d'origine. À la fois musée et boutique, cet emporium permet de comparer les divers variétés de cet alcool de canne à sucre, dont certaines aromatisées.

Armazém Paraty – *R. Dr. Samuel Costa 18 - ✆ (24) 3371-2082 - 9h-22h.* Superbe boutique consacrée à l'artisanat des tribus autochtones du Brésil. Pièces sélectionnées avec goût : paniers, instruments de musique, céramiques, boucles d'oreilles, bagues et colliers de perles, sculptures en bois et même des coiffes désormais réalisées avec des pailles de soda recyclées en guise de plumes !

Activités

À Ilha Grande

Excursions – Malgré leur nombre, les agences d'Abraão proposent à peu près toutes les mêmes tours de l'île en bateau à prix identiques : 1/2 j/120 R$ ou la journée/160 R$. On conseille la sortie snorkeling à Lagoa Azul, magnifique lagon au nord de l'île.

Plongée – Les fonds magnifiques tout autour de l'île méritent d'être explorés : épaves, récifs, cavernes, tortues et raies mantas... Parmi les centres de plongée,

Elite Dive Center – *Tr. Buganville - ✆ (24) 99936-4181.* Certifié Padi, a bonne réputation. Comptez 250 R$ les 2 plongées. Propose aussi des baptêmes et des sorties snorkeling à Lagoa Azul.

À Paraty

Sorties à cheval, kayak et excursions en bateau dans la baie de Mamanguá, visite de distilleries de *cachaça*, observation d'oiseaux ou baignade dans les cascades en forêt : les activités ne manquent pas autour de Paraty.

Paraty Tours – *Av. Roberto Silveira 479 - ✆ (24) 3371-1327 - www.paratytours.com.br.* L'agence la plus importante de Paraty. Propose tous types de services : transfert, billets d'avion, balades sur un schooner (goélette), treks de durée variable, circuits à vélo ou à cheval, tours en Jeep, sorties en mer, plongée, etc.

Paraty Adventure – *R. Marechal Deodoro - ✆ (24) 3371-6135 - www.paratyadventure.com.* Treks d'un à plusieurs jours, notamment vers la plage de Laranjeiras en passant par la réserve de Juatiga avec guide francophone et nuitée dans une maison de pêcheur.

Sorties en bateau – Des sorties en goélette *(escunas)* de 50 à 100 places peuvent être arrangées directement avec les bateaux au Cais do Porto ou par l'intermédiaire d'une agence de voyages du centre historique. Comptez autour de 35 R$/pers. pour les premiers prix. On peut aussi s'adresser aux petits bateaux amarrés dans le Rio Perequê-Açú, près du petit pont. Ils sont bruyants et plus lents, mais l'ambiance est plus intime. Le prix se négocie à l'heure et à la distance, quel que soit le nombre de passagers. Prévoyez victuailles et crème solaire.

Hébergement

À Ilha Grande

Presque tous les hôtels de l'île sont à **Abraão**, où débarquent les bateaux. On y dénombre près d'une centaine de *pousadas* ! Les prix peuvent varier du simple au double entre la basse saison (avr.-oct.) et la haute saison (déc.-mars). Certains établissements n'acceptent pas les cartes bancaires.

Camping

En dehors des sites équipés (à Abraão, Enseada de Palmas, Araçatiba et Aventureiro), le camping est autorisé à Praia Vermelha et à Saco do Céu, soumis à autorisation à Parnaioca. Partout ailleurs, il est interdit. La liste des campings est disponible sur le site www.ilhagrande.org.

Budget moyen

Pousada Portal dos Bordas – *R. das Flores 4 - ✆ (24) 3361-5255 - 22 ch. 220/980 R$; 2 nuits mini. en haute saison.* En retrait du village, la maison se cache au milieu d'un jardin fleuri. Hamacs et transats permettent d'y paresser à l'ombre des cocotiers. Les chambres, propres, mais au mobilier vétuste et un peu sombres au rez-de-chaussée (préférez l'étage), regardent vers la montagne.

1

Pour se faire plaisir

Pousada Manaca – *R. da Praia 333 - ✆ (24) 3361-5404 - www.ilhagrandemanaca.com.br - 4 ch. 440/500 R$.* Tenue par Gérard, un Français, charmant, installé sur l'île de longue date, cette pension pratique des prix très raisonnables. Les chambres avec balcon face à la mer, à l'étage, sont bien sûr plus chères que celles au fond du jardin. Petit-déjeuner délicieux. Souvent complet, mieux vaut réserver tôt.

Solar da Praia – *R. da Praia 32 - ✆ (24) 3361-5043 - www.solardapraiailhagrande.com - 12 ch. 432/612 R$ en haute saison.* Un joli hôtel au bord de l'eau, avec cocotier et bougainvilliers dans le jardin où trône un petit kiosque avec hamac. Chambres (chaînes câblées, réfrigérateur) au décor soigné, coquet. Bonus : petit-déjeuner avec gâteaux maison et fruits frais.

Pousada Só Natureza – *R. A 79 - ✆ (24) 3361-5770 - www.pousadasonatureza.com.br - - 17 ch. 475/1235 R$.* On apprécie le jardin et la jolie piscine en forme de haricot avec sa cascade et son bar sous une paillote pour siroter l'apéro. La structure est récente et les chambres sont avenantes et bien tenues, quoique petites.

Pousada Naturalia – *R. da Praia 149 - ✆ (24) 3361-9583 - www.pousadanaturalia.net - 12 ch. 500/1100 R$.* Dans un écrin de verdure, au calme mais proche de la plage, cette auberge offre un bon confort et une vue magnifique sur la mer. Excellent accueil, personnel francophone. Chambre propre et spacieuse, petit hamac sur le balcon.

Pousada Casablanca – *R. da Praia 719 (au fond de la Tr. Buganville) - ✆ (24) 3361-5040 - 12 ch. 404/854 R$.* Situation centrale et pourtant au calme, dans une jolie maison aux couleurs pastel rose et blanc. Chambres propres et ambiance sympathique, bons petits-déjeuners. Évitez les chambres au rez-de-chaussée, trop sombres.

À Paraty

Les prix oscillent selon la saison. La haute saison se situe en janv.-fév. (carnaval), et parfois en mars selon les établissements, ainsi qu'au mois de juil. Paraty étant saturée malgré les prix élevés, mieux vaut réserver.

Pour se faire plaisir

2 Pousada Arte Colonial – *B2 - R. Marechal Santos Dias 292 - ✆ (24) 3371-7347 - www.pousadaartecolonial.com.br - P - - 9 ch.360/560 R$ - ✕.* Gérée par un couple de Français, cette superbe demeure du 18e s. assure un séjour de charme. Le hall de réception, décoré d'antiquités, préfigure l'ensemble. Toutes les chambres ont du cachet, avec un mobilier en bois du 19e s., des murs épais et un parquet à larges lattes. Coup de cœur assuré pour la mansardée, très lumineuse, ou la Classique, qui dispose d'un lit à baldaquin et d'un balcon donnant sur les toits du quartier.

9 Pousada do Forte – *A1 - Al. Princesa Isabel 33 - ✆ (24) 3371-1462 - www.hoteldoforteparaty.com.br - - 18 ch. 480 R$.* Des petits bâtiments d'un étage, à toits de tuiles, disposés à flanc de colline autour d'une piscine. Les chambres sont un peu les unes sur les autres, mais chacune dispose d'un balcon privatif, avec vue sur la baie pour les plus hautes. Confort quelconque, mais propreté impeccable. L'endroit est calme, proche du centre historique.

1 Aldeia Paratii Pousada – *A1 - Alameda Princesa Isabel - ✆ (24) 3371-2689 - P - 12 ch. 342/348 R$.* Un hôtel récent, mais bâti avec les matériaux typiques de Paraty : bois et tuiles en terre cuite. Chambres simples et confortables, mais pas données, et l'on regrette un peu le manque d'espace entre elles. La petite piscine est très agréable.

Une folie

6 **Pousada Porto Imperial** - A1 - *R. Tenente Francisco Antônio - ✆ (24) 3371-2323 - www.portoimperial.com.br - 🏊 - 43 ch. 900/1100 R$, 2 nuits mini.* Installé dans une solide demeure coloniale postée près du petit pont, ce grand hôtel réserve un accueil professionnel (anglophone). La décoration est simple mais ne manque pas de caractère. Une tendance à charger les prix toutefois. Sauna, massages.

Pousada Camino do Ouro - A2 (DIR) - *Estr. Paraty - ✆ (24) 3371-6548 - www.pousadacaminhodoouro.com.br - 5 ch. 1200/1900 R$ - ✕.* À 6 km de la ville, près du départ du sentier Camino do Ouro, cette maison d'hôtes tenue par un couple franco-brésilien est un enchantement : cadre naturel idyllique, décoration soignée et stylée, accueil chaleureux. Excellent restaurant également.

10 **Pousada do Ouro** - B1 - *R. Dr Pereira 298 - ✆ (24) 3371-4300 - www.pousadadoouro.com.br - 🏊 - 27 ch. 535/820 R$ - ✕.* Dans un bâtiment colonial restauré avec goût, en plein centre, cette pousada élégante est dotée d'une splendide piscine au sein d'un jardin tropical enchanteur. Les chambres sont de tout confort et le petit-déjeuner buffet est copieux. Spa avec sauna et hammam et restaurant de qualité.

5 **Pousada Literária de Paraty** - A2 - *R. do Comércio 362 - ✆ (24) 3371-1460 - www.pousadaliteraria.com.br - P 🏊 - 23 ch. 1600/2000 R$.* Installé dans une belle demeure coloniale du centre historique, l'établissement dispose de chambres élégantes et lumineuses. Superbe piscine, sauna, salle de massage et salon de lecture avec une bibliothèque pourvue de plus de 1500 livres et films servant de siège au festival littéraire international de Paraty.

3 **Casa Turquesa** - B2 - *R. Doutor Pereira 50 - ✆ (24) 3371-1037 - www.casaturquesa.com.br - P 🏊 - 9 suites 2100/2700 R$.* Face au port et près de l'église Santa Rita, cette maison d'hôtes allie charme colonial, lignes contemporaines et grand luxe. Le patio intérieur, doté d'une piscine, est un endroit de rêve pour se prélasser.

Au sud de Paraty

Pour se faire plaisir

Pousada Filhos da Terra - A2 (DIR) - *Av. Doutor Sobral Pinto s/n - Trindade - ✆ (24) 3371-5189 - www.pousadafilhosdaterra.com.br - 9 ch. 325/360 R$ - ✕.* Difficile de rater cette grande maison bleu vif sur la rue principale, au centre du village. Une atmosphère familiale baigne cette pension simple et proprette, mieux tenue que la plupart de ses concurrentes. Chambres avec balcon doté d'un hamac. Sans doute le meilleur choix sur place.

Une folie

Refúgio Mamanguà - A2 (DIR) - *Saco do Mamanguà s/n - ✆ (24) 3371-1951 - www.refugiomamangua.com - 💳 - 10 ch. 950 R$/pers. : (dîner inclus) - accès gratuit en bateau-navette de Paraty-Mirim (40mn de bus de Paraty) - ✕.* Au fond d'une échancrure marine digne d'un fjord scandinave, un écolodge pour goûter aux joies d'activités au contact de la nature (canoë-kayak, baignade, balade dans la mangrove, trek jusqu'au sommet du Pain de Sucre). Les chambres, rustiques mais agréables, occupent des bungalows sur pilotis disséminés au milieu de la forêt tropicale. Repas servis sous un carbet au bord de l'eau.

1

São Paulo ★★

« Mais qu'allez-vous donc faire à São Paulo ? C'est une ville grise, dangereuse, un monstre urbain et, en plus, ils n'ont même pas de plage… » Ne confiez surtout pas à un Carioca le soin de vous décrire la cité paulistana ! La rivalité entre les deux villes est légendaire. À rebours de Rio la latine, l'urbanisme de la capitale économique du Brésil évoque plutôt une ville anglo-saxonne avec son quartier d'affaires soigneusement équarri par de larges avenues. La métropole manifeste un dynamisme extraordinaire dans les domaines artistique et culturel, officiellement, dans les musées et les galeries, mais aussi, de manière informelle, dans la rue. Creuset d'une gastronomie extrêmement variée, reflet fidèle de sa population d'immigrants aux accents nordestin, italien, japonais, portugais, coréen et même français… São Paulo est aussi, avec son agglomération, une des villes les plus peuplées du monde avec plus de 21 millions d'habitants, un formidable laboratoire des mutations urbaines.

Se repérer

12,1 millions de Paulistanos - 21,4 millions avec son agglomération (soit plus de 10 % de la population du pays) - Capitale économique du Brésil - État de São Paulo

CARTE B4 P. 32-33. PLAN D'ENSEMBLE P. 131, PLANS DÉTAILLÉS P. 132 À 136.

Voir encadré p. 130.

À ne pas manquer

Passer une soirée à Vila Madalena ; flâner un dimanche au parc Ibirapuera.

Organiser son temps

Restez prudent, mais ne vous interdisez pas de parcourir São Paulo à pied. Pour les grandes distances, privilégiez le métro.

Carnet pratique p. 148

Nos adresses p. 151

São Paulo.
wsfurlan/Getty Images Plus

Centro

São Paulo s'est d'abord développée au sein d'un triangle dessiné par le Pátio do Colégio, le monastère São Bento et l'église São Francisco, avant de franchir le Val d'Anhangabaú, vers l'actuelle Praça República. Si les vestiges des premiers siècles ont disparu dans la tourmente d'une sidérante explosion urbaine, la Belle Époque a réussi à se ménager un espace à l'ombre des tours de verre. Peu enclins à la nostalgie, les Paulistas pardonnent cet urbanisme sauvage auquel ils doivent quelques joyaux du modernisme. Le Centro y a gagné de rester un quartier commerçant, très animé en semaine, où se croise une population variée.

Largo São Francisco PLAN II, B3

En haut de la place, l'imposante façade à colonnes de la **faculté de droit** ferme la perspective. Plus bas, l'**Igreja de São Francisco de Assis** (17e s.) est reconnaissable à sa façade bleue. Le plafond en bois de sa haute nef arbore une splendide fresque. Les moines de l'ordre tiennent une petite boutique (figurines, vin, statuettes, chapelets...) à l'entrée. Accolée à cette dernière, l'**Igreja da Ordem Terceira de São Francisco** (17e-18e s.) recèle un décor encore plus chargé et de nombreuses chapelles.

Catedral da Sé PLAN II, B3-4

Praça da Sé - M° Sé - lun.-vend. 8h-18h - visites guidées tlj 14h.

La **Rua Senador Feijó**, qui conduit à la cathédrale, regorge de librairies universitaires et de *lanchonetes*. La façade grise de la **Catedral da Sé** (1954), néogothique, au bout d'une allée de palmiers, ne présente guère d'intérêt. L'intérieur, en revanche, impressionne par ses dimensions (111 m de long) et l'ampleur des lignes verticales dessinées par ses piliers. La lumière est filtrée par de beaux vitraux colorés. Elle peut accueillir 8 000 personnes.

Une intense fébrilité règne dans la journée sur la **Praça da Sé**, le parvis de la cathédrale. Employés et touristes croisent, sans les voir, une foule majoritairement masculine et originaire du Nordeste. Étals à même le trottoir (une montre ou deux, des chaussures d'occasion...), hommes-sandwichs faisant commerce d'or, travailleurs en attente d'une hypothétique embauche, prêcheurs haranguant les passants : à

Se repérer

Pas facile de se repérer dans cette immense métropole. La plupart des centres d'intérêt se trouvent dans un triangle délimité par un périphérique (surnommé Marginal dans ses parties nord et est, à voies multiples) : au nord, les **Av. Otaviano Alves de Lima** et **Morvan Dias de Figueiredo** longent le Rio Tietê (c'est par elles qu'on arrive de Rio) ; à l'ouest, l'**Av. das Nações Unidas** longe le Rio Pinheiros. Elle est prolongée au sud par l'**Av. dos Bandeirantes** qui longe l'aéroport de Congonhas ; à l'est s'étirent les **Av. Tancredo Neves** et **Av. Salim Farah Maluf**.
L'**Av. Paulista**, cœur du quartier des affaires, marque une césure assez nette au milieu de cet ensemble. Au nord, le **Centro**, quartier commerçant et historique, est divisé en un **Centro Novo** (Praça da República et l'immense esplanade du Parque Anhangabaú) et un **Centro Velho** (Praça da Sé et Pátio do Colégio). Il est bordé (dans le sens inverse des aiguilles d'une montre, à partir du nord) par le quartier de la gare de **Luz** (Pinacothèque, Museu da Língua Portuguesa), **Higienópolis** que signalent ses édifices des années 1950, **Consolação**, le quartier italien de **Bela Vista** (alias Bixiga), enfin le quartier japonais de **Liberdade**.
À l'ouest de Consolação, **Pinheiros**, riche en restaurants et commerces, abrite, avec **Vila Madalena**, le cœur de la *boemia paulista*. Au sud de l'Av. Paulista, le très chic quartier de **Jardim Paulista** est délimité par les avenues **Rebouças**, **Brigadeiro Luís Antônio** et **Brasil**. Cette dernière mène à l'immense **Parque Ibirapuera**, à l'est. Séparés par l'**Av. Juscelino Kubitschek**, **Itaim Bibi** et **Vila Olímpia**, haut lieu de la vie nocturne, forment un ensemble assez homogène. Le très huppé quartier de **Morumbi** se trouve à l'ouest du Rio Pinheiros.

deux pas du quartier financier, la place renvoie l'image d'un Brésil resté en marge du développement économique. Sur la gauche, une rangée d'immeubles noircis évoque le São Paulo élégant des années 1930. Une **colonne blanche** symbolise le km 0 du réseau routier brésilien à partir de São Paulo.
À droite en descendant, un **jardin** a été aménagé au-dessus des voies de la station de métro Sé.
En bas de la place, la **Caixa Econômica Federal** (1939) abrite un centre culturel *(Caixa Cultural - Praça da Sé 111 - ✆ (11) 3321 4400) - tlj sf lun. 10h-18h ; expositions temporaires).*

★★ Páteo do Colégio PLAN II, C3

Páteo do Colégio 2 - ✆ (11) 3105 6899 - www.pateodocollegio.com.br - mar.-dim. 9h-16h45 - 20 R$ (enf. 10 R$).
Située à l'emplacement de l'ancien collège des jésuites fondé le 25 janvier 1554 par Padre José de Anchieta, la place constitue le noyau originel de la ville. Rebâti en 1653, le collège fut investi par le Palais des gouverneurs en 1765, après l'expulsion des jésuites du Brésil. L'édifice, détruit en 1953, a été reconstruit avec le plus grand soin en 1979 et abrite aujourd'hui un musée. L'église, tombée en ruine en 1896, fut relevée cette même année.
La première salle du **Museu Padre Anchieta★** présente des plans anciens de la ville et un plan-relief du site originel du collège. Au 1er étage, on peut admirer une série de peintures du frère Andréa Pozzo (1642-1709), ainsi qu'une belle collection d'art religieux (oratoires, statues, candélabres en argent) qui illustre l'évolution de

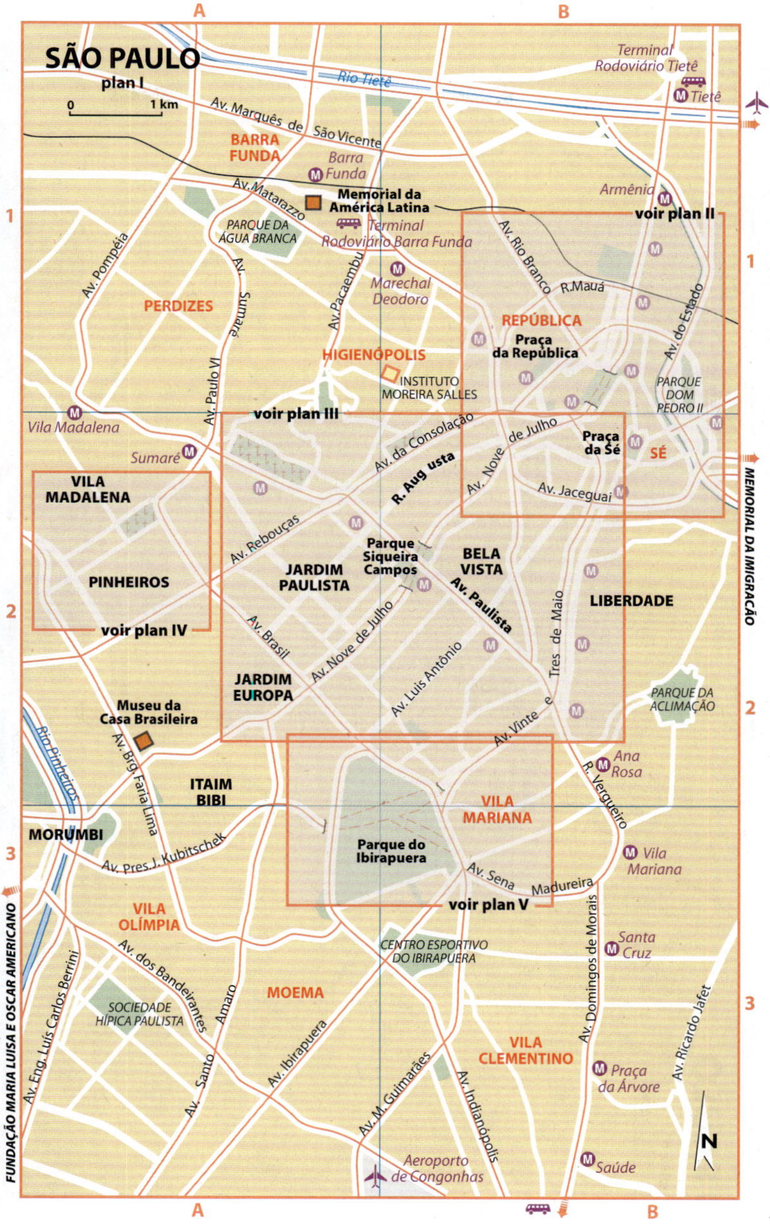

l'art sacré du 17e au 19e s. Une visite guidée est organisée toutes les demi-heures dans la crypte où sont exposées de belles pièces d'art amérindien (coiffes, arcs, bijoux, vannerie...). Une halte s'impose sur la terrasse arborée de la très agréable cafétéria du collège, laquelle conserve un pan de mur de l'édifice de 1653.

Le **Largo Páteo do Colégio** offre un résumé d'histoire architecturale : le **Secretaria da Justiça** y côtoie des édifices bourgeois du 19e s. et des immeubles des

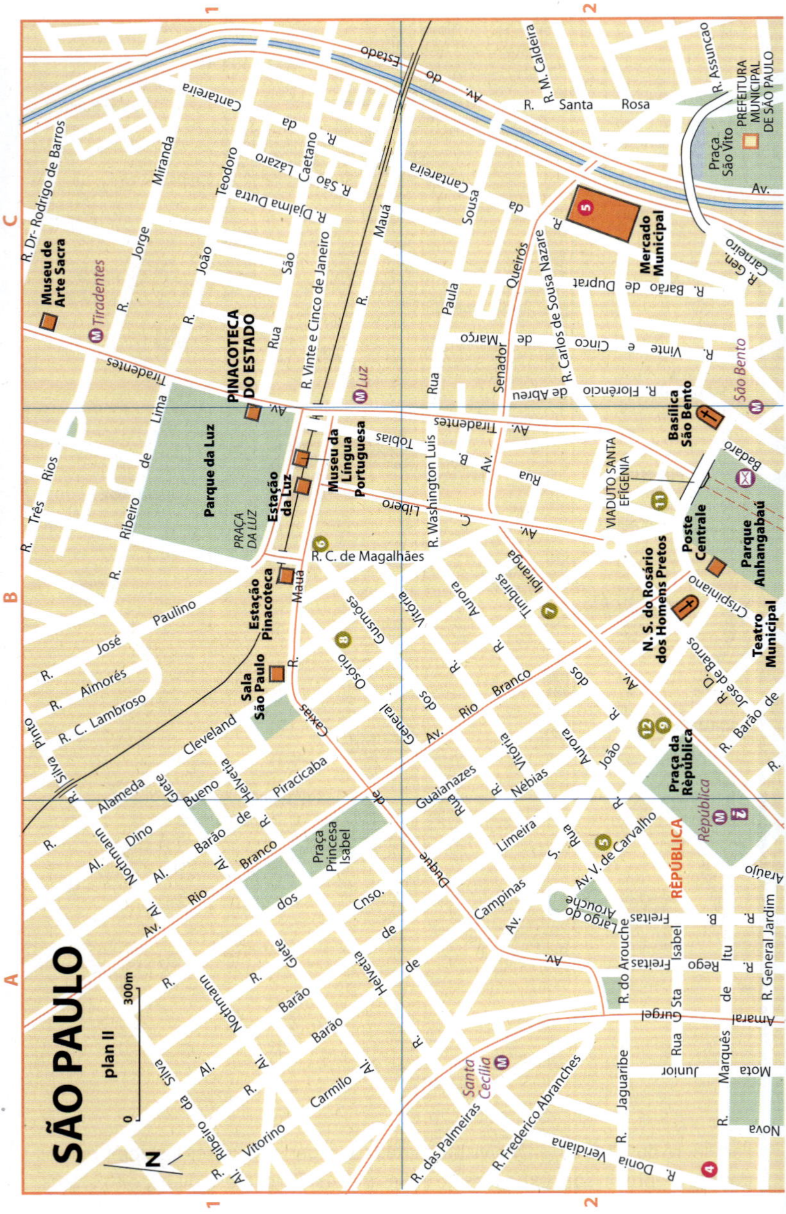
SÃO PAULO
plan II
0
300m
N
A
B
C
1
2
Museu de Arte Sacra
Tiradentes
PINACOTECA DO ESTADO
Parque da Luz
PRAÇA DA LUZ
Estação da Luz
Museu da Língua Portuguesa
Luz
Estação Pinacoteca
Sala São Paulo
Praça Princesa Isabel
Mercado Municipal
Praça São Vito
PREFEITURA MUNICIPAL DE SÃO PAULO
Basílica São Bento
São Bento
VIADUTO SANTA EFIGÊNIA
Poste Centrale
Parque Anhangabaú
N. S. do Rosário dos Homens Pretos
Teatro Municipal
Praça da República
República
RÉPUBLICA
Largo do Arouche
Santa Cecília
R. Dr- Rodrigo de Barros
R. Três Rios
R. Ribeiro de Lima
R. José Paulino
R. Aimorés
R. C. Lambroso
R. Silva Pinto
Alameda Cleveland
Al. Nothmann
Al. Dino Bueno
Al. Glete
Al. Barão de Piracicaba
R. Helvetia
Av. Rio Branco
R. Jorge Miranda
R. João Teodoro
Rua São Caetano
R. São Lázaro
R. Djalma Dutra
R. Vinte e Cinco de Janeiro
R. Mauá
Av. Tiradentes
Av. do Estado
R. Cantareira
R. Santa Rosa
R. M. Caldeira
R. Assuncao
Av. Senador Queirós
Rua Paula Sousa
R. Carlos de Sousa Nazare
R. Barão de Duprat
R. Vinte e Cinco de Marco
R. Florêncio de Abreu
R. Gen. Carneiro
Rua Badaro
R. Washington Luis
Av. Cásper Libero
Rua Brig. Tobias
R. C. de Magalhães
Av. Ipiranga
R. Timbiras
R. Aurora
R. Vitória
R. Gusmões
R. Osório
R. dos Andradas
Av. General Osório
R. Guaianazes
R. dos Gusmões
R. Nébias
R. Vitória
Rua Limeira
Rua S.
Av. V. de Carvalho
R. João
Av. Duque de Caxias
Av. Campinas
R. Barão de Itapetininga
R. Jose de Barros
R. Crispiniano
R. D.
R. Araújo
R. General Jardim
R. Marquês de Itu
R. B. Freitas
Rua Sta Isabel
R. do Arouche
R. Amaral Gurgel
R. Jaguaribe
R. Rego Freitas
Rua Mota Junior
R. Nova
R. Dona Veridiana
R. Frederico Abranches
R. das Palmeiras
R. Vitorino Carmilo
Al. Barão de Limeira
Al. Nothmann
Al. Glete
R. Silva da Ribeiro
R. Helvetia
R. Cnso. Nébias
Al. Barão de Campinas

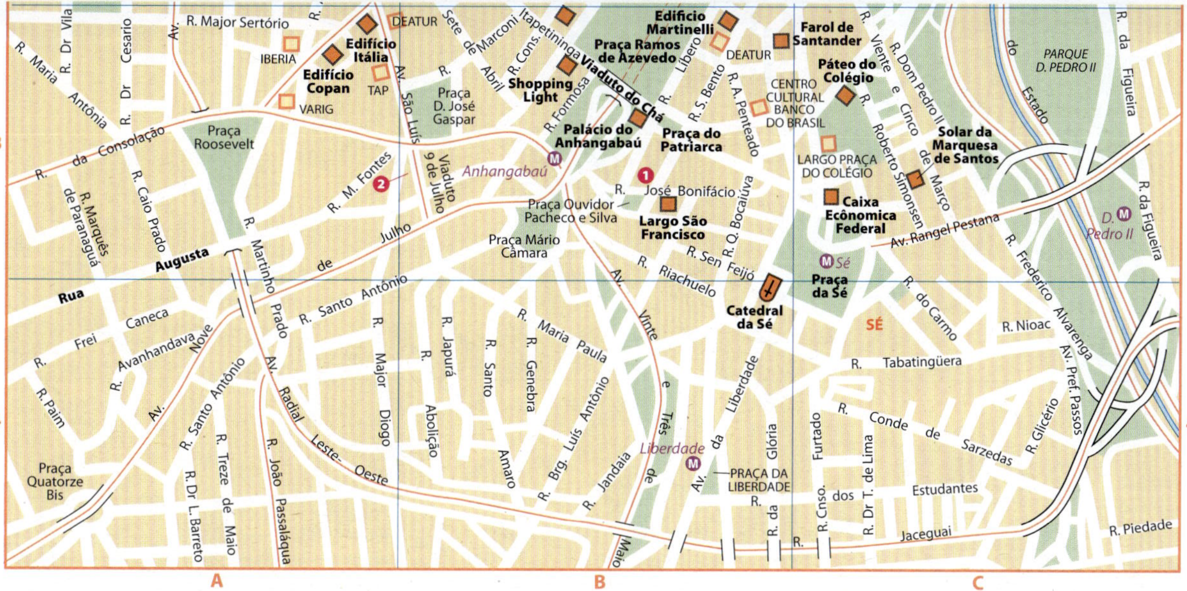

SE RESTAURER

Casa Rara........................ 1
Estadão.......................... 2
Veridiana........................ 4
Mercado Municipal de São Paulo.................... 5

SE LOGER

Hotel Itamarati.................. 5
Hotel Monteneve.................. 6
Hotel Normandie Design........... 7
Hotel Piratininga................ 8
Hotel Plaza Marabá............... 9
Hotel São Paulo Inn.............. 11
Timbiras Palace Hotel............ 12

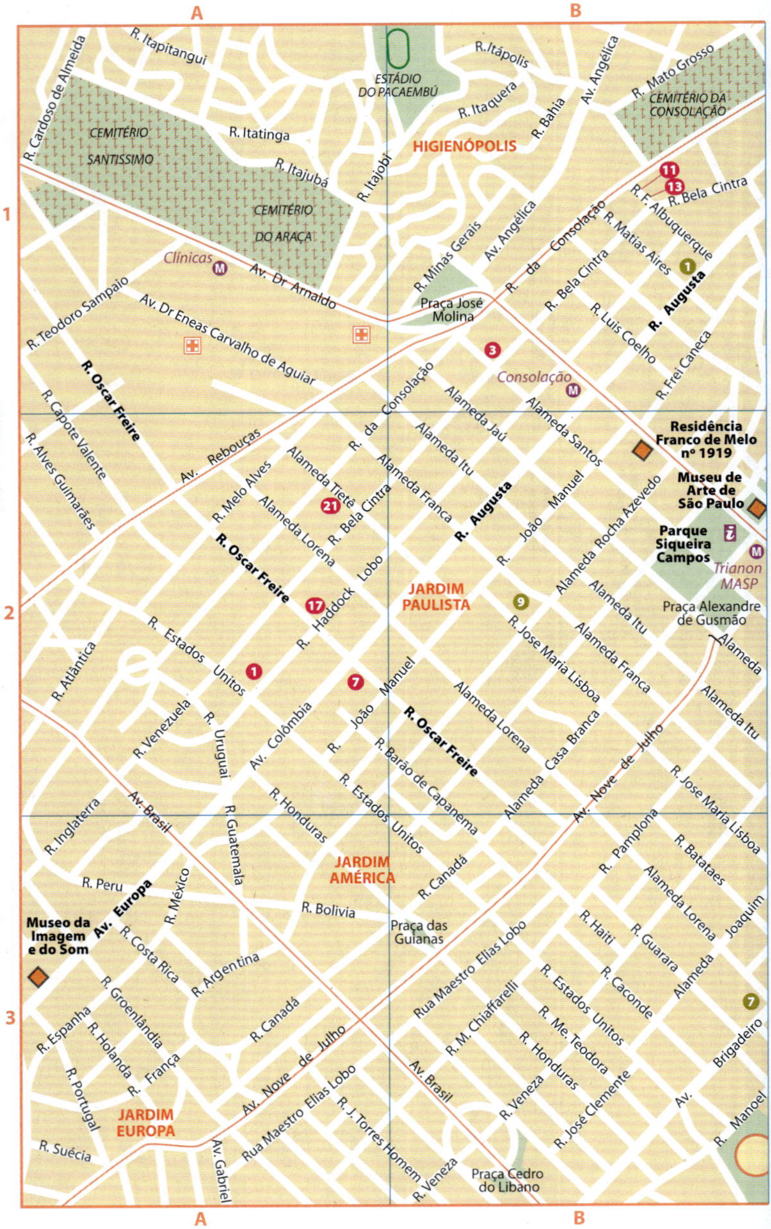
A
B
1
2
3
R. Itapitangui
ESTÁDIO DO PACAEMBÚ
R. Itápolis
R. Mato Grosso
CEMITÉRIO DA CONSOLAÇÃO
R. Cardoso de Almeida
CEMITÉRIO SANTISSIMO
R. Itatinga
R. Itaquera
Av. Angélica
R. Bahia
HIGIENÓPOLIS
R. Itajubá
R. Itajobi
CEMITÉRIO DO ARAÇA
R. Bela Cintra
R. F. Albuquerque
R. da Consolação
R. Matias Aires
R. Minas Gerais
Av. Angélica
Clínicas
Av. Dr Arnaldo
R. Teodoro Sampaio
Av. Dr Eneas Carvalho de Aguiar
Praça José Molina
R. Bela Cintra
R. Luís Coelho
R. Augusta
R. Frei Caneca
R. Oscar Freire
R. Capote Valente
R. Alves Guimarães
Consolação
Alameda Jaú
Alameda Santos
Alameda Itu
Av. Rebouças
R. da Consolação
Residência Franco de Melo nº 1919
Museu de Arte de São Paulo
Parque Siqueira Campos
Trianon MASP
Alameda Tietê
R. Melo Alves
Alameda Lorena
R. Bela Cintra
Alameda Franca
R. Augusta
R. João Manuel
Alameda Rocha Azevedo
R. Oscar Freire
R. Haddock Lobo
JARDIM PAULISTA
Praça Alexandre de Gusmão
Alameda
Alameda Itu
Alameda Franca
R. Jose Maria Lisboa
R. Estados Unitos
R. Atlântica
R. Venezuela
R. Uruguai
Av. Colômbia
R. João Manuel
R. Oscar Freire
Alameda Lorena
Alameda Casa Branca
Alameda Itu
Av. Nove de Julho
R. Barão de Capanema
R. Estados Unitos
R. Honduras
R. Jose Maria Lisboa
R. Inglaterra
Av. Brasil
R. Guatemala
JARDIM AMÉRICA
R. Pamplona
R. Batataes
R. Peru
Av. Europa
R. México
R. Canadá
R. Bolivia
Alameda Lorena
Joaquim
Museo da Imagem e do Som
R. Costa Rica
Praça das Guianas
R. Haiti
R. Guarara
R. Argentina
Rua Maestro Elias Lobo
R. Caconde
Alameda
R. Groenlândia
R. Estados Unitos
R. M. Chiaffarelli
R. Me. Teodora
R. Espanha
R. Holanda
R. Canadá
Brigadeiro
R. França
R. Portugal
Av. Nove de Julho
Av. Brasil
R. Honduras
R. José Clemente
Av.
JARDIM EUROPA
Rua Maestro Elias Lobo
R. J. Torres Homem
R. Veneza
R. Manoel
R. Suécia
Av. Gabriel
R. Veneza
Praça Cedro do Libano

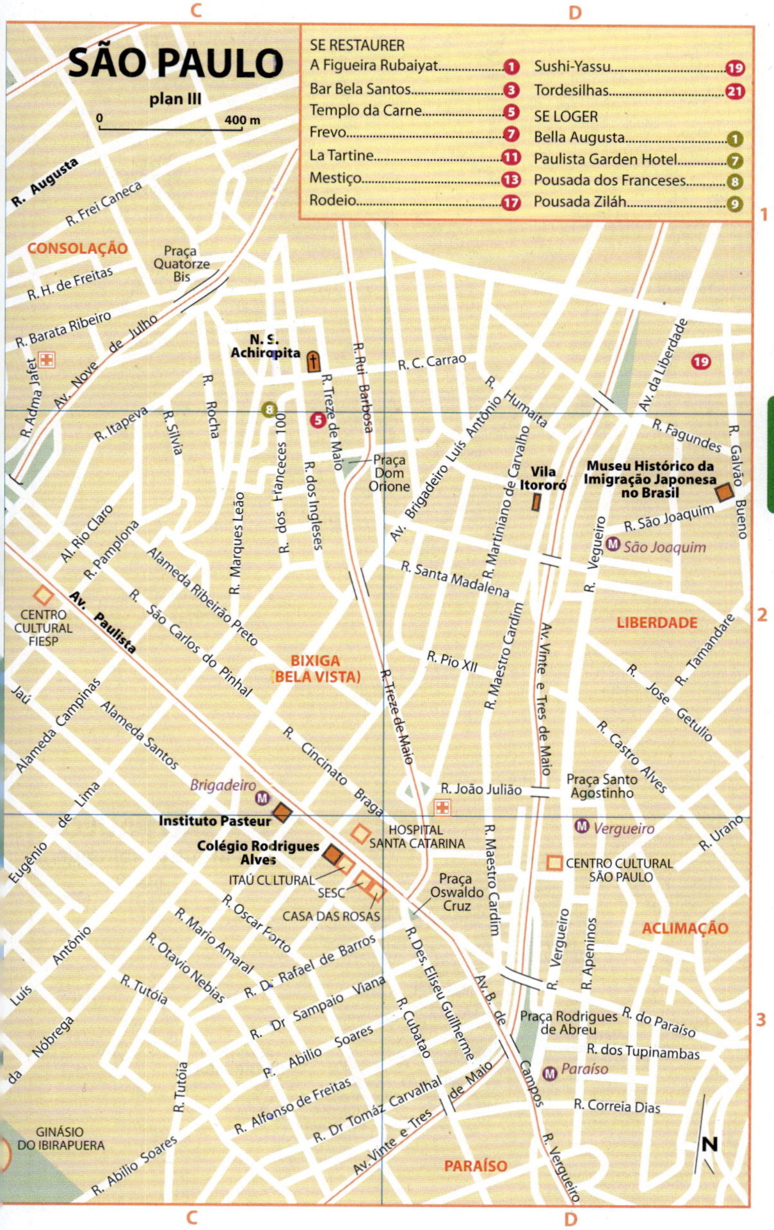
SÃO PAULO
plan III
0 400 m
SE RESTAURER
A Figueira Rubaiyat 1
Bar Bela Santos 3
Templo da Carne 5
Frevo 7
La Tartine 11
Mestiço 13
Rodeio 17
Sushi-Yassu 19
Tordesilhas 21
SE LOGER
Bella Augusta 1
Paulista Garden Hotel 7
Pousada dos Franceses 8
Pousada Ziláh 9
C
D
1
2
3
R. Augusta
R. Frei Caneca
CONSOLAÇÃO
Praça Quatorze Bis
R. H. de Freitas
R. Barata Ribeiro
Av. Nove de Julho
R. Adma Jafet
N. S. Achiropita
R. Rui Barbosa
R. C. Carrao
R. Treze de Maio
R. Rocha
R. Silvia
R. Itapeva
R. dos Franceses 100
R. dos Ingleses
Praça Dom Orione
Av. Brigadeiro Luís Antônio
R. Humaitá
R. Martiniano de Carvalho
Vila Itororó
Av. da Liberdade
R. Fagundes
R. Galvão Bueno
Museu Histórico da Imigração Japonesa no Brasil
R. São Joaquim
São Joaquim
R. Vergueiro
R. Marques Leão
Al. Rio Claro
R. Pamplona
Alameda Ribeirão Preto
R. São Carlos do Pinhal
Av. Paulista
CENTRO CULTURAL FIESP
R. Santa Madalena
R. Maestro Cardim
Av. Vinte e Tres de Maio
LIBERDADE
R. Tamandare
R. Jose Getulio
R. Castro Alves
BIXIGA (BELA VISTA)
R. Pio XII
R. Trezе de Maio
Jaú
Alameda Campinas
Alameda Santos
R. Cincinato Braga
R. João Julião
Praça Santo Agostinho
Brigadeiro
Instituto Pasteur
HOSPITAL SANTA CATARINA
Vergueiro
R. Urano
Eugênio de Lima
Colégio Rodrigues Alves
ITAÚ CULTURAL
SESC
CASA DAS ROSAS
Praça Oswaldo Cruz
CENTRO CULTURAL SÃO PAULO
R. Oscar Porto
R. Mario Amaral
R. Otavio Nebias
R. Tutóia
R. Dr Rafael de Barros
R. Dr Sampaio Viana
R. Abilio Soares
R. Alfonso de Freitas
R. Dr Tomáz Carvalhal
R. Cubatao
R. Des. Eliseu Guilherme
Av. B. de Campos
R. Vergueiro
R. Apeninos
ACLIMAÇÃO
Praça Rodrigues de Abreu
R. do Paraíso
R. dos Tupinambas
Paraíso
R. Correia Dias
Luís Antônio
da Nóbrega
GINÁSIO DO IBIRAPUERA
PARAÍSO
R. Vergueiro
N

1

A
B
1
2
SÃO PAULO
Pinheiros
plan IV
0
400 m
N
VILA MADALENA
PINHEIROS
CEMITÉRIO SÃO PAULO
Instituto Tomie Ohtake
Praça Benedito Calixto
Praça Lineu Prestes
Praça dos Omaguás
Praça José Moreira
R. Natingui
R. Delfina
R. Fradique
R. Purpurina
R. Original
R. Simpatia
R. João Miguel Jarra
R. Girassol
R. Harmonia
R. Medeiros de Albuquerque
R. M. Lopes
Rua dos Morás
R. Mourato Coelho
Coutinho
R. Wisard
R. Fidalga
R. Faisão
Av. Paulo VI
R. Cardeal Arcoverde
R. Cristiano Viana
R. João Moura
R. Aspicuelta
R. Luís Murat
Lisboa
Rua dos Tamanas
Rua Iquitos
R. H. Fontes
R. João do Rio
R. Inácio Pereira da Rocha
Arcoverde
Av. Henrique Schaumann
R. Teodoro Sampaio
R. Francisco Leitão
R. Eugênio Leite
R. Antunes
R. Dr Pinto
R. Mateus Grou
R. Fradique Coutinho
R. Mourato Coelho
Cardeal
R. Simão Alvarez
R. F. Iasi
R. Sampaio
R. Lacerda Franco
Av. Brigadeiro Faria Lima
R. Fernão Dias
R. Carrasco
Arcoverde
R. Cunha Gago
Av. Pedroso de Moraes
Teodoro
R. Antônio Bicudo
R. Artur de Azevedo
R. Cardeal
R. dos Pinheiros
SE RESTAURER
Consulado Mineiro 1
Empanadas 3

A
B
1
SE LOGER
Hotel Unique 1
SÃO PAULO
Parque do Ibirapuera
plan V
0
200 m
N
MUSEU AFRO-BRASIL
Auditório Ibirapuera
Oca
Pavilhão Japonês
Grande Marquise
Museu de Arte Moderna
Pavilhão Ciccillo Matarazzo
MAC-USP IBIRAPUERA
Av. Brg. Luís Antônio
R. Bento de Andrade
R. H. Martins
Av. A. J. de Moura
R. M. País
R. B. Pereira
R. J. Lourenço
R. B. Cardoso
Avenida República do Líbano
Av. IV Centenário
R. I. Guilherme
Av. Ibirapuera
R. Ipê
R. Curitiba
Av. Pedro Álvares Cabral
Av. 23 de Maio
Av. Dr D. Pazzanese
R. R. Alves
R. Morgado de Mateus
R. Joaquim Tavora
Rua França Pinto
R. J. Chammas
R. Dr Mário Cardim
R. Sena Madureira
R. Cap. Macedo
R. Estado de Israel

années 1950, fatigués avant l'heure. Au milieu trône l'**obélisque** en bronze à la *Glória Imortal aos Fundadores de São Paulo* (1925).

Ultime exemple d'architecture résidentielle paulista du 17e s., le **Solar da Marquesa de Santos** *(R. Roberto Simonsen 136 - ✆ (11) 3116 6210 - www.museudacidade.prefeitura.sp.gov.br - mar.-dim. 9h-17h - gratuit)* accueille des expositions consacrées à l'histoire de la ville.

Du Páteo do Colégio, la **Rua General Carneiro**, envahie de commerces informels, descend vers le **Terminal Parque Dom Pedro II**. Haut lieu du commerce de bouche *(voir « Restauration » p. 151)*, le **Mercado Municipal de São Paulo★** (1932) se trouve 200 m plus loin. Propre sans être aseptisé, il a été rénové en 2004. L'activité déborde dans les rues alentour.

Du Páteo do Colégio au Largo São Bento, la **Rua Boa Vista** traverse le centre financier de la ville, parallèlement à la **Rua XV de Novembro**, étroite et animée. Réplique de l'Empire State Building de New York en moins haut, le **Prédio de Banespa★** (1947) est aujourd'hui appelé le **Farol Santander** après sa réouverture en 2018. En plus du **belvédère** au sommet qui offre une des plus belles vues sur le Centro, ont été amenagés un **espace muséographique** (reconstitution d'espaces de bureau des années 1940-50), une salle d'expositions temporaires,... et même une piste de skate *(r. João Brícola, 24 - ✆ (11) 3553 5626 - www.farolsantander.com.br - mar.-dim. 9h-20h; 35 R$, possibilité d'acheter son billet en ligne et de choisir son horaire pour éviter de faire la queue)*.

Au bout de la Rua Boa Vista, le **Largo São Bento** est un chaos urbain typique de São Paulo, aux immeubles aux formes variées, non alignés, mais unis par leur couleur grise. La place était autrefois le point de rassemblement des *bandeirantes* *(p. 465)*. Accolée au monastère, la **basilique São Bento** (1912) présente un intérieur vaguement byzantin, avec de nombreuses statues de saints et un décor peint. On y donne des concerts de chants grégoriens.

La belle structure en métal du **Viaduc Santa Efîgenia** enjambe le Parque Anhangabaú. Bâti au début du 20e s., il assurait la liaison entre le Centro et les quartiers chics du nouveau centre.

Du Largo São Bento, la rue du même nom passe devant l'**Edificio Martinelli** (129 m), à l'angle de l'Av. São João, premier gratte-ciel de la ville (1929). Passé sous la coupe du gouvernement mussolinien, il fut confisqué par le Brésil en 1943.

Praça do Patriarca PLAN II, B3

Elle dessine une belle esplanade, comprenant notamment la petite **Igreja de São Antônio** dont le plafond est orné d'une ravissante fresque naïve. Le **Palácio do Anhangabaú** (1940), ou Edifício Matarazzo, est de Piacentini, l'architecte de Mussolini. Identifiable au jardin qui déborde de son toit, il abrite l'hôtel de ville. Dans le prolongement de la place, le **Viaduto do Chá** (viaduc du thé) enjambe le parc entre le Teatro Municipal et la Praça do Patriarca. Il a remplacé, en 1938, une structure métallique datant de 1892.

Parque Anhangabaú PLAN II, B2-3

L'ancien Val de Anhangabaú, qui s'étirait entre la Praça da Sé et la Praça da República, a été remplacé dans sa plus grande partie par une route à huit voies. Heureuse initiative, celle-ci a finalement été couverte sur 1 km pour aménager ce parc, au pied des hautes tours du centre-ville qui en imposent plus par leur hauteur que par leur grâce. La partie la plus agréable du jardin se trouve **Praça Ramos de Azevedo**, dans le prolongement du théâtre. Le reste est plus bétonné, pour le plus grand bonheur des amateurs de skateboard.

La **Poste centrale** (1922), œuvre de Ramos de Azevedo, abrite aujourd'hui un centre culturel (*expositions temporaires, ✆(11) 2102 3690; lun.-vend. 9h-17h - entrée libre*).

Teatro Municipal de São Paulo PLAN II, B2-3

Praça Ramos de Azevedo - ✆ (11) 3367 7257 (billeterie)/7200 (accueil) - www.theatromunicipal.org.br - visites guidées gratuites mar. à 10h, 11h, 15h30, 17h, merc.-vend. à 11h, 13h, 15h, 17h, sam. à 10h, 11h, 13h et 14h; en anglais : mar. et sam. à 11h, merc.-vend. à 13h.

L'édifice jaunâtre avec sa façade rehaussée de colonnes est empreint d'une indéniable élégance. Œuvre de Ramos de Azevedo, il rappelle l'Opéra Garnier. Inauguré en 1911, il accueille les concerts de musique classique de l'orchestre symphonique municipal, mais s'ouvre aussi aux musiques actuelles. Le musée du théâtre *(entrée sous le viaduc du Chá)* est ouvert du mar. au dim. *(10h-18h)*.

Le centre commercial **Shopping Light** (1925), sur la place du théâtre, occupe l'ancien siège de la compagnie d'électricité canadienne Light.

En semaine, une foule affairée d'employés et d'hommes-sandwichs arpente les rues piétonnières **Barão de Ipiranga** et **Conselheiro Crispiniano**, très commerçantes. Coincé entre le théâtre et la Praça da República, le quartier rappelle un peu le périmètre Saint-Lazare-Opéra, à Paris.

Praça da República PLAN II, A-B2

Il est loin le temps où l'ancien Largo dos Curros (place des Corrals) accueillait les corridas. Aujourd'hui s'y tient, chaque samedi, une foire artisanale très vivante (*voir « Shopping » p. 154*). Les jardins et les promenades ont été rénovés. Côté sud-est, l'**ancienne École normale** (1894), occupée par le ministère de l'Éducation de l'État, ferme la perspective.

L'**Edifício Itália** *(Av. Ipiranga 344 - ✆ (11) 3256 5574 - www.edificioitalia.com.br - 12h-0h)*, et sa terrasse, la deuxième plus haute tour de la ville (165 m), a été construit (1965) à l'initiative du Circolo Italiano, un des cercles italiens les plus influents de São Paulo. Du bar, la vue sur le Centro est incomparable.

Œuvre du grand Oscar Niemeyer, l'**Edifício Copan★** *(Av. Ipiranga 200 - www.copansp.com.br - ✆ (11) 3259 5917 - possibilité d'accéder à la terrasse (se rens.))* a été achevé en 1966. Sa longue silhouette si particulière, en forme de S (afin de maximiser l'utilisation du terrain), est malheureusement partiellement masquée par un immeuble postérieur; 5 000 personnes y vivent!

Bâtie en 1906 par des esclaves affranchis, l'**Igreja de N. S. do Rosário dos Homens Pretos★** *(Largo do Paissandu)* dresse sa coquette silhouette jaune au milieu du flot urbain à peine adouci par un rideau de palmiers. Les fidèles noirs, de blanc vêtus, manifestent une ferveur intense au milieu d'une multitude de figures religieuses colorées, sur fond d'orgue électrique.

Luz

Le quartier de Luz, l'un des plus anciens de la ville, se distingue par ses musées. Le patient travail de revitalisation entrepris dans les années 1990 commence à contredire sa fâcheuse réputation en matière de sécurité, à la nuit tombée.

★★★ Pinacoteca do Estado PLAN II, BC1

Praça da Luz 2 - ✆ (11) 3324 1000 - www.pinacoteca.org.br - merc.-lun. 10h-18h - Dernière entrée à 17h30 - 20 R$ avec l'annexe (gratuit le sam. pour les -10 ans et les + 60 ans).

La plus grande ville du Brésil

Située à l'intérieur des terres, São Paulo doit sa fondation non pas à une quelconque ambition commerçante ou militaire, mais à l'initiative de pères jésuites. Cherchant à s'implanter loin des autorités coloniales de Bahia, Manoel da Nóbrega et José de Anchieta choisissent, en 1554, le petit plateau de Piratininga pour fonder une mission, le Pátio do Colégio, destinée à évangéliser les Amérindiens. Au milieu du 17e s., leur opposition à l'esclavage leur vaudra d'être chassés de la colonie, laissant la place aux *bandeirantes* (*encadré p. 465*).

L'or du café

Avec la découverte des mines du **Minas Gerais** au siècle suivant, São Paulo devient le point de passage obligé d'un nombre croissant de pionniers et de *bandeirantes*. Mais elle est vaincue dans la course pour le monopole de l'exploitation des mines : la guerre des Emboabas (1708-1709) entraîne pour elle la perte des territoires du Minas Gerais. En 1822, la ville est le théâtre d'un événement fondateur pour le Brésil : la déclaration d'indépendance est prononcée par **Dom Pedro I** sur les berges du fleuve Ipiranga. Le boom mondial du café, au milieu du 19e s., va servir d'élément déclencheur de la croissance ; les barons du café bâtissent alors d'immenses fortunes.

Naissance d'un multiculturalisme

De 1885 à 1909, l'État connaît l'un des plus amples mouvements de population jamais enregistrés vers le Nouveau Monde avec l'entrée de 740 000 Italiens, 180 000 Espagnols et 130 000 Portugais. Encore accentué par les migrations intérieures, le phénomène perdure au cours des décennies suivantes, avec notamment l'arrivée de 160 000 Japonais entre 1910 et 1934. En tout, 2,3 millions de migrants s'installent dans la région entre 1885 et 1934. Grâce aux profits dégagés et à la nouvelle main-d'œuvre, São Paulo connaît un **développement industriel** spectaculaire au 20e s. De luxueuses demeures sont élevées à Higiénopolis et Avenida Paulista, la gare de Luz est inaugurée en 1890 ; en 1892, le viaduc du Chá permet le développement de la ville vers l'ouest. Les classes populaires s'implantent le long des voies ferrées, à Brás, Moóca ou Ipiranga. Entre 1872 et 1920, la population de la ville passe de 30 000 à 580 000 habitants. Durant les années 1920, São Paulo connaît une effervescence artistique et culturelle, marquée notamment par les figures d'Anita Malfati, de Villa-Lobos, d'Oswald de Andrade et les artistes de la **Semaine d'art moderne** de 1922. La crise de 1929 provoque un coup d'arrêt temporaire : les producteurs brûlent leur café dans les locomotives pour éviter la chute des cours. Dans les années 1930, São Paulo tente en vain de s'opposer à l'instauration de la dictature **Vargas**. La ville, qui avait occupé les principaux postes de pouvoir durant les premières décennies de la République, en est écartée. Entre 1937 et 1954, la population passe de 1,2 à 2,7 millions d'habitants. Dans les années 1980, São Paulo voit naître le **Parti des travailleurs**, créé par Lula. Avec son urbanisme anarchique et son caractère multiculturel, la cité est aujourd'hui encore marquée par son histoire. Elle compte plus de 12 millions de personnes, dont 6 millions d'Italiens ou descendants d'Italiens, de Japonais, 60 000 Juifs, d'importantes communautés allemandes, de Libano-Syriens, de Turcs, de Lituaniens, de Grecs, de Yougoslaves, de Chinois... et environ 9 000 Français.

Vous y verrez l'un des plus beaux panoramas de l'art brésilien des 19e et 20e s. Les salles alternent habilement expositions de peintures, ateliers et salles de lecture ou d'interprétation. Le rez-de-jardin abrite des expositions temporaires toujours de qualité. Initialement conçu pour héberger une école des beaux-arts, le bâtiment (1900), réalisé par Ramos de Azevedo dans le style néoclassique, présente une insolite façade en brique. Il a été rénové dans les années 1990 par l'architecte renommé Paulo Mendes da Rocha. Ses cours intérieures, couvertes, ménagent de superbes espaces, parcourus de passerelles permettant d'admirer les sculptures en contrebas (voir notamment l'œuvre de Niki de Saint-Phalle). Les collections du musée font la part belle au courant moderniste avec **Victor Brecheret** (1894-1955) – ne manquez pas l'A Portadora do Perfume, situé en haut de l'escalier séparant les salles 2 et 3 –, l'expressionniste **Lasar Segall** *(Bananal)*, les peintres abstraits et constructivistes Arnaldo Ferrari, Candido Portinari, Anita Malfati et Emiliano Di Cavalcanti, ainsi que des artistes contemporains comme Nuno Ramos, Paulo Monteiro et Paulo Pasta. Une salle est consacrée au peintre et graphiste **Willys de Castro**. Le 19e s. est exposé au second étage avec plusieurs toiles célèbres d'**Almeida Júnior** : *Caipira Picando Fumo* (Paysan préparant son tabac), *Saudade* (Nostalgie) et *Leitura* (Lecture) ; des natures mortes de **Pedro Alexandrino**, des paysages de **Benedito Calixto** *(Baía de São Vicente)* et d'**Antônio Parreiras**, notamment le poignant *Fim de romance*. On notera également la peinture historique et les toiles de genre d'Oscar Pereira da Silva ; une salle est dédiée aux autoportraits, une autre à l'art pompier. L'école française de sculpture est représentée par **Auguste Rodin**, Aristide Maillol et Antoine Bourdelle. Bonne librairie d'art.
Les occasions n'étant pas si nombreuses de se relaxer à São Paulo, faites un tour au **Parque da Luz** *(derrière la Pinacothèque - mar.-dim. 6h-18h)*. Le plus ancien parc de la ville (1825) abrite 70 espèces d'arbres où vivent des paresseux et une collection d'une cinquantaine de sculptures d'artistes contemporains.
Une tour à horloge signale la longue façade jaune et rouge de la lumineuse **Estação da Luz**. Inaugurée en 1901, la gare a longtemps symbolisé l'opulence de l'économie du café. Tous les matériaux nécessaires à sa construction furent importés d'Europe. Après des décennies de décadence, elle a été restaurée et accueille aujourd'hui un musée en plus de son activité ferroviaire.

★ Museu da Língua Portuguesa PLAN II, B1

Praça da Luz 1 - ✆ (11) 3326 0775 - www.museudalinguaportuguesa.org.br - mar.-dim. 9h-18h (fermeture de la billetterie à 16h30) - 20 R$ (gratuit le sam., et pour les -7 ans).
Installé dans une ancienne aile rénovée de la gare de Luz, ce musée est dédié à la langue portugaise. Œuvre de Rafic Farah, l'*Arbre à palabres*, structure en métal de 16 m de haut, ponctue le début de la visite qui commence au 3e étage. Dans la Grande Galeria, une très longue projection murale de vidéos désynchronisées crée un effet spectaculaire. À découvrir : le **Beco das Palavras**, ingénieuse installation qui invite à jouer avec des mots projetés sur une table. Avec les bornes interactives et les écrans, elle affirme la vocation éducative et ludique du lieu, dans un esprit « Cité des sciences de la Villette », mais avec un réel souci esthétique et une muséographie très aboutie. Un peu frustrant toutefois pour ceux qui ne parlent pas le portugais. Expositions temporaires.

Le parc d'Ibirapuera.
Phaelnogueira/Getty Images Plus

1

★ Estação Pinacoteca PLAN II, B1

Largo Gal. Osório 66 - ✆ (11) 3335 4990 - www.pinacoteca.org.br - merc.-lun. 10h-18 - gratuit.

Avant d'être dédiés à l'art, les anciens entrepôts de la gare Sorocabana (1914) ont longtemps abrité une prison du Dops (fermée en 1985), organe de répression politique du temps de la dictature. Une galerie de photos de victimes rappelle ces heures sombres. L'annexe de la Pinacothèque accueille, sur trois étages, de passionnantes expositions temporaires.

Jouxtant l'Estação Pinacoteca, l'ancienne gare Júlio Prestes (1926-1938) comprend la **Sala São Paulo**, une salle de concert unique en son genre qui accueille en résidence l'orchestre symphonique de l'État de São Paulo. Totalement rénovée en 1999 par l'architecte Nelson Dupré, son acoustique passe pour être l'une des meilleures d'Amérique du Sud (parois en bois modulables en fonction du type de musique joué).

★★ Museu de Arte Sacra PLAN II, C1

Av. Tiradentes 676 - M° Tiradentes - ✆ (11) 3326 3336 - www.museuartesacra.org.br - mar.-dim. 9h-17h (fermeture de la billetterie à 16h30) - 6 R$ (gratuit le sam., pour les -7 ans et les + 60 ans).

Le monastère de Luz (1774) sert d'écrin à ce musée consacré à l'art religieux, de cour ou populaire. Il possède une remarquable collection d'oratoires et de statues, parmi lesquelles un étonnant saint Pierre en bois doré du Portugal (18e s.), une splendide Madone en bois polychrome, portée par des anges, un stupéfiant saint Georges assis (le cheval a disparu) et un archange Michel bedonnant et court sur pattes ! Une petite salle aux murs abîmés, avec oratoire et lit à baldaquin, est dédiée à Beato Frei Galvão. Les galeries du cloître abritent des huiles sur bois ou toile, ainsi que d'autres statues, notamment une sainte Lucie portant ses yeux sur un plateau et un étonnant Christ en croix en bois de Paraiba aux bras mobiles (18e s.).

Bixiga

PLAN III, C2

Bela Vista *(www.bixiga.com.br)*, que les Paulistas surnomment Bixiga (prononcer « bichiga »), s'étire entre l'Av. Paulista, la Rua Augusta, l'Av. Brigadeiro et le Centro. Ce quartier, important pôle de culture italienne hors de la péninsule, recèle peu de curiosités, mais ses bars et sa vie nocturne en ont longtemps fait le symbole de la bohème paulista. Les rues étroites conservent encore un certain esprit « village », même si les temps ont changé.

Igreja de N. S. Achiropita PLAN III, C1

R. 13 de Maio 478 - www.achiropita.org.br.
Reconnaissable à sa façade blanche et à sa coupole dorée, cette église accueille chaque année les célébrations de la Festa de N. S. Achiropita *(w.-ends août-sept.)*, la fête la plus importante pour la communauté italienne à São Paulo. Onze soirées durant *(18h-0h)*, 200 000 visiteurs se bousculent devant les stands de rue pour déguster *fogazzas*, polentas, *peperoni*, *antipasti* et pizzas.

Vila Itororó PLAN III, D2

R. Maestro Cardim 60 - www.vilaitororo.prefeitura.sp.gov.br - tlj sf lun.10h-19h.
Cet ensemble d'une dizaine de maisons (1916-1922) est en cours de réhabilitation depuis 2013. Une exposition permet de situer ce quartier dans son contexte historique, de suivre l'évolution du chantier et de s'interroger avec l'association en charge du projet sur son utilisation future.

Liberdade

PLAN III, D2

São Paulo abrite, principalement à Liberdade, la plus importante communauté japonaise hors de l'archipel nippon. Le quartier a pris ce nom après l'abolition de l'esclavage, en 1888, quand la place où l'on donnait le fouet, le *pelourinho*, fut rebaptisée Praça da Liberdade. Les premiers immigrants italiens du quartier furent peu à peu remplacés par des Japonais à partir de 1908. Des Coréens les ont rejoints au cours des dernières décennies. Autour de la **Rua Galvão Bueno**, restaurants de sushis et boutiques exotiques donnent au quartier sa couleur particulière. À découvrir de préférence au moment du marché, le dimanche.

★ Museu Histórico da Imigração Japonesa no Brasil

PLAN III, D2

R. São Joaquim 381, 7e-9e étages - M° São Joaquim - ☎ (11) 3209 5465 - www.bunkyo.org.br - mar.-dim. 10h-17h (biletterie 16h) - 16 R$ (gratuit le merc. et pour les -5 ans).

L'Italie samba

Après l'abolition de l'esclavage et l'installation d'une population noire, à laquelle vinrent se joindre les immigrés italiens, une contre-culture se développa à **Bixiga**, menée par des figures comme Emílio Fontana et le sambiste Adoniran Barbosa, père de la « samba italienne ». Bixiga abrite ainsi une célèbre école de samba, Vai-Vai (www.vaivai.com.br), une de ses plus vieilles scènes, le Teatro Brasileiro de Comédia, et le siège de la compagnie de théâtre Oficina, reconnue dans le monde entier.

Sur trois étages (explications en japonais et en portugais seult), il retrace l'histoire singulière de l'implantation japonaise au Brésil. On observe avec émotion des descendants d'immigrants de tous âges pointer du doigt la photo jaunie du navire **Kasato Maru** sur lequel leur aïeul fit la traversée. Le musée expose des outils de labour et de chasse, une reconstitution d'habitat rural (cabane rustique, mais soignée, avec photo du couple impérial japonais), des bouliers, des instruments de musique, des kimonos... Au 9e étage, gadgets et technologie « made in Japan » signent l'entrée de la communauté dans la modernité.

★ Autour de l'Av. Paulista PLAN III, B1-2, C2-3

L'Avenida Paulista s'étire sur une ligne de crête de 2,8 km qu'on devine à peine au milieu des hautes tours de verre. L'ancienne avenue, où les grands barons du café se faisaient édifier de somptueuses propriétés, est en effet devenue le cœur économique de la métropole et les plus grandes entreprises du pays y ont leur siège. Nombre d'entre elles animent des centres culturels (*p. 155*) qui comptent parmi les plus dynamiques du pays et font de ce quartier l'un des pôles artistiques de la cité.

Au milieu d'un paysage digne de Manhattan, quelques demeures élégantes évoquent encore le passé, comme la **Casa das Rosas** (*p. 155*), l'Hospital Santa Catarina, au n° 200 (1906), le **Colégio Rodrigues Alves**, au n° 219 (1919), l'**Instituto Pasteur**, au n° 393 (1903), ou la **Residência Franco de Melo**, au n° 1919 (1909).

1

★★ Museu de Arte de São Paulo PLAN III, BC2

Av. Paulista 1578 - M° Trianon-Masp - ✆ (11) 3149 5959 - www.masp.org.br - mar. 10h-20h, merc.-dim. 10h-18h (fermeture de la billetterie 30mn à 19h30) - 60 R$ (gratuit le mar., tarif réduit pour les + 60 ans).

Fondé en 1947 par le journaliste Assis Chateaubriand et le critique d'art Pietro Maria Bardi, le Museu de Arte de São Paulo (MASP) occupe depuis 1968 l'un des édifices phares de l'Av. Paulista, conçu par l'architecte italienne Lina Bo Bardi. Posé dans l'axe de l'Av. Nove de Julho, il semble comme suspendu à deux immenses cadres en béton peints en rouge, libérant au sol un espace de 74 m. Ses collections d'**art européen** sont les plus importantes d'Amérique du Sud. Les écoles françaises (depuis le 18e s.) y sont superbement représentées (Poussin, Fragonard, Ingres, Delacroix, Daumier, Corot, Manet, Cézanne, Bonnard, Monet, Toulouse-Lautrec, Matisse, Vuillard, Léger, Renoir, Utrillo – notamment avec une inhabituelle représentation du célèbre *Château des Brouillards* à Montmartre), mais aussi les Espagnols (Goya), les Italiens (Andrea Mantegna, Botticelli, Tintoret), les Anglais (Turner, Gainsborough) et l'Europe du Nord (Jérôme Bosch, Cranach, Van Dyck, Rubens). On y admirera aussi des toiles de Van Gogh *(L'Arlésienne)*, Picasso, Modigliani, Max Ernst, Vlaminck... Le noyau des **collections brésiliennes** est constitué de tableaux de Candido Portinari, Emiliano Di Cavalcanti, Lasar Segall *(La Guerre)*, Anita Malfati *(L'Étudiante)*, Giuseppe Pancetti, Ernesto de Fiori, et de dessins de Debret. On notera également des sculptures d'Edgar Degas, des tapisseries des Gobelins et de belles pièces du Moyen Âge italien. Le musée possède aussi des collections d'art africain et asiatique. Au sous-sol et au premier niveau, expositions temporaires de grande qualité avec la complicité des plus grands musées mondiaux. Librairie et cafétéria. En bas dans les espaces libres du musée, un marché d'antiquités a lieu tous les week-ends.

En face du musée, le **parc Siqueira Campos** (PLAN III, B2), ou parc Trianon, procure une fraîcheur bienvenue, même si la circulation automobile peine à se faire oublier.

Pinheiros

PLAN IV, A2

Séparé de la région des Jardins par l'**Av. Rebouças**, ce quartier résidentiel, plaine inondable où débarquaient autrefois les canoës faisant commerce avec l'autre rive, a connu un développement tardif. Aujourd'hui très en vogue, il concentre de nombreux bars et restaurants.

Chaque samedi, la **Praça Benedito Calixto** (PLAN IV, B1) accueille une **brocante**★ joyeuse et décontractée.

Le carré de **Vila Madalena**★★ (PLAN IV, A1), délimité par les Ruas Harmonia, Purpurina et Mourato Coelho, est devenu en quelques années le cœur de la bohème paulista, rendez-vous d'artistes et d'intellectuels de tout poil. Attirés par les loyers bon marché, les étudiants furent les premiers à l'investir, dans les années 1970, après l'installation du campus de l'USP (une des universités les plus cotées du Brésil) à Butantã. Les bars et les *botecos* des **Ruas Aspicuelta**, **Girassol** ou **Purpurina** s'animent tous les soirs d'une foule joyeuse. Librairies, galeries et boutiques de mode y ont poussé comme des champignons.

Instituto Tomie Ohtake PLAN IV, A2

Av. Brigadeiro Faria Lima 201 - ✆ (11) 2245 1900 - www.institutotomieohtake.org.br - mar.-dim. 11h-20h - gratuit (certaines expositions sont payantes).

Ouvert en 2001, l'institut est spécialisé dans l'art national et international ainsi que dans l'architecture et le design. C'est d'ailleurs pourquoi l'architecture de ce bâtiment est des plus étonnantes ! Elle est signée Ruy Ohtake. Il est le fils de Tomie Ohtake (1913-2015) à qui le musée rend hommage.

★ Jardins

PLAN III, AB2-3

Cette dénomination regroupe les quartiers élégants de **Jardim Europa**, **Jardim América** et surtout **Jardim Paulista** qui s'étirent sur les pentes sud de l'Av. Paulista, le long de rues à angles droits. La célèbre **Rua Augusta**, qui commence à Bela Vista, est un des principaux axes de Jardim Paulista. Elle y croise la jolie **Rua Oscar Freire** (PLAN III, A1-2, B2) (câbles enterrés, bosquets fleuris, bancs en bois massif) où se bousculent les griffes internationales de prêt-à-porter et d'accessoires. Plus au sud, à Jardim Europa, l'**Av. Europa** égrène les concessionnaires d'automobiles : Ferrari, Lamborghini, Mercedes...

São Paulo Capital Graffiti

Les rues de São Paulo révèlent l'évidente créativité des Paulistas. La municipalité a confié à quelques « bombes » le soin de décorer le tunnel de l'Av. Paulista, dans le cadre du projet São Paulo Capital Graffiti coordonné par le plasticien Eymard Ribero. La compagnie de métro CPTM a organisé une compétition dans l'espace culturel de la Praça Agente Cicero (station Brás). Parmi les artistes les plus talentueux, Bugre s'est fait connaître par ses « complets veston » à la peau rouge, Paulo Ito par ses femmes lascives. Tikka développe un univers féerique empreint de délicatesse. Os Gemeos (Les Jumeaux) se distinguent par leurs personnages à la peau jaune. Citons également Rui Amaral, Nunca et Boleta. On peut admirer leurs œuvres un peu partout dans la ville, en particulier à **Vila Madalena**, **Rua Bela Cintra** ou dans le **tunnel de la Rua Rebouças**.

Museu da Imagem e do Som PLAN III, A3

Av. Europa 158 - ✆ (11) 2117 4777 - www.mis-sp.org.br - mar.-vend 11h-19h, w.-end et j. fériés 10h-18h - gratuit.
Ce musée est avant tout un espace d'exposition de photos (fonds important). Une salle est dédiée à Adoniran Barbosa, le fameux compositeur de samba paulista, une autre à l'histoire de la radio. La programmation de la cinémathèque est digne d'intérêt. Librairie et cafétéria.

Museu da Casa Brasileira PLAN I, A2

Av. Brigadeiro Faria Lima 2705 - ✆ (11) 3032 3727 - www.mcb.org.br - mar.-dim. 10h-18h (vend. 22h) - 20 R$ (enf. -7 ans gratuit).
Le musée occupe l'imposante demeure néoclassique d'un ancien maire de São Paulo. Elle date des années 1940, mais paraît d'époque coloniale. Dédié au mobilier et au design, le musée organise des expositions sur ces thèmes et possède une bonne collection de mobilier du 17e au 21e s. Au 1er étage, donnant sur le splendide jardin, est exposée la collection privée de l'ancien maître des lieux (bibliothèque, bureau, armure, mobilier, argenterie). Bon restaurant de spécialités brésiliennes, le Capim Santo *(✆ (11) 3032 2277)*.

Itaim Bibi PLAN I, A2-3

Situé entre le Rio Pinheiros et le Parque do Ibirapuera, ce quartier constitue une sorte d'extension résidentielle de Jardins. Les premières rues n'y ont été tracées que dans les années 1920 et il n'a été véritablement urbanisé que dans les années 1940. Vous y trouverez plusieurs bars et restaurants, car la vie nocturne est très active dans ce quartier.

1

★★ Parque do Ibirapuera PLAN V

Le parc a 10 entrées numérotées : au nord-est, sur l'Av. Pedro Alvares Cabral : 1, 2, 3, 4, 9, 10 ; au sud, sur l'Av. Quarto Centenário : 5, 6, 7A ; à l'ouest, sur l'Av. República do Líbano : 7, 8. 5h-0h.
Inauguré en 1954 pour les 400 ans de São Paulo, le parc est l'œuvre de l'architecte **Oscar Niemeyer** et du paysagiste **Burle Marx** *(encadré p. 63)*. À défaut de posséder une plage, comme celle de Copacabana, les Paulistas disposent d'un immense lieu, dédié à la culture, au sport et au culte du corps. Près de 400 000 visiteurs s'y pressent chaque w.-end pour pratiquer vélo, footing, skate, cerf-volant... pique-niquer ou écouter des concerts *(Praça da Paz)*.
Les collections du **Pavilhão Ciccillo Matarazzo** (PLAN V, B1), siège historique du musée d'Art contemporain, ont été transférées au MAC-USP *(p. 146)*. Le bâtiment n'accueille plus que des expositions temporaires *(Portão 3, 3e étage - ✆ (11) 5573 9932 - www.macvirtual.usp.br - mar.-dim. 10h-21h)*, comme parfois la **biennale d'art de São Paulo** *(p. 151)*.

Museu de Arte Moderna (MAM) PLAN V, A1

Parque do Ibirapuera, Av. Pedro Alvarez Cabral, s/n, Portão 3 - ✆ (11) 5085 1300 - www.mam.org.br- mar.-dim. 10h-17h30 - 25 R$ (gratuit le sam.).
Installé au pied du pavillon Ciccillo Matarazzo, ce musée fait office de galerie. Des expositions y sont organisées d'artistes brésiliens et internationaux. Restaurant et boutique. En face, l'**Oca** (1954) sert aussi de lieu d'expositions.

La **Grande Marquise★**, dessinée par Niemeyer, relie le pavillon Ciccillo Matarazzo au Museu Afro-Brasil. Revenant sur son travail au moment de l'édification de l'auditorium (2005), l'architecte avait souhaité l'amputer d'un morceau, mais il ne fut pas suivi.
L'**Auditório Ibirapueraa★** (Portão 2 - ✆ (11) 3629 1075 - www.auditorioibirapuera.com.br) accueille des spectacles de danse, de théâtre et de musique. Sa silhouette rouge et blanc semble sortir de terre.

Museu de Arte Contemporânea da Universidade de São Paulo (MAC-USP) PLAN V, A1

Av. Pedro Alvarez Cabral 1301 - ✆ (11) 2648 0254 - www.mac.usp.br - mar.-dim. 11h-21h - gratuit.
Autrefois intégré à la cité université de São Paulo, ce musée possède une collection de 8 000 peintures, gravures, sculptures, dessins et photos d'artistes brésiliens (Di Cavalcanti, Portinari, Malfati) et internationaux (Modigliani, Picasso).

★★★ Museu Afro-Brasil PLAN V, A1

Parque do Ibirapuera, Av. Pedro Alvarez Cabral, s/n, Pavilhão Manoel da Nóbrega, Portão 10 - ✆ (11) 3320 8900 - www.museuafrobrasil.org.br - mar.-dim. 10h-17h - 15 R$ (gratuit le merc.).
Le musée a été créé à l'initiative de l'artiste plasticien Emanoel Araujo, qui a constitué 20 ans durant une collection de 5 000 pièces ayant trait à l'héritage africain du Brésil. Peintures, sculptures, photos, costumes de *candomblé*, bijoux, artisanat sont présentés dans un superbe espace, très aéré. La place riche et complexe de la culture noire dans la société brésilienne est ici évaluée dans ses différents aspects, notamment artistique et religieux. On découvre aussi, à travers les photos, qu'avoir une esclave élégamment vêtue et couverte de bijoux constituait, pour la bourgeoisie du 19e s., un signe extérieur de richesse ! Une section est dédiée aux artistes noirs contemporains. Le rez-de-chaussée accueille de remarquables expositions.
Le petit **Pavilhão Japonês** *(Portão 3 ou 10 - jeu.-sam. 10h-17h - 15 R$ (gratuit le jeu.)*, planté au bord de l'eau, est une reproduction du palais Katsura de Kyoto. Entouré d'un jardin japonais, il abrite un salon de thé. Il a été conçu par Oscar Niemeyer avec une petite entrée et un mur rétractable qui peut s'ouvrir sur la pelouse attenante afin d'accueillir des concerts en plein air.

La périphérie

Memorial da América Latina PLAN I, A1

Av. Auro Soares de Moura Andrade 664 - M° Barra Funda - ✆ (11) 3823 4600 - www.memorial.org.br - mar.-dim. 10h-17h.
Un vaste ensemble de béton... dans un décor de béton (1989). Le mémorial de l'Amérique latine est signé Niemeyer.
La silhouette sévère du **Pavilhão da Criatividade★** ne laisse guère présager son foisonnement intérieur. Marionnettes, poteries, jouets, art sacré et profane : tout le génie populaire latino-américain semble avoir trouvé refuge ici.
En pénétrant dans le **Salão Atos Tiradentes**, le visiteur est frappé par l'immense toile qui en barre le fond, avant d'être happé par la vertigineuse hauteur sous plafond.
A Mão, main blessée dont le sang s'écoule en dessinant l'Amérique latine, symbolise la lutte identitaire du continent.

La plage d'Ilhabela.
Cristian Lourenço/Getty Images Plus

Museu da Imigração PLAN I, B2 EN DIR.

R. Visconde de Parnaíba 1316 - M° Bresser - ✆ (11) 2692 1866 - www.museodaimigracao.org.br - mar.-sam. 9h-18h (dim. 10h) - 10 R$ (gratuit le sam.)- train : 30 R$. Le musée occupe l'ancien hôtel (1888) où les immigrants étaient hébergés et orientés à leur arrivée. Après un passage quasi obligé dans les plantations de café, ils intégraient généralement les industries naissantes des villes. Près de 2,5 millions d'individus, de 70 nationalités différentes, y ont séjourné jusqu'à la fermeture, en 1978. Registres, photos, instruments de travail, cartes... entretiennent cette mémoire. Notez la cabane du planteur et les pieds de café. Le week-end, un **train à vapeur** de 1912 emporte les visiteurs pour un petit circuit de 20mn.

Morumbi PLAN I, A3 EN DIR.

Ce quartier ultrachic, à l'ouest du Rio Pinheiros, regorge de villas de luxe et de jardins immenses masqués par des murs. À l'opposé du Centro ou des favelas.
La **Fundação Maria Luisa e Oscar Americano**★ *(Av. Morumbi 4077 - ✆ (11) 3742 0077 - www.fundacaooscaramericano.org.br - mar.-dim. 10h-17h30 - 20 R$, gratuit le sam.)* occupe une demeure somptueuse à l'architecture moderniste (signée Oswaldo Bratke), nichée dans un parc non moins splendide. Porcelaine chinoise et hollandaise, tapisserie des Gobelins, paysages brésiliens de **Frans Post** (17ᵉ s.), toiles de Segall, Portinari et Di Cavalcanti ou d'artistes brésiliens contemporains, mobilier colonial ou Modern Art : la collection personnelle du couple Americano fait preuve d'un grand éclectisme.
Salon de thé et boutique dans le jardin.

La côte paulista

CARTE DE RÉGION P. 32-33

Situé à proximité de la mégapole, le rivage atlantique de l'État de São Paulo s'affirme naturellement comme le lieu de villégiature privilégié des Paulistas.

Il supporte néanmoins difficilement la comparaison avec la Costa Verde ou les plages de sable fin du Nordeste. La cité portuaire de **Santos** est célèbre pour son club de football où un certain Pelé fit des étincelles... Les Paulistas lui préfèrent la cité balnéaire de **Guarujá**, à l'ambiance décontractée.

★ Ilhabela B4

De São Sebastião (à 205 km de São Paulo), des ferries font la navette en permanence. En haute saison, évitez le w.-end et les queues à l'embarquement du ferry.

Conseil – À la saison des pluies, emportez une protection contre les moustiques.

Baptisée São Sebastião par Amerigo Vespucci, qui y débarque le 20 janvier 1502, la plus grande île maritime brésilienne (390 km^2) présente deux visages. Le long de la côte qui fait face au continent, hôtels et restaurants s'égrènent à l'infini. C'est là que se trouve **Ilhabela**, principale bourgade dont la population habituelle de 33 000 habitants passe à 100 000 de janv. à mars. L'intérieur de l'île révèle en revanche une forêt tropicale protégée, pratiquement inviolée, parcourue de sentiers de randonnée.

Le plus haut sommet de l'île, le pic **São Sebastião**, culmine à 1 375 m. Les plages (pas moins de 140) les plus belles et les plus sauvages s'étirent sur la façade atlantique, à **Baía dos Castelhanos** en particulier.

Carnet pratique

PLANS DES QUARTIERS P. 131 À 136

S'informer

Centrais de Informação Turística (CIT) – *Aéroport de Guarulhos, terminal 2; Aéroport de Congonhas; Praça da República (face à la R. 7 de Abril); Av. Paulista 1853 (en face du MASP); Terminal Rodoviário Tietê.*

www.cidadedesaopaulo.com : à télécharger, une trentaine d'itinéraires très bien faits (plans, visitées détaillées...) par quartier ou suivant une thématique (architecture, enfants, steet art, football, LGBTQ+ ...).

Le vend., **Guia da Folha**, supplément du quotidien **Folha de São Paulo** (*www.guia.folha.uol.com.br*), suggère des lieux de sortie et commente la vie culturelle. Le dim., **Veja São Paulo** fait de même (*www.vejasp.abril.com.br*); il est souvent distribué dans les hôtels.

Arriver/Partir

En avion

Aéroport international de Guarulhos – PLAN I, B1 EN DIR. – *À 26 km au nord-est du centre - ✆ (11) 2445 2945 - www.gru.com.br.*

Aéroport de Congonhas – PLAN I, A-B3 - *Av. Washington Luís - ✆ (11) 5090 9000 - www4-infraero.gov.br - aenabrasil.com.br* - La plupart des vols intérieurs partent de cet aéroport, à 8 km du centre.

Transferts vers le centre-ville – Comptoir d'informations **Infraero** dans chaque aérogare. Service d'autobus urbains :

Airport Bus Service – *✆ (11) 2445 2430.* Plusieurs lignes relient les aéroports de Guarulhos (Cumbica) et de Congonhas aux différents quartiers de São Paulo. Pour plus de précisions sur les horaires : *www.airportbusservice.com.br.*

De **Tietê** *(de 5h45 à 22h15 - env. ttes les 40mn)* **et Barra Funda à Guarulhos** via **Tietê** *(24h/24 - ttes*

les h. env. - durée : 40mn- 35 R$).
Train– La ligne 13 du réseau de train urbain relie l'aéroport au reste du réseau du métro (départ Terminal 1, service de navettes gratuites depuis les autres terminaux). Pour le centre-ville, changez à la station Eng. Goulart (le terminus) et prenez la ligne 12 - *4,40 R$*
Des **taxis** prépayés desservent les aérogares. À Guarulhos :
Guarucoop - *✆ (11) 2440 7070 - www.guarucoop.com.br* - CC. 700 taxis 24h/24. Comptez env. 90 R$ pour le centre de São Paulo.
Compagnies aériennes – Air France - *Aéroport de Guarulhos - ✆ 0800 724 8352.*
Gol - *✆ 0800 704 0465- www. voegol.com.br.*
Iberia - *✆0800 886 8266.*
Lufthansa - *✆ 0800 595 0728.*
TAP - *✆ 0800 888 2099.*
LATAM -*✆0800 012 200 - www. latam.com.*

En car

São Paulo compte trois terminaux routiers principaux :
✆ (11) 3866 1100 On trouvera sur place banques, taxis et commerces.
Tietê – *Av. Cruzeiro do Sul 1800, Santana, M° Tietê - www.terminalrodoviariotiete. com.br.* Dessert notamment Belém *(durée : 51h/850 R$)*, Belo Horizonte *(10h/102 R$)*, Brasília *(18h30/200 R$)*, Foz do Iguaçu *(16h40/220 R$)*, Rio *(6h/100/300 R$)* et Salvador *(34h/320/400 R$)*, ainsi que le l'Uruguay et l'Argentine.
Jabaquara – *R. dos Jequitibás - M° Jabaquara - www. rodoviariadojabaquara.com.br.* Dessert notamment le littoral de l'État de São Paulo.
Barra Funda – *R. Mário de Andrade 664 - M° Barra Funda - www.rodoviariadabarrafunda.com. br.* Dessert notamment Foz de Iguaçu et le Mato Grosso.

Se déplacer

À pied – De manière inattendue, on circule aisément à pied dans São Paulo, à condition de respecter les règles élémentaires de sécurité des grandes villes : transportez le moins de valeurs possible ; évitez les rues secondaires ou non éclairées,et certains quartiers (surtout de nuit) comme le triangle formé par la Praça da República à l'ouest, la Praça da Sé à l'est et Santa Ifigenia au nord (PLAN II).
En taxi – On en trouve sans difficulté dans toute la ville : Saõ Paulo compte près de 34 000 taxis. Pour rentrer le soir d'un diner ou d'un spectacle, préférez les radios taxis ou l'application Uber. **Tarification 1** : lun.-sam. 6h-20h ; **tarification 2** : le reste du temps. **Coopertax** - *✆ (11) 2095 6000 - www.coopertax.com.br.* **Rádio Táxi Vermelho e Branco** - *✆ (11) 3146 4003 - www. radiotaxivermelhoebranco.com.br.* La prise en charge est de 4,10 R$ et le kilomètre parcouru de 2,50 R$ (T1) et 3,25 R$ (T2).
En métro – Il fonctionne en semaine de 4h40 à 0h (1h pour la nuit du sam. au dim.). Le prix d'un billet normal *(Unitário)* est de 4,40 R$ avec possibilité de correspondance. Pour l'heure, le métro, emprunté chaque jour par plus de 4 millions de passagers, compte 5 lignes.
La **ligne 1** (Azul), nord-sud, dessert la gare routière de Tietê, les lieux touristiques de Luz, São Bento, Sé et Liberdade, puis croise la ligne 2 à Paraíso avant de s'achever au terminal de Jabaquara.
La **ligne 2** (Verde) remonte vers le nord-ouest en suivant l'Av. Paulista (Brigadeiro, Trianon MASP, Consolação) et s'achève à Vila Madalena.
La **ligne 3** (Vermelha) relie Barra Funda à la zone est de la ville, en passant par Sé, Pedro II et Bresser.

La **ligne 4** (Amarela), la première ligne de métro intégralement automatisée d'Amérique latine dessert República et Luz, 2 stations phares, ainsi que Paulista, Faria Lima jusqu'à V. Sonia.
La **ligne 5** (Lilas), suit un axe E.-O. Deux autres lignes, 15 (Prata) et 17 (Ouro), sont en cours de construction.
Le réseau du métro est connecté aux lignes de trains urbains qui complètent le dispositif de transport sur rail à l'intérieur de l'agglomération.
En bus – Réseau efficace (1314 lignes, 15000 véhicules en voie propre) et bus confortables. Le billet normal coûte 4,40 R$, le bilhete *Integrado (*9,24 R$) permet d'utiliser tous les moyens de trasnport (bus, métro, train) durant 3h.
Pour tous les modes de transport, www.sptrans.com donne les itinéraires en transport public entre deux points de la ville.
En voiture – Évitez la voiture. Les embouteillages sont endémiques et, sur les larges avenues, il est difficile de savoir quand tourner. La municipalité a mis en place un système de circulation alternée du lun. au vend. de 7h à 10h et de 17h à 20h en fonction du dernier numéro de la plaque d'immatriculation : lun. 1-2, mar. 3-4, merc. 5-6, jeu. 7-8 ; vend. 9-0 ; pas de restriction les sam. et dim. Tard dans la nuit, dans certains sites, surtout les moins fréquentés et les plus mal éclairés, pour des raisons de sécurité, les voitures ne sont plus tenues de s'arrêter aux feux rouges.
Location de voitures –
Localiza - *dans les aéroports - ✆ 0800 979 2020 - www/localiza. com.* **Movida** - *dans les aéroports ✆ 0800 606 86 86 - www.movida. com.br.* **Unidas Rent A Car** - *dans les aéroports - ✆ 0800 612 1121 - unidas.com.br.*

Adresses utiles

Banque/Change

Banco do Brasil – *✆ (11) 4003 3001 - Av. Paulista 2163 - M° Consolação -; R. São Bento 465 -; R. Dos Pinheiros 1492, Pinheiros* - Change.

Poste

AC Central – *praça Correios II B2, Centro - lun.-vend. 9h-17h, sam. 8h-12h.*

Urgences/Santé

Albert Einstein Hospital – *Av. Albert Einstein 627-701, Morumbi - ✆ (11) 21511233 - www.einstein.br.*
Hospital Sírio Libanês – *R. Adma Jafet 91, Bela Vista - ✆ (11) 3394 0200 - www. hospitalsiriolibanes.org.br.*
Le site Internet du consulat de France dispose d'une liste de médecins francophones donnée à titre indicatif.

Représentations diplomatiques

Consulat de France – *Av. Paulista 1842, Torre Norte, 14e andar (étage), Cerqueira César - ✆ (11) 3371 5400 - www. saopaulo. consulfrance.org - lun.-vend. 8h30-12h30 sur RV.* Accueil téléphonique jusqu'à 18h.
Consulat de Belgique – *Av. Paulista 2073, Ed. Horsa I, 13e étage - ✆ (11) 3145 7500 - lun.-vend. 8h30-13h30 - www.brazil.diplomatie.belgium. be.* Numéro d'urgence : *✆ (11) 9 3316 3203.*
Consulat de Suisse – *Av. Paulista 1754, Cerqueira César - ✆ (11) 3372 8200 - www.eda.admin. ch - lun.-vend. 9h-11h30.*
Consulat du Canada – *Av. das Nacoes Unidas 12901, 16e andar (étage), Torre*

Norte - ✆ (011) 5509 4321 - lun.-jeu. 8h-12h, 13h-17h, vend. 8h-13h30.

Police touristique

DEATUR - *R. da Cantareira 390 - ✆ (11) 3257 4475 ; ; aéroport de Congonhas - ✆ (11) 5090 9032 ; aéroport de Guarulhos - ✆ (11) 2445 3308.*

Agenda

Bienal Internacional de Artes - *www.bienal.org.br.* Lancé en 1951, cet événement international a lieu les années impaires, dans le Pavilhão da Bienal de Artes, au Parque do Ibirapuera.

Festa de N. S. Achiropita - *En août-sept. (* *p. 142**).*

Nos adresses

Restauration

São Paulo est un haut lieu de la gastronomie brésilienne, et le meilleur des cuisines italienne, japonaise et française y est représenté. Les tarifs sont assez élevés ; heureusement, sandwicheries et *lanchonetes* pullulent !

Centro

Premier prix

Mercado Municipal de São Paulo - PLAN II, C2 - *R. da Cantareira 306 - ✆ (11) 3313-3365 - www.mercadomunicipalsp.com - lun.-sam. 6h-18h, dim. 6h-16h.* Les restaurants du 1er étage du marché municipal ont une vue plongeante sur les allées. Longue attente le dim.

2 **Estadão** - PLAN II, B3 - *Viaduto Nove de Julho 193, República - ✆ (11) 3257-7121 - www.estadaolanches.com.br - 17/44 R$.* Cette sandwicherie très connue ouvre 24h/24. L'endroit est propre et on mange sur le comptoir. Viandes savoureuses.

1 **Casa Rara** - PLAN II, B3 - *Praça Ouvidor Pacheco e Silva 104 - ✆ (11) 3241-4161 - fermé le midi et sam.-dim. - 36/43 R$/kg.* Restaurant *ao kilo*, fréquenté par les employés du quartier. Viande, sushis et plats.

Bela Vista, Consolação, Higienópolis

Budget moyen

11 **La Tartine** - PLAN III, B1 - *R. Fernando de Albuquerque 267 - Consolação - ✆ (11) 3259-2090 - ouv. tlj service continu - 36/65 R$.* Pour une fois, un restaurant français à prix abordables. Le concept bistrot, avec parquet et tables en Formica, vieilles publicités et photos d'acteurs aux murs, a parfaitement supporté le voyage. Carte bien de chez nous : soupe de légumes, pâté de campagne, escargots, coq au vin, steak aux champignons, quiches, croque-monsieur et tarte aux pommes... Vins (français et sud-américains) au verre.

4 **Veridiana** - PLAN II, A2 - *R. Dona Veridiana 661 - Higienópolis - ✆ (11) 3801-9000 - www.veridiana.com.br - fermé le midi - pizza 14/116 R$.* Cette pizzéria, installée dans une grande demeure classique dépourvue d'enseigne, se repère aisément. L'intérieur surprend par ses dimensions, son élégance et son mur végétal. Pizzas à pâte fine ou épaisse, au choix, et possibilité de mêler les parfums. Vin au verre.

21 **Tordesilhas** - PLAN III, A2 - *Al. Tietê, 489 - ✆ (11) 3107-7444 - www.tordesilhas.com - fermé lun. - 79/105 R$ le plat.* Le point de rencontre de toutes les cuisines brésiliennes. La maison est fière de sa *moqueca* et de ses côtes

1

de porc servies avec du riz et des choux. Canard sauce amère *(pato no tucupi)*, une recette typique de Belém. *Feijoada* le sam. midi. *Combo Brasil* le soir. Ambiance intimiste.

13 **Mestiço** – PLAN III, B1 - *R. Fernando de Albuquerque 277 - Consolação - ✆ (11) 3256-3165 - www.mestico.com.br - ouv. tlj service continu - plats 74/115 R$.* Une grande pièce voûtée, carrelée de mosaïque, avec un coin-bar ouvert sur la rue pour attendre qu'une table se libère. Des photos et des toiles sont régulièrement accrochées aux murs. Fond musical jazzy et groovy, clientèle intello, familiale et homo. Carte aux couleurs brésiliennes, avec incursions en Thaïlande et en Inde.

Pour se faire plaisir

5 **Templo da Carne** – PLAN III, C2 - *R. Treze de Maio 668 - ✆ (11) 3288-7045 - www.templodacarne.com.br - fermé lun. - plats 128/198 R$.* D'énormes pièces en vitrine, dans la chambre froide, donnent le ton dès l'entrée : vous êtes chez Marcos Bassi, l'autoproclamé « artiste de la viande », qui exhibe son savoir-faire en boucle sur écran vidéo, dans une grande salle climatisée (prévoir un gilet) aux murs de briques. Service un peu empressé (attention, la salade en entrée est en sus), mais la viande est un vrai régal. Bonne carte des vins (sf français). Partagez un plat à plusieurs.

Vila Madalena

Premier prix

3 **Empanadas** – PLAN IV, A1 - *R. Wisard 489 - Vila Madalena - ✆ (11) 3032-2116 - www.empanadasbar.com.br -ouv. tlj service continu - 36/83 R$.* Une institution en matière d'empanadas, l'équivalent argentin des *pasteis* (petits pâtés fourrés au four). Différentes saveurs (fromage, viande sèche, cœur de palmier et catupiry). Toujours très animé, l'établissement est décoré d'affiches de cinéma. Clientèle de journalistes et d'acteurs.

Liberdade

Premier prix

19 **Sushi-Yassu** – PLAN III, D1 - *R. Tomas Gonzaga 98 - ✆ (11) 3209-6622 - ouv. tlj service continu - plats 60/118 R$.* Un des musts de São Paulo au cœur du quartier japonais et ce depuis 1972. Le cadre typiquement japonais est simple : on mange sur des tables en bois ou au comptoir, face aux cuisiniers affairés à préparer les mets. La carte (en anglais), traditionnelle, comprend 370 plats ! Les amateurs de sushis et de sashimis opteront pour les formules (à partir de 91 R$). Comptez 100 R$ pour des sushis moriwase (assortiment de sushis). Clientèle locale et internationale..

Pinheiros

Budget moyen

1 **Consulado Mineiro** – PLAN IV, B1 - *Praça Benedito Calixto 74 - ✆ (11) 3088-6055 - www.consuladomineiro.com.br - fermé lun. - 144/160 R$ le plat/2 pers.* Une adresse fameuse dans toute la ville où l'on fait la queue le dim., quand le marché aux puces se tient sur la place. Cuisine du Minas Gerais : *Leitão à Pururuca* (cochon de lait avec haricots noirs mixés, riz et farine de manioc), *frango a Mineira* (poulet aux gombos, chou et crème agu). Les plats (très copieux) peuvent nourrir 2 pers. Autre adresse : *Cidade Jardim, R. Professor Arthur Ramos 187 - ✆ (11) 3034-3249.*

Jardim Paulista

Premier prix

7 **Frevo** – PLAN III, A2 - *R. Oscar Freire 588 - ✆ (11) 3082-3434 - www.frevinho.com.br - ouv. tlj service continu - sandwichs 19/34 R$.* Très prisés des jeunes du quartier, ces sandwichs répondaient dès 1956 aux

appétits des danseurs de frevo, danse acrobatique et genre musical carnavalesque. Au choix : pain français, beiruth (pita), hamburger... Également glaces et jus de fruits à siroter sur des chaises en Skaï rouge devant un long bar.

3 **Bar Bela Santos** – PLAN III, B1 - *R. Alameda Santos 2444 - Angle Bela Cintra - ouv. tlj sf dim. soir - 35/50 R$.* En semaine, ce bar-restaurant sert des classiques : moqueca, *feijoada*, morue *(bacalhau)*, penne à la mozzarella de buffle et tomate sèche ou *picadinho*. Idéal pour accompagner un chopp. Animé les soirs de match (grand écran).

Pour se faire plaisir

17 **Rodeio** – PLAN III, A2 - *R. Haddock Lobo 1498 - ✆ (11) 3474-1333 - www.rodeiosp.com.br - ouv. tlj service continu - plats 95/228 R$.* Fondée en 1958, cette churrascaria est un classique paulista. Le décor mélange bois et carrelage. Ambiance cosy malgré la grande capacité d'accueil. *Carne seca* et *picanha* (aloyau) sont les spécialités maison.

1 **A Figueira Rubaiyat** – PLAN III, A2 - *R. Haddock Lobo 1738 - ✆ (11) 3087-1399 - www.gruporubaiyat.com - ouv. tlj service continu - plats 138/439 R$.* Ce restaurant est célèbre pour son immense figuier *(figueira)* quasi centenaire dont les rameaux couvrent la terrasse. Une vaste salle moderne, en briques et boiseries, s'étire derrière le bar. À la carte : grillades, poissons et fruits de mer. Bar à huîtres. Les viandes, délicieuses, proviennent du cheptel maison. Plus de 25 desserts différents. Réservation conseillée. Deux autres restaurants : à Vila Mariana et à Pinheiros.

Petite pause

Cafeteria Buono – PLAN II, A2 - *Praça da República 167 - lun.-vend. 7h-18h.* Expresso sur le pouce, chocolat, salades.

Santo Grão – PLAN III, B2 - *R. Oscar Freire 413 - ✆ (11) 3062-9294 - www.santograo.com.br - CC - dim.-merc. 8h-0h, jeu.-sam. 8h-0h30.* Une vaste sélection de cafés ou, aux heures plus tardives, un grand choix de cocktails. La terrasse (couverte) et la salle au décor chic-bohème sont prises d'assaut par les jeunes bourgeois du quartier. On y sert aussi sandwichs, quiches lorraines, bruschette, petiscos et salades de mangue. Le concept a fait école dans cinq autres quartiers de São Paulo (Cidade Jardim, Jeronimo, Moema, Villa Madalena, Itaim Bibi).

Cristallo – PLAN III, A2 - *R. Oscar Freire 914 - ✆ (11) 3898 1414 - www.cristallo.com.br - CC - 10h-20h.* Pâtisseries, chocolats et petits-fours... L'enseigne (1953) ne se moque pas du client pour ce qui est du choix (sur place ou à emporter). Elle compte plusieurs établissements.

Boire un verre

Bars musicaux

Bar Brahma – PLAN II, B2 - *Av. São João 677 - lun.-merc. 11h-1h, jeu.-sam. 11h-2h, dim. 11h-0h.* Ouvert en 1948, ce classique paulista arbore un décor patiné avec bar en bois, photos aux murs et lustre d'époque. Les chopp y sont réputés et il y a foule à l'heure de l'apéritif sur la belle terrasse en bois. Groupes de jazz et de samba. On peut aussi y manger.

Cachaçaria do Rancho – PLAN II, B3 - *Praça Dom José Gaspar 86 - angle Av. São Luis, Centro - ✆ (11) 3259-7959 - 11h-0h.* Un des lieux à la mode avec une formule simple : des dizaines de tables en plastique disposées sur la place, un groupe de samba et une foule joyeuse. Ambiance débridée, surtout à partir du jeu. Le sam., samba toute la journée (avec feijoada). On y vient pour boire ou pour manger.

1

Compter 60 R$ en moyenne.

Pirajá – PLAN IV, A1 - *Av. Brig. Faria Lima 64 - ✆ (11) 3815-6881 - www.piraja.com.br - lun.-mar. 12h-23h, merc. 12h-0h, vend.-sam. 12h-2h, jeu. 12h-1h, dim. 12h-19h.* Photos aux murs, ventilateurs suspendus et bar patiné: ce botequim, l'un des plus vivants du quartier, adapte avec succès la douceur de vivre carioca à la mode paulista. On fait la queue le soir pour dégoter une table où déguster des petiscos divers ou un caldinho de feijão (crème de haricots noirs) accompagné d'un chopp crémeux.

Shopping

Brocantes

Les *feirinha*, petites brocantes du w.-end, sont en vogue à São Paulo.

Feira de Artes Cultura et Lazer da Pinheiros – PLAN IV, B1 - *Praça Benedito Calixto - sam. 9h-17h.* Env. 300 exposants et stands de nourriture. Mobilier, vinyles, horloges, bijoux, vaisselle... Il y a toujours quelque chose à dénicher. Chorinho de 14h30 à 18h30.

Feira de Artes e Antiguidades do Bexiga – PLAN III, C2 - *Praça Dom Orione - Bela Vista - dim. 9h-16h.* Plus petite et moins animée que la précédente, elle offre néanmoins matière à chiner.

Feira da República – PLAN II, AB2 - *Praça da República - sam. 9h-17h.* Une multitude de stands : artisanat, peintures, vêtements, nourriture. Timbres et pièces. Tonalité nordestine. Capoeira. Attention aux pickpockets!

Feira de Antiguidades do MASP – PLAN III, BC2 - *Av. Paulista 1578 - dim. 9h-17h.* Les stands s'installent sous le MASP et devant le square. Montres, appareils photo, cartes postales anciennes, art religieux...

Feira de Libertade – PLAN II, B4 - *Praça da Liberdade - sam.-dim. 10h-18h.* Profitez de l'animation du quartier japonais plutôt que de chinez. Nombreux stands kitsch et bon marché. Nourriture également.

Spécialités culinaires

Mercado Municipal – *(**p. 137 et 151**).*

Librairies

Livraria Francesa – PLAN II, B2 - *R. Barão de Itapetininga 275 - Centro - ✆ (11) 2667-0342 - www.livrariafrancesa.com.br.* Un remarquable fonds, en français, sur le Brésil. Personnel très compétent.

Livraria Cultura – PLAN III, B1 - *Av. Paulista 2073 - Conjunto Nacional - ✆ (11) 3170-4033 - www3.livrariacultura.com.br -* CC. Une institution de l'édition brésilienne. Ouvrages en anglais et français.

Art contemporain

Urban Arts – PLAN III, B2 - *R. Oscar Freire 156 - ✆ (11) 3081-6142 - www.urbanarts.com.br - lun.-vend. 10h-20h, sam. 10h-19h, dim. 12h-18h.* Galerie spécialisée dans l'art urbain. Des créations contemporaines à des prix raisonnables.

En soirée

São Paulo est célèbre pour sa vie nocturne, mais les adresses évoluent vite. Renseignez-vous auprès d'un Paulista pour connaître les dernières tendances. Vila Madalena est idéal pour un début de soirée.

Canto da Ema – PLAN IV, A2 - *Av. Brigaderio Faria Lima 364 - ✆ (11) 3813-4708 - www.cantodaema.com.br - merc.-jeu. 20h30-2h, vend.-sam. 22h-4h30, dim. 19h-0h - 35/17 R$ (h/f).* Le meilleur endroit de la ville pour danser le forró en dégustant une xiboquinha (cachaça avec gingembre, citron et miel). Clientèle de tous les âges.

Activités

Centres culturels

Si São Paulo est une métropole culturelle vivante, elle le doit à ses nombreuses fondations culturelles, très en pointe dans le domaine de l'art contemporain. Les expositions sont généralement gratuites, les spectacles, payants.

SESC – *R. Clélia 93 - ✆ (11) 3871-7700 - www.sescsp.org.br - 10h-22h (dim. 19h), fermé lun.* . L'une des plus importantes fondations culturelles du Brésil dont les activités se répartissent sur 18 implantations à São Paulo (théâtre, danse, cinéma, musique, expositions, arts plastiques, photo, vidéo...). Cours de danse de salon et de yoga. Suivez de près sa programmation.

Itaú Cultural – *Av. Paulista 149 - M Brigadeiro - ✆ (11) 2168-1777 - http://novo.itaucultural.org.br - mar.-sam. 11h-20h, dim. 11h-19h.* La fondation de cette banque organise expositions, concerts, spectacles et projections.

Centro Cultural Banco do Brasil – *R. Álvares Penteado 112 - M São Bento - ✆ (11) 3113-3651 - www.ccbb.com.br - tlj sf mar. 9h-20h.* Au programme: cinéma, théâtre, expositions, musique...

Casa das Rosas – *Av. Paulista 37 - ✆ (11) 3285-6986 - mer.-sam. 12h-16h, dim.-mar. 7h-22h.* Dans une maison bourgeoise de 1935 qui trône fièrement entre les gratte-ciel, la « Maison des roses » est un espace culturel dédié à la littérature et à la poésie (librairie). Agréable jardin.

Centro Cultural São Paulo – *R. Vergueiro 1000 - M Vergueiro - ✆ (11) 3397-4002 - tlj 10h-22h.* Cinéma, danse, théâtre, expositions, musique classique et populaire...

Centro Cultural Fiesp – *Av. Paulista 1313 - M Trianon-Masp - ✆ (11) 3146-7406 - www.centrocultural.fiesp.com.br - merc.-dim. 10h-20h.* Galerie d'art et théâtre.

Instituto Moreira Salles – *Av. Paulista 2424 - ✆ (11) 2842-9120 - www.ims.com.br - mar.-dim. 10h-20h* . L'institut possède un très important fonds d'archives photographiques. Expositions à ne pas manquer.

Hébergement

Ville d'affaires, São Paulo pratique des tarifs hôteliers moins élevés le w.-end et pendant la haute saison, de déc. à mars. Les prix indiqués ci-dessous sont ceux du reste de l'année.

Centro-Luz

Les hôtels y sont bon marché, proches des musées. Le soir, en revanche, le quartier n'est pas sûr : il est vivement conseillé de circuler en taxi.

Budget moyen

6 **Hotel Monteneve** – PLAN II, B1 - *R. Gal. Couto de Magalhães 428 - ✆ (11) 3221-8633 - www.hotelmontneve.com.br - P - 81 ch. 120/150 R$.* Un hôtel moderne et sans âme. Les chambres sont petites et d'un confort basique, mais bien tenues, avec ventilateur au plafond ou climatisation. On n'y parle que portugais. Parking payant.

8 **Hotel Piratininga** – PLAN II, B1 - *R. General Osório 103 - ✆ (11) 3334-4322 - www.hotelpiratininga.com.br - P - 80 ch. 174/283 R$.* Établissement confortable aux chambres quelconques. Celles sur rue sont un peu bruyantes, mais permettent d'observer l'animation. Les Luxo, plus chères, sont climatisées.

Centro-São Bento

Budget moyen

7 **Normandie Design Hotel** – PLAN II, B2 - *Av. Ipiranga 1187 - ✆ (11) 3329-8020 - normandie-*

1

design.hotels-brazil.net/ - 162 ch. 195/339 R$ ☕ - ✕. Hall étincelant de blancheur, chambres au décor noir, tête de lit capitonnée dorée...L'audace du designer mérite un coup de chapeau. De plus, le confort est au rendez-vous (climatisation, minibar, coffre, chaînes câblées). Vue sur rue ou sur cour. Service professionnel. Parking payant avec voiturier.

11 **Hotel São Paulo Inn** – PLAN II, B2 - *Largo Santa Efigênia 44 - Santa Efigênia - ✆ (11) 3614-9970 -* P *- 110 ch. 160 R$* ☕. « Nous avons confiance en Dieu », proclame la carte de visite de l'hôtel ! Les chambres ont été rénovées : climatisation et sol en parquet ou céramique – même si la moquette élimée subsiste dans certaines... L'ensemble est correct (chaînes câblées, coffre).

Centro-República

Budget moyen

5 **Hotel Itamarati** – PLAN II, A2 - *Av. Dr. Vieira de Carvalho 150 - ✆ (11) 3361-5595 - www.hotelitamarati.com.br -* P *- 75 ch. 220/292 R$* ☕. Une adresse pas très glamour, mais le personnel est à la fois professionnel et accueillant. Tout en recoins, l'hôtel dispose de chambres spacieuses et climatisées, donnant sur la rue (préférez les étages élevés) ou sur un patio lumineux. On ne parle que le portugais et la clientèle est surtout brésilienne. Bien situé, près de la Praça da República. Comptez 19 R$ pour le parking (24h/24) ; 10 % de réduction le vend. et le w.-end.

12 **Timbiras Palace Hotel** – PLAN II, B2 - *R. dos Timbiras 621 - ✆ (11) 3333-6886 - www.timbirashotel.com.br -* P *- 66 ch. à partir de 210 R$* ☕. Un hôtel tranquille et désuet, avec des murs épais et un beau comptoir de réception en bois. Bien tenu, il est une très bonne option en haute saison, mais ne suit pas la baisse des tarifs en basse saison.

10 **República Park Hotel** – PLAN II, A2 - *Av. Vieira de Carvalho 32 - ✆ (11) 3226-5000 - 41 ch. à partir de 185 R$* ☕. La décoration des chambres, exiguës mais confortables, flirte avec le kitsch. Bien équipées, certaines ont un balcon doté d'une vue sur la Praça da República. Service voiturier.

Pour se faire plaisir

9 **Hotel Plaza Marabá** – PLAN II, B2 - *Av. Ipiranga 757 - ✆ (11) 2137-9500 - hotelmaraba.com.br -* P *- 172 ch. à partir de 400 R$* ☕ - ✕. Cet hôtel affiche un design à la fois épuré et audacieux, mêlant cuir et bois dans les tons beige et brun. Lampes et mobilier de créateurs. Les chambres sur l'avenue ont toutes un balcon et sont protégées du bruit par des volets en bois, mais les Executivo, plus petites, ont un bien meilleur rapport qualité-prix. Parking payant et service voiturier.

Consolação

Budget moyen

1 **Bella Augusta** – PLAN III, B1 - *R. Augusta 1255 - Cerqueira César - ✆ (11) 3141-0066 - www.hotelbellaaugusta.com.br -* P *- 41 ch. 226 R$* ☕ - ✕. Confort modeste et des chambres exiguës, mais qui valent leur prix. Toutes disposent d'une baignoire, de la climatisation et d'un mini-bar.

Higienópolis

Pour se faire plaisir

9 **Pousada Ziláh** – PLAN III, B2 - *R. Minas Gerais 112 - Higienópolis - ✆ (11) 3062-1444 - www.zilah.com - 6 ch. 465/560 R$* ☕. Dans un décor rustique et familier, cette petite pousada comporte 6 chambres et aspire à préserver l'environnement par des petits gestes au quotidien : ventilateur à la place de la climatisation, réutilisation des eaux de pluie...

Jardim Paulista

Premier prix

8 **Pousada dos Franceses** – PLAN III, C1 - *R. dos Franceces 100 - ✆ (11) 3288-1592 - www. pousadadosfranceses.com.br* - P - *14 ch. 195 R$ et 3 dortoirs 55 R$ (52 lits au total).* Cette auberge de jeunesse, à env. 10mn à pied de l'Av. Paulista et du métro Brigadeiro, dans un quartier très sûr, est une aubaine. Salon, terrasse, barbecue, cuisine, petite restauration, tout est fait pour retenir le visiteur dans la plus grande convivialité. Chambres simples, propres et bien entretenues. Adresse incontournable pour les petits budgets. Pensez à réserver. Wifi gratuit dans les parties communes seulement.

Budget moyen

7 **Paulista Garden Hotel** – PLAN III, B3 - *R. Alameda Lorena 21 - ✆ (11) 3885-1362 - www. hotelpaulistagarden.com.br - 30 ch. 405/530 R$* ☕. Un établissement sans histoires, aux tarifs très corrects compte tenu du quartier. Des chambres plutôt exiguës, mais bien tenues. Certaines disposent de la climatisation.

Une folie

1 **Hotel Unique** – PLAN V, A1 - *Av. Brigadeiro Luis Antonio 4700 - ✆ (11) 3055-4700 - www. hotelunique.com.br* - P 🏊 - *94 ch. 1500/3600* ☕ - ✕. L'architecture très originale du bâtiment (un demi-cercle posé verticalement) et son immense hall avec pour réception un simple bureau néo-Louis XVI surprennent. Les chambres présentent un décor soigné et un équipement dernier cri. Très fréquenté (et ouvert aux non-résidents), son restaurant-bar avec piscine (rouge!) offre une vue splendide sur São Paulo. Les soirées avec DJ s'y finissent tard.

Belo Horizonte

Considérée par certains comme la ville proposant la meilleure qualité de vie de toute l'Amérique latine, Belo Horizonte ne ressemble pas aux chaos urbains que sont parfois Rio ou São Paulo. Inaugurée en 1897, aux premières heures de la République, la capitale du Minas Gerais, proprette et presque policée, sent encore le neuf dans sa partie centrale. Ses quelques joyaux d'architecture moderniste, signés Niemeyer, constituent d'ailleurs une excellente mise en bouche avant la découverte des cités baroques de l'État. La plupart des voyageurs ne font que passer, mais ceux qui s'y attardent sont agréablement surpris par l'offre culturelle et la gastronomie. Dans un autre registre, BH (prononcez « béaga ») est aussi fameuse pour sa vie nocturne... et son club de football.

Se repérer

2,5 millions d'hab. (6,1 millions dans la métropole) - Capitale de l'État du Minas Gerais

CARTE C2 P. 32-33. PLAN DE LA VILLE CI-CONTRE.

À ne pas manquer

Découvrir l'architecture moderniste de Pampulha ; passer une soirée à Savassi ; chiner dans la plus grande brocante d'Amérique latine ; se balader dans l'extraordinaire jardin-musée d'Inhotim.

Organiser son temps

Profitez des tarifs moins élevés le w.-end dans certains hôtels. Attention à la fermeture des musées le lundi. La meilleure période pour visiter la ville est l'hiver (juil.-août) : c'est la saison culturelle et le ciel est bleu en permanence.

Carnet pratique p. 162

Nos adresses p. 163

Se promener

PLAN DE LA VILLE P. 159

Le centre

Les rues en pente de Belo Horizonte lui donnent parfois de faux airs de San Francisco. Populaire au nord, près de la gare, l'atmosphère se fait de plus en plus chic et bourgeoise à mesure que l'on descend vers le sud.

Se repérer

Dans la zone centrale, le plan de rues à sens unique se déchiffre aisément. Il est doublé d'un réseau d'avenues parallèles (à double sens) qui coupent les rues en diagonale. Du **terminal routier**, au nord, on rejoint la **Praça Sé** et le **Parc Municipal** par l'**Av. Alfonso Penna**, principale artère de la ville. Le pôle administratif est plus au sud, sur la **Praça da Liberdade**. **Lourdes** (SO) et **Savassi** (SE) sont près du périphérique qui ceinture le centre.

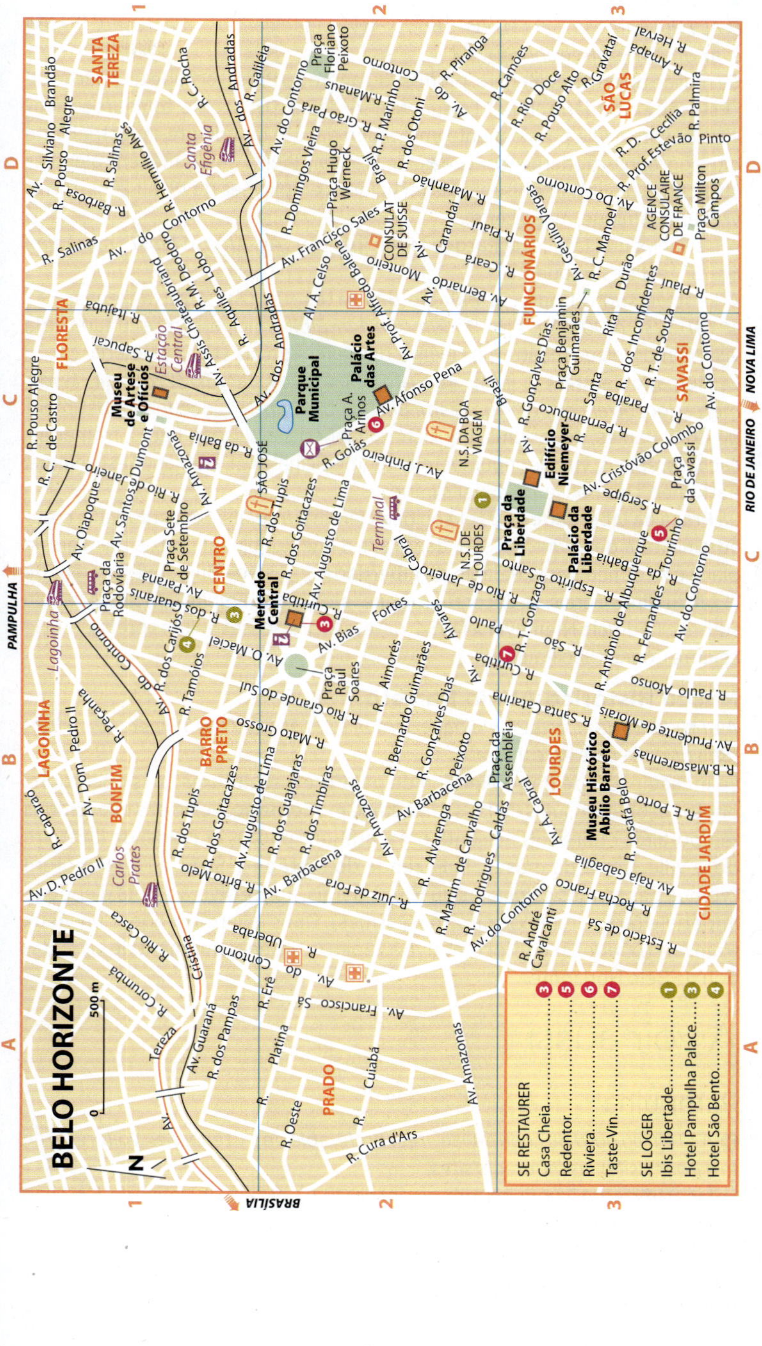
BELO HORIZONTE
0
500 m
N
SE RESTAURER
Casa Cheia........ 3
Redentor........ 5
Riviera........ 6
Taste-Vin........ 7
SE LOGER
Ibis Libertade........ 1
Hotel Pampulha Palace........ 3
Hotel São Bento........ 4
PAMPULHA
BRASÍLIA
RIO DE JANEIRO
NOVA LIMA
CENTRO
FLORESTA
FUNCIONÁRIOS
SAVASSI
LOURDES
LAGOINHA
BONFIM
BARRO PRETO
PRADO
SANTA TEREZA
SÃO LUCAS
CIDADE JARDIM
Parque Municipal
Palácio das Artes
Mercado Central
Museu de Artes e Ofícios
Praça da Liberdade
Palácio da Liberdade
Edifício Niemeyer
Museu Histórico Abílio Barreto

★ Museu de Artes e Ofícios C1

Praça Rui Barbosa - ☏ (31) 3248 8600 - www.mao.com.br - mar.-vend. 11h-16h sam. 9h-17h - entrée libre.

Ce musée des Arts et Métiers, premier du genre au Brésil, occupe une partie de l'**Estação Ferroviária** (1924), l'élégante gare de Belo Horizonte, toujours en activité. Il invite à une passionnante immersion dans le monde pré-industriel. Une muséographie moderne (conçue par le Français Pierre Catel) met en valeur les collections d'outils et présente les techniques employées du 18e au 20e s. (orfèvrerie, céramique, menuiserie).

Aussi vieux que la ville, le **Parque Municipal** (C2) *(Av. Afonso Pena - mar.-dim. 6h-18h)* est très fréquenté.

À l'entrée sud du parc, le **Palácio das Artes** (C2) *(Av. Afonso Pena 1537 - ☏ (31) 3236 7400 - lun.-sam. 9h-21h, dim. 14h-21h)*, principal centre culturel de la ville, comprend un théâtre, un cinéma, des galeries d'art et une cafétéria.

Le **Mercado Central★** (B2) *(Av. Augusto de Lima 744 - ☏ (31) 3274 9434 - www.mercadocentral.com.br - lun.-sam. 8h-18h, dim. 8h-13h)* occupe un bâtiment de 1929. Poules, aquariums, perruches, vannerie, artisanat, fleurs, fromages, *cachaça*, épices, viande, légumes, plantes médicinales... L'ambiance est animée, parfumée. Une pause-déjeuner s'impose.

La **Praça da Liberdade★** (C3) et son beau jardin à fontaines constituent le cœur administratif de la ville. Au sud, dans l'axe d'une double rangée de palmiers, la place est fermée par le **Palácio da Liberdade** (C3), siège du gouvernement de l'État du Minas Gerais. Sa décoration rappelle le Second Empire français. À l'angle sud-est, l'**Edifício Niemeyer★** (1954 ; C3) et ses gracieuses volutes préfigurent le célèbre Copan (São Paulo).

Museu Histórico Abílio Barreto B3

Av. Prudente de Morais 202, Cidade Jardim - ☏ (31) 3277 8573 - merc.-dim. 10h-18h - gratuit - café et restaurant.

Le musée possède une collection de peintures, sculptures, arts décoratifs, photos et objets usuels du 19e s. Un **édifice moderne** accueille des expositions temporaires et une intéressante présentation (photos et plans) de l'histoire de la ville. Cœur du musée, la **Fazenda do Leitão★** (1883), à l'architecture typique des fermes coloniales du Minas Gerais, abrite divers objets d'époque impériale (art religieux, uniformes, armes). Dans le jardin trônent un vieux tramway *(bonde)* et une locomotive à vapeur utilisée au moment de la fondation de Belo Horizonte.

À voir aussi

Pampulha CARTE C2 P. 32-33

▶ *À 12 km au nord du centre-ville. Il est préférable de s'y rendre en voiture ou en taxi pour visiter les différents sites.*

Le **lac artificiel** de Pampulha a été aménagé (1940-1942) à l'initiative de Juscelino Kubitschek (*☞ encadré ci-dessus*) par les meilleurs professionnels de l'époque au Brésil : l'architecte Oscar Niemeyer, le paysagiste Burle Marx, le peintre Cândido Portinari et les sculpteurs Ceschiatti, Zamoiski et Pedrosa. Il est impropre à l'activité nautique. On en fait le tour *(18 km)* par l'Av. Otacílio de Lima. L'ensemble comprend un jardin botanique et un parc écologique. En 2016, Pampulha est classé au patrimoine mondial de l'Unesco.

Juscelino Kubitschek (1902-1976)

Maire de Belo Horizonte (1940-1945), gouverneur de l'État du Minas Gerais (1945-1955), puis **président du Brésil** (1956-1961), Juscelino Kubitschek est associé aux années heureuses d'avant la dictature. Il fit de la ville de Belo Horizonte un laboratoire, s'adjoignant notamment les talents du jeune architecte Oscar Niemeyer et du paysagiste **Burle Marx** pour créer de toutes pièces l'ensemble architectural de Pampulha. Le trio se retrouvera à **Brasília** pour la mise en application – à grande échelle – de leurs idées d'avant-garde. Kubitschek est mort dans un accident de voiture.

★★★ Igreja de São Francisco de Assis

✆ (31) 98876 3047

Vous l'avez probablement déjà vu en photo quelque part : ce bijou, signé Niemeyer, est un des symboles du modernisme brésilien. Posée sur la rive sud du lac de Pampulha, sa délicate silhouette rebondie, recouverte de céramique bleue, surprend par sa petite taille. À l'arrière, l'édifice est couvert d'**azulejos**, œuvre de Cândido Portinari. Rebutée par son style radicalement nouveau, l'Église mit plusieurs années à investir le bâtiment.

Museu de Arte de Pampulha

Av. Otacílio Negrão de Lima - mar.-dim. 9h-18h30 - ✆ (31) 3277 7946 - gratuit - fermé 2 sem. env. entre chaque exposition.

D'une grande élégance, l'édifice mêle lignes horizontales et verticales, courbes et angles droits. La longue baie vitrée distribue généreusement la lumière. Construit initialement pour abriter un casino, il fut converti en musée après l'interdiction des jeux (1946). Le musée présente des collections d'art contemporain et accueille régulièrement des expositions temporaires.

Le **IATE Tênis Clube**, la **Casa do Baile** et le **Mineirão**, stade de football de Belo Horizonte (71 000 places), complètent l'ensemble.

1

À proximité

★ Sabará CARTE C2 P. 32-33

À 20 km de Belo Horizonte.

Conseil – *Attention : des faux guides trompent les visiteurs sur les horaires d'ouverture des églises. Les guides formés par la mairie se trouvent à l'office de tourisme (Av. Expedicionário Romeu Jerônimo Dantas - ✆ (31) 3671 1403 - lun.-vend. 8h-17, w.-end et j. fériés 9h-15h).*

Ce gros bourg endormi dans l'ombre de Belo Horizonte recèle de somptueuses églises baroques.

Il émane de l'**Igreja N. S. do Rosário dos Pretos** (18e s.) quelque chose d'étrange. Commencés en 1768, les travaux de construction furent effectués par des esclaves. Les hauts murs de pierrefurent restée à nu protègent du regard une ancienne **chapelle**, qui se niche dans la nef à ciel ouvert.

L'**Igreja da Ordem Terceira de N. S. do Carmo**★ (1763-1818) *(mar.-sam. 9h-11h30, 13h-17h, dim. 13h-17h - 3 R$ - messe le dim. à 8h30)* est la seule de Sabará où le grand Aleijadinho soit intervenu, au **portique** notamment.

Le **Museu do Ouro**★ *✆ (31) 3671 2417 (mar.-vend. 10h-17h, w.-end 12h-17h - 1 R$)*, installé dans une ravissante demeure à patio (18e s.), expose une remarquable collection de mobilier, d'art religieux et d'ustensiles liés au travail de l'or (outils,

coffres, balances...). La façade épurée de l'**Igreja Matriz de N. S. da Conceição★★** (1710) *(8h-17h - 2 R$)* cache un décor en bois spectaculaire : pilastres à feuilles d'acanthe, maître-autel exubérant et splendides peintures.
Le décor en bois sculpté de la petite **Igreja de N. S. do Ó★★** (1720) *(8h-12h, 14h-17h - 2 R$)* est l'un des chefs-d'œuvre de l'art baroque au Minas Gerais. Ses peintures à motifs chinois détonnent..

★ Inhotim CARTE C4 P. 32-33

À 60 km au sud-ouest de Belo Horizonte.
R. B 20, Brumadinho - ✆ (31) 3571 9700 - www.inhotim.org.br - merc.-vend. 9h30-16h30, w.-end 9h30-17h30 - 50 R$, gratuit 1er merc. du mois - ✗.
C'est à Brumadinho, perdu au milieu de nulle part, que se trouve ce lieu atypique de près de 1000 hectares (dont 140 ha ouverts au public). Bernardo Paz, le magnat du minerai de fer, a conçu dans les années 1980 un jardin botanique enchanteur, doté notamment de la plus grande collection de palmiers au monde. S'ajoute à cela une extraordinaire collection d'art contemporain, disséminée dans le parc paysager sous forme de galeries, pavillons et œuvres en plein air.

Carnet pratique

PLAN DE LA VILLE P. 159

S'informer

Office de tourisme – *R. Espirito Santo 527 -* PLAN C1 *- ✆ (31) 3277 9765 - www.portalbelohorizonte.com.gov.br ; Mercado Central -* PLAN B2 *- Av. Augusto de Lima 744 - ✆ (31) 3277 469.*
Consultez aussi le site de l'OT de l'État : *www.minasgerais.com.br* et *www.guiabh.com.br*, guide de la vie culturelle de Belo Hozironte.

Arriver/Partir

En avion

Aeroporto Internacional Tancredo Neves/Confins – *À 38 km au nord du centre (à env. 1h) - ✆ 0800 037 1547 - www.bh-airport.com.br.*
Transferts vers le centre-ville – **Conexão Aeroporto** - C1 - *Av. Alvares Cabral 387 - ✆ (31) 3689 2989 - www.conexaoaeroporto. com.br.* Dép. toutes les 30mn env.arrivée Av. Álvares Cabral 387 - 23/40 *R$.*
Compagnies aériennes – **TAP** - *✆ 0300 210 60 60.* **Azul** - *✆ 0800 884 4040.* **Gol** - *✆ 0300 115 2121.* **LATAM** - *✆ 0800 123 200.*

En car

Estação Rodoviária – C1 - *Praça Rio Branco - ✆ (31) 2342 2600 - www.rodoviariadebelohorizonte.com.br.* Pour Sabará, achetez le billet dans le bus. **Pássaro Verde** – *✆ (31) 3073 7575 - www.passaroverde.com.br.* Pour Mariana (*2h45, 56 R$*) et Ouro Preto *(2h30/50 R$)*. **Sandra** - *✆ (31) 3201 2927 - viacaosandra.com.br.* Pour Congonhas, Tiradentes et São João del Rei. **Útil** - *✆ 0800 883 8830 - www.util.com.br.* Pour Rio *(durée : 6/7h)*. **Cometa** – *✆ 0800 770 3603 - www.viacaocometa.com.br.* Pour Rio et São Paulo *(durée : 8h30)*. **Gontijo** - *✆ 0800 728 0044 - www.gontijo.com.br.* Pour Salvador *(durée : 34h)* et São Paulo.

Se déplacer

Taxi

Coomotaxi – *(31) 3304 3700 - www.coomotaxi.com.br*

Coopertramo *(31) 3408 56000 - www.coopertramo.com.br*

Location de voitures

À l'aéroport – **Localiza** - *(31) 3689 2074 - www.localiza.com.* **Movida** - *(31) 3689 2680 - www.movida.com.br.*

Adresses utiles

Banques

Banco do Brasil – *R. Rio de Janeiro 750 - (31) 4003 3001 - lun.-vend. 10h-16h.*

Poste

Agência Central – C2 - *Av. Afonso Pena 1270 - lun.-vend. 8h30-17h30.*

Urgences/santé

Pronto Socorro do Hospital João XXIII – D2 - *Av. Alfredo Balena 400, Santa Efigênia - (31) 3239 9200.*

Représentations diplomatiques

Agence consulaire de France – D3 - *Av. do Contorno 5417 - (31) 4501 3649.*

Consulat de Belgique – HORS-PLAN - *R. Desembargador Jorge Fontana 50/conjunto 1110 Belvedere - (31) 3213 5554.*

Consulat de Suisse– C2 - *R. dos Otoni 712, sala 303, Santa Efigênia - (31) 3273 8991.*

1

Nos adresses

Restauration

Brésilienne, minas, bahianaise ou internationale : l'offre gastronomique est particulièrement variée à Belo Horizonte, surtout dans le quartier de Lourdes.

Premier prix

3 **Casa Cheia** – B2 - *Av. Augusto de Lima 744, Loja 167 - Mercado Central - (31) 3274-9585 - lun.-sam. 10h30-17h30 (15h30 lun.), dim. et j. fériés 10h30-13h30 - 35,90 R$/kg.* Ce restaurant *ao kilo* offre un service rapide dans une ambiance « marché ». Les distinctions accrochées aux murs témoignent de sa renommée. Petiscos au foie et aux légumes verts, et la spécialité maison : *porconobis de sabugosa* (côtelettes de porc, saucisses fumées, maïs et fleur de cactus), servie le w.-end.

5 **Redentor** – C3 - *R. Fernandes Tourinho 500, Savassi - (31) 3284-1175 - www.redentorbar.com.br - ouv. tlj, service continu, carte 32/76,50 R$ le plat.* Ce restaurant ao kilo dispose d'une agréable terrasse en retrait de la rue, idéale pour contempler l'animation du carrefour. Clientèle d'employés à midi. Le soir, à la carte uniquement.

Budget moyen

6 **Riviera** – C2 - *R. Goiás 286 - (31) 3213-1360 - www.restauranterivierabh.com.br - fermé le soir.* Une clientèle d'employés et de cadres en cravate fréquente l'établissement, l'un des meilleurs ao kilo *(71,90 R$/kg, 75,90 R$ le w.-end)* du centre. Décoration design soignée. La maison est spécialisée dans les fruits de mer et le poisson (saumon, morue, crevettes, risotto), les viandes sont tout aussi savoureuses. Ne négligez pas le tiramisu.

Alguidares – D3 EN DIR. - *R. Pium-í 1037, Anchieta - (31) 3221-8877 - www.alguidares.com.br - ouv. tlj, service continu - 49/195 R$ le plat - réserv. conseillée le sam.* Ce restaurant un peu excentré propose une cuisine bahianaise dans un cadre aéré. Spécialités : le très demandé *camarão na moranga* (potiron fourré de crevettes – il faut commander avant par téléphone), les acarajés, délicieux beignets de crevettes, les *casquinhas de siri*, préparation à base de crabe, et l'incontournable *moqueca de camarões*, à partager. Terrasse sur rue. Musique et décoration typiques de Bahia.

Pour se faire plaisir

7 **Taste-Vin** – B3 - *R. Curitiba 2105, Lourdes - ✆ (31) 3292-5423 - www.tastevin-bh.com.br - fermé dim. et le midi sf sam. - plats 105/175 R$.* Le meilleur restaurant français de la ville, tenu par des Brésiliens, propose une cuisine créative : ballottines de queue de bœuf, joues de porc avec légumes glacés, succulents soufflés, poisson en papillote aux fruits de la passion... L'atmosphère est chic sans être confinée. Épicerie fine et cave exceptionnelle. Petite terrasse arborée.

Petite pause

Café com Letras – C3 - *R. Antônio de Albuquerque 781, Savassi - ✆ (31) 984244285 - www.cafecomletras.com.br - 12h-23h (vend.-sam. 0h) - plats 25/67 R$.* Un bar-librairie-restaurant à la clientèle jeune-intello-sympa-décontractée. Chocolat, jus de fruits ou vin, à consommer entre amis ou en lisant des revues, sur fond de jazzhouse. Salades (30 R$), sandwichs, risotto (50 R$), grillades... Prix sympa-décontractés eux aussi.

Shopping

Marché

Feira de Arte et Artesanato – *Av. Afonso Pena 1500 - dim. 7h-14h.* Avec 2500 stands et 100000 visiteurs, elle peut prétendre au titre du plus important marché de rue d'Amérique latine !

Bijoux

Manoel Bernardes – *Av. Olegário Maciel 1600, 2e étage, Lourdes - Shopping Diamond Mall - ✆ (31) 3292-9055.*

Talento Jóias – *R. Rio de Janeiro 2702, Lourdes - ✆ (31) 3071-4600 - lun.-vend. 10h-19h, sam. 10h-14h.*

Hébergement

Belo Horizonte est une ville d'affaires, bien pourvue en hôtels de confort, mais pauvre en adresses de charme. Tarifs moins élevés le w.-end.

Budget moyen

4 **Hotel São Bento** – B1 - *R. dos Guaranis 438 - ✆ (31) 3271-3399 - www.hotelsaobento.com.br - 59 ch. 192/211 R$* ☕. Derrière une façade peu engageante, une adresse tenue par trois frères et sœurs discrets et chaleureux (français et anglais parlés). Chambres au confort variable, simples, mais agréables. Excellent rapport qualité-prix.

1 **Ibis Libertade** – C2 - *Av. João Pinheiro 602, Lourdes - ✆ (31) 2111-1500 - www.all.accor.com - P ♿ - 130 ch. 218/235 R$* ☕ - ✕. Une maison de 1935 abrite le hall de cet hôtel moderne, au confort irréprochable et d'un prix abordable. Clientèle professionnelle. Préférez les étages : ils ont vue sur la Praça da Liberdade. Cafétéria 24h/24. Deux chambres sont équipées pour les personnes à mobilité réduite.

3 **Hotel Pampulha Palace** – B1 - *R. dos Tupis 646 - ✆ (31) 3270-0120 - www.hotelpampulha.com.br - 88 ch. 170-320 R$* ☕ - ✕. Bien situé, près du centre. Un grand bâtiment aux chambres, équipées de climatiseurs ou de ventilateurs. Couleur d'ensemble jaune passé. La thématique « hôpital » est accentuée par la tenue blanche des femmes de ménage.

Ouro Preto ★★★

Nichée sur les contreforts de la Serra do Espinhaço, dans un paysage vallonné parcouru de torrents, l'ancienne capitale du Minas Gerais doit sa fortune fulgurante, au 18e s., à la découverte de fabuleux gisements d'or. Mais sa destinée singulière, qui en fit un des fleurons de l'art baroque en Amérique latine – et un des points d'ancrage des idées des Lumières sur le continent –, elle la doit à la rencontre improbable d'un groupe d'hommes de foi, d'aventuriers, d'artistes, de chercheurs d'or et d'esclaves. Inscrite sur la liste du patrimoine mondial par l'Unesco, la cité recèle un ensemble miraculeusement préservé d'églises baroques et d'édifices coloniaux que l'on découvre au gré de ruelles pavées serpentant à flanc de colline. Bien plus qu'une visite « patrimoniale », elle donne l'occasion rare d'un véritable choc esthétique. Et si la ville est restée figée dans son décor du 18e s., sa population, jeune et étudiante, vit bien dans son époque. Le samedi soir, Ouro Preto retentit du bruit des fêtes données dans les repúblicas.

Se repérer

74 659 hab. (dont 5 000 étudiants)

CARTE C2 P. 32-33. PLAN DE LA VILLE P. 166.

Encadré ci-dessous.

À ne pas manquer

Un coucher de soleil depuis l'Igreja de São Francisco de Paula ; les festivités de la Semaine sainte.

Organiser son temps

Attention, beaucoup de sites, et même les églises, ferment le lundi. Ouro Preto est très fréquentée à Noël, pour le carnaval et à Pâques : réservez votre hébergement longtemps à l'avance. Gare aux nuits d'hiver, fraîches à cette altitude, les hôtels n'étant pas chauffés pour la plupart.

Carnet pratique p. 171

Nos adresses p. 172

Se promener

PLAN DE LA VILLE P. 166

★★★ Praça Tiradentes B1

La splendide **Praça Tiradentes** est entourée d'édifices officiels et d'élégantes demeures coloniales à façade blanche et toit de tuiles. Au centre de la place se dresse la statue de Tiradentes.

★★ Museu da Inconfidência B1

Praça Tiradentes 139 - ✆ (31) 3521 4352 - www.museudainconfidencia.museus.gov.br - mar.-dim. 10h-18h - gratuit.

L'ancienne **chambre municipale et prison** (1784) est un fleuron de l'architecture civile du 18e s. dans le Minas Gerais. Ce musée présente mobilier, armes et outils d'époque, notamment les indispensables balances et moules à lingots d'or. Les sinistres chaînes et fers d'esclaves rappellent cette page sombre de l'histoire d'Ouro Preto. Une rareté : une édition clandestine (1788), en français, de la Constitution américaine. La salle de l'Inconfidência et le mémorial des héros

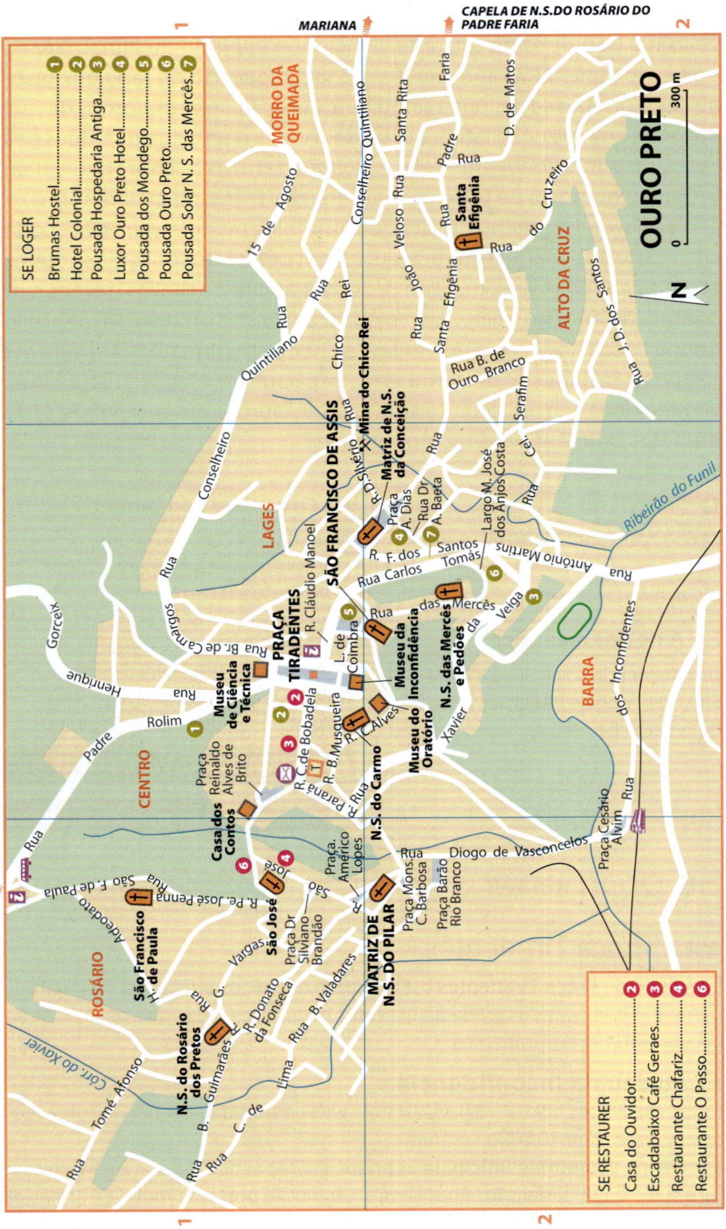
OURO PRETO
0
300 m
N
MARIANA
CAPELA DE N.S.DO ROSÁRIO DO PADRE FARIA
BELO HORIZONTE
SE LOGER
Brumas Hostel 1
Hotel Colonial 2
Pousada Hospedaria Antiga 3
Luxor Ouro Preto Hotel 4
Pousada dos Mondego 5
Pousada Ouro Preto 6
Pousada Solar N. S. das Mercês 7
SE RESTAURER
Casa do Ouvidor 2
Escadabaixo Café Geraes 3
Restaurante Chafariz 4
Restaurante O Passo 6
MORRO DA QUEIMADA
LAGES
CENTRO
ROSÁRIO
ALTO DA CRUZ
BARRA
PRAÇA TIRADENTES
SÃO FRANCISCO DE ASSIS
Matriz de N.S. da Conceição
Mina do Chico Rei
Museu da Inconfidência
Museu de Ciência e Técnica
Museu do Oratório
N.S. das Mercês e Pedões
N.S. do Carmo
Casa dos Contos
São José
São Francisco de Paula
N.S. do Rosário dos Pretos
MATRIZ DE N.S. DO PILAR
Santa Efigênia
Ribeirão do Funil
Córr. do Xavier
Rua Conselheiro Quintiliano
Rua Padre Rolim
Rua Henrique Gorceix
Rua Br. de Camargos
Rua Diogo de Vasconcelos
Rua dos Inconfidentes
Rua Antônio Martins
Rua Carlos Tomás
Rua Santa Efigênia
Rua do Cruzeiro
Rua Tomé Afonso
Rua C. de Lima
Rua B. Guimarães
Rua G. Vargas
Rua B. Valadares
Rua 15 de Agosto
Praça Cesário Alvim
Praça Barão Rio Branco
Praça Mons. C. Barbosa
Praça Américo Lopes
Praça Dr Silviano Brandão
Praça Reinaldo Alves de Brito
Praça A. Dias
Largo M. José dos Anjos Costa

Ouro Preto.
luoman/Getty Images Plus

1

de la conspiration évoquent ce moment clé de l'histoire brésilienne. À droite de l'entrée, costumes, mobilier, peintures et photos illustrent le mode de vie bourgeois sous l'Empire (19e s.). Ne manquez pas la superbe exposition d'art sacré au 1er étage : toiles, oratoires, statues en bois, marbre ou pierre à savon, notamment de belles pièces d'Aleijadinho.

★ Museu de Ciência e Técnica B1

Praça Tiradentes 20 - ✆ (31) 3559 3118 - www.museu.em.ufop.br - mar.-dim. 12h-17h - 5 R$.
Installé dans l'ancienne École des mines, fondée par le Français Claude-Henri Gorceix (1876), ce musée recèle une exceptionnelle collection minéralogique (notamment une très rare topaze impériale) issue des sous-sols du Minas Gerais et de tout le Brésil. Foreuse, scaphandrier, table vibrante, séparateur magnétique... : divers instruments de forage et d'exploitation sont également exposés. La section astronomie du musée organise des séances d'observation *(sam. 20h-22h)*.

★★ Igreja de N. S. do Carmo B1-2

R. Brigadeiro Musqueira - ✆ (31) 3551 2601 - mar.-dim. 8h30-11h, 13h-17h - 10 R$.
La large façade à deux tours-clochers se tient sur un promontoire d'où la vue couvre les environs d'Ouro Preto. L'église était autrefois fréquentée par l'aristocratie

Se repérer

La ville, très vallonnée, suit les courbes du relief : les mollets sont très sollicités ! Au centre, la **Praça Tiradentes** et ses nombreux musées. Vers l'ouest, on rejoint les quartiers de **Pilar** (Igreja N. S. do Pilar) et du **Rosário** en descendant les rues **Conde de Bobadela** (ancienne R. Direita) ou Senador Rocha Lagoa qui se prolongent dans la **Rua São José**. À l'est de la Praça Tiradentes s'étirent les quartiers **Antônio Dias** (Igreja Matriz de N. S. da Conceição) et **Alto da Cruz** (Igreja Santa Efigênia).

locale. Contemporaine de São Francisco de Assis (1766-1772), elle est l'œuvre de Manuel Francisco Lisboa, père de l'Aleijadinho auquel on doit les chapelles latérales de São José et de N. S. da Piedade, ainsi que le bénitier en pierre à savon. Les peintures de la sacristie sont de l'illustre Manuel da Costa Ataíde. L'ensemble d'**azulejos** portugais qui décore le chœur est probablement le plus beau du Minas Gerais.

★★ Museu do Oratório B2

Casa Capitular da Ordem Terceira do Carmo - ✆ (31) 3551 5369 - http://museudooratorio.org.br - 9h30-17h30 - fermé mar.-merc. - 5 R$.

Populaires, aristocratiques, indiens, afro-brésiliens ou ecclésiastiques, style dit « érudit » ou plus rustique, le musée renferme une extraordinaire collection (17e-20e s.) d'oratoires, objets cultuels très répandus au Brésil depuis l'époque coloniale. Ils étaient placés au bord des routes, dans les maisons, sur les bateaux ou les façades. Remarquez notamment l'*oratório bala* (en forme d'ogive, pour les muletiers) qui fit l'admiration de l'historien d'art français Germain Bazin.

Le beau **Teatro Municipal★★** *(R. Brigadeiro Musqueira - ✆ (31) 3559 3224)*, inauguré en 1770, est le plus ancien théâtre d'Amérique latine en activité. Il a conservé sa structure d'origine lors de son remaniement (19e s.).

Quartiers est

Antônio Dias doit sans doute à la proximité des mines son caractère historiquement populaire, encore manifeste dans le quartier d'**Alto da Cruz**, à la périphérie.

★★★ Igreja de São Francisco de Assis B2

Largo de Coimbra, Praça de Antônio Dias - ✆ (31) 3551 4661 - mar.-dim. 8h30-12h, 13h30-17h - 10 R$.

Ce chef-d'œuvre du baroque brésilien (1766-1794) est signé Aleijadinho. Deux élégantes tours flanquent la façade toute en rondeurs, ornée d'un splendide saint François recevant les stigmates (œuvre d'Aleijadinho) en médaillon et coiffée d'une croix de Lorraine. À l'intérieur, la fresque du plafond, en perspective, est d'Ataíde. À l'entrée du chœur, décoré de panneaux de bois peints, façon azulejos, se trouvent deux chaires en pierre ornées de délicates têtes d'anges. Des statues de saints décorent le retable en bois doré très travaillé du maître-autel. Ne manquez pas, dans la sacristie, l'étonnant saint François articulé parlant au Christ en croix.

L'**Igreja N. S. das Mercês e Perdões** *(R. das Mercês)*, achevée en 1774, a été reconstruite au 19e s.

★★ Igreja Matriz de N. S. da Conceição de Antônio Dias B1-2

Praça Antônio Dias - ✆ (31) 3551 4661.

Une autre réalisation (1727-1746) de Manuel Francisco Lisboa qui est enterré là avec son fils, le célèbre Aleijadinho (à droite, sous la première niche en entrant par la porte principale). L'église occupe l'emplacement d'une chapelle élevée par le *bandeirante* Antônio Dias en 1699. Sa façade rappelle la Matriz do Pilar, mais l'intérieur s'en distingue totalement, notamment les huit chapelles latérales et leurs compositions sculptées. Au-dessus du maître-autel, de lourdes colonnes torsadées portent des anges finement sculptés.

Le **Museu do Aleijadinho** *(✆ (31) 3551-4661 - 9h-18h30 - gratuit)* présente un saint François sous cloche en vêtement de velours et, dans la sacristie, où trône un magnifique meuble en bois de palissandre, quatre lions sculptés.

La **Mina do Chico Rei** *(R. Dom Silvério 108 - ✆ (31) 3551 1749 - 8h-17h - 25 R$. Les galeries sont boueuses, prévoyez une tenue en conséquence)*, du nom de l'esclave noir affranchi qui l'avait rachetée, a fonctionné de 1702 à 1778 et donné 25 t d'or. Elle compte 25 km de galeries (hautes de 1,8 m) sur 5 niveaux.

Des chercheurs d'or aux idées des Lumières

Une richesse inégalée

L'histoire d'Ouro Preto (or noir) commence un petit matin de juin 1698, quand le chercheur d'or paulista **Antônio Dias** et le **père Faria** aperçoivent la silhouette aiguisée du mont Itacolomi émergeant de la brume. Les pierres noires découvertes dans le torrent qui dévale la montagne ne tardent pas à livrer leur secret : de l'or, aussi brillant que le soleil une fois qu'on lui a ôté sa pellicule de fer oxydé. Si la découverte signe la fortune du *bandeirante*, celle de la vallée et même de toute la colonie, ses conséquences sont planétaires : au 18e s., la production d'or du Brésil égale celle du reste du monde ; en Europe, cet afflux soudain de richesses, mal géré par le Portugal, rompt l'équilibre entre les puissances. Bientôt, au Brésil, une conscience nationale émerge…

Émergence d'une cité

Mais les premières années, les conditions de vie sont rudes dans la colonie, si loin des centres urbains. Les *bandeirantes* affluent et, dans leur sillage, des légions d'esclaves pour travailler dans les mines. Trente ans après la découverte d'Antônio Dias, la ville compte déjà 40 000 hab. Les conflits y sont nombreux ; ainsi, la **guerre des Emboabas**, entre les autorités portugaises et les colons paulistas, aboutit à la destruction de l'implantation de ces derniers (Morro da Queimada). Une cité se forme, qui prend le nom de **Vila Rica** (ville riche) en 1711 et devient capitale du **Minas Gerais** quand celui-ci se sépare de la capitainerie de São Paulo (1720). L'exploitation aurifère atteint son pic dès 1730, mais l'apogée de la cité s'étend sur tout le siècle. En quelques décennies, elle se couvre de splendides églises baroques et devient l'un des principaux foyers intellectuels et artistiques du Brésil. Elle agit aussi comme un laboratoire pour le système colonial qui évolue vers un contrôle de l'administration royale fondé sur la perception du *quinto* (un cinquième de la production d'or). Parallèlement, les 100 000 esclaves noirs de la capitainerie bénéficient d'une possibilité de s'affranchir. Grâce aux primes versées par leurs maîtres et à l'or qu'ils découvrent durant leur temps libre (qu'ils dissimulent dans leurs cheveux), certains mineurs rachètent leur liberté (35 % d'affranchis en 1786). Quelques-uns s'enrichissent dans le commerce ou s'affirment comme de brillants artistes ou artisans. Cette mobilité sociale, favorisée par l'éloignement des centres et le besoin en main-d'œuvre, donne naissance à une société métissée.

Vers l'indépendance

Le bouillonnement intellectuel, artistique et social offre un terrain propice à la pénétration des idées des **Lumières**. Alors que les mines s'épuisent et que la pression fiscale se fait de plus en plus lourde, un groupe d'officiers, de prêtres et de poètes décide d'entrer en rébellion. Mais leur complot, l'**Inconfidência**, est éventé en 1789. Leur chef, **Tiradentes**, est pendu le 21 avril 1792, son corps débité en morceaux pour décourager toute nouvelle tentative. L'épisode est resté dans l'histoire du Brésil comme une étape fondamentale de la marche vers l'indépendance. En 1823, Vila Rica prend le nom d'Ouro Preto et devient capitale de l'État. Handicapée par un environnement qui l'empêche de s'étendre, elle perdra ce statut en 1897 au profit de Belo Horizonte. La découverte par le tourisme de ce joyau de l'art baroque et son classement sur la liste du patrimoine mondial par l'Unesco (1980) l'ont sortie de l'oubli.

Ouro Preto.
luoman/Getty Images Plus

★★ Igreja de Santa Efigênia C2

R. Santa Efigênia 396, Alto da Cruz - ✆ (31) 3551 5047 - tlj sf lun. 8h30-16h30 - 5 R$.
L'histoire de la chapelle de la confrérie du Rosaire des Noirs est singulière. Elle aurait été financée, selon les versions, par la fortune de Chico Rei – prince du Congo vendu comme esclave au Brésil qui racheta sa liberté – ou par l'or accumulé dans une fontaine située à cet endroit où les mineurs esclaves venaient se rincer les cheveux. Sa construction (1733-1785) fut dirigée par Manuel Francisco Lisboa. L'église abrite un splendide **maître-autel** orné d'anges et de motifs marins de tradition africaine. Il a perdu ses chromes, mais rien de sa splendeur. Du parvis, beau panorama.
La modeste **Capela de N. S. do Rosário do Padre Faria★★** *(R. Padre Faria - ✆ (31) 3551 5047- mar.-dim. 8h30-16h30 - 3 R$)*, au cœur d'un quartier populaire, cache bien son jeu. Son **maître-autel** en bois surprend par son exubérante splendeur. Au plafond, on admirera une **fresque** représentant Marie couronnée par des anges : c'est une des plus anciennes du Minas Gerais ; comme la chapelle, elle date des premières années de la présence coloniale à Ouro Preto (début 18e s.).

Pilar

De la Praça Tiradentes, la très animée **Rua Conde de Bobadela**, bordée de restaurants et de commerces, descend vers cet ancien quartier bourgeois.
La belle **Casa dos Contos★** *(B2 - R. São José 12 - ✆ (31) 3551 1444 - mar.-sam. 10h-16h45, dim. 10h-14h45 - fermé lun. - gratuit)* fut bâtie entre 1782 et 1784 par le richissime João Rodrigues de Macedo, futur membre de la conspiration des Inconfidentes. Transformée en prison pour les conjurés, elle accueillit ensuite le Trésor royal, puis une fonderie d'or. La visite vaut plus pour l'architecture, remarquable, que pour le musée de la Monnaie. Plus intéressant, le sous-sol présente un assemblage hétéroclite d'outils, de marmites, d'épées, de cravaches, de fouets et de chaînes pour esclaves.

★★★ Igreja Matriz de N. S. do Pilar A2

Praça Monsenhor Castilho Barbosa - ✆ (31) 3551 4735 - mar.-dim. 9h-10h45, 12h-16h45 - 10 R$, billets en vente dans une boutique, sur la place.

Certains la considèrent comme la plus importante église baroque du Brésil (1733). Sa façade plate à deux clochers qui s'élève au bout d'une jolie petite place triangulaire ne la distingue guère des autres églises, mais elle cache un intérieur stupéfiant. De forme ronde, avec des lustres, des rideaux rouges et des balcons dorés, il évoque immanquablement un opéra (l'effet est accentué par le fond de musique classique). Son décor, d'une incroyable richesse, aurait nécessité 400 kg d'or ! Notez les suspensions des lustres en forme de volatiles monstrueux. Le retable du maître-autel est de Francisco Xavier de Brito.

Le **Museu de Arte Sacra de Ouro Preto**, dans la crypte, expose une collection de calices, d'encensoirs, de croix et de costumes liturgiques.

L'**Igreja N. S. do Rosário dos Pretos**★ *(Largo do Rosário 12 - A1 - mar.-dim. 13h-16h45 - entrée libre)* fut élevée par un ordre d'esclaves (1709). Elle arbore un très beau plan atypique, en forme de huit, qui rappelle celui des églises du nord de l'Europe.

L'**Igreja de São José** *(R. Teixeira Amaral - A1 - (31) 3551 4736 - ouvert pour l'office, merc. 18h30)* renferme un retable d'Aleijadinho.

Perchée sur les hauteurs, l'**Igreja de São Francisco de Paula** *(R. Padre Rolim - A1 ; ouvert pour l'office le dim. matin)*, la plus récente église d'Ouro Preto (1804-1898), jouit du plus beau **panorama**★★ de la ville.

1

Carnet pratique

PLAN DE LA VILLE P. 166

S'informer

Office de tourisme – B1 - *Praça Tiradentes 4 - ✆ (31) 3559 3287 - www.ouropreto.mg.gov.br.* Possibilité de louer les services d'un guide agréé.

Consultez aussi : *www.ouropreto.com.br (suggestions d'adresses).*

Arriver/Partir

En voiture

De Rio, prenez la BR 040 en direction de Belo Horizonte. Après Conselheiro Lafaiete, prenez à dr. la MG 443 jusqu'à Ouro Branco. Ouro Preto se trouve alors à 40 km.

En car

Rodoviária – A1 - *R. Padre Rolim 661 - ✆ (31) 3559 3252.* Le terminal est un peu éloigné du centre *(10mn à pied de la Praça Tiradentes)*. Attention, les horaires changent souvent.

Pássaro Verde – *✆ (31) 3073 7575 - www.pasaroverde.com.br.* Pour Belo Horizonte : dép. ttes les heures, de 5h à 20h. Durée : 2h30 - *50 R$.*

Útil - *✆ (31) 3551 3166.* Pour Rio, dép. à 10h et 21h30, siège ou couchette. Durée : 8h30 - *200/280 R$.* Pour São Paulo, départs à 19h15. Durée : 12h - *156/240 R$.*

Transcotta - *✆ (31) 3551 2385 - www.transcotta.com.br.* Pour Mariana via la Minas da Passagem : 5h40-23h *(ttes les 20/30mn - 6,35 R$)*. En face de l'Escola de Minas. Durée : 30mn.

Se déplacer

En bus – De très nombreux bus circulent dans la ville. Prix forfaitaire : 4,70 R$.

En taxi – **Ponto de Táxi da Praça Tiradentes** - ✆ *(31) 3551 1248 - 24h/24.*

Location de voitures – **Localiza** - *R. Padre Rolim 700 - ✆ 0800 979 2020 www.localiza.com.*

Adresses utiles

Banque

La R. São José concentre un grand nombre d'agences.

Banco do Brasil – *R. São José 189 - ✆ (31) 4003 3001.*

Bradesco – B1 - *Praça Tiradentes 32 - ✆ (31) 3552 7950.*

Itaú – *R. São José 105 - ✆ (31) 3551 2277.*

Poste

Agência Central – B1 - *R. Conde de Bobadela 180 - ✆ (31) 3551 1855 - lun.-vend. 8h30-17h.*

Urgences/Santé

Santa Casa de Misericórdia – *R. José Moringa 620 - ✆ (31) 3550 1133 - 24h/24.*

Unidade Pronto Atendimento – *R. Mecânico José Português - ✆ (31) 3559 3131 - 24h/24.*

Agenda

Carnaval – *En fév.* Les *blocos* traditionnels ou étudiants investissent la rue pour des parades pleines d'humour faisant une large place à la critique sociale et à la satire politique.

Semana Santa – À Ouro Preto, les fêtes de la Semaine sainte n'ont guère changé depuis le début du 18e s. Elles comptent parmi les plus fastueuses du Brésil. Une immense fresque colorée de pétales de fleurs, de sciure et de graines couvre les rues sur plus de 2 km. Processions et messes commencent le dimanche des Rameaux et s'achèvent le dimanche de Pâques.

Festival de Inverno e Semana da Cidade – *En juil.* Le festival culturel le plus important du Minas Gerais voit se succéder de multiples manifestations (danse, théâtre, cirque, spectacles de rues, concerts publics). S'y produisent les stars de la scène brésilienne. Rens. : *www.festivaldeinverno.ufop.br.*

Nos adresses

Restauration

Dans une cuisine du Minas Gerais, il y a toujours, dit-on, une grande casserole en cuivre ou une marmite en fer sur le feu... De fait, la cuisine des Mineiros, à base de produits de la ferme et du potager, est une des plus fameuses du Brésil. Laurier, poivre, piment constituent les condiments habituels; cannelle, clou de girofle ou muscade agrémentent les desserts. Les mets sucrés sont souvent accompagnés de *queijo Minas* (fromage frais) : c'est le cas du *goiabada com queijo* (pâte de goyave). En plat principal, le classique *feijão tropeiro* comprend haricots noirs, farine de manioc *(farofa)*, viande de porc, épices, oignons et bacon. Ce plat des muletiers transportant l'or sur les routes était consommé autour du feu, arrosé de *cachaça*. Parmi les spécialités figurent aussi le *frango ao molho pardo* (poulet cuit dans son sang), le *frango com quiabo* (poulet accompagné de combo) et l'incontournable *tutu à mineira* (haricots noirs en purée) servi avec de la viande de porc et du chou vert émincé.

Premier prix

6 **Restaurante O Passo** – A1 - *R. São José*

56 - ✆ (31) 3552-5089 - www.opassopizzajazz.com - fermé lun. - plats 55/98 R$ - concerts jeu.-vend. soir et dim. midi en général. À deux pas du centre, ce restaurant italien occupe un vieil édifice, avec de vastes salles à parquet décorées d'un splendide papier peint, art contemporain. Grand choix de pizzas de tailles variées – certaines sucrées (ils osent!) –, de pâtes et de viandes grillées. Également des *petiscos*. Des groupes se produisent sur la terrasse dominant la rue, sans forcer sur les décibels. Clientèle familiale, touristique. Très agréable en été, pour sa proximité avec la rivière.

Budget moyen

2 **Casa do Ouvidor** – B1 - *R. Direita 42 - ✆ (31) 3551-2141 - 11h-15h, 19h-22h - 50-80 R$ le plat.* À deux pas de la place principale, dans une demeure du 19e s. Cette institution propose tous les classiques de la cuisine Minas. Au choix : *tutu à mineira, feijão tropeiro, frango com quiabo, frango ao molho pardo*, ainsi que de la soupe aux oignons ou aux pois. N'oubliez pas les desserts, notamment le typique *doce de leite com queijo* (confiture de lait avec du fromage). Service et qualité irréprochables.

4 **Restaurante Chafariz** – A1 - *R. São José 167 - ✆ (31) 98948 9970 - mar.-dim. 12h-16h - 55/139 R$.* Installée dans une maison ancienne, une belle et grande salle décorée à profusion de photos, de miroirs et d'objets divers. Ne manquez pas la pharmacie ancienne reconstituée au fond du restaurant. Le w.-end, la copieuse formule buffet avec feijoada, café, dessert et cachaça a fait ses preuves. Service accueillant.

3 **Escadabaixo Café Geraes** – B1 - *R. Conde de Bobadela 122 - ✆ (31) 3551-5097 - www.opassopizzajazz.com -fermé mar. et le midi merc.-jeu.- plats 59/85 R$.* Un bel endroit de style bistrot, avec carrelage à l'ancienne et murs patinés sur lesquels sont accrochées des compositions kitscho-créatives. Bijouterie également. Pour changer des pizzas et de la cuisine du Minas : *bacalhau com natas* (morue à la crème). Aussi chopp et pâtisseries.

Petite pause

Fábrica de Chocolates de Ouro Preto – (A1) - *R. Getúlio Vargas 66 - 35400-000 Ouro Preto - Bairro Rosário - ✆ (31) 3551-7330 - www.chocolatesouropreto.com.br.* Une institution! Cafétéria et showroom. Autre adresse Praça Tiradentes 111.

Boire un verre

Barroco Bar – *Praça Amadeu Barbosa - R. dos Inconfidentes 51 - ✆ (31) 3551-3032 - CC - lun.-sam. 12h-2h..* Les murs portent les graffitis de générations d'étudiants venues refaire le monde. Les chopp s'entrechoquent dans un joyeux brouhaha. *Petiscos, empanadas* et *pasteis*.

Shopping

Nombreuses boutiques de joaillerie Praça Tiradentes.

En soirée

Danse

Centro Acadêmico da Escola de Minas – B1 - *Praça Tiradentes - ✆ (31) 3551-2452.* La grande salle des fêtes de l'université fédérale accueille concerts, spectacles et soirées DJ fréquentées par la jeunesse locale.

Hébergement

☺ Pendant la Semaine sainte et les périodes festives – comme le carnaval en février ou la *Semana da Cidade* en juillet *(voir « Agenda »)* –, les hôtels proposent un tarif forfaitaire de 3 ou 4 nuits (en demi-pension ou pension complète) à des prix majorés *(entre 20 et 40 % plus cher)*. Pensez donc à réserver quelques mois à l'avance lors de ces fêtes très prisées des Brésiliens.

Premier prix

1 **Brumas Hostel** – B1 - *R. Padre Rolim 167 - ☎ (31) 3551-2944 - www.brumashostel.com.br -* P *- 180 places - en dortoir : 48 R$ - ch. double : 190/600 R$.* Installée à deux pas de la Praça Tiradentes, cette auberge de jeunesse est une maison agréable où l'on aimera se reposer entre deux visites. Outre une belle vue sur São Francisco de Assis, elle dispose de nombreuses commodités : terrasse, cuisine, barbecue, le tout dans la bonne humeur.

Budget moyen

3 **Pousada Hospedaria Antiga** – B2 - *R. Xavier da Veiga 1 - ☎ (31) 3551-2203 - www.antiga.com.br -* P *- 18 ch. 200 R$* ☕. La pousada propose un hébergement de charme rustique, avec des murs en pierre ajourée et du mobilier en bois. Les chambres en angle sont lumineuses et jouissent d'une belle vue. Accueil sympathique.

6 **Pousada Ouro Preto** – B2 - *Largo Musicista José dos Anjos Costa 72 - ☎ (31) 3551-3081 -* P *- 17 ch. 220/400 R$* ☕. Perchée à flanc de colline, cette maison bien tenue dispose de petites chambres coquettes, certaines avec terrasse ou petit balcon. L'établissement bénéficie d'une belle vue sur l'église N. S. da Conceição. Pas donné toutefois. Parking surveillé.

7 **Pousada Solar N. S. das Mercês** – B2 - *R. Felipe dos Santos 134 - Antônio Dias - ☎ (31) 3551-2405 - www.solarsenhoradasmerces.com.br -* P *- 8 ch. 250/460 R$* ☕. Cette pousada, dans une maison ancienne (les murs en torchis sont ajourés par endroits), propose des chambres calmes et proprettes. Petite préférence pour la n° 1897 (!) et sa vue sur le jardin intérieur. Toutes sont impeccablement tenues. Accueil sympathique.

2 **Hotel Colonial** – B1 - *Trav. Pe. Camilo Veloso 26 - ☎ (31) 3551-3133 - www.hotelcolonial.com.br -* P *- 18 ch. 276/662 R$* ☕. Très bien situé, dans une étroite ruelle près de la place principale, un hôtel au confort simple, mais d'un très bon rapport qualité-prix. Les chambres du 1er étage sont plutôt petites. Celles du niveau supérieur, en mezzanine, ont du charme. Personnel discret et serviable. Service voiturier. Petit-déjeuner servi sous la forme d'un buffet.

Pour se faire plaisir

4 **Luxor Ouro Preto Hotel** – B2 - *R. Dr. Alfredo Baeta 16 - ☎ (31) 3551-2244 - www.hotelluxor.com.br -* P *- 19 ch. 499/812 R$* ☕ - ✕. Le charme d'une vieille demeure du 18e s., avec parquet et mobilier en bois rustique : un parti pris de simplicité qui séduit. Les chambres, à l'étage, sont lumineuses et spacieuses, en particulier la Luxe avec son balcon en fer forgé qui offre une vue splendide. Petit-déjeuner dans la chambre ou dans une belle salle aux murs de pierre. L'hôtel dispose aussi d'un salon, avec cheminée. Service irréprochable (anglais parlé).

Une folie

5 **Pousada do Mondego** – B1 - *Largo de Coimbra 38 - Centro Historico - ☎ (31) 3552-7700 - mondego.com.br -* P *- 23 ch. 718/1300 R$* ☕. Affiliée aux Roteiros de Charme, cette pousada occupe une robuste maison de 1747. Copie d'ancien, le mobilier en bois qui décore en abondance le grand salon ne dépare pas. Lits à baldaquin. Terrasse avec vue sur l'église São Francisco de Assis. L'hôtel possède également une boutique d'artisanat.

Mariana ★

Brièvement chef-lieu du Minas Gerais (1709-1720), Mariana fut la première cité planifiée de la capitainerie, dont elle accueillit le premier évêché. Ce village coquet et endormi, souvent négligé des touristes, recèle un centre historique splendide, parfaitement préservé. Il comprend certains des édifices majeurs du baroque mineiro, ainsi que d'élégants bâtiments coloniaux le long de ses larges ruelles pavées.

Se repérer

59 857 hab.

CARTE C3 P. 32-33.

Organiser son temps

À moins de chercher le calme à tout prix, dormir à Mariana ne présente guère d'intérêt. On fait aisément l'aller et retour dans la journée depuis Ouro Preto. Attention aux horaires de visite aléatoires.

Carnet pratique p. 176

Nos adresses p. 176

Se promener

★★ Catedral Basílica de N. S. da Assunção

Praça Cláudio Manoel - ✆ (31) 3558 2785 - mar.-sam. 8h-11h30, 13h30-17h ; dim. 13h30- 17h - 10 R$ (le billet donne également accès au musée d'art sacré).

Commencée une douzaine d'années à peine après la découverte d'or dans la région, cette église est une des plus anciennes du Minas (1709-1760). Son plan rectangulaire et son aspect extérieur, d'une grande simplicité, sont typiques du baroque mineiro primitif. L'exubérance est réservée à l'intérieur, lequel renferme une peinture de Manuel da Costa Ataíde, ainsi qu'une œuvre attribuée à Aleijadinho. Le splendide **orgue** allemand (1701) est un Arp Schnitger *(concerts vend. 11h30, dim. 12h15 - 15 R$).*

★ Museu Arquidiocesano de Arte sacra

R. Frei Durão 49 - ✆ (31) 3557 2581- mar.-vend.. 8h30-12h, 13h30-17h, sam.-dim. 8h30-14h - même billet que la cathédrale.

Considéré comme l'un des plus intéressants musées d'art sacré du Minas, il présente une collection de vêtements et d'objets liturgiques, ainsi que des peintures de Manuel da Costa Ataíde. Le musée occupe l'ancienne Casa Capitular (1770). La ravissante **Praça Gomes Freire★**, cœur du centre historique, accueille un petit square ombragé avec fontaine.

★★ Praça Minas Gerais

Cette place couverte de pelouse est dominée par deux élégantes églises baroques. Côté sud, la jolie **Casa Câmara e Cadeia★** (1768-1798), ancienne prison, complète l'ensemble. Elle abrite aujourd'hui le conseil municipal. Au milieu, le **pilori** *(pelourinho)* en pierre est un des deux derniers encore en place au Brésil. Dominant la place, l'imposante **Igreja de São Francisco de Assis★** (1763-1794) *(fermé pour travaux, réouv. se rens. auprès de l'office de tourisme)* arbore un superbe médaillon en façade. Elle renferme un étonnant Christ à cheval et deux beaux balcons de pierre. Le décor de la nef a souffert d'un incendie en 1999. Ultime manifestation du rococo dans le Minas Gerais, l'**Igreja de N. S. do Carmo** (1784-1835) est identifiable à ses tours rondes. À l'intérieur, peintures de Manuel da Costa Ataíde. Au bout de R. Dom Silvério, sur les hauteurs de Mariana, l'**Igreja de São Pedro dos Clérigos** *(mar.-sam. 9h12h, 14h-17h ; dim. 9h30-12h, 10 R$)* offre une belle vue sur la ville. Elle surprend par sa façade bombée, restée inachevée (1752).

À proximité

★ Minas da Passagem

4 km à au sud-ouest de Mariana - ✆ (31) 3557 5000 - www.mariana.minasdapassagem.com.br - 9h-16h, w.-end 9h-17h - 200 R$, 1/2 tarif 6-12ans et plus de 60 ans, gratuit moins de 6 ans - 45mn.

Le grand moment de la visite est la descente à 120 m de profondeur sur un wagonnet retenu par un câble. De 1819 à 1985, la mine a officiellement donné 35 t d'or. Elle compte 9 niveaux de galeries (30 km au total) qui descendent jusqu'à 410 m de profondeur. Accompagné d'un guide, on découvre ensuite, à pied, une portion de galerie où un autel est dédié à la déesse Iansã, et un petit lac d'eau claire (baignade possible). L'expérience vaut le détour.

Carnet pratique

S'informer

Office de tourisme – *R. Direita 91-93 - ✆ (31) 3558 2315 - www.turismo.mariana.mg.gov.br.*

Associação de Guias de Turismo do Brasil – Praça Tancredo Neves - ✆ (31) 3557 1158.

Nos adresses

Restauration

Premier prix

Pizzaria Dom Silvério – *R. Salomão Ibrahim da Silva 78 - ✆ (31) 3557-2475 - ♿ - fermé lun. et le midi - pizza 50/73 R$.* Une belle salle carrée à piliers de bois et aux tables dressées de nappes rouges. Le soir, très grand choix de pizzas délicieuses, de différentes tailles, et cuites au feu de bois.

Hébergement

Budget moyen

Hotel Providência – *R. Dom Silvério 233 - Centro - ✆ (31) 3557-1444 - www.hotelprovidencia.com.br - P - ♿ - 29 ch. 266/415 R$* - Une éblouissante façade blanche flanquée de deux palmiers signale l'établissement. Rattaché au collège catholique, il comprend une grande chapelle dans l'entrée. Comme il se doit, les chambres sont monastiques, mais impeccables. Grande piscine extérieure.

Congonhas ★★★

Chef-d'œuvre du maître du baroque brésilien, l'Aleijadinho, et des plus illustres artistes de son temps, le sanctuaire de Bom Jesus de Matosinhos (18e s.), classé sur la liste du patrimoine mondial par l'Unesco, est unique en son genre. Perché au sommet du Morro do Maranhão, qui domine Congonhas, il comprend une église précédée d'un parvis décoré de statues et six chapelles abritant des sculptures des Prophètes de la Passion. La ville ne mérite pas que l'on s'y arrête, mais le sanctuaire justifie largement la visite. Commandé par un riche Portugais, Feliciano Mendes, en fidélité à un vœu formulé alors qu'il était atteint d'une maladie contractée dans les mines, sa construction dura une soixantaine d'années.

Congonhas.
FelipeGoifman/Getty Images Plus

Se repérer

53843 hab.

CARTE C3 P. 32-33.

À ne pas manquer

La Semaine sainte est l'occasion de festivités hautes en couleur, et plus encore le Jubileu do Senhor Bom Jesus de Matosinhos (2e semaine de sept.), l'un des pèlerinages les plus fameux du Brésil.

Carnet pratique p. 178

Se promener

★★★Santuário de Bom Jesus de Matosinhos

Basílica Bom Senhor Jesus de Matosinhos

Praça Basílica - 6h-18h, visite nocturne mar.-dim. à 20h30 - entrée libre.

La splendide façade blanche de l'église (1769-1773) surgit au bout d'une allée de palmiers impériaux. On doit à l'architecte Francisco Lima Cerqueira une innovation qui devait faire école : une nef unique flanquée de tours en retrait de la façade. À l'intérieur, le retable du maître-autel, la statuaire et les peintures du plafond (João Nepomuceno) composent un décor rococo. Notez, dans l'abside, les sculptures de soldats romains aux deux pieds gauches et aux bottines à la mode portugaise et le filet de sang au cou du Christ censé représenter le sacrifice du héros Tiradentes. Revenez le soir pour admirer le splendide éclairage.

Os Profetas

Disposées symétriquement sur le parvis conçu par Thomaz de Maia Brito, les statues en pierre à savon (1800-1805) des 12 prophètes de l'Ancien Testament sont une des dernières réalisations d'Aleijadinho. L'expression des visages et la posture des personnages surprennent par leur modernité. Gravement malade, les outils fixés aux bras, le maître réalisa ici l'un de ses chefs-d'œuvre.

Os Seis Passos da Paixão

Le chemin de croix comporte six chapelles reliées par un chemin en pierre signé Burle Marx (1974). Chacune renferme des statues en bois – 66 au total (1796-1799) – d'Aleijadinho et de ses apprentis.

Carnet pratique

S'informer

Office de tourisme – *Av Júlia Kubitschek 2039 - ✆ (31) 3732 2233 - www.congonhas.org.br.*

Arriver/Partir

En voiture

De Rio ou Belo Horizonte par la BR 040.

En car

Terminal Rodoviário de Congonhas – *Av. Mauá - 2 km au sud-est du centre-ville.*

Viação Sandra – *✆ (31) 3731 1386- www.viacaosandra.com.br.* Belo Horizonte.

Viação Útil – *✆ 0800 883 8830 - www.util.com.br - dép. tlj à 20h pour São Paulo (durée 10h30 - 275 R$).*

Tiradentes ★★

Nichée à l'ombre de la Serra São José, la plus petite des cidades históricas conserve intacts son centre historique et ses églises baroques. Née au cours des premières années du 18e s. dans le sillage de la ruée vers l'or, la cité est baptisée São José del Rei en 1718, avant de prendre le nom du héros de l'Inconfidência, dont elle se dispute la « paternité » avec São João del Rei, en 1889. Au 18e s., son ascension est fulgurante, mais l'épuisement des mines la fige dans l'oubli au 19e s. L'irruption du tourisme l'a sortie de sa quiétude, mais en semaine et en basse saison, elle replonge dans une douce léthargie.

Se repérer

7807 hab.

CARTE C3 P. 32-33.

À ne pas manquer

Se rafraîchir à la fontaine São José ; admirer le crépuscule depuis l'église São Francisco de Paula ; déguster un repas mineiro.

Organiser son temps

Prévoyez au moins une nuit sur place. Pas de change à Tiradentes : prévoyez du *cash* ou allez à São João del Rei.

Carnet pratique p. 180

Nos adresses p. 181

1

Se promener

Centro

On parcourt à pied le centre historique et ses rues à gros pavés mal dégrossis, bordées de maisons basses d'époque coloniale. Avant de se jeter dans le Rio das Mortes sitôt sorti du bourg, le ruisseau Santo Antônio dessine une frontière douce entre ce quartier *(au sud)* et la zone d'habitat résidentiel.

Redessiné par le célèbre paysagiste **Burle Marx**, le **Largo das Forras** est la place principale du village. Bordée de boutiques et de restaurants, elle est plantée de quelques arbres qui procurent une ombre bienvenue à la mi-journée.

La **Rua Direita**, qui part de la place, compte parmi les plus remarquables du bourg. L'**Igreja N. S. do Rosário dos Pretos**★ *(9h-16h, fermé mar. - 2 R$)*, la plus ancienne, mais toujours coquette, église du village (1708), abrite trois chapelles ornées de saints noirs et un plafond peint très coloré.

★ Museu Padre Toledo

R. Padre Toledo 190 - ✆ (31) 98408-3279 - mar.-vend. 10h-17h, sam. 10h-14h30, dim. 9h-15h - 10 R$.

Rénové, il attend encore les fonds nécessaires pour sauver les fresques endommagées du plafond. Un plancher d'immenses lattes parcourt toute la maison dans laquelle on découvre une belle collection de **mobilier** et d'**art sacré** (18e-19e s.). Remarquez notamment le retable en bois peint.

★★★ Igreja Matriz de Santo Antônio

R. da Câmara - 9h-17h - 10 R$ - spectacle son et lumière : vend.-sam. 20h (se rens.).

Une splendeur ! Commencés en 1710, les travaux de sa construction s'étalèrent sur 40 ans. Son **portail** (1810) est la dernière œuvre signée de l'Aleijadinho. 500 kg

Tiradentes.
Fred_Pinheiro/Getty Images Plus

d'or ont servi à décorer le retable du maître-autel et les chapelles latérales encastrées, mises en valeur par les murs blancs dépouillés. Le splendide **orgue** rococo fut importé du Portugal en 1788. Du parvis, le coucher du soleil est somptueux.
La rue qui part de la cathédrale emprunte un petit pont et passe devant la **Chafariz de São José★★★** (1754), une ravissante fontaine alimentée par un ruisseau qui descend de la Serra São José.
À gauche débute le **Bosque da Mãe Água** *(vend.-dim. 8h-16h)*, promenade bucolique (20mn) le long du ruisseau.
Poursuivez par la R. do Moinho. Perchée sur une colline, l'**Igreja São Francisco de Paula** (18e s.) profite d'un magnifique **panorama★★** sur le centre de Tiradentes.

Carnet pratique

S'informer

Office de tourisme – *R. Direita 168 - ✆ (32) 3355 2759 - www.tiradentes.mg.gov.br.*

Arriver/Partir

En train

Monter dans un vieux train à vapeur : une expérience réjouissante ! (*Voir « São João del Rei » p. 184*). Pour gagner l'**Estação Ferroviária** du Largo das Ferras, prenez la R. dos Inconfidentes, tournez à droite dans la R. Antônio Texeira de Carvalho, puis passez le pont.

En car

Rodoviária – *Praça Silva Jardim - ✆ (32) 3355 1124.* Près d'un des deux petits ponts qui mènent au centre. Pour São João del Rei *(durée : 20mn)*, bus très fréquents du lun. au vend. de 6h20 à 18h15, le sam. de 7h30 à 18h15 et le dim. de 8h50 à 22h30.

Adresses utiles

Poste

Poste centrale – *R. São Francisco de Paula 52 - ✆ (32) 3355 1344 - lun.-vend. 8h30-16h30.*

Nos adresses

Restauration

Budget moyen

Viradas do Largo – *R. do Moinho 11 - Centro - ✆ (32) 3355-1111 - www.viradasdolargo.com.br - fermé mardi et le soir.* Une maison à toit de tuiles, confortable et aérée. Le potager attenant est gage de fraîcheur. La carte comprend toutes les spécialités du Minas, notamment le *feijão tropeiro* (porc, haricots noirs, chou vert et riz), une spécialité maison. Très inventif, le chef crée des recettes : laissez-vous guider. Un plat suffit pour 3 pers. !

Restaurante Padre Toledo – *R. Direita 202 - ✆ (32) 3355-2132 - www.padretoledo.com.br - ouv tlj, service continu - plats 39/42 R$.* Un classique. Les murs blanchis à la chaux et le mobilier en bois fleurent bon la tradition. Cuisine régionale : *frango com quiabo* (poulet au gombo), *tutu à mineira* (haricots noirs en purée, côte de porc et chou vert). Les plats sont souvent pour 2 pers. Service soigné, en nœud papillon. Cachaça maison.

Shopping

Art/Antiquités

La **Rua Direita** est la rue des antiquaires, des galeries d'art, des boutiques de décoration....et des restaurants.

Hébergement

Pour se faire plaisir

Pousada Tiradentes – *R. São Francisco de Paula 41 - Centro Histórico - ✆ (32) 3355-1232 - www.pousadatiradentesmg.com.br - 14 ch. 400/650 R$.* Non loin de la Rodoviária et du centre, des chambres en rdc sur jardin ou dans l'imposante maison (préférez celles sur cour). Le confort est simple, mais elles sont lumineuses et bien tenues. Excellent rapport qualité-prix.

Pousada Três Portas – *R. Direita 280 - Centro Histórico - ✆ (32) 3355-1444 - www.pousadatresportas.com.br - P - 9 ch. à partir de 310 R$.* Des chambres spacieuses et impeccables, dans une vieille maison du centre historique. Leur charme austère et leurs murs épais séduisent. Certaines offrent une vue exceptionnelle sur la Serra. On souhaiterait presque l'hiver pour profiter du beau salon avec cheminée. Petit-déjeuner copieux (pain et confitures maison). Spectacle de marionnettes le sam. La micro-piscine intérieure est un vrai luxe. Sauna.

Une folie

Solar da Ponte – *Praça das Mercês - ✆ (32) 3355-1255 - www.solardaponte.com.br - P - 18 ch.1277/1683 R$.* Un hôtel de charme à l'esprit campagnard qui respire le confort. La cheminée du salon et les murs épais inspirent la confiance, sans charger le décor. Les chambres, spacieuses et équipées de mobilier en bois raffiné, donnent sur la place, le ruisseau ou le jardin paysager. Ce dernier, havre de fraîcheur, cache une piscine très agréable. Les enfants de moins de 8 ans ne sont pas acceptés.

São João del Rei ★★

On aurait tort de négliger cette grosse bourgade aux joyaux baroques et à l'architecture coloniale. São João del Rei se targue d'avoir donné au Brésil deux personnalités immensément populaires : Tiradentes, le héros de l'Inconfidência, et Tancredo Neves, éphémère président, mort en 1985. Contrairement à sa voisine Tiradentes, elle a su éviter le déclin minier en pariant sur l'agriculture, l'élevage et le commerce. Elle cache son jeu sous des allures provinciales : élue capitale brésilienne de la culture en 2007, elle peut s'enorgueillir de plusieurs orchestres, d'une scène culturelle animée et de quelques lieux de vie nocturne.

Se repérer

90 263 hab.

CARTE C3 P. 32-33.

Encadré ci-dessous.

À ne pas manquer

Prendre le vieux train à vapeur ; admirer l'Igreja de São Francisco sous son éclairage nocturne.

Organiser son temps

Séjournez à Tiradentes et visitez São João del Rei dans la journée. Attention, les musées ferment le lun. et les horaires des églises fluctuent.

Carnet pratique p. 184

Nos adresses p. 185

Se promener

São João del Rei

La nuit, l'animation quitte le centre, ses églises baroques et ses ruelles pavées pour rejoindre l'autre rive, autour de l'Av. Tiradentes.

★ Museu Ferroviário

Av. Hermílio Alves 366 - ✆ (32) 3371 8485 - merc.-sam. 8h30-16h30, dim. 8h30-11h30.

Il occupe la très jolie gare (1881), toute en boiseries, d'où partent les trains pour Tiradentes. Vieilles photos, mobilier et équipements d'époque (horloges, télégraphes, composteurs...) évoquent les temps révolus de la Oeste de Minas, la première ligne de chemin de fer du Brésil. Une locomotive à vapeur de 1880 et le wagon de luxe de Dom Pedro II trônent dans le hangar en briques. D'autres locomotives sont visibles à l'extérieur.

★★★ Igreja de São Francisco de Assis

Praça Frei Orlando - lun.sam. 8h-17h30, 12 R$ - entrée sur la droite.

Se repérer

De la **gare** *(estação)*, on rejoint le centre historique en longeant le **Rio Lenheiro** qui coule au milieu d'une pelouse. L'**Igreja de São Francisco de Assis** se dresse sur la rive sud, le centre historique se trouve sur la rive nord. La **Rua Getúlio Vargas**, qui relie les **Igreja N. S. do Rosário** et **N. S. do Carmo**, en constitue l'axe principal.

L'Igreja de São Francisco de Assis.
OSTILL/Getty Images Plus

L'église dresse sa silhouette imposante et ses murs blanchis à la chaux au bout d'une allée de palmiers impériaux. Pièce majeure de l'art baroque du Minas Gerais, elle a été conçue par l'Aleijadinho (1774) qui signa là sa deuxième réalisation (ses plans ont été modifiés). On lui doit aussi la splendide façade sculptée et le retable en bois doré qui sert d'écrin à de belles statues. La nef, au parquet bicolore, surprend par sa hauteur. Les chapelles latérales, achevées à une époque où l'or commençait à se faire rare dans la région, ne furent pas recouvertes du métal précieux.
L'**Igreja de N. S. do Rosário** *(Praça Embaixador Gastão da Cunha - 9h-11h, 14h-17h, sam. 9h-11h, dim. 7h45-10h30)* ferme, côté sud, une splendide place pavée, bordée de maisons coloniales parfois embellies de balcons en fer forgé.

★ Museu Regional de São João del Rei

R. Marechal Deodoro 12 - ✆ (32) 9 9159 1827 - mar.-vend. 12h-17h3, sam. 13h-17h, dim. 9h-13h- gratuit.
Les collections de ce palais (1859) sont centrées sur le mobilier et l'art religieux du Minas Gerais aux 18e et 19e s. Lits à baldaquin, tables, chaise à porteurs, oratoires et statues de belle facture sont présentés dans d'immenses salles hautes de plafond. Des étages, vue superbe sur la ville.
L Catedral Basílica **de N. S. do Pilar** (1721) *(R. Getúlio Vargas - sam.-lun. 8h-10h30,17h-20h, mar.-vend. 8h-10h30, 13h-20h)* arbore une façade sévère, mais elle recèle un étincelant **maître-autel**. **Fresque** remarquable au plafond.
La façade blanche de l'**Igreja de N. S. do Carmo★** (1734) *(Largo do Carmo - lun.-sam. 7h-12h, 16h-19h, dim. 7h-11h, 17h-19h)*, flanquée de deux étroites tours octogonales, se dresse au bout de la R. Getúlio Vargas. Son décor intérieur, plus sobre, est typique de la seconde période du baroque du Minas Gerais. Belle statuaire en bois.

Carnet pratique

S'informer

Pages tourisme du site de la municipalité – *www.saojoaodelrei.mg.gov.br.*

Arriver/Partir

En train

Estação Ferroviária – *Av. Hermílio Alves 366 - ✆ (32) 3371 8485 - www.vli-logistica.com.br.* « Maria Fumaça », une vieille Baldwin à vapeur de 1880, relie Tiradentes à São João del Rei à travers la campagne. Le trajet (13 km) dure 35mn. Horaire variable selon les mois. En règle générale : *départ de São João del Rei jeu.-sam. à 10h et 13h30, dim. à 10h. De Tiradentes, départ jeu.-sam. à 11h30 et 14h30, dim. à 11h (calendrier actualisé sur le site Internet) - 70 R$ le trajet, 80 R$ AR (35 R$ et 40 R$ pour les + 60 ans, étudiants et 6-12 ans ; -6 ans, gratuit).*

En car

Rodoviária – *R. Cel Antônio Claret Silva, Fábricas - ✆ (32) 3373 4700.* Pour Tiradentes, **Viaçao Presidente** *(✆ (32) 3371 5064 - www.presidentesjdr.com.br -durée : 20mn)*, dép. réguliers du lun. au vend. de 5h50 à 19h, sam.-dim.-férié. de 6h30 à 19h.
Pour Belo Horizonte *(durée : 3h30 - 180 km)*, **Viacao Sandra** *(✆ (32) 3371 7646, www.viacaosandra.com.*

br) : ttes les 2h env., lun.-sam. de 6h à 19h, dim. de 6h à 20h. Pour Rio de Janeiro *(durée : 5h30 - 330 km)*, **Paraibuna** *(✆ (32) 2101 3333 - www.paraibunatransportes.com.br). lun.-vend. à 8h, 14h et 0h, sam. à 6h et 14h, dim. à 10h, 16h et 0h.*

Se déplacer

En taxi – **Ponto de Táxi** - *Av. Presidente Tancredo Neves - ✆ (32) 9 9990 0205.*

Adresses utiles

Banques

Banco do Brasil – *Av. Hermílio Alves 234 - ✆ (32)4003 3001.*
Bradesco – *Av. Hermílio Alves 190 - ✆ (32) 3322 0300.*

Poste

Agência Central – *Av. Tiradentes 500 - ✆ (32) 3693 6260 - lun.-vend. 8h-17h.*

Nos adresses

Restauration

Premier prix

Chafariz – *R. Quintino Bocaiúva 100 - Centro - ✆ (32) 3371-8955 - fermé le soir.* Ce restaurant-churrascaria ao kilo est installé dans une grande salle propre et ventilée. Sa façade verte est facilement repérable, près de la gare. Il propose un choix classique de feijoadas, grillades, poissons et salades. Viandes savoureuses.
Restaurante Villeiros – *R. Padre José Maria Xavier 132 - Centro - ✆ (32) 3372-1034 - fermé le soir.* Une ravissante maison aux murs épais et colorés, des petites salles aérées et une très agréable cour sur l'arrière. Restaurant ao kilo avec un choix très varié et des spécialités du Minas : picanha, tutu à mineira, feijao tropeiro... Salades également.

Hébergement

Pour se faire plaisir

Pousada Beco do Bispo – *R. Irmã Eugênia Luz Pinto 93 - Centro - ✆ (32) 3371-8844 - www.becodobispo.com.br - 12 ch. 300/407 R$.* Au fond d'une impasse, près de l'église São Francisco, cette pousada proprette, à la décoration un peu désuète, évoque un peu un établissement thermal. Les chambres sont impeccables et confortables. Optez pour celles qui ont vue sur la piscine. Accueil chaleureux.
Pousada Villa Magnólia – *R. Ribeiro Bastos 2 - ✆ (32) 3373-5065 - www.pousadavillamagnolia.com.br - 13 ch. 224/452 R$.* Un décor sobre et élégant, des chambres spacieuses et confortables, un service professionnel : l'adresse a tout pour plaire. Elle occupe une vieille demeure rénovée à deux pas de l'église São Francisco et bénéficie d'un atout maître : sa piscine. Une coursive à larges lattes, longeant une cour fleurie, distribue les chambres. Préférez celles de l'étage, plus lumineuses.

1

LE SUD ET LES CHUTES D'IGUAÇU
0 100 km
PRAIA GRANDE ★★★ Vaut le voyage
Ilha do Mel ★★ Vaut le détour
Fortaleza ★ Vaut la visite
Curitiba Intéressant
A
B
C
1
2
3
4
MATO GROSSO
DO SUL
Campo Grande
Três Lagoas
Repr. Porto Primavera
Dourados
São José do Rio Preto
Ribeirao Preto
Repr. Promissão
SÃO
PAULO
Pres. Prudente
Campinas
Ourinhos
R. Paranapanema
Tietê
São Paulo
Paranapiacaba
Maringá
PARANÁ
Ponta Grossa
Sierro
Mar
Curitiba
Morretes
Ilha do Mel
PRAIA GRANDE
Fortaleza
Farol das Conchas
Ciudad del Este
Itaipu
Cascavel
Foz de Iguaçu
Puerto Iguazu
CHUTES D'IGUAÇU
R. Iguaçu
Paraná
ARGENTINA
SANTA
CATARINA
do
Serra
PRAIA DO MOÇAMBIQUE
Florianópolis
Ilha de Sta Catarina
PRAIA DOS NÁUFRAGOS
Uruguai
Lages
P.N. de São Joaquim
Passo Fundo
Cabo de Sta. Maria
Serra Gaúcha
RIO GRANDE
DO SUL
Canela
Gramado
P. da Ferradura
P. Estadual do Caracol
N
Sta. Maria
R. Jacuí
Porto Alegre
Tramandaí
OCÉANO
ATLÁNTICO
Rosário do Sul
Lagoa dos Patos
Bagé
Pelotas
R. Negro
R. Jaguarão
Jaguarão
Lagoa Mirim
Lag. Mangueira
URUGUAY

2

Le Sud et les chutes d'Iguaçu

Les chutes d'Iguaçu

★★★

Nichées au cœur d'une jungle luxuriante, à la frontière entre le Brésil et l'Argentine, ces cataractes mugissantes qui, sur un arc de cercle de 2700 m, dégringolent sur des hauteurs atteignant jusqu'à 82 m, offrent un spectacle vraiment époustouflant. Le panorama le plus spectaculaire se situe du côté argentin, au bout d'une passerelle plantée au plus près de cette muraille liquide qui se déverse dans un gouffre insondable. Le fracas de l'eau, les nuages de vapeur soulevés par la violence des flots, sur lesquels les rayons de soleil forment parfois des arcs-en-ciel d'une incomparable beauté : tout enivre et laisse sans voix. Iguaçu, l'exubérant royaume des grandes eaux, est assurément un opéra grandiose joué par la nature. Les chutes d'Iguaçu sont inscrites au Patrimoine mondial de l'Unesco depuis 1986.

Se repérer

Foz do Iguaçu : 264044 hab. - État du Paraná - À la frontière de l'Argentine et du Paraguay

CARTE A2 P. 186. PLAN DES CHUTES P. 190, PLANS DÉTAILLÉS P. 191.

À Foz do Iguaçu : le centre-ville s'articule autour de l'Av. Brasil, rue commerçante orientée nord-sud. Au sud, l'Av. J. Schimmelpfeng se prolonge par l'Av. das Cataratas qui conduit aux chutes, 18 km au sud-est. Au sud de la ville, le confluent des fleuves Paraná et Iguaçu marque la zone de triple frontière entre le Paraguay, le Brésil et l'Argentine. Sur l'autre rive du Rio Iguaçu se situe la ville argentine de Puerto Iguazú.

Puerto Iguazú s'organise autour de deux axes : l'Av. Córdoba, où se trouvent la gare routière et la plupart des restaurants ; l'Av. Victoria Aguirre, qui la coupe à son extrémité sud et qui conduit aux chutes au sud-est.

À ne pas manquer

La mythique *Garganta do (del) Diablo* (« gorge du Diable ») vue du côté argentin ; une excursion en bateau à moteur au pied des chutes.

En famille

Parque das Aves ; une sortie en bateau *(à partir de 12 ans)*.

Les chutes d'Iguaçu.
stocklapse/Getty Images Plus

Organiser son temps

Comptez une demi-journée de visite pour le côté brésilien et le parc aux Oiseaux et une journée entière du côté argentin. Si vous n'avez qu'une journée, optez pour un circuit organisé ou négociez les services d'un taxi pour vous accompagner.

Carnet pratique p. 196

Nos adresses p. 197

Découvrir

2

Côté brésilien ou argentin, lequel choisir ? Si vous avez le temps, faites les deux. Les points de vue diffèrent et se complètent. Le côté brésilien, parfait pour commencer, offre une vision globale sur cet immense rideau d'écume, composé en fait de 275 cascades déployées sur un front de près de 3 km. Plus impressionnant, le côté argentin permet d'approcher au plus près des chutes et d'arpenter la jungle sur plusieurs kilomètres de sentiers balisés.

Conseil – Dans les deux cas, prévoyez un chapeau, des lunettes et de la crème solaire, une lotion antimoustique, de bonnes chaussures et une protection imperméable (poncho ou ciré) contre la pluie et les embruns.

★★ Les chutes côté brésilien PLAN I

Comptez 2-3h de visite - Parque Nacional do Iguaçu, BR 469 km 18 - (45) 3521 4400 - www.cataratasdoiguacu.com.br - 9h-17h - entrée : 86 R$ (-6 ans gratuit). L'entrée du parc est à 2 km de l'aéroport et à 20 km env. de Foz do Iguaçu (du centre-ville : bus n°120 direction « Aeroporto/Parque Nacional », ttes les 20mn, 40mn de trajet - 5 R$).

De l'aéroport, vous pouvez aller directement aux chutes en bus ou en taxi et laisser vos bagages à la consigne automatique à l'entrée du parc. Après la visite, vous pourrez rejoindre Foz do Iguaçu ou Puerto Iguazú côté argentin.

Créé en 1939, le **Parque Nacional do Iguaçu** occupe 225 000 ha, dont plus des trois quarts se trouvent du côté brésilien, et s'étend sur 50 km le long du fleuve Iguaçu. La partie ouverte à la visite, qui correspond aux alentours des chutes, représente moins de 0,5 % de sa surface totale. Cette réserve naturelle abrite une biodiversité impressionnante. Sa flore regroupe plus de 2 000 espèces : fougères touffues, broméliacées, orchidées, palmiers et arbres gigantesques qui servent de support à une grande variété de plantes grimpantes. Dans cette magnifique végétation subtropicale évoluent des singes capucins, des coatis, des cerfs, des

CHUTES D'IGUAZÚ
plan I
0
4 km
N
LAGO
DE ITAIPU
Barrage d'Itaipu
Rio Paraná
Av. Tancredo Neves
BR 277
CURITIBA
Rio Acaray
ILHA ACARAY
ASUNCIÓN
Ponte da Amizade
Av. Paraná
Av. Costa e Silva
Foz do Iguaçu
Av. República Argentina
Ciudad del Este
voir plan II
Av. Felipe Wandscheer
BRASIL
Ponte Tancredo Neves
Av. das Cataratas
MARCO DAS TRÊS FRONTEIRAS
voir plan III
Aeroporto Internacional de Foz do Iguaçu
Parque das Aves
ENTRÉE DU PARC, CENTRO DE VISITANTES
Puerto Iguazú
PARQUE NACIONAL DO IGUAÇU
Rio Iguaçu
BR 469
PARAGUAY
Ruta No. 12
PARQUE NACIONAL IGUAZÚ
ARGENTINA
Macuco safari
Ruta 101
Rio Paraná
GARE CATARATAS
HOTEL BELMOND DAS CATARATAS
ENTRÉE DU PARC, GARE CENTRAL
Chutes d'Iguazú
Garganta del Diablo
BUENOS AIRES
SE RESTAURER
El Quincho del Tio Querido 1
SE LOGER
Belmond Hotel das Cataratas 1
Meliá Iguazú 4

FOZ DO IGUAÇU
plan II
0 500 m
A
B
1
2
RIO PARANÁ
CIUDAD DEL ESTE (Paraguay)
R. Mem de Sá
ZOOLÓGICO BOSQUE GUARANI
Terminal Bus Urbain (TTU)
JAHA IGUASSU
Av. República Argentina
Av. Paraná
R. Naipi
R. Tarobá
Av. Juscelino Kubitschek
Av. Brasil
R. Engenheiro Rebouças
R. das Missões
R. Xavier da Silva
R. Rui Barbosa
R. Bartolomeu de Gusmão
R. J. Sanwais
Floriano Peixoto
R. Marechal Deodoro
Avenida Santos Dumont
Avenida Castelo Branco
R. Venanti Otremba
Avenida Paraná
R. Q. Bocaiuva
R. Quintino Bocaiuva
R. Almirante Barroso
R. Mal.
R. Tiradentes
R. Edmundo de Barros
R. Rio Branco
TAM
Praça Getúlio Vargas
Av. Jorge Schimmelpfeng
MATRIZ SÃO JOÃO BATISTA
R. Belarmino de Mendonça
Av. das Cataratas
R. Antônio Raposo
R. Dom Pedro II
R. Benjamin Constant
R. Padre Montóya
R. Joaquim Firmino
R. Pedro Aires dos Santos
Av. General Meira
R. Manêcio Martins
N
SE RESTAURER
Panificadora Famiglia Maran...... 4
Churrascaria do Gaucho............... 7
Vó Bertila.. 8
SE LOGER
Hostel Bambu..................................... 1
Hotel del Rey...................................... 3
Pousada El Shaddai.......................... 5
Pousada Sonho Meu......................... 6
Hotel San Rafael................................ 7
Villa Canoas.. 8

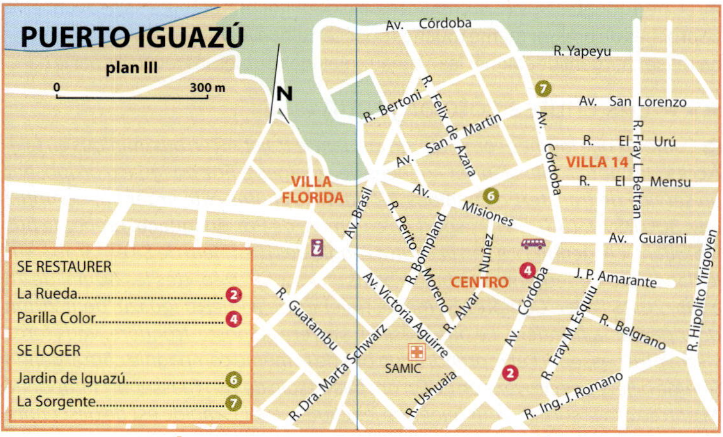
PUERTO IGUAZÚ
plan III
0 300 m
A
B
3
N
Av. Córdoba
R. Yapeyu
Av. San Lorenzo
R. Bertoni
R. Felix de Azara
Av. San Martin
R. El Urú
R. Fray L. Beltran
VILLA 14
R. El Mensu
VILLA FLORIDA
Av. Misiones
Av. Brasil
R. Perito Moreno
R. Bompland
R. Alvar Nuñez
Av. Guarani
J. P. Amarante
CENTRO
R. Guatambu
Av. Victoria Aguirre
R. Fray M. Esquiu
R. Belgrano
R. Hipolito Yirigoyen
R. Dra. Marta Schwarz
SAMIC
R. Ushuaia
R. Ing. J. Romano
SE RESTAURER
La Rueda.. 2
Parilla Color....................................... 4
SE LOGER
Jardin de Iguazú.............................. 6
La Sorgente....................................... 7

Concours de beauté

On dit souvent des chutes d'Iguaçu qu'elles comptent, avec les chutes Victoria et celles du Niagara, parmi **les trois plus belles chutes du monde**. Beaucoup les comparent, dénigrant les autres pour préférer les unes : à chacun ses préférences. Voici quelques éléments de comparaison. Les chutes du Niagara sont les plus petites : 52 m de haut pour 1200 m de large (300 m côté américain, 900 m côté canadien). Quant aux chutes Victoria, à la frontière de la Zambie et du Zimbabwe, elles sont de loin les plus hautes (128 m) mais, avec 1700 m de long, elles sont moins étendues que celles d'Iguaçu.

papillons multicolores et près de 450 espèces d'oiseaux (toucans, martinets, perroquets) facilement observables. À l'entrée du parc, un petit **centre d'interprétation** présente cet écosystème.

Du bâtiment de réception, un bus climatisé à impériale conduit les visiteurs en 15mn jusqu'au niveau de l'hôtel das Cataratas, d'où part la **promenade le long des chutes** : un sentier (1200 m) offrant un panorama fabuleux sur l'ensemble des chutes et conduisant aux **saltos** (cascades) **Santa Maria** et **Santo Floriano**, les seules cascades du côté brésilien. De là, une passerelle permet d'atteindre le pied de la **gorge du Diable** : un bon bain de vapeur d'eau rafraîchissante ! Un ascenseur mène au sommet, d'où se découvre un panorama d'ensemble, du large cours de la rivière, en amont, jusqu'à l'étroit canyon, en aval. L'édifice abrite un grand restaurant avec terrasse au bord du fleuve.

★ Parque das Aves PLAN I

BR 469, km 17, à 150 m av. l'entrée du Parc national - ✆ (45) 3529 8282 - www.parquedasaves.com.br - 8h30-17h (fermeture guichet : 16h30) - 45 R$ (-8 ans gratuit).

Consacré aux oiseaux du Brésil et d'Amérique du Sud (avec 1320 pensionnaires de 143 espèces), le parc abrite aussi de nombreuses variétés de plantes, de reptiles (crocodiles, serpents, iguanes) et de papillons représentatives de la biodiversité locale. Évoluant au sein de grandes volières dans une magnifique forêt, perroquets, aras, ibis, chouettes, casoars, colibris et toucans peuvent être approchés de près, et même touchés pour certains. Des biologistes et des vétérinaires se chargent de soigner les animaux malades ou blessés recueillis par le parc.

★★★ Les chutes côté argentin PLAN I

Comptez une journée complète, en incluant le trajet AR en bus, minibus ou taxi.
Accès : *les hôtels, pensions et agences de voyages à Foz do Iguaçu proposent un service de transfert en minibus AR pour les chutes côté argentin. Comptez env. 300 R$ AR (8h). En transport en commun, de* **Foz do Iguaçu**, *prenez le bus indiquant « Argentina » à l'arrêt situé à l'angle des rues Mem de Sá et Tarobá, sur le flanc nord du terminal des bus urbains* (PLAN II, B1). *Dép. ttes les 30mn, de 7h à 19h, 20 R$ l'aller. Comptez 50mn de trajet jusqu'à Puerto Iguazú, dont 20mn pour passer la frontière. Le bus brésilien s'arrête au poste-frontière, vous ferez viser votre passeport et reprendrez un bus de la même compagnie côté argentin (même billet). Les citoyens de l'UE n'ont pas besoin de visa (passeport tamponné à l'entrée et à la sortie). Pour rejoindre les chutes, le plus rapide est de descendre ensuite à l'arrêt situé juste après la frontière, de traverser la route et de prendre le bus « Cataratas ». De la gare routière de* **Puerto Iguazú** (PLAN III, B3), *bus Rio Uruguay ttes les 20mn env., 400 pesos, 20mn de trajet.*

Parque Nacional Iguazú - ✆ (0054) 3757 674714 - www.iguazuargentina.com - 8h-18h (dernière entrée 16h30) - 5500 pesos (6-12 ans 2000 pesos) - vente des billets uniquement sur Internet (50 % de réduction pour le 2e jour).
Cinq fois par mois (deux jours avant la pleine lune, la nuit de pleine lune et deux jours après), il est possible de visiter de nuit les chutes à la gorge du Diable. Spectacle magique, quand la lune vient éclairer les eaux de ses teintes argentées. *Tour limité à 120 places, réserv. indispensable, 18500 pesos (6-12ans 9520 pesos), avec dîner 24100 pesos (6-12 ans 12050 pesos).*
L'Argentine connaît une inflation galopante, les tarifs évoluent constamment, renseignez-vous.
On circule dans le parc à bord d'un joli petit **train** de style rétro, fonctionnant au gaz naturel, aux wagons ouverts aux quatre vents pour favoriser une immersion totale dans la jungle. Les convois passent toutes les 30mn. De la gare centrale, à l'entrée du parc, on rejoint en 10mn l'arrêt « Cataratas », d'où partent deux sentiers balisés, baptisés « circuit supérieur » et « circuit inférieur », ainsi que les excursions en bateau vers l'île San Martin. Accès également à plusieurs restaurants et à l'hôtel Meliá. Il faut ensuite refaire la queue pour rallier l'arrêt suivant, « Garganta del Diablo », terminus de la ligne.
Lors de l'affluence matinale, il est préférable de ne pas attendre le train à la gare centrale et de suivre le petit sentier jusqu'à l'arrêt Cataratas. Par ailleurs, afin d'apprécier au mieux le spectacle, veillez à découvrir le site dans cet ordre : circuit inférieur, circuit supérieur et gorge du Diable.

★★ Circuits inférieur et supérieur

Dép. de la gare « Cataratas » - Comptez 2h de marche pour le circuit inférieur, 1h15 pour le circuit supérieur.
Le circuit inférieur (1400 m) passe dans la jungle et conduit au pied des *saltos* (cascades), avec quelques petites douches au passage. C'est aussi le point de départ de plusieurs activités, dont le tour de l'Isla San Martin et l'Aventura Náutica.
Le circuit supérieur (680 m) permet d'accéder par le haut à cinq *saltos*. Vue particulièrement impressionnante sur l'ensemble des chutes depuis le **salto Mbigua**, au bout du sentier.

★★★ Garganta del Diablo

Attention, en période de fortes pluies, la passerelle est parfois fermée à cause du niveau élevé du fleuve Iguazú.

La légende de Naipi

On raconte que les Indiens Caigangues, habitants de la région, vénéraient M'Boy, le dieu serpent. Or le chef de la tribu avait une fille, appelée Naipi, tellement belle que les eaux de la rivière s'arrêtaient quand elle s'y regardait. Du fait de sa beauté, Naipi était consacrée à M'Boy et ne vivait que pour son culte. Un jour, Taroba, un guerrier amoureux de la jeune fille, l'enleva et l'emmena dans son canoë sur le fleuve. Fou de colère, M'Boy pénétra sous la terre et, en tordant son corps, forma une faille au milieu de la roche. Le canoë disparut à jamais dans les flots avec ses deux passagers. On dit que Taroba fut transformé en palmier sur les bords des chutes et Naipi en une pierre située juste en dessous de la grande cascade. Sous la surveillance de M'Boy, Taroba était donc désormais condamné à contempler éternellement sa bien-aimée sans jamais pouvoir la toucher...

Découverte des chutes

Les chutes Sainte-Marie

Après avoir parcouru l'Amérique du nord de la Californie au Nouveau-Mexique, l'explorateur espagnol **Alvar Nuñes Cabeza de Vaca** se dirigeait vers la colonie d'Asuncion, point stratégique pour atteindre l'Empire inca, lorsqu'il « tomba » sur les chutes en 1542. « Santa Maria ! », se serait-il écrié, fasciné par la beauté du lieu, qu'il baptisa donc « chutes Sainte-Marie ». Celles-ci ne retrouvèrent leur nom original – Iguaçu, « les grandes eaux » en langue guarani – que bien plus tard. Pendant des siècles, la région fut l'objet d'intenses disputes entre Espagnols et Portugais, et les frontières ne se figèrent qu'après l'indépendance du Brésil, de l'Argentine et du Paraguay. Rares étaient les voyageurs qui passaient par là, mais ces privilégiés en vantaient la beauté.

Création du Parc national

En 1916, l'aviateur **Santos-Dumont** survola les chutes. Impressionné, il milita pour la création d'un parc et obtint cette même année que le site soit déclaré « terre publique » par le gouverneur de la province. Mais il fallut attendre 1939 pour qu'un **parc national** soit créé. À compter de cette date, la région commença à se développer et le lancement, en 1975, de la construction du **barrage d'Itaipu**, la plus grande usine hydroélectrique du monde avec celle des Trois-Gorges en Chine, démultiplia la croissance de la ville de Foz. La mise en eau du barrage, en 1982, eut néanmoins pour conséquence de faire disparaître la cascade des Sept Chutes, voisine de celle d'Iguaçu, qui était également phénoménale. En 1986, les chutes furent inscrites sur la liste du patrimoine mondial de l'Unesco.

Géologie

Le fleuve Iguaçu, le plus grand de l'État du Paraná, prend sa source dans la **Serra do Mar**, près de Curitiba. Il coule sur 1 300 km en direction de l'ouest avant de rejoindre, moins de 20 km après les chutes, le Rio Paraná, leur confluence formant aujourd'hui une triple frontière entre le Brésil, l'Argentine et le Paraguay. La séparation des plaques « Amérique du Sud » et « Afrique » provoqua de grandes ruptures sur le continent américain, et en particulier, il y a 110 millions d'années, la formation de glissements basaltiques successifs, notamment celui qui donna naissance aux chutes d'Iguaçu. Une faille, d'une hauteur moyenne de 65 m, se forma sur 2 800 m ; 900 m se trouvent aujourd'hui du côté brésilien, 1 200 m du côté argentin. Le lit du fleuve, large de 1 200 m en amont des chutes, passe brutalement à moins de 65 m après une série de sauts dont le nombre varie de 150 à 300 selon la saison. Le débit de ces cascades varie de 500 m^3/s en période de sécheresse, à 6 500 m^3/s pendant les crues. C'est au niveau de la **gorge du Diable** que se situe le « cœur » des chutes : une fosse en forme de fer à cheval où la vapeur d'eau est si dense qu'il est difficile d'en appréhender la profondeur avec exactitude.

À partir de la station ferroviaire, on emprunte sur 1 km une passerelle piétonne menant à la gorge du Diable. Le circuit, totalement remodelé, est constitué d'un système mobile de type Meccano qui permet d'abaisser les rambardes en période de grandes eaux, pour éviter que l'eau n'arrache les passerelles comme lors de la crue de 2014. En chemin, le marcheur aperçoit des vestiges des anciennes passerelles emportées par les courants impétueux, des lézards paressant au soleil, parfois des caïmans, des oiseaux et des dizaines de variétés de papillons. Mais rien de comparable au spectacle de la gorge elle-même, une fosse de plus de 85 m de haut que l'on peut également observer – d'en bas – du côté brésilien. Les eaux s'engouffrent avec fracas dans cette chute en forme de fer à cheval, produisant un épais nuage de vapeur.

★ Isla de San Martín

L'accès à l'île est fermé en cas de crue. Comptez 2h de visite, traversée comprise. Depuis le bas du circuit inférieur, il est possible de traverser gratuitement le río en bateau *(dernier départ à 15h)* pour atteindre l'île San Martin, située au milieu des chutes, qui servit de célèbre décor au film *Mission* de Roland Joffé. Une plage permet de se détendre quelques instants *(baignade interdite)*. Des escaliers rejoignent le sommet de l'île, d'où l'on a une vue sur le **salto San Martín** et le **salto Rivadavia**.

Activités annexes

L'agence Iguazú Jungle *(✆ (054) 3757 421 696 - www.iguazujungle.com)* opère deux circuits nautiques *(+ de 12 ans)*.

Gran Aventura – *Dép. ttes les 60mn du centre d'accueil du parc - 9h-15h - 14000 pesos.* Ce circuit de 1h20 comprend d'abord une balade dans la jungle en véhicule tout-terrain avant de rejoindre l'embarcadère pour la sortie en bateau décrite précédemment.

Paseo Ecológico – *Dép. ttes les 15mn de la station de train Garganta del Diablo - 4000 pesos.* Plus tranquille, un circuit de 30mn en bateau gonflable sur le delta supérieur du fleuve Iguazú. Pas de moteur, mais un guide maniant les rames pour diriger l'embarcation dans le courant et vous faire découvrir faune et flore.

2

★ Barrage d'Itaipu PLAN I

Av. Tancredo Neves 6702 - ✆ (45) 3576 7000 - www.turismoitaipu.com.br - plusieurs types de visites : **visite « panoramique »** *comprenant film, bus avec guide en portugais, anglais et espagnol et arrêt aux principaux points de vue - ttes les 30mn de 8h30 à 16h, durée 1h10 - 56 R$;* **circuit spécial** *avec film, bus, guide, visite extérieure et intérieure (salle de contrôle, turbines...) - 8h30, 9h30, 10h, 11h, 13h30, 14h30 et 15h30 (vend. et sam. dép. supplémentaires à 16h) - durée : 2h20 - 160 R$; autres visites possibles, se rens. sur le site Internet. Prévoyez des chaussures fermées.*

Si les chutes d'Iguaçu peuvent être considérées comme une des merveilles de la nature, le barrage d'Itaipu, dans un genre différent, est également un site exceptionnel. C'est la troisième plus grande usine hydroélectrique de la planète après celles des Trois-Gorges et de Baihetan, inaugurée en 2022, toutes deux en Chine. Son origine remonte à 1966, avec la signature, par le Brésil et le Paraguay, d'un projet de barrage commun, s'appuyant sur un principe de répartition à parts égales de l'énergie produite par les eaux du Rio Paraná, qui fait office de frontière. En 1974, la compagnie Itaipu Binacional est créée ; la construction commence l'année suivante. Ce projet pharaonique, de 7 919 m de long et 196 m de haut, engloutit bientôt plus de 15 milliards de dollars et nécessite la production

simultanée de sept usines à béton. Un canal de déviation est creusé, puis le lit principal du fleuve asséché sur 2 km. En 1982, un lac de rétention immense est constitué : 1350 km², 170 km de long.
Aujourd'hui, le barrage possède vingt turbines en opération, soit une capacité installée de 14 000 MW et une production annuelle autour de 93,8 millions de MW. 15 % de sa production fournit 90 % de l'électricité du Paraguay et les 85 % restants, 15 % de celle consommée au Brésil. Un bémol : l'impact écologique. Des milliers d'animaux ont péri lors de la montée des eaux, malgré le programme de sauvetage. Depuis quelques années, un canal permet aux poissons de remonter le cours du fleuve. Un effort a donc été fait, ce qui n'empêche pas un grand nombre d'associations écologistes de rester sceptiques.

Carnet pratique

S'informer

Office de tourisme (Foz do Iguaçu) – PLAN I - *Vila Yolanda Av. das Cataratas 2330 - ✆ (45) 2105 8128 et 0800 045 1516 - www.destino.foz.br.* À la sortie de la ville en direction des chutes.

Office de tourisme (Puerto Iguazú, en Argentine) – PLAN III, A3 - *Av. Victoria Aguirre 337 - ✆ (+ 54) 3757 423 951.*

Arriver/Partir

En avion – **Aeroporto Internacional de Foz do Iguaçu/ Cataratas** - PLAN I - *✆ 0800 727 4720 - www.ccaeroportos.com.br.* À 16,5 km du centre de Foz, sur la BR 469, et à moins de 2 km de l'entrée du parc national où se trouvent les chutes côté brésilien. Pour rejoindre le centre, prenez un **taxi** *(80 R$ env.)* ou un **bus** de la ligne 120 *(ttes les 30mn - 5 R$)* qui se prolonge jusqu'aux chutes.

En bus – **Gare routière longue distance de Foz do Iguaçu** - PLAN I - *Av. Costa e Silva s/n - ✆ (45) 3525 1274 - www.rodoviariadefoz.com.br.* Assez éloignée du centre (4,5 km au nord-ouest). On rejoindra celui-ci par le bus urbain « TTU Centro » *(ttes les 30mn)* ou en taxi *(15 R$ env.)*. **Liaisons :** pour Curitiba *(Cie Catarinense, durée : 12h env.)*, Florianópolis *(Cie Catarinense, 16h)*, Rio *(Cies Pluma, Catarinense, 25h)*, São Paulo *(Cies Pluma, Catarinense, 16h40)*.
De la **gare routière locale** (TTU, PLAN II, B1) : bus pour l'aéroport et Puerto Iguazú en Argentine.

Adresses utiles

À Foz do Iguaçu

Poste – **Correios** - PLAN II, B2 - *Av. Brasil 1318 - lun.-vend. 9h-18h.*

Urgences/santé – **Hospital Ministro Costa Cavalcanti** *(privé) - Av. Gramado 580 - ✆ (45) 3576 8000.* Urgences 24h/24.

À Puerto Iguazú

Téléphone – L'indicatif national de l'Argentine est le 54. Du Brésil, composez + 54 puis le numéro du correspondant.

Poste – PLAN III, B3 - *Av. San Martin 384- lun.-vend. 8h-13h et 16h-19h.*

Urgences/Santé – **Hospital Dra. Marta T. Schwarz** - PLAN III, B3 - *Av. Victoria Aguirre s/n - ✆ (54) 3757 420 288.*

Nos adresses

Restauration

À Foz do Iguaçu

Premier prix

4 **Panificadora Famiglia Maran** – PLAN II, B1 - *R. Almirante Barroso 1968 - ✆ (45) 3027-1212 - ouv. tlj, service continu.* Une boulangerie avec une charmante terrasse. Pâtisseries et café, mais également sandwichs, *refeições*, plats de viande accompagnée de riz et de salade et buffet *ao kilo*.

7 **Churrascaria do Gaucho** – PLAN II, A1 - *Avenida República Argentina 632 - ✆ (45) 3029-1303 - www.churrascariadogaucho.com.br - ouv. tlj, service continu - plats 24/36 R$.* Une excellente *churrascaria*, restaurant de viandes grillées (juteuses et variées) au barbecue, accompagnées d'un bon buffet, le tout à volonté. Cadre chaleureux et ambiance décontractée.

8 **Vó Bertila** – PLAN II, B1 - *R. Bartolomeu Gusmão 1116 - ✆ (45) 3028-0170 - fermé le midi et dim. - pizza 39/96 R$.* Très apprécié des locaux – donc souvent bondé –, ce petit restaurant italien séduit par sa décoration rustique, sa terrasse côté rue et sa chouette ambiance. Choix varié de pâtes, risottos et pizzas croustillantes, à arroser d'un bon malbec argentin. Arrivez tôt sinon l'attente peut être longue.

À Puerto Iguazú

Grand choix de restaurants aux terrasses chaleureuses pour déguster la fameuse viande argentine.

Premier prix

2 **La Rueda** – PLAN III, B3 - *Av. Córdoba 28 - ✆ 03757 42-2531 - www.larueda1975.com.ar - 1300/1600 pesos.* Dans une salle climatisée décorée avec goût, on vous propose de la viande argentine, mais aussi du *surubi*, le poisson local, et des pâtes italiennes. Menu et à la carte. Bonne cave.

Budget moyen

4 **Parilla Color** – PLAN III, B3 - *Av. Córdoba 135 - ✆ 03757 42-0206 - -ouv. tlj, service continu - plats 2 500/2900 pesos.* Quoi de meilleur qu'un gros steak de viande argentine cuit devant vos yeux, dégusté sur une terrasse animée en sirotant une bière Quilmès ! Les pizzas sont excellentes également. Le tout avec de la musique *ao vivo*.

3 **El Quincho del Tío Querido** – PLAN III, B3 - *Av. Peron à l'angle avec Caraguata - ✆ 03757 42-0151 - www.eltioquerido.com.ar - fermé jeu.-sam. soir et lun. midi - plats 3000/3200 pesos.* Une table de référence à Puerto Iguazú, dans la tradition argentine. Pour un bon *asado* de cette viande unique au monde, accompagné d'un fameux cru argentin, c'est l'endroit ! Demandez conseil au sommelier : il vous guidera avec une grande attention.

Boire un verre

À Foz do Iguaçu

☺ La plupart des bars sont concentrés le long de l'Av. Jorge Schimmelpfeng (PLAN II, B2).

Rafain Chopp – PLAN II, B2 - *Av. Jorge Schimmelpfeng 450 - ✆ (45) 3523-5373 - 11h30-2h30.* Bar à bières fréquenté par les jeunes Brésiliens et les backpackers de l'auberge de jeunesse toute proche. Terrasse et musica *ao vivo*.

Activités

Excursions

À Foz do Iguaçu

Macuco Safari – - *www.macucosafari.com.br - 9h-17h - excursion de 2h ; dép. ttes les 15mn - 386 R$ env./pers. (enf. 193 R$.*

2

À mi-chemin entre l'entrée du parc et l'hôtel das Cataratas, le bus fait un arrêt devant le portail d'entrée de Macuco Safari, une entreprise qui propose des excursions sur la rivière et dans la forêt : balade en Jeep et à pied dans la jungle, puis remontée en rafting jusqu'au pied des chutes. Sensations fortes et douche garanties ! Prévoir un ciré ou un vêtement de rechange. Autre formule proposée : balade guidée de 1h en forêt, en voiture électrique et à pied *(193 R$)*.

Hébergement

À Foz do Iguaçu

Située à moins de 20 km des chutes, Foz do Iguaçu est une ville moderne, sans grand intérêt, mais où se trouvent les hôtels et les restaurants. Il est facile de s'y loger, quel que soit son budget, car l'offre est abondante. L'Avenida das Cataratas, sur le chemin des chutes, est notamment ponctuée d'une série d'hôtels de chaînes. N'hésitez pas à négocier les prix.

Premier prix

1 **Hostel Bambu** – PLAN II, B2 - *R. Edmundo de Barros 621 - Centro - ✆ (45) 3027-3661 - - dortoir (6-10 pers.) 69 R$/pers. ; ch. double (sdb partagée) 139 R$*. Une grande maison dans un quartier résidentiel, transformée en auberge de jeunesse. Cuisine dans le jardin, salon commun et collection de téléphones rouges des années 1960 en guise de déco. Petite piscine. Bar. Accueil en français possible.

Budget moyen

6 **Pousada Sonho Meu** – PLAN II, A1 - *R. Mem de Sá 267 - Jardim Festugatto - ✆ (45) 3573-5764 - - 28 ch. 228/361 R$*. Charmante pousada tout près de la gare routière locale, d'où partent les bus pour l'aéroport et pour les chutes, côté brésilien ou argentin. Transats autour de la piscine au milieu d'un joli jardin sur lequel s'ouvre la salle de petit-déjeuner. Chambres petites mais confortables. Cuisine collective. Accueil chaleureux de la propriétaire.

5 **Pousada El Shaddai** – PLAN II, A1 - *R. Engenheiro Rebouças 306 - ✆ (45) 3025-4490 - www.pousadaelshaddai.com.br - - 20 ch. 214/475 R$*. Une belle maison particulière transformée en pension. Bien arrangée et confortable. Petite piscine dans un patio à l'arrière et jolie salle de petit-déj. Accueil très chaleureux et chambres doubles dignes d'un hôtel.

8 **Villa Canoas** – PLAN II, B1 - *Av. República Argentina 926 - Centro - ✆ (45) 3028-6651 - www.hotelvillacanoas.com.br - P - 27 ch. 192/332 R$ selon la saison.* Hôtel sans charme particulier, mais central. Chambres correctes et belle salle de petit-déjeuner. L'agence dans l'hôtel propose des excursions.

7 **San Rafael Hotel** – PLAN II, B1 - *R. Almirante Barroso 1660 - ✆ (45) 3523-1611 - www.hotelsanrafael.net - - 110 ch. 210/280 R$ -* En plein centre, cet établissement constitue une option confortable pour un séjour en ville. Chambres propres et spacieuses (évitez néanmoins celles côté rue, un peu bruyantes), petit-déjeuner copieux et personnel parlant français ou anglais. Dispose d'une agence de voyages.

3 **Hotel del Rey** – PLAN II, A1 - *R. Tarobá 1020 - ✆ (45) 8834-1873 - www.hoteldelreyfoz.com.br - - 91 ch. 297/573 R$*. Un très bon rapport qualité-prix comparé aux autres hôtels situés dans les parages. Les chambres, modernes, propres et confortables, sont toutefois peu spacieuses et sans vue. Petit-déjeuner copieux (buffet) et petite piscine sur le toit.

Une folie

1 Belmond Hotel das Cataratas – PLAN I - *Rodovia Br 469 - km 32 - ✆ (45) 2102-7000 - www.belmond.com - 193 ch. et suites 2800/4800 R$* - Au plus près des chutes d'Iguaçu, un hôtel magnifique, idéal pour profiter du site tôt le matin ou le soir après le départ de la foule. Il occupe un bâtiment rose pastel des années 1950 à la déco intérieure très vintage. Chambres et personnel impeccables. Spa, tennis, fitness, grande piscine chauffée dans le jardin. Le restaurant Itaipu, fabuleux, invite à déguster une cuisine fusion délicieuse, tout en contemplant la vue imprenable sur les cataractes.

À Puerto Iguazú (Argentine)

Nous vous conseillons de loger à Puerto Iguazú plutôt qu'à Foz : bourgade moins grande, plus calme et plus charmante. Peu d'immeubles, mais des petites maisons en briques avec jardins, transformées en auberges, dans des rues arborées.

Budget moyen

7 La Sorgente – PLAN III, B3 - *Av. Córdoba 454 - ✆ 3757 42 2756 - - 23 ch. 15200/34300 pesos* - . Une piscine en huit dans une végétation tropicale, au milieu d'un patio. Tout autour, des chambres très confortables ouvrant sur un balcon à balustrades. En bas, salon et salle à manger décorés avec goût. Le restaurant La Toscana propose une carte de plats italiens. Un petit hôtel de charme.

Pour se faire plaisir

6 Jardin de Iguazú – PLAN III, B3 - *Calle Bonpland 274 - ✆ 03757 42-4171 - www.jardindeiguazu.com.ar - - 21 ch. 20100/50700 pesos* - . Un hôtel sympa, moderne et confortable, au cadre agréable et bien situé dans le centre-ville. Petite piscine avec coin Jacuzzi, chambres aux teintes pastel dont les fenêtres donnent sur la terrasse intérieure.

Une folie

4 Meliá Iguazú – PLAN I - *Parque Nacional Iguazú - ✆ 03757 49-1800 - www.melia.com - - 180 ch. 80000/237500 pesos* - . Une barre de béton qui défigure la jungle : voilà ce qu'on pense en découvrant l'hôtel. Mais il offre un panorama extraordinaire sur les chutes. Chaque lieu donne l'occasion d'admirer ce site unique : depuis le balcon de la chambre, au restaurant, et dans la piscine. La décoration contemporaine n'est pas très originale, mais la sensation de s'offrir un hôtel d'exception est bien là.

Curitiba et ses environs

L'incroyable œil de béton et de verre qui abrite le musée Oscar Niemeyer en est le symbole : Curitiba regarde vers le futur. C'est d'ailleurs pour cette raison qu'elle est elle-même très regardée. Parce qu'elle génère l'un des PIB les plus importants du Brésil, la capitale du Paraná est considérée comme un modèle de développement, non seulement dans le reste du pays, mais au-delà des frontières également : « La ville la plus innovante du monde », d'après le sommet mondial des maires, en 1996, et une référence pour Los Angeles qui s'est inspirée de son système de transports publics. Encore aujourd'hui, des multinationales désireuses de conquérir le marché brésilien y installent leurs usines. À cela s'ajoute l'image d'une ville « écolo », une des premières du Brésil à avoir instauré le tri sélectif. Curitiba, « ville des pins » en langue guarani, fascine. Mais dire au visiteur européen qu'il la trouvera fascinante, c'est un peu forcer le trait. Elle mérite toutefois qu'on s'y arrête, en escale pour Iguaçu ou le Sud, la Serra do Mar ou la paradisiaque Ilha do Mel.

Se repérer

1908 359 hab. - Capitale du Paraná

CARTE C2 P. 186.

Texte ci-dessous.

À ne pas manquer

Le musée Oscar Niemeyer.

Organiser son temps

En raison de l'altitude, durant l'hiver, en juillet-août, les températures peuvent avoisiner 0 °C. Prenez donc de quoi vous couvrir !

Carnet pratique p. 202

Nos adresses p. 203

Se promener

Le centre-ville s'articule autour de la **R. 15 de Novembro**, une rue piétonne menant de la R. 24 Horas, véritable galerie de restaurants, au teatro Guaira. Un peu plus au nord s'étend le **Largo da Ordem**, le centre historique.

★★ Largo da Ordem

Centre historique de Curitiba, ce quartier piétonnier aux façades colorées est la seule partie un peu charmante de la ville. Chaque dimanche matin, la rue se transforme en **marché artisanal** très animé.

★★★ Museu Oscar Niemeyer

R. Marechal Hermes 999 - ✆ (41) 3350 4400 - www.museuoscarniemeyer.org.br - mar.-dim. 10h-17h30 - 30 R$, gratuit merc.

Construit dans les années 1960 par le célèbre architecte Oscar Niemeyer, concepteur de la ville de Brasília, ce bâtiment abritait à l'origine l'Institut d'éducation du Paraná. Utilisé ensuite par le gouvernement de l'État, il a été transformé en musée en 2002 et, à cette occasion, un bâtiment en forme d'œil a été ajouté au hall

Le musée Oscar Niemeyer conçu par l'architecte.
R. Cassiano/dpa/age fotostock/ © NIEMEYER, OSCAR /Adagp, Paris 2023

principal. Un délire architectural génial comme seul Niemeyer en avait le secret, nouveau symbole pour la ville. Il abrite une collection permanente d'œuvres et de projets du célèbre architecte et accueille des expositions de design et d'art contemporain.

Une ville innovante

Comme souvent dans le « Nouveau Monde », tout a commencé par la découverte d'or près de Paranaguá, au début du 17e s. En remontant la Serra do Mar jusqu'aux hauts plateaux, les chercheurs d'or, épuisés, se font aider par un chef indien. Il les conduit vers une clairière en leur disant « *Taki keva, kurytyba* » (Ici, beaucoup de pins), ce qui signifie qu'il y a de quoi manger, les pignons constituant alors la base de l'alimentation des Indiens. Le village de Nossa Senhora da Luz dos Pinhais est fondé en 1693 ; il est rebaptisé Curitiba en 1721. Rapidement il s'agrandit, devenant une étape sur la route des troupeaux, entre le Rio Grande do Sul et São Paulo. Mais c'est le développement de la culture de l'herbe à Maté et du café, au début du 19e s., qui lance véritablement la croissance de la région. S'ajoute l'afflux de colons venus d'Allemagne d'abord, puis de Pologne, d'Italie et d'Ukraine. Au milieu du 20e s., la croissance de la ville est telle que la municipalité met en place un plan d'urbanisme : organisation de la circulation automobile, développement des transports publics, politique d'espaces verts. En 1996, le sommet mondial des maires désigne Curitiba comme la ville la plus innovante du monde. Une image qui participe à son **développement économique**, car elle lui permet d'attirer de nombreuses entreprises étrangères, notamment des **constructeurs automobiles** dont Renault. Mais, rançon du succès, comme toutes les grandes villes du Brésil, Curitiba doit désormais faire face au développement des favelas et à la croissance de l'insécurité. Saura-t-elle adapter sa gestion à cette évolution ?

★ Coleção Frans Krajcberg

R. Professor Lothário Meissner, Jardim Botânico - fermé pour une durée indéterminée.
Quel lieu plus approprié qu'un jardin botanique pour abriter les œuvres végétales de ce sculpteur militant contre la déforestation. Né en Pologne, Frans Krajcberg (1921-2017) a étudié les Beaux-Arts en Allemagne, puis en France, avant de s'installer au Brésil en 1948 avec l'aide de Chagall dont il était l'élève. À partir des années 1960, il se met à sculpter des arbres calcinés par la déforestation et rédige, en 1978, le *Manifeste du Naturalisme intégral*, donnant ainsi à son art une couleur militante. Cet espace rend hommage à cet homme qui a mis son art au service de la défense de l'environnement.

Excursion

CARTE P. 186

Morretes C2

À 70 km à l'est de Curitiba et à 15 km de l'océan – Comptez une journée.
Au 18e s., Morretes est un passage obligé sur la route reliant le port de Paranaguá à la capitale du Paraná, située sur un haut plateau à 900 m d'altitude, au sommet de la Serra do Mar. Bientôt, on trouve des filons d'or autour du Rio Nhundiaquara et, en 1890, une ligne de chemin de fer est construite. Morretes n'est plus alors qu'une simple gare entre le port et la capitale. Aujourd'hui encore, on peut rejoindre cette petite ville coloniale en train depuis Curitiba ; une des plus anciennes lignes ferroviaires du Brésil, désormais purement touristique, mais qui offre des vues exceptionnelles sur la Serra do Mar, ces montagnes recouvertes de jungle qui plongent vers le littoral. Dans le charmant centre historique, au bord du fleuve, la principale activité consiste à déguster la spécialité locale, le *barreado*, un plat venu des Açores.

Carnet pratique

S'informer

Office de tourisme – CAT, *R. Eng. Ostoja Roguski 690, Jardim Botânico- ✆ (41) 3362 3831- www.turismo.curitiba.pr.gov.br* ; à l'**aéroport** - *✆ (41) 3381 1153.*

Arriver/Partir

De Curitiba

En avion – Aéroport international Afonso Pena - *Av. Rocha Pombo s/n, São José dos Pinhais - ✆ (41) 3381 1515 - www.ccraeroportos.com.br.* Vols directs depuis São Paulo, Rio, Foz do Iguaçu, Porto Alegre, Brasília, Belo Horizonte ou Buenos Aires. L'aéroport se trouve à 18 km au sud est du centre, qu'on peut rejoindre par le bus urbain ligne 505, 9 R$. En taxi, comptez 60/70 R$ env.

En bus – Rodoferroviária (gare routière et ferroviaire) - *Av. Presidente Affonso Camargo 330 - ✆ (41) 3320 3000.* Bus au dép. et en provenance de toutes les régions du Brésil, ainsi que pour le littoral. C'est de là que part le petit train pour Morretes.

Vers Morretes

En train – Dép. de la rodoferroviária de Curitiba à 8h30. Arrivée à Morretes à 11h30, retour pour Curitiba le jour même à 15h *(calendrier des départs sur le site Internet)*. Trois classes (tarif aller seult) : Turistica *175 R$*, Boutique *345 R$*, Litorina Luxo *395 R$*. Également formule avec visite de Morretes, déjeuner et retour à Curitiba en mini bus : *379/449/509 R$* selon la classe. Pour les w.-ends, il est recommandé de réserver une à deux semaines à l'avance auprès de la **Serra Verde Express** - *(41) 3888 3488 - www.serraverdeexpress.com.br*.

En voiture – L'itinéraire est moins impressionnant qu'en train. Le voyage en voiture ne vaut le coup qu'à condition d'emprunter la Graciosa, l'ancienne route sinueuse d'avant la construction de l'autoroute. En sortant de Curitiba, prendre la direction Paranaguá, rouler 30 km, puis quitter l'autoroute pour suivre l'itinéraire de la Graciosa.

En bus – De la gare routière de Curitiba,5 dép./j. Durée : 1h40. *35 R$*.

Se déplacer

En bus

Il est facile de circuler dans Curitiba, ville célèbre pour son système de transports publics, sorte de métro de surface avec voies de bus dédiées. Les stations, en forme de tube de verre et de métal, sont vite repérables. Il existe aussi un bus touristique qui permet de découvrir les différents points d'intérêt de la ville. Dép. ttes les 30mn de la Praça Tiradentes (**Linha Turismo** - *mar.-dim. 9h-17h30 - 50 R$ - possibilité de descendre et remonter à sa guise dans les 24h après le premier trajet - audioguide en portugais, anglais et espagnol*).

En voiture

Pratique pour rejoindre le littoral et en particulier Ilha do Mel.

Adresses utiles

Banque/Change

Banco do Brasil et bureau de change – *À l'aéroport*. **Banco 24 Horas** – *À la gare routière*. **Banco do Brasil** – *Praça Tiradentes 410 :* change 10h-16h.

Poste

Bureau central – *R. 15 de Novembro 700 - lun.-vend. 9h-17h.*

Urgences/Santé

Hospital Cajuru – *Av. São José 300 - (41) 3271 3000.*

Consul honoraire de France

À l'Alliance française - R. Prudente de Moraes, 1101 - (41) 9 9955 9159.

Nos adresses

Restauration

À Curitiba

Dans cette ville construite par des familles allemandes, italiennes, polonaises ou encore ukrainiennes, on peut goûter toutes les traditions culinaires !

Premier prix

Maison de thé Krakowiak – *R. Wellington de Oliveira Vianna 40 - (41) 3026-7462 - fermé lun. midi - plats 40 R$.* Devant l'entrée du Bosquet Papa João Paulo II, une petite maison de pionniers polonais, avec ses chaises en bois sculptées, ses tapisseries de Cracovie et sa vaisselle peinte. Plats typiques : *bortsch* (soupe), *goulasch* (viande) et pâtisseries.

2

Budget moyen

Bar do Alemão – *R. Dr Claudino dos Santos 63 - ✆ (41) 3223-2585 - www.bardoalemaocuritiba.com.br - ouv. tlj, service continu - plats 39,50/139 R$/2 pers.* Un véritable Biergarten à la bavaroise en plein Largo da Ordem, le centre historique de la ville ! Rien ne manque : les tables en bois dans le jardin, la musique du sud de l'Allemagne et la bière qui coule à flots. Au menu, saucisses bien sûr, mais aussi *Apfelstrudel* et même du sanglier ! Un voyage dans le voyage.

Mangiare Felice – *R. Rocha Pombo 397 - Juvevê - ✆ (41) 3254-7643 - fermé lun. - 98/227 R$/2 pers.* Nappes à carreaux rouges et verts, maillots de foot pendus au plafond et musique napolitaine. Une vraie cantine italienne devenue une institution et où la tradition veut que pour souhaiter l'anniversaire d'un client, les garçons fassent tomber leurs plateaux par terre dans un fracas délirant ! Délicieux antipasti, plats copieux et ambiance chaleureuse.

Pour se faire plaisir

À Morretes

Incontournable à Morretes : le *barreado*. Ce plat délicieux nécessite 20h de cuisson dans une marmite en terre cuite, pendant lesquelles la viande de bœuf se sépare en filaments et se mélange à la farine de manioc. Ce plat est généralement servi avec du riz, des oranges fraîches et des bananes. Un petit verre de *cachaça* de banane en apéritif est vivement recommandé !

Budget moyen

Casarão – *Largo Doutor José Pereira 25 - ✆ (41) 3462-1314 - merc.-lun. 11h-15h (16h le w-end) - env. 65 R$.* Près du vieux pont métallique, au bord de l'eau, une autre bonne adresse spécialisée dans le barreado.

Hébergement

De nombreuses possibilités d'hébergement dans le centre-ville de Curitiba. Attention, souvent bruyant.

Budget moyen

Hotel Brasilia – *R. Presidente Carlos Cavalcanti 540 - ✆ (41) 3018-6811 - www.hotelbrasiliacuritiba.com.br - 54 ch. 283/378 R$* ☕. Un petit hôtel en bon état en plein centre-ville. Parquet dans les chambres. Demandez plutôt celles sur l'arrière, car l'avenue est très passante.

Ilha do Mel ★★

Quelle est l'origine du nom de cette petite île en forme de baleine, à l'entrée de la baie de Paranaguá ? Un certain Amiral Mehl, ou la pratique de l'apiculture sur l'île, ou le goût prononcé pour le miel des Indiens Carijos, ou encore la couleur jaune des eaux côté continent, due au mélange de l'eau douce et de l'eau salée ? Les légendes sont nombreuses, personne ne sait vraiment. Une chose est sûre toutefois : la vie sur cette île paradisiaque a la douceur du miel. Au 18e s., elle servit tout de même de barrière de défense face aux navires ennemis et Dom José, roi du Portugal, y fit construire une forteresse mais, aujourd'hui, c'est un havre de paix. Inscrite sur la liste du Patrimoine mondial par l'Unesco, elle est gérée, depuis 1992, en tant que « réserve de biosphère », par l'Institut environnemental du Paraná. Les voitures y sont interdites, les constructions très réglementées et le nombre de visiteurs limité à 5000 personnes en simultané. Ici donc, un seul mot d'ordre : prendre le temps, revenir à l'état de nature en marchant pieds nus sur les sentiers sablonneux et ne se nourrir que des produits de la mer. Autre impératif : surfer sur les vagues ou regarder les autres le faire en laissant s'écouler la vie, au ralenti...

Se repérer

1000 hab. - 27,6 km2 de surface et 35 km de périmètre

CARTE C2 P. 186.

À ne pas manquer

Grimper au Farol das Conchas et admirer le lever du soleil ; marcher de Brasília à Encantadas, en passant par Praia Grande.

Organiser son temps

Surtout ne pas oublier chapeau et crème solaire car le soleil est particulièrement fort sur l'île. Penser à la lotion antimoustique, pour la nuit. Retirer de l'argent à Paranaguá car il n'y a pas de banque sur l'île et très peu d'établissements acceptent le paiement par carte.

Carnet pratique p. 207

Nos adresses p. 207

2

Se promener

CARTE P. 186

★★ Farol das Conchas C2

Construit en 1872 sur ordre de Dom Pedro II, ce phare destiné à guider les navires dans la baie de Paranaguá se trouve sur une colline d'où la vue est panoramique sur toute l'île, la baie et le continent. Un conseil : grimpez la colline au lever du soleil pour éviter les grosses chaleurs et profiter des plus belles lumières.

★★★ Praia Grande C2

Immense plage déserte et sauvage où les surfeurs viennent déployer leur talent. Sensation, au milieu de cette plage gigantesque, d'être Robinson Crusoé à peine échoué.

Ilha do Mel.
FernandoPodolski/Getty Images Plus

★★★ Brasília-Encantadas à pied C2

Comptez 2h (4,8 km).

Le séjour sur une île a souvent tendance à ramollir le voyageur de passage qui ne fait rien d'autre que bronzer sur la plage. Mais séjourner à Ilha do Mel sans marcher entre Brasília et Encantadas, en passant par Praia Grande et Praia do Miguel, tient du gâchis. La meilleure option consiste à partir au lever du soleil, pour éviter les grosses chaleurs, et à prendre un bain de mer en cours de route.

★ Fortaleza C2

À 1h30 de marche de Brasília (4 km).

Cette forteresse, construite sur ordre du roi du Portugal en 1767 pour protéger la baie de Paranaguá, livra un terrible combat contre un navire anglais en 1850, resté dans les mémoires comme le « combat du *Cormorant* ». Aujourd'hui, on peut encore admirer la forteresse et ses canons, sur la côte est de la partie la plus grande de l'île, pratiquement déserte.

Se repérer

L'essentiel de la vie sur l'île se passe sur sa partie la plus petite, la « queue de la baleine ». On compte deux hameaux : **Encantadas**, à l'extrême sud et **Brasília**, au centre, au point de jonction entre les deux parties de l'île. Les bateaux venant de Paranaguá font un arrêt dans chacun de ces villages. Un sentier, à l'intérieur de l'île, les relie (comptez 2h de marche). Sur la partie la plus grande de l'île se trouve la forteresse **N. S. dos Prazeres**, quelques *pousadas* et, au centre, une grande forêt, réserve écologique.

Carnet pratique

Arriver/Partir

En voiture

Rejoignez d'abord le port de Paranaguá, à 90 km à l'est de Curitiba. Une autoroute en très bon état relie les deux villes. Comptez 2h. Dirigez-vous ensuite vers le centre historique de Paranaguá (et non le port industriel) où se trouve l'ancien port : c'est de là que partent les bateaux pour l'île. Laissez votre voiture dans un des petits parkings privés situés derrière le port.

En bus – De la gare routière de Curitiba, compagnie **Viação Graciosa** - *✆ (41) 3304 0850 - www.viacaograciosa.com.br - 7 dép. /j. - 6h40-20h25 - durée : 1h30 - 45 R$.*

En bateau

Départ du vieux port, dans le centre de Paranaguá, depuis le quai situé devant la gare nautique (*Trapiche da Rua da Praia*). Dép. à 9h30 et 15h30. Durée : 1h30 jusqu'à Brasília, puis 30mn supplémentaires pour Encantadas. Retour d'Encantadas à 7h30 et 16h30, 30mn plus tard de Brasília (horaires supplémentaires entre déc. et fév., renseignez-vous auprès de l'association de transporteurs maritimes

Abaline – *✆ (41) 3455 2616 - www.abaline.com.br.* Les billets sont en vente sur le quai : 55 R$ AR. Arrivez un peu en avance, en particulier le w.-end, quand il y a affluence, mais aussi pour avoir le temps de vous promener un peu dans les jolies ruelles coloniales de Paranaguá. Depuis le Pontal Sul de Paranaguá, dép. ttes les heures, de 8h à 17h (18h le w.-end),45 R$ AR.

Se déplacer

À pied – L'idéal pour visiter l'île. Les sentiers sont balisés.

À vélo – Possibilité de louer des vélos à Brasília, près du restaurant Toca do Abutre. Recommandé pour aller voir la Fortaleza, sur le sable dur et mouillé, mais dans les sentiers où le sable est mou, impossible !

En bateau – Des pêcheurs font très régulièrement bateau-taxi entre Brasília et Encantadas. Présentez-vous au ponton et demandez. Le prix varie selon le nombre de pers. Comptez au moins 20 R$ pour 15mn de trajet.

Adresses utiles

Banque/Change

☺ Attention, il n'y a pas de banque sur l'île. Il faut donc retirer de l'argent à Paranaguá.

Bradesco – *R. Faria Sobrinho 188.*

Nos adresses

Restauration

Côté Brasília

Premier prix

Toca do Abutre – *Praia do Farol - ✆ (41) 3426-8007 - ouv. tlj, service continu - 16/167 R$ le plat.* Dans le hameau de Brasília, à 100 m du ponton d'arrivée des bateaux, une grande terrasse donnant sur la Praia do Farol. Dans la journée, une paillote garantit un peu d'ombre et, le soir, on dîne sous les étoiles en profitant de l'air marin au son du reggae brésilien. Au menu : poissons, crevettes et calamars.

Hébergement

Encantadas est beaucoup plus bruyant et agité que Brasília. Avis aux fêtards ! Les *pousadas* les plus calmes se trouvent à proximité de Praia de Fora et de Praia Grande.

Côté Brasília

Pour se faire plaisir

Pousada Plancton – *Praia de Fora - ☏ (41) 3426-8061 - pousadaplancton.com.br - 23 ch. à partir de 554 R$*. À 100 m de Praia de Fora, au milieu d'un grand jardin herbu, une maison en planches comme celle que les pionniers construisaient au 19e s. Sous l'auvent, des hamacs se balancent, prêts pour la sieste. À l'intérieur, des chambres simples et propres, et à l'arrière, trois petits appartements en duplex. Sous la paillote, une *lanchonete* propose de délicieux sandwichs *naturais* et un dessert réputé dans toute l'île : le *maracolate*, un mélange de gâteau au chocolat et de fruits de la passion.

Une folie

Grajagan Surf Resort – *Praia Grande - ☏ (41) 3426-8043 - www.grajagan.com.br - - 26 ch. 926/1400 R$* - . Les pieds dans le sable, à même la plage : cette pousada offre un vrai confort, mais ne dénature pas Praia Grande, l'une des plages les plus sauvages de l'île. Même les appartements en duplex ne dépassent pas la hauteur établie par la loi sur l'île, et grâce aux arbustes plantés juste devant, on la devine à peine depuis la plage.

Côté Encantadas

Pour se faire plaisir

Hotel Marimar – *Praia das Encantadas - ☏ (41) 3426-9052 - www.pousadamarimar.com.br - 23 ch. 309/875 R$ (en haute saison)*. Un hôtel tout en bois, donnant sur la plage d'Encantadas. Les chambres n'ont malheureusement pas vue sur la baie. Charmant patio pour le petit-déjeuner.

Florianópolis et l'île de Santa Catarina★★

D'énormes rouleaux bleu turquoise explosent dans un fracas assourdissant avant de venir lécher de leur écume le sable immaculé de cette plage déserte qui s'étend sur des kilomètres. La puissance de l'océan est telle que des nuages d'embruns planent à la surface des flots avant de s'envoler vers les collines couvertes de jungle. Le jour vient de se lever et on imagine les explorateurs débarquant ici, épuisés et heureux. Cris de victoire avant un repos bien mérité, après tant de jours en mer. Courage et inconscience de ces hommes qui partaient pour l'inconnu… Aujourd'hui, leurs héritiers virevoltent sur les vagues avec leurs planches de surf. Escale sur la route du Rio de la Plata au 16e s., l'île de Santa Catarina, plus connue sous le nom de sa capitale, Florianópolis, s'est fait un nom en tant qu'étape du championnat du monde des rois de la glisse. Point d'ancrage pour voyageurs à la recherche d'un havre de paix, elle l'est restée. Les navigateurs ont juste cédé la place aux touristes qui viennent « poser l'ancre » pour les vacances et explorer la centaine de plages dont la splendeur fait la réputation de l'île dans le Brésil tout entier.

2

Se repérer

485 838 hab. - Capitale de l'État de Santa Catarina

CARTE C3 P. 186. PLAN DE FLORIANÓPOLIS P. 210, CARTE DE SANTA CATARINA P. 213.

À ne pas manquer

Praia dos Naufrágos, à l'extrême sud de l'île ; manger des crevettes face à la mer, à Riberão da Ilha ; admirer les prouesses des surfeurs sur les vagues de Praia do Matadeiro et s'essayer au surf des sables sur les dunes de Joaquina ; sillonner en bateau la Lagoa, le lac du centre de l'île.

Organiser son temps

Louer une voiture pour sillonner toute l'île. Essayer d'éviter la période du carnaval.

Carnet pratique p. 215

Nos adresses p. 216

Se promener à Florianópolis

PLAN P. 210

Même si elle s'est étendue sur le continent – à 500 m à peine et y est reliée par trois ponts –, Florianópolis reste à 90 % insulaire. Une ville moderne, mais dont le centre historique a gardé son charme et mérite une visite. La Praça 15 de Novembro en est le point central. Les anciens s'y retrouvent pour prendre le frais à l'ombre de l'énorme figuier centenaire.

Le centre historique de Florianópolis est assez réduit. Il s'étend autour de la **Praça 15 de Novembro** et du **Mercado Municipal**.

Museu Histórico de Santa Catarina B2

Palácio Cruz e Souza, Praça 15 de Novembro 227 - ℘ (48) 3665-6363 - -mar.-vend. 10h-18h, w.-end 10h-16h - 5 R$.

Inauguré en 1740, ce palais servit d'abord de résidence au gouverneur de l'État de Santa Catarina avant de devenir, en 1954 et jusqu'au milieu des années 1980, le siège du gouvernement. En 1924, des architectes uruguayens d'origine italienne furent appelés pour modifier son architecture selon le goût de l'époque : grand hall, large escalier en marbre de Carrare, murs recouverts de fresques imitant le papier peint et très beau parquet bicolore, notamment dans le salon de musique.

★ Mercado Municipal B2

R. Conselheiro Mafra 255 - ℘ (48) 3225-8464 - www.mercadopublicofloripa.com.br - lun.-vend. 7h-19h, sam. 7h-14h (les restaurants ferment plus tard), dim. 7h-12h.

À l'époque de sa construction, en 1898, le marché municipal se trouvait au bord de l'eau. Depuis, un large remblai a été construit pour faire passer la grande avenue, mais il reste un point névralgique au cœur du centre-ville. Poissonniers et maraîchers ouvrent leurs échoppes dès les premières heures du jour. On vient y déjeuner, dans les petits restaurants de l'intérieur ou sous les arcades.

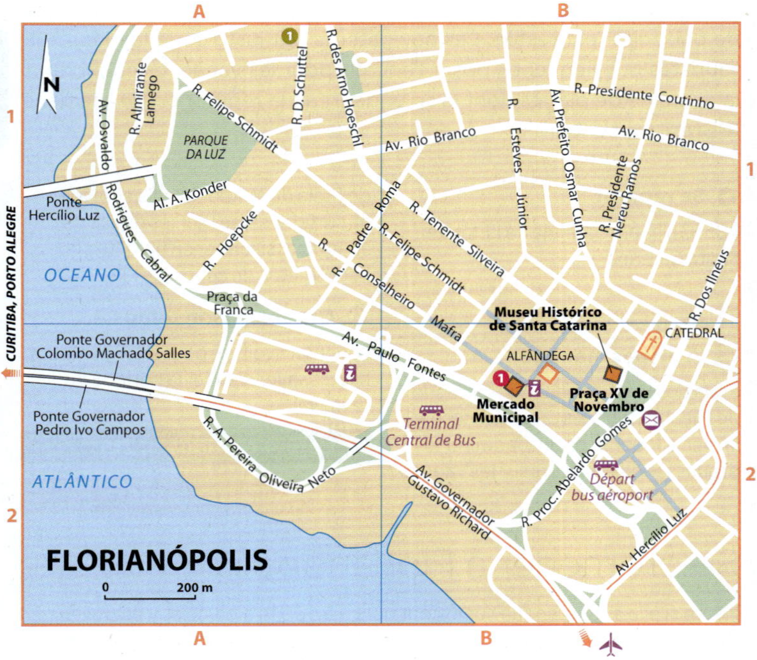

SE RESTAURER		SE LOGER	
Box 32	1	Hostel Floripa	1

Florianópolis.
Iuoman/Getty Images Plus

Une position stratégique

Dès le 16e s., de nombreux navigateurs portugais et espagnols en route vers le Rio de la Plata font halte sur cette île, alors appelée **Ilha dos Patos** (l'île des canards), pour s'approvisionner en eau douce et en nourriture. Sebastião Caboto, de passage en 1524, la baptise **Santa Catarina**. Il faut attendre 1675 pour que des Européens s'installent sur l'île. **Francisco Dias Velho** et sa famille fondent Nossa Senhora do Desterro sur le site actuel de Florianópolis. Ils construisent une église, quelques maisons, mais le naufrage de pirates anglais au nord de l'île (une plage porte encore leur nom) tourne au drame : Dias Velho capture certains d'entre eux, mais subit rapidement la revanche de leurs compagnons. Le village est mis à feu et à sang, son fondateur tué d'une balle dans la tête. La toute première colonie tombe alors en décrépitude et le navigateur français Amédée François Frézier, qui passe ici en 1712, écrit dans son journal qu'une centaine de Blancs seulement habitent encore l'île. Vingt-cinq ans plus tard, le roi du Portugal entend parler de l'île et de sa position stratégique entre Rio de Janeiro et le Rio de la Plata. Il lance la construction de forteresses militaires pour contrôler la région. Une capitainerie est fondée, puis la colonisation renforcée grâce à l'arrivée, dès 1748, de plusieurs milliers de familles venues des Açores. Desterro se transforme en petite ville ; en 1823, elle devient la capitale de la province de Santa Catarina. En 1894, elle est rebaptisée **Florianópolis** en hommage au second président de la République du Brésil, le maréchal Floriano Peixoto. Aujourd'hui, avec plus de 400 000 hab., la ville est considérée comme une des capitales d'État les plus agréables du Brésil. L'île de Santa Catarina, restée la plus grande productrice d'huîtres du pays, vit essentiellement du **tourisme**.

★★ Île de Santa Catarina

PLAN DE L'ÎLE CI-CONTRE

54 km de long et 18 km à l'endroit le plus large : l'île de Santa Catarina s'explore facilement en voiture ou en bus grâce à un très bon système de transports publics. La marche reste toutefois la façon la plus agréable de la découvrir, les sentiers, nombreux et balisés sur la côte comme dans l'intérieur, offrant de magnifiques points de vue..

Côte sud-ouest

Ironie de l'histoire, la première région peuplée par les colons portugais est aujourd'hui la moins visitée. Elle demeure donc la plus authentique : villages de pêcheurs avec leurs petites maisons açoriennes de couleurs au pied des montagnes couvertes de jungle, étroites plages aux eaux calmes face au continent, parcs à huîtres... Ici, la mer ce n'est pas la plage, mais la pêche ! Un plongeon dans les racines historiques et culturelles de l'île de Santa Catarina, loin des foules de touristes.

★★ Ribeirão da Ilha A3

C'est dans cette baie que le navigateur Sebastião Caboto jeta l'ancre au début du 16e s., et on le comprend quand on compare le calme des eaux sur cette partie de l'île tournée vers le continent aux énormes vagues de la côte est. À l'époque vivait ici une petite communauté d'Indiens carijós. Les premiers colons venus des Açores au début du 18e s. vinrent également s'y installer. Ils y construisirent leurs maisons blanches aux volets de couleur et développèrent la pêche. Rien ne semble avoir changé depuis, ou presque. La pêche demeure la première source d'activité (excellents restaurants de fruits de mer), le tourisme s'étant peu développé ici. À noter : la **Pousada do Museu** (*p. 217*) accueille un petit musée de la culture açorienne.

★★★ Praia dos Náufragos A4

Du centre, 43 km dont 12 de piste jusqu'à Caeira da Barra do Sul. Parkings gardés au bout de la route d'où part le sentier conduisant à la plage (3 km). Bus 410 ou 430 pour Rio Tavares, puis bus 561 jusqu'au terminus.

L'Histoire raconte que deux navires transportant 250 colons en provenance des Açores auraient fait naufrage ici, en 1753. Seuls 77 d'entre eux auraient survécu. Tragique destin qui a donné son nom à cette plage, une des plus belles de l'île, en tout cas la plus sauvage.

1 km plus loin, sur la colline, plus à l'est, on rejoint un **fort** construit en 1909, puis le **phare** *(2h de marche)*.

Sud-est de l'Île

Changement de décor par rapport au sud-ouest de l'île : ici, c'est la plaine. Les plages sont bien plus larges et ouvertes sur l'océan, avec des vagues qu'apprécient les surfeurs. Le tourisme y est donc plus développé, même si cela reste nettement plus calme que dans le centre ou le nord de l'île.

★★ Praia do Saquinho A4

Depuis l'extrémité sud de Praia da Solidão, grimpez au milieu des dernières maisons et rejoignez le sentier qui conduit à cette charmante petite plage *(20mn de marche à flanc de colline)*. Quelques pêcheurs y vivent encore.

Faites durer la promenade en montant jusqu'au **bar do Quirino** qui vous proposera de déguster sa pêche du jour sur sa petite terrasse en bois bleue d'où la vue est fabuleuse.

Et si vous êtes en forme, continuez jusqu'à **Praia dos Náufragos** (*ci-contre ; 3h de marche*).

★ Praia do Matadeiro B4

Accessible à pied seulement, en franchissant le ruisseau au bout de Praia da Armação *(5mn de marche)*. Cette plage (850 m) est très appréciée des surfeurs.

Morro das Pedras B3

En remontant vers le centre de l'île, au niveau des grosses roches carrées à l'extrémité nord de Praia da Armação. Dans le virage, une petite route, à gauche, monte vers la **Casa de Retiros Vila Fátima**, un couvent de jésuites *(lun.-vend. 7h-21h, sam. 7h-15h20, dim. 8h30-16h50)* ; la vue sur le sud de l'île mérite vraiment le détour *(route ouverte tlj de 8h à 18h)*.

Centre-est de l'Île

Des dunes de Joaquina aux énormes vagues de Praia do Moçambique en passant par la *Lagoa*, ce grand lac d'eau douce relié à l'océan par le petit port de **Barra da Lagoa**, voilà la diversité des paysages et des reliefs du centre-est de l'île, qui lui confère toute sa splendeur. La ville même de Lagoa souffre d'un trafic incessant et n'a pas grand intérêt, hormis le port d'où partent les bateaux pour le village de Costa da Lagoa. Mieux vaut rejoindre rapidement la côte est.

★★ Dunes de Joaquina B3

Coincées entre la Lagoa et l'océan, ces immenses dunes sont devenues le terrain de jeu des surfeurs des sables. Et vous pourrez vous aussi tenter l'expérience en louant une planche *(20 R$/h)*. Surréaliste de surfer sur un sable blanc comme de la neige, sous un soleil de plomb, avec une vue magnifique sur l'océan déchaîné...

★ Mirante da Lagoa B3

Sur la route, en direction de **Barra da Lagoa**, après avoir passé Praia Mole, arrêtez- vous, à gauche, au sommet de la colline pour admirer le panorama à 360° et mieux comprendre les caractéristiques topographiques uniques de cette île.

★★ Sentier du phare de Barra B2

Une marche de 30mn au départ de **Barra da Lagoa** : franchissez le pont suspendu, puis montez les escaliers, à gauche : vous atteignez la jolie plage de **Prainha** ; passez ensuite le portail et continuez à grimper 600 m, jusqu'au **phare**, au sommet de la colline.

★★★ Lagoa da Conceição B2-3

Dép. des bateaux du port de Lagoa, ttes les h, de 8h à 22h - 45mn pour atteindre Costa da Lagoa. Plus rapide : prendre le bateau au terminal lacustre, situé à 2 km au nord de Barra da Lagoa, sur la route qui monte vers le nord. Dép. ttes les 15mn - 5mn de trajet.

Un grand lac entouré de montagnes, à deux pas de l'océan, au centre d'une île : rien que la description topographique des lieux éveille la curiosité. Et, effectivement, prendre le temps d'explorer en bateau la Lagoa da Conceição vaut vraiment la peine. Il faut prendre un bateau, dans le port de Lagoa, pour rejoindre **Costa da Lagoa**, un petit hameau situé tout au fond du lac et qui n'est pas accessible par la route. Là, vous pourrez déguster du poisson et des crevettes dans des petits restaurants installés sur des pontons, puis remonter le sentier jusqu'à une belle cascade. Une tout autre vision de l'île, très authentique.

★★★ Praia do Moçambique B2

Une plage déserte de 7,5 km de long, la plus grande de l'île. L'océan à l'état pur, dans toute sa puissance, avec des vagues impressionnantes. Et rien pour gâcher le paysage, pas un hôtel, par un restaurant ni un bar à l'horizon : il s'agit d'une réserve naturelle où toute construction est interdite. Espérons que ce littoral sauvage restera longtemps préservé.

Nord de l'Île

Le nord de l'île a malheureusement subi les effets pervers du tourisme de masse. Certaines plages, encore désertes il y quelques années, sont désormais couvertes d'immeubles et d'hôtels en béton... Une excursion dans cette partie de l'île a donc peu d'intérêt, à l'exception de la petite bourgade de Santo Antônio de Lisboa.

★ Santo Antônio de Lisboa A2

À 15 km au nord de Florianópolis.

Avec Ribeirão da Ilha au sud, ce village fait partie des tout premiers sites de colonisation de l'île, dès le milieu du 18e s., par des familles venues des Açores. Petites maisons coloniales de couleurs, église d'architecture portugaise et ruelles pavées où semblent encore résonner les carrioles à chevaux et les voix des vendeurs de poissons. Un retour dans le temps.

Carnet pratique

PLAN DE FLORIANÓPOLIS P. 210.

PLAN DE L'ÎLE P. 213.

S'informer

Office de tourisme – Mercado Público - *R. Jerônimo Coelho 60* PLAN B2 - *(48) 3240 4407;* Rodoviária , *av. Paulo Fontes 1101* (PLAN, A2) - *(48) 3228-1095; www.viajemais.sc.gov.br.*

Arriver/Partir

En avion

Aeroporto internacional Hercílio Luz – PLAN SANTA CATARINA, A3 - *Av. Diomício Freitas 3393, Carianas - (48) 3331-4000; www.floripa-airport.com.* Liaisons quotidiennes par **LATAM** et **Gol** avec Rio, Brasilia et São Paulo, avec Porto Alegre par AZUL. Pour rejoindre le centre, à 15 km, bus 431 (Terminal Central de Bus PLAN FLORIANÓPOLIS A2, 6 R$.) et ligne « executive » (Rodoviaria PLAN FLORIANÓPOLIS B2, 11 R$.).En taxi, comptez 50 R$.

En bus

Rodoviária (gare routière) – B2 - *Av. Paulo Fontes 101 - (48) 3212 3100.* Compagnie **Catarinense** - *(48) 4002 4700* : bus pour, São Paulo *(à partir de 160 R$, 13h)*, Foz do Iguaçu *(à partir de 290 R$, 16h)*.

Se déplacer

En voiture

Louer une voiture est le moyen idéal de découvrir l'île. Nombreux loueurs à l'aéroport et dans le centre : **Localiza** – *0800 979 2020 - www.localiza.com.* **Inova** – *(48) 3225 7777 - www.alugueinova.com.br.*

En bus

L'île est très accessible en bus grâce à un système de transports publics élaboré. Le **Terminal central des bus** se trouve en face du marché (B2), à 150 m de la rodoviária. Également six sub-terminaux régionaux, appelés « terminais de integração ». *www.consorciofenix.com.br* (recherche d'itinéraires, horaires et prix).

2

En taxi

Ponto de táxi Terminal Urbano – *✆ (48) 3222 0034.*

Adresses utiles

Banque/Change

Banco do Brasil – B2 - *Praça 15 de Novembro 321.* Distributeurs et change de 10h à 16h.

Bradesco – B1 - *R. Felipe Schmidt 649. 10h-16h.*

Poste

Correios – B2 - *Praça 15 de Novembro 242 - lun.-vend. 9h-17h.*

Urgences/Santé

Commissariat central de police *(Delegacia Geral) – Av. Governador Ivo de Silveira 1521 - ✆ (48) 3665 848.*

Imperial Hospital de Caridade – *R. Menino Deus 376 - ✆ (48) 3221-7500.*

Agenda

Florianópolis a son propre **carnaval**. Défilé des écoles de samba sur une avenue entourée de gradins comme à Rio, mais aussi carnaval de rue autour de la Praça 15 de Novembro. Comme de nombreux touristes brésiliens viennent alors passer leurs quatre jours de congé sur l'île, il est préférable de loger dans la ville (les hôtels du centre auront de la place) pour profiter des festivités, et attendre la fin des jours fériés pour chercher une *pousada* ailleurs sur l'île.

Nos adresses

PLAN DE FLORIANÓPOLIS P. 210.
PLAN DE L'ÎLE P. 213.

Restauration

Florianópolis

Premier prix

Casa Velha – B2 EN DIR. - *Av. Hercílio Luz, 1202 - ✆ (48) 3333-0434 - fermé dim. et le soir.* Une ambiance authentique, où locaux et étrangers se côtoient. Bon buffet *ao kilo*, à 35,90 R$/kilo.

1 **Box 32** – B2 - *Mercado Público Municipal - ✆ (48) 3037-2661 - www.box32.com.br - fermé sam. soir et dim. - 54/286 R$ le plat.* Coincé entre les échoppes du marché, au milieu des jambons qui pendent, un long comptoir derrière lequel s'étale une myriade de bouteilles de cachaça de production locale. Assis sur de hauts tabourets, autour de petites tables rondes, on déguste de la charcuterie, du fromage, mais surtout des fruits de mer, la spécialité. Une véritable institution où sont passés les plus grands, Lula entre autres...

À Santa Catarina, côte sud-ouest

Budget moyen

4 **Rancho Açoriano** – A3 - *Rodovia Baldicero Filomeno 5634 - ✆ (48) 3337-0848 - ouv. tlj, service continu - plats 21/150 R$.* À l'entrée de Ribeirão da Ilha, une des meilleures adresses de l'île pour les fruits de mer. Sur le ponton, bercé par le clapotis des vagues, dégustez les huîtres et les multiples recettes de crevettes.

À Santa Catarina, sud-est

Premier prix

2 **Arante** – B4 - *Praia do Pântano do Sul - ✆ (48) 3237-7022 - CC - ouv. tlj, service continu - plats 65/189 R$.* Dans les années 1970, cette cantine de pêcheurs, dans une cabane en bois à même la plage, est devenue le point de ralliement des étudiants de Rio ou de Porto Alegre. Ils avaient

l'habitude de laisser à leurs amis des petits mots collés sur les murs pour leur dire où ils logeaient. Mais en buvant la cachaça de la maison, on devient vite poète et les mots se sont multipliés. Aujourd'hui, le restaurant en est couvert. Une tradition qui a fait d'Arante une institution. Buffet de fruits de mer exceptionnel (65 R$ le w.-end). Dommage : la plage se transforme en parking, en fin de semaine...

Shopping

Florianópolis

Casa da Alfandêga – A1 - *R. Conselheiro Mafra 141 - (48) 3665-6097 - lun.-vend. 9h30-18h30, sam. 9h-13h.* Dans les locaux de l'ancienne douane, en face du Mercado Municipal, ce magasin commercialise les productions de différents artisans de l'île. On peut y trouver d'étonnantes créations.

Hébergement

À Florianópolis

Plutôt facile de se loger, mais pas d'hôtels de charme. Privilégiez la proximité du centre historique où il est agréable de flâner.

Premier prix

1 **Floripa Hostel** – A1 - *R. Duarte Schutell 227 - (48) 3225-3781 - www.floripahostel.com.br - dortoirs et ch. double ou à 4 : 65 R$/pers.* . Auberge de jeunesse classique, avec dortoirs et chambres doubles. Simple, mais propre. Salle commune et terrasse agréables. Inconvénient : un peu excentrée.

À Santa Catarina, côte sud-ouest

Les possibilités de logement sont très réduites dans cette partie de l'île, peu fréquentée des touristes.

Budget moyen

3 **Pousada do Museu** – A4 - *Rodovia Baldicero Filomeno 10100 - 2 km au sud de Ribeirão da Ilha, sur la droite - (48) 3237-8148 - www.pousadadomuseu.com.br - P - 15 ch. 297/340 R$ -* . Dans une maison de style colonial aux murs blancs et aux volets bleus, des chambres donnant sur la mer. Bon confort, mais on choisira cette pousada pour la vue. On resterait des heures dans les hamacs, à admirer la baie et le continent juste en face. Accès direct à une petite plage en contrebas. Petit musée sur la colonisation açorienne.

À Santa Catarina, sud-est

Pour se faire plaisir

2 **Pousada Moleques do Sul** – A4 - *R. Geral s/n - Praia da Solidão, Pântano do Sul - (48) 3237-7193 - P - fermé mars-mi-déc. - 9 ch. 500/650 R$; tarfi dégressif à partir de 5 jours -* . Au bout de la Praia da Solidão, dernière plage accessible en voiture au sud-est de l'île, une pousada littéralement sur le sable. Chambres confortables au 1er étage avec vue imprenable. Restaurant en terrasse juste en dessous. L'océan est là, devant vous, qui n'attend que votre planche de surf !

À Santa Catarina, centre-est

Budget moyen

4 **Pousada Rio Vermelho** – B2 - *Rodovia João Gualberto Soares 8479 - 88060-000 Ratones, Florianópolis - (48) 3269-7337 - www.pousadariovermelho.com.br - P - 12 ch. 300/610 R$* . Dans un immense jardin, une étonnante maison d'architecte entourée de 5 bungalows. Carlota, la propriétaire, est adorable et parle anglais. On peut rejoindre Praia do Moçambique en 10mn de marche.

2

Porto Alegre

Qui n'a jamais entendu parler de Porto Alegre ? Avec le lancement du premier Forum social mondial, en 2001, la capitale du Rio Grande do Sul a inscrit son nom sur la carte du monde globalisé. « Un autre monde est possible », revendique le forum, en écho à celui des puissants, mais aussi à l'histoire de la région : celle des premiers missionnaires jésuites qui rêvèrent, au 16e s., de créer avec les Indiens guaranis une « société idéale » ; celle des Farrapos qui tentèrent d'instaurer la première république du Brésil, au milieu du 19e s. ; celle aussi des immigrés allemands et italiens qui vinrent refaire leur vie ici. Terre de transition géologique entre planalto et pampa, de transition climatique entre tropical et tempéré, de transition culturelle entre Portugais et Espagnols, le Rio Grande do Sul se caractérise par une énergie du passage, du progrès. Pour preuve, le centre de Porto Alegre, avec son métro, ses buildings et ses restes d'architecture européenne... Et ses mendiants récoltant des cartons sur leurs carrioles à cheval au milieu du trafic des voitures. Comme si l'histoire était perpétuellement à refaire...

Se repérer

1484 941 hab. - Capitale du Rio Grande do Sul

CARTE B3 P. 186.

Encadré ci-dessous.

À ne pas manquer

Boire une bière en fin de journée au *Mercado Público* ; faire une randonnée dans le *Parque da Ferradura* ; admirer le coucher du soleil sur la vallée du Rio Caí, dans la Serra Gaúcha.

Carnet pratique p. 222

Nos adresses p. 223

Se promener

★★★ Mercado Público

Praça 15 de Novembro s/n - www.mercadopublico.com.br - lun.-vend. 7h30-19h30, sam. 7h30-18h30.

Inauguré en 1869, le Mercado Público est une véritable institution. Les odeurs de viande fumée se mêlent à celles du poisson, des fruits et de l'herbe à maté. On trouve d'ailleurs ici tous les types possibles de *chimarrão*, ces pots en métal munis

Se repérer

Toutes les curiosités du centre-ville sont accessibles à pied, le long d'un axe allant du **Mercado Público**, à l'est, au **Gasômetro**, à l'ouest, sur les bords du fleuve. Entre les deux, la R. **7 de Setembro** et sa parallèle la **R. das Andradas**, appelée aussi R. da Praia, qui passe par la **Praça da Alfândega**. Attention, le centre de Porto Alegre n'est pas très sûr : ne flânez pas tard le soir, ne portez rien de précieux sur vous et ne laissez rien, même caché, dans le coffre de votre voiture de location.

Une vitrine des progrès sociaux

Lorsque le navigateur portugais **Martin Afonso de Souza** débarque en 1530 sur le littoral de l'actuel Rio Grande do Sul, ce territoire est espagnol. En effet, la ligne tracée par le **traité de Tordesillas**, qui répartit depuis 1494 le Nouveau Monde entre les deux puissances de l'époque, passe plus à l'est. Mais les Portugais la contestent : ils veulent reprendre le contrôle du Rio de la Plata. Cette guerre ouverte durera jusqu'en 1750, date de la signature du traité de Madrid qui déplace vers l'ouest la ligne de répartition. Les Indiens guaranis sont les premières victimes de ce conflit. Pourtant, pendant près d'un siècle, la cohabitation avait été bonne avec les jésuites ; ces derniers ont créé des missions où les **Guaranis** vivent en harmonie, développant l'agriculture, bâtissant des églises et s'initiant à la musique, dans un système communautaire où l'esclavage est exclu. Un État dans l'État vu d'un très mauvais œil par les colons espagnols tout autant que par les Portugais et qui devient monnaie d'échange dans la négociation du traité de Madrid. Suivent un terrible massacre et la fin d'une étonnante utopie.

Une terre d'immigration

Pour peupler ces terres reprises à la couronne espagnole, les Portugais y envoient des familles originaires des Açores ; elles fondent Porto Alegre sur les rives du **Rio Guaíba**, en 1752. Des Allemands, puis des Italiens les rejoignent, fuyant leurs pays ruinés par les campagnes napoléoniennes et la révolution industrielle anglaise, mais attirés aussi par les terres qu'on leur promet. Tous ces pionniers bâtissent des colonies sur ce territoire vierge, dans des conditions souvent difficiles. L'élevage est l'activité traditionnelle des *gauchos*.

Une terre de progrès

Au milieu du 19e s., après d'interminables conflits avec les Espagnols, la guerre civile éclate, cette fois entre les Farrapos, les réformateurs républicains, et les monarchistes. Dix ans d'agitation s'ensuivent dans cette région progressiste qui abolit l'esclavage dès 1884, quatre ans avant le reste du pays. En 1930, une nouvelle ère commence avec un enfant de la région, **Getúlio Vargas**, qui va diriger le Brésil pendant 20 ans. Aujourd'hui, le Rio Grande do Sul fait figure de vitrine économique, grâce notamment à son agriculture intensive, mais aussi de modèle social : 93 % d'alphabétisation, 80 % des enfants scolarisés et un IDH (Indice de développement humain) supérieur à la moyenne nationale ou à celui du Mexique. Sans oublier le système de gestion participative, mis en place dans les années 1990 à Porto Alegre. On comprend mieux pourquoi c'est ici qu'est né, en 2001, le premier **Forum social mondial**.

Centro Cultural Usina do Gasômetro.
lisandrotrarbach/Getty Images Plus

d'une paille utilisés pour boire le maté. Mais on vient aussi au marché pour siroter une bière pression entre amis, sur les terrasses qui dominent les échoppes. L'âme *gaucho* originelle vibre encore ici, c'est indéniable.

★ Museu de Arte

Praça da Alfândega s/n - ✆ (51) 3227 2311 - www.margs.rs.gov.br - mar.-dim. 10h-19h - gratuit.
Dans un imposant bâtiment néoclassique, le musée des Beaux-Arts du Rio Grande do Sul présente une intéressante collection d'œuvres de peintres brésiliens. À voir également : la salle J.-B. Debret, un peintre français très connu au Brésil pour avoir fondé l'Académie des beaux-arts de Rio et représenté la vie quotidienne au début du 19e s.

★★ Casa de Cultura Mario Quintana

R. dos Andradas 736 - ✆ (51) 3221 7147 - www.ccmq.com.br - mar.-dim. 10h-20h.
C'est dans l'ancien hôtel Majestic, immeuble rose extravagant des années 1930, qu'est installée la Casa de Cultura Mario Quintana, haut lieu de la culture au Brésil. Elle porte le nom d'un célèbre poète *gaucho*, traducteur de Proust. Très beau symbole de la vivacité culturelle de la ville, elle abrite deux cinémas, deux théâtres, une galerie d'art, une bibliothèque et un centre des arts scéniques.

À proximité

CARTE P. 186

★ La Serra Gaúcha B3

À 100 km au nord-ouest de Porto Alegre. Autoroute et route nationale en très bon état pour rejoindre Gramado à partir de Porto Alegre. (Péage). Attention aux nombreux radars sur le trajet !
Cette région montagneuse est la plus froide du pays. Tous les Brésiliens rêvent de s'y rendre une fois pour voir la neige tomber ; cela n'arrive qu'une ou deux fois par an, en août.

De nombreux immigrants allemands et italiens se sont installés ici au 19e s., en particulier dans la petite bourgade de **Gramado**, à 850 m d'alt. Ce haut lieu du tourisme, mis chaque année sur le devant de la scène par un des plus grands festivals de cinéma d'Amérique du Sud, a des allures de village bavarois : chalets en bois, façades à colombages et balcons fleuris. Une sorte de Garmisch Partenkirschen à la mode brésilienne, avec des hôtels cossus et des restaurants de fondue, d'où l'on peut rayonner pour découvrir la Serra Gaúcha. Le centre de **Gramado** mérite le détour, avec son architecture bavaroise plutôt inattendue au Brésil. Mais pour le visiteur européen, c'est plutôt la Serra Gaúcha, que l'on découvre dans les parcs autour de **Canela**, qui réserve les plus belles surprises.

La Linha Bonita B3

À 4 km de Gramado.

Cette vallée couverte d'araucarias conserve les maisons des premiers colons italiens venus s'installer ici à la fin du 19e s. Un voyage dans le temps.

★ Parque Estadual do Caracol B3

RS 466, km 0 - (54) 3282-5198 - www.parquedocaracol.com - 9h-17h30 - 75 R$.

L'attraction principale de ce petit parc naturel, à 9 km de Canela, est la **cascade de Caracol**, très impressionnante (131 m). Un escalier de 927 marches permet de rejoindre le fond du canyon. Vous pourrez également vous hisser en ascenseur jusqu'à l'Observatório Ecológico qui, du haut de ses 27 m, offre une spectaculaire vue à 360° sur les environs (jumelles à disposition).

★★ Parque da Ferradura B3

RS 466, km 13, 7 km de piste après le Parque do Caracol - (54) 3278 9000 - 9h-17h20 - 12 R$.

Beaucoup plus sauvage que celui du Caracol, ce parc naturel offre des vues panoramiques splendides sur la **vallée du Rio Caí**, qui a la forme d'un fer à cheval. Plusieurs sentiers de randonnée dans les forêts d'araucarias permettant d'atteindre différents points de vue sur la Serra Gaúcha.

Cascade de Caracol.
agustavop/Getty Images Plus

2

Carnet pratique

S'informer

Office de tourisme – *Mercado Público, Praça 15 de Novembro - ✆ (51) 3289 6765.* Consultez aussi le site *www.turismo.rs.gov.br.*

Arriver/Partir

En avion

Aeroporto Internacional Salgado Filho – *Av. Severo Dulius 90010 - ✆ (51) 3358 2000 - www.portoalegre-airport.com.br.*
Vols quotidiens pour Rio sur **LATAM** et **Gol**, São Paulo (Gol); Brasília (Gol et LATAM), Florianópolis (Azul), Foz de Iguaçu (Azul), Recife (Azul).
Également vol direct pour Lisbonne (TAP).
Pour rejoindre le centre-ville – Le métro vous amène directement au Mercado Público *(ttes les 10mn de 5h à 23h30 - 9,25 R$)* En taxi *(Cootaero – ✆ (51) 3342 5000)*, comptez env. 50 R$.

En bus

Estação Rodoviária – *Largo Vespasiano Júlio Veppo - ✆ (51) 3210-0101- www.rodoviaria-poa.com.br.*
Liaisons quotidiennes avec les autres grandes villes du Brésil, mais aussi avec Montevideo et Buenos Aires. Des bus partent ttes les 30mn pour **Gramado** ou **Canela**. 2h de trajet, env.50 R$. La gare routière n'est pas loin du centre, mais utilisez le métro pour la quitter ou la rejoindre car elle est coincée au milieu d'échangeurs d'autoroutes.

Se déplacer

En voiture

Une voiture n'est pas nécessaire pour visiter le centre-ville, finalement assez réduit. Elle le devient pour découvrir le reste de l'État, en particulier la Serra Gaúcha. À l'aéroport :
Movida – *✆ 0800 606 8686 - www.movida.com.br.*
Localiza – *✆ 0800 979 2000 - www.localiza.com.*

En métro

Hors du centre, l'idéal est de prendre le métro qui relie le Mercado Público à l'aéroport.

En taxi

Prenez un taxi le soir, pour rejoindre votre hôtel, car le centre-ville n'est pas sûr la nuit tombée.

Adresses utiles

À Porto Alegre

Banque/Change

À l'aéroport – distributeurs **Santander, Itau et Banco do Brasil**; bureaux de change ouverts de 7h à 21h. Dans le centre – **Banco do Brasil** - *R. Uruguai 185* (fait aussi du change).

Poste

Poste centrale – *R. Siqueira Campos 1100.*

Urgences/Santé

Police – *✆ 190.*
Ambulance – *✆ 192.*
Hospital Santa Casa (public) – *Rua Prof. Annes Dias, 295 - ✆ (51) 3214 8000.*

Consulat

Consulat honoraire de France – *Av. Cristóvão Colombo 2240 - ✆ (51) 3103 4467 - agenceconsulaireportoalegre@gmail.com. Mar. et jeu. 9h30-12h.*

À Gramado

Banque/Change

Bradesco– *R. Madre Veronica 143.*

Urgences/Santé

Hospital São Miguel – *✆ (54) 3295-600.*

Nos adresses

Restauration

À Porto Alegre

Nombreuses adresses de caractère dans le centre.

Premier prix

Chalé da Praça XV – *Praça 15 de Novembro s/n - (51) 3212 1236 - www.chaledapracaxv.com.br - ouv. tlj, service continu - plats 50/90 R$.* Dans un charmant kiosque en fer forgé très 1900, un bistrot qui respire l'Europe, même si la bossa-nova *ao vivo* y résonne en fin d'après-midi du lun. au vend. Bonnes salades et carte variée à prix très raisonnable. Espace en extérieur. À éviter le soir tard, le quartier est dangereux.

Atelier de Massas – *R. Riachuelo 1482 - (51) 3225 1125 - www.atelierdemassas.com.br - fermé dim. - plats 45/158 R$.* Impression de se retrouver dans un petit resto italien de Buenos Aires... Les murs, couverts de tableaux, donnent à l'endroit des allures de galerie d'art. Des mélodies de jazz se mêlent aux effluves de pâtes fraîches. Impressionnant buffet d'antipasti.

À Gramado

La spécialité culinaire de Gramado, cette petite Bavière du sud brésilien, c'est... la fondue ! Soumettez-vous à la tradition locale !

Budget moyen

Le Chalet de la fondue – *Av. das Hortênsias 1297 - (54) 3286-2474 - www.lechaletdelafondue.com.br - fermé le midi sf le w.-end - 280/390 R$/2 pers.* Parmi tous les restaurants proposant de la fondue à Gramado, celui-ci est certainement le plus connu. Dans un véritable chalet en bois, ambiance chic et confortable, pour se régaler au chaud pendant qu'il neige dehors (une fois par an !).

Hébergement

À Gramado

Difficile de loger pour pas cher dans **Gramado**, mais l'offre est abondante et de bon niveau. Évitez toutefois la période de Noël et les deux premières semaines d'août pendant lesquelles se tient le Festival international de cinéma.

Budget moyen

Pousada Chalés Família Fioreze – *R. João Scur 1890 - 95670-000 Gramado - Linha Ávila Alta ; du portail d'entrée de Gramado, sur la route de Nova Petrópolis, prendre à droite et suivre les panneaux « Chalés da Família Fioreze » sur 1500 m - (54) 9999-7557 - www.chalesfioreze.com.br - 9 ch. 369/930 R$.* Au fond d'un vallon, neuf charmants chalets sous les araucarias. Glissez-vous sous la couette, fermez les yeux : vous êtes au Tyrol !

Pour se faire plaisir

Pousada Bernardete – *R. Augusto Zatti 200 - (54) 3286 1569- www.pousadabernardete.com.br - P - 17 ch. 210 R$.* En plein centre de Gramado, une jolie maison fleurie avec jardin. Chambres douillettes et ambiance familiale. On se croirait dans un Gasthof bavarois !

2

3

Le Nordeste

Plage d'Imbassai.
MaRabelo/Getty Images Plus

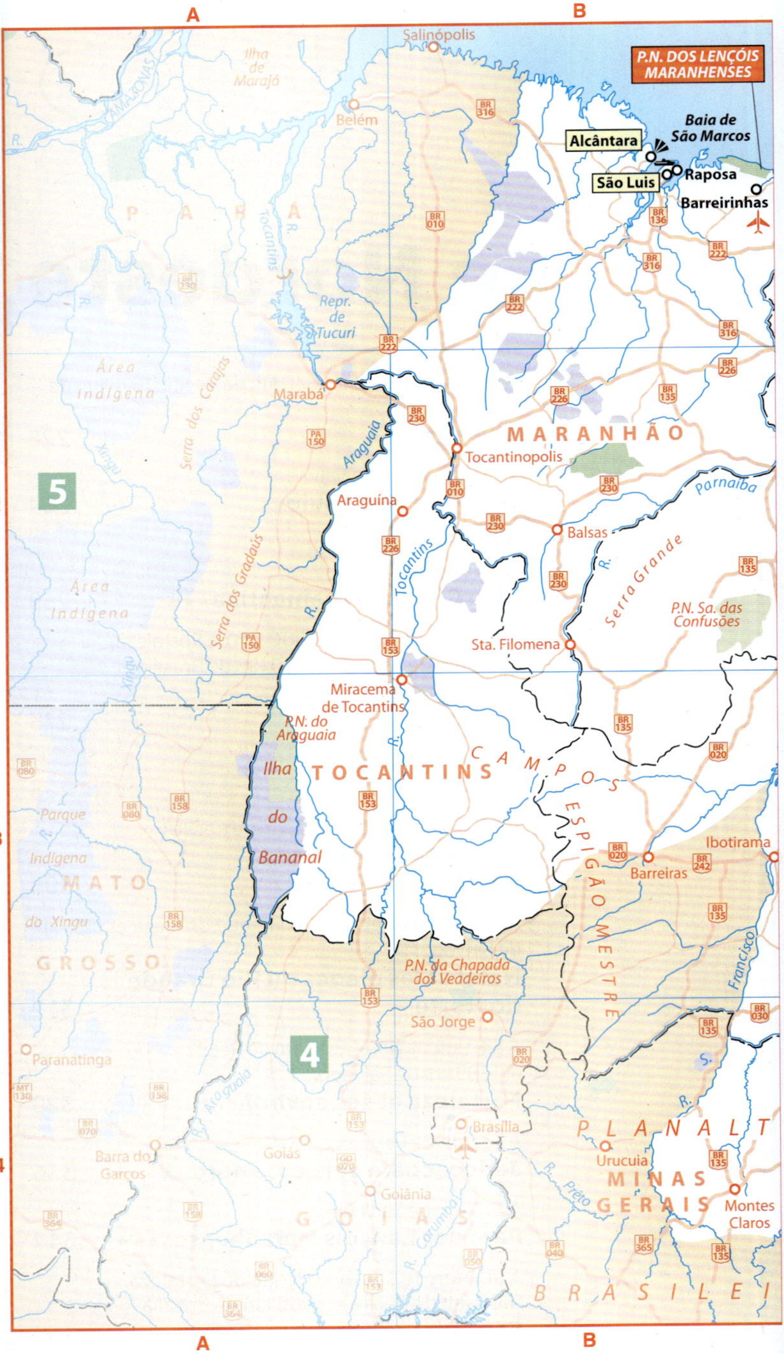
A
B
1
2
3
4
P.N. DOS LENÇÓIS MARANHENSES
Baia de São Marcos
Alcântara
São Luis
Raposa
Barreirinhas
Salinópolis
Ilha de Marajó
Belém
PARÁ
Tocantins
Repr. de Tucuri
Marabá
Área Indígena
Serra dos Carajás
Xingu
5
Araguaia
Araguína
Tocantinopolis
MARANHÃO
Parnaíba
Balsas
Serra Grande
P.N. Sa. das Confusões
Sta. Filomena
Serra dos Gradaús
Miracema de Tocantins
P.N. do Araguaia
Ilha do Bananal
TOCANTINS
CAMPOS
ESPIGÃO MESTRE
Barreiras
Ibotirama
Francisco
Parque Indígena do Xingu
MATO GROSSO
P.N. da Chapada dos Veadeiros
São Jorge
4
Paranatinga
Brasília
Barra do Garcos
Goiás
Goiânia
GOIÁS
Corumbá
Urucuia
PLANALT
MINAS GERAIS
Montes Claros
BRASILEI

LE NORDESTE
0
400 km
OCÉANO
ATLÁNTICO
Delta de Parnaiba
Jericoacoara
Icarai
Lagoinha
Cumbuco
Fortaleza
Aquiraz
Beberibe
Aracati
Canoa Quebrada
ARQUIPÉLAGO DE FERNANDO DE NORONHA
Parnaíba
Sobral
Maranguape
CEÁRÁ
Teresina
PIAUÍ
Macau
Maracajaú
Redinha
Natal
Pirangi
Genipabu
Búzios
Praia da Pipa
Baía Formosa
RIO GRANDE DO NORTE
Iguatu
Floriano
Campina Grande
PARAÍBA
Ilha de Itamaracá
OLINDA
Igarassu
Boa Viagem
Recife
Cabo de Sto. Agostinho
Porto de Galinhas
PERNAMBUCO
CAATINGAS
Juázeiro
Sto. Sé
Repr. de Sobradinho
ALAGOAS
Rio Largo
SERGIPE
Aracaju
BAHIA
Baie de Todos os Santos
Mangue Seco
Santo Antônio
Diogo
Imbassai
PRAIA DO FORTE
Arembepe
SALVADOR
Péninsule d'Itapagipe
Lençóis
Cachoeira
1120
São Félix
P.N. CHAPADA DIAMANTINA
Itaparica
Ilha dos Frades
Ilha da Maré
Morro de São Paulo
ILHA DE BOIPEBA
Jequié
Ilhéus
Chapada Diamantina
Pardo
Serra do Chifre
Teófilo
Caravelas
SALVADOR ★★★ Vaut le voyage
Lençóis ★★ Vaut le détour
Diogo ★ Vaut la visite
Natal Intéressant
Territoires amérindiens
N
C
D
1
2
3
4

Salvador ★★★

Condensé explosif des multiples facettes du Brésil, Salvador, qui fut la première capitale du pays, présente tous les métissages de la nation brésilienne. La cuisine, la musique et la religion en sont les expressions les plus évidentes, mais Salvador exhale aussi une douce indolence, une inimitable joie de vivre, un envoûtement... Peut-être est-ce cette vibration que les Bahianais baptisent eux-mêmes axé, « énergie vitale » ? Pour s'en convaincre, il suffit de déambuler dans ses ruelles en pente, en constante ébullition : ici, la nonchalante démarche d'une jeune fille noire portant avec grâce un ballot sur la tête ; là, une baiana, version locale de la mama africaine, parée de turbans et de colliers, concoctant sur le trottoir des fritures à l'huile de palme au parfum entêtant. De loin en loin, les notes fragiles d'un berimbau ou le sourd grondement des tambours participent aux bruits de la vie quotidienne. Les sermons qui s'échappent des églises leur répondent en écho, car la spiritualité, omniprésente, s'embarrasse peu des frontières. Le candomblé, la foi des afro-descendants, s'exprime par l'adoration des saints catholiques ou dans la ferveur des processions, souvenir d'une époque où sa pratique était interdite. La métropole nordestine a su préserver les cultures populaires issues de son passé de fortune et d'esclavage ; elles font aujourd'hui sa notoriété. Petit bijou colonial, la ville haute regorge d'églises et de couvents qui rivalisent de luxe et de beauté. C'est ici, et plus précisément dans le quartier du Pelourinho, que se croisent touristes et locaux, en un va-et-vient électrique et animé.

Se repérer

2 953 986 hab. - Capitale de l'État de Bahia (BA)

CARTE C3 P. 226-227. PLAN DES ENVIRONS ET D'AGGLOMÉRATION P. 230-231, PLANS DÉTAILLÉS P. 232-234.

Encadré page ci-contre.

À ne pas manquer

Assister aux messes colorées des églises N. S. do Bonfim et N. S. do Rosário ; s'échapper en bateau dans la baie de Tous-les-Saints ; participer au lâchage des bébés tortues sur les plages du Projeto Tamar ; déguster une *moqueca* devant le port naturel d'Arembepe.

Organiser son temps

Le dim. et les j. fériés, le centre et le Pelourinho sont déserts : préférez alors faire une sortie en bateau ou rejoindre les plages.

Carnet pratique p. 248

Nos adresses p. 250

La ville haute

PLAN II, AB2-3

Son réseau de ruelles en pente, ses placettes et ses églises baroques ou rococo se visitent en une journée, mais méritent qu'on s'y attarde davantage. Dans tous les cas, prévoyez aussi d'y passer une soirée.

Au 19e s., les élites de Salvador délaissent la ville haute pour les villas cossues de Vitória : le secteur tombe alors progressivement dans l'abandon. Sa revitalisation

Le quartier du Pelourinho.
diegograndi/Getty Images Plus

débute dans les années 1990, grâce à son inscription sur la liste du Patrimoine mondial par l'Unesco (1985). Le **centre historique★★★** s'étend de la Praça Tomé de Souza au fort Santo Antônio Além do Carmo. Près des deux tiers des huit cents demeures classées (17e-18e s.) qu'il abrite ont été restaurées.

★ Praça Tomé de Souza PLAN II, C2

Salvador est née sur ce site stratégique, perché à 72 m en surplomb de la baie de Tous-les-Saints. Au centre, un monument rend hommage au premier gouverneur **Tomé de Souza** et à son architecte urbaniste Luís Dias (une plaque reproduit

Se repérer

Salvador domine la baie de Tous-les-Saints, à la pointe d'une péninsule. Sur les hauteurs s'élève la ville coloniale, **Cidade Alta** (ville haute), reliée à la **Cidade Baixa** (ville basse) par un ascenseur, l'**Elevador Lacerda**, et par deux funiculaires *(plano inclinado)*. Le **Pelourinho**, ou « Pelô », est le cœur de la ville historique vers où convergent les visiteurs, les groupes de percussions qui animent le carnaval et la jeunesse, attirée par ses nuits festives. Au pied de l'ascenseur se trouvent le port et les immeubles de bureaux de **Comércio**. En suivant la côte vers le fond de la baie, on rejoint la petite péninsule d'Itapagipe, dont la plus haute colline est coiffée par l'**Igreja N. S. do Bonfim**. En contrebas, Boa Viagem, Monte Serrat et **Ribeira** entretiennent une atmosphère populaire et villageoise. Dans le sens inverse, la très longue Av. 7 de Setembro part du **Centro** (Praça da Sé), traverse le quartier cossu de **Vitória** pour rejoindre **Barra** et les côtes atlantiques. On s'y baigne au pied des forts qui jadis protégeaient l'entrée de la baie. Au-delà se succèdent des quartiers balnéaires aux plages bondées le w.-end : Ondina, Pituba, Itapuã... Une exception : **Rio Vermelho**, où vit et travaille une communauté de pêcheurs.

le plan originel de la ville). La place, également appelée Praça Municipal, est encore le cœur de la vie administrative de Salvador. Tout autour s'élèvent le **Paço Municipal★** (1660), siège du conseil municipal, et le **Palácio Rio Branco★** (1919), ancien palais du gouvernement de l'État, bâti à l'emplacement de la maison du premier gouverneur. L'intérieur *(mar.-vend. 10h-12h, 13h-17h - gratuit)* abrite le mémorial des gouverneurs de l'État (portraits, costumes officiels...). C'est surtout l'occasion d'entrer dans la majestueuse salle de réception du rez-de-chaussée et de découvrir une **vue** splendide sur la baie.

L'**Elevador Lacerda** relie la place à la ville basse depuis 1873 ; son système d'origine, hydraulique, a été remplacé en 1930 par des ascenseurs électriques. À côté, un immeuble sur pilotis (1986) accueille la **mairie**. De la place, belle **vue★** sur la ville basse, le mercado Modelo, le fort São Marcelo et, au loin, l'église N. S. do Bonfim et l'île d'Itaparica.

En allant vers le nord, on atteint la **Praça da Sé**, puis le **Terreiro de Jesus** (*voir ci-après*). En sens inverse, la R. Chile mène à la **Praça Castro Alves** (*p. 240*).

SALVADOR
Agglomération
plan I
0 1 km
Igreja N. S. do Bonfim
Forte de Monte Serrat
RIBEIRA
LOBATO
URUGUAI
ROMA
SÃO CAETANO
LIBERDADE
PELOURINHO
MATATU
CABULA
CAMPO GRANDE
BROTAS
BARRA
PITUBA
BAÍA DE TODOS OS SANTOS
Feira de São Joaquim
R. Imperatriz
Av. Luis Tarquínio
Av. Caminho de Areia
Av. Afrânio Peixoto
R. São Caetano
R. Luiz Régis Pacheco
Av. San Martin
Estrada da Liberdade
Av. Oscar Pontes
R. do Pau Miúdo
Av. Barros Reis
Av. Th. Gonzaga
Av. Joana Angélica
Av. Mário Leal Ferreira
Av. A. C. Magalhães
Av. Vasco da Gama
Av. Reitor M. Calmon
Av. 7 de Setembro
Av. Cardeal da Silva
Av. J. Magalhães Jr.
Av. Oceânica
Av. Amaralina
BR 324
Pirajá
Bom Juá
Retiro
Acesso Norte
Rodoviária
Detran
Brotas
Campo da Pólvora
Lapa
Bonocô
Parque Zoobotânico
PARQUE DA CIDADE JOVENTINO SIL
voir plan II
voir plan III
voir Rio Vermelho
FEIRA DE SANTANA
LAURO DE FREITAS
N
RIO VERMELHO
0 200 m
R. Ilhéus
R. Cons. Pedro Luiz
R. João Gomes
R. G. Cabral
Av. J. Magalhães Jr.
Largo do Santana
R. Borges dos Réis
Praça Colombo
Largo da Mariquita
Mercado do Peixe
SE RESTAURER
Boteco do França 1
Paraíso Tropical 4
Casa de Tereza 5
SE LOGER
Catharina Paraguaçu 1
A B C
1 2 3 4 5

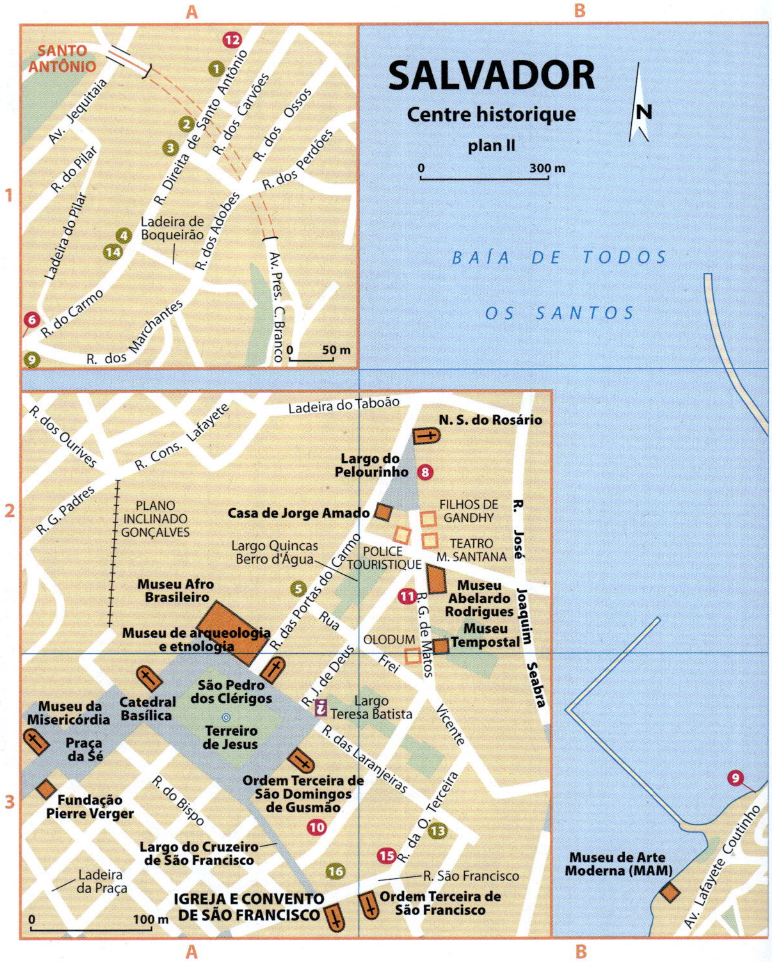

SE RESTAURER

- Amado 4
- Cafélier 5
- Cruz do Pascoal 6
- Porto do Moreira 7
- Senac 8
- Soho 9
- Negro's Bar 10
- Uauá 11
- Ulisses 12
- Poró 13
- Maria Mata Mouro Rest 15
- Maria de São Pedro 16

SE LOGER	Casa do Amarelindo 5	Studio do Carmo 15
Hotel Aram Yami............. 1	Hotel Cruz do Pascoal........ 9	Villa Bahia.................. 16
Pousada des Arts 2	Pousada Esmeralda.......... 10	
Pousada Beija-Flor........... 3	Laranjeiras Hostel 13	
Pousada do Boqueirã 4	Pousada do Pilar............. 14	

3

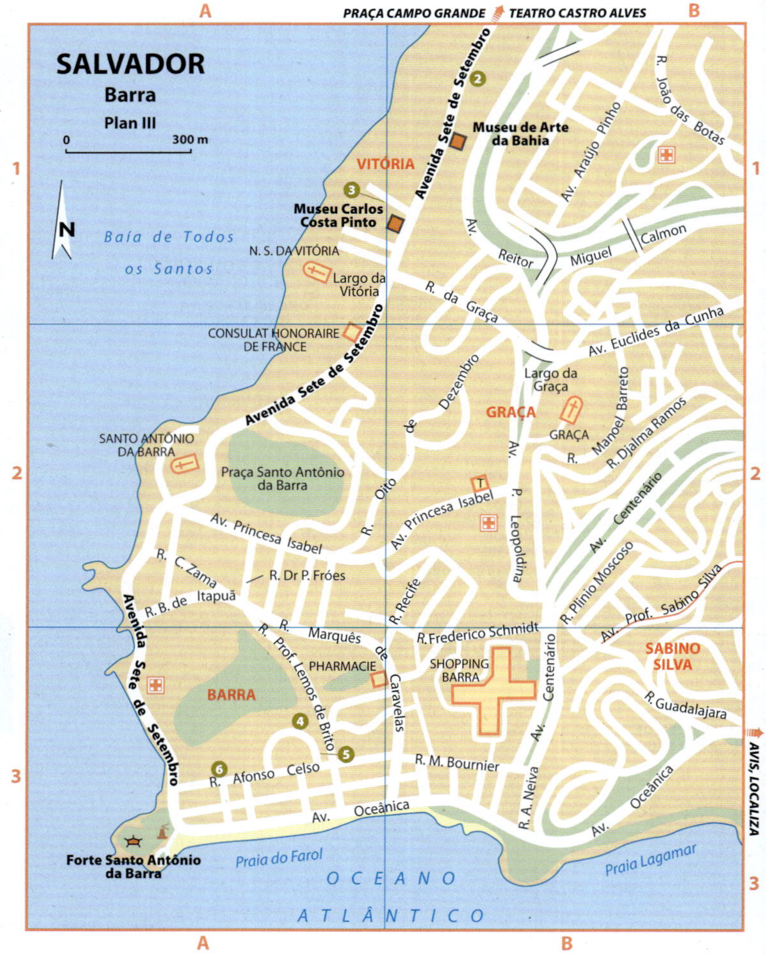

SE LOGER

Bahia do Sol 2

Casa da Vitória 3

Casa Inglesa Boutique Guest House 4

Casa Petúnia 5

Pousada Estrela do Mar 6

Autour de la Praça da Sé PLAN II, A3

Sur cette place s'élevait la *Sé* (1553), l'ancienne cathédrale de Salvador. Elle a été rasée dans les années 1930, en même temps qu'un ensemble de demeures des 17e-19e s., pour laisser passer une ligne de tramway. Un monument de Mário Cravo Júnior – une **croix géante** posée sur le sol – rappelle ce triste épisode de l'histoire de la ville. Les fondations de la première cathédrale ont été soigneusement préservées lors de la réfection de la place. visibles, sous des plaques de verre.

★★ Museu da Misericórdia PLAN II, A3

R. da Misericórdia 6 - ✆ (71) 2203-9835 - www.museudamisericordia.org.br - 8h30-17h30, sam. 9h-17h, dim. et j. fériés 12h-17h - 10 R$ - fermé pour travaux, réouv. se rens.

La Santa Casa da Misericórdia, institution catholique portugaise, a ouvert sa première « filiale » au Brésil en 1549. Son hôpital en pisé a été remplacé en 1697 par cet imposant complexe bâti autour de deux cloîtres et d'une église. Il abrite un musée où l'on peut apprécier le prestige de cette institution qui vivait des dons des notables de la colonie. Ces derniers sont représentés dans la **galerie des portraits**. Y figurent pêle-mêle propriétaires terriens et trafiquants d'esclaves. La visite, guidée, traverse aussi la **sacristie**, richement meublée et décorée, une **loggia** incrustée de marbre avec vue sur la baie et un **Salão Nobre** tapissé d'azulejos dont les luxueuses dorures et peintures, ont été mises au jour en 2002. Vous découvrirez également une exposition sur le fonctionnement de l'hôpital, en service jusqu'en 1893. Voyez notamment un fac-similé du registre d'entrée avec la nationalité, l'âge, la pathologie des malades et un tour en bois qui permettait d'abandonner les enfants de façon anonyme.

En face, la petite galerie de la **Fundação Pierre Verger** *(R. da Misericórdia 9 - ✆ (71) 3321-2341 - www.pierreverger.org - lun.-vend. 9h-19h, sam. 9h-18h, dim. 9h-15h)* expose par roulement les clichés de ce photographe et ethnologue français (1902-1996), passionné par la diaspora africaine au Brésil.

3

★★ Terreiro de Jesus PLAN II, A3

Cette place, dont le nom officiel est **Praça XV de Novembro**, accueille un mélange coloré de populations : groupes de touristes zigzaguant entre les différentes églises, attroupements de badauds autour des *rodas* de capoeira, jeunes coiffeuses assises sur des bancs et exécutant, au milieu de la rue, défrisages et tressages compliqués... Ce sont les jésuites débarqués avec Tomé de Souza qui l'ont appelée terreiro de Jesus. Ils élevèrent là leur église (l'actuelle Catedral Basílica) et leur collège. Deux autres églises l'encadrent : **São Pedro dos Clérigos** (18e-19e s.) et São Domingos de Gusmão (fin 18e s., *voir ci-après*). À l'emplacement du collège se dresse la **faculté de médecine** (1833), dont une partie des bâtiments abrite les Musées afro-brésilien et d'Archéologie. Au centre, une **fontaine** (1855) en fer forgé arbore les allégories des quatre grands fleuves de l'État : São Francisco, Paraguaçu, Pardo et Jequitinhonha, réalisées par le sculpteur français Mathurin Moreau (1822-1912).

Le Terreiro de Jesus se prolonge par une autre place, le **Largo do Cruzeiro de São Francisco**, reconnaissable à la croix plantée en son centre. La perspective se clôt sur les majestueuses façades du **couvent de São Francisco★★★**.

L'**Igreja São Domingos de Gusmão★** abrite, derrière sa façade rococo, des peintures de José Joaquim da Rocha (1781) et un mobilier en palissandre massif (18e s.), conservé dans la sacristie.

★★ Catedral Basílica PLAN II, A3

Terreiro de Jesus - ☏ (71) 3321 4573 - 9h, 17h, dim, 13h-17h - 5 R$.

Quatrième église élevée sur ce site (1657-1672), elle présente une façade en liais, une pierre au grain très fin qui servait de lest sur les bateaux portugais. Dans ses niches s'encastrent les statues des jésuites Ignace de Loyola, François Xavier et François de Borja. À l'intérieur, treize autels baroques, rococo ou néoclassiques trahissent les remaniements successifs. Le **maître-autel★★★**, d'origine, est recouvert de boiseries finement sculptées et dorées, bel exemplaire de l'art de la *talha dourada* du baroque brésilien. Dans la **sacristie★★★** trônent une imposante commode en palissandre incrustée d'os, d'ivoire et d'écaille de tortue, ainsi que des peintures sur cuivre du 18e s.

★ Museu Afro Brasileiro PLAN II, A2

Terreiro de Jesus - ☏ (71) 3283 5540 - lun.-vend. 9h-17h - 10 R$ - ⊭.

Entre le 16e et le 19e s., quelque 5 millions d'Africains ont été déportés au Brésil, majoritairement des Bantous d'Angola, du Congo et du Mozambique, et des Yorubas du golfe de Guinée (royaume du Dahomey) et du Nigeria. Les premières salles présentent une riche colleciton d'objets d'art africain. L'exposition se poursuit avec l'histoire du *candomblé* (*☛ p. 257*) ; on peut y voir **27 panneaux★** en cèdre de l'artiste argentin Carybé (1911-1997), bahianais d'adoption, représentant les *orixás*.

Un escalier (par le patio central à gauche)conduit au **Museu de arqueologia e ethnologia** *(lun.-vend. 9h-17, 3 R$, fermé pour travaux, se rens.)*, en sous-sol, où sont exposés des **urnes funéraires★** et des ustensiles indiens, fruits des expéditions de célèbres ethnologues brésiliens dont les carrières sont retracées ici. Les salles sont aménagées dans les soubassements de l'ancien collège des Jésuites fondé en 1561.

★★★ Igreja et Convento de São Francisco PLAN II, A3

Largo Cruzeiro de S. Francisco - ☏ (71) 3322-6430 - lun. et merc.-sam. 9h-17h30, mar. 9h-17h, dim. 10h-15h- 5 R$.

Surnommée « l'église de l'or », l'Igreja de S. Francisco (1708-1723) est un chef-d'œuvre du baroque colonial. La sobriété de sa façade ne laisse en rien présager l'exubérance et l'ostentation de sa décoration. Pour dorer les fines boiseries qui recouvrent ses murs et le maître-autel (1740), 800 kg de poudre d'or ont été nécessaires. Elles s'animent d'une profusion d'angelots de fruits, d'oiseaux, de fleurs et d'arabesques tourmentées caractéristiques de la première phase

Orixás et syncrétisme

Le panthéon du *candomblé* compte une quinzaine d'*orixás*. À chacun sont associés des attributs, des aliments, des couleurs et... un saint catholique. Exu, messager des hommes auprès des *orixás*, assure le bon développement des cérémonies. Son caractère espiègle et irascible lui valut d'être associé au diable par les jésuites. Omolú, dieu des Maladies et de la Mort, toujours caché sous un costume de paille, est assimilé à saint Roch ou saint Lazare. Ogun, le plus fort des *orixás*, dieu du Fer et de la Guerre, correspond à saint Georges. Yemanjá, déesse de la Mer, symbolise la féminité et la fécondité ; elle est vénérée sous la figure de la Vierge Marie. Iansan, l'impétueuse déesse des Vents et des Tempêtes, est sainte Barbe. Xangô, dieu du Feu et du Tonnerre, représente la justice ; il est identifié à saint Jérôme. Enfin Oxalá, dieu de la Création, n'est autre que le Christ.

Détail de l'église São Francisco.
R.M. Nunes/Getty Images Plus

du baroque brésilien. Les peintures du plafond sont signées José Joaquim da Rocha (1737-1807), maître bahianais de la perspective. La **statue de saint Pierre d'Alcantara** (1790), dans une des chapelles latérales, est d'un autre grand artiste local, le sculpteur Manuel Inácio da Costa (1763-1857). Sont à noter aussi les remarquables grilles en palissandre qui ferment les chapelles et les azulejos portugais du cloître (1729-1794).
La **sacristie** renferme un somptueux autel baroque, où trône un Christ en ivoire, ainsi qu'un précieux mobilier en palissandre.

★★ Igreja da Ordem Terceira de São Francisco PLAN II, B3

R. da Ordem Terceira - ✆ (71) 3321 6968 - lun.-sam. 8h-12h, 13h-17h - 20 R$.
La **façade** (1702-1703) en pierre sculptée dans le style baroque plateresque, très courant dans les colonies espagnoles, est unique au Brésil. À l'intérieur, les *talhas* baroques ont été remplacées, en 1828, par une décoration néoclassique. Les **azulejos** portugais datent en revanche du 18e s. : on peut y voir d'intéressantes vues de Lisbonne avant le séisme qui détruisit la ville en 1755. Une salle abrite une collection de saints *de roca*, statues creuses utilisées pour les processions. En sortant, empruntez la R. Gregório de Mattos pour rejoindre le Pelourinho ; vous passerez devant les sièges de deux prestigieux *blocos* de carnaval (*p. 257*) : **Olodum** (n° 22) et **Filhos de Gandhi** (n° 53).

★★★ Pelourinho PLAN II, D2

Le *pelourinho* (pilori) où l'on châtiait les esclaves, symbole de l'autorité publique, devait se dresser à un endroit visible. Celui de Salvador fut d'abord érigé sur la place Tomé de Souza, puis sur le Terreiro de Jesus, enfin sur le Largo do Pelourinho où il demeura 28 ans. La **place du Pelourinho** est cernée d'harmonieuses façades colorées où vivaient riches commerçants et barons du sucre. C'est le cœur de la ville haute, vers où convergent l'été les groupes de percussions. L'animation vient aussi de l'église **N. S. do Rosário**, les soirs de messe.

Le fleuron du Brésil colonial

Une colonie fondée sur l'économie du tabac et de la canne à sucre

Le 1er novembre 1501, jour de la Toussaint, le navigateur Amerigo Vespucci pénètre dans la baie de Salvador qu'il baptise **baie de Todos os Santos**, baie de Tous-les-Saints. Une petite colonie, la Vila do Pereira, est fondée à Porto da Barra. Elle prospère vite grâce à la production de sucre, à l'exploitation du *pau-brasil* (bois de Brésil) et à sa relative proximité de l'Europe, et ne tarde pas à susciter les convoitises des Français et des Hollandais. Le Portugal décide d'y envoyer un gouverneur général avec pour mission de veiller sur le territoire et d'en organiser l'exploitation. Tomé de Souza débarque à Salvador en 1549 avec 1000 hommes (architectes, militaires, jésuites) et fonde officiellement la première **capitale** de la colonie. Une cité fortifiée est bâtie sur deux niveaux : les bâtiments officiels et religieux au sommet d'un promontoire rocheux, le port commercial en contrebas. Les forts chargés de la protéger émaillent toujours les contours de la baie ; il en reste une quinzaine. Ils durent à plusieurs reprises subir les assauts des soldats de la Compagnie hollandaise des Indes occidentales, qui parvinrent à s'emparer de Salvador pour un an, en 1624-1625. Ces attaques n'ont cependant pas ébranlé le dynamisme économique de la cité. Aux 16e et 17e s., Salvador importe des esclaves à tour de bras : elle en est le **premier port importateur du Brésil** ; ils partent travailler dans les plantations de tabac et de canne à sucre de la région du Recôncavo Baiano. Au début du 18e s., elle devient la deuxième ville de l'empire portugais, après Lisbonne. Les richesses de la colonie s'étalent dans ses églises, chargées d'or. Mais le lent déclin de l'**économie du sucre**, mise en difficulté au 18e s. par la concurrence des Antilles hollandaises, porte un coup fatal à la ville. En 1763, le transfert de la capitale à Rio de Janeiro, nouveau pôle d'où s'exportent l'or du Minas Gerais et le café des vallées, entérine ce bouleversement.

La fin de l'esclavagisme et le renouveau de Bahia

Affaiblie, Salvador se retrouve durablement secouée par les tensions qui traversent la société coloniale. Les idées des Lumières, relayées par l'indépendance de l'Amérique et la Révolution française, nourrissent les aspirations sociales et les doublent du désir d'indépendance. En 1798, le mouvement républicain – la « conjuration des tailleurs » – est sévèrement réprimé. Le 2 juillet 1823, une fois expulsées les dernières troupes portugaises résistantes, Bahia est **indépendante**, un an après le reste du Brésil. La **révolte des Malês** (1835), conduite par des esclaves musulmans lettrés, révèle la fragilité du système esclavagiste ; après son abolition (1888) et durant le siècle suivant, la région est affaiblie par des flux migratoires vers le Nord et le Sudeste. Ce n'est qu'à partir des années 1970 qu'elle connaît un regain d'activité, grâce notamment à l'implantation d'industries pétrochimiques dans l'État et au développement du tourisme, favorisé par la restauration du centre historique de Salvador.

Ouvrant sur la place, la **Fundação Casa de Jorge Amado** *(15 largo do Pelourinho - ✆ (71) 3321 0122 - www.jorgeamado.org.br - mar, merc. et vend 10h-18h, lun. 8h-18h, jeu. 9h-18h, sam.- 10h-16h- 10 R$, mer. gratuit)* conserve ouvrages et documents audiovisuels sur la vie et l'œuvre de l'écrivain ainsi que ses archives. Jorge Amado est l'auteur brésilien le plus connu et le plus traduit à l'étranger.

★★ Igreja N. S. do Rosário PLAN II, B2

Largo do Pelourinho - ✆ (71) 3241-5781 - lun.-sam. 8h-12h et 13h-17h- 5 R$.
Elle a été construite (1781) par des esclaves pour leur propre usage, car ils n'avaient pas le droit d'entrer dans les autres églises. La « Confrérie des hommes noirs » acquit le terrain en 1696, mais les travaux, entravés par l'insuffisance de moyens, s'échelonnèrent pendant près d'un siècle. Sa jolie façade bleue rococo, rehaussée de deux tourelles, domine la place. La peinture de la nef a été exécutée par José Joaquim da Rocha. Les azulejos portugais et les statues de saints noirs datent du 18e s. À l'arrière se trouve l'ancien cimetière des esclaves. Le mardi *(18h)*, on y assiste à l'une des plus attachantes **messes** de la ville, imprégnée de symboles syncrétiques parmi lesquels l'accompagnement à l'*atabaque*, le tambour des cérémonies de *candomblé* *(p. 257)*.

★★ Museu Abelardo Rodrigues PLAN II, B2

R. Gregório de Mattos 45 - ✆ (71) 3116-6743 - mar.-vend. 12h-18h, w.-end et j. fériés 12h-17h.
Le Solar do Ferrão, une des plus belles maisons (17e s.) de la ville, regroupe sur 5 niveaux plusieurs collections (art religieux, ethnologie, artisanat) mises en valeur dans de séduisantes présentations modernes. Voyez au rez-de-chaussée une large collection d'instruments de musique venus du monde entier, les merveilles de l'art africain au 1er étage (collection Masella), l'art sacré au 2e étage (collection Abelardo Rodrigues). L'artisanat nordestin est présenté au second sous-sol.
À côté, le **Museu Tempostal** *(n° 33 - ✆ (71) 3117 6383 - mar.-vend. 12h-18h, w.-end : 12h-17h)* abrite une collection de 30 000 cartes postales sépia, figurant Salvador et des villes du Recôncavo aux 19e et 20e s.

Carmo et Santo Antônio PLAN II, D1

Ces quartiers regorgent de demeures du 17e s., certaines aménagées en *pousadas* ou en restaurants branchés, d'autres restées « dans leur jus » avec leurs façades décaties et leurs petits bars populaires. En remontant la Ladeira do Carmo, on remarquera les impressionnants escaliers de l'**Igreja do Santíssimo Sacramento**, rendus célèbres grâce au film d'Anselmo Duarte *(La Parole donnée)*, Palme d'or au Festival de Cannes en 1961. Du **Forte Santo Antônio Além do Carmo** (17e s.), jolie vue sur la ville basse et la péninsule d'Itapagipe.

★★★ Igreja et Convento N. S. do Carmo PLAN II, D1

R. do Carmo - ✆ (71) 3242 0182 - lun.-vend. 7h-17h, sam. 8h-12h.
Le couvent des Carmes (17e s.), distribué autour de deux cloîtres, est partiellement occupé par un hôtel de luxe. Il a servi de refuge aux forces hollandaises lors de l'invasion de 1624, ainsi qu'aux troupes portugaises pendant les guerres d'indépendance de Bahia. On peut visiter son **église**, remaniée dans le goût néoclassique, et la luxueuse **sacristie** couverte de *talhas* baroques et rococo. Elle abrite de magnifiques peintures baroques et un imposant mobilier en palissandre.

★★★ Igreja da Ordem Terceira do Carmo PLAN II, D1

Ladeira do Carmo - ✆ (71) 3326 9432 - lun.-sam. 8h-12h, 14h-16h - 5 R$.

Jorge Amado (1912-2001)

Jorge Amado est né à Itabuna, dans le sud de l'État, dans la région du cacao. En 1931, il part faire ses études de droit à Rio. Son adhésion au Parti communiste lui vaut à plusieurs reprises la prison et l'exil (en Uruguay, en France, en Tchécoslovaquie). Les plantations de son enfance, où règnent misère et exploitation, et les bas-fonds du Pelourinho, qu'il approche dans sa jeunesse, inspirent ses histoires, sur fond de critique sociale. Ses **romans** font vivre une impressionnante galerie de personnages : prostituées insoumises, petites crapules, doux ivrognes, vagabonds, enfants des rues. Ils ont renvoyé dans le monde entier l'image d'un Brésil mystique, sensuel, lyrique et violent. Parmi ses œuvres traduites en français, citons *Cacao* (1933), *Bahia de tous les saints* (1935), *Capitaines des sables* (1937), *La Terre aux fruits d'or* (1944), *Gabriela, girofle et cannelle* (1958), *Dona Flor et ses deux maris* (1966).

L'église originelle, détruite par un incendie en 1788, a cédé la place à cette construction rococo (1803). Son joyau est un *Christ mort* (1730) en cèdre, incrusté de 2000 gouttelettes de sang en rubis. La statue est l'œuvre de l'esclave Francisco Xavier das Chagas, dit « O Cabra », surnommé l'*Aleijadinho* bahianais (« petit estropié », en référence au sculpteur Antônio Francisco Lisboa ; *p. 480*). Elle est exposée avec des saints *de roca*, portés en procession le lundi de Pâques.

Praça Castro Alves PLAN II, C2

Les portes de Santa Luzia se dressaient sur cette place où elles délimitaient l'entrée Sud de la cité aux 16e et 17e s. Son nom rappelle celui de l'illustre poète brésilien (1847-1871), ardent défenseur de la cause abolitionniste. Depuis son **belvédère**, beau panorama sur la baie.

À l'est, empruntez la ladeira da Barroquinha pour vous perdre dans les ruelles populeuses du quartier éponyme. Relié au cinéma Itaú par un bel escalier, l'**Espaço Cultural da Barroquinha** (*✆ (71) 3702 7880*) a ouvert en 2014 à l'intérieur de l'**église N. S. da Barroquinha** (1722), détruite par un feu en 1984. Derrière la façade baroque à nouveau pimpante, la nef fait désormais office de **salle de spectacle★** (danse, musique, théâtre), le chevet servant de scène originale, avec ses ruines laissées en l'état. Toujours à l'intérieur, la galerie Juarez Paraíso abrite des expositions temporaires.

Libraires et bouquinistes nichent **Rua Rui Barbosa** et **Travessa da Ajuda**. La **Rua J. J. Seabra**, encombrée de commerces et de bazars, est surnommée **Baixa do Sapateiro** en souvenir des cordonniers *(sapateiros)* qui la jalonnaient encore au début du 20e s. Arrivés Praça dos Veteranos, devant le palais rouge et argent de la caserne des pompiers, les cinéphiles ne manqueront pas de rejoindre le **Largo da Palma**, placette où a été tourné le film *Dona Flor et ses deux maris*, tiré du livre de **Jorge Amado** (*encadré ci-dessus*).

★★★ Museu de Arte Sacra PLAN II, C3

R. do Sodré 276 - ✆ (71) 3283 5591 - www.mas.ufba.br - lun.-vend. 10h-18h - 10 R$.
Installé dans l'ancien couvent Santa Teresa d'Ávila, fondé par les carmes déchaussés à la moitié du 17e s., ce musée conserve une importante collection d'œuvres des 17e et 18e s., dont certaines proviennent de l'ancienne Sé, démolie dans les années 1930. Tous les grands noms de l'art colonial bahianais y figurent : Frei Agostinho da Piedade (1580-1661), José Joaquim da Rocha (1737-1807), son

disciple Teófilo de Jesus (1758-1847). Parmi ses trésors, la statue argentée de N. D. des Merveilles (16e s.), rapportée du Portugal en 1552 par le premier évêque du Brésil, D. Pero Sardinha, ainsi qu'une *Adoration des bergers* (fin 17e s.) qui ornait le tympan d'une chapelle de la Sé, chef-d'œuvre de l'art de la *talha dorada*.

La ville basse PLAN II, C2

Le cœur financier de Salvador se trouve dans la ville basse, facilement accessible par l'**Elevador Lacerda**. Vous l'emprunterez pour visiter le mercado Modelo ou gagner le Terminal Marítimo Turístico d'où partent les bateaux qui sillonnent la baie.

Comércio

À côté de l'Elevador Lacerda s'élève l'**Igreja N. S. da Conceição da Praia★** (1736-1849), à l'emplacement de la première chapelle de la ville (1549) *(Largo da Conceição da Praia - ✆ (71) 3038 6250 - 7h30-16h, sam.-dim. 7h-12h)*. La nef est dominée par une étonnante peinture en perspective (1773) signée José Joaquim da Rocha. À droite du chœur, une chapelle est aménagée dans les restes de l'église du 16e s. Voyez aussi la façade en trois corps à la manière d'un retable entrouvert.

★ Mercado Modelo PLAN II, C2

Praça Visconde de Cayru, Comércio - ✆ (71) 3242 5860 - 9h-19h (14h dim.).

Ce marché néoclassique (1861), qui comprend des centaines de boutiques d'artisanat et de souvenirs, abritait les douanes. Des *rodas* de capoeira y ont souvent lieu, côté port.

★★ Museu de Arte Moderna (MAM) PLAN II, B3

Av. Contorno - ✆ (71) 3117 6139 - mar.-dim. 13h-18h - gratuit.

Le musée a investi une belle propriété du 17e s. Le parc comprend une chapelle, transformée en salle d'exposition, et un jardin de sculptures (œuvres de Carybé et de Mário Cravo, entre autres). L'exposition permanente présente les grands noms de la peinture moderne brésilienne, parmi lesquels Di Cavalcanti (1897-1976), Cândido Portinari (1903-1962) et Burle Marx (1909-1994).

3

Nazaré PLAN II, D3

Ancien centre politique, judiciaire et universitaire de Salvador, le quartier de Nazaré abrite encore plusieurs institutions fédérales, ainsi que l'école de médecine et le Fórum Ruy Barbosa (tribunal de justice), bel édifice néoclassique (1949) qui accueillait jusqu'en 2000 la plus haute juridiction de l'État de Bahia. Nazaré est aujourd'hui connu pour son stade, l'**Arena Fonte Nova,** avec sa forme unique en fer à cheval, construit pour la Coupe du monde de football 2014.

★ LIberdade PLAN I, BC2

Abritant la plus grande communauté afro-brésilienne du pays, le quartier populaire de Liberdade dresse ses modestes maisons juste au-dessus de la Feira de São Joaquim, le plus vaste marché de la ville.

★ Feira de São Joaquim PLAN I, B2

Av. Eng. Oscar Pontes (à côté du terminal des ferries pour Itaparica) - lun.-dim. 5h-17h.

Avec ses 4 000 étals desservis par 22 rues et animés de milliers de vendeurs, le plus grand marché du Nordeste est une institution incontournable de la vie bahianaise. Volailles vivantes, fruits, colliers de perles aux couleurs des *orixás*,

La cuisine de trois continents

La **cuisine bahianaise** compte une cinquantaine de spécialités, issues des cuisines indienne, européenne et africaine. Les Indiens utilisaient le haricot, le manioc *(macaxeira)* et le maïs pour préparer le *beiju* (galette de tapioca) ou le *pirão* (bouillon épais). Les Européens sont arrivés avec la morue et les *cozidos* (ragoût de bœuf aux légumes). Les Africains enfin, confinés dans les cuisines de leurs maîtres, ont ajouté des ingrédients qui leur étaient familiers : le piment, le gingembre, l'arachide, l'huile de palme *(azeite de dendê)*, le lait de coco... Les cuisinières africaines ont également adapté la *comida de santo* (offrandes rituelles faites aux *orixás*, les divinités afro-brésiliennes) pour la servir sur la table de leurs maîtres : l'*acarajé* (boulette frite de haricot et de crevette), le *caruru* (gombos aux crevettes séchées, à l'arachide et aux noix de cajou), l'*abará* (*acarajé* cuit à la vapeur dans une feuille de bananier), le *bobó de camarão* (crème de manioc aux crevettes, *dendê* et lait de coco)... Citons enfin les incontournables : la *moqueca* (poissons ou fruits de mer cuits dans le lait de coco et le *dendê*) ou le *vatapá* (une crème très relevée à base de mie de pain, de lait de coco, de gingembre, de crevettes, d'arachide et de *dendê*).

crevettes séchées, racines miraculeuses, vannerie, plantes médicinales, ustensiles en bois, statues des divinités du *candomblé*... On trouve absolument de tout à São Joaquim ! Déambuler parmi les allées encombrées revient à faire un voyage dans le voyage, au carrefour entre sacré et profane. Poussez jusqu'au bord de l'eau où s'alignent de sympathiques guingettes populaires pour goûter à une authentique cuisine bahianaise (*encadré ci-dessus*).

★★ Péninsule d'Itapagipe PLAN I, AB1

Elle s'avance dans la baie sous la protection du Forte de Monte Serrat. Du quartier **Boa Viagem**, doté d'une plage populaire bondée le w.-end, des ruelles villageoises conduisent au fort, à l'église et au phare de **Monte Serrat★**. Les points de vue sur la ville y sont magnifiques et attirent, au coucher du soleil, de nombreux couples d'amoureux.

Les *Soteropolitanos* aiment flâner sur le port de **Ribeira★**, à la pointe nord de la péninsule, attirés notamment par la **Sorveteria da Ribeira** (*p. 254*). Vue sur les banlieues nord le long de la promenade.

★★ Igreja de N. S. do Bonfim PLAN I, B1

Praça Senhor do Bonfim - ✆ (71) 3316 2196 - lun. 8h30-18h30, mar.-jeu. et sam. 6h30-18h30, vend. et dim. 5h30-18h30 (17h30 le dern. vend. du mois).

Sa façade, juchée sur la Colina Sagrada (Colline sacrée), éclairée d'ampoules blanches le soir, se repère de loin. L'église (1754) est un symbole fort du syncrétisme religieux des Bahianais. Assistez à la messe du vendredi *(se rens. pour les horaires)*, jour attribué à Oxalá (*p. 236*) : toute l'assistance est habillée de blanc, couleur de l'*orixá*. L'église accueille aussi l'une des plus belles fêtes religieuses de Salvador, la **Lavagem do Bonfim** (*p. 250*). À ses grilles, les fidèles, après avoir émis un vœu, attachent des rubans colorés imprimés du nom de N. S. do Bonfim. Ces bracelets, bénis pendant la messe, se portent aussi au poignet. Après la messe, le parvis, d'où la vue est magnifique sur la baie, grouille de fidèles endimanchés, attroupés autour des étals des *baianas*. À l'intérieur, une salle encombrée d'ex-voto témoigne de la ferveur de la dévotion au saint patron de Bahia.

Vers les plages

Vitória PLAN III, AB1

Une haie de gratte-ciel borde le **corredor da Vitória**, surnom donné à l'**Av. 7 de Setembro** entre la place Campo Grande et le Largo da Vitória. Côté mer, ces tours de luxe à flanc de colline disposent pour la plupart d'un ponton où accostent les yachts. Les rares villas ayant survécu à la spéculation immobilière accueillent des musées.

Sur la **Praça Campo Grande** fut livrée la bataille du 2 juillet 1823 qui entérina l'indépendance du Brésil. Au centre, la statue d'un *Caboclo* (métis de Blanc et d'Indien) paré de plumes incarne ce héros brésilien, vainqueur des Portugais. Les grilles de la place sont de Carybé. Le **théâtre Castro Alves**, à l'est, est le plus prestigieux de la ville.

★★ Museu de Arte da Bahia PLAN III, B1

Av. 7 de Setembro 2340 (Corredor da Vitória) - ✆ 71) 3117 6902 - mar.-vend. 13h-19h, w.-end 14h-18h.

Ce musée occupe une villa du 19e s. que l'on appelle toujours du nom de l'un de ses propriétaires, Cerqueira de Lima, qui fit fortune avec le trafic d'esclaves. Un temps palais des Gouverneurs, elle fut fortement remaniée en 1925. Les collections sont riches en œuvres des représentants de l'**École bahianaise de peinture** (1764-1850), fondée par José Joaquim da Rocha. Le musée possède aussi une série de 200 dessins de l'artiste argentin Carybé.

★★ Museu Carlos Costa Pinto PLAN III, B1

Av. 7 de Setembro 2490 (Corredor da Vitória) - ✆ (71) 3336 6081 - tlj sf mar. 14h30-19h - 10 R$.

Ses collections évoquent le luxe et le raffinement de l'aristocratie du sucre du 17e au 19e s. : cristaux de Baccarat, mobilier bahianais en palissandre, argenterie, porcelaines de Chine et du Japon... À voir aussi, sa précieuse série de bijoux en argent (18e-19e s.) appelés *balangandãs* et qui étaient portés par les esclaves. Ces colliers exubérants, agrémentés au fur et à mesure de leurs économies de pendentifs

3

Capoeira : Regional ou Angola ?

La capoeira est un **mélange de lutte et de danse** né dans les cases des esclaves et les *quilombos* (refuges clandestins de Noirs marron) du Brésil. Sa pratique obéit à un rituel précis : les participants forment une roda (ronde) autour de deux lutteurs, et stimulent leur jeu à l'aide de chants et de percussions : l'atabaque (tambour), le pandeiro (tambourin), l'agogô (cloches), le berimbau (instrument à une corde). Malgré son interdiction, en vigueur jusqu'au 20e s., la capoeira a survécu dans les franges marginales de la population. Lorsqu'elle est reconnue en tant que « sport national », sous la présidence de Getúlio Vargas, l'école de **Mestre Bimba** (1900-1974) sort de l'ombre. Elle développe un style qui incorpore des mouvements d'arts martiaux, baptisé « Capoeira Regional ». En réaction, Mestre Pastinha (1889-1981) ouvre un centre de « Capoeira Angola », censé préserver le jeu traditionnel, moins aérien, plus chaloupé. Ces deux écoles ont formé un grand nombre de capoeiristes, lesquels se définissent toujours par rapport à ces deux lignées.

divers, constituaient l'essentiel de leur pécule. Chacun des pendentifs avait une signification : symbole divin, amulette contre le mauvais œil, porte-bonheur…

Barra PLAN III, A3

Au-delà du **phare de Barra**, à l'embouchure de la baie, s'égrènent les plages atlantiques de Salvador. La charmante petite **plage de Porto da Barra**, parfait port naturel, a accueilli les premiers colons en 1535. Elle s'étend entre le **Forte Santa Maria** (18e s.) et le **Forte São Diogo** (18e s.).

★ Forte de Santo Antônio da Barra PLAN III, A3

Largo do Farol da Barra - ✆ (71) 3264-3296 - www.museunauticodabahia.org.br - 9h-18h - fermé lun. sf janv. et juil. - 15 R$.

Le premier fort du Brésil (reconstruit au 17e s.) garde l'entrée de la baie depuis 1534. Il héberge le **Museu Náutico** qui expose cartes nautiques, instruments de navigation, maquettes de bateaux ainsi que le produit des fouilles menées dans la baie (faïences, bijoux). L'épave la plus célèbre, le *Galeão Santíssimo Sacramento* – naufragé en 1668 faisant 400 victimes issues de la noblesse portugaise (dont le nouveau gouverneur) –, n'a été retrouvée qu'en 1973.

★ Parque Zoobotânico PLAN I, B4

R. Alto da Ondina, Ondina - ✆ (71) 3116-7954 - mar.-dim. 9h-17h. S'y rendre en taxi.

Le zoo se trouve sur les hauteurs du quartier d'Ondina, dont la plage est voisine de celle de Barra. Au gré des allées, on découvre plusieurs espèces brésiliennes : toucans, aras, singes *(macaco-prego)*, jaguars *(onça-pintada)*, tapirs *(anta)*, caïman à museau large *(jacaré-do-papo-amarelo)*…

★ Rio Vermelho PLAN I, A5

Prisé par nombre d'écrivains et d'artistes, Rio Vermelho a compté Jorge Amado parmi ses résidents les plus célèbres.. De ce quartier se dégage une atmosphère populaire, entretenue par des communautés de pêcheurs dont les bateaux colorés reposent sur les plages. L'après-midi, le poisson y est nettoyé et vendu sur place. C'est à Rio Vermelho qu'a lieu l'émouvante fête de Yemanjá (*p. 250*).

La vie nocturne pulse autour des placettes **Largo da Mariquita** et **Largo do Santana** dès la fermeture des bureaux. Les Bahianaises installées là préparent des *acarajés* (beignets aux haricots et crevettes) disputés !

Près du Largo da Mariquita, se tient le **Mercado do Peixe**, le marché aux poissons. Dans des pavillons modernes s'alignent une vingtaine de restaurants. L'endroit idéal pour savourer une *moqueca* en terrasse, l'œil sur la mer et l'activité des pêcheurs.

Baía de Todos os Santos et ses environs

PLAN DES ENVIRONS DE SALVADOR P. 230

La plus grande baie du Brésil (1000 km²) abrite une cinquantaine d'îles. Plaque tournante de l'économie de la région depuis l'époque coloniale, elle est fréquentée par toutes sortes d'embarcations, fragiles bateaux à rames, paquebots rutilants, pétroliers, voiliers de plaisance. Si les activités de Petrobrás, le géant brésilien du pétrole, défigurent un peu le paysage, près de 800 km² d'îles, d'estuaires et de mangroves sont protégés. Plusieurs cours d'eau s'y déversent, dont les Rio Paraguaçu, Jaguaripe et Subaé.

Cachoeira et le Rio Paraguaçu.
KamilloK/Getty Images Plus

★ Itaparica

Avant le développement touristique du littoral Nord, la plus grande des îles de la baie (246 km^2) constituait une destination haut de gamme. Elle pâtit aujourd'hui de plages surpeuplées – qui retrouvent toutefois leur tranquillité en semaine. Les embarcations au départ de Salvador arrivent à Bom Despacho ou Mar Grande. Bus et combis font l'aller-retour, desservant les principales plages. Les plus prisées, **Barra do Gil**, **Penha** ou **Conceição**, sont tournées vers Salvador. La jolie **Ponta de Areia**, au nord de l'île, est proche du village d'**Itaparica**★, petite cité coloniale dont on peut visiter le fort et l'Igreja São Lourenço (1610).

Les excursions font un arrêt sur l'**Ilha dos Frades**★, préservée, l'une des plus belles de la baie. Sur sa plage, une poignée de paillotes où l'on déjeune de langoustes grillées.

L'**Ilha da Maré**, desservie depuis la plage de São Tomé de Paripe, au sud de Salvador *(dé ttes les 20mn)*, est habitée par des pêcheurs et d'habiles dentellières au fuseau.

★★ Cachoeira

De Salvador, on peut faire l'AR dans la journée. Service de bus depuis le Terminal de Salvador ; départs ttes les heures de 8h à 19h30 (dern. retour 16h35 - durée : 2h10 - 33 R$.

Cachoeira et São Félix, de part et d'autre du Rio Paraguaçu, évoquent les temps prospères du Recôncavo Baiano, région qui s'est enrichie aux 17e et 18e s. grâce à la culture de la canne à sucre et du tabac.

Située sur la voie fluviale qui reliait cette vallée fertile à la baie de Tous-les-Saints, **Cachoeira** fut une des plaques tournantes de cette économie. La ville possède le plus admirable ensemble architectural baroque de Bahia après Salvador. Elle vit désormais au rythme assoupi des provinces de l'intérieur, et une douce nostalgie émane de ses ruelles pavées aux façades décaties, où vaquent chevaux

N. S. Da Boa Morte

La **confrérie de Notre-Dame de la Bonne-Mort** a été fondée en 1820 par des esclaves affranchis. Cette « couverture » légale leur permettait de perpétuer leurs croyances ancestrales, de racheter la liberté d'autres esclaves et surtout de garantir des funérailles décentes. Réputée très secrète et fermée, l'organisation passionne aujourd'hui les chercheurs qui étudient la diaspora africaine. La fête de N. S. da Boa Morte, événement majeur du calendrier de **Cachoeira**, se déroule aux alentours du 15 août. Empreinte de syncrétisme religieux, elle intègre messes, processions et rites profanes dont le samba de roda (ancêtre de la samba). La confrérie compte 200 membres, essentiellement des femmes noires de plus de 50 ans.

et ânes de bât. La population descend des esclaves des plantations, dont elle perpétue les traditions. En face, à **São Félix**, se maintient la dernière fabrique de cigares de la vallée.

Centre historique

Secretaria de Turismo – *R. Ana Nery 27 - ✆ (75) 3425-1390 - www.cachoeira.ba.gov.br. La plupart des sites sont fermés entre 12h et 14h, le lun. et l'apr.-midi le w.-end.*

La Praça da Aclamação témoigne du prestige de la ville au 18e s. L'**Igreja da Ordem 3a do Carmo★** (1724) renferme un fastueux autel en bois sculpté et doré. À côté, le **Museu Regional**, musée d'Histoire de la ville, occupe une opulente résidence (1723) et expose du mobilier des 18e et 19e s. Toujours sur la place, la **Casa de Câmara e Cadeia★** (1698-1712), ancien siège du gouvernement de l'État, abrite la Chambre municipale. Longez ensuite la R. Ana Nery, bordée de maisons coloniales, pour gagner l'**Igreja Matriz N. S. do Rosário★★** (1693-1754) qui abrite de remarquables azulejos. Sur le Largo da Ajuda se dresse la petite **Igreja de N. S. da Ajuda (1595),** premier édifice de la cité autour duquel elle se développa.

São Félix

Un vieux **pont en fer** (1859) qu'empruntent trains, bus, voitures et piétons relie Cachoeira à São Félix. Visitez le **Centro Cultural Dannemann** *(Av. Salvador Pinto 29)* et sa fabrique de cigares (1873) roulés à la main. Les amateurs pourront s'en procurer à la boutique, située au milieu des ouvrières.

Le littoral nord

PLAN DES ENVIRONS DE SALVADOR P. 230

Au-delà d'**Itapuã** s'allongent les plages les plus prisées de Salvador : Stella Maris, Flamengo, **Praia de Aleluia**, Villas do Atlântico. La BA-099, surnommée **Estrada do Coco**, s'étire sur 200 km jusqu'à la frontière avec l'État de Sergipe. Très bien entretenue, elle longe un littoral splendide que l'on peut explorer en petites échappées d'un ou deux jours.

★★ Arembepe

À 30 km de Salvador.

Étape de choix sur l'Estrada do Coco, ce paisible village de pêcheurs est disposé autour d'une église et d'un port où des barques colorées se dandinent. Sa rade est formée d'une barrière de récifs d'où les enfants risquent d'audacieux plongeons. Le littoral, bordé de dunes et de cocotiers, accueille depuis les années 1960 une étonnante *aldeia hippy*, **communauté hippy** aux masures en chaume et pisé, sans électricité. Janis Joplin, Jimi Hendrix, Mick Jagger lui ont rendu visite. Ses habitants, jeunes gens coiffés de *dreadlocks*, vivent de la vente d'artisanat. Le meilleur endroit pour se baigner : les rives du **Rio Capivara**, en fin d'après-midi.

★★★ Praia do Forte

À 55 km de Salvador.
Praia do Forte est la principale destination de w.-end des *Soteropolitanos,* qu'ils apprécient pour sa vie nocturne agitée. La rue principale, piétonne, n'est qu'une succession de boutiques, bars et restaurants. La plage, en revanche, est d'une époustouflante beauté, en particulier lorsque la mer se retire, dégageant des lagons parmi les récifs. Les bateaux de pêche, ancrés en mer sous la protection d'une minuscule église blanche, lui prêtent un charme placide.

★★ Projeto Tamar

Av. Farol Garcia d'Ávila - ✆ (71) 3676 0321 - www.tamar.org.br - mar.-sam. 11h-14h - 38 R$.
Cette ONG défend les tortues de mer. Elle œuvre sur 30 km de plage, là où pondent quatre des cinq espèces brésiliennes. Les tortues pataugent dans des bassins, séparées par espèce et par âge. Dans des aquariums géants évoluent d'autres espèces marines locales comme le mérou géant ou le requin dormeur. Les bébés tortues sont relâchés sur la plage *(mi-déc.-mi-fév. tlj à 17h).*

★ Diogo et ★★ Santo Antônio

Au-delà de Praia do Forte, la BA-099 prend le nom de Linha Verde : au bout de 15 km, elle dessert **Imbassaí★**, spot de surf réputé. L'endroit est aussi idéal pour la baignade, en mer ou dans le Rio Barroso.
La route mène tout de suite après au village de **Diogo★**, ancienne plantation de noix de coco située à l'arrière de la somptueuse plage de **Santo Antônio★★** *(suivez le panneau « Santo Antônio », depuis la route principale)* : le site, parfaitement préservé, est bordé par un village de pêcheurs et d'artisans, dissimulé derrière une grande dune (vanneries en paille de coco, en vente aux portes des maisons).

★★ Mangue seco

À 210 km de Salvador. Suivre la dir. Aracaju, dans l'État du Sergipe, puis « Mangue Seco via Pontal » à partir d'Indiaroba.
Le hameau occupe l'extrémité d'une péninsule, à l'embouchure du Rio Real. Il est connu pour ses dunes géantes. On y accède en bateau, au départ de Pontal *(5 R$/pers.)*, après être convenu d'une heure de retour avec le commandant. Le village, distribué autour d'une place à l'ombre d'un manguier géant, aligne quelques *pousadas* en bord de fleuve. Sur la plage, qu'on atteint facilement à pied, des paillotes proposent de quoi se restaurer. Si l'on part tôt de Salvador, la balade peut se faire dans la journée.

Carnet pratique

PLANS DE LA VILLE P. 250 À 252

S'informer

Office de tourisme – PLAN II A3 - *R. das Laranjeiras 2, Pelourinho - ✆ (71) 3321 2133- www.setur.ba.gov.br.*

Aéroport – *Niveau « Arrivées » - ✆ (71) 3204 1444 .*

Rodoviário – *Av. Antônio Carlos Magalhães 4362, Iguatemi - ✆ (71) 3450 3871.*

Disque Bahia Turismo – *✆ (71) 3103 3103.* Pour une question rapide, ce standard est disponible 24h/24 (portugais, anglais, espagnol).

Consultez également *www.pelourinhodiaenoite.salvador.ba.gov.br*, le site officiel dédié à la ville historique.

Arriver/Partir

Aeroporto Internacional Deputado Luis Eduardo Magalhães – PLAN I, C3 EN DIR. - *Praça Gago Coutinho, São Cristovão - ✆ (71) 3204 1000 - www.salvador-airport.com.br.* À 28 km. Il relie Salvador aux grandes villes brésiliennes et à une quinzaine de pays.

Les **taxis Coometas** (*✆(71) 3244-4500-www.coometas.com.br-* CC) ont un comptoir sur place où l'on règle sa course à l'avance. Pour Barra ou le Pelourinho, comptez env. *140 R$*.

Métro – C'est le moyen le plus rapide et le plus économique pour gagner le centre ville (stations Campo da Pólvora et Lapa) : 1h env. avec un changement - *4,10 R$*.

Compagnies aériennes – **Gol** - *à l'aéroport - ✆0300 115 2121 - www.voegol.com.br.* **LATAM** - *à l'aéroport - ✆ 0300 570 57000 - www.latamairlines.com.*

En car

Terminal Rodoviária de Salvador – PLAN I, C3 - *Av. Antônio Carlos Magalhães 4362, Pituba - ✆ (71) 3616 8357- www.ntrs.com.br.* La gare est à 7 km du centre, en face du Shopping Iguatemi. Accès : en métro, station Rodoviária ; en bus au départ de la Praça da Sé (dir. « Imbuí-Iguatemi »), et en bas de l'Elevador Lacerda (dir. « Rodoviária »). En taxi, comptez *40 R$ env.* depuis la Praça da Sé.

Liaisons longue distance – Nombreuses vers tout le Brésil. Rio de Janeiro *(2/j. - durée : 32h-350/600 R$)*; Brasília *(5/j. - 23h-500 R$)*; Recife *(1/j. - 18h -190 R$)*, Fortaleza *(4/j. - 25h-350 R$)*.

Liaisons dans l'État de Bahia – Cars réguliers vers Lençóis *(3/j - durée 6h-115 R$)*; Cachoeira (20/j- durée 2h -33 R$; également nombreux départs quotidiens vers le littoral nord, Praia do Forte, Arembepe, Mangue Seco...

Se déplacer

À pied

La **ville haute** se visite facilement à pied. Préparez-vous néanmoins à grimper escaliers et ruelles escarpées ! De la Praça da Sé au Largo do Pelourinho, les rues sont piétonnières. L'ascenseur et les funiculaires permettent de rejoindre aisément la ville basse ; il est cependant déconseillé de circuler à pied dans Comércio ou le long de l'Av. Contorno, peu fréquentée par les piétons. Agréable promenade en bord de plage à **Barra**.

En ascenseur et en funiculaire – L'**Elevador Lacerda** (PLAN II, C2) relie la Praça Tomé de Souza à la Praça Cayru *(en face du Mercado Modelo)*, 6h-22h (24h/24 pdt le carnaval). Le **Plano Inclinado Gonçalves** (PLAN II, A2) relie la Praça da Sé à la R. Conselheiro Lafayette *(Comércio)* ; mar.-vend. 7h-19h, sam. 7h-13h. Le **Plano Inclinado Pilar** (PLAN II, D1) part de la cruz do Paschoal *(Santo Antônio)* à la R. do Pilar *(Comércio)* ; lun.-vend. 7h-19h.

En bus

De la **Praça da Sé** *(R. das Vassouras)* partent des bus pour l'aéroport, Iguatemi, Barra et les plages de l'Atlantique (bus « Vilas do Atlântico »). Au pied de l'**Elevador Lacerda** passent des bus pour Bonfim et Ribeira. Les tarifs varient du simple au double selon le type de bus : les plus chers sont petits, climatisés et s'arrêtent moins sur leur parcours.

En métro

Le réseau compte 2 lignes et une vingtaine de stations. Il dessert notamment la gare routière et l'aéroport. *(www.ccrmetrobahia.com.br)*

En taxi

Nombreux sur la **Praça da Sé**. Les prix peuvent se négocier à la course. Les *taxis especiais* (radio-taxis), plus chers, sont climatisés et acceptent les cartes bancaires ; on les commande par téléphone.
Táxi Coometas – *✆ (71) 3244 4500.*

En voiture

Une voiture peut être utile pour rejoindre les plages excentrées (les plus propres) et explorer le littoral nord. Les *Soteropolitanos* (les habitants de Salvador) préfèrent les viaducs et les voies rapides de l'intérieur. Nous vous recommandons, au contraire, de garder la baie et l'océan comme repères. Munissez-vous d'un plan général de la ville.
Location de voitures – **Movida** - *À l'aéroport - ✆0800 606 8686 - www.movida.com.br.*
Localiza – PLAN I, B4 - *✆ 0800 979 2020 - à l'aéroport et plusieurs agences en ville - www.localiza.com.*

En bateau

Terminal Marítimo Turístico – PLAN II, C2 - *Av. da França - ✆ (71) 3241-9783- ww.socicamnauticaeturismo.com.br.* Bateaux rapides vers l'île d'Itaparica et les îles de la baie, les excursions dans la baie et les catamarans pour Morro de São Paulo *(☞ p. 266)*.
Terminal Marítimo de São Joaquim – PLAN I, B2 - *Av. Oscar Pontes 1051 - ✆ (71) 3103-2050 - www.internacionaltravessias.com.br.* Liaisons avec l'île d'Itaparica en ferry-boats - *ttes les heures de 5h à 23h - durée : 50mn, piéton 6,10 R$ (w.-end 8,10 R$) ; voiture 55 et 77 R$, arrivée à Bom Despacho).* Si vous êtes en voiture, réservez impérativement ; sinon, vous risquez d'attendre plusieurs heures.

Adresses utiles

Banque/Change

Vous trouverez sans difficultés des distributeurs automatiques de billets.

Poste

Agence centrale – PLAN II, C2 - *Praça da Inglaterra, Comércio - ✆ (71) 3326 1872 - lun.-vend. 9h-17h- également à l'intérieur du Mercado Modelo, lun.-vend. 9h-12h et 13h-17h.*

Urgences/Santé

Numéros d'urgences : *✆ 193 (pompiers), ✆ 192 (ambulance).*
Pharmacies 24h/24 – **Pague Menos** - *R. Barros Falcão, 34, Matatu* (PLAN I, B3) - *✆ (71) 3381-4594* - nombreuses succursales en ville.

Sécurité

Surveillez vos appareils photo numériques, sacs et portefeuilles (mieux vaut les porter sur le devant du corps, surtout lors des mouvements de foule, au carnaval par ex.) ; laissez vos objets de valeur dans le coffre de l'hôtel ; sortez avec la photocopie de vos papiers d'identité plutôt qu'avec les originaux. Les violences à l'encontre des touristes se limitent le plus souvent à des vols, perpétrés par de jeunes pickpockets dans les ruelles du Pelourinho. La police est très présente dans le centre historique. Évitez toutefois de vous écarter des axes les plus fréquentés.
Pour descendre dans la ville basse, empruntez l'ascenseur plutôt que les *ladeiras*, ruelles tortueuses et escarpées, souvent désertes.
De même, Comércio est un quartier de bureaux qui se vide en début de soirée et le w.-end. Demandez conseil à la réception de votre hôtel avant de sortir le soir. Sur les plages enfin, ne laissez jamais vos affaires sans surveillance.

Police touristique – PLAN II, B2 - *Grupo de Apoio ao Turista (GAT), r. Gregório de Matos, Pelourinho - ✆ (71) 3321 8648.*

Représentations diplomatiques

Consulat honoraire de France – PLAN III, A2 - *À l'Alliance française, av. 7 de Setembro 401, Ladeira da Barra/Vitória - ✆ (71) 9 9377 6176 - agenceconsulaire.salvador@gmail.com - lun.-vend. 9h-11h sur RV.*

Consulat honoraire de Belgique – *Av. Santos Dumont, Km 1 - Estrada do Coco - Lauro de Freitas - ✆ (71) 3288-0338 - stephaneperee@terra.com.br.*

Consulat honoraire de Suisse – *Rua Lucaia 316, Sala 308, Rio Vermelho - ✆ (71) 3334 1671 - salvador@honrech.*

Agenda

Procissão do Senhor Bom Jesus dos Navegantes – *1er janv.* Une procession maritime quitte le port en face de l'église N. S. da Conceição da Praia (PLAN II, C2) et se dirige vers l'église da Boa Viagem.

Lavagem do Bonfim – *2e jeu. de janv.* La plus grande manifestation populaire après le carnaval trouve ses origines dans une fête profane. Les esclaves chargées de laver les marches de l'église N. S. do Bonfim pour la fête de son saint patron *(le 2e dim. après l'Épiphanie)* ont créé ce rituel pour célébrer Oxalá *(encadré 236)*. Le cortège des *baianas* vêtues de blanc, portant des fleurs et des pots à eau, parcourt les 8 km qui séparent N. S. da Conceição da Praia de N. S. do Bonfim (PLAN II, C2 ET PLAN I, B1), où s'exécute le lavage du parvis et des marches sous les chants et les incantations. Des *afoxés* (groupes musicaux) accompagnent le défilé.

Festa de Yemanjá – *2 fév.* À Rio Vermelho, des bateaux jettent à la mer les offrandes apportées par la population au cours de la matinée : fleurs, miroirs, parfums et autres cadeaux susceptibles d'intéresser Yemanjá, divinité féminine souvent représentée en sirène.

Festas Juninas – *En juin.* Fêtes des saints Antoine, Jean et Pierre. *Forró* et quadrilles autour de bûchers.

Festa de Santa Bárbara – *4 déc.* Messe à l'église de N. S. do Rosário. L'assistance s'habille en rouge, couleur d'Iansã, l'*orixá* assimilé à sainte Barbe.

Nos adresses

Restauration

Les restaurants sont nombreux à Salvador et leur cuisine variée, même si les recettes bahianaises occupent évidemment la place d'honneur (*encadré 260*). On suivra l'adage selon lequel un Bahianais commence la journée à l'indienne (bouillie de maïs, manioc et banane plantain cuits à l'eau), déjeune à l'africaine *(moquecas, bobós)* et dîne à l'européenne, dans une pizzéria ou un restaurant de nouvelle cuisine. Pour les petites faims, on trouvera dans presque tous les bars l'*escondidinho* (plat gratiné de viande séchée émincée sous une couche de purée de manioc), l'*arrumadinho* (viande séchée grillée, servie avec des haricots et de la farine de manioc) ou le *caldo de sururu* (bouillon de moules). Goûtez aux délicieux jus de fruits, aux noms mélodieux : *mangaba, biribiri, genipapo, jambu, seriguela, umbu...*

Patience... À Bahia, le service s'illustre par sa gentillesse, mais aussi par son incroyable lenteur. Attention, il ne s'agit pas d'un signe de mépris. Les *Soteropolitanos* sont connus dans tout le Brésil pour leur rythme... tout en décontraction !

Pelourinho et Centro

Dans le Pelourinho, les tables sont de qualités diverses : les attrape-touristes côtoient des adresses méritant vraiment le détour. Dans le Centro, les restaurants accueillent les employés des bureaux en pause déjeuner.

Premier prix

(10) **Negro's Bar** – PLAN II, A3 - *Rua Gregório de Matos 9 - Pelourinho - (71) 98802-3832 - ouv. tlj, service continu - plats 50/100 R$.* Un authentique bistrot populaire en plein cœur du coin le plus touristique du Pelourinho. Oubliez la salle intérieure pas franchement gaie et faites comme les habitants du quartier : installez-vous sur la terrasse juchée sur le trottoir pour déguster une carne do sol arrosée d'une bière bien fraîche ou partager une moqueca (50 R$/2 pers.). Le plus ? Un guitariste qui vient égrener ses mélodies à l'heure du déjeuner et du dîner.

(7) **Porto do Moreira** – PLAN II, C3 - *R. Carlos Gomes 488 - Largo do Mucambinho - (71) 3322-2814 - fermé le soir - 40/55 R$/2 pers.* Cette minuscule cantine populaire, bruyante et toujours bondée, sert depuis les années 1940 une cuisine sans chichis pour les amateurs de bonne chère. Au menu : langue de bœuf, foie, *sarapatel* (ragoût de tripes de porc), *quiabada* (gombos, bœuf et crevettes séchées), *galinha ao molho pardo* (poulet cuit dans son sang)... Traditionnel repaire de journalistes et d'écrivains, l'établissement a compté Jorge Amado parmi ses fidèles.

Budget moyen

(8) **Senac** – PLAN II, B2 - *Praça José de Alencar 13 - Largo do Pelourinho - (71) 3186-4000 - www.ba.senac.br - fermé le soir - buffet 95 R$.* Les règles de l'art culinaire à Bahia : les élèves de l'école de cuisine du Senac connaissent toutes les spécialités de l'État, même les plus rares : *carurú, abará, xixim, maxixada, sarapatel, moqueca de sururu...* Une quarantaine au total, exposée sur un buffet à prix fixe, permettant de composer son assiette librement. L'établissement occupe une demeure coloniale au cœur du Pelourinho.

(11) **Uauá** – PLAN II, B2 - *R. Gregório de Matos 36 - Pelourinho - (71) 3321-3089 - tlj sf dim. 11h30-22h.* L'occasion de découvrir la cuisine si spécifique du *sertão*, cette zone aride de l'intérieur du Nordeste : chèvre grillée, ragoût de mouton, *feijão tropeiro* (haricots

3

bruns aux herbes, lardons et farine de manioc), *farofa* (farine de manioc sautée au beurre) à la banane... Les murs en pisé, décorés de calebasses et de chapeaux de cuir, évoquent la masure d'un vacher. Patio à l'arrière. Carte en anglais. Portions très copieuses.

15 **Maria Mata Mouro Restaurante** – PLAN II, B3 - *Rua do Ordem Terceiro 8 - Pelourinho - ✆ (71) 3321-3929 - www.mariamatamouro.com.br - ouv. tlj, service continu - plats env. 80 R$.* Une adresse élégante à l'ombre de l'église São Francisco. Au choix : une salle climatisée au luxe discret ou une charmante terrasse dans le calme du patio. Parfait pour un diner en amoureux. D'autant que la table est réputée ; viande ou poisson, les plats mêlent subtilement les recettes traditionnelles et les techniques de la cuisine contemporaine.

16 **Maria de Saõ Pedro** – PLAN II, C2 - *Praça Visconde De Cayru - Mercado Modelo, Centro - ✆ (71) 3242-5262 - fermé le soir - plats 100/137 R$.* Bien sûr, on y voit plus de touristes que de locaux. Mais la terrasse au premier étage du Mercado Modelo est bien agréable pour un déjeuner face à la baie. D'autant que la cuisine n'est pas mal du tout : laissez-vous tenter par la moqueca de langouste, le plat emblématique de la maison.

Carmo et Santo Antônio

Premier prix

6 **Cruz do Pascoal** – PLAN II, A1 - *R. Direita do Santo Antônio 2 - Santo Antônio - ✆ (71) 3243-2285 - www.barcruzdopascoal.com.br - ⊭ - fermé dim. - plats 22/50 R$.* Quelques tables en plastique dans la rue signalent l'entrée de ce petit bar tout en longueur, authentiquement populaire malgré le voisinage touristique du centre historique. Passez le comptoir pour prendre place au fond de la salle, sous les ventilateurs qui brassent l'air à grand-peine, ou installez-vous sur la petite terrasse qui surplombe la baie. À la carte, des spécialités à consommer directement dans le plat, chacun avec sa fourchette : *arrumadinho*, *carne de sol* braisée avec du *pirão*, *linguiça calabresa* (saucisse à l'ail pimentée) avec de la farine de manioc grillée.

12 **Ulisses** – PLAN II, A1 - *R Direita De Santo Antônio 541 - Salvador - Pelourinho - ✆ (71) 3014-0130 - fermé lun. et dim. soir - plat autour de 40 R$.* Une véritable institution dans le quartier. Certains soirs, difficile de trouver une table dans la salle ou sur la terrasse face à la baie. Dans une ambiance plutôt joyeuse et débonnaire – le service est néanmoins d'une grande efficacité – vous piocherez dans une carte généreuse à moins d'opter pour le plat du jour (à ne pas manquer le *cozido* du jeu. ou la feijoada du dim.). Attention, les portions sont copieuses et un plat suffit pour deux. D'autant que les entrées sont tout autant savoureuses et accompagnent à merveille la *caipirinha* maison, préparée avec des cachaças de qualité.

5 **Cafélier** – PLAN II, D1 - *R. do Carmo 50 - Santo Antônio - ✆ (71) 3241-5095 - fermé mar. - plats 24/52 R$.* Une adorable adresse avec sa rambarde en fer forgé, ses azulejos et ses meubles que le temps a joliment patinés. La terrasse s'ouvre sur une large vue au-dessus du port. Spécialités de la maison : le filet mignon et la taça tropical (coupe glacée aux fruits et au caramel chaud). Excellents expressos et cafés frappés. Service remarquable, souriant et plein d'entrain.

Budget moyen

13 **Poró** – PLAN II, D1 - *R. do Carmo 13 - Santo Antônio - ✆ (71) 99618-1704 - fermé lun. - plat 38/47 R$.*

Ambiance bistrot chic pour cette jolie bonbonnière de Santo Antônio : couleurs gaies, service enjoué et savoureux petits plats : beignets de riz en entrée, crevettes royales pour suivre devraient contenter les plus difficiles. Gardez une place pour les desserts particulièrement réussis. Le w.-end, l'endroit prend des airs de café-théâtre : musiciens ou humoristes viennent se produire au plus près des spectateurs.

Cidade Baixa

Des restaurants haut de gamme au design contemporain ont investi les entrepôts de la zone portuaire.

Budget moyen

9 **Soho** – PLAN II, B3 - *Av. Lafayete Coutinho Contorno 1010 - Pier D, Bahia Marina - ✆ (71) 3322-4554 - www.sohorestaurante.com.br - ♿ - 12h15h, 19h-0h, vend.-sam. 12h-16h, 19h-1h, dim. 12h-0h - 80/100 R$/pers. au sushi bar.* Très chic et tendance, ce restaurant japonais sert des sushis inventifs et joliment présentés. On se dispute les tables en terrasse, sur des dalles transparentes éclairées, au-dessus de l'eau. En revanche, il n'est pas nécessaire de réserver pour le sushi bar, au service très rapide. Le DJ maison contrôle l'ambiance avec une musique lounge.

Pour se faire plaisir

4 **Amado** – PLAN II, C3 - *Av. Lafayete Coutinho 660 - ✆ (71) 3322-3520 - www.amadobahia.com.br - ♿ - 12h-0h, dim. 12h-17h - comptez 100/150 $.* Cet entrepôt, superbement aménagé, s'ouvre sur une magnifique vue de la baie. Éclairage tamisé, revêtement de bois et voûtes de briques composent un cadre chaleureux. Aux fourneaux, on travaille avec soin les produits de base de la cuisine brésilienne. Demandez une table sur l'agréable terrasse en teck : vous dînerez bercé par le clapotis des vagues.

Rio Vermelho

Premier prix

1 **Boteco do França** – PLAN I, A5 - *R. Borges dos Reis 24-A - ✆ (71) 3334-2734 - 12h-jusqu'au dernier client - 37/60 R$ pour 2 pers.* Ouverte par deux serveurs qui se sont mis à leur compte, la maison est devenue le repaire de la bohème du Rio Vermelho, qui vient s'y échouer jusqu'à 5h le w.-end. Aux spécialités maison, un peu lourdes, préférez ces grignotages qui finissent par composer un dîner : *frango à passarinho* (morceaux de poulet frits), croquettes de *macaxeira*, *escondidinho* de crevettes...

Pour se faire plaisir

5 **Casa de Tereza** – PLAN I, A5 - *Rua Doutor Odilon Santos 45 - ✆ (71) 3329-3016 - www.casadetereza.com.br - ouv. tlj, service continu - plats 123/206 R$/2 pers.* Tereza Paim défend avec passion les traditions gastronomiques bahianaises. Dans son restaurant à la décoration pleine de charme, elle s'est mise au service des grands classiques, *moqueca* (poissons et crevettes ou langouste) ou *bobó de camarão* (crevettes au lait de coco et au manioc), joliment présentés et savoureux au possible. Elle propose aussi ses créations originales, comme ces crevettes à la sauce *mangaba* (un fruit typique du Nordeste) accompagné de riz à la noix de coco verte. À ne pas manquer.

Barra et les plages

Budget moyen

Yemanjá – PLAN III, B3 EN DIR. - *Av. Otavio Mangabeira 4661 - Jardim Armação - ✆ (71) 3461-9010 - ♿ - ouv. tlj, service continu - plats 40/70 R$.* Postée sur la route des plages, cette grande bâtisse en béton badigeonné de bleu s'affirme depuis plus d'un demi-siècle comme le temple de la cuisine des orixás (divinités auxquelles on donne à manger). Le cadre est simple, mais les serveuses portent un costume blanc, les nappes sont en dentelle et les fresques rendent hommage à la déesse de la Mer. Succulentes *moquecas*, au crabe *(siri mole)*, au gamba *(pitú)*, au poulpe *(polvo)*...

Barraca do Lôro – PLAN III, B3 EN DIR. - *R. Desembargador Manoel de Andrade Teixeira 266 - Praia do Flamengo - ✆ (71) 3015-0140 - P - fermé le soir - 37/148 R$ le plat.* Le w.-end, la jeunesse dorée de Salvador afflue dans cet établissement de plage aux allures tropéziennes : nattes en paille pour ne pas poser les pieds sur le sable, paillotes, transats aux coussins moelleux, kiosques de massage et bar sur le sable débitant des roskas glacées... Du jeu. au sam., un DJ perché sur un podium fait danser sur des beats électro. Côté cuisine, des recettes légères et élaborées : huîtres gratinées, poissons croquants avec tomates séchées et roquette, brochettes de légumes. Effet mode oblige, le service est un peu prétentieux...

Pour se faire plaisir

4 **Paraíso Tropical** – PLAN I, C2-3 - *R. Edgar Loureiro 98-B - 2erue à g. dans la R. N. S. do Resgate - ✆ (71) 3384-7464 - fermé le soir - plats 80/168 R$.* Un cadre informel, dans la cour arrière d'une maison, entre potager, arbres fruitiers et poulailler. Mais le chef, Beto Pimentel, aux fourneaux tous les soirs, s'est distingué grâce à des recettes originales de poissons et fruits de mer mêlés à des fruits méconnus : poulpe grillé au jus et écorces de *pitanga* et *jabuticaba*, zeste de citron vert et fruits rôtis (mangue, biribiri, cajou), par ex. La *moqueca* s'accompagne de *maturi* (noix de cajou encore verte), de chair de coco émincée et de cœur de palmier frais. Clou du repas, la corbeille de fruits, offerte en guise de dessert, pour le plaisir des papilles et des yeux. Goûtez également les jus, exceptionnels. L'adresse est excentrée, mais la maison peut vous commander un taxi pour le retour. Réservez, surtout le dim. midi.

Arembepe

Premier prix

Mar Aberto – *Largo de São Francisco sur le port - ✆ (71) 3624-1623 - www.marabertorestaurante.com.br - ⊭ - fermé le soir en sem. - plats 42/75 R$.* Depuis la terrasse, panorama fantastique sur le port, particulièrement les nuits de pleine lune. Le restaurant, très simple, sert poissons et langoustes achetés aux pêcheurs du village, accommodés en moqueca ou grillés. En dessert, mangue flambée à la cachaça avec une boule de glace. Accueil francophone.

Diogo/Santo Antonio

Premier prix

Sombra da Mangueira – *R. do Diogo - Diogo - ⊭ - fermé le soir - plats 50/130 R$.* La clientèle vient de tout l'État de Bahia, et bien au-delà, pour goûter à la spécialité de la maison, la moqueca de crevettes au fromage, servie dans un joli plat en terre et à l'ombre d'un gigantesque manguier.

Petite pause

Glaciers

Le Glacier Laporte – PLAN II, A3 - *Largo do Cruzeiro de São Francisco 21 - Pelourinho - ✆ (71) 3266-3649 - 10h-20h. Ce glacier français, cerné par les façades coloniales a pignon sur le parvis de l'église São Francisco. Ses tablettes en fer forgé sont idéales pour faire une pause. À la carte, des sorbets artisanaux aux fruits tropicaux et aux noms chantants, : cupuaçú, açaí, siriguela...Le patron est là pour vous conseiller en français.*

Sorveteria da Ribeira – PLAN I, B1 - *Largo da Ribeira 87 - Ribeira - ✆ (71) 3316-5451 - 9h-22h.* Le rendez-vous des familles après la messe à N. S. do Bonfim ou une journée sur les plages de la péninsule d'Itapagipe. Le décor n'a guère changé en plus d'un demi-siècle d'indéniable succès : une grande cantine éclairée de néons, des tables et des chaises en plastique éparpillées. On fait la queue pour une énorme glace au coco *queimado* (noix de coco cuite), au tapioca ou aux fruits de saison. Demandez à goûter les différents parfums, la pratique est courante.

Cafés et salons de thé

Café Teatro Zélia Gattai – PLAN II, B2 - *Largo do Pelourinho - ✆ (71) 4103-0081 - www.jorgeamado.org.br - lun.-vend. 10h-18h, sam. 10h-16h.* Le café culturel de la fondation Jorge Amado occupe une petite salle climatisée, tapissée des couvertures des romans de l'auteur en plusieurs langues. On y sert expressos, gâteaux, thés. Ses activités (concerts de musique expérimentale, théâtre, lancement de livres...) s'interrompent pendant le carnaval.

Boire un verre

Bars

Cantina da Lua – PLAN II, A3 - *Terreiro de Jesus 2 - Pelourinho - 11h-0h.* Ce bar-restaurant était un repaire d'intellectuels et d'artistes à l'époque où le Pelô croupissait dans l'indifférence.. Aujourd'hui, sa terrasse sur la place est surtout fréquentée par des touristes. Restaurant *ao kilo* à l'étage, avec sur les murs des hommages aux personnalités du quartier : musiciens, compositeurs, capoeiristes ou simplement vendeurs de rue.

Bars musicaux

O Cravinho – PLAN II, A3 - *Terreiro de Jesus 3 - Pelourinho - ✆ (71) 3322-6759 - 11h-20h, w.-end 11h-19h.* Le cravinho est une infusion à base de cachaça (alcool de canne), miel, citron vert et clou de girofle. Dans la salle, des tonneaux en contiennent des dizaines de sortes : à la cannelle, aux écorces de jatoba, au gingembre, aux herbes, aux racines... pour quelques reais. En accompagnement, commandez des tira gosto consistants, comme l'arrumadinho, la maxixada (carne de sol avec de la purée de potiron) ou le caldo de sururu (bouillon de moules).

Bar Oliveiras – *R. Direita de Santo Antônio - Pelourinho - jeu. et vend. 18h-0h, sam. 17h-0h.* Trois soirs par semaine, la musique déborde sur le trottoir. À la manœuvre, des formations plutôt alternative pour un auditoire qui ne l'est pas moins. Décoiffant.

« Baianas do acarajé »

Depuis l'époque coloniale, les *baianas* vendent fritures et beignets sur les places publiques, derrière des étals de fortune. Elles sont les dépositaires des traditions culinaires afro-brésiliennes, transmises de mère en fille.
À Salvador, certaines d'entre elles ont une solide réputation et une clientèle fidèle! La spécialité la plus populaire est l'*acarajé*, un beignet de haricots blancs garni de *vatapá* et de crevettes, frit dans l'huile de palme. **Dinha do Acarajé**, la plus célèbre de ces vendeuses, s'installe tous les après-midi sur le Largo do Santana, à Rio Vermelho (PLAN I, A5). Son étal est facilement repérable : on fait la queue devant! Face à l'ampleur du succès, elle a ouvert son propre restaurant (Casa da Dinha) en face, sur la place. Sa concurrente, **Regina do Acarajé**, tient trois points de vente dont un sur cette même place. **Cira do Acarajé** possède aussi un étal dans

le quartier, Largo da Mariquita (PLAN I, A5), et un autre à Itapuã *(R. Aristides Milton)*.

Shopping

Marchés/Artisanat

Feira de São Joaquim – PLAN I, B2 - *Liberdade - lun.-sam. 5h-17h.* Le plus grand marché du Nordeste : les prix sont dérisoires, ceux de l'artisanat notamment. (voir « Visiter Salvador/La ville basse/ Liberdade »).

Mercado Modelo – PLAN II, C2 - *Comércio - lun.-sam. 9h-18h, dim. 9h-14h.* Près de 200 boutiques d'artisanat, d'instruments de percussion et de souvenirs occupent le marché. Des stands s'installent aussi sur la place. Touristique, mais vous y trouverez un grand choix d'articles.

Centres commerciaux

Shopping da Bahia – *Av. Tancredo Neves - Pituba - ☎ (71) 3838-8590 - lun.-sam. 9h-22h, dim. 13h-21h.*

Shopping Barra – PLAN III, B3 - *Av. Centenário - Barra - ☎ (71) 2108-8288 - www.shoppingbarra.com - lun.-sam. 9h-22h, dim. 13h-20h.*

En soirée

Pour vous repérer dans l'offre culturelle de la ville, munissez-vous de la brochure éditée par l'office de tourisme. Elle détaille notamment la programmation des *blocos* (groupes musicaux).

« Terça da Benção »

Le mardi, le Pelourinho s'enflamme après la messe à l'église N. S. do Rosário. Surnommée Terça da Benção, « mardi de la Bénédiction », cette soirée est animée de concerts divers dans les rues et sur les placettes, dont la traditionnelle répétition *(payante)* du groupe Olodum, dans le Largo Tereza Batista.

Spectacles folkloriques

Ils offrent un aperçu des rythmes et traditions afro-brésiliens : les danses des *orixás* (esprits et divinités), la capoeira, le *maculelê* (lutte dansée avec des bâtons, née dans les plantations de canne à sucre), les chants de pêcheurs *(puxada de rede)*, la *samba de roda* (variante ancestrale de la samba).

Teatro Sesc-Senac – PLAN II, B2 - *Largo do Pelourinho 19 - Pelourinho - ☎ (71) 3324-4520 - www.sescbahia.com.br - programme se rens.* Danses traditionnelle et contemporaine.

Teatro Miguel Santana – PLAN II, B2 - *R. Gregório de Matos 49 - Pelourinho - ☎ (71) 3322-1962 - www.balefolcloricodabahia.com.br - lun, merc. et vend. 19h -60 R$ (55mn).* Le plus prestigieux spectacle folklorique de la ville, présenté par le Balé Folclórico da Bahia.

Activités

Visites guidées

Singtur – PLAN II, D2 - *R. Grégório de Matos 15 - Pelourinho - ☎ (71) 3492-2212.* Le syndicat des guides de tourisme vous aidera à trouver un guide francophone ou à organiser des visites à la carte, notamment celles des terreiros de candomblé. *Compez 137 R$ pour 6h. (1 à 3 personnes).*

Croisières dans la baie

Évitez d'embarquer à bord des *escunas*, peu onéreux mais bondés et particulièrement bruyants, avec la musique à pleins tubes.

Passeios às Ilhas – *Terminal Máritimo - Face au Mercado Modelo - ☎ (71) 99167-2247 - www.passeiosasilhas.com.br.* Croisière vers les îles de Frades et Itaparica avec arrêt de deux heures dans chacune ; départ 8h retour 17h30. 95 R$ (140 R$ avec transfert AR depuis votre hôtel).

Capoeira

Vous verrez de nombreuses **« rodas de capoeira »** dans les rues. Les capoeiristes font passer le chapeau *(pandeiro)* au cours de l'exhibition. Demandez l'autorisation avant de prendre une photo : elle vous sera donnée moyennant contribution. Les écoles organisent également des *rodas* publiques ; entrée payante.

Associação de Capoeira Mestre Bimba – PLAN II, B3 - *R. das Laranjeiras 1 - Pelourinho - ✆ (71) 3322-0639 - www.capoeiramestrebimba.com.br.* Dans les murs de la première académie de Mestre Bimba *(voir encadré dans « Visiter Salvador »)*. Cours dispensés sur place tlj sf dim. et Rodas mar., vend. à 19h30.

Candomblés

Les *terreiros de candomblé* organisent toute l'année des fêtes en l'honneur des *orixás* *(☞ 254)*. Évitez de vous y rendre seul : les *terreiros* se situent généralement dans des quartiers périphériques, non touristiques. Si vous ne connaissez pas quelqu'un, familier des lieux, qui puisse vous accompagner, demandez les services d'un guide professionnel auprès de Singtur *(☞ voir « Visites guidées »*. Sur place, n'oubliez pas qu'il s'agit d'un cérémonial religieux : décolletés, shorts, T-shirts et couleurs sombres proscrits et les photos interdites. Pendant la cérémonie, les visiteurs se tiennent à l'écart, derrière une corde, hommes et femmes séparés. Le spectacle est très codifié. Lorsque les initiés entrent en transe, aidés par les rythmes et les pas de danse, ils revêtent les attributs de leur *orixá*. S'il arrive qu'un membre du public entre en transe, il est rapidement contrôlé et dissuadé. La cérémonie s'achève par une bénédiction. L'office de tourisme et la Fédération des cultes afro-brésiliens tiennent à jour le calendrier des fêtes dans les *terreiros*.

Federação Nacional de Culto Afro Brasileiro – PLAN II, D2 - *R. Portas do Carmo 39 - Pelourinho - ✆ (71) 3266-0369.*

Carnaval

Le carnaval de Salvador est devenu l'une des plus gigantesques fêtes populaires du monde. Il concurrence désormais, en termes de notoriété, celui de Rio. Vous n'y verrez pourtant ni chars allégoriques ni fastueux costumes en plumes : le carnaval bahianais célèbre avant tout la musique et se caractérise par la diversité rythmique de ses *blocos* (groupes musicaux). *Trios elétricos, blocos afro, afoxés* envahissent les rues, drainant plus de deux millions d'aficionados ! Les mouvements de foule sont donc inévitables, surtout si l'on choisit de *ficar na pipoca* (*pipoca* : pop-corn), c'est-à-dire de sautiller avec le plus grand nombre en marge du cortège officiel. Moyennant finance, les porteurs du T-shirt du groupe (l'*abadá*) ont le droit de suivre ces concerts itinérants, séparés de la *pipoca* par des cordes. Gradins et loges *(camarotes)* bordent les trois circuits (**Dodô**, **Osmar** et **Batatinha**) qui, trajets confondus, s'étirent sur 25 km. Sur les places du Pelourinho et dans d'autres quartiers, des scènes accueillent des festivités parallèles.
Le carnaval débute officiellement un mercredi et prend fin le mercredi des Cendres *(7 j.)* avec la rencontre des *trios elétricos* sur la Praça Castro Alves (Centre ; PLAN II, C2) et au Farol da Barra (Barra ; PLAN III, A3).

Les « blocos »

Programmation disponible à l'office de tourisme. Ils sont plus de deux cents à parcourir des circuits officiels ou alternatifs.

3

Aux groupes décrits ci-après s'ajoutent des *blocos* d'enfants, de travestis, costumés, ainsi que des *marchinhas* (sections de cuivres) qui entonnent des chansons des années 1920-1960.

Trio elétrico – Ces scènes sur camion qui rivalisent dans les décibels sont la principale attraction du carnaval de Salvador. Elles sont les héritières de la brinquebalante Ford T trafiquée des musiciens Dodô et Osmar qui faisait fureur en 1950. Les stars de l'*axé music* (Margaret Menezes, Daniela Mercury, Ivete Sangalo), pop-rock épicé de rythmes afro-brésiliens, s'y produisent en spectacles marathons de 5-6h.

Bloco afro – Ces rassemblements de tambours grondent d'une cadence reggae terriblement contagieuse. Ils se distinguent par leur attachement aux traditions afro-brésiliennes, exprimées dans les rythmes, les costumes et les chorégraphies. Leur apparition, dans les années 1970, inaugura la dimension militante du carnaval : les paroles revendiquent l'affirmation culturelle des populations noires et ces *blocos* œuvrent dans les quartiers défavorisés. Dans le sillage d'Ilê Aiyê (1974), le pionnier, Olodum et Timbalada ont acquis une envergure internationale.

Afoxés – Ces groupes, intimement liés au *candomblé* (culte afro-brésilien), contribuent également à la sauvegarde de l'héritage africain. Lors du défilé, les *afoxés* jouent les rythmes des *orixás* (les esprits et les divinités) et scandent des chants religieux en yoruba. La procession des Filhos de Gandhy (1949) est toujours un grand moment : un cortège de 10 000 hommes vêtus de blanc descend les rues du Pelô au son de cloches *(agogô)*, aspergeant le public de parfum.

Les itinéraires

Ils sont trois : **Osmar**, le plus couru ; **Dodô**, le long des plages de Barra et d'Ondina ; **Batatinha**, plus intime, dans les ruelles du Pelourinho.

Osmar – Surnommé Avenida, ce circuit (6 km ; Plan III, B1/A2-3) part de corredor da Vitória, traverse la Praça Campo Grande et descend l'Av. 7 de Setembro. Les plus célèbres groupes d'axé music y attirent jusqu'à deux millions de personnes par jour. Temps forts : du dimanche au mardi.

Dodô – Surnommé Barra-Ondina, Il longe le littoral et donne le coup d'envoi du carnaval, le mercredi soir. Les meilleurs groupes s'y produisent du jeudi au samedi, attirant un million de personnes par jour.

Batatinha – Les ruelles et placettes du centre historique accueillent ce carnaval « à l'ancienne », animé par des marchinhas, des blocos afros et des afoxés. Plus familial (on y croise des gens déguisés), le circuit relie le Largo do Pelourinho (Plan II, A2-3/B2) à la Praça da Sé, via le Terreiro de Jesus.

Participer

Il faut acheter un *abadá* (T-shirt portant le nom du groupe que l'on intègre) ou une place en *camarote* (loge) sur l'un des circuits. Le carnaval de Salvador commence toutefois bien avant son ouverture officielle. Les *blocos* organisent toute l'année des répétitions payantes et des concerts au cours desquels on apprend les tubes et les chorégraphies qui les accompagnent.

Avant le carnaval – À partir du mois de décembre, les répétitions sont hebdomadaires. Jours et lieux changent d'une année sur l'autre ; rens. à l'office de tourisme.

Acheter son abadá ou une place en camarote - Les participants munis d'un *abadá* (T-shirt portant le nom du groupe que l'on intègre) défilent derrière les camions dans une aire délimitée par des cordes (jusqu'à 4000 pers.). Dans certains des camions se trouvent des toilettes, un bar et une infirmerie. Le prix de l'*abadá (à partir de 260 R$)* varie selon le groupe, le circuit et les jours de défilé *(plus chers de dim. à mar.)*. Les T-shirts des groupes les plus disputés, vendus un an à l'avance, sont en rupture de stock dès leur premier jour de vente, le mercredi des Cendres *(dernier jour du carnaval)* ! Les *camarotes* sont des loges climatisées, dotées de divers services (bar, DJ), en bordure des circuits. *Abadás* et places en loges s'achètent auprès d'agences spécialisées *(www.centraldocarnaval.com.br ; sur ce dernier site liste de blocos et possibilité d'achat en ligne)*. Renseignements aux sièges des groupes et à l'office de tourisme.

Hébergement

☺ En basse saison (de mars à juin), vous pouvez négocier le prix des hôtels jusqu'à moitié prix.

☺ Des particuliers louent leur appartement pendant le carnaval. Repérez les annonces aux fenêtres des maisons ou dans le journal *A Tarde*.

Pelourinho et Centro

Premier prix

(13) **Laranjeiras Hostel** – PLAN II, B3 - *R. da Ordem Terceira 13 - Pelourinho - ✆ (71) 3321-1366 - www.laranjeirashostel.com.br* - ♿ - *17 ch., dont 6 en dortoir : 198 R$; ch. double avec sdb et air conditionné : 303 R$* ☕ - ✕. Cette auberge de jeunesse, affiliée au réseau international, séduit par ses installations modernes et ses chambres coquettes. Irréprochables sdb, casiers individuels et dortoirs de 7 à 8 couchages. Pensez à apporter cadenas et serviettes de toilette. Laverie, cuisine et bar-crêperie. Personnel jovial et efficace, anglophone.

Une folie

(5) **Casa do Amarelindo** – PLAN II, A2 - *R. das Portas do Carmo 6 - Pelourinho - ✆ (71) 3266-8550 - www.casadoamarelindo.com* - ▤ CC ≋ ♿ - *10 ch. 646/884 R$* ☕, *914/1292 R$* ☕ *avec terrasse vue sur la baie* - ✕. Installée dans une résidence coloniale toute jaune et blanche, cette pousada de charme est répartie sur cinq niveaux. Les chambres sont spacieuses et lumineuses. Deux bars, une piscine au 1e étage, une salle de gym et sur le toit une terrasse avec une vue superbe sur le centre historique. Le restaurant gastronomique, le Pelô Bistrô, propose des plats fins dans un patio calme et rafraîchissant. Accueil francophone.

(16) **Villa Bahia** – PLAN II, A3 - *Largo do Cruzeiro de São Francisco 16/18 - Pelourinho - ✆ (71) 3322-4271 - www.lavillabahia.com* - ≋ - *17 ch. 131/523 R$* ☕ *selon la catégorie* - ✕. Une jolie pousada, installée dans deux maisons mitoyennes des 17e -18e s. Les pièces sont spacieuses et disposent de superbes parquets cirés. Les meubles en bois massif patinés, les lits à baldaquin, les vasques en marbre des sdb fleurent bon le luxe des résidences coloniales d'autrefois. Chaque chambre porte le nom d'un comptoir portugais d'Afrique ou d'Asie ; celles du dernier étage disposent d'une terrasse avec *ofuro* (baignoire japonaise en cèdre) à l'abri des regards. Pour la détente, deux patios abritant l'un une fontaine, l'autre une piscine en mosaïque, et un spa aux soins très zen : reiki, thérapie musicale... Personnel francophone. Bar sur place.

Carmo et Santo Antônio

☺ Ces quartiers regorgent de demeures coloniales et conservent une authentique ambiance populaire où viennent se plonger aujourd'hui les bobos.

Budget moyen

10 Pousada Esmeralda – PLAN II, D1 - *R. do Baluarte 29 - Santo Antônio - ✆ (71) 3323-0839 - www.pousadaesmeralda.com - ♿ - 7 ch. selon la catégorie 220/240 R$ ☕, 240/550 R$ ☕ en haute saison (déc.-mars et juil.-août).* Nathalie, Marco et leur fille Eleonora vous accueillent à bras ouverts dans leur charmante maison d'hôtes, protégée par une jolie porte en fer. Les sept chambres, thématiques, évoquent chacune une destination exotique, dont l'Africaine, accessible aux personnes à mobilité réduite. Petit-déjeuner savoureux (pain et gâteau maison, assortiment de fruits frais…), à déguster sur la grande table, en compagnie des propriétaires.

3 Pousada Beija-Flor – PLAN II, A1 - *R. Direita de Santo Antônio 259 - Santo Antônio - ✆ (71) 3241-2472 - 7 ch. 180 R$, 189 R$ avec balcon ☕.* Les prix varient sensiblement de l'une à l'autre : certaines ont vue sur les toits en tuiles du centre historique, trois d'entre elles possèdent un balcon surplombant la baie. Les moins chères, bien que donnant sur l'intérieur, restent agréables et aérées. Quelques-unes sont agrémentées de tableaux naïfs. Le petit-déjeuner est servi sur la terrasse, face au port. Accueil particulièrement sympathique.

Pour se faire plaisir

9 Hotel Cruz do Pascoal – PLAN II, A1 - *R. dos Marchantes 5 - Santo Antônio - ✆ (71) 3037-3618 - www.cruzdopascoal.com - ♿ - 11 ch. 300/330 R$ ☕.* Un établissement à l'esprit dépouillé, décoré sobrement de quelques tableaux contemporains et d'azulejos. Les chambres, bien tenues et desservies par un ascenseur, s'ordonnent autour d'un grand puits de lumière. Belle vue de la terrasse du dernier étage, où est servi le petit-déjeuner buffet.

4 Pousada do Boqueirão – PLAN II, A1 - *R. Direita do Santo Antônio 48 - Santo Antônio - ✆ (71) 3241-2262 - www.pousadaboqueirao.com.br - 15 ch. 340/510 R$ ☕.* Installée près de l'église du Boqueirão, cette pousada fut l'une des premières du quartier (1991). On aime ses délicats azulejos et les objets d'art et d'artisanat qui habillent pièces et couloirs. Les chambres, rehaussées de bois sombre, sont décorées avec le plus grand soin. Encouragés par leurs hôtes, charmés, les propriétaires ont ouvert une boutique d'artisanat brésilien au rdc. À savoir : on peut aussi louer une immense ch. avec hamac, sans sdb, ou l'une des quatre chambres avec sdb commune et sans fenêtres, pour un tarif plus économique, impeccablement tenues.

14 Pousada do Pilar – PLAN II, A1 - *R. Direita do Santo Antônio 24 - Santo Antônio, - ✆ (71) 3241-2033 - www.pousadadopilar.com - 12 ch.à partir de 310/843 R$ ☕ selon la saison.* Des chambres coquettes aux murs jaune vif avec parquet ou mosaïque de terre cuite, nichées dans une demeure centenaire. La moitié d'entre elles ouvrent sur une terrasse avec vue sur le port et sont plus chères. Petit-déjeuner servi sur la terrasse.

15 Studio do Carmo – PLAN II, D1 - *Ladeira do Carmo 17 - Carmo - ✆ (71) 4141 2171 - www.pousadastudiodocarmo.com - 4 ch. 250/280 R$ (600 R$ en haute saison) ☕.* Cette discrète et étroite maison du 18e s., dans une rue en pente pavée, typique de la Cidade Alta, propose quelques chambres très prisées, avec parquet et mobilier en bois ou en rotin. Chacune, décorée avec le plus grand soin, est équipée d'un coin-cuisine. Les lourdes fenêtres à guillotine s'ouvrent sur les marches de l'église N. S. do Santíssimo Sacramento ou sur la Baixa dos Sapateiros. Petit-déjeuner servi dans les chambres.

2 **Pousada des Arts** – PLAN II, A1 - *R. Direita do Santo Antônio 90 - Santo Antônio - ✆ (71) 99631-3921 - www.pousadadesarts.com.br - 10 ch. 373/494 R$* ☕,. La clientèle de cette pousada se compose de fidèles et d'« amis d'amis » venus goûter à leur tour la douceur de vivre et au charme qui émanent des lieux. La maison coloniale (18e s.), très bien restaurée (parquets et portes d'époque), comprend des chambres avec lit à baldaquin recouverts de renda de bilro (dentelle au fuseau) du Nordeste, et un hamac.

Une folie

1 **Aram Yami Hotel** – PLAN II, A1 - *R. Direita do Santo Antônio 132 - Santo Antônio - ✆ (71) 3242-9412 - www.aramyamihotel.com - 🏊 - 6 ch. 1100/2100 R$* ☕. Le magnifique escalier en guise d'entrée est une invitation à découvrir l'intérieur de cet établissement, où l'ancien et le contemporain se mêlent à merveille. Six suites lumineuses, aux essences de bois les plus variées, dont une avec piscine privative. Agréable terrasse commune, avec piscine à cascade.

Vitória

Les tours du quartier abritent des hôtels modernes, avec parking. Pas de charme colonial… mais des prestations soignées et un bon rapport qualité-prix.

Pour se faire plaisir

4 **Casa Inglesa Boutique Guest House** – PLAN III, A3 - *R. Engenheiro Milton Oliveira 167 - ✆ (71) 3022-0564 - www.casainglesasalvador.com - ♿ - 8 ch. 300 R$* ☕ - ✕. Située dans une paisible voie résidentielle, cette maison jaune, gardée par le chien terrier Jasper et signalée par un drapeau de l'Union Jack, est tenue à la perfection par son propriétaire anglais, Neil. Vous apprécierez son petit jardin à l'arrière, où vous pourrez siroter un cocktail en soirée et prendre votre petit-déjeuner. Air conditionné et ventilateur, au choix, dans toutes les chambres.

2 **Bahia do Sol** – PLAN III, B1 - *Av. 7 de Setembro 2009 - ✆ (71) 3338-8800 - www.bahiadosol.com.br - 91 ch. 298/398 R$* ☕ *21 R$* - ✕. Cet hôtel est installé dans une tour de 10 étages. Les chambres, nickel, sont d'un excellent confort malgré une décoration impersonnelle. Aux touristes se mêle fréquemment une clientèle d'affaire brésilienne. Emplacement pratique, à mi-chemin du centre et des plages. Personnel très serviable.

5 **Casa Petúnia** – PLAN III, A3 - *Rua Engenheiro Mílton Oliveira 217 - ✆ (71) 3267-1107 - P - 11 ch. 398/1800 R$ en haute saison* ☕. Un petit air de Bali flotte à l'intérieur de la maison de Marcos et Petunia : les parties communes, comme les chambres, sont décorées de lampions et de meubles rapportés d'Indonésie. Jolis dessus-de-lits et salles de bains spacieuses. Petit-déjeuner servi dans le salon de thé, ouvert par les propriétaires.

3 **Casa da Vitória** – PLAN III, A1 - *R. Aloísio de Carvalho 95 - ✆ (71) 3037-2828 - www.casadavitoria.com - ▤ CC P - 7 ch. 522/567 R$*. Au fond d'une jolie impasse pavée, qui s'ouvre sur la mer, cette villa sobre et lumineuse abrite trois chambres à l'étage, avec parquet et grand lit; les quatre autres chambres sont situées dans la dépendance, à l'arrière. Vaste salon commun, bibliothèque fournie en beaux livres et terrasse avec vue imprenable sur la baie.

Barra

Barra compte bon nombre d'établissements abordables, près de la plage : pour les inconditionnels du bronzage.

3

Budget moyen

6 Pousada Estrela do Mar – PLAN III, A3 - *R. Afonso Celso 119 - (71) 3511-3881 - www.estreladomarsalvador.com - 9 ch. 185/310 R$*. Grilles en fer forgé, azulejos, sols en caillebotis ou en terre cuite… La maison a du goût et réserve un accueil chaleureux. Chambres fraîches, séduisantes, d'un blanc immaculé rehaussé de bleu. Dans une rue tranquille et arborée, à quelques pâtés de maisons des plages. Petit plus : les produits fermiers « maison » (œufs, beurre, confiture) servis au petit-déjeuner.

Pour se faire plaisir

1 Catharina Paraguaçu – PLAN I, A5 - *R. João Gomes 128 - Rio Vermelho - (71) 3334-0089 - www.hotelcatharinaparaguacu.com.br -* **P** *- 30 ch. 323/379 R$ -* . Cette grande villa rose, au milieu d'un jardin fleuri, est flanquée d'un bâtiment moderne à l'architecture plutôt réussie. La taille et le décor des chambres varient : boiseries, duplex et belle hauteur sous plafond dans la partie ancienne ; murs en briques et rez-de-jardin dans la partie moderne. Toutes jouissent d'un excellent confort (télé câblée, Internet, coffre, radio). Un bémol : la proximité de la rue, très bruyante (demandez une chambre sur l'arrière).

Cachoiera

Premier prix

Pousada La Barca – *R. Inocêncio Boaventura 37 - 95560-000 Cachoeira - (75) 3425-1070 - www.pousadalabarcacachoeira.blogspot.com.br - 150 R$*. Chambres très simples et accueil agréable. Galerie d'art au rdc.

Praia do Forte

Pour se faire plaisir

Apart-hotel Casa Verde – *R. do Peixe Espada 100 - Praia do Forte - (71) 9970 26773 - www.praiadoforteapart.com -* **P** *- 6 appart. 300/590 R$ (2 j. mini)*. Envahie par la verdure, cette paisible résidence abrite deux studios avec jardin et au rez-de-chaussée, et 4 appartements avec balcon, dont un duplex pour 4 personnes. Prestations soignées : cuisine américaine avec four à gaz, lit avec moustiquaire, air conditionné, télévision câblée, etc. Nettoyage effectué tous les jours.

Diogo/ Santo Antonio

Pour se faire plaisir

Too Cool na Bahia – *Diogo - (71) 99952-2190 - www.toocoolnabahia.com.br -* **P** *- 11 ch. 320/750 R$ (350/1100 R$ en haute saison, fin déc.-mars et juil.-août)*. Un petit coin de paradis et de simplicité, planté de vénérables manguiers et bordé par une rivière, dans laquelle il fait bon se baigner et se laisser dériver jusqu'à la mer… Située au milieu d'une nature préservée, la propriété de Sophie vous fera très vite oublier la civilisation. Les noms des bungalows égrènent les destinations découvertes par la maîtresse des lieux : Inde, Éthiopie, Zanzibar… Joli mobilier ramené au gré des voyages et fresques évocatrices aux murs.
Ne manquez pas d'emprunter le chemin au milieu des dunes, qui mène à la plage de Santo Antônio. Bus direct pour Salvador de la route principale, située à proximité.

Elevador Lacerda reliant la ville haute et la ville basse.
Global_Pics/Getty Images Plus

Morro de São Paulo ★★

Avant même d'amarrer sur l'île de Morro de São Paulo, la majesté des lieux s'impose immédiatement : de la mer se dévoilent tour à tour la butte, couverte d'une végétation luxuriante, son phare blanc pointé vers le ciel et les ruines roses du fort qui le ceinturaient. Une fois sur terre, au bout du ponton, il vous faudra passer le vieux porche, grimper jusqu'au village, dévaler les ruelles pour atteindre, enfin, ses plages de carte postale, parmi les plus courues du Brésil. Notoriété aidant, « Morro », comme on l'appelle, est devenu le spot d'un tourisme jeune et festif qui investit ses bars de plages jusqu'à l'aube. Les anciens évoquent avec nostalgie l'époque où l'on venait là se retirer du monde... Une consolation : le tourisme de masse, grégaire par définition, ne s'aventure guère au-delà de la « 3e plage ». Après, ce sont des kilomètres de sable blanc ourlé de cocoteraies à l'infini. La mer décline, derrière les récifs, un fabuleux camaïeu de bleus pastel, turquoise ou marine au gré des marées. Plus au sud, la visite de l'île de Boipeba s'impose. Son développement touristique semble vouloir prendre le contre-pied de celui de Morro : pas de boutiques de mode ni de fêtes sur la plage, mais d'exceptionnels clairs de lune au-dessus d'une mer argentée, que vous apprécierez dans le silence de la nuit.

Se repérer

1600 hab. - Archipel de 433 km^2

CARTE C3 P. 226-227.

Encadré page ci-contre.

À ne pas manquer

Les splendides balades maritimes et fluviales.

Carnet pratique p. 266

Nos adresses p. 266

Se promener

★★ Morro de São Paulo

Le village se visite très rapidement à partir de la place de l'**Igreja N. S. da Luz** (1855). Un sentier grimpe (15mn) en direction du **phare** (1835) d'où la **vue★** embrasse les plages et les murailles du fort.
Les ruines du vieux **fort★** (1630), qui était chargé de surveiller l'entrée de la baie de Tous-les-Saints, sont accessibles en 5mn depuis le port ; beau coucher de soleil.
Une promenade *(45mn)* monte à l'assaut du morne vers la **Fonte do Céu**, petite cascade où l'on peut se baigner.

★★ Les plages

Primeira Praia, au pied du phare, est totalement envahie par les *pousadas* et les restaurants. Elle est la seule où l'on puisse pratiquer le surf.

Morro de São Paulo, les ruines du fort.
Stefan Lambauer/Getty Images Plus

Segunda Praia, bordée de lagons lorsque la mer se retire, est le rendez-vous de la jeunesse : parties de *frescobol* (sorte de tennis de plage) sur le sable et fêtes endiablées dans les bars.
Terceira Praia, plus calme, fait face à l'ilha du Caitá et devient de plus en plus sauvage à mesure que l'on approche de **Quarta Praia**, la plus longue et la plus tranquille de toutes *(à 20mn à pied du village)*.
Au-delà, les marcheurs pourront atteindre des plages encore plus isolées : **Praia do Encanto** *(à 5 km)* ou celle de Garapuá *(2h30)*.
Gamboa est à l'opposé des plages de Morro. Ce petit village de pêcheurs est connu pour ses falaises en argile. On le rejoint à marée basse en 40mn, ou bien par un sentier partant de la R. da Fonte Grande.

3

★★★ Île de Boipeba

Dans le bourg rustique de **Velha Boipeba★**, un *posto telefônico* fait office de bureau de renseignements pour les voyageurs. Aux abords du village, les paysages sont de toute beauté. D'un côté, la plage fluviale, ses bateaux de pêche amarrés et ses mangroves ; de l'autre, l'océan et des cocoteraies à perte de vue. Des plages exceptionnelles se succèdent dans le sud de l'île, dont **Moreré**, bordée de piscines naturelles, et **Bainema**.

Se repérer

Morro de São Paulo se situe au nord de l'ilha de Tinharé, la plus grande île de l'**archipel Tinharé-Boipeba**. Au sud se trouve l'ilha de Boipeba, séparée par le Rio do Inferno, à l'ouest l'ilha de Cairú. Les voitures ne circulent pas sur l'archipel : les longs déplacements s'effectuent en bateau, en tracteur ou en « Toyota », camionnettes aménagées pour le transport des passagers. Les **plages de Morro** portent un numéro ; en partant du village, on arrive successivement sur Primeira Praia (1re plage), Segunda Praia (2e plage), Terceira Praia (3e plage) et Quarta Praia (4e plage).

Carnet pratique

S'informer

Pas d'office de tourisme sur l'île mais on peut consulter : morrodesaopaulo.com.br, site commercial donnant de nombreuses informations.

Arriver/Partir

En avion

Taxis aériens de Salvador assurés par **Aerostar** – ☏ *(71) 3612 8600 - www.aerostar.com.br* et **Addey** – ☏ *(71) 3377 1993 - www.addey.com.br.* 10 passagers. Durée : 20mn, 495 R$.

En bateau

Si vous êtes sensible au mal de mer, prenez vos précautions avant la traversée en catamaran, au retour notamment.

Une taxe touristique de 30 R$/pers. est perçue à la descente du bateau.

Des catamarans, au dép. du **Terminal Marítimo de Salvador** (devant le mercado Modelo), rejoignent l'île en 2h10. env. 150 R$.

Catamarã Biotur – 2/j. ☏ *(1) 3641 3327 - www.biotur.com.br.*

Catamarã Farol do Morro – 1/j. ☏ *(71) 9 9961 5318 - www.faroldomorroturismo.com.*br.

IlhaBela – 2/j. - ☏ *(71) 3326 7158 - www.ilhabelatm.com.br.*

En car et en bateau

Au départ de la gare routière de Salvador, plusieurs compagnies desservent Valença, la ville portuaire la plus proche de Morro de São Paulo. Ensuite, des bateaux réguliers *(tlj 6h-17h30)* font la traversée en 40mn *(comptez 25 R$)*

Cassi Turismo – *R. da Bélgica 14, Comercio - Salvador -* ☏ *(71) 9 9121 1111 - www.cassiturismo.com.br - 2 à 6 liaisons/j - 125 R$ (terminal maritime), 160 R$ (aéroport).* Cette agence de voyages organise le transfert (route+ bateau) entre Morro de São Paulo et l'aéroport de Salvador ou le terminal maritime touristique de Salvador, situé derrière le Mercado Modelo.

Adresses utiles

Banque

Pas de banque sur l'île, mais trois distributeurs automatiques dans le village.

Nos adresses

Restauration

Reflet du cosmopolitisme qui caractérise Morro de São Paulo, dans les restaurants du village on entend des accents italiens, espagnols, français... et parfois même bahianais !

Morro de São Paulo

Premier prix

Restaurante Tinharé – *R. Caminho da Praia - Cairu -* ☏ *(75) 3652-1161 - ouv. tlj, service continu.* Un établissement bon marché, discret et très simple, avec des chaises en plastique, où goûter une cuisine bahianaise familiale et généreuse. On peut commander des demi-portions.

Chez Max – *3e plage -* ☏ *(75) 3652-1103.* Signalé par une pelouse bien entretenue, ce restaurant italien propose, le soir, de généreuses pizzas, cuites au feu de bois et servies sous une grande pergola, aérée par la brise.

Boipeba

Premier prix

Mar e Coco – *Moreré -* ☏ *(75) 3653-6013 - 9h-18h.* Un jardin fleuri, rafraîchi par la brise marine, où s'éterniser après la longue marche jusqu'à l'idyllique plage de Moreré. Des douches extérieures permettent de retirer sable et sel avant de s'attabler. Au menu, langoustes et moquecas accompagnées de banane plantain. Après le festin, vous pourrez faire la sieste dans les hamacs accrochés sous les cocotiers.

En soirée

En saison, Morro de São Paulo connaît une vie nocturne très intense qui risque de déplaire aux visiteurs préférant la quiétude. Les soirées débutent sur la R. do Caminho da Praia : concerts acoustiques dans les restaurants et près des étals informels de *caipiroskas* (cocktails de fruits à la vodka) dressés en haut de la rue. Sur le coup de minuit, la foule se dirige vers les bars musicaux de la 2e plage, vers le **Pulsar**, une discothèque enfouie dans la végétation sur le chemin qui mène au fort, ou le **club Toca do Morcego**, sur la route du phare.

Activités

Sorties en bateau

La sortie la plus spectaculaire, parmi toutes celles que proposent les opérateurs de l'île, est le tour de l'île de Tinharé, avec arrêts aux piscines naturelles de Guarapuá et de Moreré avant de remonter le Rio do Inferno, bordé d'une dense mangrove, jusqu'à l'île de Cairú (visite de la cité historique).

Sorties en pirogue

À **Boipeba**, des guides proposent d'explorer la mangrove en pirogue pour observer la faune et la flore *(1h30 - comptez 40 R$/pers. env.)*.

Tyrolienne

Elle part du phare, à 57 m de haut, et atterrit dans la mer, devant la 1re plage, 340 m plus loin. Du sommet, point de vue superbe. *(90 R$ env.)*.

Excursion à Boipeba

On peut passer la journée à Boipeba, mais l'idéal est d'y rester 1 ou 2 nuits. Le trajet se fait à bord de « Toyota » brinquebalantes qui fendent les plages et les cocoteraies de Tinharé jusqu'à l'embouchure du Rio do Inferno, que l'on traverse en barque ; il comprend un arrêt sur la plage de Garapuá, à mi-chemin. L'île est aussi accessible en bateau, par l'océan (gare au mal de mer !), ou bien, côté continent, par les Rios Cairú et do Inferno. Le parcours, splendide, comprend une halte « dégustation d'huîtres » dans un bar flottant. 60 R$.

Hébergement

Au débarcadère, des porteurs munis de brouettes attendent les visiteurs pour les conduire à leur *pousada* ou leur en suggérer une. Négociez avant d'accepter leur service *(5 R$ env./bagage)*. Les établissements bon marché sont dans le village, les plus chics bordent les plages côté Morro ou Gamboa.

3

Morro de São Paulo

Budget moyen

Pousada Vila do Sossego – *Travessa da Lagoa 374 - Cairu - (75) 3652-1190 - www.pousadaviladosossego.com - - 15 ch. 173/360 R$ selon la saison* . Pour vous loger à peu de frais, optez pour les chambres dallées, basiques, de cette pousada perdue dans la verdure, sur les hauteurs de l'île, à 600 m du village.

Pour se faire plaisir

Villa Bahia – *R da Fonte Grande Porto de Cima 56 - (75) 98169-6532 - www.villa-bahia.com - 6 ch. et 1 appart. 380/533 R$* . Dissimulée par la végétation, la dernière propriété de la rue, transformée en chemin de sable, abrite trois logements agréables, dotés d'une vaste terrasse privative surplombant le petit vallon. Petit-déjeuner inoubliable, servi sur la terrasse panoramique de l'avenant propriétaire, Werner.

Pousada Mareia – *R. Caminho da Prainha 78 - ✆ (75) 3652-1224 - www.pousadamareia.com.br - 🏊 - 32 ch. 300/550 R$ selon la catégorie ☕.* Situé sur l'artère principale où se concentrent boutiques et restaurants, cet établissement propose de petites chambres lumineuses et joliment décorées. Certaines ont un balcon donnant sur la verdure. Literie confortable et soignée. Au rez-de-chaussée, restaurant japonais Zendai.

Boipeba

Budget moyen

Pousada Luar das Águas – *Praia da Boca da Barra - ✆ (75) 99716-4771 - www.luardasaguas.com.br - 10 ch. 292/374 R$ ☕ - ✕.* Postée à l'embouchure du Rio do Inferno, cette pousada est une des premières à s'être installée à Boipeba, quand seuls les aventuriers s'égaraient jusqu'ici. Chambres agréables, régulièrement rénovées, dans des petits bungalows. Le soir, les conversations s'éternisent sous la paillote du restaurant, au bord de la plage. Accueil francophone.

Lençóis★★ et la Chapada Diamantina★★★

Lençóis, pelotonnée sur les contreforts orientaux de la Serra do Sincorá, est la porte d'entrée du Parque Nacional da Chapada Diamantina. Cette région de hauts plateaux (de 800 à 1000 m) englobe des écosystèmes contrastés, typiques des zones arides (cerrado, caatinga) et humides (mata atlântica). La moitié des fleuves bahianais débutent ici leur course vers l'Atlantique; leurs eaux torrentielles s'élancent au creux de canyons profonds, dégringolent en cascades vertigineuses, creusent des grottes labyrinthiques et s'assagissent parfois dans de fériques lacs souterrains. Ces paysages grandioses constituent, depuis la création du parc (1985), une aire de jeu sensationnelle pour les adeptes de la randonnée et des sports d'aventures. Longtemps exploitée par les chercheurs d'or et de diamant, puis dégradée par le brûlage destiné à transformer les forêts en pâturages, la région a finalement trouvé dans le tourisme vert un mode de développement durable. Les sentiers empruntés jadis par les orpailleurs conduisent désormais vers les orchidées sauvages (une cinquantaine de variétés dans le parc), les bromélias, les cactus et une faune abondante de rongeurs et petits mammifères : fourmiliers, tatous, coatis, agoutis... Du temps de l'exploitation du diamant, Lençóis a conservé d'adorables façades pastel de style colonial et des ruelles aux pavés irréguliers.

3

Se repérer

11636 hab. - Parque Nacional da Chapada Diamantina (1520 km2)

CARTE C3 P. 226-227.

Organiser son temps

Emportez masque et tuba, la limpidité des lacs est exceptionnelle.

La saison des pluies, peu propice à la découverte des rivières souterraines, dure de nov. à janv. Les orchidées éclosent entre août et nov.

Carnet pratique p. 271

Nos adresses p. 272

Se promener

★★ Lençóis

À l'entrée de la ville, à la hauteur de la Praça das Nagôs, se dresse l'ancien **Mercado Municipal★**, marché couvert où se tenait également la vente des esclaves. Un peu plus loin, la **Praça Horácio de Matos★** réunit deux symboles du pouvoir : le vice-consulat français qui était chargé de faciliter la négociation et l'exportation des pierres précieuses, et l'exubérant bâtiment (1860) qui abritait la mairie. De l'autre côté du village, sur la place où s'élève la petite igreja N. S. do Rosário, se

Diamants

En 1820, alors que les mines d'or du Minas Gerais amorçaient leur déclin, deux naturalistes allemands, Spix et Martius, découvrent le potentiel diamantifère de la **région de Lençóis**. La nouvelle provoque l'arrivée massive d'aventuriers et de chercheurs d'or venus fouiller le lit des fleuves. Leurs tentes dressées, tels des draps *(lençóis)* séchant au soleil, seraient à l'origine du nom de la ville. Dès lors, Lençóis connaît une destinée exceptionnelle, aussi courte que brillante : dès 1867, la découverte de mines de diamants en Afrique du Sud annonce le déclin des villes de la Chapada Diamantina. L'activité, plus assez rentable, est abandonnée à la fin du 19e s.

dresse aussi la **Casa de Cultura Alfrânio Peixoto**, ancienne demeure du plus illustre fils de Lençóis, médecin, homme politique et écrivain (1876-1947) : à l'intérieur, documents racontant sa vie et photos de la ville.

À proximité

★ Balades depuis Lençóis

Un itinéraire facile *(4 km - durée : 1h - dép. Av. Senhor dos Passos)*, ponctué de baignades et de points de vue, remonte le **Serrano**, la vallée du Rio Lençóis. En chemin, on passe par le **Salão de Areias Coloridas**, galerie constituée d'énormes blocs d'arénite d'où des artisans extraient du sable coloré pour composer des paysages dans des bouteilles. Plus haut, les eaux sombres du fleuve forment le profond **Poço Halley**, puis dévalent sur une dizaine de mètres à **Cachoeirinha** (petite cascade ; *cachoeira* signifie cascade) et à **Cachoeira da Primavera**. Baignade possible. Au sud du village *(remontez la R. dos Negros)* démarre une autre randonnée facile *(3,5 km - 45mn)* vers **Ribeirão do Meio**, une piscine naturelle sur le cours du Rio Ribeirão dont la principale attraction est le toboggan formé par une large dalle de pierre glissante.

★★★ Parque Nacional da Chapada Diamantina

CARTE C3 P. 226-227

On atteint la **Cachoeira do Sossego★★** par un ancien chemin d'orpailleur *(7 km - 3h)* qui remonte le lit du Rio Ribeirão au creux d'un impressionnant canyon. À l'arrivée, douche revigorante sous 25 m de cascade.

Le **Morro do Pai Inácio★★★**, à 20 km de Lençóis, offre un époustouflant panorama sur le parc. Du sommet, à 1120 m d'alt., se dévoile le curieux relief et les mornes bleutés des serras du Sincorá, da Bacia et Chapadinha. *Accès en voiture par la BR-242, puis sentier de 20mn ; ou randonnée de 6h au dép. du village. L'entrée dans le domaine est payante (5-7 R$).*

Parmi la centaine de grottes recensées, la plus célèbre est la **Gruta do Lapão★**, une des plus grandes grottes en quartzite du Brésil. Sa traversée *(1 km)* dure 1h, à laquelle il faut ajouter le trajet jusqu'au site *(4,5 km - 1h30)*.

Situés hors des limites du parc, près d'Iraquara, **Torrinha** et **Lapa Doce** se distinguent par leurs stalactites et stalagmites. À **Pratinha** et **Azul★**, on peut se baigner dans les lacs souterrains.

Pour partir à l'assaut de la majestueuse **Cachoeira da Fumaça★★★**, il faut entreprendre un trekking de 3 j. Ses eaux chutent de 380 m et se dispersent en un voile

Dans le parc national de la Chapada Diamantina.
PurpleImages/Getty Images Plus

de vapeur avant même d'atteindre le sol (d'où son nom). Le long du parcours, on peut contempler bromélias, orchidées, plantes carnivores et cactus.
Poço Encantado★★★ (puits enchanté) est un fascinant lac souterrain de 30 à 60 m de profondeur, aux eaux translucides. Le matin, d'avr. à sept., un rayon de soleil s'infiltre et inonde la grotte de féeriques reflets turquoise. Il est interdit de s'y baigner.

Carnet pratique

S'informer

Site Internet de la préfecture (quelques pages sur le tourisme, notamment un agenda des manifestations) : *www.lencoi.ba.gov.br.*
Association des guides de randonnée - ACVL (Associação dos Condutores de Visitantes de Lençóis) – *R. 7 de Setembro - ✆ (75) 9 9712 5129 - www.acvlencois.com.br - 7h-22h.* Elle compte des guides francophones parmi ses membres, tous férus de géologie, de botanique et d'histoire.

Arriver/Partir

En car

Real Expresso – *✆ 0800 883 8830 - www.realexpresso.com.br.* - 3 liaisons par jour avec Salvador *(durée : 7h, comptez 150 R$).*

Adresses utiles

Poste et agence Banco do Brasil sur la **Praça Horácio de Matos**, à l'entrée de la ville, juste après le pont sur le Rio Lençóis.

Nos adresses

Restauration

Plusieurs restaurants de genres différents : végétariens, sandwicheries, pizzérias ou cuisine des *garimpeiros* (orpailleurs).

Activités

Randonnées

Hormis les courts sentiers au départ du village, les randonnées sont peu balisées : ayez recours aux services d'un spécialiste. Une vingtaine d'agences à Lençóis organisent des trekkings de 1 à 10 jours, alternant nuit chez l'habitant, camping dans une grotte ou à la belle étoile... Les guides se chargent des repas à chaque étape. Parmi les grands classiques : la traversée du **Vale do Pati** *(3 à 8 j.)* et l'excursion jusqu'à la **Cachoeira da Fumaça** *(3 j.)*. Comptez 360 R$ env./j. repas et hébergement compris.

Escalade/Saut à l'élastique/VTT

Les amateurs d'émotions fortes pourront descendre le Poço do Diabo, la Gruta da Torrinha ou la Cachoeira do Buracão en rappel ; pratiquer le saut à l'élastique à la Gruta do Lapão ; traverser de grandes étendues à cheval ou en VTT. Rens. à l'ACVL *(S'informer)*, spécialisée aussi dans le tourisme d'aventure.

Agence :

Chapada Soul – *Caminho de Ribeirão - ✆ (75) 99940-6004 - www.chapadasoul.com - 8h-23h.* Trekking, escalade, rappel.

Hébergement

Près de 50 hôtels, simples le plus souvent (dortoirs). Tous servent de robustes petits-déj. à base de *beiju* (gâteau au tapioca), pains et jus divers, parfait pour les marcheurs.

Premier prix

Hostel Chapada – *R. Urbano Duarte 121-133 - ✆ (75) 3334-1497 - www.hostelchapada.com.br - ▤ CC - 19 ch. : 10 en dortoir 96 R$; 9 ch. double : 192/432 R$.* Cette auberge de jeunesse du centre, affiliée au réseau international, occupe une bâtisse de 1870 dotée d'un petit jardin. Laverie, cuisine et bagagerie. Dortoirs de 4 ou 6 lits (hommes et femmes séparés), équipés d'armoires fermant à clé.

Pour se faire plaisir

Pousada Vila Serrano – *R. Alto do Bonfim 8 - ✆ (75) 98848-9502 - www.vilaserrano.com.br - P - 16 ch. 310-470 R$ selon la saisons ☕ - ✕.* Une pousada « écologiquement correcte » (énergie solaire, peintures à la chaux et aux pigments naturels, tri des ordures...) et très soignée. Joli mobilier en bois massif, tommettes lustrées, balcons individuels avec hamac. Et pour vous détendre, spa, cours de yoga et de pilates (50 R$).

Une folie

Hotel Canto das Águas – *Av. Senhor dos Passos 1 - ✆ (75) 3334-1154 - www.lencois.com.br - P ♿ - 44 ch. 742/1500 R$ ☕ - ✕.* L'adresse de luxe du village, tapie sur les rives du Rio Lençóis, propose des chambres impeccables, toutes différentes, d'où l'on entend gronder le torrent. Grand jardin avec kiosques de massage nichés dans la verdure. Salle de fitness et sauna.

La rue do Bom Jesus.
FerreiraSilva/Getty Images Plus

Recife ★★

La plus riche capitale du Nordeste est sans doute également la plus européenne des métropoles brésiliennes. Fondée par les Hollandais sur une plaine alluviale où convergent cinq cours d'eau, Recife est bâtie en partie sous le niveau de la mer : son centre historique, relié par une cinquantaine de ponts et paré de façades Belle Époque, fait la part belle aux transports en commun, avec ses arrêts de bus climatisés et ses artères envahies, chaque dimanche, par les adeptes de la bicyclette. Outre ses anciens docks métamorphosés en centres culturels, vous apprécierez ses splendides églises baroques, recouvertes d'or, et leurs parvis, prétextes à toutes sortes de réjouissances païennes : rencontres musicales endiablées, marchés populaires, danses en quadrilles les nuits de la Saint-Jean... Au sud du Rio Pina, une forêt de gratte-ciel signale l'autre facette de la cité : Boa Viagem déroule sur 7 km sa plage de sable fin, abritée par un récif corallien. Entre modernisme, tolérance et tradition, Recife, terre du frevo et du maracatu, mêle à merveille rites carnavalesques et expressions artistiques les plus contemporaines. Pour preuve, sa scène musicale, l'une des plus intéressantes du pays.

Se repérer

1633 697 hab. - Capitale de l'État de Pernambuco (PE)

CARTE D2 P. 226-227. PLAN D'ENSEMBLE P. 277, PLANS DÉTAILLÉS P. 278-279.

Encadré voir page 275.

À ne pas manquer

Les ruelles et les églises du centre historique ; visiter le Cais do Sertão et le Paço do Frevo ; flâner parmi les étals bruyants du marché São José ; prendre un verre en terrasse sur le charmant Pátio de São Pedro ; assister au carnaval bouillonnant et multiculturel.

Organiser son temps

Recife et Olinda se visitent au cours d'un même séjour ; comptez au moins 3 jours. Profitez d'une excursion à Caruaru pour acheter de l'artisanat en terre cuite.

En famille

Une croisière sur les canaux à bord d'un bateau pirate en compagnie d'animateurs costumés.

Carnet pratique p. 289

Nos adresses p. 291

Se promener

★★ Recife Antigo PLAN I, B1

Comptez une demi-journée.

Dans les années 1990, la municipalité a pris en main la revitalisation de Recife Antigo, berceau de l'ancienne Mauritsstad. Le programme comprend la récupération de constructions historiques, dont les façades étroites et colorées, percées de hautes fenêtres, ont gardé l'empreinte de l'architecture hollandaise. Un centre commercial et des animations ponctuelles (sur les places Arsenal da Marinha et Marco Zero) ramènent de nouveau les *Recifenses* vers ce quartier portuaire.

Forte do Brum PLAN I, B1

Praça da Comunidade Luso Brasileira - ✆ (81) 3224 4620 - mar.-vend. 9h-12h, 13h-16h30, w.-end 14h-17h, 5 R$.

Élevé par les Hollandais sur les fondations d'un fort portugais, le Forte do Brum (1630) monte la garde à l'entrée de Recife, à la pointe nord de l'île. À l'époque, il était baigné par l'océan et le Rio Beberibe. De nos jours, il se dresse au milieu des entrepôts et des installations portuaires gagnés sur la mer. Propriété de l'armée, il abrite un **musée militaire** : canons et photos relatent les hauts faits de l'armée brésilienne, ainsi que sa participation à la Seconde Guerre mondiale.

★★ Cais do Sertão PLAN II, D1

Av. Alfredo Lisboa - ✆ (81) 3182-8268 - mar.-vend. 9h-17h, sam.-dim. 13h-17h - 10 R$ (gratuit mar.).

L'ancien entrepôt 10 a été splendidement réhabilité pour abriter cet hommage au Sertão, l'arrière-pays du Nordeste, à sa culture et à ses habitants. Tout commence avec des souvenirs de l'idole de la région, le chanteur et musicien **Luis Gonzaga** (1912-1989), le « rei do baiãno », la musique emblématique du Sertão : dès l'entrée sont exposés quelques-uns de ses costumes de scène et accordéons, et des bornes permettent de visionner des vidéos de ce « fou chantant » nordestin dont les portraits s'affichent toujours sur les façades des immeubles. La salle de projection présente de remarquables vidéos sur la région et ses habitants : vous pourrez ainsi suivre 24h de la vie d'un village et de ses habitants. Suivent de très belles **collections★★** d'ustensiles, d'outils et de selles de cheval, en correspondance avec des œuvres contemporaines évoquant le sacré, tels le *Bosque Santo* (« bosquet sacré ») de J. Borges ou le *Túnel do Capeta* (« tunnel du Diable ») de Carlos Nader. Dans la mezzanine, vous pourrez entendre le témoignage d'habitants, faire du karaoké au son du *forró* ou encore suivre un cours d'initiation à la musique du sertão.

Se repérer

Trois îles de l'estuaire du **Rio Capibaribe** forment le centre de Recife. La cité a vu le jour sur celle de **Recife Antigo**, également appelée Bairro de Recife. Des ponts la rattachent à **São José** et **Santo Antônio**, sur l'île voisine. Ces quartiers, au lacis étroit de ruelles, sont jalonnés de palais néoclassiques, d'églises baroques, de placettes et de jardins.
D'autres ponts enjambent ensuite le fleuve pour rejoindre **Boa Vista**, quartier commerçant moins homogène dont le prestige, au siècle dernier, se lit encore sur quelques élégantes façades.
Vers le sud s'étire **Boa Viagem**, plage interminable soulignée d'immeubles ; c'est l'adresse bourgeoise de Recife. Les musées se dispersent aux quatre coins de cette ville tentaculaire : on les atteindra plus aisément en taxi. Olinda s'étend au nord, après le **Rio Beberibe**.

★★ Paço do Frevo PLAN II, D1-2

R. da Guia - ✆ (81) 3355 9500 - www.pacodofrevo.org.br - mar.-vend. 10h-17h, sam.-dim. 11h-18h - 10 R$ (réduit 5 R$).

Ouvert en 2014, le centre culturel dédié au *frevo* (*voir ci-dessous*) occupe les quatre niveaux d'un sobre édifice immaculé, construit par la compagnie de télégraphe anglaise Great Western en 1908. Le rez-de-chaussée abrite une frise du temps *(linha do tempo)*, accompagnée d'impressionnantes photos en noir et blanc illustrant la ferveur du carnaval de Recife. L'année 1907 tient une place à part : c'est en effet le 9 février que le terme *frevo* est pour la première fois employé officiellement ; puis, au fil du temps, le *frevo* n'a eu de cesse d'évoluer et de se diversifier, suivant l'évolution de la société (à l'origine, il était réservé aux hommes). Un bel escalier dessert l'école de musique *(1er étage)* et celle de danse *(2e étage)* avant de conduire, au dernier étage, à une grande salle panoramique dotée, en son centre, d'une petite scène *(démonstration le jeu. à 18h30)*, décorée d'étendards de *blocos* (troupes de carnaval) au sol, de dizaines de photos aux murs et de citations illustrant l'âme du carnaval. Belle **vue**★ sur la ville.

3

Torre Malakoff PLAN II, D1

Praça do Arsenal da Marinha - ✆ (81) 3184 3180 - mar.-vend. 11h-17h, w.-end 14h-17h, - gratuit.

Le frevo, carnaval en ébullition

Tout à la fois danse et musique carnavalesque, le *frevo*, classé en 2012 au patrimoine immatériel de l'humanité par l'Unesco, tire son nom du verbe portugais *ferver*, « bouillir ». Le *frevo* est une **musique au rythme frénétique**, entonnée par un orchestre de cuivres, souvent juché sur un camion (le fameux *trio elétrico*). Il s'accompagne d'une **danse** mêlant bonds, grands écarts et pirouettes, exécutés en tenant à la main un petit parapluie coloré. Synonyme de frénésie et de vigueur, le *frevo* dérive en partie de la capoeira et tient toute sa force de la rivalité entre les *blocos*, troupes participant au carnaval (on en dénombre 1200 environ) : chacune d'elles possède son propre étendard, ses codes acrobatiques et sa mélodie. On distingue trois types de *frevo*, le *frevo de rua*, le plus rapide et le plus ancien, purement instrumental, le *frevo-canção*, avec accompagnement vocal, et le *frevo de bloco*, plus calme, rythmé par des instruments à cordes et à percussion.

La « Venise du Brésil »

Recife aurait sans doute été tout autre sans l'invasion hollandaise de 1630 et la brillante administration du gouverneur général Jean-Maurice de **Nassau** (1637-1644). En 1537, les Portugais installent un village sur le delta du Rio Capibaribe. Les récifs *(arrecifes)* qui le protègent en font un port idéal. Cependant, rebutés par les terres de l'estuaire, marécageuses et envahies par la mangrove, les colons lui préfèrent Olinda, construite sur les hauteurs deux ans plus tôt. Recife se cantonne donc à un rôle de **porte maritime** par où s'écoulent les matières premières, en premier lieu le **pau-brasil**, supplanté par la canne à sucre à partir du 17e s.

L'économie du sucre

Grâce au rapide essor de la culture de la canne à sucre, introduite par les Portugais, le **Pernambuco** devient, avec Bahia, le centre de production sucrière le plus prospère du Brésil. Les *engenhos* (grands domaines agricoles entourés de champs de canne) prolifèrent. Ils sont le pilier de l'économie coloniale, basée essentiellement sur la monoculture et une main-d'œuvre esclave. Attirés par l'argent du sucre, les Hollandais attaquent les côtes du Pernambuco en 1630. L'année suivante, ils incendient Olinda, scellant son déclin. La topographie de Recife leur est familière ; ils assèchent les mangroves, creusent des canaux. En 1637, la Compagnie hollandaise des Indes occidentales chargée d'administrer la colonie, baptisée Nouvelle-Hollande, y expédie Jean-Maurice de Nassau. Ce dernier signe la paix avec les *engenhos*, réorganise l'économie et entreprend des travaux de grande envergure. En à peine 7 ans, il fait de Mauritsstad une ville moderne, aux **ponts et canaux** élégants, aux parcs et palais somptueux. Parallèlement, il encourage l'installation des colons et instaure une **tolérance** religieuse sans équivalent, permettant la cohabitation pacifique entre calvinistes, catholiques et juifs. Mais la chute du cours du sucre précipite son rappel, en 1644. Le déclin économique, allié à une hausse des impôts, nourrit les mécontentements contre la Compagnie hollandaise des Indes occidentales. En 1649, une armée composée de Portugais, d'Indiens, de Noirs et de métis s'oppose aux Hollandais. La victoire qu'ils remportent à la seconde bataille de Guararapes est restée comme la première manifestation d'un **nationalisme** proprement brésilien. En 1654, les Hollandais sont expulsés du territoire.

Recife, industrielle et touristique

Dans ce nouveau contexte, **Olinda**, restée le fief des riches propriétaires d'*engenhos*, retrouve un rôle de premier plan. Recife, pôle commercial incontournable, luttera pour imposer son émancipation, qu'elle obtient en 1709, puis pour acquérir le statut de **capitale** de la province (1837). Au 19e s., sa classe commerçante et ses journaux libéraux jouent un rôle prépondérant dans la diffusion des idées républicaines et abolitionnistes qui culmine en 1848 avec la révolte Praieira, étouffée par l'armée impériale. Sur le plan économique toutefois, le Pernambuco subit le lent déclin qui frappe les États du Nordeste, peu industrialisés, jusqu'à la moitié du 20e s. Depuis, la mécanisation de la culture de la **canne**, la production d'éthanol, le développement de l'industrie du textile lui ont redonné du souffle. La croissance des services, des technologies de l'information et du tourisme font de Recife l'une des métropoles les plus dynamiques du Nordeste, après Salvador.

FUNDAÇÃO G. FREYRE
MUSEU DO HOMEM DO NORDESTE, MUSEU DO ESTADO DE PERNAMBUCO
JOÃO PESSOA, OLINDA
OFICINA DE CERÂMICA FRANCISCO BRENNAND
CARUARU, INSTITUTO RICARDO BRENNAND
MACEIÓ, SALVADOR
ESPINHEIRO
GRAÇAS
ALLIANCE FRANÇAISE
Av. Rui Barbosa
Av. Gov. Agamenon Magalhães
R. João de Barros
CEMITÉRIO DE SANTO AMARO
SANTO AMARO
R. Jorn. M. Melo
Av. Norte
Forte do Brum
RECIFE ANTIGO
Bacia Portuária
R. J. Osório
BOA VISTA
Av. Conde da Boa Vista
voir plan II
R. da Aurora
Rio Capibaribe
R. Alfredo Lisboa
Av. Eng. A. de Carvalho
R. Sen. J. Henrique
R. Dr J. Mariano
Av. Dantas Barreto
ILHA DO LEITE
Recife
SÃO JOSÉ
Av. Sul
R. Cosme Viana
Estrada dos Remédios
ILHA JOANA BEZERRA
Av. Central
Joana Bezerra
R. Papa João Paulo II
R. Imperial
Afogados
Bacia do Pina
R. S. Miguel
Largo da Paz
Rio Pina
Av. Eng. Antônio de Góes
Av. Herculano Bandeira
BRASÍLIA TEIMOSA
Praia de Brasília Teimosa
voir plan III
R. Arq. Luís Nunes
Mascarenhas de Moraes
Imbiribeira
ILHA DE DEUS
Rio Pina
Rio Jordão
PINA
Av. Engenheiro Domingos Ferreira
Av. Boa Viagem
Praia do Pina
OCEANO
ATLÂNTICO
Av. Marechal
Av. Gen. Mac Artur
Antônio Falcão
R. A. Falcão
Shopping
Av. Fernando Simões Barbosa
Canal de Setúbal
Av. Boa Viagem
Praia de Boa Viagem
Tancredo Neves
R. Ribeiro de Brito
Rio Jordão
BOA VIAGEM
R. Barão de Sousa Leão
Av. Boa Viagem
SE RESTAURER
Bargaço 1
Boteco Porto Ferreiro 2
Império dos Camarões 3
Villa Sandino 5
RECIFE
plan I
N
0 1 km
A
B
1
2
3
4

3

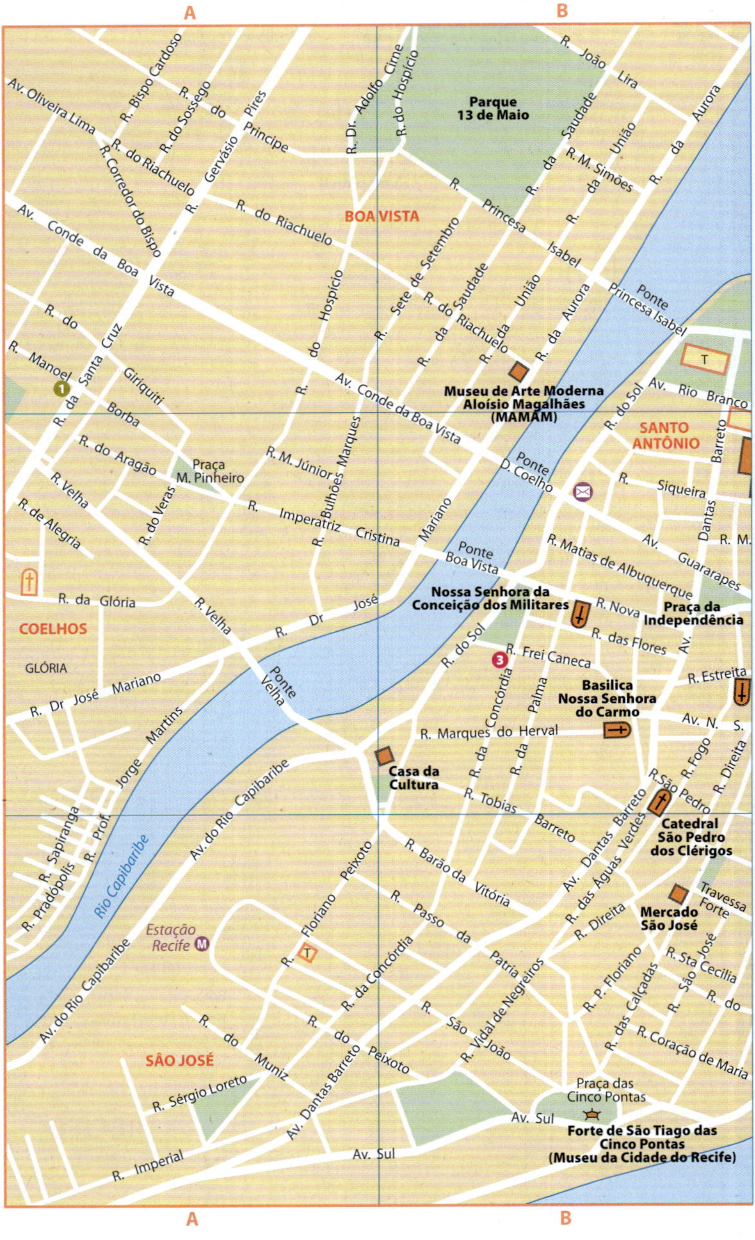
A
B
1
2
3
Parque 13 de Maio
BOA VISTA
SANTO ANTÔNIO
COELHOS
GLÓRIA
SÃO JOSÉ
Museu de Arte Moderna Aloísio Magalhães (MAMAM)
Nossa Senhora da Conceição dos Militares
Praça da Independência
Basilica Nossa Senhora do Carmo
Casa da Cultura
Catedral São Pedro dos Clérigos
Mercado São José
Praça das Cinco Pontas
Forte de São Tiago das Cinco Pontas (Museu da Cidade do Recife)
Praça M. Pinheiro
Estação Recife
Rio Capibaribe
Ponte Princesa Isabel
Ponte D. Coelho
Ponte Boa Vista
Ponte Velha
Av. Oliveira Lima
Av. Conde da Boa Vista
Av. Rio Branco
Av. Guararapes
Av. Dantas Barreto
Av. do Rio Capibaribe
Av. Sul
Av. N. S.
R. Bispo Cardoso
R. do Sossego
R. do Príncipe
R. Gervásio Pires
R. do Riachuelo
R. Corredor do Bispo
R. Dr. Adolfo Cirne
R. do Hospício
R. João Lira
R. da Saudade
R. M. Simões
R. da União
R. da Aurora
R. Princesa Isabel
R. Sete de Setembro
R. do Giriquiti
R. Manoel Borba
R. da Santa Cruz
R. do Aragão
R. do Veras
R. Velha
R. de Alegria
R. M. Júnior
R. Bulhões Marques
R. Imperatriz Cristina
R. Mariano
R. do Sol
R. Siqueira
R. Barreto
R. Dantas
R. Matias de Albuquerque
R. Nova
R. das Flores
R. Frei Caneca
R. Estreita
R. da Glória
R. Dr José Mariano
R. Jorge Martins
R. Prof.
R. Sapiranga
R. Pradópolis
R. da Concórdia
R. da Palma
R. Marques do Herval
R. Tobias Barreto
R. São Pedro
R. do Fogo
R. Direita
R. Barão da Vitória
R. das Águas Verdes
Travessa Forte
R. Floriano Peixoto
R. Passo da Pátria
R. Vidal de Negreiros
R. P. Floriano
R. das Calçadas
R. Sta Cecilia
R. São José
R. Coração de Maria
R. São João
R. do Peixoto
R. do Muniz
R. Sérgio Loreto
R. Imperial
T
A
B

C
D
RECIFE
plan II
0
200 m
RECIFE ANTIGO
R. do Brum
R. Bernardo Vieira de Melo
S. Jorge
Cais do Apolo
R. Bione
Praça Tiradentes
Rio Capibaribe
R. de
Bacia Portuária
Cais do Sertão
Lisboa
Torre Malakoff
R. do Observatório
R. R. Mendes
Guia
Jesus
Alfredo
Praça da República
R. do Imperador
Paço do Frevo
Kahal Zur Israel
R. do Apolo
R. da
R. Bom
Ponte Buarque de Macedo
Ordem Terceira de São Francisco
Convento de Santo Antônio
CAPELA DOURADA
Av. Rio Branco
Centro de Artesanato de Pernambuco
R. Alvares Cabral
CENTRO
Marco Zero
Parque das Esculturas
do Recife
Ponte Maurício de Nassau
Av. Marquês de Olinda
R. Vigário Tenório
R. Tomazina
R. Madre de Deus
Madre de Deus
Cais da Alfândega
R. da Moeda
R. Alfredo Lisboa
Dom Pedro II
Av. Martins de Barros
do Rosário
Nossa Senhora do Rosário dos Homens Pretos
do Carmo
R. A. Periquito
SHOPPING PAÇO ALFÂNDEGA
R. do Rangel
Praia
Canal de Santa Rita
Ponte 12 de Setembro
Beco do Marroquim
R. do Muniz
R. da Porão
Rita
OCEANO
ATLÂNTICO
Av. Sul
R. Padre
de Santa
Nogueira
Cais
Bacia do Pina
SE RESTAURER
Leite 3
SE LOGER
Hotel Central 1
1
2
3
N

RECIFE
plan III
0
500 m
A
B
1
2
3
4
N
Aeroclube de Pernambuco
PARQUE DOS MANGUEZAIS
ILHA DE DEUS
Rio Pina
Rio Jordão
R. São Luís
Av. H. Bandeira
Av. A. de Goes
R. Eurico Vitrúvio
Av. Encanta Moça
R. José Rodrigues da Rocha
Av. Boa Viagem
Praia do Pina
Praça Prof. J. Smith
R. Tomé Gibson
Praça A. Vilaça
R. do Atlântico
Av. Eng. D. Ferreira
Av. Cons. Aguiar
Praça Jules Rimet
R. A. Muniz
Praça La Curunã
Praia de Boa Viagem
R. Prof. E. Wanderlei F.
R. Prof. José Brandão
R. Gen. Mac. Artur
R. Pe. B. Pessoa
R. Maria Carolina
R. Antônio Falcão
R. A. Torres Galvão
R. Mamanguape
R. Félix de Brito Melo
Av. Eng. Domingos Ferreira
Av. Cons. Aguiar
R. dos Navegantes
Av. Boa Viagem
OCEANO
R. Pe. Carapuceiro
SHOPPING RECIFE
R. Bruno Veloso
R. Ribeiro de Brito
Av. Fernando Simões Barbosa
Av. Prof. João Medeiros
Av. V. de Jequitinhonha
Canal de Setúbal
Av. Eng. Domingos Ferreira
Av. Conselheiro Aguiar
R. dos Navegantes
Av. Boa Viagem
FARMACIA
ATLÂNTICO
R. Marquês de Valença
CONSULAT GÉNÉRAL DE FRANCE
R. Petrolina
R. Barão de Souza Leão
Praça Boa Viagem
R. Cap. Zuzinha
SE RESTAURER
Anjo Solto 1
Chica Pitanga 2
Entre Amigos/O Bode 3
Mingus 4
SE LOGER
Hotel Atlante Plaza 2
Kastel Manibu Recife Hotel 3
Pousada Casuarinas 4
HY Beach Flats 8
Hotel Jangadeiro 9
Hostel Piratas da Praia 11
Radisson Recife 12
Pousada Vitória 14

Cette tour (1855) coiffait l'entrée des chantiers navals de la Marine. Elle accueile aujourd'hui, au rez-de-chaussée, des expositions temporaires.
La **Rua do Bom Jesus★** s'ouvre au sud de la Praça do Arsenal da Marinha. Appelée *Rua dos Judeus* (rue des Juifs) sous la présence hollandaise, elle constituait le principal axe commerçant de la ville. Elle aligne un charmant ensemble de maisons de 2 ou 3 étages, aux couleurs pastel. Bars et restaurants l'animent dès la nuit tombée. Marché d'artisanat le dim.

★ Kahal Zur Israel PLAN II, D2

R. do Bom Jesus 197 - ✆ (81) 3224 8351 - mar.-vend. 9h-17h, dim. 14h-18h - 30 R$.
Le Centre culturel juif du Pernambuco conserve la mémoire des 600 familles juives qui vivaient dans la cité à l'époque hollandaise. Cette communauté était composée en majorité de Juifs portugais d'Amsterdam, arrivés au Brésil avec les colons hollandais. Les recherches archéologiques menées dans le bâtiment ont confirmé l'existence, à cet emplacement, de la première synagogue des Amériques. En 1654, après l'éviction de la Compagnie hollandaise des Indes occidentales, on donna trois mois à la communauté pour quitter le Brésil. Elle s'est alors dispersée au Portugal, dans les Provinces-Unies (nord des Pays-Bas), dans les Antilles néerlandaises et à La Nouvelle-Amsterdam (future New York). Le musée présente le résultat des fouilles (pans de murs, débris de faïences hollandaises) et le *mikveh* (bain rituel creusé dans le sol) mis au jour.

★ Marco Zero PLAN II, D2

Œuvre de l'artiste pernamboucain Cícero Dias, la rose des vents sur le sol de la place indique le point kilométrique 0 de l'État. D'où le nom donné à cette vaste esplanade en bord de mer, située à la croisée de cinq avenues et officiellement baptisée **Praça Barão do Rio Branco**. Tout autour, les immeubles témoignent du cachet bourgeois qu'affichait la place au début du 20e s.
La double rotonde rose de l'**ancienne Bourse de Pernambuco et Paraíba** (1913) occupe tout l'angle nord. Le bâtiment accueille le Centre culturel de la Caixa Econômica Federal. En face se dresse l'**Association commerciale de Pernambuco** (1915), facilement reconnaissable à ses tourelles d'angles élancées, coiffées de dômes de zinc en forme d'obus. Au sud, l'**Instituto Cultural Banco Real** a investi un fantaisiste palais vert (1914) d'inspiration néoclassique, et ouvre ses portes à l'occasion d'expositions temporaires.
Côté Atlantique, le regard est interpellé par les étranges totems du **Parque das Esculturas**, dressés sur la mince digue qui obstrue l'horizon. Ce musée à ciel ouvert, inauguré en 2000 à l'occasion des 500 ans du Brésil, expose les sculptures monumentales de l'artiste pernamboucain Francisco Brennand. Sa *Coluna de Cristal (32 m)* domine l'ensemble. Accès en voiture (via Pina et Brasília Teimosa) ou à bord d'un des petits bateaux amarrés à Marco Zero *(10 R$ A/R)*.

★ Igreja da Madre de Deus PLAN II, C2

R. Madre de Deus - ✆ (81) 3224 5587 - 9h-17, fermé dim.
Cette église (1720) se dresse de l'autre côté de l'île, le dos tourné au Rio Capibaribe. Des travaux de longue haleine ont permis de restituer toute la splendeur de ses *talhas douradas* (sculptures en bois recouvertes de feuilles d'or) baroques, partiellement détruites par un incendie en 1971. La sacristie recèle un superbe mobilier en palissandre et une splendide **vasque en marbre** d'Estremoz, l'une des plus belles du pays.

À côté, le **Shopping Paço Alfândega** occupe un bâtiment de 1732 qui formait, avec l'église Madre de Deus, un complexe religieux. À partir de 1826, il hébergea les douanes du port, puis resta longtemps à l'abandon. Il a été élégamment rénové pour accueillir ce centre commercial.
Pour rejoindre Santo Antônio, empruntez le **Ponte Maurício de Nassau** (1917), construit à l'emplacement du premier pont de la ville (1644).

Santo Antônio et São José PLAN II, B1-2

Comptez une bonne journée.
Ces quartiers ont été urbanisés par Maurice de Nassau, qui planifia l'extension de Recife sur l'île voisine d'Antônio Vaz, au sud-ouest. Mis à part le tracé des rues, rares sont les vestiges de cette époque. Le retour des Portugais, et avec eux de la foi catholique, s'est traduit par la construction d'une profusion d'églises baroques. Aujourd'hui classées et restaurées, elles se découvrent au détour de ruelles populeuses et commerçantes, au rythme trépidant dans la journée.

★★★ Capela Dourada PLAN II, C2

R. do Imperador D. Pedro II, Santo Antônio - ✆ (81) 3224 0530 - lun.-vend. 8h-11h30, 14h-17h, sam. 8h-11h30- 5 R$.
Joyau du baroque rococo, l'éblouissante « chapelle dorée » (1697) évoque l'âge d'or des ordres religieux au Pernambuco, à l'apogée de l'économie du sucre. Son décor intérieur révèle une étourdissante surenchère de sculptures dorées figurant des fruits, des fleurs, des arabesques, des balustrades finement torsadées. Sur les murs et le plafond de la nef, dix-sept peintures encadrées par des *talhas douradas* représentent les saints de l'ordre. Le chœur, théâtral, est dominé par un Christ crucifié et un retable (1698) d'Antônio Martins Santiago.
La chapelle s'inscrit dans un complexe qui comprend le **Convento de Santo Antônio**, érigé en 1606, et l'**Igreja da Ordem Terceira de São Francisco**. Le couvent avait été fortifié à l'usage des troupes hollandaises. On peut en visiter le **cloître** (*mêmes horaires, 2 R$*), entièrement ceinturé d'azulejos portugais (1704) illustrant les épisodes de la Genèse. Dans la nef de l'église, d'autres céramiques relatent la vie de saint Antoine. La sacristie renferme un luxueux mobilier (1762) en palissandre.
Un **Museu Franciscano de Arte Sacra** expose les objets liturgiques de l'ordre et des peintures religieuses des 18e-19e s.

Praça da República PLAN II, C1

Cette place, majestueuse, est l'épicentre de la vie culturelle et politique de Recife depuis Maurice de Nassau, qui y avait fait construire son palais et un jardin botanique, le premier du Brésil (aujourd'hui disparu). Elle est plantée de palmiers impériaux et s'entoure de constructions néoclassiques : le **Palácio do Campo das Princesas** (1840), siège du gouvernement, le **Teatro Santa Isabel** (1850), œuvre de l'architecte français Louis Léger Vauthier, et le **Liceu de Artes e Ofícios** (1880), ancienne École des arts et métiers. Au sud, l'imposant dôme du **Palácio da Justiça** (1930) ferme la perspective. Le buste de Maurice de Nassau se dresse face au palais du gouvernement où s'érigeait jadis son palais de Fribourg. Seul témoin de cette époque, un **baobab** ventru (9 m de circonférence) : certains pensent qu'il est un vestige du jardin botanique...
L'Av. Dantas Barreto remonte en direction de São José. En chemin, elle croise la **Praça da Independência**, carrefour mouvementé, point de ralliement des manifestations et théâtre traditionnel des meetings politiques. Le *Diário de Pernambuco*, le plus ancien journal du pays (1825), y a son siège.

Rythmes de Recife

Le *frevo* (*☞ encadré p. 275*) et le *maracatu* symbolisent la force du folklore pernamboucain. Le *maracatu* comprend deux styles. Le *maracatu nação*, né au 17e s., a son origine dans le rituel symbolique de couronnement du roi du Congo, organisé par les esclaves. Le **cortège** se compose d'un couple royal et de sa cour qui progressent au rythme des percussions. Le *maracatu rural* est une tradition des coupeurs de canne apparue au 19e s. : ils défilent dans la campagne en improvisant des **chants** au son lancinant de cloches et de tambours. Tous les ans, la ville de Nazaré da Mata *(65 km à l'ouest)* organise pendant le carnaval une fascinante rencontre de ces *maracatus*. Recife est aussi le berceau du *mangue beat*, inventé par Chico Science (1966-1997) et son groupe Nação Zumbi. Cette fusion explosive de funk, d'électro, de hip-hop et de rythmes régionaux propulsa Recife, dans les années 1990, à l'avant-garde de la scène musicale brésilienne.

★★ Igreja N. S. da Conceição dos Militares PLAN II, B2

R. Nova 304 - www.conceicaodosmilitares.com - ✆ (81) 99735-0344 - lun.-vend. 8h-13h, 14h-17h, dim. 10h-11h, fermé sam.

Coincée au milieu des commerces de la Rua Nova, l'une des plus agitées du Centro, cette église discrète passerait presque inaperçue. Sa construction, financée par une confrérie de militaires, s'étend de 1723 à 1771, mais les dorures de la nef ne furent achevées qu'en 1870. On remarquera le riche travail de *talha dourada* rococo qui orne les parois, le plafond, les chaires et le chœur. Un tableau illustre la victoire de Guararapes contre les Hollandais (1781).

En poursuivant jusqu'au bout de la rue, on atteint le Rio Capibaribe. De là, une courte promenade le long du fleuve conduit à la **Casa da Cultura★**, une prison du 19e s. transformée en centre d'artisanat (*☞ p. 294*).

En face, l'ancienne gare ferroviaire (1890) héberge le terminus du métro aérien et le modeste **Museu do Trem** *(Praça Visconde de Mauá - ✆ (81) 3184-3198 - mar.-vend. 11h-17h, sam.-dim. 10h-14h)* où sont exposés locomotives à vapeur et mobilier de wagons du 19e s.

★★ Igreja N. S. do Rosário dos Homens Pretos PLAN II, BC2

R. Estreita do Rosário - ✆ (81) 3224 3929 - 9h-16h - fermé w.-end.

L'église de la confrérie des « hommes noirs » (1630, reconstruite en 1777), édifiée par les esclaves, présente une ravissante façade rococo surmontée d'un pignon à volutes, flanquée d'une seule tour. Sur le parvis se déroulait le rituel de couronnement des rois du Congo, à l'origine du *maracatu* (*☞ p. 283*). L'intérieur recèle des statues de saints noirs du 18e s. (saint Balthazar, sainte Éphigénie...), parmi lesquelles une Vierge en bois polychrome argenté. On notera également les *talhas* qui ornent le maître-autel.

★★ Basílica N. S. do Carmo PLAN II, B2

Av. Dantas Barreto - ✆ (81) 99723-9140 - lun.-vend. 7h-16h.

Au départ des Hollandais, l'ordre des Carmes a investi le palais de Boa Vista (1643), résidence de Maurice de Nassau. L'ensemble est converti en couvent (1683), puis doté d'une basilique (1687-1767). Sa charmante façade baroque arbore un pignon à volutes très ouvragé. Percée de cinq portes, assortie d'une tour-clocher, elle domine largement la vaste Praça do Carmo. L'intérieur, remanié au 19e s., a perdu une partie de ses peintures polychromes. Il renferme toutefois un exubérant retable bleu et or comprenant une statue de taille humaine

3

de N. S. do Carmo, sainte patronne de la ville. À remarquer aussi : les stalles en palissandre, d'origine. Du **cloître** du couvent se dégage une quiétude inattendue au cœur de ce quartier agité.

★★ Catedral São Pedro dos Clérigos PLAN II, B2-3

Pátio de São Pedro, São José - ✆ (81) 3224 2954 - horaires se rens.

Depuis le parvis qui la précède, on admire à loisir sa **façade baroque** très décorative (1728-1782), l'une des plus belles de la ville. Elle présente un monumental portail en grès flanqué de doubles colonnes, fermé par de lourdes portes en palissandre sculpté. Ses deux hautes tours-clochers accusent la verticalité de la composition. En 1858, l'intérieur a perdu une partie de ses *talhas douradas* au profit d'une décoration néoclassique. Celle-ci a toutefois épargné les sculptures rococo qui embellissent le maître-autel et les chaires, ainsi que le plafond peint (1764), œuvre du Pernamboucain João de Deus Sepúlveda.

Sur le parvis, le ravissant **Pátio de São Pedro** évoque un décor de théâtre, avec ses maisons de poupées colorées (18e-19e s.) agencées autour d'une placette pavée. La nuit tombée, les bars y déploient leur terrasse et des concerts y ont souvent lieu (*p. 294*).

★★ Mercado São José PLAN II, B3

Praça D. Vital -- 6h-18h, dim. 6h-12h.

Le principal marché de Recife occupe des halles en fer, pionnières du genre au Brésil, importées d'Europe en 1875. Ses 3 500 m² de surface ne suffisent pas et les stands colonisent les rues alentour. Ce marché est dédié au commerce de bouche, mais propose aussi un choix d'artisanat à prix défiant toute concurrence (*p. 293*).

★ Forte S. Tiago das Cinco Pontas PLAN II, B3

Praça das Cinco Pontas, São José - ✆ (81) 3134 3750 - www.museudacidadedorecife.org - merc.-vend. 10h-17h, sam.-dim. 10h-16h - 10 R$.

Le fort hollandais Frederik Hendrik (1630) surveillait le trafic du sucre sur le Rio Capibaribe qui reliait le port aux *engenhos* (plantations). Son surnom, Forte das Cinco Pontas (dû à sa configuration en étoile à cinq pointes), a perduré malgré son remaniement par les Portugais en 1677 : il est désormais de forme rectangulaire. Le **Museu da Cidade do Recife** y a pris ses quartiers et présente des documents iconographiques retraçant l'histoire de la ville (reproductions de Franz Post, photos de Recife au début du 20e s.). Il propose également des expositions temporaires.

Boa Vista PLAN I, A1

Quatre ponts relient São José et Santo Antônio à Boa Vista ; les **ponts Duarte Coelho** (1884) et **Princesa Isabel** (1863, œuvre de l'architecte français Louis Vauthier) offrent la meilleure perspective sur la **Rua da Aurora★**, vue « carte postale » de Recife. Cette rue (1806), gagnée sur la mangrove, aligne une haie colorée de façades néoclassiques qui se reflètent dans les eaux du fleuve.

★ Museu de Arte Moderna Aloísio Magalhães (MAMAM) PLAN II, B1

R. da Aurora 265 - ✆ (81) 3355 6871 - www.blogmamam.wordpress.com - merc.-vend. 10h-17h, w.-end 10h-16h.

Installé dans une des maisons de la Rua da Aurora, le musée d'Art moderne Aloísio Magalhães conserve un fonds remarquable d'art pernamboucain. Plusieurs artistes de notoriété nationale ou internationale y figurent, notamment le graphiste **Vicente do Rêgo Monteiro** (1899-1970), les sculpteurs et céramistes **Abelardo da Hora** (1924-2014) et **Francisco Brennand** (1927-2019), le xylograveur **Gilvan Samico**

Boa Vista.
FerreiraSilva/Getty Images Plus

(1928-2013) ou encore les artistes peintres **Cícero Dias** (1907-2003), l'un des plus grands modernistes brésiliens, et **Gil Vicente** (né en 1958). Le musée détient aussi la précieuse série *Cenas da Vida Brasileira de 1930 a 1954*, de **João Câmara** (né en 1944), fresque politique évoquant le Brésil sous l'ère Vargas, composée de dix tableaux et cent lithographies. Les œuvres sont présentées par roulement.

3

★ Parque 13 de Maio PLAN II, B1

R. Treze de Maio - 5h-22h.
Véritable bouffée d'oxygène dans ce quartier densément bâti, ce parc (1000 m²) dessiné par Burle Marx (1939) offre le prétexte d'une pause agréable. Ses allées arborées, jalonnées de bancs en pierre et de sculptures d'Abelardo da Hora, desservent fontaines et étangs ainsi qu'un petit **zoo** où s'égayent toucans, aras bleus, singes *(macaco prego)* et perroquets. La **Chambre municipale** occupe un bâtiment éclectique jaune pâle (1920), dans l'enceinte du parc.

★ Boa Viagem PLAN I, A4

Avec 7 km de sable blond, le quartier littoral de Boa Viagem jouit du plus grand terrain de jeux de la ville. La **Praia de Boa Viagem** est équipée d'une piste de jogging, de douches extérieures, de terrains de volley, d'appareils de musculation... Et on y célèbre avec passion le culte du corps. Les marchands ambulants zigzaguent entre les parasols colorés, apportant boissons fraîches, fruits, brochettes de crevettes ou de fromage grillé.

À marée basse, on barbote dans les piscines bleu-vert, peu profondes, qui se forment entre les récifs. Au-delà, des attaques épisodiques de **requins** interdisent toute baignade. Le spot le plus prisé de la jeunesse locale se situe à hauteur de l'édifice Acaiaca, entre les rues Félix de Brito e Melo et Antônio Falcão. Au sud de la Praia de Boa Viagem s'étend la **Praia da Piedade**.

Pour profiter au mieux de la plage – et éviter les foules – allez-y le matin, quand les gratte-ciel n'ont pas encore jeté leur ombre sur le sable ; et en semaine de préférence.

Les autres quartiers

Recife est née de l'agrégation progressive de petites communes, essaimées le long du cours du Rio Capibaribe. Elles portaient souvent le nom des *engenhos* (plantations) autour desquels elles se sont formées : Casa Forte, Madalena, Apipucos, Várzea... Devenues des quartiers bourgeois, elles conservent d'opulentes villas du 19e s. ; certaines accueillent des musées.

★★ Museu do Estado de Pernambuco PLAN I, A1 EN DIR.

Av. Rui Barbosa 960, Graças - ✆ (81) 3184 3174 - mar.-vend. 11h-17h, w.-end 14h-17h - 10 R$.

Le palais (19e s.) du baron de Beberipe (1788-1855) héberge le musée de l'État, dont les riches collections d'art décoratif proviennent des familles de l'« aristocratie du sucre » : fauteuils paillés en bois de palissandre du 19e s., porcelaines fines d'Europe et de Chine, cristaux, argenterie... L'**annexe Cícero Dias** expose des paysages et des scènes urbaines de **Franz Post** (1612-1680) et de **Telles Júnior** (1851-1914). La victoire aux deux batailles de de Guararapes est évoquée au travers des portraits de ses héros, parmi lesquels l'esclave affranchi Henrique Dias (mort en 1662) et l'Indien Felipe Camarão (1580-1648). Les œuvres de **Cícero Dias** (1907-2003) et **Vicente do Rêgo Monteiro** (1899-1970), l'un des pères du modernisme brésilien, composent aussi le fonds. L'art amérindien occupe une belle place, avec diverses pièces des tribus kayapos, tikunas et palikurs, ainsi que de rares urnes funéraires de l'île de Marajó, datées des 5e-7e s. apr. J.-C.

★ Museu do Homem do Nordeste PLAN I, A1 EN DIR.

Av. 17 de Agosto 2187, Casa Forte - ✆ (81) 3073 6340 - www.basilio.fundaj.gov.br - mar.-vend. 8h30-17h, w.-end 13h-17h - 6 R$ (gratuit dim. et j. fériés).

Ses collections résultent de la fusion du musée d'Anthropologie et d'Art populaire et du musée du Sucre. Elles donnent à voir le procédé de transformation de la canne, les somptueuses calèches et les sucriers en or utilisés dans les *engenhos* (plantations), les instruments de torture dont les esclaves étaient victimes, le riche artisanat en terre cuite de la région de Caruaru, le faste des costumes de *maracatu* (*☞ encadré p. 283*), l'habitat en pisé de l'intérieur de l'État... Le musée évoque également le *cordel*, un genre littéraire en vers issu des traditions orales, dont les œuvres sont éditées sous la forme de livrets illustrés de xylographies, vendus sur les marchés accrochés à des fils avec des pinces à linge. Cette tradition a favorisé l'essor de la xylogravure en milieu rural.

★ Fundação Gilberto Freyre PLAN I, A1 EN DIR.

R. Dois Irmãos 320, Apipucos - ✆ (81) 3441 1733 - lun.-vend. 9h-16h.

Figure majeure de la sociologie brésilienne, **Gilberto Freyre** (1900-1987) est l'auteur de près de 90 ouvrages. Dans son œuvre la plus connue, *Maîtres et Esclaves* (*Casa grande e senzala,* 1974), il analyse les relations complexes tissées entre dominants et dominés dans la société coloniale brésilienne. Sa résidence, une somptueuse maison de maître du 19e s., entourée d'un jardin luxuriant, a été transformée en musée. La visite guidée permet de découvrir salons, bureaux, jardin d'hiver, décorés d'œuvres d'art et d'azulejos portugais, ainsi qu'une bibliothèque riche de quelque 4 000 titres.

L'héritage hollandais (1630-1654)

La **présence hollandaise** en terre brésilienne a livré une riche documentation, en particulier sous l'administration éclairée de **Jean-Maurice de Nassau** (1637-1644). Ce gouverneur, soucieux d'orchestrer la promotion de son action, a débarqué au Brésil accompagné d'une expédition artistique et scientifique, chargée de produire les premières études sur le Nouveau Monde. Le peintre paysagiste **Franz Post** (1612-1680) a rapporté vingt-sept images inédites des possessions hollandaises. **Albert Eckhout** (1610-1666), peintre également, s'est intéressé aux types ethniques, dont il a dressé les portraits et a produit une centaine de dessins, aquarelles et esquisses détaillant la faune et la flore brésiliennes. **Georg Marggraf** (1610-1644), naturaliste, cartographe et astronome, a fourni une cartographie qui fera école au siècle suivant ainsi qu'une description minutieuse de centaines d'espèces d'oiseaux et de poissons. Enfin, le médecin **Willem Piso** (1611-1678) a étudié le climat tropical et les plantes médicinales connues des Indiens. La valeur historique et scientifique des informations collectées par cette expédition reste inestimable. Elles ont donné lieu à une publication de plusieurs tomes, l'*Historia Naturalis Brasiliae* (1648), où se dévoilait une vision des Amériques bien loin de celle de l'imaginaire fantasque de l'époque.

★★ Oficina de Cerâmica Francisco Brennand PLAN I, A1 EN DIR.

Propriedade Santos Cosme e Damião, Engenho São João, Várzea - ✆ (81) 2011-5466 - www.brennand.com.br - fermé lun., mar.-merc. 10h-18h, jeu.-sam. 10h-17h - 30 R$.

Né en 1927 à Recife, Francisco Brennand (m. en 2019) compte parmi les plus grands artistes du Brésil. Ses panneaux et sculptures en céramique polychrome vitrifiée s'affichent en plusieurs endroits de la ville. Son étonnant atelier-musée mérite une visite, que l'on aime ou non son travail. Il se trouve à 16 km du Centro, dans l'ancienne usine (1917) de briques et de tuiles de son père, entourée d'une végétation dense. Les figures récurrentes de son œuvre – œufs, oiseaux fantastiques, corps de femme, formes phalliques – composent un monde mystique. Si Brennand récuse le qualificatif d'érotique que l'on attribue trop souvent à son travail, il revendique en revanche une référence explicite au corps humain, à la fertilité, à la reproduction. Le musée comprend aussi un **jardin** du peintre et paysagiste **Burle Marx**, un **Salão de Esculturas** couvert ainsi qu'une lumineuse galerie où sont exposés dessins et peintures.

★★ Instituto Ricardo Brennand PLAN I, A1 EN DIR.

Alameda Antônio Brennand, Várzea - ✆ (81) 2121 0352 - www.institutoricardobrennand.org.br - tlj sf lun. 13h-17h - 40 R$ (-7 ans gratuit).

Cousin de Francisco, l'homme d'affaires Ricardo Brennand a fait élever sur les terres familiales un extravagant château néogothique (2002), entouré d'un parc de 250 ha. Il abrite ses collections particulières, un peu loufoques et non dénuées d'un certain kitsch : tableaux, arts décoratifs, armes blanches et armures reflètent sa fascination pour le Moyen Âge. L'institut s'enorgueillit par ailleurs de détenir la plus importante collection d'œuvres de **Franz Post** au monde (15 toiles), ainsi qu'un fonds exceptionnel relatif à la présence hollandaise au Brésil (cartes, manuscrits, pièces de monnaie, tableaux... (*encadré p. 287*), présenté dans la **pinacothèque**, laquelle organise aussi de passionnantes expositions ayant trait à l'histoire du Brésil.

À proximité

★ Cabo de Sto. Agostinho CARTE D2 P. 226-227

À 40 km au sud de Recife.
Le littoral de cette commune offre des **plages** sublimes : **Pedra do Xaréu★**, encore peu fréquentée, ou encore **Calhetas★★**, splendide crique ourlée de cocotiers où se dandinent quelques bateaux de pêche, accessible du village par une piste (1 km).

★★ Porto de Galinhas CARTE D2 P. 226-227

À 62 km au sud de Recife.
La jeunesse de Recife raffole de cette petite station balnéaire. Ses plages, protégées par de longues barrières de coraux, dégagent à marée basse des piscines cristallines, peuplées de poissons colorés. Au 18e s., elles étaient le repaire des négriers qui prétendaient transporter dans leurs cales des pintades *(galinhas)* de Guinée. L'épisode a laissé son nom au port. Aujourd'hui, ce sont les *jangadas* – modestes radeaux à voile – qui accompagnent les baigneurs jusqu'aux lagons, à moins de 2 km des côtes. **Porto de Galinhas** se déploie sur 4 km. Ses piscines transparentes se gagnent à pied, à la nage ou en *jangada (50 R$ env./pers.)*.
Au sud, à **Maracaípe★★** et à **Carneiros★★**, on alterne bains de mer et bains d'eau douce à l'embouchure de fleuves bordés de mangroves.
Deux spots de **surf** attirent les adeptes : **Cupe★** *(7 km au nord)*, sauvage malgré la présence de quelques luxueux resorts, et **Maracaípe★★** *(2,5 km au sud)*, aux bars de plage très animés. De là, des *jangadas* remontent le **Rio Maracaípe** et sa mangrove, aire de préservation des hippocampes *(40 R$ env./pers.)*.

Carnet pratique

PLAN D'ENSEMBLE ET PLANS DÉTAILLÉS P. 278 À 280

S'informer

Office de tourisme Recife – *Praça do Arsenal da Marinha* - PLAN II D1 - *(81) 3355 3402 - www.visit.recife.br.* Le centre d'information principal de l'office de tourisme, situé au cœur du Recife Antigo. Il organise ponctuellement des visites guidées thématiques et gratuites de la vieille ville (en portugais). Autres kiosques d'informations : **Aéroport** – *(81) 3182 8299;* **Boa Viagem** – *Praça de Boa Viagem - (81) 3182-8297;* **gare routière (TIP)** – *(81) 3182 8298.*

Diretoria de Turismo Porto de Galinhas – *R. Beijupirá - (81) 3552 1480- www.ipojuca.pr.gov.br.*

Arriver/Partir

En avion

Aeroporto Internacional Guararapes - Gilberto Freyre - PLAN I, A4 EN DIR. - *Praça Ministro Salgado Filho, Imbiribeira - (81) 3322 4188 - www.aenabrasil.com.br.* L'aéroport de Recife, le plus grand du Nordeste, se trouve à 1 km de Boa Viagem et à 11 km du centre. Il dessert plusieurs capitales brésiliennes et reçoit des vols internationaux. Liaisons quotidiennes vers l'île de Fernando de Noronha, avec **GOL** *(voir ci-après).*

La Linha Sul du **métro** relie l'aéroport au centre-ville, *4,25 R$*. Des compagnies de **taxi especial** (course prépayée) ont un comptoir à l'aéroport : *70 R$* pour le centre de Recife, *120 R$* pour Olinda.

Compagnies aériennes à l'aéroport *(1er étage)* - **Azul** - *(81) 4003-1118 - www.voeazul.com. br* - **LATAM** - *(81) 0300 570 5700 - www.latam.com* - **GOL** – *0800 704 0465 - www.voegol.com.br.*

En car

TIP (Terminal Integral de Passageiros) - *Av. Prefeito Antonio Pereira s/n, Várzea - (81) 3207 1088 - www.rodoviariarecife.com.* La gare routière (« TIP ») se trouve dans le quartier de Várzea, à 13 km du centre de Recife. Elle est desservie par le **métro** (descendre à la station Rodoviária de la Linha Centro) ; liaisons en **bus** fréquentes avec le centre.

Cars quotidiens pour Caruaru *(ttes les 30mn de 6h à 23h50 - durée : 1h30, 36 R$),* Fortaleza *(4/j. - durée : 13h, 250 R$),* Natal *(9/j. - 5h, 90/130 R$),* São Luís *(27h, 520/640 R$),* Salvador *(8/j. - 13h30, 200/230 R$).*

Terminal Santa Rita – *R. Floriano Peixoto, São José* - Ligne 191 du Grand Recife pour **Porto Galinhas**, via Cabo de Santo Agostinho *(dép. ttes les heures env. 2h, 18,25 R$).*

Se déplacer

À pied

Le centre historique et Boa Vista se visitent à pied, mais les distances deviennent vite importantes à Boa Viagem, quartier tout en longueur.

En voiture

La circulation est intense et plutôt chaotique. En revanche, l'axe Boa Viagem-Olinda ne présente aucune difficulté : il suffit de suivre tout droit les avenues Boa Viagem et Agamenon Magalhães. Pour **Porto de Galinhas**, il faut quitter la ville par l'Estrada da Batalha (la route de l'aéroport) afin de rejoindre la BR 101 en direction du sud, puis la route littorale PE 060.

Location de voitures – **Localiza** - *À l'aéroport - (81) 3341-2082.* **Movida** - *À l'aéroport - (81) 3322 40895.*

En bus

De **Boa Viagem** *(Av. Conselheiro Aguiar)*, prenez les bus « Setúbal/Cde. da Boa Vista » pour rejoindre

3

Recife Antigo (descendre sur l'Av. Marquês de Olinda). Pour revenir, prenez soit le même bus (son itinéraire est circulaire), Pour **Olinda**, empruntez les bus « Rio Doce », « Casa Caiada » ou « Pau Amarelo » qui passent à proximité de la Praça da República. De Boa Viagem, prenez le « Rio Doce/ Piedade ».

En métro

Le métro relie le centre aux grandes banlieues. Il n'est utile au visiteur que pour rejoindre le TIP, à Jabotão dos Guararapes.

En taxi

Le prix de la course varie sensiblement en fonction des embouteillages ! Comptez *40 R$* pour aller de Boa Viagem au Centro et env. *40 R$* du Centro à Olinda. On peut négocier avec les taxis des escapades vers les plages proches *(200 R$ env. pour Porto de Galinhas)*. Pendant le carnaval, les taxis de Recife n'entrent pas dans Olinda : ils déposent leurs clients aux portes de la ville.

Coopetáxi - *✆ (81) 2119-7070.*

TeleTáxi - *✆ (81) 2121-4242.*

Adresses utiles

Banque/Change

Nombreux distributeurs et bureaux de change dans le Centro et à Boa Viagem. Les agences bancaires ci-dessous effectuent le change des devises. Dans le Centro, les bureaux de change du Shopping Paço Alfândega sont ouverts le w.-end.

Banco do Brasil – PLAN II, CD2 - *Av. Rio Branco 240, Recife Antigo - ✆ (81) 4003 3001.*

Bradesco – PLAN II, C2 - *Av. Marquês de Olinda 136 - ✆ (81) 3003-8209.*

Poste

Agence centrale – PLAN II, B2 - *Av. Guararapes 250, Santo Antônio - ✆ (81) 3425-3853 - lun.-vend. 9h-17h.*

Urgences/Santé

Numéros d'urgence – Pompiers : *✆ 193*; Urgences : *✆ 192.*

Médecins généralistes francophones : sur son site Internet, le consulat de France met à disposition à titre indicatif une liste de médecins francophones dans le Nordeste.

Clinique : **Real Hospital Português** – PLAN I, A1 - *Av. Agamenon Magalhães - ✆ (81) 3416 1122.*

Pharmacie 24h/24 :

Farmácia Pague Menos – PLAN III, A4 - *Av. Conselheiro Aguiar 2964, Boa Viagem - ✆ (81) 3301 4230 : autres adresses en ville : www.paguemenos.com.br.*

Pharmacie à Porto de Galinhas – Bom Jesus - *R. Esperança 84 - ✆ (81) 3552 1513.*

Sécurité

☺ En haute sais., la police touristique sillonne le Centro et Boa Viagem. Évitez la plage de Boa Viagem la nuit.

Police touristique (Delegacia do Turista) – *✆ (81) 3322 4088.*

Représentations diplomatiques

Consulat général de France – PLAN III, A4 - *Edificio Boa ViagemCorporate, 10e étage, R. Prof. Aloisio Pessoa de Araújo, 75, Boa Viagem - ✆ (81) 3117-3290 - ww.recife.consulfrance.org - lun.-vend. 8h45-12h15.*

Consulat honoraire de Belgique – PLAN II, A1 - *R. Rosa Amélia da Paz 388 - ✆ (81) 9 9975 2307 - consuladohonorariodabelgica@proton.me.*

Agenda

Semana Santa – *En mars-avr.* La Semaine sainte est fêtée en grande pompe dans tout le Pernambuco. À Recife, les groupes de *maracatu* et de *frevo* envahissent les ruelles du Centro en même temps que les processions religieuses.

Festas Juninas – *En juin.* Quadrilles et bals *forró*, rythmés par des accordéons, des tambours *(zabumba)* et des triangles, occupent la place de l'**Arsenal da Marinha**, dans la vieille ville. On y pratique aussi d'autres danses traditionnelles comme la *ciranda* ou le *coco*. Également, un marché nocturne d'artisanat et de spécialités du sertão.

Regata Internacional Recife – *www.refeno.com.br - en sept.* Cette régate internationale part du Marco Zero pour rejoindre l'île de Fernando de Noronha.

Recifolia – *En oct.* Ce carnaval hors saison s'inspire de celui de Salvador. Pendant 3 j., des *trios elétricos* défilent sur le front de mer de Jaboatão dos Guararapes. Stars bahianaises à l'affiche.

Nos adresses

Restauration

Recife Antigo, Boa Vista

Budget moyen

3 **Leite** – PLAN II, B2 - *Praça Joaquim Nabuco 147 - Santo Antônio - ✆ (81) 3224-7977 - CC - fermé le soir - env. 90 R$.* Une adresse légendaire, ouverte par un immigrant portugais en 1882, à l'époque dans la R. do Sol. Les plus prestigieuses personnalités brésiliennes ont usé ses banquettes, ainsi que Jean-Paul Sartre et Simone de Beauvoir lors de leur passage. La maison a conservé ses accents portugais (commandez les spécialités de morue) et sa clientèle d'hommes politiques ou d'affaires. Service diligent dans une ambiance compassée, bercée par un piano classique.

Casa Forte

Budget moyen

Parraxaxá – PLAN I, A1 EN DIR. - *R. Igaraçu 40, Casa Forte - ✆ (81) 3268-4169 - www.parraxaxa.com.br - CC ♿ - ouv. tlj, service continu.* Sur le buffet reposent des dizaines de casseroles en terre cuite fumantes, contenant toutes les recettes de l'intérieur du Nordeste : *carne de sol, galinha cabidela* (poulet à la casserole cuit dans son sang), *baião de dois, pirão de queijo* (lait caillé)... Le w.-end, dans la grande salle rustique, on sert un petit-déjeuner paysan, dans les règles de l'art : *pamonha* (gâteau au maïs et au lait de coco cuit dans la feuille de maïs), *munguzá* (bouillie de maïs au lait de coco et à la cannelle), riz au lait de coco, crêpes de tapioca. La maison possède une filiale à Boa Viagem (R. Baltazar Pereira 32).

Boa Viagem

Premier prix

2 **Chica Pitanga** – PLAN III, A4 - *R. Petrolina 19 - ✆ (81) 3465-2224 - www.chicapitanga.com.br - ouv. tlj, service continu - env; 45 R$.* Ce self-service *ao kilo* est très fréquenté le w.-end, par les Brésiliens et les touristes. Au buffet, une grande variété de salades, tourtes au poulet, risottos, des légumes, viandes, affriolants gâteaux et glaces artisanales. Nombreuses options pour les végétariens. Salle climatisée et petite terrasse sur la rue.

Budget moyen

1 **Anjo Solto** – PLAN III, B1 - *Av. Herculano Bandeira 513 - Loja 14-A, galeria Joana d'Arc - ✆ (81) 3325-0862 - ♿ - fermé lun. - plats 85/89 R$.* Cette crêperie a lancé la galerie Joana d'Arc, indétrônable repaire de noctambules où elle

se niche depuis des années. Des crêpes salées aux garnitures inventives (roquettes, fruits de mer, tomates séchées) aux préparations sucrées à la pâte parfumée au chocolat ou au café, elle décline presque une centaine de combinaisons différentes. Musique électronique en fond sonore.

3 **Entre Amigos/O Bode** – PLAN III, A4 - *R. Marquês de Valença 50 - ✆ (81) 3312-1000 - www.restauranteentreamigos.com.br - ouv. tlj, service continu - menu 64 R$.* L'affaire a démarré en 1994, autour d'un sommaire barbecue dressé sur le trottoir près d'un kiosque à journaux sur lequel on faisait griller de la viande de bouc. Le kiosque est toujours là, mais il jouxte désormais une salle avec terrasse surmontée d'un étage climatisé. Au menu, la viande caprine (gigot, saucisse, entrecôte, *carne de sol*...) est toujours à l'honneur, braisée et servie avec de la confiture de menthe, ou rôtie après avoir mariné dans un mélange de vin et d'herbes. En accompagnement, des spécialités du *sertão*.

4 **Mingus** – PLAN III, B1 - *R. do Atlântico 102 - ✆ (81) 3465-4000 - www.restaurantemingus.com.br - fermé dim. soir et lun. -plat 38/58 R$.* Cette partie de Boa Viagem concentre les meilleures tables de la ville. Parmi elles, Mingus, orchestrée par un chef brésilien, mâtinée d'influences françaises : magret de canard à la purée de patate douce, entrecôte béarnaise, poisson en croûte d'herbes et risotto au citron vert... Mention spéciale pour le fond sonore : comme son nom l'indique, jazz et blues exclusivement. Jeudi, vend. et sam. des formations de jazz accompagnent le dîner.

Pour se faire plaisir

1 **Bargaço** – PLAN I, A2 - *R. Eng. Antônio de Góes 62 - Pina - ✆ (81) 3465-1847 - ouv. tlj, service continu - 94/290 R$.* Le « bar du Garçon » désigne un serveur en portugais. Leonel da Rocha a pris du galon et a ouvert cette belle succursale, posée au bord du rio Pina. La réputation de la *moqueca* de poisson n'est pas du tout usurpée. À savourer dans la vaste salle décorée d'une *canoa* (embarcation indigène), ou sur la terrasse abritée (un peu bruyante à cause de la circulation du pont).

Brasília Teimosa

Budget moyen

3 **Império dos Camarões** – PLAN I, B2 - *R. Badejo 32 - le soir, allez-y en taxi de préférence - ✆ (81) 3326-7242 - fermé dim. soir - env. 100 R$ le plat/2 pers.* Installée au dernier étage d'un immeuble du quartier populaire de Brasília Teimosa, cette adresse discrète est réputée dans toute la ville, et bien au-delà, pour ses grandes crevettes savoureuses, en particulier celles *a moda da casa*, frites dans du beurre. À croquer sans décortiquer (sauf la tête, bien sûr), sous le regard des nombreuses personnalités ayant fréquenté le lieu, dont les photos sont exposées aux murs.

Graças, Espinheiro

Budget moyen

2 **Boteco Porto Ferreiro** – PLAN I, A1 - *Av. Rui Barbosa 458 - Graças - ✆ (81) 3423-0854 - ouv. tlj, service continu - 41,50/71 R$.* Au cœur de la très chic Zona Nord, cette vieille maison coloniale, à l'ombre d'un figuier centenaire, a été joliment réhabilitée par la brasserie Boteco. Cuisine variée et correcte (brochettes, risottos, pizzas, etc.) et service rapide. Bons cocktails.

5 **Villa Sandino** – PLAN I, A1 - *R. Nicarágua 139 - Espinheiro - ✆ (81) 3032-0991 - www.buffetvillasandino.com.br - fermé le soir - 60 R$/ 75 R$ /kg.* Pour les

gourmands et amateurs de cuisine du monde, la Villa Sandino est tout indiquée : à l'intérieur d'une maison au décor contemporain et chaleureux, savourez un délicieux buffet composé d'une cinquantaine de plats et salades, des recettes du Nordeste aux spécialités grecques ou encore mexicaines. Beau choix de gâteaux, en dessert.

Porto de Galinhas

Vous trouverez bars, restaurants dans les **ruas da Esperança**, **Beijupirá** et **das Piscinas Naturais**.

Premier prix

Peixe na Telha – *R. Beira-Mar 40-B - ✆ (81) 3552-1323 - ouv. tlj, service continu - 80/144 R$ le plat/2 pers.* Sur la plage du village, un restaurant coloré qui sert poissons et langoustes grillés sur une tuile *(telha)*, accompagnés de *pirão* (bouillon épais à la farine de manioc). Pour un *petisco*, on choisira les *agulhas* (petits poissons frits), à grignoter en regardant voguer les *jangadas*.

Pour se faire plaisir

Beijupirá – *R. Beijupirá - ✆ (81) 3552-2354 - www.beijipuraporto.com.br - fermé lun.-merc. - plats 42/250 R$.* La table gastronomique de Porto de Galinhas se distingue par un cadre chaleureux et ses spécialités de *beijupirá*, un grand poisson carnivore qui croise le long des côtes du Pernambouc. À essayer : le *beijucanela* (à la cannelle et à la cardamome, servi avec une banane flambée au coco et de la sauce au tamarin) ou le *beijucastanha* (au beurre de noix de cajou).

Petite pause

Café/Glacier

As Galerias – PLAN II, D1 - *R. da Guia 183 - Antigo - ✆ (81) 3097-4460 - 7h-21h (22 le w.-end).* Une institution (1928) du Recife Antigo. Pendant 75 ans, ce café a occupé un bel immeuble du Marco Zero. Il a déménagé dans cette cantine modeste, près de la place de l'arsenal da Marinha, mais sert toujours le fameux *maltado*, une désaltérante boisson au lait, à l'extrait de malt et à la glace (vanille, chocolat ou fraise). Divers jus de fruits également.

Boire un verre

Bars

Mercado Boa Vista/Ponto 13 – PLAN II, A2 - *R. Santa Cruz - 6h-18h.* Un haut lieu de la bohème de Recife. Tous les soirs, le vieux marché de Boa Vista remballe ses fruits, viandes et légumes, tandis que six de ses « box » sortent tables et chaises en plastique dans la cour. On y sert des bières à la bouteille et de populaires recettes du *sertão* à base de bas morceaux et d'abats de bouc ou de mouton. Les palais aventureux goûteront la traditionnelle *buchada* : une crépine de bouc farcie aux tripes et au foie, parfumée à l'ail, à la menthe et au citron vert. Public hétéroclite d'artistes et d'étudiants.

Shopping

Marché

Mercado São José – PLAN II, B3 - *Praça D. Vital - 6h-18h, dim. 6h-12h.* Enserrré dans les ruelles étroites de São José, ce vieux marché métallique (1875) est rempli d'étals qui débordent largement sur la chaussée. Viandes, poissons frais, fruits et légumes côtoient articles d'artisanat (vannerie, figurines en terre cuite, poupées en tissu...), infusions de *cachaça* aux fruits, accessoires pour le culte du candomblé (bougies, colliers de perles colorées, statuettes d'orixás), herbes médicinales... Autour du marché, de petits bars permettent de se restaurer ou de boire un jus de fruit frais.

Marchés d'artisanat

Centro de Artesanato de Pernambuco – PLAN II, D2 - *Praça do Marco Zero - Antigo - ✆ (81) 3181-3450 - 9h-19h (17h dim.).* Installé dans l'ancien entrepôt 11, c'est le plus grand magasin consacré à l'artisanat du Pernambuco. Œuvres classées par matière. Expositions temporaires et auditorium. Parfait pour rapporter des souvenirs à toute la famille.

Feira de Artesanato de Boa Viagem – PLAN III, A4 - *Praça de Boa Viagem - Boa Viagem - 16h-22h.* Marché d'artisanat et de souvenirs (tableaux d'art naïf, poterie, bijoux en noix et fibres naturelles...). Les tapioqueiras y tiennent également leurs étals : elles proposent des dizaines de variétés de crêpes au tapioca, dont la classique crêpe au lait caillé *(queijo coalho)* et à la noix de coco, arrosée de beurre liquide *(manteiga de garrafa).*

Domingo na Rua – PLAN II, D1-2 - *R. Bom Jesus - Antigo - ✆ 44 7914 258568 - dim. 10h-19h.* Marché hebdomadaire d'artisanat et de spécialités régionales. L'été, on y trouve des accessoires pour le carnaval : parapluies multicolores pour danser le frevo, coiffes indiennes...

Casa da Cultura – PLAN II, B2 - *R. Floriano Peixoto - Santo Antônio - 9h-17h, dim. 9h-14h.* Cette ancienne prison (1850) a été reconvertie en un grand marché d'artisanat régional en 1974. Quatre ailes formant une croix distribuent les cellules, occupées par diverses boutiques : vêtements en tricot, poupées en tissu, xylographies, hamacs, dentelle au fuseau...

Centre commercial

Shopping Paço Alfândega – PLAN II, C2 - *R. da Alfândega 35 - Antigo - ✆ (81) 3194-2100 - www.pacoalfandega.com.br - lun.-sam. 10h-22h, dim. 12h-21h.* Installé dans les anciennes douanes (1826), sur les rives du Rio Capibaribe, ce centre commercial a pour atout sa localisation très centrale.

En soirée

Le site de la municipalité présente l'agenda des principales manifestations culturelles. *www2.recife.pe.gov.br.*

La vie nocturne est intense autour de la place de l'arsenal da Marinha et de la **Rua do Bom Jesus** pendant les fêtes (carnaval, São João), mais elle a tendance à s'essouffler en basse saison, malgré les efforts de la municipalité pour revitaliser ce secteur de la vieille ville. À Santo Antônio, un passage par le **Pátio de São Pedro**, souvent occupé par une scène et envahi par les terrasses des bars, s'impose. À **Boa Viagem**, l'animation se concentre autour des bars à la mode, notamment vers **Pina**, au tout début de la plage.

Bars musicaux

Galeria Joana d'Arc – PLAN III, B1 - *Av. Herculano Bandeira 513 - Pina - ✆ (81) 3314-2042.* Dans cette galerie tendance, bars et friperies ouvrent en nocturne. Quelques grosses pointures de la scène mangue et électro de Recife s'y produisent régulièrement, DJ Dolores notamment. Parmi les établissements les plus courus pour leur programmation musicale figurent la crêperie Anjo Solto, le mexicain Boratcho (DJ's set le jeu.) et la sandwicherie Provout. Quelques bars ferment le lun.

Pátio de São Pedro – PLAN II, B3 - *Pátio São Pedro 28.* La placette que domine la cathédrale São Pedro dos Clérigos est un lieu de rendez-vous animé à l'heure de la sortie des bureaux. Deux fois par semaine, des groupes viennent y jouer en extérieur : musiques afro-brésiliennes le mar. (Terça Negra), concerts de mangue beat le sam. (Sábado Mangue), Quinta da Diversidade (rencontre

« GLS » : gays, lesbiennes et sympathisants), le dernier jeu. du mois. Au Buraquinho, installez-vous en terrasse et commandez l'*arrumadinho de carne de sol*, à arroser de bière locale en bouteille.

Bal forró

Sala de Reboco – *R. Gregório Júnior 264 - Cordeiro - ✆ (81) 3228-7052 - www.saladereboco.com.br - jeu.-sam. à partir de 22h : entrée 25 R$.* La réputation de l'endroit tient à son authentique *forró pé-de-serra*, appellation donnée à la veine traditionnelle de ce genre musical, sans fond électronique. Groupes célèbres régulièrement à l'affiche.

Activités

Excursions en bateau

La « Venise brésilienne » s'apprécie aussi depuis ses fleuves d'où la vue est plus belle sur les ponts et sur les façades de Recife Antigo et de São José.

Catamaran Tours – PLAN II, C3 - *Cais Santa Rita - ✆ (81) 3424-2845 - www.catamarantours.com.br.* Cette agence propose plusieurs promenades en bateau, à Recife et dans ses environs. À retenir : le tour de ville par les bras de mer *(plusieurs dép/ par jour dont un à 20h pour une découverte de nuit, 160 R$, 1h30 env.)* et le programme spécial famille : une croisière sous le signe des Pirates avec animateurs en costume *(dim. 16h, 80 R$, -10 ans 40 R$, gratuit -3 ans).*

Carnaval

Le carnaval de Recife est un des plus colorés et diversifiés du Brésil. C'est un vrai carnaval de rue, spontané et gratuit, où chacun prend plaisir à porter un déguisement loufoque et plein d'humour. Le *frevo* y est roi, mais d'autres folklores s'invitent à la fête : le *maracatu nação*, le *maracatu rural*, les *caboclinhos* (groupes déguisés en Indiens), le *coco*... (*encadré p. 283*). La municipalité s'efforce d'organiser l'événement en déterminant un « pôle » pour chaque genre musical (programmation à l'office de tourisme).

Pour vivre les meilleurs moments du carnaval, passez la matinée à Olinda (défilés dans le centre historique, dans une ambiance bon enfant) et déambulez l'après-midi ou en soirée dans le Recife Antigo.

Marco Zero

La place (Pólo Multicultural) accueille la **cérémonie d'ouverture** du carnaval *(le vend. précédant le merc. des Cendres)*, animée par 500 percussionnistes de *maracatu* sous la direction du célèbre musicien Naná Vasconcelos. S'y succèdent aussi spectacles de *frevo*, défilés de *caboclinhos* et **concerts** donnés par les pointures de la scène pop-rock nordestine : Lénine, Nação Zumbi, Chico César, Alceu Valença...

Av. Guararapes

Surnommée le **Corredor do Frevo**, cette avenue qui conduit au pont Duarte Coelho est le traditionnel passage des *blocos de frevo* et de leurs tonitruants *trios elétricos*. L'apothéose a lieu le sam. mat. avec le défilé du **Galo da Madrugada**, qui draine quelque 2 millions de pers.

Pátio de São Pedro et Pátio do Terço

Le premier (Pólo de todos os ritmos) célèbre les rythmes du Pernambuco : *coco* (variante ancestrale de la samba), *maracatu*, *frevo*, *ciranda* (rondes et quadrilles), *mangue beat*... Le second (Pólo Afro) rend hommage aux traditions issues de la diaspora africaine : *afoxés*, *maracatu*, samba, reggae. Le lundi s'y tient la **Noite dos Tambores Silenciosos** (nuit des tambours silencieux),

3

hommage rendu aux esclaves par les « nations » *maracatu*. À minuit, les lumières s'éteignent et les tambours observent une minute de silence.

Av. Cais da Alfândega

Face au Shopping Paço Alfândega, côté fleuve, le Pólo Mangue réunit les aficionados du *mangue beat*. *Sound systems*, concerts électroniques et défilés de mode déjantés *(sam.-mar.)*.

Praça do Arsenal da Marinha

Elle accueille le Pólo das Fantasias, un carnaval familial à l'ancienne, avec des Pierrots et des Colombines.

Hébergement

Boa Viagem

Ce quartier offre une large gamme d'hébergements, de l'auberge de jeunesse au grand hôtel en front de mer. Et où que l'on soit, la plage n'est jamais bien loin…

Premier prix

(11) **Hostel Piratas da Praia** – PLAN III, B2 - *Av. Conselheiro Aguiar 2034 - Boa Viagem - ✆ (81) 3326-1281 - www.piratasdapraia.com -* ⊭ *- 11 dortoirs 44 R$/pers., 2 ch. 130 R$* ☕. À 100 m de la plage de Boa Viagem, cette auberge de jeunesse conviviale et colorée, située au 3e et dernier étage d'un petit édifice entouré d'arbres, propose des dortoirs de 4 à 8 lits parfaitement tenus, avec sdb privative, ainsi que 2 chambres avec lit double. Petit-déjeuner buffet inclus, cuisine à disposition, réception ouverte 24h/24 et service à l'écoute de ses hôtes.

(14) **Pousada Vitória** – PLAN III, A4 - *R. Capitão Zuzinha 234 - ✆ (81) 3462-6446 - www. vitoriapraiahotel.com.br -* ▤ CC P *- 13 ch. 199 R$*. Mosaïques, plantes vertes et couleurs vives : une pousada au décor rafraîchissant. La maison est située près de la petite église de Boa Viagem, à trois rues des plages. Un honnête rapport qualité-prix, apprécié de la clientèle brésilienne. Chambres avec air conditionné.

(4) **Pousada Casuarinas** – PLAN III, B1 - *R. Antônio Pedro Figueiredo 151 - ✆ (81) 3325-4708 - www. pousadacasuarinas.com -* P ≈ *- 14 ch. 140/150 R$* ☕. Un séduisant point de chute aux chambres colorées, au patio garni de hamacs et à la décoration soignée enrichie de pièces d'artisanat régional. La maison comprend également une bibliothèque remplie de livres de voyages en plusieurs langues.

Budget moyen

(3) **Kastel Manibu Recife Hotel** – PLAN III, B1 - *Av. Conselheiro Aguiar 919 - ✆ 24 2220-6319 - www. hotelmaniburecife.com.br -* P *20 R$/j -* ≈ ♿ *- 156 ch. 320/925 R$ (en haute saison)* ☕ - ✕. À deux rues des plages, des chambres appréciées d'une clientèle majoritairement brésilienne. Bien tenues et plutôt grandes, à défaut d'être charmantes, elles ont vue sur la mer à partir du 4e étage. Sur le toit, cernés par les hauts immeubles du quartier, piscine et solarium. Deux bars.

Pour se faire plaisir

(9) **Hotel Jangadeiro** – PLAN III, A3 - *Av. Boa Viagem 3114 - ✆ (81) 3465-3544 - www. hoteljangadeiroboaviagem.com. br -* P ≈ *- 92 ch. 267/310 R$* - ✕. Dressée face à la plage, cette tour blanche (10 étages) propose des chambres d'un très bon confort. Les moins chères sont néanmoins spacieuses et offrent une vue partielle sur la mer. L'hôtel possède une piscine, ainsi qu'un restaurant où déguster des spécialités locales. Possibilité de louer des vélos.

(8) **HY Beach Flats** – PLAN III, B1 - *Av. Boa Viagem 344 - ✆ (81) 99930-7799 - www.hysuites.com -* P ≈ -

7 ch.-à partir de 2500/1900 R$ (en haute saison) ☕ 35 R$. Perchés aux 20e, 26e et 30e étages de la tour de la Nobile Beach Class Executive, les logements sont spacieux, équipés d'un coin cuisine et offrent une vue étourdissante sur la mer.

12 **Radisson Recife** – PLAN III, B2 - *Av. Boa Viagem 1906 - ✆ (81) 2121-2626 - www.radissonhotelsamericas.com - P - 164 ch. 572/1100 R$ -* ✕. Cet hôtel de luxe s'élève devant la plage de Boa Viagem. Son atout maître : la vue sur l'océan, partagée par une grande partie des chambres, spacieuses et lumineuses. Salle de gym, salon de beauté, massages, sauna, solarium.... Chambres non-fumeurs. Sauna, solarium.

2 **Hotel Atlante Plaza** – PLAN III, A4 - *Av. Boa Viagem 5426 - ✆ (81) 3302-4446 - www.ponteshoteis.com.br - P - 241 ch. 555/771 R$ -* ✕. Avec son vaste hall orné d'un beau mur végétal, ses trois ascenceurs panoramiques et sa grande piscine (dotée d'un bar) posée sur le toit, l'Atlante Plaza est sans conteste l'un des plus beaux établissements de Boa Viagem. Chambres spacieuses où dominent le bois et le marbre. Joli centre de spa et salle de fitness avec vue imprenable sur l'océan.

Boa Vista

Les hôtels, basiques, conviendront aux voyageurs à petit budget. Autre avantage : leur situation centrale, près du cœur historique de la ville, des bars et d'Olinda.

Premier prix

1 **Hotel Central** – PLAN II, A1 - *Av. Manoel Borba 209 - ✆ (81) 3204-6046 - P - 56 ch. 195 R$ ☕.* Cette vénérable institution a ouvert ses portes en grande pompe dans les années 1930 et a compté parmi ses hôtes le président Getúlio Vargas et la chanteuse Carmem Miranda. L'édifice, classé, fut le premier haut immeuble (8 étages) du quartier. À l'intérieur, malheureusement, hormis quelques belles portes en bois et le vieil ascenseur grinçant, peu de traces de la splendeur d'antan. Les chambres, carrelées et propres, constituent une option abordable si l'on souhaite loger en centre-ville. L'hôtel propose aussi des ch. sans sdb, ni télé, ni climatisation à un tarif plus bas.

Maracaípe

Pour se faire plaisir

Pousada dos Coqueiros – *R. Beira Mar 7 - ✆ (81) 99951-0185 - www.pousadadoscoqueiros.com.br - 16 ch. 266/560 R$ ☕.* Cette charmante pousada a les pieds dans le sable : on s'endort, bercé par le ressac. Les chambres carrelées, impeccables, s'ouvrent sur une terrasse privative avec hamac. Les plus chères ont vue sur l'océan. Agréable jardin.

Muro Alto

Une folie

Nannai – *Sur la plage - ✆ (81) 3552-0100 - www.nannai.com.br - 80 ch. et 49 bungalows ; ch. : 2237/2634 R$; bungalows : 3468/4917 R$ ☕ -* ✕. Difficile de ne pas craquer pour un de ces bungalows sur pilotis posés au bord d'un bassin turquoise : la piscine – géante – serpente dans tout le complexe. Les chambres sont spacieuses (45 m², balcon) et très confortables. Kiosques avec matelas, rideaux de coquillages et étoffes colorées à disposition sur la plage. Sauna, Spa, fitness.

3

Olinda ★★★

Laissant volontiers à sa voisine et grande rivale, Recife, la vitalité économique, la « ville aux sept collines », ancienne capitale du Pernambuco, garde avec jalousie son fabuleux patrimoine architectural, inscrit au Patrimoine mondial de l'Unesco. Son cœur historique, entièrement rebâti par les Portugais après le terrible sac des Hollandais (1631), dévoile une exceptionnelle profusion de styles (17e-19e s.). Devenu le repaire d'artistes à l'esprit bohème, Olinda cultive à plaisir des traditions désuètes et assume fièrement son charme provincial. Ses habitants ménagent encore le temps nécessaire aux discussions impromptues entre voisins, accoudés aux fenêtres ou assis sur le pas des portes. Sérénades, coco, ciranda ou cavalo marinho, folklores d'autres époques, revivent à la moindre occasion, tandis qu'à des années-lumière de cet allant festif, moines et sœurs mènent une vie paisible et recluse dans des monastères aux murs noircis par le temps. « Oh linda ! » (Ô belle !), comme on la désigne avec affection, révèle ses atours à mesure que l'on gravit ses ruelles tortueuses et glissantes. À chaque coin de rue, le regard plonge sur l'océan, derrière une mer de tuiles rouges. Çà et là, à travers la frondaison des manguiers et cocotiers, pointe le clocher décrépit d'une église sans âge. Au loin, sur le littoral, s'étend la ville moderne, cité-dortoir de luxe d'un autre temps !

Se repérer

390 771 hab.

CARTE D2 P. 226-227. PLAN DE LA VILLE P. 300.

À ne pas manquer

La vue sur la ville depuis l'Alto da Sé ; les chants grégoriens dans l'opulence baroque de l'église de São Bento ; déguster une crêpe au tapioca à la tombée du jour, au pied de la cathédrale.

Organiser son temps

Promenez-vous dans les rues en pente d'Olinda l'après-midi, lorsque le soleil est moins haut dans le ciel.Plusieurs petites églises n'ouvrent leur porte qu'à l'heure de la messe.

Carnet pratique p. 303

Nos adresses p. 304

Se promener

PLAN DE LA VILLE P. 300

On choisira comme point de départ la **Praça da Abolição** (B2), dans la partie basse de la ville. Elle est dominée par l'**igreja do Carmo** (1588, remaniée au 18e s.), la plus ancienne église de l'ordre des Carmes au Brésil.
Prenez, en face, la **Rua de São Francisco** en direction du couvent franciscain.

★★★ Convento de São Francisco B1

R. de São Francisco 280 - ✆ (81) 3429 0517 - 9h-17h, sam. 9h-16h, dim. 7h30-9h30- - 2 R$

Convento de São Francisco.
mtcurado/Getty Images Plus

SE RESTAURER
- Casa de Noca 1
- Oficina do Sabor 4
- Olinda Art Grill 5
- Patuá 6
- Tribuna Sabores Ibéricos 7
- Trattoria Don Francesco 8
- Beijupirá 9
- Casbah Olinda 10
- Flor de Coco 11

SE LOGER
- Pousada Alquimia 2
- Pousada do Amparo 3
- Pousada Baobá 4
- Pousada dos Quatro Cantos .. 8
- Pousada São Pedro 9
- Hotel 7 Colinas 10

Le premier (1585) couvent franciscain du Brésil. Ce complexe religieux, reconstruit après le sac d'Olinda (1631), conserve une très importante collection d'azulejos portugais et des *talhas douradas* baroques. Sont ouverts à la visite le **cloître**, revêtu de céramiques, la **salle du Chapitre**, la **chapelle Sainte-Anne** (on remarquera les peintures figurant le monde tel qu'il était connu en 1585, sans l'Australie) et l'**Igreja das Neves**, dans laquelle on notera, sur les azulejos, une représentation inhabituelle de la circoncision de Jésus. La nef communique avec la **Capela de São Roque** où le pavage, devant l'autel, est d'origine.

À voir aussi, la **sacristie**, fastueusement décorée de meubles en palissandre (18e s.) et de miroirs en argent poli. Ses peintures illustrent l'incendie d'Olinda par les Hollandais.
Sur le parvis se dresse une **croix** en calcaire des récifs ; c'est le nom tupi de cette roche, *paranapuka* (trous faits par la mer), qui a donné son nom à l'État : Pernambuco.
Avant de gagner la cathédrale,pus passerez au pied de l'**Igreja N. S. da Graça★** (16e s. ; *9h-11h45,14h-17h*), point culminant de la ville. Malgré des remaniements (17e s.), elle demeure un bel exemple d'architecture jésuite. Le collège a été converti en séminaire (toujours en activité) au 19e s.

★ Igreja da Sé B1

Alto da Sé - ✆ (81) 32714270 - 9h-17h.
Depuis 1544, la cathédrale d'Olinda a été maintes fois reconstruite, agrandie, remaniée. La restauration menée dans les années 1970 a rétabli sa façade d'origine. Le bas-côté droit abrite le tombeau de **Dom Hélder Câmara** (1909-1999), archevêque d'Olinda, fervent apôtre de la théologie de la libération (*☛ p. 446*).
De l'**Alto da Sé★★** s'ouvre l'une des plus belles vues sur Olinda. La légende dit que toutes les églises de la ville sont tournées vers la Sé ; de son parvis, on aperçoit en effet le couvent franciscain, le monastère bénédictin, l'église São Pedro et celle des Carmes. Des boutiques d'artisanat sont installées autour de la place.
Pour avoir un point de vue encore plus complet d'Olinda, n'hésitez pas à monter au sommet de la **Caixa d'Água★★** *(8h-20h - 8 R$)*, réservoir d'eau datant de 1934, dont la tour moderne haute de 28 m offre un **panorama★★★** étourdissant sur la vieille ville, l'océan et, au loin, les tours de Recife.
La **Rua Bispo Coutinho** conduit au **Museu de Arte Sacra de Pernambuco** *(✆ 81) 3184 3154 - mar.-vend. 10h-17h, sam.-dim. 14h-17h (10 R$)*, installé dans l'ancien palais épiscopal (17e s.). Collections d'art populaire et de saints de procession.

3

★ Igreja da Misericórdia A1

R. Bispo Coutinho - ✆ (81) 3494 9100 - travaux en cours, se rens.
De son parvis, point de vue splendide sur la ville. L'église date de 1549 et intègre le couvent des sœurs bénédictines. Des *talhas* (17e s.) ornent les chaires et le maître-autel.
Suivez la **Rua Saldanha Marinho** jusqu'à l'**Igreja do Amparo** (1644). Du parvis, on aperçoit la très sobre **Igreja São João Batista dos Militares** (1581), seule rescapée du sac d'Olinda parce qu'elle servait de QG aux troupes hollandaises.
La **Rua do Bonsucesso** conduit à l'**Igreja N. S. do Rosário dos Pretos** (17e s.), ancienne église des esclaves et traditionnel point d'arrêt des groupes de *maracatu* pendant le carnaval.

★ Rua do Amparo A1-2

Ses bars, restaurants et ateliers d'artistes en font l'épicentre de la vie culturelle et nocturne d'Olinda et sa ravissante enfilade de maisons colorées vaut le coup d'œil. Une d'entre elles (n° 28 ; 18e s.) se distingue par son style mauresque. Au n° 91, la maison est célèbre pour une tout autre raison : son ancien propriétaire, Sr. Cardoso, a inventé le *pau de índio*, un breuvage à base de *cachaça* et d'une trentaine d'herbes, vendu sur place au moment du carnaval.

Le **Museu Regional** *(R. do Amparo 128 - ✆ (81) 3184 3159 - mar.-vend. 10h-12h, 14h-16h, w.-end 14h-16h - 2 R$)*, ancienne demeure épiscopale du 18e s., présente une collection de meubles et de porcelaines et abrite surtout une chapelle baroque décorée d'azulejos. Joli jardin en espalier à l'arrière.
Arrivé au **carrefour Quatro Cantos**, passage obligé des défilés du carnaval, engagez-vous à droite dans la **Rua Bernardo Vieira de Melo** pour visiter le **Mercado da Ribeira** et le **Museu do Mamulengo** *(n° 59 - ✆ (81) 3493 2753 - mar.-sam. 9h-17h- 5 R$)*, qui évoque une tradition vivace en zone rurale : le théâtre de poupées. Les poupées *(mamulengos)* les plus anciennes datent du 19e s.
Puis prenez, à droite, les escaliers qui débouchent **Rua 13 de Maio**.
Le **Museu de Arte Contemporânea** *(R. 13 de Maio 149 - ✆ (81) 3184 3153 - mar.-vend. 9h-13h- entrée libre)* présente des œuvres d'artistes brésiliens dans une ancienne prison de l'Inquisition (1764). La chapelle (1766), en face, était réservée aux prisonniers.
Continuez tout droit jusqu'à la **Rua de São Bento**. Passé la mairie, on atteint le monastère bénédictin.

★★ Mosteiro de São Bento A3

R. de São Bento - ✆ (81) 3429 3288 - 9h-11h45, 14h-17h - chants grégoriens le dim. à 10h.
Le complexe (fin du 16e s.) a subi des transformations successives. Son **église** (1761) renferme un majestueux **autel★★** sculpté (1779), chef-d'œuvre du baroque brésilien. En 2002, cette pièce de 12 t a été démontée pour être exposée au musée Guggenheim, à New York. La **sacristie** présente une décoration en *talha dourada* (1783). À ne pas manquer : la magnifique messe chantée par les moines le dim. mat.
Pousuivez jusqu'à la **Rua 15 de Novembro** pour atteindre le **Mercado Eufrásio Barbosa**, une ancienne fabrique (1865) transformée en centre culturel.

★ Igreja de nossa senhora do monte A1, EN DIR.

Praça de Nossa Senhora do Monte (à 20mn à pied au nord de l'Igreja do Amparo, privilégiez le taxi) - ✆ (81) 3429 0317 - 9h-11h, 14h30-17h.
Isolée au sommet d'une colline au nord de la vieille ville, la plus ancienne église d'Olinda, édifiée en 1535, abrite une communauté de sœurs bénédictines. Derrière sa façade simple et élégante, l'intérieur conserve de belles **boiseries★** d'origine (autel, chaire, balustrades, etc.), d'un baroque empreint de sobriété.

Le littoral Nord

La route des plages (BR 101) est prise d'assaut, le w.-end, par les *Olindenses*. Première étape, la jolie plage de Maria Farinha, à 20 km, puis celles d'Itamaracá, une île séparée du continent par le canal de Santa Cruz.

★ Igarassu CARTE DE RÉGION D2 P. 226-227

À 30 km par la BR 101.
Fondée en 1535, cette charmante cité coloniale conserve un ensemble classé de **maisons** des 18e et 19e s. L'**Igreja São Cosme e Damião** *(8h-12h, 14h-17h, fermé apr.-midi le w.-end)*, dont la présence est attestée dès la première moitié du 16e s., compte parmi les plus anciennes du pays. À côté se trouve le modeste **Museu Histórico** *(✆ (81) 3543 0435)* qui réunit quelques souvenirs du Forte Orange d'Itamaracá *(voir ci-dessous)*. Le **Convento de Santo Antônio** (18e s.) abrite une **pinacothèque** *(9h-17h)* : œuvres des 17e-18e s.

★ Ilha de Itamaracá CARTE DE RÉGION D2 P. 226-227

À 60 km par la BR 101. Forte Orange - (81) 3544 1193 - 9h-17h, fermé lun.
La **Fortaleza Santa Cruz**, qui garde la pointe de l'ilha de Itamaracá, a été élevée par les Portugais en 1654 sur les ruines du **Forte Orange** (1631). C'est l'ancien nom, hollandais, qui est resté en usage. La visite révèle de jolis points de vue sur l'océan. Un **musée** expose des vestiges de l'époque hollandaise.
En face du fort, des bateaux font la navette jusqu'à l'**Ilha da Coroa do Avião**, banc de sable colonisé par quelques bars de plage. Ils proposent aussi, à marée basse, des sorties vers des piscines naturelles à proximité.

Carnet pratique

PLAN DE LA VILLE P. 300

S'informer

Casa do Turista – A2 - *R. Prudente de Morais 472 - (81) 3305 1060 - www.olinda.pe.gov.br- 8h-18h, w.-end 9h-18h.* L'**association des guides d'Olinda (ACNO)** a son siège à l'étage.
Des « guides » improvisés proposent leurs services aux visiteurs : ils sont rarement à la hauteur ; préférez ceux de l'association des guides.

Arriver/Partir

L'**aéroport** et la **gare routière** les plus proches sont à Recife (*p. 289*).

En bus

De **Recife**, à Boa Viagem, prenez un bus « Rio Doce/Piedade » sur l'Av. Conselheiro Aguiar ; à São José, prenez un bus « Rio Doce/Princesa Isabel », en face de la station de métro Estação Recife ; à Santo Antônio, prenez un bus « Casa Caiada » sur l'Av. Dantas Barreto (arrêt à l'angle de l'Av. N. S. do Carmo). À **Olinda**, descendez R. Manoel Borba (B2), l'arrêt le plus proche de la Praça do Carmo (devant la poste). Comptez 20mn. Pour gagner Recife, vous pouvez reprendre ces lignes circulaires, ou bien les bus « Pau Amarelo/ Amparo » ou « Rio Doce/Conde da Boa Vista », pour Recife Antigo ; ou « Barra de Jangada/Casa Caiada », pour Boa Viagem.

Adresses utiles

Vous trouverez la plupart des services aux abords du centre historique (le bas des quartiers Carmo et Varadouro) et à Bairro Novo, la ville moderne qui s'étend au nord, le long des plages.

Banque/Change

À **Bairro Novo**, des banques jalonnent l'Av. Getúlio Vargas (prenez, devant la poste, le bus qui remonte la R. do Sol).
Banco do Brasil – *Av. Getúlio Vargas 1470, Bairro Novo - (81) 4004 3001.* Distributeur et change.

Poste

B2 - *Praça João Pessoa - (81) 2121 1044. Lun.-vend. 9h-17h.*

Pharmacies

Farmácia Pague Menos – *Av. Getúlio Vargas 1762, Bairro Novo - (81) 3301 5203.* Livraisons 24h/24.

Agenda

Serestas – Des sérénades parcourent les pentes de la vieille

3

ville, la nuit, à plusieurs occasions, hors période de carnaval, ainsi que les derniers vend. de chaque mois. Le public défile derrière les musiciens qui s'arrêtent aux fenêtres et distribuent des roses aux dames. Renseignements à l'office de tourisme.

Semana Santa – *En mars-avr.* À partir du Jeudi saint, processions, représentations de la Passion et sérénades dans le centre historique.

Carnaval – *Janv.-fév.* Réputé pour ses groupes de *frevo* et de *maracatu* (*encadré p. 283*), le carnaval d'Olinda attire une immense foule dans le centre historique. Pour l'éviter, mieux vaut venir en matinée. Des poupées géantes en papier mâché prennent la tête des cortèges; la plus célèbre, l'**Homem da Meia Noite**, ouvre les festivités depuis 1932 *(le sam. précédant le merc. des Cendres à 0h)*. Elles défilent ensemble lors de l'**Encontro dos Bonecos** *(le mar. gras)*. Le **Bacalhau do Batata**, qui réunit les serveurs d'Olinda, clôt la fête le merc. des Cendres. Renseignements à l'office de tourisme.

Nos adresses

Restauration

Olinda offre une quantité surprenante de tables de qualité, tenues souvent par des Brésiliens, parfois par des étrangers tombés sous le charme de la ville.

Premier prix

1 Casa de Noca – A2 - *R. da Bertioga 243 - (81) 3439-1040 - CC - ouv. tlj, service continu - 90 R$ pour 2, 140 R$ pour 4.* Cour en béton envahie de tables en plastique et plat unique au menu : difficile de faire plus simple ! La macaxeira de Noca est pourtant une institution. Cette recette populaire du sertão consiste en une assiette de manioc presque fondant, accompagné de carne de sol braisée et de queijo coalho (fromage) grillé.

10 Casbah Olinda – B2 - *R. 27 de Janeiro 7 - (81) 98513-3525 - fermé le midi sf dim.- pizza 48/54 R$.* Un couscous à Olinda. Pourquoi pas ? D'autant que vous attablerez dans le seul édifice de style mauresque de la ville. L'empereur Pedro II y passa même une nuit en 1859. Et comme la maison est plutôt au style world, vous pourrez faire précéder vos graines d'un tataki de thon. À l'heure du déjeuner, un sympathique buffet ao kilo est installé dans le jardin (60 €/kg).

5 Olinda Art Grill – A1 - *R. Bispo Coutinho 35 - Alto da Sé - (81) 3429-9406 - fermé lun.-jeu. soir - 79/195 R$ le plat/2 pers.* Il faut le reconnaître, l'atout maître de ce restaurant régional est sa localisation, sur les hauteurs de la Sé, et sa terrasse ouvrant sur l'océan et la lointaine silhouette de Recife. Au menu : viandes grillées (carne de Sol, picanha, poulet...) accompagnées notamment de macaxeira (manioc cuit), de pirão de queijo (sauce épaisse au fromage) et de farofa (farine de manioc grillée).

8 Trattoria Don Francesco – A2 - *R. Prudente de Morais 358 - (81) 3429-3852 - fermé dim. soir et lun. - 51/69 R$.* Cette petite table à l'authentique accent italien sert de succulentes pâtes maison, accompagnées de pesto frais, de sauce tomate artisanale, d'herbes et de roquettes cueillies dans le jardin, à l'arrière. Prévoir un peu d'attente, car tout se concocte sur l'heure. La jolie salle aux tables recouvertes de nappes à carreaux donne sur la rue.

Budget moyen

7 **Tribuna Sabores Ibéricos** – A3 - *R. de São Bento 210 - (81) 98107-8706 - fermé mar. soir, dim. soir et lun. - plats 33/120 R$.* Un père portugais, une mère espagnole et une vie de restaurateur en France... Le propriétaire Jaime, féru de chanson française, cultive les saveurs et les recettes. Vous succomberez à ses beignets de morue, croustillants à l'extérieur et fondants à l'intérieur. Paëlla maison, *bacalhau* au four...

6 **Patuá** – A2 - *R. B. Vieira de Melo 79 - (81) 3055-0833 - www.restaurantepatua.com.br - fermé mar. soir, merc. soir, dim. soir et lun. - 47/77 R$ le plat.* Cette vieille maison deux fois centenaire cache à l'arrière une superbe terrasse entourée de verdure et s'ouvrant sur les tours de Recife. Cuisine raffinée et savoureuse : ne manquez pas le risotto de crevettes, de poulpe, de calamar et de homard, au lait de coco et à la crème fraîche... Divin ! Service souriant et agréable.

11 **Flor de Coco** – A1 - *R. do Amparo 199 - fermé le midi -80 R$ env.* Des tables joliment dressées, une lumière tamisée, une terrasse sublime ouvrant sur l'océan et les tours de Recife au loin, le lieu idéal pour un dîner en amoureux. La table est à la hauteur avec en vedette les produits de la mer. Les plats de morue sont particulièrement réussis.

9 **Beijupirá** – A1 - *R. Saldanha Marinho - (81) 3439-6691 - www.beijupira.com.br - fermé dim. soir - plat 61/250 R$.* L'arrivée est amusante : un mini-funiculaire vous permet de descendre jusqu'au restaurant à flanc de colline (et surtout de remonter après un repas copieux !). Vous arriverez dans une salle élégante, ouvrant sur Recife par une large baie vitrée. À moins de choisir une des deux tables de la micro-terrasse (mieux vaut réserver). L'endroit est plutôt tourné vers la mer avec, par exemple, d'excellentes crevettes marinées à la purée d'igname et riz à la noix de coco râpée. Service à la fois professionnel et cordial.

4 **Oficina do Sabor** – A1 - *Amparo 335 - (81) 3429-3331 - www.oficinadosabor.com - fermé dim. soir et lun. - plats (pour 2) 116/218 R$.* Depuis 1992, César Santos porte haut les couleurs de la cuisine olindense, et son sympathique « atelier des saveurs » est devenu une attraction. Il donne ses lettres de noblesse aux produits du terroir nordestin : le potiron, le manioc, les viandes séchées, les fruits. À goûter : les jerimuns (potirons) farcis aux gambas, qu'il parfume de crème à la mangue, de coco ou de fruit de la passion... Il enrichit son baião de dois (mélange classique de riz et de haricots) des perles du littoral pernamboucain - crevettes, gambas, poissons et poulpes -, le tout cuit au lait de coco.

Petite pause

Glaciers

John's Sorvetes – A2 - *R. Bpo. Coutinho 814 - (81) 3227-0707 - 10h30-18h30.* Le seul glacier du centre historique, dans une cantine dépouillée. Au choix : açaí, cupuaçu, mangaba, graviola... et plein d'autres fruits tout aussi méconnus !

Sorveteria Bacana – B2 - *Av. Getúlio Vargas 166 - Bairro Novo - (81) 3429-2110 - lun. 13h-0h, mar. 10h-23h, merc. et vend.-sam. 10h-0h, jeu. et dim. 10h-22h.* Ce glacier a servi de point de rencontre à toute une génération d'Olidenses. Près de 80 parfums : fruits, tapioca, cacao...

3

Boire un verre

« Tapioqueiras do Alto da Sé »

Vers 15h, les *tapioqueiras* installent leurs réchauds dans l'Alto da Sé, sur le parvis de la cathédrale, face au panorama sur Olinda, majestueux à cet endroit. Elles y préparent des crêpes au tapioca garnies de coco, de fromage, de crevettes ou de chocolat. Au fil de la soirée, les chaises en plastique s'éparpillent sur les trottoirs et une douce animation gagne la place jusque vers minuit.

Bar

Bodega do Véio – A1 - *R. do Amparo 212 - ✆ (81) 3494-3412 - lun.-sam. 11h-23h.* Mi-épicerie, mi-bistrot, ce petit établissement encombré d'étagères trop chargées prépare à la demande d'excellents sandwichs et sert des bières très fraîches. Il est toujours bondé en période de carnaval.

Bar Do Perneira – *R. Prudente de Morais 167 - tlj 10h-0h (dim. 19h).* Planté sur le carrefour principal de la vieille ville, l'endroit ne paye pas de mine. Rien de glamour mais un passage quasi obligé pour siroter une bière en compagnie des habitants, sur la micro-terrasse ou debout la bouteille à la main. Une sorte de rite de passage qui fera de vous un citoyen d'honneur d'Olinda. Méfiez-vous de la caipirinha à terrasser un bœuf.

Shopping

Mode

Período Fértil – A3 - *R. 15 de Novembro 164 - ✆ (81) 3439-8926 - 8h-18h, dim. 17h.* Sympathique boutique de créateurs, mêlant modernité et régionalisme. On y déniche des déguisements en période de carnaval. Autre boutique à Recife : Av. 17 de Agosto 1282, Casa Forte..

En soirée

Spectacles de musique et de danse

Casa da Rabeca – *R. Curupira 340 - Tabajara, - ✆ (81) 3371-8197 - www.casadarabeca.com.br.* Gardien des folklores de la zona da mata, région rurale du Pernambuco, ce centre culturel est tenu par Mestre Salustiano, virtuose de la rabeca (violon à quatre cordes). Il promeut des fêtes authentiques aux rythmes des coco, ciranda, maracatu, forró, cavalo-marinho... Programme disponible à l'office de tourisme.

Hébergement

Les *pousadas* du centre historique occupent de ravissantes maisons coloniales. Vieux escaliers grinçants, patios arborés, meubles en bois massif assurent un indéniable cachet... que l'on ne retrouve pas toujours, hélas, dans les chambres ! Pour éviter les mauvaises surprises, demandez à les visiter : leur confort peut se révéler très inégal à l'intérieur d'un même établissement (taille des chambres, absence de fenêtres, sdb sur le palier), d'où, d'ailleurs, la diversité des prix.

Premier prix

(2) **Pousada Alquimia** – A2 - *R. Prudente de Morais 292 - ✆ (81) 3429-1457 - - 5 ch. 200/240 R$.* Un sympathique capharnaüm règne dans cette pousada, propriété d'un artiste plasticien. D'emblée, le ton est donné : décontraction. Les chambres, simples, occupent une dépendance à l'arrière de la maison. Celles de l'étage, distribuées par une coursive, sont les mieux dotées, avec parquet et grande fenêtre. Le propriétaire en loue aussi deux sans sdb à un tarif plus bas.

(9) **Pousada São Pedro** – A3 - *R. 27 de Janeiro 95 - ✆ (81) 3439-9546 - dans les parties*

communes seult - 11 ch. 207/220 R$ selon la catégorie ☕. L'intérieur a du charme, avec son sol en mosaïque, ses murs lavande et ses poutres sombres. Les chambres, pimpantes, sont équipées de sdb irréprochables. La plus chère, une suite en mezzanine, s'ouvre sur la verdure. Si les triples et quadruples présentent de petits défauts - absence de fenêtre ou de sdb -, les doubles offrent un excellent rapport qualité-prix. Petit-déjeuner servi dans un jardin luxuriant. Accueil francophone.

Budget moyen

4 **Pousada Baobá** – B2 - *R. do Sol 147 - ✆ (81) 99257-0831 - www.pousadabaobadeolinda.com.br - 🏊 - 11 ch. 241/251 R$* ☕ - ✕. Située en face d'un baobab plus que centenaire, cette pousada reconnaissable à sa façade ocre dispose d'un petit jardin avec piscine et de chambres colorées et bien équipées. Privilégiez celles situées à l'arrière.

8 **Pousada dos Quatro Cantos** – A2 - *Prudente de Morais 441 - ✆ (81) 3429-0220 - www.pousada4cantos.com.br - 🏊 - 19 ch. 356/603 R$* ☕ *(en haute saison)*- ✕. On repère sans peine l'imposante silhouette blanche de cette villa du 19e s. au carrefour des quatro cantos. Pendant le carnaval, sa terrasse sous les arbres et ses fenêtres à balcon deviennent des loges de choix pour voir les défilés. Passé le portail, on est séduit par les hautes portes à double battant, les parquets somptueux, les sols en mosaïque. Les chambres - et leurs prix - varient selon la vue, la taille, voire l'absence de sdb pour deux d'entre elles. Accueil aimable et efficace.

Pour se faire plaisir

10 **Hotel 7 Colinas** – B2 - *Ladeira de São Francisco 307 - ✆ (81) 3493-7766 - www.hotel7colinas.com.br - 🅿 🏊 - 44 ch. 364/430 R$* ☕ - ✕. L'adresse la plus chic d'Olinda se niche dans un parc somptueux. Ses constructions basses et modernes abritent des chambres aux tons crème, habillées d'un joli sol en terre cuite et décorées de pièces d'artisanat régional. L'hôtel comporte, notamment, une belle piscine, un sauna et une bibliothèque comprenant des livres en français.

3 **Pousada do Amparo** – A1 - *R. do Amparo 199 - ✆ (81) 3429-6889 - www.pousadadoamparo.com.br - 🏊 - 17 ch. à partir de 328/498 R$* ☕ - ✕. Des chambres ravissantes, au goût classique, jouissant d'une belle vue sur les toits rouges d'Olinda et les tours de Recife. Les plus chères disposent d'une baignoire à hydromassage. Superbe jardin avec piscine et sauna. Le restaurant Flor de Coco n'ouvre que le soir (voir restauration).

Archipel de Fernando de Noronha ★★★

« Le paradis est ici », écrit Amerigo Vespucci lorsqu'il accoste, en 1503, ce petit archipel perdu dans l'Atlantique, au large du Brésil. C'est aussi ce que pense la petite centaine de visiteurs admis quotidiennement sur l'île ! Mais plus qu'une destination balnéaire l'archipel de Fernando de Noronha est un sanctuaire écologique, protégé par son statut de Parc national marin. Depuis les sentiers côtiers et les belvédères rocheux suspendus au-dessus de l'océan se déploie la singulière beauté de son relief, hérissé de pics sur terre et dans les eaux. Ses trésors s'égrènent le long de côtes déchiquetées que soulignent des plages de sable fin, bordées d'une mer turquoise. La barrière de corail, la plus grande du Brésil, sert de refuge à des dizaines d'espèces de crustacés et de poissons colorés. Une abondante population de tortues et de dauphins vient se reproduire dans les baies. Grâce à la présence très active d'ONG environnementales sur le site et la possibilité de pratiquer la plongée en apnée, principale activité proposée aux visiteurs, le séjour sur l'île se transforme en une expérience très instructive.

Se repérer

3 016 hab. - Fernando de Noronha est l'île la plus grande (17 km2) et la seule habitée de l'archipel - Parc national marin de 113 km2

CARTE D1 P. 226-227.

À ne pas manquer

Le coucher de soleil depuis le Mirante do Boldró ; l'observation matinale des dauphins au Mirante dos Golfinhos.

Organiser son temps

D'août à oct., la mer est calme et cristalline, idéale pour la plongée. Pour en profiter pleinement, prévoyez de rester au moins 2 j. sur l'île.

Carnet pratique p. 310

Nos adresses p. 310

Se promener

★★★ Les plages

L'archipel de Fernando de Noronha aligne la plupart de ses plages le long du Mar de Dentro, vers le continent. Celle de **Cacimba do Padre★★★**, face à laquelle émerge le **Morro Dois Irmãos**, est un spot de surf renommée (en été). De là, on atteint la **Baía dos Porcos★★★**, adorable crique aux eaux turquoise. La **Baía do Sancho★★★**, fabuleux aquarium, n'est accessible qu'en bateau ou par des escaliers à flanc de falaises.

De part et d'autre du **Morro do Pico** (323 m), point culminant de l'île, deux autres spots de surf : **Praia da Conceição★★**, proche du village, et **Praia do Boldró★★**. Admirer le coucher du soleil depuis les ruines du fort au son du *Boléro* de Ravel, religieusement diffusé par le bar local, est un classique.

Archipel de Fernando de Noronha, Baía dos Porcos.
NidoHuebl/Getty Images Plus

Au sud, la **Baía dos Golfinhos**, interdite d'accès, est fréquentée par les dauphins à long bec. Un sentier, au départ du Sancho *(1 km)*, mène au **Mirante dos Golfinhos** d'où l'on peut assister, entre 5h30 et 8h du matin, à leur spectaculaire entrée dans la baie.
Côté Mar de Fora, courants et rochers rendent la baignade dangereuse. La **Praia do Atalaia★★★**, sanctuaire sous-marin, n'accueille que 30 visiteurs à la fois à marée basse. Pour être sûr de pouvoir entrer, soyez là dès l'ouverture (demandez les horaires des marées à votre hôtel ou à l'office de tourisme).
Plus au sud, la **Baía do Sueste★★** est le meilleur endroit pour voir les tortues. On peut louer palmes, tubas et gilet de sauvetage (pour ne pas abîmer les coraux) sur la plage *(30 R$ pour une journée)*.
La sauvage **Praia do Leão★★★** est fermée entre décembre et juin, saison de ponte des tortues, à partir de 18h et jusqu'au matin.

3

Paradis marin

Longtemps paradis inaccessible, l'île doit son nom à l'armateur portugais **Fernão de Loronha**, lequel finança l'**expédition d'Amerigo Vespucci** qui y accosta en 1503. Mais « Noronha », comme on l'appelle, n'a guère suscité d'intérêt avant sa fortification au 18e s., puis l'édification d'une prison de haute sécurité restée en usage jusqu'au 20e s. L'île a également abrité une station d'appui logistique aux hydravions de l'Aéropostale à l'approche de la côte brésilienne. Un observatoire était installé à la pointe nord-est , appelée aujourd'hui Ponta do Air France et les bâtiments où logeait le personnel de la station existent toujours au dessus de la plage de Cachorro. En 1988, l'ouverture de l'archipel, jusqu'alors territoire militaire, et son passage sous la tutelle de l'État de Pernambuco coïncident, grâce à la ténacité des écologistes, avec la création d'un Parc national marin. Depuis 2001, l'archipel est classé Patrimoine mondial de l'Unesco, l'accès à l'île est limité (réservez en saison) et soumis à une taxe assez onéreuse, la TPA (*☛ p. 310*).

Carnet pratique

S'informer

Office de tourisme – Consultez le site très documenté de la municipalité : *www.sounoronha.com.br.*

Arriver/Partir

En avion – **Aéroport** - *(81) 3619-0951.* Les compagnies **Azul** et **Gol** assurent des liaisons quotidiennes depuis Recife *(1h20).* *www.voeazul.com.br.* *www.voegol.com.br.*

Les *pousadas* viennent généralement chercher leurs hôtes à l'aéroport.

Se déplacer

La BR 363 relie la Baía do Sueste au Porto de Santo Antônio *(7,5 km).* Elle dessert le Projeto Tamar, l'aéroport et Vila dos Remédios.

À pied – Plusieurs plages sont accessibles à pied depuis la zone des hôtels *(Vila dos Remédios, Floresta Nova, Floresta Velha).*

En bus – Une ligne parcourt la BR 363 dans les deux sens *(3,60 R$).*

En taxi – Ils stationnent à l'entrée de Vila dos Remédios et sur les plages *(20 R$ env. la course).*

En buggy – Le principal moyen de locomotion sur l'île.

En avion – **Aéroport** - *(81) 3619-0951.* Les compagnies **Azul** et **Gol** assurent des liaisons quotidiennes depuis Recife *(1h20).* *www.voeazul.com.br.* *www.voegol.com.br.*

Adresses utiles

Banques

Bradesco – *Padaria* Change, distributeur de billets.

Santander – *Palácio São Miguel* - ATM

Distributeurs également à l'**aéroport**.

TPA (Taxa de Preservação Ambiental) – Cette taxe environnementale de 87,71 R$/j. se règle à l'aéroport. Il faut indiquer son numéro de vol, le nom de sa *pousada* et la durée de son séjour.

Centre culturel

Projeto Tamar – *Alameda do Boldró - (81) 3619 1145 - www.projetotamar.org.br - 9h-20h.* Le siège de l'ONG qui défend les tortues marines. Informations sur l'île et ses tortues au travers de visuels, de vidéos et de squelettes.

Nos adresses

Restauration

Presque tout ce qui se consomme sur l'île est importé du continent, donc cher. Privilégiez le poisson ou le poulpe, pêchés localement.

Budget moyen

Bar Duda Rei – *Praia da Conceição - (81) 3619-1679 - ouv. tlj, service continu -plats 30/195 R$.* Au pied du Morro do Pico, le bar tendance de Noronha : paillotes sur le sable, splendide point de vue sur la mer, poisson grillé cuit dans la feuille de bananier. Sur la plage, une insolite baignoire et sa douche permettent de se rincer avant de venir s'attabler en maillot de bain. Fête nocturne autour du feu lors des nuits de pleine lune.

En soirée

Bar do Cachorro – ✆ *(81) 3619-1229 - www.bardocachorro.com.br.* La place de l'église s'anime le soir grâce au voisinage du Feitiço da Ilha et du Bar do Cachorro où se produisent des groupes.

Activités

Excursions

Pour faire le tour des principaux centres d'intérêt de l'île avec pauses baignades et déjeuner (**Ilha Tour**), comptez env. 150 R$.

Atalaia Receptivo – *R. Eurico Cavalcanti de Albuquerque, s/n - Alameda Boldró - ✆ (81) 3619-1328 - www.atalaianoronha.com.br.*

Plongée en apnée

Tortues, bébés requins et bancs de poissons multicolores épatent le nageur à moins de 2 m de profondeur. Mieux vaut avoir recours aux services d'un guide pour plonger dans la baie de Sueste à la rencontre des tortues et des requins *(rens. sur place)*. Certains préféreront le Planasub : sous l'eau, tracté par un bateau, on « visite » les fonds parmi les dauphins.

Plongée en bouteille

Plusieurs centres organisent baptêmes *(490 R$ env.)* et sorties dans les 28 spots de l'île.

Águas Claras – *Boldró - ✆ 84 99130 7633 - www.aguasclaras-fn.com.br.* Le plus ancien et étroitement lié aux ONG du Parc.

Atlantis Divers – *Ao lado da Igreja, Vila dos Remédios Caixa Postal 20 - ✆ (84) 3206-8841 - www.atlantisdivers.com.br.* Très bien équipé, il dispose aussi d'une boutique à côté de l'église, Vila dos Remédios.

Noronha Divers – ✆ *(81) 3619-1112.* Plus petit, géré par des natifs, se trouve à côté du Bar do Cachorro, Vila dos Remédios.

Randonnées

Des sentiers faciles *(3 à 8 km)* longent les côtes, de lagons en panoramas majestueux.

☺ Si l'on emprunte le sentier de l'Atalaia *(2 à 5 km, selon le chemin, guide obligatoire - 100 R$ env.)*, on échappe aux quotas d'entrée de la plage. Rens. à l'association des guides *(Acitur)*, au Projeto Tamar.

Hébergement

Les hameaux contigus de **Vila dos Remédios**, **Floresta Nova** et **Floresta Velha** réunissent la majorité des *pousadas*. Confort basique à prix élevés.

Pour se faire plaisir

Pousada Solar das Andorinhas – *R. São Miguel 101 - Vila dos Remédios - ✆ (81) 3619-1949 - 6 ch. 400/700 R$ ☕.* Une honnête pousada. Les chambres s'ouvrent sur une véranda garnie de hamacs. Le confort est sommaire, mais la situation centrale : arrêt de taxi en face, poste et vie nocturne à 300 m.

Une folie

Pousada do Vale – *R. Pescador Sérgio Lino 18 - Jardim Elizabeth - ✆ (81) 3619-1293 - www.pousadadovale.com - 12 ch. 1300 R$ en basse saison (avril-juin), 1800 R$ en haute saison (janv., juil. et fêtes de Noël) 1550 R$ le reste de l'année. Réduction de 10 % à partir de 7 nuits- ☕ - ✕.* Un nid douillet : lits king size, chambres insonorisées, sauna... Le personnel multiplie les petites attentions. À 250 m de la Praia do Cachorro par un sentier.

Teju-Açu – *Estrada da Alamoa - Boldró, - ✆ (81) 9635-7148 - pousadateju.com.br - 🏊 - 12 ch. 3400/3800 R$ ☕ - ✕.* Six bungalows écologiquement corrects, sur pilotis, autour d'une belle piscine. Chambres spacieuses avec balcon, hamac et vue sur le Morro do Pico. À 15mn de la Praia da Conceiçao.

3

Natal et les plages du Rio Grande do Norte

Située à la pointe nord-est du Brésil, Natal est la ville la plus proche de l'Europe. Du fait de son climat (26 °C en moyenne) à l'ensoleillement exceptionnel, Natal est très appréciée des Brésiliens qui raffolent des multiples activités proposées sur son littoral : esquibunda (luge de sable), aerobunda (descente des dunes en tyrolienne), balades à dos de dromadaire... Les dunes géantes de Genipabu s'élèvent à un jet de pierre du centre-ville, de l'autre côté du fleuve Potengi et les côtes nord et sud s'explorent facilement, en de courtes échappées d'une journée.

Praia da Pipa.
Ammonitefoto/Getty Images Plus

Se repérer

885180 hab. - Capitale du Rio Grande do Norte (RN)

CARTE D2 P. 226-227.

Encadré page suivante.

Organiser son temps

Saison des pluies : mai-juil. Ne vous attardez pas à Natal, profitez plutôt du littoral. De nombreuses excursions dépendent des heures des marées.

Carnet pratique p. 315

Nos adresses p. 317

Se repérer

Natal est baignée au nord par le Rio Potengi, à l'est par l'Atlantique. Au sud, le quartier littoral de **Ponta Negra**, dominé par la silhouette du Morro do Careca, concentre la majorité des hôtels, bars et restaurants. La ville moderne, assez disgracieuse, est jalonnée de centres commerciaux. En bordure du Potengi, le quartier portuaire de **Ribeira** et la **Cidade Alta** (ville haute) ont en revanche conservé leurs entrepôts et palais du 19e s. La Fortaleza dos Reis Magos garde l'embouchure du fleuve, au nord de la ville.

Se promener

Natal – Noël en portugais – a été fondée sur les hauteurs de la Cidade Alta le 25 décembre 1599. Des Indiens qui peuplaient la côte ne subsiste que le nom *potiguar*, mangeurs de crevettes, duquel on désigne les habitants du Rio Grande do Norte. Une journée suffit pour visiter le vieux fort et déambuler dans le centre historique. Les plages urbaines offrent peu d'intérêt, sauf Ponta Negra, élue des touristes et de la jeunesse dorée locale.

Les plages

Ponta Negra, la plus belle (et la plus propre) des plages, s'étire au pied du Morro do Careca, une dune de 120 m de haut. Sa pente, parfait toboggan naturel, est désormais interdite à la pratique de l'*esquibunda* (luge de sable).

Barreira d'Água s'étend ensuite sur une dizaine de kilomètres, en lisière de la via Costeira.

Praia dos Artistas, en vogue dans les années 1990, avant le succès de Ponta Negra, est un spot de surf à marée haute.

De **Praia do Meio** à **Praia do Forte**, les plages sont protégées par une barrière de corail, mais polluées par la proximité du fleuve et du port.

Cidade Alta et Ribeira

En 1994, la municipalité a entrepris la restauration de ces quartiers historiques.

À **Cidade Alta**, parmi les constructions de l'époque coloniale, subsistent l'**église Santo Antônio** (1766)et l'ancienne **cathédrale Matriz N. S. da Apresentação** (1599), élevée à l'endroit où fut célébrée la première messe dans la région *(Praça André de Albuquerque)*.

Non loin de là, la longue façade néoclassique du **Palácio Potengi** (1873), ancien siège du gouvernement de l'État *(Praça 7 de Setembro)*, et celle, éclectique, du **Palácio Felipe Camarão** (1922), siège de la mairie *(Av. Junqueira Aires s/n)*, ont retrouvé leur splendeur d'antan.

À **Ribeira**, le **Teatro Alberto Maranhão** (1904) évoque le prestige du quartier au début du 20e s. *(Praça Augusto Severo)*. Juste en face, l'ancienne gare routière *(Rodoviaria Velha)* abrite un musée destiné aux manifestations culturelles du Rio Grande do Norte, le **Museu de Cultura Popular** *(Praça Augusto Severo - ☎ (84) 3232 8149 - fermé au moment de la rédaction du guide, horaires, se rens.)*.

La Rua Chile

La nostalgique **Rua Chile**, haut lieu du commerce dans la ville au 19e s., a conservé une harmonieuse succession de façades datant de cette époque : anciens entrepôts de sucre, de poisson séché, de coton. Aujourd'hui, des marchés de poissons odorants et animés entretiennent dans ce quartier une sympathique atmosphère portuaire.

★ Forte dos Reis Magos

Praia do Forte, au bout d'une jetée de 800 m - ✆ (84) 3211 3820 - mar.-dim. 8h-16h - gratuit.
Cette forteresse en étoile (1598-1628) avait pour mission de protéger les possessions de la Couronne portugaise, convoitées par les Français. En 1633, elle tombe entre les mains des Hollandais, déjà maîtres du Pernambuco, et y reste jusqu'à leur expulsion du pays en 1654. Du haut des murailles, superbes points de vue sur le littoral. Le fort conserve le **Marco de Touros** (1501), première borne plantée au Brésil par les Portugais, sur la plage de Touros.

La côte nord

On appelle *litoral norte* la côte qui s'étire de Natal à São Miguel do Gostoso en une succession de plages bordées de dunes et de lagunes.

Redinha CARTE D2 P. 226-227

À 6 km de Natal
Redinha, de l'autre côté du Rio Potengi, est une bourgade de pêcheurs dotée d'une plage populaire et métissée. On ira s'attabler à l'une des cantines du marché *(8h-17h)* pour tester la *ginga com tapioca*, une friture de petits poissons.
De Redinha, on peut louer les services d'un *bugueiro* pour explorer les dunes de Genipabu (*voir « Excursions » p. 318*).

★ Genipabu CARTE D2 P. 226-227

À 16 km de Natal par les RN 302 et 304.
On aime ou on déteste : Genipabu, avec ses restaurants bondés, ses buggys pétaradants, ses dromadaires exotiques et ses touristes friands d'adrénaline, ne séduit pas forcément. La plage, adossée à une dune, est la porte d'entrée du **Parque das Dunas de Genipabu** dont l'accès n'est autorisé qu'aux *bugueiros* licenciés (*voir « Excursions » p. 318.* Le parcours classique d'une journée comprend un passage par les lagunes de **Pitangui** et **Jacumã**, avec glissade et baignade. On peut ensuite pousser jusqu'à **Cabo de São Roque** *(50 km)*, la partie du Brésil la plus proche de l'Afrique, ou jusqu'à **Maracajaú** *(70 km)*.

La côte sud

Le *litoral sul* est desservi par la Rota do Sol (RN 063) jusqu'à Pipa. Les plages y sont paradisiaques, bordées de cocoteraies ou d'abruptes falaises ocre, émaillées à marée basse de lagons où barboter.

Pirangi CARTE D2 P. 226-227

À 25 km de Natal par la RN 063.
Pirangi do Norte et **Pirangi do Sul** sont deux bourgades séparées par un fleuve. Les nombreuses villégiatures et immeubles bas dressés face à la mer trahissent la proximité de Natal. Les bateaux partent vers les **lagons de Pirangi★**, musique bahianaise à tue-tête, de l'embarcadère de Pirangi do Norte.
Fierté du village, le **Cajueiro de Pirangi** est le plus grand anacardier du monde : l'arbre s'étale sur 8 400 m², envahissant la chaussée, et produit quelque 70 000 fruits par an dont sont extraites les noix de cajou *(Av. Dep. Márcio Marinho - 7h30-17h30 - 8 R$)*.

La carne de sol

La carne de sol (viande de soleil) est omniprésente dans la cuisine du Nordeste. Contrairement à ce que son nom pourrait laisser croire, elle n'est pas séchée au soleil. La **viande** (bœuf ou chèvre) est découpée, légèrement salée puis mise à sécher dans un lieu ventilé. Moins déshydratée que la carne seca, tendre et savoureuse, elle se conserve plus longtemps que la viande fraîche.

Après **Búzios**, la route s'élève à flanc de falaise au-dessus de **Barra de Tabatinga** *(45 km)* et dessert le belvédère **Mirante dos Golfinhos** d'où il n'est pas rare d'observer des groupes de dauphins évoluant au large.

★★ Praia da Pipa CARTE D2 P. 226-227

À 85 km de Natal par la Rota do Sol ou la BR 101.
Difficile de croire que Pipa n'était qu'une modeste bourgade de pêcheurs, fréquentée par quelques mordus de surf. Depuis bars, boutiques de mode et *pousadas* ont investi les ruelles fleuries de bougainvilliers. Outre sa vie nocturne animée *(le matin, les commerces n'ouvrent qu'à partir de 11h)*, ce charmant village propose une myriade d'activités (kayak, observation des dauphins en bateau) et de superbes plages protégées.
Au nord de Pipa, de longues anses s'échelonnent au pied des falaises jusqu'à **Tibau do Sul** : **Enseada dos Golfinhos**, **Praia do Madeiro**, **Cacimbinhas**. Ces plages se rejoignent à marée basse ; sinon, prenez les escaliers à flanc de falaise.
Au sud, **Praia do Amor**★, spot de surf encerclé de falaises, n'est accessible à pied qu'à marée basse. Observer le coucher du soleil depuis le **Chapadão**, le plateau qui la surplombe, est un classique.
Pour un environnement plus sauvage, poursuivre au sud vers **Baía Formosa**★, à 30 km de Pipa par les plages ou à 45 km par la BR 101. Ce village de pêcheurs, entouré d'une immense cocoteraie, est également un spot connu des surfeurs, à quelques encablures de l'État de la Paraíba.

Carnet pratique

S'informer

Office de tourisme – *Av. Erivan França 1362, Ponta Negra - ✆ (84) 9 9983 1435 - www. visit.natal.br.*

Arriver/Partir

En avion – **Aeroporto Internacional de Natal Governador Aluízio Alves** - *✆ (84) 3343 6060 - www.natal.aero.* À 25 km à l'ouest de la ville.Vols intérieurs et internationaux. **Accès en taxi** - **COOPCON** - CC - *✆ (84) 9 9854 4259 - www.coopcon.com.br.* Comptez *110 R$* le trajet jusqu'à Ponta Negra, *90 R$* vers le centre-ville. **Accès en bus** - Pas de liaison directe pour Ponta Negra ; la ligne R mène vers le Shopping Midway Mall au centre-ville (correspondance vers Ponta Negra, 16 km).

Compagnies aériennes – **LATAM** - *À l'aéroport - ✆ (84) 3343-6245 - www.latam.com.*
Gol - *À l'aéroport - ✆ 0300 115 2121- www.voegol.com.br.*

Azul - *À l'aéroport - ☏ (84) 3343 6234 - www.voeazul.com.br.*

En car – **Terminal Rodoviária** - *Av. Capitão Mor Gouveia s/n, Cidade da Esperança - ☏ (84) 3620 4040.* **Liaisons longue distance** - Cars vers les principales capitales d'État, dont Recife *(9/j. - durée 5h - 90/130 R$)*; Fortaleza *(7/j. - durée : 9h- 160 R$).* **Liaisons vers le littoral nord et sud** - Cars réguliers vers Pirangi *(15/j. - 45mn)*, Pipa *(10/j. - 2h)*, Maracajaú *(2/j. - 2h).*

Se déplacer

À pied – Seules les promenades des plages urbaines (Ponta Negra, dos Artistas), la Cidade Alta et Ribeira se prêtent à une découverte à pied.

En bus – Au départ du centre-ville, bus en direction des plages les plus proches (Redinha, Pirangi, Genipabu). Les lignes 46, 54 et 56 relient Ponta Negra à Ribeira.

En taxi – Le plus rapide pour relier Ponta Negra et le centre-ville *(env. 30 R$).*

Radio Taxi Natal - *☏ (84) 3222 5666- www.radiotaxinatal.com.br* - CC

En voiture – Louer un véhicule permet d'explorer le littoral en toute liberté. Les routes sont bien entretenues et la signalisation satisfaisante.

Localiza - *À l'aéroport - ☏ (84) 3343-6275.*

Unidas - *À l'aéroport - ☏ (84) 3343-6488.*

Adresses utiles

Banque/Change

Distributeurs acceptant les cartes internationales à l'aéroport, à la gare routière, sur la plage de Ponta Negra et au Praia Shopping.

Banco do Brasil – *Av. Duque de Caxias 20, Ribeira - ☏ (84) 4003 3001.* Retrait et change.

Bureau de change – Sol Câmbio, *Praia Shopping , av. Eng. Roberto Freire, 3132, Ponta Negra - ☏ (84) 3232 3535 - 10h-22h.*

Poste

Agence centrale – *Av. H. de Góis 221, Ribeira - ☏ (84) 3220 2550- lun.-vend. 8h-17h.*

Urgences/Santé

Ambulances – *☏ 192.*

Pharmacie – **Globo** - *Av. Prudente de Morais 1336, Lagoa Nova - ☏ (84) 3232 2344- tlj 7h-22h.* Autres adresses *www.drogariaglobo.com.br.*

Représentations diplomatiques

Consul honoraire de France – *R. Maria Auxiliadora 776, Tirol - ☏ (84) 9 9929 5880 - agenceconsulaire.natal@outlook.com.*

Sécurité

De jour comme de nuit, évitez les plages urbaines peu fréquentées et peu sûres (Praia do Forte, Praia do Meio, Praia de Areia Preta).

Police – *☏ 190.*

Police touristique DEATUR – *Praia Shopping - ☏ (84) 3232 7402.*

Centre culturel

Casa da Ribeira – *R. Frei Miguelinho 52, Ribeira - ☏ (84) 3211 7710 - www.casadaribeira.com.br - tlj sf lun. 16h-22h.* Théâtre, expositions, concerts dans un bâtiment (1911) restauré du quartier portuaire.

Agenda

Carnatal – *1re quinz. de déc.* Ce « carnaval » hors saison réunit, pendant 4 j., les stars de l'*axé music* de Salvador et des dizaines de *trios elétricos*.

Nos adresses

Restauration

La cuisine du sertão utilise des produits issus de l'environnement pauvre et hostile du désert brésilien. Les spécialités sont très caloriques et roboratives : elles doivent sustenter les paysans qui travaillent toute la journée au soleil. Parmi les incontournables, la *carne de sol* braisée, arrosée de *manteiga de garrafa* (beurre liquide). Les haricots, le riz au lait salé et la farine de manioc figurent parmi les accompagnements classiques. Au petit-déjeuner, on sert des crêpes de tapioca au fromage et à la noix de coco râpée. Le Rio Grande do Norte est par ailleurs le premier producteur de crevettes du pays. Sur le littoral, crabes des mangroves et poissons s'invitent dans les assiettes. Les portions copieuses se partagent aisément à 2 ou 3.

Premier prix

Casa de Taipa – *Av. Praia de Ponta Negra 8868 - Ponta Negra - ✆ (84) 3219-5798 - fermé le midi - plats 10,50/39 R$.* On vient ici pour dévorer d'inventives crêpes au tapioca. En plus des mélanges traditionnels, comme le *queijo coalho-mel de engenho* (fromage au lait caillé arrosé de jus de canne cuit), la maison propose une infinité de garnitures : à la roquette, aux tomates séchées, au fromage du Minas... Mais aussi des crêpes sucrées, à la pâte de pomme de cajou ou de goyave.

Cipó Brasil – *R. Aristides P. Filho 3111 - Ponta Negra - ✆ (84) 3219-5227 - fermé lun.-mar. et le midi - pizza : 33/56 R$.* Excellentes pizzas à la pâte fine et croquante, accompagnées de roquette fraîche. Les tables sont dispersées sous une immense hutte à toit de chaume et de lianes, légèrement en retrait de la « Rua do Salsa » et de son animation.

Marenosso – *Centro de Turismo de Natal, R. Aderbal Figueiredo 980 - Petrópolis - ✆ (84) 3211-6218 - fermé le soir - 85/115 R$ le plat/2-3 pers.* Installé dans le Centro de Turismo, ce restaurant profite de jolis points de vue sur le fort des Rois mages et d'une brise salutaire les jours de forte chaleur. Pour les petites faims, commandez les croquettes de manioc confectionnées sous vos yeux, aux crevettes, au fromage ou à la *carne de sol.*

Budget moyen

Tábua de Carne – *Av. Senador Dinarte Mariz (Via Costeira) 229 - ✆ (84) 3202-5838 - www.tabuadecarne.com.br - ouv. tlj, service continu - env. 50 R$.* De succulentes viandes braisées (carne de sol, picanha, filet mignon, agneau...) et une farandole d'accompagnements régionaux. Préférez les tables disposées derrière les baies vitrées, au-dessus de la mer. Autre adresse : à Ponta Negra *(Av. Eng. Roberto Freire 3241 - ✆ (84) 3642 1236).*

Mangai – *Av. Amintas Barros 3300 - Lagoa Nova - ✆ (84) 3206-3344 - www.mangai.com.br - ouv. tlj, service continu - plats 112/169 R$.* Une bonne introduction à la cuisine du sertão : ce self-service *ao kilo* aligne les marmites de *munguzá* (bouillie de maïs), de *pirão de queijo* (sauce crémeuse, au manioc et au fromage), de *paçoca* (*carne de sol* pilée avec de la farine de manioc)... Le matin, la maison sert un petit-déjeuner dans la meilleure tradition nordestine : compotes et gâteaux divers, pain à la farine de manioc, *carne de sol...*

Camarões Restaurante – *R. Pedro Fonseca Filho 8887 - Ponta Negra - ✆ (84) 3209-2425 - www.camaroes.com.br - 11h30-15h30, 18h30-23h - 108/119 R$ le plat/2 pers.* Les crevettes sont la spécialité de la maison, cuites de toutes les façons et accommodées

3

à toutes les sauces : en papillotes, panées, sautées, gratinées, en raviolis... Si l'air conditionné ne vous dérange pas, montez à l'étage, vous apercevrez la mer.

Moqueca Capixaba – *Av. Silvio Pedrosa 266 - ✆ 84 99924-6596 - 💳̸ - mar.-sam. 11h-22h, dim. 11h-17h - 125 R$ le plat/2-3 pers.* La *moqueca capixaba* (de l'État de l'Espírito Santo), réputée plus légère que la bahianaise, se prépare sans huile de palme ni lait de coco, dans des marmites en terre cuite. Elle se décline au poisson, au poulpe, à la langouste...

Pirangi do Norte

Budget moyen

Paçoca de Pilão – *Av. Deputado Márcio Marinho 5708 - ✆ (84) 3238-2088 - fermé le soir et lun.-mar. - plats 110/186 R$.* Une halte sur la route des plages, encensée par les gourmets brésiliens. La spécialité est la *paçoca* réduite au pilon, accompagnée de haricots, riz au lait, manioc et banane frite (à commander à plusieurs !). Une vingtaine de cachaças pour les fins connaisseurs. Prévoir de l'attente.

Boire un verre

☺ La vie nocturne se concentre à Alto da Ponta Negra, le long de la rue Dr Manoel Augusto Bezerra de Araújo, plus connue sous le nom de « Rua do Salsa ». Du côté de la R. Chile, à Ribeira, de vieux entrepôts restaurés accueillent clubs et bars musicaux alternatifs.

Bars musicaux

Taverna Pub – *R. Dr Manuel A.B. de Araujo 500 - Alto de Ponta Negra - ✆ 84 99873-1188 - www.tavernapub.com.br - à partir de 19h. fermé merc. et dim.* Groupes tous les soirs (rock, MPB).

Forró com Turista – *Centro de Turismo de Natal, r. Aberdal Figueiredo 980 - Petrópolis - ✆ (84) 3211-6218 - www.forrocomturista.com.br - jeu. 21h-1h.* Le jeudi, des danseurs professionnels initient le public (quasiment que des touristes) aux déhanchements du xote ou du baião...

Shopping

Artisanat

Centro de Turismo de Natal – *R. Aderbal Figueiredo 980 - Petrópolis - ✆ (84) 3211-6218 - www.forrocomturista.com.br.* Une quarantaine de boutiques ont investi cette belle construction néo classique du 19e s. qui a servi de demeure, d'hospice et même de prison jusqu'en 1969. Vous trouverez là de quoi garnir votre cabas de souvenirs : hamacs en coton, dentelles, petites bouteilles remplies de sable coloré, sacs en paille de carnaúba, figurines en terre cuite...

Centro de Artesanato – *Praia dos Artistas - 9h-22h.* Marché.

Activités

Excursions

Associação dos Bugueiros do RN (APCBA) – *AV. Beira Mar 405 - ✆ (84) 3225-2077 - www.genipabudebuggy.com.br.* Les excursions en buggy constituent la principale attraction du littoral. L'excursion la plus populaire explore les dunes de Genipabu (1h, 450 R$/véhicule).

Plongée

Maracajaú Diver – *Praia de Maracajaú - à 70 km au nord - ✆ (84) 99983-4264 - www.maracajaudiver.com.br.* Maracajaú est réputé pour ses récifs coralliens, à 7 km des côtes, visités par des bancs de poissons multicolores. Deux plates-formes flottantes.

Hébergement

À Ponta Negra et Alto da Ponta Negra l'offre hôtelière est large, adaptée à toutes les bourses. Sur l'av. Senador Dinarte Mariz, surnommée Via Costeira, s'alignent des cinq-étoiles aux allures de villages de vacances, donnant tous sur la plage de Barreira d'Água. Les différences de prix sont importantes, jusqu'à 50 % entre la haute saison et la basse saison (mars-juin et août-nov.) Quelques établissements du centre-ville, au confort limité, permettent de se loger à peu de frais.

Premier prix

Pousada Côco Verde – *R. Dr Manoel A. B. de Araújo 180 - Alto da Ponta Negra - (84) 3219-2398 - - 20 ch. : 98 R$ et 5 lofts (5 pers.) : 250 R$.* Des chambres doubles impeccables (préférez celles côté piscine, les autres n'ont pas de fenêtre !) et de spacieux lofts en duplex, avec cuisine. Pas de petit-déjeuner, mais les chambres sont équipées d'un frigo et une cuisine est à disposition. Literie excellente et prix négociables au-delà de 3 nuitées. Un bémol : le voisinage bruyant du Salsa Bar et de quelques bars musicaux ouverts jusqu'au matin !

Budget moyen

Hotel Pousada Dunnas Park – *R. Pedro Fonseca Filho 9878 - Ponta Negra - (84) 2226 7002 - www.dunnaspark.com.br - - 24 ch. 169/225 R$- .* À défaut d'être charmant, ce petit hôtel simple et abordable constitue une bonne option. Il est situé en face du Praia Shopping, qui concentre des services très pratiques : change, retrait d'argent, office de tourisme... Accueil agréable.

Hotel Tubarão – *R. V. Manuel Coringa Lemos 259 - Praia de Ponta Negra - (84) 3641-1029 - www.hoteltubarao.com.br - - 24 ch. 189 R$ (159 R$ env. en basse saison) .* Sur les hauteurs de Ponta Negra, une pousada soignée avec jardin, piscine et vue sur mer. Les chambres disposent toutes d'un balcon avec un hamac.

Pousada La Luna – *R. Francisco Gurgel 9045 - Ponta Negra - (84) 3642-1349 - - 12 ch. 161/431 R$ - .* À quelques pas de la plage, une maisonnette aux chambres claires, certaines avec balcon et vue sur l'emblématique Morro do Careca. On prend le petit-déjeuner au bord de la piscine, au-dessus de la promenade du bord de mer.

Yak Hotel Natal – *Av. Presidente Café Filho 690 - Praia dos Artistas - (84) 3342-8000 - www.yakbeachhotel.com.br - - 86 ch. 128/458 R$ - .* Un hôtel élégant dont on ne regrette que l'emplacement, sur une portion délabrée du littoral. Chambres pimpantes qui bénéficient d'une vue sur l'une des deux piscines ou pour certaines, à partir du 2e étage, sur la mer.

Une folie

Manary Praia – *R. Francisco Gurgel 9067 - Ponta Negra - (84) 3204-2900 - www.manary.com.br - - 23 ch. 500/1200 R$ (en haute saison) - .* Le plus séduisant des établissements haut de gamme de Natal, face à la promenade de Ponta Negra. Décoration authentique mêlant artisanat choisi et équipements high-tech. Spa.

Serhs Natal Grand Hotel – *Av. Senador Dinarte Mariz 6045 (via Costeira) - Ponta Negra - (84) 4005-2000 - www.serhsnatalgrandhotel.com - - 396 ch. 627/1400 R$ (en haute sais.) - .* Un des grands hôtels de la capitale. Tous les appartements jouissent d'une vue saisissante sur la mer ou le Morro do Careca. Un peu à l'écart, entre une voie rapide et une plage déserte, il bichonne ses clients : Spa, club enfants, 4 piscines...

Fortaleza et ses environs

Surnommée « la blonde épouse du Soleil », Fortaleza offre le plus fort ensoleillement de toutes les métropoles du pays. C'est une ville festive, réputée pour sa décontraction et sa vie nocturne, ses bars et clubs où l'on se déhanche sur les rythmes sensuels du forró jusqu'à l'aube. À quelques kilomètres du centre, la Praia do Futuro offre un spectacle sympathique le week-end, quand tout Fortaleza se retrouve en famille pour manger crabes ou crevettes et boire de la bière dans les barracas, cabanes de plage souvent animées par des orchestres. L'absence de patrimoine historique et la pollution des plages urbaines n'incitent pas cependant à s'attarder en ville. Les petites stations balnéaires des alentours – Lagoinha, Cumbuco et Canoa Quebrada – sont plus agréables pour séjourner.

Se repérer

2 627 482 hab. - Capitale de l'État du Ceará (CE)

CARTE C1 P. 226-227. PLAN DE LA VILLE P. 322-323.

Le **Centro**, berceau de Fortaleza, à l'ouest, ne s'anime que le jour et en semaine, au rythme d'une intense activité commerciale. La ville s'est développée vers l'est, le long de rues tracées au cordeau, parallèles à la mer. **Iracema**, ancienne zone portuaire, est l'épicentre de la vie nocturne et culturelle, autour du centre culturel Dragão do Mar. Plus loin, **Meireles** concentre les hôtels cossus, en front de mer, et de nombreux restaurants plus au sud. **Mucuripe**, dernière plage avant la zone industrielle du port, a conservé un petit quartier de pêcheurs. Ces trois quartiers sont reliés en bord de mer par l'**Av. Beira Mar**. Pour se baigner, il faut s'écarter, à 8 km du Centro, jusqu'à la **Praia do Futuro**, longue bande de sable très peuplée le week-end. Au milieu de la ville, le **Parque Ecológico do Cocó**, poumon vert de Fortaleza, protège 45 km² de mangrove.

À ne pas manquer

Aller danser le *forró* au Pirata Bar ou dans un autre club nocturne.

Organiser son temps

Beaucoup de voyageurs ne font que transiter par l'aéroport de Fortaleza, plaque tournante vers Jericoacoara et les plages du Nordeste. Il n'est pas nécessaire d'y dormir.

En famille

Le Beach Park à Porto das Dunas.

Carnet pratique p. 330

Nos adresses p. 331

Se promener

PLAN DE LA VILLE P. 322-323

★ Centro

Le Centro, berceau historique de la ville, est aujourd'hui un quartier d'affaires. Parmi ses immeubles modernes et disgracieux se cachent toutefois quelques palais défraîchis qui témoignent de son prestige à la Belle Époque. Rares sont les

Le Centro Cultural Dragão do Mar par les architectes Fausto Nilo et Delberg Ponce de Leon.
Phaelnogueira/Getty Images Plus

Fortalenses qui résident là, mais la présence du Mercado Central, des grossistes en artisanat et en vêtements et de nombreux employés de bureau assure à ce périmètre une ambiance populeuse et électrique en semaine.

Fortaleza de Nossa Senhora da Assunção A1

Av. Alberto Nepomuceno, s/n - ✆ (85) 3255 1714 - visite guidée de la terrasse - horaires se rens. - gratuit.

Fondée en 1649 par la Compagnie hollandaise des Indes orientales, la forteresse Notre-Dame de l'Assomption, posée stratégiquement sur le mont Marajaitiba, abrite le siège de la 10e région militaire brésilienne. La vaste terrasse, consolidée par d'impressionnants **murs défensifs★**, offre une belle vue sur la mer. Elle accueille la statue de **Martim Soares Moreno**, fondateur du fortin de São Sebastião en 1612 – situé plus à l'ouest – et premier *capitão-mor* (gouverneur) du Ceará : considéré comme le fondateur de Fortaleza, il a inspiré le personnage de Martim, qui tombe amoureux d'Iracema, l'héroïne indienne du célèbre roman du même nom de José de Alencar.

En face de la forteresse, l'imposant **Mercado Central** permet d'apprécier la variété de l'artisanat du Ceará : cet immense vaisseau de béton et d'acier de 5 étages est ventilé naturellement grâce à ses nombreuses ouvertures.

Un peu plus loin se dressent les flèches de la **Catedral Metropolitana**, à 75 m au-dessus du sol : la cathédrale néogothique de Fortaleza fut inaugurée en 1978, après 39 ans de travaux, suivant le plan de l'architecte français George Mounier. Vous apprécierez, à l'intérieur, ses jolis vitraux.

SE RESTAURER

Assis o Rei da Picanha........ 1
La Bella Italia 2
Restaurante Frederico 3
Cantinho do Frango 4
Coco Bambu 5
L'Ô 8
Marquês da Varjota 9
Pizza Vignoli.................. 10

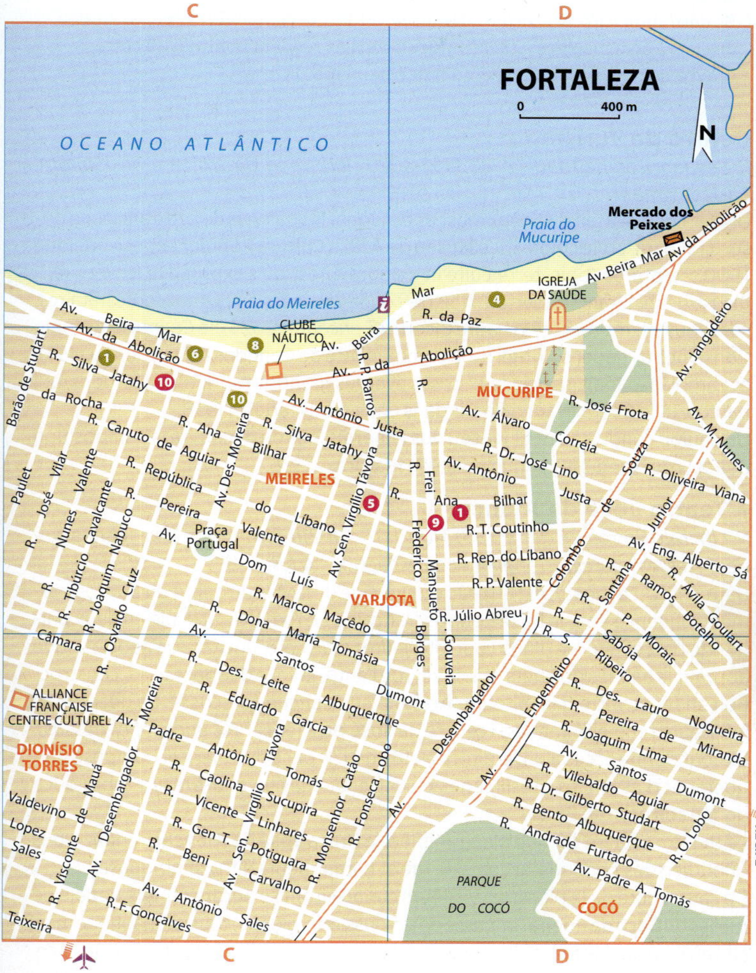

SE LOGER

Abrolhos Praia Hotel 1	Hotel Gran Marquise 4	Sonata de Iracema 9
Aquarius 2	Hotel Luzeiros 6	Villa Mayor 10
Hotel Encontro do Sol 3	Praiano Hotel 8	

3

José de Alencar (1829-1877)

Homme politique, José de Alencar est aussi l'un des auteurs les plus importants de la **littérature romantique brésilienne**. Son roman *Iracema*, publié en 1865, raconte l'histoire d'amour tragique entre un Portugais et une Indienne Tabajara dont le prénom, Iracema, est une anagramme d'America. Se déroulant à Fortaleza dans les années 1600, le roman retrace les origines du Ceará et du peuple nordestin. Deux statues rendent hommage à cette œuvre, sur les plages d'Iracema et de Mucuripe.

Centro de Turismo A1

R. Senador Pompeu 350 - ✆ 85 3452-3020 - lun.-vend. 8h-17h, sam. 8h-15h, dim. 8h-12h - gratuit.

Un marché d'artisanat et deux musées occupent les galeries de cette ancienne prison (1866) de style colonial. Le **Museu de Arte e Cultura Popular** expose quelque 1500 sculptures (bois, terre cuite et xylogravures) où s'exprime la ferveur religieuse des habitants du sertão. Trois personnages, messianiques et contestataires, sont souvent représentés : Padre Cícero (*encadré p. 325*), le *Cearense* Antônio Conselheiro, leader spirituel de la communauté de Canudos (*encadré p. 456*), et Lampião, bandit justicier aux prises avec les grands propriétaires terriens, qui parcourut le Ceará avant de périr dans une embuscade en 1938.

Un couloir conduit au petit **Museu dos Minerais**, où l'on découvre la composition des sols de la région, connue pour son marbre.

★ Teatro José de Alencar A2

R. Liberato Barroso, 525 - ✆ (85) 3101 2567 - 9h-21h, fermé dim.-lun. - visites guidées ttes les heures, en anglais et en espagnol - 10 R$.

Bâti en 1910, ce théâtre est un précieux vestige de la ville du début du 20e s., fortement influencée par la Belle Époque française. Le théâtre s'articule en deux parties de part et d'autre d'une cour intérieure : d'un côté, une façade néoclassique abritant le hall, les guichets et le foyer ; de l'autre la salle de spectacles, construction en fer et verre d'inspiration Art nouveau conçue en Écosse. La décoration intérieure rend hommage à l'œuvre de **José de Alencar** (*encadré ci-dessus*). La cour donne accès à un jardin, projeté en 1970 par Burle Marx et composé uniquement d'essences brésiliennes parmi lesquelles un *pau-brasil*, l'arbre qui a donné son nom au Brésil.

Le théâtre s'ouvre sur une place animée, la **Praça José de Alencar**, rendez-vous quotidien des badauds, artistes de rue et harangueurs dithyrambiques.

De l'autre côté de la place, les visiteurs curieux iront se perdre dans le dédale de ruelles du **Beco da Poeira** (impasse de la Poussière), gigantesque et chaotique marché où l'on vient se fournir en jeans et vêtements à prix défiant toute concurrence.

Praça do Ferreira A2

Rythmé par le doux tintement de l'horloge dressée au milieu, le *coração da cidade* (« cœur de la cité ») est le centre de la vie sociale et politique de Fortaleza. Plantée d'essences variées et réservée aux piétons, la place est un livre d'architecture de la première moitié du 20e s., avec ses édifices Belle Époque, ses façades Art déco et ses gratte-ciel, les premiers de la ville, construits dans les années 1950.

Faites un tour dans le hall du **Cine-Teatro São Luiz★**, dont le sol et les murs sont recouverts de marbre de Carrare et le plafond couronné par trois lustres en cristal de Bohême. Inauguré en 1958, ce précieux exemple de cinéma Art déco vient de retrouver tout son luxe d'antan : la salle de projection, d'une capacité de 1500

Padre Cícero (1844-1934)

Ce **prêtre** originaire de Crato, ville du sud de l'État du Ceará, s'installe en 1872 à Juazeiro do Norte *(à 565 km de Fortaleza)*, appelé par une vision. Il s'engage spirituellement et socialement auprès des habitants de cette modeste commune de 500 âmes frappée par la misère, l'alcool et la prostitution. En 1891, alors qu'il donne l'hostie à une dévote, la bouche de celle-ci se remplit de sang : la rumeur se propage dans tout le sertão et attire les premiers pèlerins. Le phénomène se répète à chaque messe et suscite une telle dévotion populaire que l'Église s'inquiète, convoque le prêtre à Rome, puis lui retire son sacerdoce. Padre Cícero continue pourtant de conseiller et d'orienter les siens jusqu'à sa mort ; il devient même le premier maire de **Juazeiro do Norte** (lorsque la commune s'émancipe en 1911), puis vice-gouverneur de l'État. Aujourd'hui, Juazeiro do Norte est une ville de 270 000 hab. où près de 2 millions de personnes viennent en **pèlerinage** chaque année.

personnes, présente de somptueuses décorations murales, géométriques et polychromes.

Museu do Ceará A2

R. São Paulo 51 - ✆ (85) 31012609 - mar.-jeu. 8h30-17h, vend.-dim. 9h-17h, fermé dim.-lun. - gratuit.

Au long d'une dizaine de salles, le musée raconte l'histoire de l'État, notamment les luttes abolitionnistes qui secouèrent la région dans les années 1880 et le développement de sa capitale au tournant du 19e s. On y découvre aussi quelques objets personnels du vénéré Padre Cícero (*encadré ci-dessus*).

À côté du musée, la Praça General Tibúrcio, surnommée **Praça dos Leões**, réunit deux bâtiments du 18e s. : le **Palácio da Luz**, ancien siège du gouvernement de l'État devenu celui de l'Académie des lettres, et l'**église N. S. do Rosário** (1755), érigée par des esclaves.

3

★ Iracema AB1

Cette ancienne zone portuaire porte le nom légendaire du roman de José de Alencar, anagramme d'America. Le quartier a connu une formidable renaissance depuis la rénovation de ses maisons historiques et l'ouverture du Centro Cultural Dragão do Mar dans les années 1990.

Praça Cristo Redentor AB1

Signalée par une impressionnante colonne ionienne de 35 m de haut, la place du Christ Rédempteur est bordée, à l'est, par le Seminário da Prainha (1864), aux murs recouverts d'azulejos, et, au nord, par le célèbre centre culturel Dragão do Mar. De la place commence également l'**Avenida Monsenhor Tabosa**, vitrine du savoir-faire régional en matière de mode et d'accessoires, célèbre dans tout le Brésil.

★ Centro Cultural Dragão do Mar AB1

R. Dragão do Mar 81 - ✆ (85) 3488 8600 - www.dragaodomar.org.br - 9h-18h - musées : mar.-vend. 9h-18h, sam.-dim. 13h-18h (dern. entrée 30mn av. fermeture) - gratuit.

Ce complexe culturel réunit, sur 30 000 m², un auditorium, un théâtre, un cinéma, un planétarium et deux musées reliés par des passerelles surélevées. Le **Memorial da Cultura Cearense** présente des expositions thématiques sur la culture régionale. Deux intéressantes installations permanentes, animées de vidéos et d'ambiances

Dragão do mar., héros de la lutte abolitionniste

« Dragon de la mer », de son vrai nom **Francisco José do Nascimento** (1839-1914), *jangadeiro* (pêcheur) de Canoa Quebrada, s'illustra dans le combat abolitionniste au Ceará. En 1881, ce mulâtre s'opposa à l'embarquement et au débarquement des esclaves commercialisés sur le littoral en organisant une grève des pêcheurs du port de Fortaleza. Cette action fut un des points forts de la **lutte contre l'esclavage**, aboli dans le Ceará dès 1884, quatre ans avant le reste du Brésil.

sonores, évoquent le quotidien des vachers du sertão et la piété populaire dans le Cariri (région de Juazeiro do Norte).

Au **Museu de Arte Contemporânea**, des expositions temporaires donnent à voir les œuvres des principaux artistes contemporains du Ceará : Raimundo Cela, Antônio Bandeira, Leonilson...

Autour du Centro Cultural Dragão do Mar subsistent des dizaines d'**entrepôts** à l'architecture coloniale, souvenir de l'activité portuaire du quartier qui a perduré jusqu'aux années 1940. Transformés en ateliers d'artistes puis restaurés dans les années 1990, la plupart accueillent des bars et des restaurants.

Caixa Cultural AB1

Av. Pessoa Anta 287 - ✆ (85) 3453 2770 - mar.-sam. 9h-20h, dim. 12h-19h.

Dans le prolongement du centre Dragão do Mar, les anciennes douanes de Fortaleza (1891), conçues par l'ingénieur anglais John Hawkshaw, ont été reconverties en espace culturel (expositions, théâtre, café et librairie) : vous pourrez notamment admirer, dans le hall, un superbe **escalier★** en fer forgé à double révolution.

En continuant sur l'avenue Pessoa Anta, ne manquez pas le **Palácio da Fazenda★** (Trésor public, 1927), avec son élégante tourelle et sa façade décorée de pilastres, de frises en relief et de têtes mi-hommes, mi-lions.

Une civilisation du cuir

L'histoire de Fortaleza (« forteresse ») commence avec la construction du fort Schoonenborch (1649) par les Hollandais, à l'époque déjà maîtres du Pernambuco. Après leur expulsion du Brésil, en 1654, la citadelle est rebaptisée **Fortaleza de N. S. de Assunção**. La petite colonie qui l'entoure gagne le statut de ville en 1726 puis devient capitale d'État en 1799. L'économie du Ceará est alors soutenue par l'élevage bovin, pratiqué sur les terres de l'intérieur, lequel favorise l'émergence d'une « civilisation du cuir » dont le vacher devient la figure centrale. Fortaleza ne se développe toutefois réellement qu'après 1808, avec l'essor de la culture du **coton**, exporté en Angleterre depuis son port. La capitale s'urbanise alors à toute allure et acquiert, en 1875, son tracé en échiquier inspiré des réalisations haussmanniennes. Au cours du 20e s. l'industrie du textile, l'exportation de matières premières (cuir, cire du palmier *carnaúba*) et de produits alimentaires (noix de cajou, langouste) en font la cinquième ville du pays. Depuis les années 1990, c'est le **tourisme** qui favorise la croissance, et notamment l'explosion des services. Mais Fortaleza, dans le même temps, assiste au développement de ses *favelas*, gonflées par l'arrivée de paysans que la sécheresse chasse de leurs terres.

Ponte dos Ingleses B1

Jusqu'à la construction du port de Mucuripe (1940-1980), les bateaux accostaient à l'extrémité de cette jetée métallique, à l'entrée de la plage d'Iracema. Aujourd'hui, les badauds viennent admirer le **coucher du soleil** (vers 17h), appuyés sur sa rambarde illuminée. Un kiosque et des tables y ont été installés.

★ Avenida Beira Mar CD1-2

Tracée dans les années 1960 pour relier les quartiers de Mucuripe, Meireles et Iracema, l'Avenida Beira Mar, animée à toute heure, est sans conteste le lieu de détente favori des habitants de Fortaleza : en journée, pour une flânerie ou un footing, et en soirée, pour son **marché d'artisanat**, son **marché aux poissons** (*voir ci-dessous*) et les kiosques et restaurants installés en bord de mer.

Mercado dos Peixes de Mucuripe D1

Au bout de l'avenue Beira Mar, le marché aux poissons est précédé de dizaines de *jangadas* (bateaux traditionnel en bois), voiles repliées, qui reposent sur le sable après le retour des pêcheurs. Après avoir acheté des crevettes ou un poisson au marché, vous pourrez, en début de soirée, les faire griller pour quelques reais dans les kiosques attenants : on les déguste ici avec un zeste de citron vert et une bière achetée sur place. Difficile de trouver une table libre à l'heure du coucher de soleil !

Praia do Futuro

Du sable fin sur 8 km et une mer démontée : la seule plage propre autorisée à la baignade. Son front de mer est occupé par des **megabarracas** (*p. 333*) où se concentrent les baigneurs. On y découvre les plaisirs de la plage... à la brésilienne : un lieu de rencontre entre amis, autour d'un verre ou d'un plat à picorer, de préférence en musique. Les adeptes du surf et du kitesurf apprécient les vents forts à cet endroit, tandis que les parties de *frescobol* (sorte de tennis de plage) s'enchaînent sur le sable.

Plus populaire, la plage de **Casça e Pesca**, juste avant l'embouchure du Rio Cocó, est jalonnée de kiosques. Elle a conservé une petite colonie de pêcheurs.

Museu da cachaça CARTE C1 P. 226-227

À 30 km de Fortaleza par la CE 065 en direction de Maranguape - bus jusqu'à la maternité de Maranguape (1h) au départ du Centro (Praça da Estação), puis un autre bus en direction de Ypióca (dép. à 7h, 11h, 13h et 15h - 15mn de parcours) - Complexo iPark - (85) 3341 0407 - www.site.ipark.tur.be - sam.-dim. 9h-17h - 32 R$, avec un verre de cachaça et un verre de jus de canne.

Ce musée appartient à la marque d'alcool de canne Ypióca et occupe une ferme datant de 1846, première fabrique du groupe. On y découvre l'évolution du processus de fabrication au fil du temps. Dégustation à la fin de la visite.

La côte est

La **CE 040** dessert les plages du littoral est, surnommé la Costa do Sol Nascente (côte du soleil levant), jusqu'à Canoa Quebrada.

Aquiraz CARTE C1 P. 226-227

Cette petite ville coloniale, à 30 km de Fortaleza, fut la première capitale du Ceará (1713). Son centre historique, ses plages et sa coopérative de dentellières en font une étape plaisante.

3

Le centre historique

Museu São José de Ribamar – *Praça Cônego Araripe 22 - ✆ (85) 3101 2818 - fermé au moment de la rédaction, se rens. - gratuit.*
Autour de la place du village, le petit centre historique a conservé son plan originel, quelques façades coloniales et sa charmante **église São José de Ribamar** (début du 18e s., très remaniée).
Dans l'ancienne mairie (1877), un **musée d'Art sacré** (Museu São José de Ribamar) expose des pièces d'argenterie du 18e s. ayant appartenu aux jésuites qui s'installèrent à Aquiraz en 1727, avant d'être expulsés du Brésil en 1759. De là, on rejoint aisément à pied l'ancien **marché de la viande** (19e s.), construction rectangulaire en briques et troncs de *carnaúba*. Le bâtiment, classé, attend d'être réhabilité.

Porto das Dunas

Beach Park – *✆ (85) 4012 3000 - beachpark.com.br - 11h-17h - 255 R$.* Cette plage s'est rendue célèbre grâce à son parc aquatique, gigantesque complexe de piscines, toboggans vertigineux (le plus haut à 41 m), boutiques et restaurants. Attention, les prix pratiqués, dans le parc comme dans les kiosques sur la plage, sont astronomiques. Sur le sable, des buggies attendent pour vous conduire sur la plage voisine de Prainha.

★ Prainha

Une splendide piste littorale, en lisière des dunes, relie Porto das Dunas à la plage de Prainha, déserte en semaine. Dans le hameau, vous trouverez un **Centro de Rendeiras** *(9h-17h)* où acheter des ouvrages en *renda de bilro* (dentelle) directement des mains des dentellières.

Beberibe CARTE C1 P. 226-227

Sur les plages de la commune de Beberibe, à 85 km de Fortaleza, surgissent les premières falaises rouges qui ont fait le succès de Canoa Quebrada.
À l'entrée de **Morro Branco★**, des artisans vendent des flacons remplis de sables colorés composant des paysages miniatures. Ces sables sont extraits du « labyrinthe des falaises » que l'on peut traverser en compagnie d'un jeune guide pour quelques reais. Plusieurs kiosques et restaurants sont installés sur la plage.
Praia das Fontes★, la plage voisine, tient son nom des fontaines d'eau douce qui jaillissent des falaises et sous lesquelles on peut se baigner. La plupart des visiteurs rejoignent ces sources en buggy. Le parcours classique, au départ de Morro Branco, comprend aussi un arrêt aux dunes et lagunes d'**Uruaú**, 24 km plus loin.

★ Canoa Quebrada CARTE D1 P. 226-227

La CE 040 aboutit à **Aracati**, à 167 km de Fortaleza, modeste commune où se cache la plus célèbre plage du Ceará, **Canoa Quebrada**. Ce petit village de pêcheurs est sorti de l'anonymat dans les années 1970, avec l'arrivée des premiers hippies. L'accès se faisait alors à dos d'âne, par les dunes. Au cours de la décennie suivante, la construction d'une route a précipité son développement touristique. *Pousadas*, restaurants et kiosques de plage poussèrent alors comme des champignons. Désormais, on ne se rend plus à Canoa Quebrada pour communier avec la nature, mais pour profiter de ses nuits, très réputées en saison. La journée, les conducteurs de buggy proposent diverses excursions. L'une des plus belles remonte le littoral jusqu'à **Ponta Grossa★★** en longeant les escarpements nacre, rose et ocre qui se dressent sur le sable *(à marée basse uniquement)*.

Canoa Quebrada.
aracati_gringo/Getty Images Plus

La côte ouest

La **CE 085** (appelée Estruturante) longe le littoral ouest ou Costa do Sol Poente (côte du soleil couchant).

Cumbuco CARTE C1 P. 226-227

À 35 km de Fortaleza. Liaison par bus avec la compagnie Vitória (ligne 366, 4 dép. de 8h à 18h30 - www.evitoria.com.br) ; dép. en face de l'Hotel Praiano, av. Beira Mar 2842. (PLAN DE LA VILLE C2 P. 322-323)
Cumbuco réserve des paysages grandioses où se mêlent l'ivoire des dunes, le bleu intense des lagunes, une mer émeraude et de fragiles cocotiers. Il vous sera toutefois difficile de les découvrir seul, car il s'agit de l'excursion préférée des habitants de Fortaleza et des touristes de passage. Les chauffeurs de buggy commencent dès l'autoroute à proposer leurs balades qui comprennent des arrêts aux lagunes de **Banana** et de **Cauípe**, où l'on peut pratiquer le jet-ski.

★ Lagoinha CARTE C1 P. 226-227

À partir du rond-point de Cumbuco, suivre les panneaux « Estruturante ».
L'une des plus belles cartes postales du Ceará se trouve à 106 km à peine de la capitale. Les vagues y déferlent sur une plage parfaite, en demi-lune, surmontée de dunes rouges et entourée de végétation. Les excursions en buggy conduisent, à marée basse, jusqu'à l'embouchure du **Rio Mundaú** en passant par **Fleixeiras**, connue pour ses dunes et ses lagons transparents. Depuis Lagoinha, on peut aussi s'aventurer à caboter sur une *jangada*.

Carnet pratique

PLAN DE LA VILLE P. 322-323

S'informer

Office de tourisme – A1 - *R. Senador Pompeu 350, Centro - ✆ (85) 3452 3020* .

Casa do Turista – D1 - *Av. Beira Mar (Mucuripe) - ✆ (85) 3105 2670 - www.fortaleza.ce.gov.br*

Arriver/Partir

En avion – Aeroporto Internacional Pinto Martins (FOR) - C3 EN DIR. - *Av. Senador Carlos Jereissati 3000, Serrinha (8 km au sud) - ✆ (85) 3392 1030 - www.fortaleza-airport.com.br.* Nombreuses connexions intérieures et vols internationaux. Des **bus urbains** *(5h-23h)* relient l'aéroport à la gare routière *(ligne 404)* et au terminal de Papicu *(ligne 066)*, à proximité des plages (*R. Pereira de Miranda* D3).

En tramway; la ligne Parangaba-Mucuripe relie l'aéoport au Mercado de Peix D1 (départs ttes les 30mn, gratuit).

Transfert privé : aéroport-plage 70 R$ (jusqu'à 4 pers.) ou 150 R$ jusqu'à 12 pers.) - *www.fortalezabeaches.com - ✆ (85) 99724-4111.* **Accès en taxi** - Comptez 50 R$ pour le centre ou le secteur des plages.

En car – Rodoviária João Thomé - AHORS-PLAN PAR A3 - *Av. Borges de Melo 1630, Fátima - ✆ (085) 3256 5786 - www.rodoviariafortaleza.com.* Lignes de bus urbains vers le secteur des plages.

Liaisons longue distance - Connexions vers les capitales d'État, notamment Natal *(7/j. - durée : 9h - 160 R$)*, Belém *(4/j. - 28h - 520 R$)*, Recife *(4/j. - 13h - 250 R$)*, São Luís *(2/j. - 19h - 300 R$)*, Salvador *(4/j. - 25h - 350 R$)*.

Terminal Domingos Olímpio *Av. Domingos Olímpio180a* A3 - Nombreux départs vers Porto das Dunas *(12/j. - 1h)*, Morro Branco *(6/j. - 2h)*, Cumbuco *(7/j. - 1h)*, Mundaú *(4/j. - 4h)*, Canoa Quebrada (*6/j. - 3h*), Jericoacoara (*3/j. - 7h*) et Icaraí de Amontada (*1/j. - 4h30*).

Se déplacer

En métro – Le métro de Fortaleza se compose de 2 lignes (Sul et Oeste) reliant le centre aux parties sud et ouest de la ville. S'ajoute une ligne de tramway desservant l'aéroport. *www.metrofor.ce.gov.br.*

En bus – Les **Circular** relient le Centro à Aldeota en suivant les Av. Beira Mar et Desembargador Moreira. Pour la **Praia do Futuro**, prendre le **TopBus** sur l'Av. Beira Mar (départ du Centro, R. Castro e Silva ; PLAN A1).

En taxi – Pour traverser la ville, depuis Iracema jusqu'à la Praia do Futuro, comptez 45 R$.

Rádio Táxi Fortaleza – *✆ (85) 3089 5744 - 24h/24.*

Adresses utiles

À Fortaleza

Banque/Change – Nombreux distributeurs et bureaux de change sur l'Av. Beira Mar. On en trouve également à la gare routière, à l'aéroport et dans les centres commerciaux.

Poste

Agência Central de Fortaleza – A1 - *R. Senador Alencar 38, Centro - ✆ (85) 3255-7232- lun.-vend. 8h-17h.*

Urgences/Santé

Hôpital São Carlos – C3 - *Av. Pontes Vieira 2531, Dionísio Torres - ✆ (85) 4009 3333-www.hospitalsaocarlos.com.br.*

Sécurité

Fortaleza est une ville dangereuse.

Prenez les précautions d'usage (☛ p. 510) et évitez de fréquenter les plages à pied le soir, y compris la Praia do Futuro, et les rues du centre-ville, vite désertes à la nuit tombée. La prostitution est par ailleurs un fléau très présent. Attention aux pickpockets, qui sévissent sur les plages et dans le centre-ville.

Police touristique (Deprotur, Delegacia de Proteção ao Turista) – B2 - *R. Costa Barros 1971, Aldeota - ✆ (85) 3101-1344.*

À Canoa Quebrada

Pas de banque dans le bourg, mais des ATM. Tous les commerces s'alignent dans la rue principale, surnommée « Broadway ».

Les chauffeurs de buggy attendent les clients au début de cette rue.

Associaçao dos Bugueiros – *✆ (88) 3421-7175.* L'association des conducteurs de buggy.

Agenda

Festas juninas – *En juin.* Tout le mois, quadrilles au son de l'accordéon. Feux de joie en hommage aux saints Antoine (le 13), Jean (le 24) et Pierre (le 29).

Fortal – *4 j. fin juil. - www.fortal.com.br.* Un « carnaval » hors saison : 1,5 million de personnes sautillent derrière les *trios elétricos* des vedettes bahianaises.

Dia de Yemanjá – *Le 15 août.* Journée d'offrandes à la déesse de la Mer, organisée sur la plage du Futuro par les centres d'*umbanda* (☛ p. 449) de la ville.

Nos adresses

Restauration

La cuisine du Ceará, entre le sertão et la mer, reflète le métissage de deux cultures bien typées : celle du *vaqueiro*, le vacher semi-nomade qui arpente le désert nordestin, et celle du *jangadeiro*, le pêcheur qui défie la mer sur son humble radeau en bois. Au menu, la *carne de sol* (☛ voir l'encadré p. 314), la farine de manioc et le *baião de dois* (mélange de riz, de haricots bruns et de fromage) côtoient la *peixada* (ragoût de poissons aux légumes), la *caranguejada* (crabes cuits dans un bouillon parfumé) ou encore la langouste, dont l'État est un grand producteur. Le quartier de Varjota, derrière Meireles, regroupe un grand nombre de tables, à la portée de tous les portefeuilles.

Fortaleza

Premier prix

1 **Assis o Rei da Picanha** – D2 - *R. Ana Bilhar 1356 - ✆ (85) 3267-3366 - ouv. tlj, service continu - plats 52/130 R$.* La carte de cette *churrascaria* comblera les pulsions carnivores les plus diverses avec une farandole de viandes braisées (belle pièce de picanha – viande de bœuf pour deux pers.–, carne de sol braisée), servies avec les accompagnements régionaux d'usage : haricots à la crème de lait, riz au mouton, incontournable *baião de dois*, banane grillée, manioc frit.

4 **Cantinho do Frango** – B2 - *R. Torres Câmara 71 - ✆ (85) 3224-6112 - www.cantinhodofrango.com - fermé lun.-merc. soir (jeu. et sam. 19h) - plats 40/167 R$.* Depuis 1994, cette cantine toujours bondée régale ses clients de grillades de poulet désossé, et aussi de caille, *tilapia*, steak-frites, ragoût d'agneau, filets mignon et côtes de bœuf. Le bar propose une sélection de près de 300 cachaças de tout le Brésil.

3

Budget moyen

10 Pizza Vignoli – C2 - *R. Silva Jatahy 529 - Meireles - ✆ (85) 3267-9450 - www.pizzavignoli.com.br - fermé le midi - pizza 34/65 R$.* Des pizzas très fines et légères. Côté garniture, huile d'olive vierge, sauce tomate maison, fruits de mer non congelés et mélanges exotiques comme le shiitake (champignon japonais) flambé au vin blanc ou le porc au chutney de mangue. Comme la formule avait du succès, une dizaine du succursales se sont ouvertes en ville.

9 Marquês da Varjota – D2 - *R. Frederico Borges 426 - Varjota - ✆ (85) 3023-5120 - ouv. tlj, service continu - plats 100/275 R$.* Derrière sa petite façade colorée, le restaurant est une invitation à voyager en terre et en saveur portugaises. Délicieux *bacalhau* fondant, concocté selon une vingtaine de recettes, et, en dessert, irrésistible *pastel de nata*.

2 La Bella Italia – B1 - *Av. Almirante Barroso 812 - Iracema - ✆ (85) 3219-2166 - www.labellaitaliafortaleza.com.br - 18h-0h - fermé le midi sf dim. - plats 80/110 R$.* Ouverte par deux Italiens, Luca et Andrea, cette institution d'Iracema, décorée de photos des grandes scènes du cinéma italien, s'étend sur deux niveaux, avec terrasse abritée au rez-de-chaussée et salle climatisée et balcon à l'étage. Linguine aux palourdes, risotto aux cêpes, pizzas à la carne de sol et au Nutella pour les plus gourmands...

3 Restaurante Frederico – D2 - *R. Dr. José Lourenço 504 Meireles -- ✆ (85) 31093483 - ouv. tlj, service continu - plats 60/130 R$.* Cette adresse honore avec finesse le terroir nordestin qu'évoque la décoration rustique des lieux. Viandes et poissons sont l'honneur avec une mention spéciale pour la *parrilhada* de fruits de mer.

Pour se faire plaisir

8 L'Ô – A1 - *Av. Pessoa Anta 217 - Iracema - ✆ (85) 3265-2288 - www.lorestaurante.com.br - fermé sam. midi et dim. - plats 87/149 R$.* À l'intérieur d'une superbe demeure contemporaine, ce restaurant de cuisine tout aussi contemporaine est orchestré avec brio par le chef Junior Souza. Recettes sophistiquées (crevettes au gingembre flambées au cognac, saumon en croûte d'abricot et champagne accompagnées d'un risotto au citron sicilien), ambiance raffinée, excellente carte des vins.

5 Coco Bambu – C2 - *R. Canuto de Aguiar 1317 - Meireles - ✆ (85) 3242-7557 - www.cocobambu.com - ouv. tlj, service continu - 98/226 R$ le plat.* Succès indéniable pour ce restaurant à l'ambiance tropicale, apprécié pour ses poissons et crustacés, en particulier les crevettes sauce coco et coriandre. Ambiance animée dans la grande salle joliment décorée. Plats chers mais copieux. Autre adresse : av. Beira Mar 3698. Après Fortaleza, le groupe a essaimé partout au Brésil et même à Miami.

Canoa Quebrada

Inutile de se présenter dans les restaurants du bourg avant 16h... Pour déjeuner, il faut donc aller dans les établissements qui sont adossés aux falaises de la plage. Évitez toutefois ceux proches de l'accès, chasse gardée des agences de tourisme.

Budget moyen

Antônio Coco – *Plage de Canoa Quebrada - ✆ (85) 3421-7000 - www.antoniococo.com.br - 9h-17h - plats 70/129 R$.* Ultime barraca de la plage, la grande paillote d'Antônio est accessible depuis un bel escalier panoramique, bâti sur la falaise. Poisson frais grillé, crevettes ou homard à la sauce noix de coco... Service souriant et attentionné.

Shopping

On vient de tout le Brésil se fournir sur les bruyants marchés d'artisanat du Centro. À rapporter dans ses bagages : des ouvrages en **dentelle** *(renda de bilro)*, héritage portugais, et des **hamacs** en coton ou en fibres naturelles tressées, artisanat typiquement *cearenses*. Au rayon **vannerie**, jolis sacs, chapeaux et corbeilles en paille de *carnaúba*, palmier emblématique du Ceará.

Feirinha Beira Mar – C2 - *Av. Beira Mar - en face du Clube Náutico - 17h-22h.* Le passage obligé pour acheter les souvenirs de dernière minute ! Hamacs, vannerie, bijoux, poterie.

Centro de turismo – A1 - *R. Senador Pompeu 350 - Centro - lun.-vend. 8h-17h, sam. 8h-15h, dim. 8h-12h.* Une centaine de boutiques d'artisanat occupent les ailes de cet ancien pénitencier (1866).

Mercado Central – PLAN II, B2 - *Av. Alberto Nepomuceno 199 - ✆ (85) 3454-8586 - www.mercadocentraldefortaleza.com.br - 8h-18h, sam. 8h-17h, dim. 8h-13h.* Près de 600 boutiques sur cinq niveaux, véritable fourmilière où se croisent acheteurs professionnels et particuliers. Vannerie, céramique, hamacs, articles en cuir, sucreries et une poignée de bars où se poser pour un verre. Très populaire.

CEART – B2 - *Av. Santos Dumont 1589 - Aldeota - ✆ (85) 3101-1644 - lun.-sam. 8h-19h.* Plus chic et plus cher : la Central de Artenasato do Ceará (CEART) expose les travaux de coopératives d'artisans. Beaucoup de vaisselle et d'objets de décoration en terre cuite ou en vannerie. Une autre boutique, plus petite, se trouve au Centro Cultural Dragão do Mar (A1).

En soirée

À Fortaleza, chaque soir de la sem. a son lieu et son activité attitrés. Le *forró* se danse de préférence le lun. (au Pirata), le mar. (à l'Arre Égua). Le jeu., le crabe est à l'honneur sur les tables des *megabarracas* de la plage du Futuro, où on le déguste dans une ambiance cabaret, avec orchestre ou spectacles comiques. Le w.-end, ce sont les bars et les clubs des alentours du Centro Cultural Dragão do Mar qui prennent le relais.

« Megabarracas »

On surnomme ainsi les établissements de bains qui jalonnent la plage du Futuro : on y trouve des placards fermant à clé, des toilettes, des douches extérieures, un parking, un service de restauration et parfois même une piscine ! L'ambiance y est familiale le jour, festive la nuit. Parmi les plus courus, le **Croco Beach** (le plus animé, avec son immense piste de danse à l'étage), le **Biruta** (programmation nocturne en saison) ou encore le **Cabumba** (public gay).

Chico do Caranguejo – D3 - *Av. Zézé Diogo 4930 - Praia do Futuro - ✆ 85 99233 4602 - www.chicodocaranguejo.com.br.* Célèbre pour son spectacle humoristique du jeu., précédé d'un bal *forró*. À table, optez pour les crabes ou une *peixada* pour 4 pers.

Bals forró

Pirata Bar – B1 - *R. dos Tabajaras 325 - Iracema - ✆ (85) 4011-6161 - www.pirata.com.br - lun. à partir de 19h30.* Sur la plage d'Iracema, un bar décoré comme un bateau de pirates. En première partie de soirée, des danseurs engagés par la maison aident le public, composé surtout de touristes brésiliens ou étrangers, à se désinhiber ; puis l'orchestre enchaîne avec les tubes de variété brésilienne.

Kukukaya – *Av. Pontes Vieira 55A - Dionísio Torres - vend. 18h-4h, sam. 16h-4h.* Pour danser « collé-serré »,

3

dans la veine la plus traditionnelle du forró. Ouvert sur des jardins, le complexe comprend aussi des restaurants régionaux où grignoter des crêpes de tapioca.

Complexo Armazém – *Av. Almirante Barroso 444 - Iracema - ☏ (85) 3219-4322 - merc. et sam. 22h-5h.* Vaste ensemble de 2 000 m². Orchestres de *forró*, musique pop, disco et électro dans deux salles animées par des DJs.

Canoa Quebrada

À partir de 22h, Brodway, officiellement r. Dragão do Mar, draine des estivants. On s'attarde dans un bar plutôt que dans un autre pour suivre la mode... Les classiques : le **Bar do Reggae** et le **Freedom bar**, où l'on danse le reggae, le forró et les tubes de l'été ; ou encore le Bar Todo Mundo, plus rock, avec une table de billard.

Activités

Excursions vers les plages

Tous les soirs, les agences de voyages opérant sur le littoral stationnent leurs 4x4 sur le front de mer, à la hauteur du Clube Náutico, pour vendre leurs excursions vers les plages : **Beach Park**, **Morro Branco**, **Cumbuco**, **Lagoinha**... Votre hôtel pourra également vous mettre en relation avec l'une d'elles. Leurs tarifs et prestations se valent : comptez env. 200 R$ *(4 pers. maxi.)* l'excursion selon la distance, hors repas et activités. Évitez les circuits qui incluent plus de deux sites dans une seule journée : vous risquez de passer plus de temps sur les routes que sur les plages ! Les forfaits proposés pour **Canoa Quebrada** et **Jericoacoara** sont trop expéditifs et ne laissent pas assez de temps pour en profiter.

Hébergement

Fortaleza

Fortaleza compte un grand nombre d'hôtels de gamme moyenne en front de mer, ou à quelques rues à peine de la plage.

Premier prix

(2) **Aquarius** – B1 - *Av. Monsenhor Tabosa 1078 - Iracema - ☏ (85) 3089-8800 - www.hotelaquariusfortaleza.com.br - 24 ch. 170 R$* ☕. Une adresse simple et agréable, située sur la plus belle avenue commerçante de Fortaleza, près de la jetée d'Iracema. Les chambres, nettes et spacieuses, donnent sur une galerie ouverte agrémentée de plantes. Petit-déjeuner copieux.

Budget moyen

(1) **Abrolhos Praia Hotel** – C2 - *Av. da Abolição 2030 - Meireles - ☏ (85) 3248-1217 - www.abrolhospraiahotel.com.br - 36 ch. 189/239 R$* ☕. Malgré un cadre un peu impersonnel, on appréciera l'irréprochable propreté de cet hôtel. Les chambres sont petites, mais inondées de lumière, et les salles de bains d'une blancheur éclatante. Sa localisation, à proximité des plages et du centre, est un atout.

(3) **Hotel Encontro do Sol** – B1 - *R. Monsenhor Bruno 122 - Meireles - ☏ (85) 3031-6222 - www.hotelencontrodosol.com.br - 🏊 - 22 ch. 210/315 R$* ☕. Située tout juste derrière le front de mer, cette pousada s'ouvrant sur le prestigieux Country Club est joliment colorée avec ses murs peints et ses tableaux déclinant le thème de la musique. Petites chambres agréables et bien équipées, dont certaines avec balcon. Petite piscine à l'arrière.

Pour se faire plaisir

10 **Villa Mayor** – C2 - *R. Visconde de Mauá, 151 - ✆ (85) 3466-1900 - www.villamayor.com.br - ⛱ - 94 ch. 370/605 R$* ☕. Jolie façade, accueil souriant et taille humaine sont les atouts de cet hôtel bien situé près du front de mer. Chambres petites mais bien tenues et petit-déjeuner agréable au bord de la piscine.

6 **Hotel Luzeiros** – C2 - *Av. Beira Mar 2600 - Meireles - ✆ (85) 4006-8585 - ⛱ - 212 ch. 466/777 R$* ☕ - ✕. Un emplacement idéal au cœur de l'avenue Beira Mar, un accueil chaleureux, avec cocktail de bienvenue et quelques mots en français... Outre son service optimal, vous apprécierez aussi les chambres de cet établissement, avec grands lits et vue (ou aperçu) sur la mer. Salles de fitness et de massage, sauna...

8 **Praiano Hotel** – C2 - *Av. Beira Mar 2800 - Meireles - ✆ (85) 3535-3540 - www.praiano.com.br - ⛱ - 189 ch. 358/548 R$ selon la catégorie* ☕ - ✕. Il suffit de traverser la rue pour se rendre sur le marché d'artisanat qui se tient tous les soirs sur la plage. Malgré son élégance un peu austère destinée à flatter une clientèle d'affaires, on appréciera la qualité des équipements, le service efficace et la vue sur la mer dont bénéficient presque toutes les chambres, d'ailleurs très spacieuses. Réception francophone.

9 **Sonata de Iracema** – B1 - *Av. Beira Mar 848 - Praia de Iracema - ✆ (85) 4006-1600 - www.hotelsonata.com.br - ⛱ - 117 ch. 368/670 R$* ☕ - ✕. Derrière une façade néoclassique bleue, dressée face à la mer, se cache un hôtel au style très contemporain. Les chambres, très bien équipées (télévision par câble, coffre), ont toutes vue sur la plage d'Iracema. Fitness et piscine.

Une folie

4 **Hotel Gran Marquise** – D1 - *Av. Beira Mar 3980 - Mucuripe - ✆ (85) 4006-5000 - www.granmarquise.com.br - ⛱ - 230 ch. 802/906 R$* ☕ *selon la catégorie et la saison* - ✕. L'un des plus beaux établissements de Fortaleza, avec son vaste hall recouvert de panneaux en granite et agrémenté de fontaines. Les 18 étages de l'édifice abritent des chambres spacieuses et sobrement décorées, où domine le bois clair. Accueil soigné et discret. Belle piscine.

Canoa Quebrada

Pour se faire plaisir

Tranquilândia Village – *Praia de Canoa Quebrada - Aracati - ✆ (88) 99741-6849 - www.tranquilandia.it - ⛱ - 13 ch. 360/510 R$ selon la saison* ☕ - ✕. Sur un vaste terrain en pente d'où l'on aperçoit la mer, les maisonnettes ouvrent sur le jardin ou la piscine. Certaines disposent d'un solarium privé sur leur toit. Chambres lumineuses, au sol en terre cuite et au mobilier de bois, plutôt confortables.

Pousada Vale do Luar – *R. Caminho do Mar - ✆ (88) 3421-7090 - ⛱ - www.canoa-quebrada.com/valedoluar/ - 9 ch. 300/700 R$* ☕ *selon la catégorie* - ✕. Avec ses cocotiers, ses bananiers, ses bougainvilliers, ses ibiscus et son gazon impeccable, la propriété est un ravissement. Les chambres, personnalisées, sont réparties dans les six bungalows du jardin et à l'étage du bâtiment principal et disposent toutes d'une terrasse en direction de la mer. La propriétaire, francophone, se plie en quatre pour combler ses hôtes. Petit-déjeuner servi sur chaque terrasse. Vaste piscine avec vue.

Jericoacoara et la côte nord ★★

C'est la destination fétiche des voyageurs en quête de paradis sauvage et d'authenticité. Baptisé « Rota das Emoções » (la Route des émotions), le trajet le long du littoral qui s'étend sur 900 km entre Fortaleza et São Luis offre un superbe terrain d'aventure à parcourir en 4x4 ou en buggy, entrecoupé de traversées de rivières en bateau ou à bord de bacs de fortune. Encore préservée de toute construction, la côte alterne entre d'immenses plages de sable fin quasi désertes, des villages isolés encadrés de palmiers et cocotiers et des lagunes bordées d'impressionnantes dunes de sable blanc. La plage demeure le domaine des pêcheurs voguant sur leurs jangadas, fragiles esquifs à voile triangulaire. À l'arrière, entre dunes et restinga d'épineux, errent chèvres et ânes, vagabonds et bienheureux. Les rouleaux et le vent, puissant et continu, font ici le bonheur des adeptes du surf, de la planche à voile et du kitesurf. Spot mythique de ce littoral, la branchée Jericoacoara jouit d'un emplacement exceptionnel au cœur d'un parc national hérissé de dunes. Plus à l'ouest, le périple côtier se poursuit par le delta du Parnaíba, fascinant labyrinthe d'estuaires émaillé de mangroves et d'îlots, puis par la surréaliste et somptueuse étendue de hautes dunes et de lagunes des Lençóis Maranhenses.

Se repérer

Jericoacoara : 19 510 hab. - Parnaíba : 150 547 hab. - Littoral à cheval sur les États du Ceará, Piauí et Maranhão.

CARTE C1 P. 226-227.

Icaraí se situe à env. 200 km au nord-ouest de Fortaleza. C'est une bonne étape sur le trajet de Jericoacoara, 100 km plus loin. Encore 200 km plus à l'ouest s'ouvre le vaste delta du Parnaíba, qui s'étend entre les villes de Parnaíba et Tutóia, à cheval entre les états du Piauí et du Maranhão. De Tutóia, il reste 100 km pour rallier Barreirinhas et Atins, à l'entrée du parc des Lençóis Maranhenses.

À ne pas manquer

Le coucher du soleil depuis la grande dune de Jericoacoara ; s'assoupir dans les hamacs suspendus au ras de l'eau dans la lagune de Jijoca ; observer le vol des ibis rouges dans le delta du Parnaíba.

Organiser son temps

Trajet possible en bus de Fortaleza à Jericoacoara, plus difficilement ensuite vers Parnaíba et Barreirinhas. Le voyage sera alors fastidieux, avec des correspondances aléatoires et toujours par les routes de l'intérieur et non par la plage (beaucoup moins intéressant). Aussi est-il conseillé de passer par une agence pour organiser les transferts en 4x4 et en bateau au fil du circuit. Prévoyez environ 6 jours, ou 8 jours en incluant le parc des Lençóis. Mieux vaut s'y rendre entre juillet et octobre, après la saison des pluies (fév.-mai), pour profiter pleinement des lagunes ; le niveau de l'eau se maintient jusqu'en nov.-déc. Le vent des alizés souffle fort et régulièrement de juillet à janvier.

Carnet pratique p. 340

Nos adresses p. 340

Hamacs dans la lagune de Jijoca.
xeni4ka/Getty Images Plus

De Fortaleza à Jericoacoara

Voir aussi « La côte ouest « dans « Fortaleza et ses environs » p. 329.
Plus on s'éloigne de Fortaleza et de ses stations balnéaires satellites, plus la côte devient sauvage, déroulant des kilomètres de plage immaculée, tout juste peuplée ici et là par quelques hameaux de pêcheurs rustiques.

3

★ Icaraí de Amontada

À 190 km de Fortaleza par la CE-085 ou par la piste littorale à partir de Lagoinha.
Icaraí, plus souvent appelé Icaraizinho (le petit Icaraí) pour le différencier d'un autre Icaraí situé à 20 km à l'ouest de Fortaleza, est un village de pêcheurs posé au milieu d'une somptueuse baie de sable doré. Les rues sont pavées, on y trouve quelques commerces et une poignée de *pousadas*, mais les habitants s'y déplacent encore parfois à dos d'âne, à cheval ou en char à bœufs. Longue de 6 km, la plage bordée de cocotiers (et d'éoliennes) est animée par le va-et-vient des pêcheurs qui partent et reviennent sur leurs barques en bois gréées de voiles latines. Les alizés, qui soufflent avec force et régularité, en font une étape idéale pour le windsurf et le kitesurf. Les pratiquants apprécient le calme du site, moins fréquenté que Jericoacoara.

★★ Jericoacoara

À 300 km de Fortaleza par la CE-085 jusqu'à Jijoca, et de là environ 45mn de trajet par une piste de sable et nids-de-poule réservée aux véhicules tout-terrain.
« Jeri », comme l'appellent les Brésiliens, a longtemps vécu à l'écart du monde, coincé au bord d'une côte ventée, isolé au creux de dunes géantes et mobiles, brouillant continuellement les pistes d'accès au village. « Découverte » dans les années 1980, la perle du littoral cearense n'a rien perdu de son pittoresque : le trajet, cahoteux et compliqué, décourage encore le tourisme de masse. Jericoacoara se mérite. Mais une fois les barrières naturelles passées, on savoure le charme

de cette bourgade aux ruelles de sable battu, à la plage magnifique surmontée d'une stupéfiante dune dorée. Hors saison, les journées s'y écoulent doucement et l'on prend le temps de s'émerveiller du ballet quotidien de la lune et du soleil qui disparaissent dans la mer, de compter les étoiles filantes dans la nuit noire, de barboter dans les lagunes cristallines que forment les eaux de pluie. Il en va autrement durant la haute saison, d'août à décembre, lorsque l'animation bat son plein. Dans le sillage des mordus de la voile, attirés par la qualité des vents, des touristes toujours plus nombreux investissent la destination : routards du monde entier, familles brésiliennes, etc. Bals forró et musique reggae qui résonne des bars jusqu'à l'aube, bonds périlleux des kitesurfeurs, va-et-vient de buggys et 4x4 pétaradants rythment alors les journées ! L'ouverture d'un aéroport en 2017, à 31 km au sud-est, a accéléré la mutation. En 2002, la région a été néanmoins transformée en parc naturel. Et depuis 2011, la circulation est interdite pour les voitures de l'extérieur, qui doivent utiliser le parking payant à l'entrée du village.

Se repérer

Jericoacoara s'organise autour de quelques ruelles bordées d'une centaine de *pousadas* et d'autant de restaurants, bars et boutiques. Les rues centrales, parallèles entre elles, mènent à la plage. Au milieu, la Rua Principal. Elle est encadrée au nord-est par la Rua do Forró et la Rua da Igreja ; au sud-ouest (vers la gauche en regardant la plage) par la Rua São Francisco et la Rua das Dunas.

★★ Duna do Pôr do Sol

La « dune du coucher de soleil » se dresse comme un mur face à l'océan, au sud-ouest du village. Du sommet (30 m), on assiste au lent plongeon du soleil dans la mer. Le ciel prend alors des tons violacés et couvre le sable de paillettes dorées. C'est une des dunes « mobiles » du parc : acculée sur la plage par les vents d'un côté, creusée par les vagues de l'autre, elle est destinée à disparaître.

Pedra Furada

À marée basse, 30mn de marche (*2 km vers l'est*) conduisent à Pedra Furada, formation rocheuse sculptée par l'érosion. En juillet, le soleil se couche dans le creux du rocher. À marée haute, prendre le sentier qui part du village.

Plus à l'est le long du littoral (*à 14 km de Jeri*) se trouve **Preá,** petit village de pêcheurs dont la plage immense constitue un autre spot apprécié des kiteurs. À mi-chemin, l'**Árvore da Preguiça** (arbre de la paresse), un palétuvier gris, étire ses branches au ras du sol sous l'action du vent.

★★★ Les lagunes

Lagoa Azul★★★ et **Lagoa do Paraíso★★★** ne forment en réalité qu'une seule lagune, la **Lagoa de Jijoca★★★** (30 km^2), à 10 km env. au sud de Jeri. On atteint en buggy ses plages de sable fin, discrètement aménagées : paillotes servant du poisson grillé, bar immergé, hamacs colorés installés au-dessus de l'eau, kayaks à louer *(env. 15 R$/30mn)*.

La **Lagoa da Torta★★**, ou Lagoa de Tatajuba, s'étend près de **Tatajuba**, à 36 km à l'ouest de Jeri. La piste littorale traverse d'abord des paysages étonnants : **Mangue Seco**, une mangrove blanche où l'on peut aller en barque observer des petits hippocampes (*10 R$*), Rio Guriú que l'on traverse à bord d'un bac et les ruines de **Tatajuba Velha**, village enseveli sous le sable dans les années 1960-1980. Après Tatajuba, encore 35 km de piste littorale, puis on traverse le Rio Coreaú à bord d'un bac pour **Camocim**, grosse bourgade sans charme plantée sur l'autre rive. De Camocim, la route asphaltée BR-402 permet de rejoindre **Parnaíba**, dans l'État du Piauí, ancien port d'exportation de cire de carnauba et point de départ des excursions dans le delta du Parnaíba.

★★ Delta du Parnaíba

Départ des excursions en bateau depuis le Porto das Barcas à Parnaíba, ou du Porto dos Tatus, sur Ilha Grande, à 10 km au nord de Parnaíba.

Surnommé aussi delta des Amériques, le delta du fleuve Parnaíba est le troisième plus grand du monde en mer ouverte après ceux du Nil et du Mékong. Découvert vers 1640 par le navigateur portugais Nicolau de Resende qui y fit naufrage, il forme un véritable labyrinthe de 73 îles, de multiples bras d'estuaires, de lacs et de chenaux, s'étendant sur 2 700 km² entre les États du Piauí et du Maranhão. Dans cet écosystème exceptionnel alternent mangroves, dunes, forêt tropicale, plages de sable blanc, marécages et plaines inondables, et se cache une faune riche et variée (crocodiles, tatous, agoutis, singes, tortues, crabes, piranhas et de multiples espèces d'oiseaux).

Parmi les cinq îles habitées du delta, il est possible de séjourner sur l´**Ilha das Canárias**, qui abrite un village de pêcheurs de 2 500 habitants et quelques *pousadas*, ou sur l'**Ilha do Caju** (*www.ilhadocaju.com.br*), sanctuaire écologique .Jadis habitée par les Indiens Tremenbés, l'île fut colonisée un temps par les Jésuites. *(accessible en bateau depuis Parnaíba - 80mn - et Tutóia - 40mn).* Une navigation dans le delta est aussi l'occasion d'explorer la **mangrove** en s'enfonçant en pirogue dans les *igarapés* (étroits bras de rivière), à la découverte d'un monde étrange de racines et de branches enchevêtrées où courent les crabes, où chassent les martins-pêcheurs, les aigrettes et les hérons. Une halte s'impose aux grandioses dunes géantes du **Morro Branco**, à la croisée du fleuve et de l'océan. Peu avant le coucher du soleil, il faut enfin assister au spectacle des escadrilles d'**ibis rouges** (*guarás*) qui vont rejoindre pour la nuit leur refuge dans les palétuviers d'un îlot, dont les branches se chargent alors d'incroyables bouquets écarlates.

De l'autre côté du delta, le port de **Tutóia** (58 000 hab.) dans l'État du Maranhão, possède plusieurs auberges pour faire étape. De là, une route asphaltée conduit à **Paulino Neves** (33 km), suivie d'une piste de 40 km jusqu'à **Barreirinhas**, porte d'entrée du parc des Lençóis Maranhenses. De Paulino Neves, il est aussi possible de longer la côte jusqu'à Caburé, à l'embouchure du rio Preguiças, que l'on traverse alors en bac pour **Atins**, l'autre porte d'entrée du parc.

★★★ Parc national des Lençóis Maranhenses

p. 344.

Carnet pratique

S'informer

Page tourisme du site de la municipalité : *www.jijocadejericocoara.ce.gov.br*. Consultez également les sites commerciaux *www.portaljericoacoara.com.br.* et *www.rotadasemocoes.com.br* : informations sur le littoral entre Jericoacoara, le delta du Parnaíba et le parc national des Lençóis Maranhenses.

Arriver/Partir

En avion – Aeroporto Regional de Jericoacoara - *31 km au sud-est de Jericoacoara - ✆ (85) 2181-6277.* Liaisons avec São Paulo-Guarulhos *(GOL et LATAM, au moins 1/j. durée 3h40)* ; avec Fortaleza *(Azul, 1/j., durée 1h)* et Parnaiba *(Azul, au moins 1/j., durée 45mn)*. www.voegol.com ; www.voeazul.com.br ; www.latamairlines.com.

En bus – La compagnie **Guanabara** (*www.expressguanabara.com.br*) dessert Jericoacoara au départ de Fortaleza *(2 à 3/j. - 6h de trajet - à partir de 110 R$ - le dernier tronçon entre Jijoca et Jericoacoara s'effectue en véhicule tout-terrain).*

Se déplacer

Entre Jericoacoara, le delta du Parnaíba et le parc des Lençóis, les transports en commun sont rares et aléatoires, les trajets épuisants. Il est conseillé de passer par les services d'une agence locale. Basée à São Luís, la francophone **Terra Nordeste** *(✆ (98) 3304 3797 - www.terra-nordest.com)*, pionnière dans l'écotourisme, peut vous concocter un itinéraire cousu main sur la « Route des émotions » permettant d'associer d'amusants trajets en 4x4 et buggy sur les plages avec traversées de rivière en bac et croisière dans le delta.

En voiture – Location de voiture déconseillée : accès impossible à Jeri par la piste. Même en 4x4, vous risquez de vous ensabler ou de vous perdre.

En bateau – À Parnaiba, plusieurs agences ont leur bureau sur l'Av. Presidente Vargas, juste devant le Porto das Barcas. Elles organisent des croisières à la journée dans le delta. Préferez les petites embarcations aux gros catamarans. **Clip Ecoturismo** – *✆ (86) 9 9978-5358 - www.clipecoturismo.tur.br.* **EcoAdventure Tour** – *✆ (86) 3323 9595 - www.ecoadventure.tur.br.*

Adresses utiles

Ni banque ni distributeur à Icaraí et Jericoacoara. En revanche, on trouve des agences Banco do Brasil avec distributeurs à Jicoca, Camocim, Parnaíba et Tutóia. Il est possible de changer dollars et euros à Jericoacoara, mais à un taux peu avantageux.

Taxa de Turismo Sustentável – Cette taxe pour le tourisme durable de *41,50 R$/j.* se règle en ligne sur www.jijocadejericocoara.ce.gov.br. Vous devrez indiquer votre lieu d'hébergement.

Nos adresses

Restauration

Icaraí de Almonda

Premier prix

Espaço Gourmet Icaraizinho – *R. Noe Praciano Sampaio 194 - ✆ (88) 8103-1307 (Whatsapp) - fermé le midi et dim.-lun. - service 120 R$/pers.* Le bistrot, tenu par un Nissei, un Japonais du Brésil, séduit par son aspect intime. Pas de carte, le chef ne cuisine que des produits frais et concote chaque soir son menu, sushis et sashimis si la pêche le permet, sinon des yakisobas, nouilles sautées garnies de légumes, poulet ou crevettes. Vite complet, mieux vaut passer dans la journée pour réserver.

Restaurante Pousada Hibisco – *R. Joaquim Alves Parente 119 - ✆ (88) 3636-3076 - www.pousadahibisco.com - tlj sf mar. - plats 56/138 R$.* Le restaurant invite à se délecter de poisson grillé, crevettes, filet mignon, pâtes et pizzas cuites au four à bois, dans un jardin fleuri d'hibiscus et de bougainvilliers juste devant la plage. Cette pousada peinte en jaune canari abrite par ailleurs 5 chambres claires, propres et attrayantes, avec leur hamac sur le balcon *(200 R$)*.

Jericoacoara

Les restaurants proposent de quoi satisfaire tous les palais et tous les budgets : crêperies, pizzerias, kebabs, sushis bars, bistrots et tables semi-gastronomiques.

Premier prix

Club Ventos – *Praia de Jericoacoara - ✆ (88) 3636-3006 - www.clubventos.com.br - fermé le soir - 20/30 R$.* Les pieds dans le sable et la tête à l'ombre d'un anacardier, face à la mer, on profite du buffet *ao kilo* pour se requinquer à l'heure du déjeuner. Et ensuite piquer une sieste sur une chaise longue…

Budget moyen

Pimenta Verde – *R. São Francisco s/n - à l'angle du Beco Doce - ✆ (88) 99916-0577 - www.pimentaverdejeri.com.br - ouv. tlj, midi et soir - plats 59/86 R$.* Terrasse sous une paillote à l'angle d'une ruelle et quelques tables en bois dans la salle. Cuisine aux portions généreuses, privilégiant les associations sucré-salé et les épices : filet de poisson sauce Passion, crevettes à la mangue et au curry, *ceviche* au piment et citron vert. Le filet mignon au poivre vert est un régal, de même que le poulpe grillé. Arrivez tôt pour avoir une table.

Bistrô Caiçara – *R. Principal 16 - ✆ (88) 99749-1000 - fermé dim. et le midi - plats 49/89 R$.* En terrasse, à l'étage d'une boutique d'artisanat, on profite de la vue sur la rue animée tout en savourant des plats délicieux (risotto de fruits de mer, filet de dorade aux bananes, poulpe aux légumes, crevettes au lait de coco) concoctés par un chef en toque. Jolie décoration et personnel aux petits soins.

Delta de Parnaíba

Budget moyen

Rios Restaurante – *R. da Praia 45 - 64200-200 Parnaíba - Porto das Barcas - ✆ (86) 3322-2325 - fermé le midi - 40/70 R$ le plat.* Plusieurs cafés et restaurants sont groupés au Porto das Barcas, dont celui-ci, doté d'une agréable terrasse au bord du fleuve. Carte variée. Goûtez les crevettes panées ou la *torta de cajanguero*, tourte au crabe, la spécialité locale.

Petite pause

Jericoacoara

Gelato and Grano – *Praca Principal - ✆ (88) 9631-7759 - 11h-0h.* Un glacier divin avec un vaste choix de parfums : mangue, coco, yaourt grec, tapioca, *açai*, kiwi… Petits pots à emporter ou à déguster sur le banc en terrasse

En soirée

Jericoacoara

La vie nocturne y est intense sous le ciel étoilé. Lorsque refluent les adorateurs du soleil couchant sur la dune, débute alors l'apéro devant les **barracas de caipirinhas**, les étals dressés devant la plage, au bout de la rua Principal. Le choix est large, entre caipirinha, caipiroska, caipifruta et capeta (cocktail de vodka, guaraná, cannelle et lait condensé sucré). Plus tard dans la nuit, le **Samba Rock Cafe** (*Praca Principal*) draine le gros la foule avec ses concerts live. Le *forró* est aussi à l'honneur les merc. et sam. chez **Dona Amelia** (r. *do Forró*). Les autres soirs, les fêtards se retrouvent au **Mama Africa** (*r. das Dunas*) où l'on danse en plein air jusqu'à l'aube.

Activités

Icaraízinho

Windsurf/kitesurf – Cours et location de matériel au **Club Ventos** – *Dans la pousada Les Alizes, extrémité est de la plage - ✆ (88) 99697-0808 - www.clubventos.com.*

Jericoacoara

Cooperativa dos Bugueiros de Jericoacoara – *R. Principal - Env. 350 R$ (buggy jusqu'à 4 pers.) pour une 1/2 j.* Excursions en buggy jusqu'aux paradisiaques lagunes de Tatajuba et de Jijoca.

Sandboard – Pour dévaler les dunes, location dans plusieurs boutiques.

Capoeira – On peut assister tous les soirs à une ronde de capoeira sur la plage, vers 17h. Possibilité de prendre des cours le matin.

Équitation – Dunes géantes et plages interminables : idéales pour les balades à cheval. Une petite hutte sur la plage, au pied de la grande dune, propose des balades.

Planche à voile/kitesurf – Nombreux clubs à Jericoacoara. Les véliplanchistes se retrouvent sur la **Praia de Jericoacoara** et sa voisine, la **Praia da Malhada**. La **Praia do Preá**, 12 km à l'est, rassemble les kitesurfeurs. Pour les navigateurs confirmés, *downwinds* organisés sur la côte jusqu'à Camocim.

Hébergement

Icaraí de Amontada

Une folie

Pousada Café Zapata – *R. Joaquim Alves Parente 94 - ✆ (88) 98120-3084 - www.cafezapata.com - 15 ch. 616/858 R$ - 2 nuits mini. en fin de sem.* À 150 m de la plage, au milieu d'un exubérant jardin tropical, des cabanes en bois et brique joliment décorées. Lits spacieux et confortables. Électricité solaire. Bon petit-déjeuner.

Villa Mango – *Lagoa verde s/n - ✆ 85 99153 5286 - www.villamango.com.br - 14 ch. 786/823 R$* À l'ouest du village, dans un jardin devant la plage, les bungalows sur pilotis sont pourvus de toits en roseau et de baies à claire-voie qui assurent une bonne ventilation. À la fois rustiques et haut de gamme, ils bénéficient de lits king size, d'un Jacuzzi, d'une terrasse avec vue sur mer et même d'une piscine privée pour les suites. Club de kitesurf.

Jericoacoara

Jeri compte une véritable armada de *pousadas*, installées dans de modestes maisons de pêcheurs ou dans des bungalows, et aussi plusieurs adresses de luxe. Les *pousadas* sont en général bien tenues, avec chambres sur jardin, hamac suspendu à leur porte. Elles organisent, à la demande, le transfert depuis Fortaleza.

Premier prix

Villa Chic Hostel – *R. Principal s/n - ✆ 88 99968-5980 - villachicjeri.com - 3 dortoirs : 69 R$ et 4 ch. : 190/379 R$ selon la saison*. Adresse pour petits budgets, au calme. L'extérieur a belle allure et l'intérieur brille de propreté. Cuisine et coin barbecue à disposition, petite piscine.

Budget moyen

Pousada do Mauricio – *R. Principal - ✆ (88) 99945-5005 -*

www.pousadadomauricio.com - - 27 ch. à partir de 240/300 R$ selon la saison . Accueil charmant. Réparties autour d'une petite piscine, les chambres, très propres, se divisent en plusieurs catégories. Les supérieures, offrent un grand confort. L'ensemble manque un peu d'intimité.

Pousada Pedra Furada – *R. do Forró - 88 99987 3863 - www.pousadasjericoacoara.com.br - 12 ch. 315/411 R$.* Auberge accueillante, bien située près de la plage. Chambres basiques, mais irréprochables, peintes de couleurs vives, ordonnées le long d'un jardinet.

Villa Cajú – *R. São Francisco - 88 99671 3553 - www.villacaju.com.br - - 18 ch. 250/400 R .* Chambres propres et lumineuses au sol couvert de tomettes ou de carrelage, avec moustiquaire. Leur dépouillement contraste avec l'exubérance du jardin, planté d'arbres fruitiers et d'anacardiers qui ont donné son nom à la pousada. Les propriétaires parlent un peu le français. Grande piscine.

Pour se faire plaisir

Pousada Surfing Jeri – *R. São Francisco 150 - (88) 99655-2468 - www.surfingjeri.com.br - - 24 ch. 410/870 R$ 2 nuits mini.* L'adresse est connue des windsurfeurs car les propriétaires dispensent des cours en saison. De pimpantes maisonnettes, dispersées dans un grand jardin arboré, abritent des chambres confortables et très bien équipées.

Une folie

Vila Kalango – *R. das Dunas 30 - (88) 99961-9364 - www.vilakalango.com.br - - 24 ch. à 1100/2500 R$ - .* Posés sur la plage, des bungalows perchés sur des pilotis, ouverts sur la mer. À l'intérieur, un beau parquet et des tentures aux couleurs chaudes. La maison prône la décontraction : salon de lecture, kiosques de massage et sublime piscine face à l'océan.

Delta du Parnaíba

Pour se faire plaisir

Pousada Vila Parnaíba – *R. Mr Joaquim Lopes 500 - 64200-150 Parnaíba - N. Sra. Do Carmo - (86) 3323-2781 - www.pousadavilaparnaiba.com.br - - 26 ch. 302/501 R$.* Très centrale, à 10mn à pied de Porto das Barcas, une chouette adresse avec un beau jardin planté de cocotiers et une grande piscine qu'enjambe un petit pont cintré. Chambres spacieuses et claires avec, devant la véranda, des hamacs. Copieux petit-déjeuner buffet.

Pousada Jagata – *Av. Beira Mar 1000 - 65580-000 Tutóia - Praia da Andreza - 98 98190-4945 - www.pousadajagata.com.br - - 21 ch. 300/556 R$.* Sympathique pension en surplomb d'une plage, d'où l'on contemple l'arrivée des pêcheurs le soir au coucher du soleil. Accueil très chaleureux de Marla et Marcos, les propriétaires. Chambres petites et plutôt basiques mais bien tenues, doublées d'une petite terrasse colorée avec un hamac. Appréciable piscine.

Pousada Baluarte – *R. Magalhaes de Almeida 914 - 65580-000 Tutóia - Tutóia - (98) 3479-1380 - www.grupobaluarte.com.br - - 12 ch. 250/420 R$ - .* Les chambres, récentes et climatisées, sont dotées d'une literie confortable et très propres, mais elles n'ont pas la vue sur mer.

Une folie

Casa de Santo Antonio – *Praca Santo Antonio 988 - 64200-361 Parnaíba - (86) 3322-1900 - www.casadesantoantonio.com.br - - 22 ch. 680/890 R$ selon la saison - .* Au centre-ville, une maison coloniale restaurée avec goût, abritant des chambres immenses aux tons pastel dotées d'un grand confort (lit king size à baldaquin, minibar, etc.), certaines disposent également d'un Jacuzzi.

3

Parc des Lençóis Maranhenses ★★★

Il est surprenant d'apprendre qu'en plein cœur d'un pays tropical connu pour sa nature luxuriante, l'une des principales attractions soit un désert. C'est pourtant le cas de ce grand parc national côtier du nord du Brésil, fait de cordons de dunes et d'oasis. Joyau naturel du Maranhão, ce désert de sable immaculé baigné par l'Atlantique est une merveille unique au monde, qui évoque l'improbable rencontre du Sahara et des Maldives. Vu du ciel, il forme un paysage mouvant au gré des vents, qui sculptent à perte de vue des plis et des replis de sable d'une blancheur aveuglante. D'où le terme de « lençóis maranheses » (draps du Maranhão) pour décrire ces barkhanes ondulant telles des étoffes froissées. À la saison des pluies, de vastes lagunes d'eau douce se forment au creux des dunes, qui teintent alors l'horizon de surréalistes lacs bleu-vert où il fait bon se baigner. Créé en 1981 pour protéger cette incroyable œuvre d'art naturelle, le Parque Nacional dos Lençóis Marenhenses ne comprend aucune route ; on s'en approche en 4x4 par des pistes cahoteuses, puis on le sillonne à pied.

Se repérer

Parc national de 155 000 ha - Barreirinhas : 62 458 hab.

CARTE B1 P. 226-227.

Étiré le long du littoral Atlantique, à environ 260 km de São Luís, le parc se divise en deux parties distinctes : les Pequenos Lençóis, à l'est du Rio Preguiças, et les Grandes Lençóis, à l'ouest. Ces derniers s'étendent sur 70 km de littoral et environ 30 km à l'intérieur des terres. Barreirinhas, grosse bourgade au sud du Rio Preguiças, est la porte d'entrée du parc, mais il est bien plus plaisant de séjourner dans le petit village d'Atins, à l'embouchure du fleuve.

À ne pas manquer

La baignade dans des lacs turquoise entourés de dunes de sable blanc ; déguster des crevettes grillées à Canto do Atins ; la descente du fleuve Preguiças.

Organiser son temps

Visitez de préférence le parc à la fin de la saison des pluies, entre juin et octobre, quand les lacs sont pleins. Deux jours suffisent pour visiter les lacs et parcourir le Rio Preguiças, mais on reste volontiers deux jours de plus à se prélasser à Atins.

Carnet pratique p. 347

Nos adresses p. 347

Se promener

★★★ Les excursions

Barreirinhas, lové dans un méandre du **Rio Preguiças**, n'a pas grand intérêt, hormis son agréable promenade en bord de fleuve et sa plage fluviale, au pied d'une

Parc des Lençóis Maranhenses.
cokada/Getty Images Plus

Un désert bien arrosé

Le désert des Lençóis possède une particularité unique : sous l'effet saisonnier des pluies, d'innombrables et éphémères lacs de sable surgissent, couleur tantôt émeraude tantôt turquoise. Ces lagunes peuvent atteindre jusqu'à 100 m de large et plusieurs mètres de profondeur, et sont parfois colonisées par des plantes et des petits poissons *piabinhas*, très doués pour exfolier les peaux mortes des pieds des baigneurs. Le parc se situe en fait dans l'orbite du bassin de l'Amazone et reçoit donc des pluies conséquentes. Il y tombe jusqu'à 2 000 mm de pluie par an, soit 300 fois plus que dans le Sahara. Ces précipitations, concentrées de janvier à mai, métamorphosent alors le paysage. Mais comment l'eau parvient-elle à subsister ? Ce phénomène est dû aux alluvions argileuses du fleuve Parnaíba. Charriées jusqu'à l'océan, elles sont repoussées par les marées vers la plage, puis par les alizés vers l'intérieur des terres. Les grains s'agglomèrent au creux des dunes et forment un fond argileux qui retient l'eau.

imposante dune ocre. Sur la **Rua Joaquim Soeiro de Carvalho** vous trouverez des pharmacies, une poste et une agence Banco do Brasil. Plusieurs agences de voyages locales organisent des excursions à la journée ou demi-journée dans le parc. Munissez-vous d'eau, de lunettes de soleil et d'une protection solaire pour vous promener sur les dunes, et ne partez pas randonner sans la compagnie d'un guide.

Le cordon de dunes, de part et d'autre de l'embouchure du Rio Preguiças, forme les **Pequenos Lençóis★★** à l'est, et les **Grandes Lençóis★★★** à l'ouest. De **Barreirinhas**, on gagne les Grandes Lençóis *(1h de piste en 4x4, avec traversée en bateau du Rio Preguiças)*. Les **lacs★★★** les plus proches sont à moins de 40mn à pied : Lagoa da Preguiça, Lagoa Azul, Lagoa do Peixe (un des rares lacs pérennes) ou encore Lagoa Bonita, au creux de dunes de 40 m de haut. Les guides adaptent les circuits en fonction du niveau d'eau des lacs *(200 R$ env./pers.)*.

La descente du **Rio Preguiças★★**, fleuve au cours indolent, dévoile des berges majestueuses, habitées par des descendants des Indiens Caetês et Tapuias vivant de la pêche. Le circuit classique *(60 R$ env./pers.)* comprend des incursions dans les *igarapés* (cours mineurs du fleuve) envahis de végétation, un arrêt à **Vassouras** (au bord des Pequenos Lençóis), au phare de **Mandacaru** (54 m) et à **Caburé**, bande de sable entre le fleuve et l'océan colonisée par une poignée de restaurants.

Atins★★ est un village rustique de pêcheurs isolé au milieu des dunes, entre l'océan Atlantique et l'embouchure du fleuve. On y accède en barque de Caburé, en bateau ou en 4x4 de Barreirinhas. Ses ruelles sablonneuses, son ambiance décontractée, sa splendide plage déserte et ses habitants amicaux évoquent Jericoacoara dans les années 1980. Dispersées ici et là au fil des sentiers, les nombreuses *pousadas* du village organisent des balades en bateau sur la rivière pour contempler les ibis rouges le soir, à cheval dans les dunes, et à pied jusqu'aux lagunes de Lagoa Verde, Lagoa Tropical et la Lagoa do Guagirú. Au passage, on s'arrête à **Canto do Atins** (*1h30 de marche d'Atins*) pour déguster des crevettes grillées au bord de la plage.

Il est aussi possible d'effectuer la traversée complète du parc en 3 jours de marche, d'Atins jusqu'à Santo Amaro à l'ouest, en passant par les oasis de **Baixa Grande** et de **Queimada dos Britos**, au bord du Rio Negro qui traverse le parc. Quelque 150 métis aux yeux clairs, appelés les Brito, y vivent de la pêche et de l'élevage de chèvres. Les départs s'effectuent d'Atins bien avant l'aube, au clair de lune, afin de profiter de la fraîcheur de la nuit.

Carnet pratique

Ni banque, ni distributeur à Atins, cartes bancaires rarement acceptées.

Arriver/Partir

En avion – Barreirinhas Airport - *3 km à l'est du village. Liaisons quotidiennes avec Parnaiba (45mn) et São Luis (50mn) assurées par Azul - www.voeazul.com.br.*

En bus – Plusieurs liaisons quotidiennes avec São Luis *(5h, 60 R$) - www.expressoguanabara.com.br; www.cisnebrancoturismo.com.br.*

En 4x4 – Le trajet entre Barreirinhas et Atins peut se faire en 4x4 Toyota collectif *(2h - 25 R$)* ou en bateau (*voir ci-dessous*). Départ des *camionetes* de Barreirinhas entre 10h et 11h de Atins à 5h du matin.

En bateau – Les bateaux qui font l'excursion sur le Rio Preguiça partent de Barreirinhas à 8h et arrivent à Atins vers 14h. On peut aussi les prendre pour le retour vers Barreirinhas. Sinon vous pouvez demander un transfert privé auprès de votre *pousada* ou d'une agence.

Nos adresses

Restauration

Barreirinhas

Premier prix

Bambaê – *Estrada da Boa Vista - (98) 9 8908 1502 - ouv. tlj, midi et soir.* Pour lézarder l'apr.-midi au bord du fleuve : transats, hamacs... Tables sous des paillotes. Poissons et fruits de mer. Concerts MPB, forró le soir.

Budget moyen

Barlavento – *Av. Beira Rio - (98) 99974-0232 - ouv. tlj, service continu - à partir de 45 R$.* Une table authentique pour savourer une authentique cuisine du Nordeste, goûteuse et proposée dans une séuidante présentation moderne.

Atins

Premier prix

Bar.co – *ouv. tlj, service continu - 20/50 R$.* Sur la plage, la coque d'un bateau sert de cuisine, face à quelques tables et hamacs dans le sable, pour déguster des plats simples, salades, viandes ou crevettes.

Budget moyen

Maresia – *R. Principal 100 - (98) 99234-3432 - www.maresia-atins.com - 12h-22h - 75/90 R$.* Au milieu d'un jardin au gazon très bien entretenu, le restaurant italien de cette pousada mitonne d'excellentes pizzas au four à bois, des lasagnes et raviolis, des salades, des glaces et des sorbets artisanaux. Également des chambres pleines de charme et spacieuses dans des bungalows *(591/830 R$)* et chalets en bois, une cabane perchée ainsi qu'un appartement familial.

Activités

Excursions guidées – Les pousadas d'Atins et de Barreirinhas travaillent avec des guides locaux pour organiser des visites du parc. Mieux vaut partir à pied ou à cheval d'Atins qu'en voiture 4x4 de Barreirinhas. Pour disposer d'un bon guide bilingue connaissant la faune et la flore, il est judicieux de passer par une agence fiable. Basée à São Luís, la francophone **Terra Nordeste** – *Rua Miquerinos, n°1 - Edifício Golden Tower Sala 416 Renascença II - (98) 3304-3797 - www.terra-nordeste.com.* Référence de l'écotourisme et des voyages-aventures. Propose treks et excursions en 4x4, en pirogue ou à cheval dans toute la région nord-est du Brésil. L'une d'elles permet de rallier Jericoacoara en traversant le parc des Lençóis et le delta de Parnaíba (3 à 15 j. selon le parcours choisi).

À Barreirinhas, plusieurs agences ont bonne réputation :

Ecodunas – *98 99227 9246 - www.ecodunas.tur.br.* - **Rota das Trilhas** – *47 99174 6613 - www.rotadastrilhas.com.br.*

Atins

Kitesurf – Très bien ventée de juillet à janvier, Atins offre un terrain formidable, entre les vagues de l'océan et les grandes surfaces planes des lagunes. Plusieurs clubs sur place, dont

Atins Kiteboarding – *R. Principal 5 - (98) 9180 0656 - www.atinskiteboarding.com.* école sérieuse affiliée IKO, qui accepte les cartes bancaires.

Stand-up paddle – Balades sur le Rio Preguiça et dans ses igarapés avec : - **Aloha Atins** – *R. Principal 7 - (98) 98768-4325 - 100 R$/2h.*

Équitation – **Sempre Atins** – *(98) 99151-6164 - www.sempreatinscavalgadas.com - 600 R$/pers. - durée 3h.* Organise des balades à cheval sur la plage et dans les dunes, tôt le matin ou en fin de journée.

Baignade – Dans les lagons du parc et dans l'océan. Au moment de la nouvelle lune, on peut nager à la nuit tombée au milieu de planctons fluorescents.

Hébergement

Barreirinhas

Budget moyen

Pousada d'Areia – *Av. Joaquim S. de Carvalho 888 - (98) 3349-0550 - www.pousadadareia.com.br - 12 ch. 264 R$.* À l'entrée du village, derrière la dune, cette pousada familiale et bien tenue est parfaite pour faire étape. Chambres basiques, mais propres, aux tons jaunes et verts.

Pousada Lins – *Av. Joaquim S. de Carvalho 550 - (98) 3349-1494 - www.pousadalins.com.br - 17 ch. 215/315 R$.* La première pousada du village, sur la place principale, est une valeur sûre. Ses chambres beiges, carrelées, sont simples et soignées. Demandez une de celles qui ont une vraie fenêtre. À l'arrière, petit bassin et hamacs.

Pour se faire plaisir

Pousada do Rio – *R. Cazuza Ramos 700 - (98) 3349-1255 - www.pousadadorioma.com.br - P - 24 ch. 390/695 R$ selon la saison* -. Séduisants chalets aux couleurs vives, dotés d'une terrasse privative avec hamac. Petit plus : un agréable jardin donnant sur les berges du fleuve.

Encantes do Nordeste – *R. Boa Vista 950 - (98) 98857 4425 - www.encantesdonordeste.com.br - P - 27 ch. 360/792 R$ selon la saison* -. Dans un jardin planté de palmiers et d'arbres fruitiers, de confortables et spacieux chalets au sol en terre cuite et aux murs saumon. Difficile d'y trouver une place en haute saison.

Atins

Budegt moyen

Pousada Convento Arcadia – *R. Esperança 3 - (98) 99219-3416 - www.convento-arcadia.com - 7 ch. 180/250 R$ selon la saison, pls nuits mini. à certaines périodes.* Tenue par la très souriante Carmen, francophone et pleine d'énergie, voilà une jolie pension à la décoration zen sans fioritures, d'une propreté exemplaire. La plus grande chambre peut accueillir jusqu'à 8 pers. Le jardin abrite cocotiers, anacardiers et un petit potager bio. Cuisine et hamacs à disposition. On s'y sent bien.

Pour se faire plaisir

Pousada Irmão – *R. Principal s/n - ✆ (98) 99191 7924 ou (98) 98195 5314- www.pousadairmaoatins.com.br - 14 ch. 420/490 R$ ☕ - ✕.* Sagement alignées le long d'un jardin herbeux, les chambres sont un peu sombres mais bien tenues, avec une sdb aux murs tapissés de coquillages. Le restaurant, sous une paillote en chaume, sert de bons plats de poisson, crevettes, poulet et bœuf grillé.

Pousada Jurará – *R. Principal s/n - ✆ (98) 99130-7274 - www.pousadajurara.com.br - 7 ch. 355/663 R$ ☕, 3 nuits mini. - ✕.* Plus chic que les autres, cette mignonne pension dans un jardin avec hamacs dispose de jolies chambres climatisées ainsi que d'une agréable terrasse, d'un coin bar avec machine à expressos et d'une petite cave à vins. Attenant à l'auberge, le Sebastian Bar sert omelettes, sandwichs, crêpes et jus de fruits.

Une folie

La ferme de Georges – *R. Principal s/n - ✆ (98) 99127-3400 - www.georges.life - 7 ch. 872/1600 R$ selon la catégorie ☕ - ✕.* On a la sensation d'être au bout du monde dans cette auberge de charme située un peu à l'écart du village, au bord de la plage. Luxueux chalets en bois décorées avec goût, ventilés naturellement. Mention spéciale pour le chalet dans les arbres qui jouit d'une vue exceptionnelle. Excellente cuisine avec les multiples produits bio du jardin. Nombreuses activités (randonnée à cheval, kitesurf, promenade dans la plantation de la propriété...).

3

São Luís ★

São Luís est de ces villes dont le Brésil a le secret, originellement métisse. Tour à tour française, hollandaise puis portugaise, elle a été bâtie par les Indiens, puis par les Africains. Le mélange des ethnies et des cultures s'exprime sur chaque visage et dans tous les folklores ; le plus riche d'entre eux, le Bumba-meu-boi, est né dans les champs de canne et de coton du Maranhão, comme un exutoire à la souffrance de l'esclavage. Au mois de juin, c'est dans une explosion de joie proche de celle du carnaval que ses participants parcourent les rues de la capitale. Au 18e s., les colons portugais ont voulu donner à leur cité des allures de Lisbonne d'outre-mer, parant les bâtiments de fines céramiques européennes, peintes à la main. Cette « ville aux palais de porcelaine », comme l'aurait surnommée un voyageur français du 19e s., a gardé son aspect d'origine, au moins dans son noyau historique, classé au patrimoine mondial de l'Unesco. On se plaît à y déambuler les yeux au ciel pour admirer les façades passablement décaties. Le soir, les vieux entrepôts du port, transformés en bars, diffusent du reggae, que l'on danse ici collé-serré. Car São Luís ajoute cette caractéristique à son héritage : elle fait office, depuis les années 1970, de Jamaïque brésilienne.

Se repérer

1091868 hab. - Capitale de l'État de Maranhão (MA)

CARTE B1 P. 226-227. PLANS P. 352-353.

São Luís occupe la pointe nord-ouest d'une île de 1300 km², au confluent du **Rio Bacanga** et du **Rio Anil**, dans la baie de São Marcos.

À ne pas manquer

Flâner dans les Ruas Portugal, do Giz, da Estrela ; les représentations de *tambor de crioula* le soir, dans le centre historique ; une échappée vers Alcântara.

Carnet pratique p. 358

Nos adresses p. 359

Se promener

Comptez une demi-journée.

Le centre historique s'est développé autour du port de **Praia Grande**, au bord du Rio Bacanga. Quartier touristique et pittoresque, il concentre les restaurants, *pousadas*, boutiques d'artisanat, bars et lieux culturels. Au nord, de l'autre côté du Rio Anil, reliée par un pont de 900 m, s'étendent la **ville moderne** et ses plages. Ces dernières, assez polluées, ne sont intéressantes que pour la vie nocturne.

Les hôtels vendent un plan du centre historique, le *Roteiro e Mapa turístico de São Luís*, très utile.

★★ Praia Grande PLAN II

Ancien quartier portuaire, Praia Grande était le cœur commerçant de la ville fondée par les Français en 1612. Son plan en quadrillage orthogonal épouse une topographie vallonnée, à l'image de la **Rua do Giz** (rue de la Craie, désormais

Rue de São Luís.
Kseniya Ragozina/Getty Images Plus

appelée rua 28 de Julho), jadis réservée à la noblesse européenne, dont la partie la plus pentue est en escalier.

Autour du **Mercado das Tulhas★**, un réseau serré de *becos* (passages), ruelles pavées et escaliers, trace un dédale dans lequel on se promène à plaisir, débouchant ici et là sur de charmantes placettes ombragées qu'illuminent, le soir, de beaux lampadaires en fer forgé. Le long des rues escarpées se pressent de charmantes demeures coloniales aux tons pastel et aux toits de tuiles, pour certaines superbement restaurées, mais parfois aussi totalement en ruine.

Le **Beco de Catarina Mina** porte le nom d'une esclave affranchie qui fit fortune à São Luís et côtoya d'égal à égal les riches négociants du quartier.

La **Rua Portugal** aligne les plus belles maisons, occupées par des musées et des boutiques d'artisanat. Prévoyez d'y faire un tour en soirée, lorsque le soleil dore les façades revêtues d'azulejos et que les bars s'animent doucement.

3

Museu de Artes Visuais A1

R. Portugal 273 - ✆ (98) 3218 9938 - mar.-sam. 9h-18h, dim. 9h-13h.

Les amateurs d'azulejos apprécieront cette collection de céramiques portugaises, françaises et allemandes (18ᵉ-19ᵉ s.), collectée sur les façades ou les patios du centre historique. Le fonds comprend également des œuvres d'artistes *maranhenses*. La magnifique maison (19ᵉ s.) qui abrite le musée mérite à elle seule la visite. Depuis ses fenêtres, belle vue sur le centre historique et les toits du mercado das Tulhas.

★ Casa do Nhôzinho A1

R. Portugal 185 - ✆ (98) 3218 9951- mar.-sam. 9h-18h, dim. 9h-13h30.

Le musée met en valeur les savoir-faire du peuple *maranhense*. Au rdc, métiers à tisser, pirogues, pièges à poissons évoquent les métiers traditionnels de l'intérieur et de la côte ; au premier étage, une remarquable exposition rend hommage à Nhôzinho (1904-1974), maître fabricant de jouets. Elle présente des Bumba-meu-boi miniatures (*voir ci-dessus*) en *buriti* (palmier), des voitures en boîtes

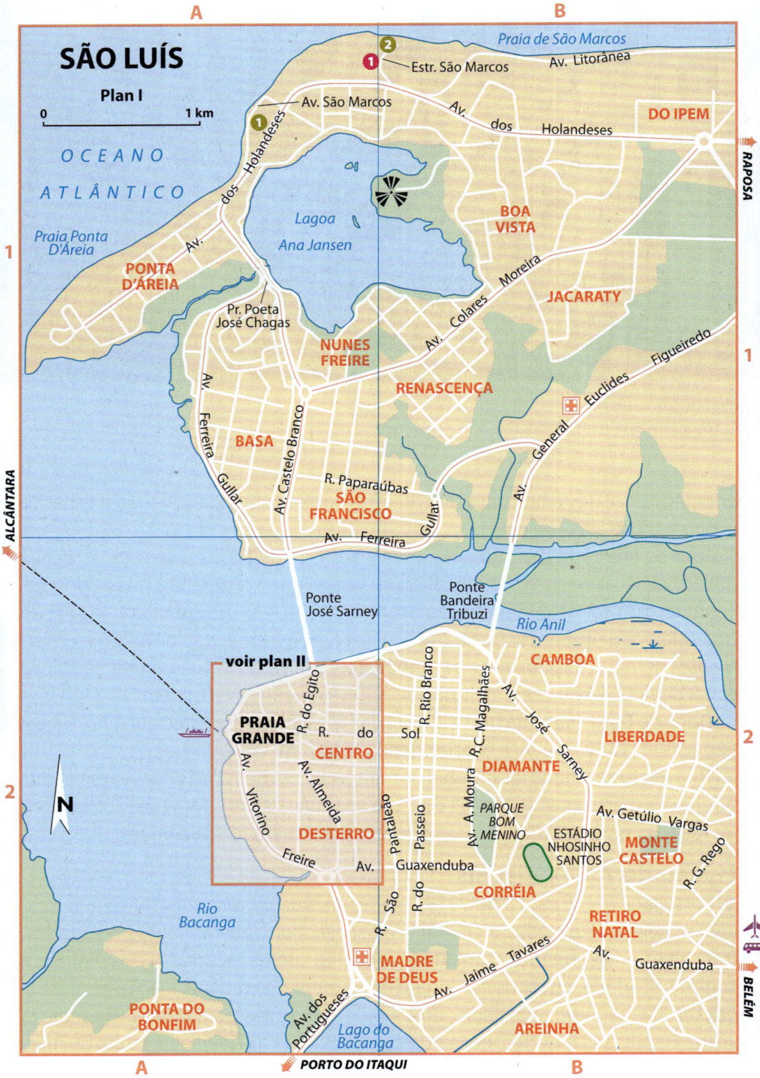

SE RESTAURER
Cabana do Sol 1

SE LOGER
Brisamar 1
Hotel Luzeiros 2

SE RESTAURER

Cafofinho da Tia Dica 1

Senac 4

SE LOGER

Casa Frankie 1

Pousada Portas da Amazônia 4

Pai Francisco et la résurrection du bœuf

Appelé « **Bumba-meu-boi** » dans le Nordeste, « Boi-bumbá » dans le Nord, ce **folklore** est apparu au 17e s., dans les campagnes, sous la forme d'une satire de la société rurale. Il conte la légende de **Pai Francisco** et **Mãe Catarina**, couple d'esclaves dans une ferme. Pressé par les désirs de sa femme enceinte qui veut manger de la langue de bœuf, Pai Francisco capture et tue le plus bel animal de la propriété. Le maître, après avoir convoqué toute une galerie de personnages, parvient à débusquer le coupable. Sous la menace, Pai Francisco s'évertue à ressusciter le bœuf en faisant appel à des guérisseurs indiens; la résurrection du bœuf est saluée par une grande fête. Fin juin, le **défilé du Bumba-meu-boi** met en scène les personnages de cet opéra populaire : le bœuf porté en triomphe, le riche propriétaire terrien, les esclaves, les Indiens...

de conserve, des poupées en tissu et fil de fer et autres jeux d'enfant. L'artisanat raffiné en plumes et vannerie des sept groupes indiens du Maranhão occupe le dernier étage.

Casa do Maranhão A1

R. do Trapiche - gratuit - fermé au moment de la rédaction, se rens. auprès de l'office de tourisme.
À l'étage est présentée une exposition multimédia consacrée aux traditions folkloriques du Maranhão : carnaval, Bumba-meu-boi et Divino Espírito Santo. Le bâtiment (1893) abritait les services du trésor de l'État.

★ Casa da Festa - Centre de culture populaire A1

28 de Julho 205 - fermé au moment de la rédaction, se rens. auprès de l'office de tourisme.
Les rites et danses afro-brésiliens tiennent une grande place dans la vie religieuse du Maranhense. Le musée présente, au travers de maquettes, photos et objets, les plus anciens *terreiros* (lieux de culte) de l'État, la Casa das Minas et la Casa de Nagô, fondés au 19e s. Le rituel pratiqué, appelé *tambor de Mina*, ressemble à celui du *candomblé*, mais intègre des divinités introduites au contact des Indiens. Toute une salle est consacrée à la très colorée Festa do Divino d'Alcântara, célébrée aussi dans les *terreiros* de São Luís. Le *tambor de crioula* et autres danses locales sont également abordés.

★★ Centro PLAN II

★★ Praça D. Pedro II A1

La « France équinoxiale » a vu le jour sur ce plateau, à l'embouchure du Rio Anil. Cette vaste esplanade, entourée d'imposants palais néoclassiques, est aujourd'hui le cœur administratif de la ville. Le **Palácio dos Leões★** (1776), siège du gouvernement de l'État, s'élève à l'emplacement du fort Saint-Louis, construit par les Français en 1612. À côté, le **Palácio de La Lavardière** (1689), où siège le conseil municipal, porte le nom du fondateur de la ville dont le buste se dresse en face. Large panorama sur la baie depuis le belvédère.
À l'autre bout, on aperçoit l'**Igreja da Sé★** *(✆ (98) 3237-9007 - 8h30-18h)*, élevée par les Jésuites et les Indiens en 1620. Il ne reste plus grand-chose du bâtiment original, maintes fois reconstruit et remanié (son aspect actuel date de 1922), mais l'intérieur recèle un admirable maître-autel (18e s.) en *talha* baroque. À côté, le collège des Jésuites, reconstruit en 1869, est devenu le palais épiscopal.

De Saint-Louis à São Luís

Des origines françaises

São Luís est née française. Une première colonie portugaise avait bien vu le jour, dès 1535, au milieu des terres des Indiens Tupinambas, mais régulièrement assaillie par ceux-ci, elle avait fini par plier bagage. Fréquentant depuis longtemps les côtes, les Français avaient peu à peu tissé des liens commerciaux avec les **Tupinambas**. En 1612, une expédition commandée par Daniel de La Touche, seigneur de La Ravardière, met les voiles depuis la bretonne Cancale. L'expédition débarque sur l'île avec cinq cents colons et l'ambitieux projet de fonder la « France équinoxiale », dont il nomme la capitale **Saint-Louis**, en hommage à l'enfant Louis XIII. L'aventure fera long feu : privés du soutien de la couronne, ils sont évincés par les Portugais en 1615.

Une ère de prospérité

Rebaptisée São Luís, la ville accueille bientôt des colons venus des Açores qui introduisent la culture de la canne à sucre. Après une brève occupation hollandaise (1641-1644), São Luís se développe peu à peu grâce à la main-d'œuvre esclave et aux produits agricoles destinés à l'exportation (tabac, cacao, canne à sucre au 17e s. puis riz et coton au 18e s.). La révolution industrielle anglaise, à la fin du 18e s., favorise les exportations de coton. La cité entre alors dans une ère de prospérité qui durera un siècle. Elle s'urbanise rapidement, s'embellit de places et de fontaines. Au début du 19e s., São Luís est la troisième ville du Brésil, après Rio et Salvador. Dans les années 1830, sa bourgeoisie s'entiche des azulejos, importés d'Europe, dont elle pare ses riches demeures. Mais à la fin du 19e s., la concurrence du coton nord-américain et l'abolition de l'esclavage sonnent le glas du modèle économique colonial. La soudaine stagnation de l'économie fige le centre historique, qui se dégrade progressivement au cours du 20e s.

Le projet de réhabilitation de la ville

Dans les années 1970, l'État déclenche un long et ambitieux projet de restauration et d'urbanisme (construction du pont sur le Rio Anil pour favoriser l'expansion de la ville moderne, contournement routier du vieux centre), couronné en 1997 par l'inscription de la ville sur la liste du patrimoine mondial par l'Unesco. Année après année, le centre historique fait l'objet d'un patient travail de réhabilitation. São Luís, en devenant l'une des principales destinations touristiques du Brésil, a favorisé le développement de toute la région.

Un centre économique moderne

Grande ville de plus d'un million d'habitants, la capitale de l'État du Maranhão est un important centre commercial pourvu d'industries textiles, agroalimentaires, métallurgiques et chimiques. Son port d'Itaqui, le plus important port de fret du Brésil, écoule le minerai de fer de Carajás (État de Pará), la plus grande mine de fer au monde. De l'autre côté de la baie, la base spatiale d'Alcântara sert au lancement de fusées-sondes. Depuis 1979, le Brésil développe également un programme de lanceurs de satellites. En 2013 un dramatique accident lors du troisième essai de lancement a causé la mort de 21 personnes, dont de nombreux scientifiques.

Traversez la **Praça Benedito Leite** pour rejoindre la Rua Nazaré. L'imposant *solar* (*encadré ci-dessous*) de trois étages (fin 19e s.), à l'angle de la Rua Egito, est célèbre parce qu'il arbore la plus grande surface d'azulejos de la ville. À l'opposé, l'**Igreja do Carmo** (1627) et son couvent dominent un carrefour mouvementé. En 1643, ils ont servi de base aux troupes portugaises qui tentaient de reprendre la ville aux Hollandais ; ils ont été presque entièrement reconstruits à la fin du 19e s.

★ Teatro Arthur Azevedo B1

R. do Sol 180 - ✆ (98) 3218 9900 - visites guidées le mar. ttes les 30mn de 14h à 17h (dernier départ) - 5 R$.

Rendez-vous élégant au 19e s., ce théâtre néoclassique (1817) a été bâti à l'apogée du cycle du coton, à l'initiative de deux commerçants portugais. Brièvement converti en salle de cinéma dans les années 1950, il resta ensuite fermé jusqu'à sa restauration, dans les règles de l'art, dans les années 1990.

Faites un petit crochet par la Rua do Ribeirão pour admirer la **Fonte do Ribeirão★** (1796), belle fontaine bleue dotée d'un fronton et de gargouilles en pierre sculptée, au centre d'une place harmonieuse.

★ Museu Histórico e Artístico do Maranhão B1

R. do Sol 302 - ✆ (98) 3218 9920 - mar.-vend. 14h-17h - gratuit.

Installé dans un superbe *solar* de 1836, ce musée restitue l'intérieur d'une maison bourgeoise du 19e s. : mobilier, porcelaines, salons de musique... La visite révèle le raffinement des élites brésiliennes de l'époque et permet d'apprécier l'architecture particulièrement réussie de leurs demeures.

La visite se poursuit par le **Museu de Arte Sacra**, dans le *sobrado* attenant, où sont exposées des pièces des 18e-19e s.

À la sortie du musée, prenez à droite la Rua São João qui conduit au **Mercado Central**. Elle croise la **Fonte das Pedras** (déb. 19e s.), nichée au fond d'un petit jardin public. Une plaque rappelle que les troupes portugaises s'étaient établies près de cette source, la veille de l'assaut final contre les Français, en 1615.

Desterro PLAN II, AB2

Entre le Mercado Central et le Rio Bacanga s'étend le Desterro. L'**Igreja S. José do Desterro** (19e s.), qui a donné son nom au quartier, s'élève sur le Largo do Desterro, à l'emplacement de la première église de la ville (déb. 17e s.), démolie par les Hollandais en 1641.

En remontant la Rua da Palma, on atteint le **Convento das Mercês** (1654). En face du couvent, le **Cafuá das Mercês**, ancien marché aux esclaves (18e s.), héberge le **Museu do Negro** (*R. Jacinto Maia 43 - lun.-vend. 9h-18h - gratuit*), qui comprend

Les palais en porcelaine de São Luís

Les maisons de São Luís ont une **architecture** parfaitement adaptée au **climat équatorial**. Élevées sur un plan en U autour d'un patio, elles disposent d'une galerie à l'étage que des persiennes de bois protègent du soleil et des intempéries tout en garantissant l'aération. Les façades, percées de fenêtres à encadrement de pierre et garde-corps de fer forgé, sont entièrement revêtues de céramiques qui les protègent de l'humidité, du sel et de la chaleur. Certaines demeures possèdent également un puits et une lucarne d'où l'on aperçoit le port. On distingue deux types de maisons : les *solares*, résidences cossues de riches commerçants, et les *sobrados* dont le rez-de-chaussée était réservé aux activités commerciales.

Alcântara.
peeterv/Getty Images Plus

une exposition d'art africain. On y découvre aussi des chaînes d'esclaves et une réplique de l'ancien pilori de São Luís.
Reprenez ensuite la Rua Estrela. Au n° 562, le Solar dos Vasconcelos abrite le **Memorial do Centro Histórico** *(✆ 98) 3231 9075 - fermé pour travaux*, qui retrace l'histoire du Projeto Reviver, le plan de rénovation du centre historique. Photos et maquettes.

À proximité

3

Raposa CARTE B1 P. 226-227

À 30 km au nord de São Luís.
À la pointe nord de l'île de São Luís, ce modeste village de cabanes en pisé sur pilotis abrite une importante communauté de pêcheurs, la plus grande de l'État. Elle s'est formée dans les années 1950, avec l'arrivée de migrants du Ceará fuyant la sécheresse. Leurs femmes ont introduit la *renda de bilro* (dentelle au fuseau) dans la région. Elles vendent leurs ouvrages devant leur maison, dans la rue principale.

★ Alcântara CARTE B1 P. 226-227

La traversée de la baie qui sépare São Luis et Alcântara s'effectue en ferry, en 1h20. Départ du terminal do Ponta da Espera (12 km au sud-ouest du centre par PLAN I A2*) - arrivée à Cujupe, à une cinquantaine de km d'Alcântara) - 5h, 8h, 12h, 14h, 18h, 20h, retour 7h50, 10h50, 14h50, 16h50, 20h50, 22h50 - 100 R$/voiture, 10 R$/passager.*
Alcântara ne compte pas d'infrastructure touristique, hormis une poignée de *pousadas*.
La **Praça da Matriz**★ réunit la mairie (Casa de Câmara e Cadeia, 1791), le **Museu Histórico de Alcântara**★ et la **Casa Histórica de Alcântara**. Ces deux musées, installés dans d'élégants *sobrados*, rassemblent des souvenirs d'époque coloniale. Au centre de la place, devant les ruines de l'**Igreja São Mathias** (1622), se dresse le **pilori**★ (17e s.), sculpté aux armes de la couronne portugaise.
Rua d'Amargura vivaient les plus importantes familles d'Alcântara. **Rua Grande**,

Alcântara : village colonial

Fondé au début du 17e s., il a très tôt accueilli les familles aristocratiques du Maranhão. Son âge d'or est venu, comme à São Luís, avec l'explosion du commerce du coton dans les années 1770. Après l'abolition de l'esclavage, il s'est pratiquement vidé de ses habitants, maîtres et esclaves. Alcântara a donc l'étrange aspect d'une **ville fantôme**, aux maisons en ruine grignotées par la végétation. Sa population, qui descend en majorité d'esclaves africains, vit au rythme paisible des provinces rurales.

parallèle, conduit à l'**Igreja N. S. do Carmo** (1691) qui renferme un bel autel rococo blanc et or.
En face de l'église, les **ruines de deux palais** évoquent un souvenir cocasse : à l'annonce de la visite officielle de l'empereur Dom Pedro II, deux familles rivales d'Alcântara entreprirent la construction d'une demeure digne de le recevoir. L'empereur n'est jamais venu, mais l'événement aurait à ce point marqué les esprits qu'il inspira aux esclaves le cortège impérial de la Festa do Divino (*p. 359*).
La Rua Direita conduit à l'**Igreja do Rosario** (1777), élevée par la « confrérie des hommes noirs ».

Carnet pratique

PLANS DE LA VILLE P. 352 ET P. 353

S'informer

Office de tourisme – *R. da Estrela 82 - (98) 9 9158 4947 - www.saoluis.ma.gov.br* et *www.turismosaoluis.com.br.*
L'**office du tourisme du Maranhão** dispose d'une antenne à l'aéroport, *(98) 3244 4500 - www.turismo.ma.gov.br - 24h/24.*
Syndicat des guides de tourisme – *(98) 3231 4696. www.sindegturma.com.br.* Il compte parmi ses membres des francophones qui font visiter le centre historique.

Arriver/Partir

En avion – **Aeroporto Marechal Cunha Machado (SLZ)** - PLAN I, B2 EN DIR. - *Av. dos Libaneses, São Cristóvão - 0800 727 4720 - www.ccaeroportos.com.br. 4.infraero.gov.br.* À 15 km au sud-est. Liaisons quotidiennes avec les grandes capitales brésiliennes. Comptez *70 R$* pour rejoindre le centre en taxi.
En car – **Terminal Rodoviário** - *Av. Dos Franceses, Santo Antônio - (98) 3015 4015 - www.rodoviariasaoluis.com.br* À 10 km au sud-est. Accessible en bus de la Praça Deodoro (Centro) et du central de bus de Praia Grande (Terminal Urbano de Integração), mais nous conseillons plutôt de prendre un taxi (*env. 40 R$*). Liaisons avec Belém (*1/j. - durée : 13h - 250 R$*), Fortaleza (*2/j. - 19h - 300 R$*), Recife (*2/j. - 27h -520/640 R$*).

Se déplacer

En bus – PLAN II, A2 - Du **Terminal Urbano de Integração**, à Praia Grande, partent des bus pour les plages de Ponta d'Areia et Calhau. Il est cependant plus simple de prendre un taxi (*comptez 25 R$*).
En taxi – **Rádio Táxi União** - *(98) 3232 6565.*

Adresses utiles

Banque/Change

Nombreux distributeurs dans le centre historique.

Banco do Brasil – *Av. Gomes de Castro 46, 2e étage, en face de la Praça Deodoro - ✆ (98) 4003 3001* - distributeur, change.

Poste

Agence centrale – PLAN II, B1 - *Praça João Lisboa 292 - ✆ (98) 32316324 - lun.-vend. 8h30-17h.*

Urgences/Santé

UDI Hospital – PLAN I, B1 - *Av. Prof. Carlos Cunha 2000, Jacaraty - ✆ (98) 3216 7979 - www.rededorsaoluiz.com.br* - Urgences 24h/24.

Farbras farmácia – PLAN II, B1 - *Praça João Lisboa 151 - ✆ (98) 32329419 - tlj sf dim. 8h-20h, sam. 8h-19h.*

Sécurité

Delegacia de Turismo – PLAN II, A2 - *R. da Estrela 427 - ✆ (98) 3214 8682 - lun.-vend. 8h-18h.*

Agenda

Bumba-meu-boi – *13-30 juin.* La plus belle fête du Maranhão est un mélange de musique, de danse et de théâtre. Sa préparation débute en janv. avec la confection des personnages. Le bœuf est une structure en bois recouverte d'un tissu superbement brodé. Les répétitions, festives, débutent le samedi saint. Le coup d'envoi officiel est donné le 13 juin, à l'occasion des *festas juninas* nordestines (fêtes en hommage aux saints Jean, Antoine et Pierre). Le Bumba-meu-boi se produit dans les rues jusqu'à fin juil. parfois. De juil. à oct. se joue le dernier « acte » : la mort du bœuf.

Festa do Divino – *Jeu. de l'Ascension-dim. de Pentecôte.* Cette fête catholique donne lieu à des processions mi-religieuses, mi-païennes. La plus intéressante se déroule à **Alcântara**, où un somptueux cortège, mené par le « couple impérial » et sa cour, défile au rythme de tambours frappés par des femmes.

3

Nos adresses

Restauration

Le *cuxá* est un condiment à base de *vinagreira* (herbe aromatique au goût amer) pilée avec des crevettes séchées, de la farine de manioc et du sésame grillé. Dans le Maranhão, il accompagne les poissons ou le riz *(arroz de cuxá)*. La *torta de camarão*, sorte de tortilla aux crevettes fraîches ou séchées, figure aussi sur tous les menus, parfois dans sa variante au crabe. En dessert, goûtez les fruits locaux en compote ou en crème : *bacuri, buriti, murici,* cajou.

Centro Histórico

Budget moyen

1 **Cafofinho da Tia Dica** – PLAN II, A1 - *Tr. Marcelino de Almeida 173 - ✆ (98) 98706-5089 - fermé dim. soir - plats 50/78 R$.* En bordure d'une place animée par de nombreux bars, une minuscule cantine familiale avec quelques tables en terrasse sur la rue piétonne et une salle climatisée à l'arrière. Délicieuse *caïpirinha* et nombreux *petiscars* (sorte de tapas) en entrée. En plat, essayez l'*arroz del mar.* (risotto de fruits de mer).

4 **Senac** – PLAN II, A1 - *R. de Nazaré 242 - ✆ (98) 3198-1105 - fermé dim. et le soir - formule buffet 70/90 R$.* Restaurant-école très réputé,

dans le centre-ville. Service assuré par des stagiaires de l'université d'hôtellerie. Une bonne adresse pour découvrir la cuisine régionale. Buffet à volonté. *Feijoada* (sam.) et fruits de mer (vend.). Excellent rapport qualité-prix.

Ville moderne

Budget moyen

1 Cabana do Sol – PLAN I, A1 - *R. João Damasceno 24A - Farol de São Marcos - ✆ (98) 3304-4235 - www.cabanadosol.com.br - ouv. tlj, service continu - 151/292 R$ pour 2 pers.* Cette table est appréciée des Brésiliens pour sa cuisine régionale généreuse, sans fausse note. Sur une immense terrasse couverte d'un toit de chaume défilent *carnes de sol* et poissons braisés, servis avec de l'*arroz de cuxá*, de la banane panée, du *baião de dois* (riz et haricot)… En entrée, goûtez le *pastel de carne* (chausson fourré de viande) avec sa confiture de piments.

Pour se faire plaisir

Coco Bambu – *Av. Colares Moreira 1 - Calhau - ✆ (98) 3268-7400 - www.cocobambu.com - ouv. tlj, midi et soir - service continu en w.-end - 90/226 R$.* Restaurant de chaîne très populaire au Brésil. Sur deux étages, dans un superbe décor tropical, familles au grand complet et groupes d'amis se pressent pour déguster des plats de poissons grillés, langoustes, crevettes et calamars servis avec des sauces variées. Service aimable et efficace. Bonne ambiance, quoique bruyante. Les plats sont tellement copieux qu'ils se partagent facilement à trois. Attention, les apéritifs et vins font vite grimper l'addition.

Shopping

Marchés

Mercado das Tulhas – PLAN II, A1 - *R. da Estrela - 8h-18h, fermé dim.* Les allées enchevêtrées de ce vieux marché (1859), également appelé Mercado de Praia Grande, exhalent toutes sortes d'odeurs épicées. Les sacs d'herbes et de crevettes séchées s'entassent à côté des pots de confiture. Suspendues comme des guirlandes colorées, les bouteilles de Guaraná Jesus (soda rose électrique) côtoient les liqueurs artisanales de *genipapo*, *cupuaçu* ou *bacuri* et les cachaças au manioc (tiquira). Les hommes s'y retrouvent pour des parties de dominos. Le vend., on s'y bouscule pour assister aux représentations de *tambor de crioula* (*voir ci-après*).

Mercado Central – A1 - *Praça do Mercado - 5h-17h30, sam.-dim. 6h-12h30.* Ce marché couvert, où s'activent bouchers, poissonniers et primeurs, est le ventre de São Luís. Sur le pourtour sont installés des étals d'artisanat en cuir, de vannerie, d'ustensiles en aluminium recyclé, de réchauds en matériaux récupérés…

Artisanat

O Buriti – PLAN II, A1 - *R. Portugal 188 - ✆ (98) 3222-4499 - 8h40-18h fermé dim.* Une infinité d'objets tressés avec de la paille de *buriti*, un palmier très commun dans la région : boucles d'oreilles, sacs à main, chapeaux, sets de table. Également de la vannerie en paille de cocotier et de *carnaúba*.

En soirée

Tambor de crioula

D'origine africaine, cette danse jadis pratiquée par les esclaves en l'honneur de São Benedito (saint Benoît) est aujourd'hui exécutée par des groupes de femmes au rythme des percussions. Elles se produisent régulièrement les vend. et sam. soirs *(vers 17-18h)* au Mercado das Tulhas, au Largo do Comércio ou dans la Rua do Giz.

Suivez la musique... ou renseignez-vous à l'office de tourisme.

Bars reggae

Depuis que le reggae a débarqué sur ses radios, dans les années 1970, São Luís a définitivement adopté la musique jamaïquaine. Les DJs, véritables stars, trimbalent leurs *radiolas* – sortes de studios ambulants – de bar en bar. Les fêtes les plus cotées ont lieu sur les plages ou juste devant, notamment au **Bar do Nelson** – *Av. Litorânea 135 - Praia de Calhau.*

Activités

Excursions

Il est fortement recommandé de se faire accompagner par un guide local pour se rendre au parc des **Lençóis Maranhenses** *(p. 344)*, où de nombreux prestataires proposent la visite des dunes en une demi-journée. Contactez par exemple l'agence francophone **Terra Nordeste** *(voir p. 347)*.

Hébergement

Centro Histórico

Les belles maisons du centre historique abritent souvent des hôtels vétustes, aux chambres sombres et mal tenues. Demandez à les visiter avant de décider.

Premier prix

1 **Casa Frankie** – PLAN II, A2 - *R.28 de Julho 394 - (98) 3222-8198 - www.casafrankie.com - - 7 ch. 102 R$ (sdb partagée) 162 R$ avec sdb - 15 R$.* Ravissante auberge logée dans une maison coloniale restaurée avec goût. Les chambres, simples et spacieuses, dotées de lits avec moustiquaire, ont vue sur le patio avec piscine, au bord de laquelle on se détent au son d'une douce musique. Cuisine et salles de bains partagées, sauf pour la suite.

Pour se faire plaisir

4 **Pousada Portas da Amazônia** – PLAN II, A1 - *R. 28 de Julho 129 - (98) 98605-8201 - www.portasdaamazonia.com.br - 36 ch. 298/300 R$ -* . Trois jolies maisons du 19e s. hébergent cette pousada de charme. Parquets cirés et étoffes blanc cassé composent un cadre à la fois rustique et élégant. Literie et sdb impeccables, deux catégories de chambres. Bon accueil. Demandez à être logé côté galerie ou jardin : les chambres sur rue pâtissent du bruit des bars.

Ville moderne

L'unique intérêt de São Francisco, de l'autre côté du Rio Anil, réside dans sa proximité du centre historique. Près des plages poussent des hôtels proprets, prisés d'une clientèle brésilienne. À choisir si l'on dispose d'une voiture.

Budget moyen

1 **Brisamar** – PLAN I, A1 - *Av. São Marcos 12 - (98) 3212-1212 - www.brisamar.com.br-- - 112 ch. 380/513 R$ -* . Les chambres sont dispersées dans un petit immeuble de trois étages, face à la plage. Spacieuses et agréables sans être chaleureuses, elles ont un carrelage rutilant, et sont équipées de lits confortables. Toutes disposent d'un balcon, mais seules les *superior* ont vue sur la piscine ou sur la mer. Crêpes et galettes au tapioca *(beijú)* au petit-déjeuner.

Pour se faire plaisir

2 **Hotel Luzeiros** – B1 - *R. João Pereira Damasceno 2 - Ponta do Farol - (98) 3311-4949 - www.luzeirossaoluis.com.br - - 243 ch. 465/716 R$ -* . Sans doute l'adresse la plus confortable de la ville, en face de la plage. Décoration moderne et prestations de qualité dans les chambres, qui jouissent d'une vue grandiose sur l'océan et sont dotées de spacieuses salles de bains. Belle piscine, Spa et salle de sports.

3

Le Congresso Nacional réalisé par Oscar Niemeyer, à Brasília.
AngelaMacario/Getty Images Plus/© NIEMEYER, OSCAR/Adagp, Paris 2023

4

Le Centre-Ouest

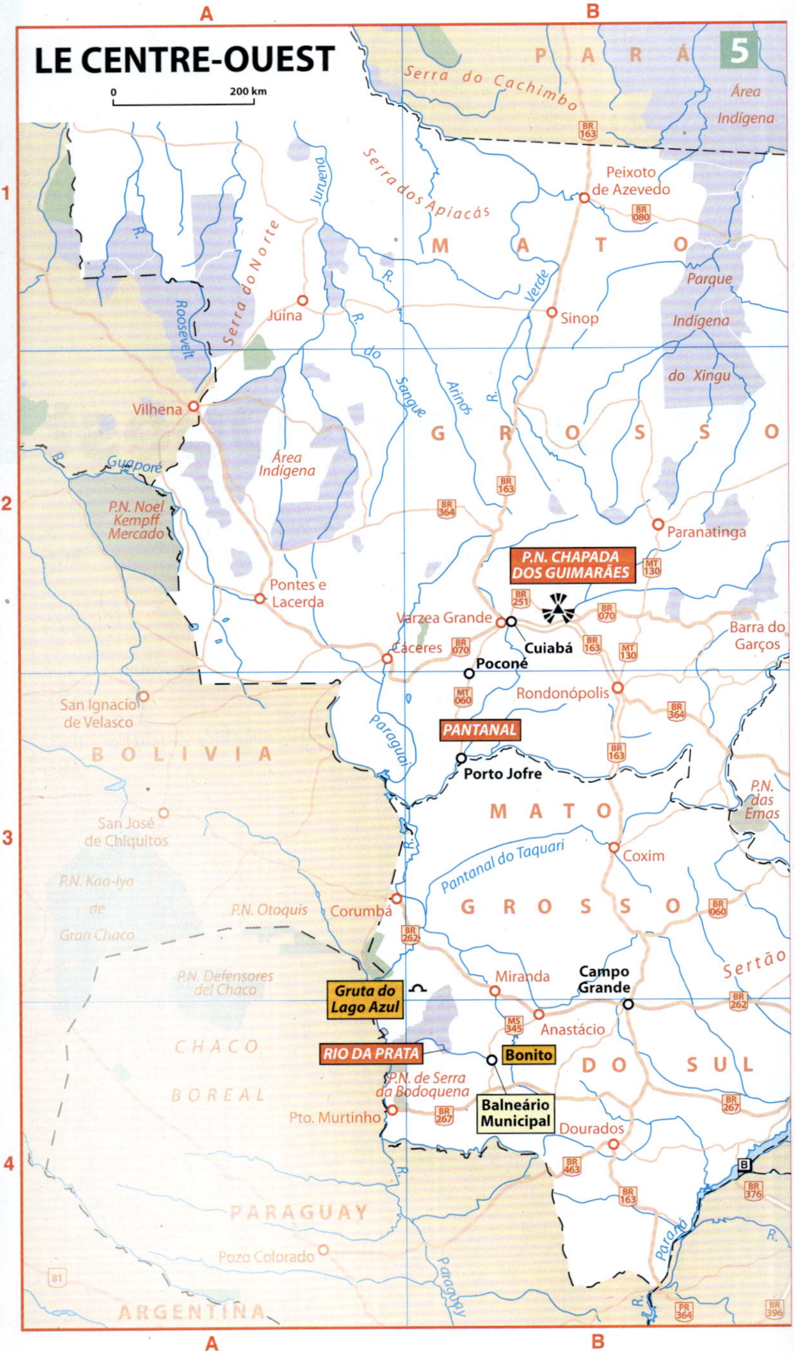

LE CENTRE-OUEST
0
200 km
5
A
B
1
2
3
4
PARÁ
Serra do Cachimbo
Área Indígena
Serra dos Apiacás
Serra do Norte
Juruena
Peixoto de Azevedo
MATO GROSSO
Parque Indígena do Xingu
Juína
Sinop
R. Roosevelt
R. do Sangue
Arinos
R. Verde
Vilhena
Guaporé
Área Indígena
P.N. Noel Kempff Mercado
Paranatinga
P.N. CHAPADA DOS GUIMARÃES
Pontes e Lacerda
Varzea Grande
Cuiabá
Barra do Garças
Cáceres
Poconé
Rondonópolis
San Ignacio de Velasco
BOLIVIA
Paraguai
PANTANAL
Porto Jofre
P.N. das Emas
San José de Chiquitos
MATO GROSSO DO SUL
Pantanal do Taquari
Coxim
P.N. Kaa-Iya de Gran Chaco
P.N. Otoquis
Corumbá
P.N. Defensores del Chaco
Miranda
Campo Grande
Sertão
Gruta do Lago Azul
Anastácio
RIO DA PRATA
Bonito
CHACO BOREAL
P.N. de Serra da Bodoquena
Balneário Municipal
Pto. Murtinho
Dourados
PARAGUAY
Paraná
Pozo Colorado
ARGENTINA
BR 163
BR 080
BR 364
MT 130
BR 251
BR 070
MT 060
BR 060
BR 262
MS 345
BR 267
BR 463
BR 376
PR 364
BR 396
81

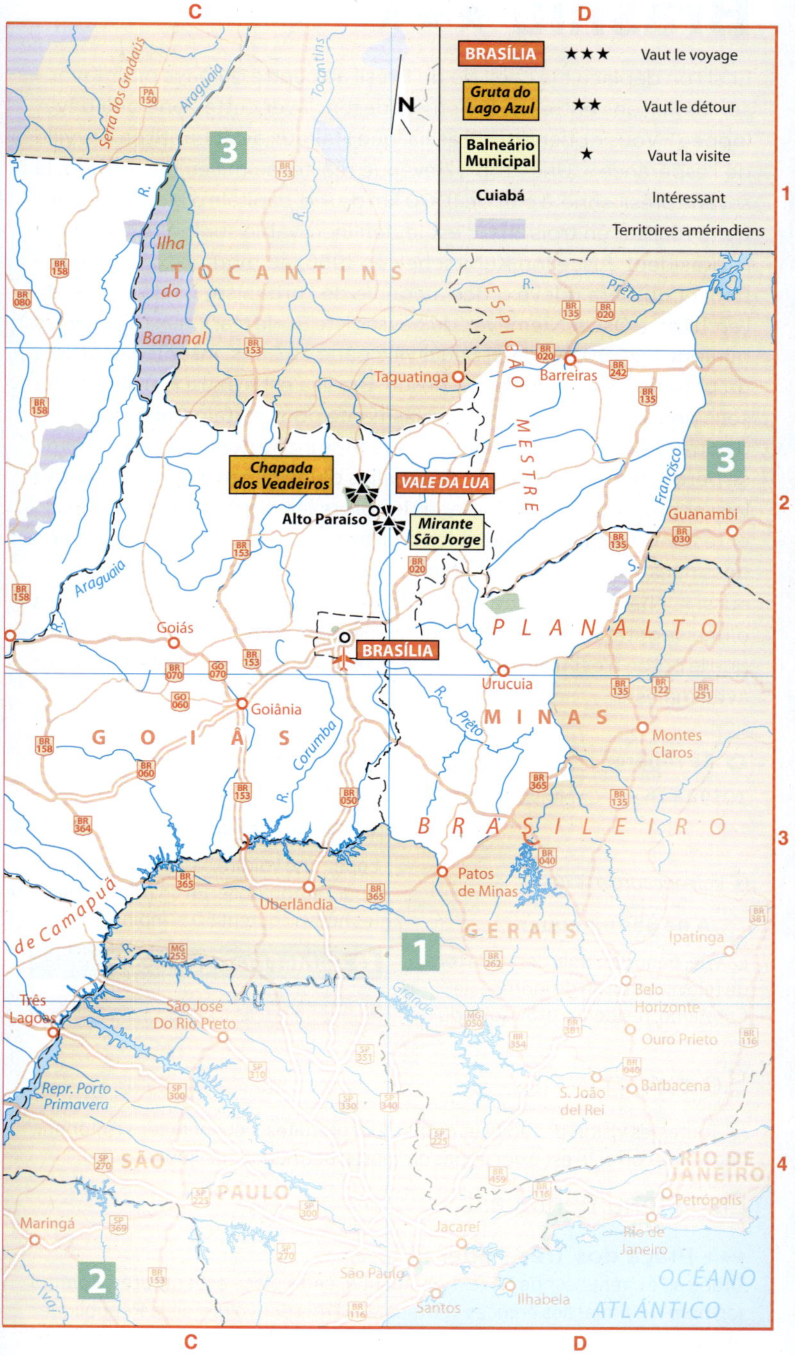
BRASÍLIA ★★★ Vaut le voyage
Gruta do Lago Azul ★★ Vaut le détour
Balneário Municipal ★ Vaut la visite
Cuiabá Intéressant
Territoires amérindiens
N
C
D
1
2
3
4
TOCANTINS
Ilha do Bananal
Serra dos Gradaús
Araguaia
Tocantins
ESPIGÃO MESTRE
R. Prêto
Taguatinga
Barreiras
Chapada dos Veadeiros
VALE DA LUA
Alto Paraíso
Mirante São Jorge
Francisco
Guanambi
PLANALTO
Goiás
BRASÍLIA
Urucuia
Goiânia
GOIÁS
MINAS
R. Corumba
Montes Claros
BRASILEIRO
Patos de Minas
Uberlândia
GERAIS
de Camapuã
Ipatinga
Belo Horizonte
Ouro Preto
Barbacena
S. João del Rei
Três Lagoas
São José Do Rio Preto
Grande
Repr. Porto Primavera
SÃO PAULO
RIO DE JANEIRO
Petrópolis
Rio de Janeiro
Maringá
Jacareí
São Paulo
Santos
Ilhabela
OCÉANO ATLÁNTICO
Ivaí

Brasília ★★★

Et si l'on déplaçait la capitale du Brésil au centre du pays pour favoriser les liaisons entre les régions et désenclaver cette zone peu développée? Vous obtiendrez Brasília, que Malraux avait baptisée « la ville de l'espérance ». Une utopie devenue réalité, au milieu du cerrado, la savane brésilienne, à plus de 1000 km de Rio, capitale d'alors. Un chantier à réaliser en trois ans, c'est le défi incroyable sur lequel s'engage le président Juscelino Kubitschek en 1956, au moment de son élection, et qui sera relevé grâce au génie de l'urbaniste Lúcio Costa, de l'architecte Oscar Niemeyer, du paysagiste Burle Marx, sans oublier les quelque 60 000 ouvriers. Seule ville bâtie au 20e s. inscrite sur la liste du patrimoine mondial de l'Unesco, Brasília est « extra » ordinaire, au sens premier du terme. Enthousiasmante pour certains, absurde pour d'autres, elle ne laisse en tout cas personne indifférent. Comme on aime se perdre dans le labyrinthe des ruelles d'une cité médiévale, il faut se laisser prendre dans le maillage des bretelles d'autoroutes de Brasília et rester bouche bée devant les courbes ahurissantes que Niemeyer a dessinées avec le béton, comme si aucun rêve n'était irréalisable. Goûter aussi la chaleur humaine des multiples bars aux terrasses entourées d'une végétation luxuriante, qui font subitement prendre conscience que le béton n'est froid que si la nature est absente. Brasília le démontre avec majesté.

Se repérer

3 039 444 hab. - Capitale fédérale

CARTE C2 P. 364-365. PLAN DE LA VILLE P. 368-369.

Voir encadré p. 370.

À ne pas manquer

La vue, panoramique, depuis la tour de télévision en fin de journée ; le Catetinho, résidence provisoire du président durant la construction de Brasília ; dîner au bord du lac Paranoá.

Organiser son temps

Louez une voiture, la ville a été conçue pour l'automobile. En fin de semaine, les hôtels coûtent 50 % moins cher.

Carnet pratique p. 376

Nos adresses p. 377

Se promener

PLAN DE LA VILLE P. 368-369

Toutes les visites des édifices publcs sont gratuites. Pour pénéter à l'intérieur, une tenue correcte est exigée : pas de shorts, bermudas, minijupes, tongs.

Eixo Monumental est

★★★ Praça dos Três Poderes C1

Située à l'extrême est de l'Axe monumental, cette place est entourée, comme son nom l'indique, des édifices abritant les « trois pouvoirs » de la République : l'exécutif au **Palácio do Planalto** (le palais du président), le législatif au **Congresso Nacional** et le judiciaire au **Supremo Tribunal Federal** (la Cour constitutionnelle).

Le pont Juscelino Kubitschek de l'architecte Alexandre Chan.
R.M. Nunes/Getty Images Plus

Sur la place se trouve aussi le **Museu da Cidade**, un parallélépipède rectangle de marbre blanc qui conserve une série de textes gravés dans la pierre racontant l'histoire de la construction de Brasília.
Non loin de là, un escalier mène en sous-sol à l'**Espaço Lúcio Costa** *(9h-18h)* qui présente une grande maquette du *plano piloto*.
Deux statues s'élèvent sur la place : *Os Candangos*, un bronze de Bruno Giorgi qui symbolise les travailleurs qui ont bâti Brasília ; et *A Justiça* d'Alfredo Ceschiatti, devant la Cour constitutionnelle, qui représente la justice impartiale, les yeux bandés. Vous remarquerez aussi une étrange tour de béton en forme de pince à linge géante. Il s'agit en fait du support construit par Oscar Niemeyer pour la plaque commémorative (volée depuis) inaugurée en 1987 qui portait l'inscription « Brasília, patrimoine mondial de l'Humanité. » Depuis la fin de la dictature militaire en 1990, cette place sert de cadre aux grandes manifestations politiques. C'est de là que le 8 janvier 2023, les partisans de l'ex président Bolsonarao sont partis à l'assaut du palais présidentiel et des bâtiments du Congrès.

★★ Palácio do Planalto C1

Visites guidées dim. de 9h30 à 14h par groupes de 20 pers. ttes les 30mn (durée : 20mn), sur réserv. uniquement, ✆ (61) 3411-2317 ou www.gov.br.
Le palais présidentiel est placé sur le côté nord de la place des Trois-Pouvoirs. Les colonnes de marbre blanc qui l'entourent reprennent pour moitié la forme de celles du palacio Alvorada. Placées perpendiculairement à la façade, elles donnent la sensation que le bâtiment est sur pilotis. Notez l'asymétrie des colonnes et du placement de la rampe qui crée un effet de pleins et de vides. Sur le côté droit s'ouvre une « loge » arrondie ; Juscelino Kubitschek y prononça un discours lors de l'inauguration de Brasília. Le palais est gardé par les Dragons de l'Indépendance dont la relève a lieu tous les jours, de 8h à 18h *(ttes les 2h)*. À l'intérieur du palais, différentes œuvres de Ceschiatti, Burle Marx et Bulcão.

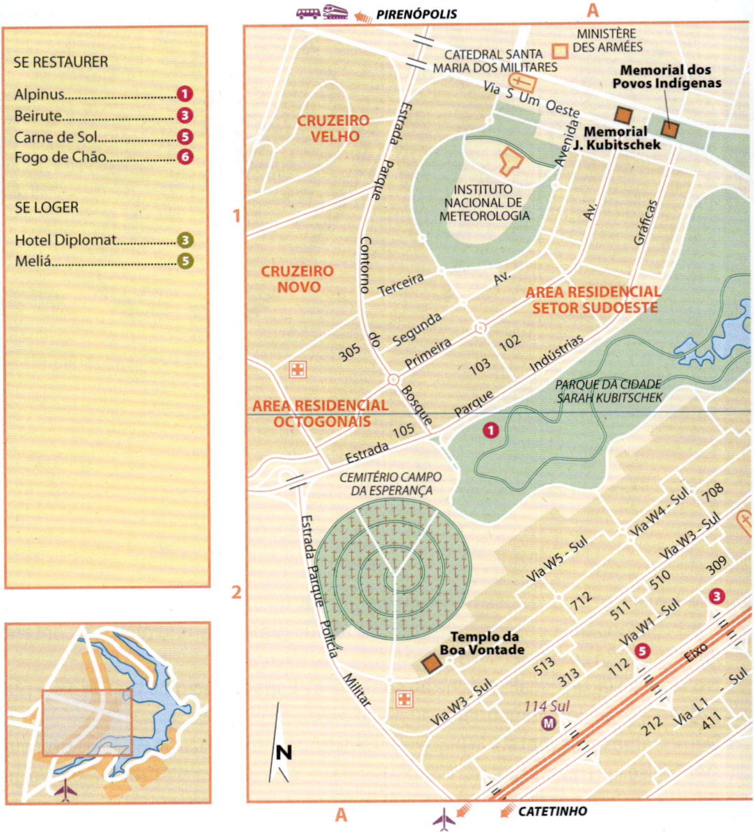

★ Supremo Tribunal Federal C1

✆ (61) 3217 4066 - visitacao@stf.jus.br - visites sur réserv. uniquement par tél. ou courriel, suspendues pour une période indéterminée en raison des actes de vandalisme survenus lors de l'émeute de janvier 2023, se rens.

Placé sur le côté sud de la place des Trois-Pouvoirs, sa structure est équivalente à celle du Planalto, mais sa taille est réduite et les colonnes, inspirées de l'Alvorada, sont sur les côtés. La rampe d'accès monte peu, donnant au bâtiment une grande légèreté. À l'intérieur, des œuvres d'art et un petit musée contenant des meubles anciens issus du bâtiment qui abritait la Cour constitutionnelle à Rio.

★★★ Congresso Nacional C1

Visites guidées suspendues pour le moment, pas de date de reprise annoncée, se rens. aup. de l'office de tourisme.

Monument central de Brasília par son positionnement, à l'extrémité de l'Eixo Monumental, et sa verticalité qui contraste avec l'horizontalité générale de la ville dont les bâtiments sont peu élevés. Le « H », deux tours centrales reliées par une passerelle vitrée, atteint en 27 étages la hauteur maximale légale pour tout bâtiment à Brasília. Les tours abritent les bureaux administratifs du Congrès ;

l'auditorium du Sénat se trouve sous la coupole, la Chambre des députés à l'intérieur de la coupole renversée. Remarquez l'asymétrie de ces deux coupoles, la seconde plus volumineuse que la première, le nombre de députés (513) étant bien supérieur à celui des sénateurs (81). La visite guidée permet de découvrir, au-delà des bâtiments, le fonctionnement de la démocratie brésilienne. De nombreuses œuvres d'art contemporain jalonnent le parcours. Certaines ont été endommagées lors de l'émeute de janvier 2023.

★ Panteão da Pátria e da Liberdade Tancredo Neves C1

Praça dos Três Poderes - ✆ (61) 3325-6244 mar.-vend. 9h-18h, sam.-dim. 9h-17h.
Cet édifice en forme de colombe, construit par Niemeyer en 1985, rend hommage aux héros brésiliens de la liberté et de la démocratie, dont les noms sont inscrits dans un « livre d'acier ». Au 1er étage, une pièce noire, éclairée seulement d'un vitrail de Marianne Peretti. Sur le mur, des panneaux peints en noir et blanc de João Câmara représentant la révolte au Minas Gerais.

★★★ Palácio do Itamaraty C1

✆ (61) 2030 8051 - visites guidées à 9h, 10h, 16h, w.-end et fériés à 9h, 11h, 14h et 16h. Certaines visites en angalis ou en français, se rens.

4

Siège du ministère des Affaires étrangères, son nom est celui du palais qui l'abritait auparavant à Rio. Il s'agit d'une des œuvres les plus connues de Niemeyer. Entouré d'eau, avec des arches de béton en plein cintre mises en relief par *Météor,* la sculpture de Bruno Giorgi, c'est à l'intérieur surtout qu'il se révèle. Aucune porte ne vient fermer l'immense hall (2 800 m²), sans colonne de soutien, ouvert sur un jardin dessiné par Burle Marx. Au centre, une sculpture cinétique de Mary Vieira composée de 230 plaques d'aluminium que chaque visiteur fait pivoter, conférant ainsi à l'œuvre une forme évolutive. Un escalier sans pilier, tel un ruban de béton, monte à l'étage vers des salons abritant une collection extraordinaire de meubles anciens et d'œuvres d'art moderne. Chaque objet est le résultat d'un choix très réfléchi et l'ensemble compose un mélange étonnant de passé et de présent. Au milieu de ces salons officiels, un autre jardin paysagé offre une vue imprenable sur le Congrès national. Ce palais, destiné à recevoir les plus grands de ce monde en visite au Brésil, atteint parfaitement son délicat objectif : rivaliser avec les splendeurs des palais européens. Mission accomplie !

Se repérer

Le plan de Brasília est en forme de croix bombée ; on peut aussi le comparer à la silhouette d'un avion. Le « corps » de l'avion, c'est l'**Eixo Monumental** (est-ouest), qui regroupe les bâtiments administratifs (Parlement, palais du président, ministères...). Les « ailes » de l'avion, c'est Asa Norte (aile nord) et Asa Sul (aile sud). Elles abritent les quartiers résidentiels et commerciaux. Au croisement des deux axes : la Rodoviária (terminal des bus urbains) et tout autour, le secteur des hôtels.

Pour se repérer, il faut avoir compris le système des adresses, pas évident à première vue, mais au fond très logique. À Brasília, tout est classé par secteur : hôtelier, banquier, commercial... Et chaque adresse commence par le code de son secteur. SHN ou SHS : Secteur Hôtelier Nord ou Sud ; SEN ou SES : Setor Embaixadas Norte ou Sul (secteur des ambassades nord ou sud) ; SQN ou SQS : Super Quadra Norte ou Sul (quartier résidentiel nord ou sud) ; SCLN ou SCLS : Secteur Commercial Nord ou Sud (où l'on trouve les restaurants). Après le nom du secteur, on précise son numéro, puis le bâtiment *(Bloco)* classé par lettre (A, B, C), enfin le numéro de la maison *(casa)* ou de la boutique *(Loja)*.

Au centre de l'Asa Sul et de l'Asa Norte se trouve l'**Eixo Rodoviário**, une sorte d'autoroute, avec des voies parallèles à l'ouest dont le nom commence par W comme *west* (W1, W2... nord ou sud suivant l'aile) et à l'est dont le nom commence par L comme *leste* (L1, L2... nord ou sud). Entre chacune de ces voies se trouvent des *quadras* (pâtés de maisons), résidentiels (les *Super Quadras*), qui sont numérotés avec trois chiffres. Le premier indique la position par rapport à l'Eixo Rodoviário : impair pour l'ouest, pair pour l'est, croissant plus on s'en éloigne. Les deux derniers chiffres indiquent la position par rapport à l'Eixo Monumental, croissant plus on s'en éloigne.

Un **exemple** : la Pensão Harmonia, W3Sul 705, Bloco A, casa 3. Elle se situe sur l'Av. W3Sul, dans la 4ᵉ rangée de *Quadra* (1,3,5,7) côté ouest par rapport à l'Eixo Rodoviário, dans la 5ᵉ rangée de *Quadra* côté sud par rapport à l'Eixo Monumental, dans le bâtiment A, maison n° 3. Entraînez-vous, ça viendra !

★ Ministério da Justiça C1

Ne se visite pas.

Dessiné par Niemeyer également, il reprend quelques éléments architecturaux du palais Itamaraty, mais les arcs en plein cintre ont été transformés en 1986 en une série d'arcs interrompus. De la façade jaillissent des cascades artificielles qui finissent leur course dans le jardin aquatique conçu par Burle Marx.

★★★ Catedral Metropolitana C1

(61) 3224-4073 - www.catedral.org.br - 8h-17h. Ne se visite pas pdt les offices (12h15 en sem., 17h le sam. 8h30, 10h et 18h le dim.).

Un des symboles de Brasília, et même du Brésil tout entier, cette cathédrale dessinée par Niemeyer n'était pas achevée lors de l'inauguration de la capitale ; elle ne le fut qu'en 1971. Son plan est circulaire. L'accès se fait par une rampe menant au sous-sol, interprétée par certains comme une allégorie des catacombes. Composée de 16 piliers en béton paraboliques, sa forme peut être associée à la couronne d'épines du Christ ou au calice de la consécration. Entre les piliers, dans les interstices, un immense filet de polygones de verre transparent soudés par du plomb transforme le ciel toujours bleu du *cerrado* en un vitrail géant. En 1987, les vitraux de Marianne Peretti ont été ajoutés ; ils dessinent, comme dans les cathédrales gothiques, un jeu d'ombres et de taches colorées sur le sol en marbre blanc. Suspendus dans le vide par des câbles d'acier, les trois anges en aluminium de Ceschiatti renforcent la dimension aérienne de l'ensemble.

Sur le parvis, du même artiste, les statues de bronze des évangélistes Marc, Mathieu, Luc et Jean. À noter aussi : le campanile et le baptistère de forme ovoïde.

★★ Museu Nacional B1

(61) 3325 5220 - museu.cultura.df.gov.br - mar.-dim. 9h-18h30

Inauguré le 15 décembre 2006, le jour même où Oscar Niemeyer fêtait ses 99 ans, le Musée national, dont il est bien sûr le concepteur, constitue la plus grande coupole au monde jamais construite. Sorte de soucoupe volante de béton entourée d'une rampe extérieure circulaire reliant ses deux niveaux, ce musée abrite, sur 4 000 m^2, des expositions temporaires et deux auditoriums. Ce projet s'intègre au **Complexo Cultural da República**, prévu depuis le départ dans le plan pilote pour être placé au centre de l'Eixo Monumental, avec la Bibliothèque nationale, inaugurée le même jour et, de l'autre côté de l'avenue, un ensemble non encore construit comprenant des salles de cinéma et de concert.

Teatro Nacional B1

Après sa fermeture pour travaux, le théâtre a rouvert en partie à la fin de 2017.

Inauguré dans les années 1980, sa ligne pyramidale se pose en rupture face à la forme rectangulaire des ministères, établissant ainsi une transition entre la zone administrative et celle des loisirs. Son hall à deux niveaux abrite des jardins de Burle Marx. Le dessin des parois extérieures est l'œuvre d'Athos Bulcão. Trois salles de spectacle à l'intérieur.

★★★ Palácio da Alvorada C1 EN DIR.

Visites guidées temporairement suspendues, se rens. (61) 3411-2317 ou www.gov.br.

La résidence présidentielle est ouverte à la visite, une fois par semaine (le nombre de visiteurs st limité à environ 300 pers./j.). Sautez sur l'occasion, si vous êtes à Brasília un mercredi, pour découvrir l'une des œuvres majeures d'Oscar Niemeyer, célèbre pour ses colonnes. Certains spécialistes affirment qu'elles constituent la

Une expérience nouvelle

Comment l'idée de créer de toutes pièces une nouvelle capitale a-t-elle surgi il y a plus de 60 ans au Brésil ? La première capitale avait été Salvador de Bahia, fondée en 1549, un demi-siècle après la découverte du pays par Cabral. En 1763, au moment du boom des mines du Minas Gerais, on avait déplacé le siège du pouvoir colonial à Rio de Janeiro qui devint capitale impériale lors de la déclaration d'Indépendance en 1822, puis capitale fédérale avec l'avènement de la République en 1889. Mais l'idée de transférer la capitale dans le centre du pays germait depuis longtemps. Certains affirment que le marquis de Pombal aurait déjà émis l'idée au 18e s., pour la protéger des attaques maritimes extérieures. Dès 1891 en tout cas, la Constitution de la République des États-Unis du Brésil recommandait « la démarcation dans le *planalto* brésilien d'un terrain réservé à l'établissement de la future capitale ». La première pierre fut même posée en 1922 à Planaltina, près du site actuel de Brasília, et le président Getúlio Vargas nomma une commission en 1953, chargée de déterminer la localisation de la future capitale et qui définit un territoire de 50 000 km^2 entre les 15e et 16e parallèles dans l'État de Goiás. La légende raconte, d'autre part, que le prêtre italien Dom Bosco (1815-1888), fondateur de l'ordre des Salésiens et canonisé par l'Église catholique en 1934, aurait fait un rêve dans lequel il prévoyait l'émergence dans le *planalto* d'une nouvelle civilisation. Le fait est que durant la campagne présidentielle de 1955, un jeune candidat dénommé **Juscelino Kubitschek**, gouverneur de l'État du Minas Gerais, déclara lors d'un meeting, entre volonté politique et rêve mystique, que s'il était élu président, il construirait Brasília avant la fin de son mandat. Et c'est précisément ce qu'il fit !

Une réalité à construire

Dès son investiture, Juscelino Kubitschek, surnommé JK, fit voter au Congrès la création de la NOVACAP, la compagnie chargée de la construction de Brasília, avec comme architecte **Oscar Niemeyer**, un proche de JK pour lequel il avait construit le quartier de Pampulha à Belo Horizonte. Un concours mit en concurrence vingt-six candidats pour la création du projet d'urbanisme de la ville ; c'est **Lúcio Costa** qui remporta la compétition grâce à la simplicité de son *plano piloto* (plan pilote) avec sa forme en croix bombée que l'on compare aujourd'hui à celle d'un avion. À vrai dire, Niemeyer et Costa se connaissaient déjà pour avoir travaillé ensemble à la construction du ministère de l'Éducation à Rio de Janeiro en 1936, projet dirigé par le fameux architecte suisse Le Corbusier.

Inspirée de Le Corbusier

Costa structura d'ailleurs Brasília selon les principes du mouvement moderne, le courant architectural lancé par Le Corbusier en 1933 et dont l'idée fondatrice était la suivante : « Une ville a quatre fonctions : habiter, travailler, circuler et cultiver son corps et son esprit. » La capitale brésilienne fut donc organisée autour de ces rôles avec, d'un côté, l'Eixo Monumental (l'Axe monumental), le long duquel se rassemblent les institutions publiques – du palais du président aux ministères en passant par le Parlement et la Cour constitutionnelle – et, de l'autre, l'Eixo Rodoviário-résidencial (l'Axe de circulation résidentiel) qui rassemble quartiers d'habitations, commerces et loisirs. Tout est organisé par secteurs. Secteurs des hôtels, des banques, des ambassades, mais aussi des hôpitaux, des industries, des clubs sportifs... Autre principe intégré au plan pilote : la séparation des piétons et des voitures. La ville est conçue pour la circulation automobile dont la fluidité est optimisée par des voies très larges et des bretelles d'autoroutes qui évitent les carrefours, mais elle est également pensée pour les piétons. Les zones résidentielles ne sont jamais traversées par une voie rapide, la végétation est omniprésente et la présence systématique d'une rue commerçante dans chaque quartier donne la possibilité, une fois chez soi, de tout faire à pied. **Oscar Niemeyer** (1907-2012), chargé de dessiner les principaux bâtiments publics, intégra lui aussi à son architecture certains principes de Le Corbusier, notamment celui d'édifices sur pilotis avec rez-de-chaussée vide. Mais il ira bien plus loin, réalisant grâce au béton armé des édifices aux courbes incroyables qui ont fait école dans le monde entier. Le paysagiste **Roberto Burle Marx** (1909-1994) permit enfin d'intégrer, dès le départ, une présence massive d'espaces verts.

Une aventure héroïque

Les travaux commencent en février 1957, au milieu de nulle part, sur un terrain situé à 1000 m d'altitude en plein *cerrado*, la savane brésilienne qui s'étend sur le centre-ouest du pays, à plus de 1000 km de Rio. Aucune route, aucun aéroport pour y accéder. Il faut tout construire, très vite, et donc disposer de beaucoup de bras : JK lance des appels à la radio ; bientôt, des ouvriers débarquent de tout le pays. Ces pionniers, baptisés *candangos*, s'installent dans de gigantesques villages de tentes abritant près de 60 000 ouvriers. Dans la phase finale de construction, ces derniers travaillent 24h sur 24 : il s'agit de construire la nouvelle capitale en 1000 jours, pas un de plus ! Et le pari est remporté : le 21 avril 1960, au milieu d'une foule de travailleurs, de représentants de l'État et des pays du monde entier, Juscelino Kubitschek inaugure Brasília. La plupart des bâtiments officiels sont achevés : la place des Trois-Pouvoirs avec le Congrès national, le palais présidentiel et la Cour constitutionnelle, l'Axe monumental avec les ministères et la résidence du président ; mais aussi 3 000 appartements résidentiels, un hôpital de 500 lits, un hôtel de 180 chambres, des écoles, un club nautique... Sans oublier le lago Paranoá, un lac artificiel de 38 km^2 qui entoure la ville.

Un pari réussi ?

Inscrite en 1987 sur la liste du patrimoine mondial de l'Unesco, Brasília compte aujourd'hui plus de 3 millions d'habitants alors que le plan pilote en prévoyait 400 000 pour l'an 2000. D'autres capitales, également créées de toutes pièces comme Canberra en Australie ou Islamabad au Pakistan, sont restées de dimensions très réduites. Peut-on pour autant en conclure que Brasília est un succès ? Difficile à dire. Contrairement à ce qui était espéré, elle n'a pas permis le déplacement du centre économique et beaucoup de Brésiliens critiquent l'endettement qu'a provoqué sa construction. Mais quand on écoute ses habitants et qu'on observe leur qualité de vie, notamment en matière de sécurité et de pollution, on peut se demander si cette ville, issue de l'imaginaire enthousiaste de quelques urbanistes et architectes de génie, ne mérite pas d'être prise pour modèle.

première « réinvention » de la colonne depuis les Grecs ! Elles ont en tout cas inspiré de nombreux architectes dans le monde entier. Grâce à elles, l'architecture du Palais se distingue par son élégance qui contraste avec l'aspect monumental qui prévaut d'habitude pour ce genre de bâtiment. Ici, on a pratiquement la sensation d'une villa de vacances, toute ouverte, avec d'immenses baies vitrées, entourée d'eau grâce à la grande piscine, aux bassins – la statue de Ceschiatti *As Banhistas* (Les Baigneuses) ajoute à l'aspect bucolique du lieu – et bien sûr au lac Paranoá. À noter : la petite chapelle extérieure qui prouve l'omniprésence de la religion au Brésil.

Eixo Monumental ouest

★★★ Torre de TV B1

℘61) 3214-2734 - mar.-dim. 9h-20h.
Le monument le plus haut de Brasília (224 m). Un ascenseur mène sur une plateforme à mi-hauteur d'où la vue, panoramique, permet de comprendre la structure de la ville. Photographes, montez plutôt en fin de journée pour ne pas voir le Congresso Nacional à contre-jour. À noter : en contrebas côté ouest, se tient une petit **foire artisanale** *(jeu.-dim. 9h-17h)*. Du côté opposé, une **fontaine lumineuse** « fait son show » de 15mn *(tlj sf lun. à 18h30, 19h30 et 20h30 ; séances supplémentaires le w.end. à 10h, 12h, 14h et 16h)*.

Memorial dos Povos Indígenas A1

℘ (61) 3344-1154 - mar.-dim. 9h-17h.
Ce pavillon de forme cylindrique dessiné par Niemeyer s'inspire de l'architecture traditionnelle des Indiens yanomani. Il abrite une belle collection d'objets amérindiens.

★ Memorial Juscelino Kubitschek A1

℘ (61) 3226 7860 - www.memorialjk.com.br - tlj sf lun. 9h-18h - 10 R$.
À l'initiative de Sarah Kubitschek, ce mémorial en hommage au fondateur de la ville, décédé en 1976 dans un accident de voiture, a été inauguré en 1981. Le bâtiment, dessiné par Niemeyer, abrite au rez-de-chaussée les meubles du bureau de JK et sa bibliothèque personnelle. Au 1er étage, des photos en noir et blanc retracent sa vie ; celles qui ont été prises durant le chantier de la construction de Brasília sont particulièrement intéressantes. Au centre, éclairé par un vitrail de Marianne Peretti se trouve le tombeau de l'ex-président.

Asa Sul

★★★ Santuário Dom Bosco B1

W3Sul, Quadra 702 - ℘ (61) 3223-6542 - www.santuariodombosco.org.br - lun.-sam. 9h-18h.
Imaginez une église où la taille des murs de soutien et celle des vitraux seraient inversées, de sorte qu'elle ne serait pratiquement plus qu'en vitraux. C'est le rêve qu'un architecte de génie, **Vasconcelos Naves**, a transformé en réalité. Cette église carrée comporte, sur ses quatre côtés, 40 arcs en ogive s'élevant à 16 m de haut, entre lesquels les vitraux de Hubert van Doorne composent un dégradé de plus d'une douzaine de tons bleus. Remarquez aussi l'énorme lustre (3,5 m de haut, 5 m de diamètre) composé de 7 400 pièces en verre de Murano. Depuis 2017, l'édifice abrite un reliquaire contenant quelques ossements de la dépouille de Dom Bosco, enterré en Italie à Turin.

La Catedral Metropolitana par l'architecte Oscar Niemeyer.
filipefrazao/Getty Images Plus/© NIEMEYER, OSCAR/Adagp, Paris 2023

★ Templo da Boa Vontade A2

SGAS 915, lotes 75/76 - ✆ (61) 3114-1070 - www.tbv.com.br - 8h-20h - visite de la pyramide 24h/24.

Caractéristique du mysticisme permanent qui imprègne Brasília depuis sa création, ce temple construit en 1989 par la *Legião da Boa Vontade* – une organisation œcuménique qui prétend à la communion de toutes les religions – est le monument le plus visité de la ville. Le bâtiment principal a la forme d'une pyramide à sept faces. Son sommet est constitué par un des plus gros cristaux du Brésil : 40 cm de haut, 21 kg. Au cœur de l'édifice, l'*Altar de Deus*, une œuvre du sculpteur italien Roberto Moriconu, symbolise le Créateur au travers des représentations des quatre éléments.

À voir aussi

PLAN DE LA VILLE P. 368-369

★★ Catetinho A2 EN DIR.

Km 0, BR 040, dir. Gama. Prendre l'Eixo Rodoviário Sul jusqu'à son extrême sud pour rejoindre la grande route en direction de São Paulo et Rio ; la suivre pendant 10 km puis sortir au panneau « Catetinho », à gauche de l'autoroute - ✆ (61) 3338 8803 - fermé pour travaux, se rens.

Afin de pouvoir accueillir dans de bonnes conditions **Juscelino Kubitschek** lors de ses visites sur le chantier de Brasília, des amis se cotisèrent pour faire construire la première résidence présidentielle : un bâtiment en bois dessiné par Niemeyer et qui est en réalité la première œuvre de l'architecte dans la capitale. Cet édifice de style purement moderniste, avec une structure sur pilotis, fut construit en à peine 10 jours au mois d'octobre 1956. D'abord baptisé « palais Tábuas », il est rapidement surnommé le *Catetinho*, le petit *Catete*, nom du palais présidentiel de l'époque à Rio de Janeiro. On y visite encore le bureau et la chambre où logeait le président lequel, perdu au milieu de cette savane où se construisait la future capitale du pays, faisait pratiquement du camping. Petit musée avec photos et objets de l'époque.

Torre de TV Digital C1 EN DIR.
www.turismo.df.gov.br/torre-de-tv-digital/- mar.-vend. 12h-18h, sam.-dim. et j. férié 9h-18h - 22 R$.
Inaugurée en avril 2012, cette ultime œuvre de Niemeyer (décédé en décembre 2012), haute de 185 m, permet d'apprécier, depuis son belvédère, le magnifique panorama sur la ville de Brasília. Appelée aussi la « fleur du Cerrado », elle dispose de deux dômes de verre qui accueillent un bar et une salle d'exposition.

Carnet pratique

PLAN DE VILLE P. 368-369

S'informer

Office de tourisme – **Aéroport** - *hall des arrivées;* **Praça dos Três Poderes** - *✆ (61) 3226 0153 - www.turismo.df.gov.br.* Informations sur les édifices publics ouverts à la visite : *www.viibra.gov.br.*

Arriver/Partir

En avion – **Aéroport international de Brasília** - *Lago Sul - ✆ (61) 3364 9000- www.bsb.aero.* À 11 km du centre. La capitale est reliée à toutes les grandes villes du pays, par de nombreuses rotations assurées par les principales compagnies aériennes brésiliennes. Le bus 102 relie l'aéroport à la Rodoviára en plein centre, à proximité de la zone des hôtels (*3,80 R$*). En taxi, comptez *env. 70 R$.*

Compagnies aériennes – *À l'aéroport.* **LATAM** - *✆ 0800 570 5700 - www.latam.com*; **Azul** *✆ 0800 887 1118 - www.voeazul.com.br*; **GOL** *✆ 0300 115 2121 - www.voegol.com.br.*

En bus – **Rodoviária,** *SMAS, Trecho 4, Conjunto 5/6, Asa Sul - 10 km au sud-ouest de Central - ✆ (61) 3234 2185 - www.rodoviariabrasilia.com* - liaisons avec **São Paulo** *(7/j., durée 16h, 165 R$),* **Salvador** *(2/j., durée 24h, 200 R$,* **Belém** *(2/j., durée 34h, 240 R$).*

Se déplacer

En voiture – Louer une voiture est pratiquement indispensable, car cette ville a été conçue pour l'automobile.
À l'aéroport :
Localiza – *✆ (61) 3221-4400.*
Movida – *✆ (61) 3364-9681*

En bus – Il existe un système de transports publics assez efficace dont le point central est la **Rodoviária** (terminal des bus urbains), située au croisement de l'Eixo Monumental et de l'Eixo Rodoviário (B1). Voici les principaux bus qui en partent, par destinations : n° 108, « Praça dos Três Poderes » ; n° 131, « Rodoferroviária » (gare routière interrégionale) ; n° 107.

En taxi – **Brasília Radiotáxi** - *✆ (61) 9 9921 8121.* Pratique, mais cher du fait des distances.

Adresses utiles

Banque/Change

Aéroport – Distributeurs Banco do Brasil. Bureau de change : Change « Confidence » *24h/24.*
Centre – Nombreux distributeurs, notamment dans le secteur des hôtels.

Poste

Poste centrale – B1 - *SHS, Quadra 2, Bloco B. Lun.-vend. 9h-17h.*

Urgences/Santé

Hospital de Base do DF – B1 - *SMHS, Área Especial, Quadra 101 - ✆ (61) 3350 8900.*

Hospital Santa Lúcia – A2 - *SHLS, Quadra 716, Conjunto. C - ✆ (61) 3445 0000.*

Ambulances – *✆ 192.*

Police – *✆ 190.*

Ambassades

Ambassade de France – C2 - *SES, Av. das Nações, Quadra 801, Lote 04 - ✆ (61) 3222 3999 - urgences - ✆ (61) 3222-3820 - www.br.ambafrance.org.*

Ambassade de Belgique – C2 - *SES, Av. das Nações, Quadra 809, Lote 32 - ✆ (61) 3443 1133 - urgences ✆ (61) 9 8407 9756 - www.brazil.diplomatie.belgium.be.*

Ambassade du Canada – C2 - *SES, Av. das Nações, Quadra 803, Lote 16 - ✆ (61) 3424 5400 - www.canadainternational.gc.ca/brazil-bresil.*

Ambassade de Suisse – C2 - *SES, Av. das Nações, Quadra 811, Lote 41 - ✆ (61) 3443 5500 - www.eda.admin.ch/countries/brazil.*

Nos adresses

Restauration

Brasília dispose d'une surprenante diversité de restaurants et de bars. Chaque soir, les grandes terrasses entourées de végétation sont bondées.

Premier prix

5 **Carne de sol** – A2 - *SCLS, Quadra 111, Bloco B, Loja 12 - ✆ (61) 3346-0859 - www.carnedesol111.com.br - ouv. tlj, service continu - plats 89/114 R$.* Pour goûter la cuisine du centre-ouest du Brésil, dans une ambiance simple et familiale. Spécialité de la maison : la carne de sol bien sûr : 108 R$ pour 2 avec plusieurs accompagnements.

1 **Alpinus** – A2 - *Parque da Cidade Parking n° 05 - ✆ (61) 3321-7945 - www.alpinusgaleteria.com.br - ouv. tlj, service continu - plats 65/80 R$.* Au milieu du parc Sarah Kubitschek, une grande *churrascaria* en plein air qui offre un autre point de vue sur la ville. Point de ralliement des familles pour le grand déjeuner dominical. Ambiance campagne. Les plats pour deux sont très suffisants pour trois personnes.

Budget moyen

3 **Beirute** – A2 - *SCLS, Quadra 109, Bloco A, Loja 2/4 - ✆ (61) 3244-1717 - ouv. tlj, service continu - 41/58 R$/pers.* Fondé en 1966 par un Libanais, c'est un des plus vieux *botecos* (bistrots) de la capitale. Intellectuels, artistes, journalistes s'y retrouvent en terrasse, sous les arbres, pour déguster ses spécialités orientales. Discussions animées jusqu'au bout de la nuit.

Pour se faire plaisir

6 **Fogo de Chão** – B1 - *SHS, Quadra 5, Bloco E, Asa Sul - ✆ (61) 3322-4666 - www.fogodechao.com.br - ouv. tlj, service continu - menu complet (buffet de salade et grillades à volonté) 79/108 R$.* Cette succursale de la célèbre chaîne de rôtisserie brésilienne est particulièrement attrayante. Ambiance « pampa » comme à l'habitude, avec serveurs colt (en plasique) au côté, buffet varié et séduisant pour les hors d'œuvre et farandole de viandes grillées à volonté. Pour côtoyer le tout-Brasila à l'heure du déjeuner.

Saveur Bistrot – *SMDB, Conjunto 10, Lote 1, Lago Sul - ✆ (61) 99116-3211 - www.saveurbistrot.com - fermé lun. - plats 87/2019 R$, menu dégustation (8 services), 259 R$/pers.* Le chef Thiago Paraiso, encensé par les critiques gastronomiques brésiliens, tient sa maison au sud du centre-ville. Cadre raffiné pour une cuisine qui ne l'est pas moins. Si les produits sont parfois un peu canailles – chorizo de sanglier par exemple qui dialogue avec un risotto aux asperges et crevettes –, la mise en œuvre est moderne, délicate et séduisante dès le premier coup d'œil.

Boire un verre

Bars

Outro Calaf – A2 - *SBS, Quadra 2, Bloco T, Ed. João Carlos Saad - ✆ (61) 3325-7408 - www.outrocalaf.com.br - fermé lun. soir, merc.-sam. soir et dim. midi.* D'origine espagnole, ce bar-restaurant propose des spécialités ibériques (menu à midi), dont de bonnes paellas. Aujourd'hui, pourtant, on s'y rend plus pour danser que pour manger. Programmation culturelle éclectique : samba, rock et black music.

Club de jazz

Clube do Choro – B1 - *70070-350 Brasilia - SDC, Bloco G, Eixo Monumental, près du Centro de Convenções - ✆ (61) 3226-3969 - www.clubedochoro.com.br - billetterie : lun.-sam. 9h-23h - 20/40 R$.* Dans une salle souterraine ronde, un club de jazz où tous les grands de la musique brésilienne sont passés depuis sa création en 1977. Arrivez tôt si vous souhaitez obtenir une table, car c'est toujours bondé. Et laissez-vous bercer par ces mélodies : l'âme brésilienne semble vibrer ici. Possibilité de réserver son billet en ligne.

Hébergement

Facile de repérer les hôtels à Brasília, car ils sont regroupés dans deux « secteurs » : SHN et SHS (*encadré « Se repérer » p. 370*). Leurs prix sont plus élevés en semaine en raison du grand nombre de fonctionnaires présents dans la capitale. Chaque hôtel affiche donc deux tarifs, un pour la semaine, l'autre pour le w.-end ; ils peuvent varier du simple au double.

Premier prix

3 **Hotel Diplomat** – B1 - *SHN, Quadra 02, Bloco L, Asa Norte - ✆ (61) 4042-9887 - www.diplomathotelbrasilia.com.br - P - 66 ch. 214/383 R$.* Chambres spacieuses à prix raisonnables pour Brasília. Petit-déjeuner bien fourni. Choisissez une chambre du côté opposé à l'Eixo Monumental pour éviter le bruit.

Une folie

5 **Meliá** – B1 - *SHS, Quadra 6, Asa Sul - ✆ (61) 3218-4700 - www.melia.com - P - 600 ch. 507/1300 R$ -* Des grands hôtels qui ont poussé comme des champignons dans la zone Centre, le Meliá est une vraie réussite. Les chambres sont toutes très vastes, dès la première catégorie, avec un coin salon séparé du coin nuit. Aménagements de tout confort et déco contemporaine en clin d'œil aux années 1970. Une véritable petite ville, avec ses restaurants, bars, halls gigantesques... et même son héliport. Encore un plus ? Les vélos mis à disposition des clients. Et si vous venez en fin de semaine, vous pourrez vous offrir un séjour de grand luxe à peine plus cher qu'une chambre dans une auberge de jeunesse. Osez la suite !

Chapada dos Veadeiros ★★

Le cerrado est un écosystème qui s'étend dans le centre-ouest du Brésil, une vaste savane considérée comme l'une des plus riches au monde en terme de biodiversité. Son climat mélange humidité tropicale, d'octobre à avril, et aridité le reste de l'année. Plus de 10 000 espèces de plantes se sont adaptées à ces conditions climatiques, pour la plupart inconnues ailleurs sur la planète. Sensation étrange que de découvrir des arbres, des fleurs et des fruits jamais rencontrés auparavant. Dès 1961, la zone a été promue parc national et a été inscrite au patrimoine mondial de l'Unesco en 2001.

Se repérer

État de Goiás CARTE C-D2 P. 364-365.

À ne pas manquer

Une randonnée dans le parc national.

Organiser son temps

Avril et mai sont les mois les plus agréables (fleurs, eau dans les cascades). Prévoir chaussures de marche, chapeau, lunettes de soleil, crème solaire, anti-moustiques, cape de pluie et pull.

Carnet pratique p. 381

Nos adresses p. 381

Se promener

CARTE DE RÉGION P. 364-365

★★★ Parc national C2

À São Jorge - (62) 3455 1114 - parquesbrasil.turismo.gov.br - mar.-dim. 8h-12h (entrée), dern. sortie 18h - 40 R$ - limité à 220 ou 250 visiteurs/j. selon activité - la préfecture recommande la vaccination contre la fièvre jaune. Coordonnées des guides locaux disponible sur le site Internet du parc ou auprès de votre pousada. On peut également s'adresser à une agence (voir « S'informer » p. 381).

Prévoyez d'arriver à São Jorge en fin d'après-midi pour partir en randonnée tôt le lendemain et profiter de la fraîcheur matinale.

Ce parc (65 000 ha) permet d'accéder à la splendeur de la flore et de la faune du *cerrado*. Afin de garantir un tourisme responsable, le ministère de l'Environnement a rendu obligatoire la présence d'un guide accrédité pour toute visite.

Deux circuits de difficulté moyenne : le **sentier des canyons** *(12 km - 4/6h AR)* conduit aux plus belles falaises du parc ; le **sentier des cascades** *(11 km - 4/6h AR)* donne accès au Salto do Rio Preto, une chute d'eau de 120 m. Chaque balade est l'occasion de se baigner dans les torrents ou les piscines naturelles. On peut aussi rejoindre à moindre effort la **Triha da Seriema**, mini randonnée *(800 m AR)* qui conduit à une piscine naturelle.

★★★ Vale da Lua D2

6 km avant São Jorge en venant d'Alto Paraíso, suivre la piste qui part à gauche sur 2 km : elle descend jusqu'à la petite maison des paysans qui gèrent l'accès à ce site privé - 40 R$.

4

La Vale da Lua.
Rodrigo S Coelho/Getty Images Plus

Une vallée rocheuse sculptée par le courant du Rio São Miguel. Sur des kilomètres, la roche grise a été usée, polie par la pression de l'eau, jusqu'à prendre des formes inattendues, surréalistes presque. D'où son nom de « vallée de la lune ». Une boucle de 45mn à pied permet d'observer cette merveille naturelle. Pas besoin de guide ici, car le site ne fait pas partie du parc national.

★ Mirante São Jorge CD2

Prendre la piste qui part près de l'entrée du parc national (panneaux). On grimpe sur plus d'1 km jusqu'à un portail. Encore 250 m de marche sur le sentier de quartz et on atteint ce point de vue offrant un panorama magnifique sur la région. Idéal au coucher du soleil.

Alto Paraíso C2

La petite ville d'Alto Paraíso n'a pas grand intérêt, sauf qu'on peut y acheter du cristal dans les boutiques de l'Av. Ari Valadão ou, si l'on s'intéresse aux expériences mystiques, rendre visite à l'un des multiples groupes ésotériques installés ici : se préparer à la fin du monde auprès de la permanence des adeptes du calendrier maya par exemple.

Le cristal de quartz

Les premiers colons portugais arrivent dans la région au 16e s. Ce sont des *bandeirantes*. Au 18e s., l'élevage et la culture du café se développent et, à partir de 1912, on assiste à une ruée vers le cristal de quartz, présent en grande quantité dans cette partie la plus élevée du *planalto central*. Le minéral, dont le Brésil possède les plus grands gisements du monde, est exporté aux États-Unis et en Europe où il est utilisé dans l'industrie optique, électrique puis électronique, en particulier dans l'horlogerie. Mais l'invention du cristal de synthèse, au lendemain de la Seconde Guerre mondiale, met fin au boom. Dans les années 1980, le cristal suscite toutefois une nouvelle ruée, celle des mystiques convaincus de la faculté du quartz à concentrer les énergies cosmiques. Des groupes ésotériques venus du monde entier s'installent à Alto Paraiso. À 4 km au nord de la ville, un illuminé a même construit un aéroport pour extraterrestres !

Carnet pratique

S'informer

Office de tourisme – *Av. Ary Valadão Filho 1100 - Alto Paraiso - ☎ (62) 3446 1159 - www.altoparaiso.go.gov.br.* Consultez également le site commercial *www.chapadadosveadeiros.com.*

Excursions – Travessia Ecoturismo - *Av. Ary Valadão Filho 979 - Alto Paraiso - ☎ (62) 3446 1595 - travessia.tur.br.* Agence sérieuse pour découvrir la région à pied, à VTT ou en canyoning.

Arriver/Partir

En bus – Au dép. de la **Rodoviária** de Brasília (*☞ p. 376*), 3 bus/j. pour **Alto Paraíso** ; durée : 3h30. Cette petite ville se trouve à 38 km de l'entrée du parc national, située dans le village de **São Jorge** qu'on rejoint par un autre bus. Attention : un seul dép./j., à partir de 15h.

Adresses utiles

Banque/Change

Pas de banque à São Jorge. Pensez à retirer du liquide à **Alto Paraíso** : **Itaú** – *Av. AryValadão Filho 767.*

Nos adresses

Restauration

Premier prix

Restaurante da Nenzinha – *R. 06 - 73778-000 São Jorge - Quadra 11 - ☎ (62) 3446-1183 -pousada-e-restaurante-da-nenzinha-sao-jorge.negocio.site - fermé le soir - env. 40 R$.* Près de l'entrée du village, ce restaurant propose une cuisine simple et de qualité : buffet de crudités et spécialités régionales. *«Voir « Hébergement ».*

Lua de São Jorge – *R. 1 - 73700-000 São Jorge - Quadra 1, Lote 14 - ☎ (62) 9984-6813 - fermé lun. et mar.-merc. midi - pizzas 43/67 R$.* Une large terrasse de pierre ombragée pour déguster, au son de la *musica ao vivo*, de délicieuses pizzas cuites au feu de bois.

Hébergement

Budget moyen

Pousada da Nenzinha – *R. 06 - Quadra 11 - lote 2 - ☎ (62) 9 9640-7358 - 6 ch. 300/432 R$ ☕ - ✕.* La propriétaire de cette pousada est une pionnière dans l'accueil des touristes. Bien localisée, dans la rue principale. Chambres simples et de bon goût.

Pousada Trilha Violeta – *R. 12 - 73770-000 São Jorge - Quadra 07, Lote 08 - ☎ (62) 3455-1088 - www.trilhavioleta.com.br-- 280 R$ ☕.* « Le sentier violet », tel est le nom de cette pousada aux allures de ruelle de verdure, entourée de maisonnettes à la façade parme. Hamacs devant chaque chambre. Un lieu charmant à prix doux.

Pour se faire plaisir

Pousada Águas de Março – *R. 12, Quadra 14 - 73770-000 São Jorge - Lote 03 - ☎ (61) 99962-2082 - www.chapadadosveadeiros.com.br - 🏊 - 20 ch. 280/350 R$ ☕ 2 nuits mini.* Un large pavillon abrite des chambres spacieuses disposées autour d'une piscine. Également des chambres simples, pour budgets plus serrés. Bonne agence de guides.

Pousada Baguá – *R. 01 - 73770-000 São Jorge - Quadra 16, Lote 02 - ☎ 61 9876-3388 - www.baguapousada.com.br - 🏊 - 8 ch. : env. 640/920 R$ ☕.* Dans un immense jardin, des bungalows reliés par des sentiers de quartz. La décoration mêle design et écologie. De son hamac, on admire le parc qui s'étend à l'infini.

4

Le Pantanal ★★★

Et si le paradis terrestre existait encore ? Un immense jardin, grand comme la moitié de la France, où les oiseaux multicolores virevoltent sans crainte d'être chassés au milieu de toutes les plantes et de tous les animaux de la terre rassemblés, ou presque... Du fond des fleuves au ciel azur, dans la savane, la forêt profonde et les marais, un royaume sauvage comprenant plus de 3 500 espèces végétales, 650 espèces d'oiseaux, 130 de mammifères, 180 de reptiles, 320 de poissons et près de 1000 variétés de papillons ! Un véritable sanctuaire, à l'abri dans la plus grande zone humide d'eau douce du monde, inscrite depuis l'an 2000 sur la liste du patrimoine mondial de l'Unesco et considérée comme l'une des quarante dernières régions naturelles de la planète. Un lieu rare dont l'équilibre fragile n'a été que très peu menacé, jusqu'à présent, par la présence de l'homme, contraint par les conditions naturelles à ne pratiquer là qu'un élevage nomade, pratiquement inchangé depuis deux siècles. Alors, au gré d'une barque sur le labyrinthe des rivières ou à cheval aux côtés des vachers d'une fazenda pantaneira, retournez à l'état de nature, redécouvrez, avec l'émoi du premier homme, la vie d'avant. D'avant les autoroutes, les centrales nucléaires, le moteur à explosion et le téléphone portable. La vraie vie sauvage...

Se repérer

Cuiabá : 590 118 hab. - Cuiabá est la capitale du Mato Grosso - Fuseau horaire : 1h de moins qu'à Brasília

CARTE B3 P. 364-365. CARTE DU PANTANAL P. 387.

À ne pas manquer

Le lever du jour sur la Transpantaneira, à l'heure du réveil des oiseaux ; une randonnée à cheval avec les vachers d'une *fazenda* ; le repérage des caïmans, la nuit.

Organiser son temps

Prévoyez au moins 3 jours sur place pour apprécier cette région sauvage. Pour observer les animaux, préférez la saison sèche (mai-oct.).

Carnet pratique p. 390

Nos adresses p. 391

Paysage du Pantanal vu du ciel.
Mint Frans Lanting/Mint Images/age fotostock

Pantanal nord autour de Cuiabá CARTE P. 387

Première ville fondée par les Portugais dans ce Far West brésilien grâce à la découverte d'or en 1718. Devenue capitale de l'État du Mato Grosso en 1818 grâce au développement de l'élevage et du transport fluvial, Cuiabá est aujourd'hui une grosse ville moderne, enrichie par les profits exceptionnels réalisés dans l'agro-business, la culture du soja en particulier. Peu de chose à voir à Cuiabá qui n'est que la porte d'entrée d'un territoire naturel unique au monde : le Pantanal.

Cuiabá

La ville de Cuiabá ne présente pas beaucoup d'intérêt. Toutefois, une promenade dans les petites rues du centre, à l'est de la Praça Alencastro, peut valoir la peine de même qu'une visite de l'aquarium ou du musée Rondon.

Le Pantanal mode d'emploi

Accès (deux points d'accès possibles) – par le nord, depuis **Cuiabá** (*p. 386*), capitale du Mato Grosso qui donne aussi accès au massif montagneux de Chapada dos Guimarães (*p. 386*) ;
– par le sud, depuis **Campo Grande** (*p. 388*), capitale du Mato Grosso do Sul d'où l'on peut également rejoindre **Bonito** (*p. 395*), connue pour ses rivières cristallines et ses grottes millénaires.
Conseils pratiques – Privilégiez la saison sèche *(mai-oct.)* durant laquelle on observe beaucoup plus d'animaux, en particulier les mammifères qui se regroupent près des points d'eau.
– La vaccination contre la fièvre jaune n'est pas obligatoire (mais recommandée). Même si, d'après les autorités locales, la malaria est éradiquée, mieux vaut prévoir un traitement antipaludéen.
– Équipement indispensable : un pantalon léger et une chemise à manches longues, des chaussures de marche, un chapeau à bord, des lunettes de soleil, une crème solaire, un anti-moustiques, une cape de pluie. Emportez un pull, car, même si la température moyenne est de 24 °C, elle peut varier de 0 à 40 °C selon les vents en provenance de Patagonie. Munissez-vous d'une bonne paire de jumelles et d'un appareil photo avec téléobjectif.

Un sanctuaire écologique

Au centre du continent, à plus de 1600 km de l'océan, à quasi-équidistance entre l'Atlantique et le Pacifique, le Pantanal est longtemps resté une région isolée, ignorée des Européens. La première expédition espagnole ne fit que passer dans la région en 1541 avant de rejoindre les mines du Pérou en remontant le Rio de la Plata et le Rio Paraguay. Chassés par les marchands d'esclaves, bon nombre d'Indiens de la côte trouvèrent ici refuge, mais dès le début du 18e s., les *bandeirantes*, qui faisaient des Indiens leurs esclaves, finirent par atteindre ce territoire. En 1718, alors qu'il venait de déjeuner sur les rives d'un affluent du fleuve Cuiabá, l'un d'entre eux récolta par hasard une pépite d'or en lavant sa gamelle. Une découverte qui suscita une ruée vers l'or et favorisa l'émergence de la ville de Cuiabá. L'élevage se développa en parallèle avec l'activité minière, ainsi que le transport fluvial sur le Rio Paraguay.

Terre de conflit

La région devint alors l'objet d'enjeux entre les Espagnols et les Portugais, dans le cadre du traité de Tordesillas puis, après l'Indépendance, entre le Brésil et le Paraguay. En 1865, après plus d'une décennie de tensions entre le Brésil et ses voisins à propos des propriétés rurales du sud du pays, éclate la guerre du Paraguay, le conflit le plus sanglant de l'histoire sud-américaine. Cinq ans de combats durant lesquels les armées paraguayennes envahirent d'abord le sud du Mato Grosso (devenu Mato Grosso do Sul en 1977) avant de subir la terrible vengeance de la triple alliance Argentine-Uruguay-Brésil qui massacra près de la moitié de la population paraguayenne.

Terrain de recherche

Le 19e s. accueillit d'autres « invasions » plus heureuses : du fait de son isolement et de son caractère sauvage, la région attira un grand nombre d'expéditions scientifiques. Celle du baron Langsdorff, ambassadeur de Russie au Brésil, demeure la plus célèbre. Huit ans d'aventure et de recherche dans les années 1820, illustrées par Hercule Florence, un dessinateur niçois qui réalisa des aquarelles extraordinaires,

Le toucan, une des espèces incontournables peuplant le Pantanal.
agustavop/Getty Images Plus

représentant notamment des ethnies amérindiennes. En 1880, la commission du général Rondon, dont la mission était d'installer la première ligne de télégraphe dans ces régions isolées, apporta également beaucoup en matière cartographique et ethnologique, tout comme la campagne organisée en 1913 par l'American Museum of Natural History à laquelle participait l'ancien président des États-Unis, Theodore Roosevelt. Sans oublier, bien sûr, les travaux de l'anthropologue Claude Lévi-Strauss dans les années 1930.

Un patrimoine naturel en danger

Après avoir connu un boom du caoutchouc à la fin du 19e s., le Mato Grosso et le Mato Grosso do Sul connaissent aujourd'hui un boom du soja dont le Brésil est le deuxième producteur mondial derrière les États-Unis. Une agriculture intensive qui doit prendre en considération l'écosystème exceptionnel qu'est le Pantanal. « Sans une gestion intégrée extrêmement minutieuse, l'un des plus grands trésors de l'environnement mondial sera altéré à jamais par l'empiétement de l'homme », a déclaré en 2005 le professeur Hans van Ginkel, recteur de l'Université des Nations unies. Chaque année, à la saison sèche, la région connaît son lot d'incendies, les derniers particulièrement ravageurs ravageurs en 2020. Néanmoins, grâce à une extraordinaire résilience, la nature reprend rapidement ses droits à la saison humide.

Géographie

Le Pantanal est la plus grande zone humide d'eau douce de la planète, couvrant 210 000 km². Cette immense plaine inondable, formée il y a 60 millions d'années par l'affaissement d'un haut plateau lors du plissement andin, se répartit pour les deux tiers sur le territoire du Brésil (65 % au Mato Grosso do Sul et 35 % au Mato Grosso), le reste s'étendant au Paraguay et en Bolivie. Ce bassin hydrographique est essentiellement alimenté par le Rio Paraguay, qui du fait de son très faible degré d'inclinaison (1 cm/km), inonde toute la région durant la saison des pluies, de nov. à avr. Ce « trop-plein » d'eau progresse du nord au sud, déposant sur son passage des sédiments qui fertilisent les sols, favorisant le développement d'une végétation nécessaire à la survie de la faune.

Une mosaïque d'écosystèmes

Irrigué par des fleuves qui ont parcouru tout le Brésil, le Pantanal reçoit des semences en provenance des quatre grands écosystèmes brésiliens : la forêt amazonienne, le *cerrado* (savane), la forêt tropicale côtière et la *caatinga*, végétation semi-aride du Nordeste. Voilà pourquoi voisinent ici, à quelques mètres d'intervalle, des cactus et des jacinthes d'eau. 95 % des terres du Pantanal sont inondables et le niveau de l'eau peut varier de 3 m. On passe donc d'un immense marais en fin de saison humide *(avr.-mai)* à une véritable savane en fin de saison sèche *(sept.-oct.)*. C'est durant cette dernière période qu'on peut le mieux observer les animaux qui se regroupent près des points d'eau, en particulier le *capivara* (plus gros rongeur du monde), le tapir, le caïman, la loutre géante et avec un peu de chance, le jaguar. Toutefois, c'est aux yeux des ornithologues que le Pantanal est un véritable paradis : 650 espèces d'oiseaux ont été recensées. Vous admirerez, entre autres, des araras, des émus, des martins-pêcheurs, des toucans et le fameux tuiuiú au col rouge et aux 2,8 m d'envergure, symbole du Pantanal.

Se repérer

Le centre historique de **Cuiabá** est entouré des avenues Mato Grosso au nord, Tenente Coronel Duarte à l'est et Isaac Povoas au sud. Autour de la cathédrale s'étendent les places Alencastro et da República, traversées par l'Av. Getúlio Vargas le long de laquelle on trouve hôtels et restaurants.

Aquário Municipal

Av. Beira Rio s/n - ✆ (65) 3617-1286 - fermeture temporaire, se rens. - entrée libre.
Dans le quartier du port, près du marché municipal. Vous y découvrirez les poissons cuisinés dans les spécialités locales comme le *pacu* et le *pintado*. Il abrite notamment des piranhas et autres tortues.

Museu Rondon de Etnologia e Arqueologia

Av. Fernando Correa da Costa, à 4 km du centre, sur le campus de l'UFMT- Université fédérale du Mato Grosso - www.museurondonufmt.blogspot.fr - ✆ (65) 3313 7391 - fermeture temporaire, se rens.
Adjacent au département d'anthropologie de l'Université fédérale, ce musée présente une belle collection d'objets provenant d'ethnies indiennes de la région (masques funéraires, diadèmes...).

Excursions

Pensez à faire le plein d'essence à Poconé avant de vous engager sur la *Transpantaneira*.
L'essentiel des excursions dans le **Pantanal** du Nord se fait autour de la **Transpantaneira★★★**, une piste qui part de **Poconé**, petite bourgade située à 110 km au sud-ouest de Cuiabá, et qui s'enfonce sur 150 km dans cette grande zone marécageuse qui constitue le parc naturel jusqu'à **Porto Jofre** en franchissant plus de 100 petits ponts de bois. Le long de cette piste, plusieurs *fazendas* accueillent les touristes et leur font découvrir la faune et la flore de la région à pied, à cheval ou en bateau. Certaines pratiquent encore l'élevage, d'autres sont pratiquement devenues des hôtels. On peut organiser son excursion de deux façons :
– avec une **agence**, qui organisera tout à votre place. La plupart proposent des tours de 3 à 5 jours qui vous conduisent dans une ou plusieurs *fazendas*. Les agences ont l'avantage de proposer des voyages itinérants qui permettent de découvrir différentes parties du Pantanal, de la savane à la forêt profonde, dans des lieux parfois reculés, et donc d'observer une plus grande variété d'espèces d'animaux ;
– directement avec une **fazenda** qui viendra vous chercher à Cuiabá ou à Poconé, ou que vous rejoindrez avec votre propre voiture de location (c'est tout à fait possible durant la saison sèche).

★ Pantanal nord autour de Chapada dos Guimarães

CARTE DU PANTANAL P. 387

Barrière de roche. Ligne de fracture entre les hauts plateaux du centre-ouest et l'immense plaine du Pantanal qui s'étend vers le sud après s'être affaissée au moment de la formation de la cordillère des Andes. Impression d'être le premier confronté à cette savane vierge qui s'étend à l'infini. Chapada dos Guimarães, parc national depuis 1989, offre aux randonneurs et autres fans de rafting parmi les canyons et les cascades un terrain de jeu idéal.

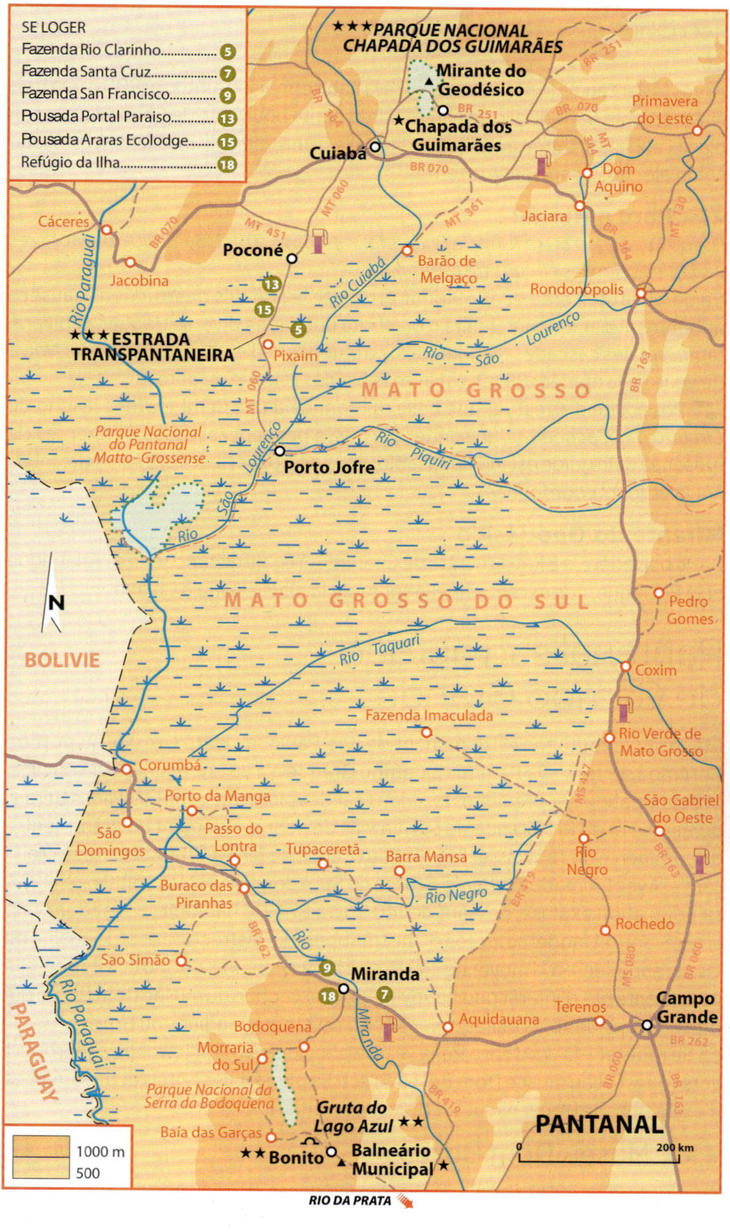
SE LOGER
Fazenda Rio Clarinho 5
Fazenda Santa Cruz 7
Fazenda San Francisco 9
Pousada Portal Paraiso 13
Pousada Araras Ecolodge 15
Refúgio da Ilha 18
★★★ PARQUE NACIONAL CHAPADA DOS GUIMARÃES
Mirante do Geodésico
★ Chapada dos Guimarães
Cuiabá
Primavera do Leste
Dom Aquino
Jaciara
Cáceres
Poconé
Barão de Melgaço
Jacobina
Rondonópolis
★★★ ESTRADA TRANSPANTANEIRA
Pixaim
Rio Cuiabá
Rio São Lourenço
Rio Paraguai
MATO GROSSO
Parque Nacional do Pantanal Matto-Grossense
Porto Jofre
Rio Piquiri
São Lourenço
Rio
N
MATO GROSSO DO SUL
Pedro Gomes
BOLIVIE
Rio Taquari
Coxim
Fazenda Imaculada
Rio Verde de Mato Grosso
Corumbá
Porto da Manga
São Gabriel do Oeste
São Domingos
Passo do Lontra
Tupaceretã
Barra Mansa
Rio Negro
Buraco das Piranhas
Rio Negro
Rochedo
Sao Simão
Rio
Miranda
PARAGUAY
Campo Grande
Terenos
Aquidauana
Bodoquena
Morraria do Sul
Parque Nacional da Serra da Bodoquena
Gruta do Lago Azul ★★
PANTANAL
0
200 km
Baía das Garças
★★ Bonito
Balneário Municipal ★
1000 m
500
RIO DA PRATA
BR 364
BR 251
BR 070
MT 344
MT 130
MT 060
MT 361
MT 451
BR 163
MS 427
BR 419
BR 262
MS 080
BR 060
4

Se repérer

Le village de **Chapada dos Guimarães** s'organise autour de la place centrale Dom Wunibaldo où se trouvent l'église N. S. Sant'Ana, des restaurants, des banques et des agences d'excursions. La gare routière est à 5mn à pied à l'est de la place.

Après le Pantanal, un nouveau retour à la nature, mais en altitude (800 m), la fraîcheur en plus. Sans oublier le charme de la petite bourgade de **Chapada**, avec sa place centrale arborée au milieu de laquelle trône une église du 18e s. à la façade coloniale : un voyage dans le temps.

★★★ Parc national

Rte de Cuiabá km 50 (à 11 km de Chapada) - ☏ (65) 3301-1133 - 8h30-16h (horaires variables selon les circuits de randonnée).

Ce parc naturel, créé en 1989 pour protéger le site des destructions causées notamment par les chercheurs d'or, abrite une faune diverse (jaguar, capivara, tapir...) et des cascades magnifiques. La plus haute d'entre elles, *O Véu da Noiva* (le voile de la mariée ; 86 m), est accessible dès l'entrée du parc.

Possibilité d'effectuer une belle randonnée d'une demi-journée le long du *Circuito das Cachoeiras*, un sentier qui passe par sept cascades différentes (la présence d'un guide est indispensable ; vous en trouverez la liste sur le site internet avec leurs coordonnées).

Mirante do Geodésico

De ce belvédère, à 8 km du centre de Chapada, à égale distance entre l'Atlantique et le Pacifique, vue exceptionnelle sur toute la plaine jusqu'à Cuiabá.

Pantanal sud autour de Campo Grande

CARTE DU PANTANAL P. 387

Étape sur la route terrestre menant de São Paulo, au Mato Grosso, au port de Corumbá sur le fleuve Paraguay, **Campo Grande** n'a vu le jour qu'à la fin du 19e s. avec la création des premières *fazendas* par des pionniers venus du Minas Gerais, du Paraná et du Rio Grande do Sul. La ville devient rapidement un grand centre du commerce des bovins, et l'arrivée du chemin de fer, en 1914, accélère sa croissance. Avec la création du Mato Grosso do Sul – dont elle est la capitale – en 1977, sa population explose, passant de 140 000 à 874 210 habitants. C'est donc une ville récente et moderne, dotée d'une très bonne infrastructure et où la qualité de vie est supérieure à la moyenne. Porte d'accès au Pantanal du Sud et à Bonito, elle ne présente pas d'intérêt pour le voyageur à l'exception du musée Dom Bosco qui présente une des plus belles collections d'objets amérindiens du Brésil.

Se repérer – L'Av. Afonso Pena, artère principale de la ville, mène à l'aéroport vers l'ouest et au musée Dom Bosco à l'est. La plupart des hôtels et des agences d'excursions se trouvent autour de la gare routière.

★★★ Museu Dom Bosco

Av. Afonso Pena 7000, Parque das Nações Indigenas, Portã Ñandeva - ☏ (67) 3326-9788 - www.mcdb.org.br - mar.-vend. 8h-16h30, sam. et j. fériés 14h-17h30 - 20 R$.

Ce musée a été créé en 1951 par le père Felix Zavatarro avec pour objectif de diffuser la culture des Indiens bororos et des autres ethnies avec lesquelles les

Chapada dos Guimarães.
Ademir Nascimento dos Santos/Getty Images Plus

salésiens étaient en contact. Rattaché à l'université catholique, ce musée s'est progressivement transformé en centre de recherche ethnologique et a été totalement rénové. On peut y découvrir, grâce à une muséographie très moderne de verre et de béton conçue par l'architecte italien Elvio Garabini, une superbe collection d'objets bororo, xavante, carajá et moro. Lorsqu'il était ministre brésilien de la culture, le compositeur Gilberto Gil a décerné au musée le prix « Culture vive ». Le musée présente aussi une collection magnifique de papillons et d'animaux empaillés de la région.

Excursions

La plupart des excursions dans le Pantanal Sud partent de la route qui mène à Corumbá, le port fluvial situé sur le Rio Paraguay, à la frontière bolivienne, à 400 km au nord-ouest de Campo Grande. Comme dans le Pantanal Nord, le tourisme est organisé autour de grandes *fazendas* qui assurent désormais, en plus de leur activité traditionnelle d'élevage extensif, l'accueil et le logement des visiteurs. Vous pouvez organiser votre voyage de deux manières :

– via une agence de Campo Grande qui prendra contact pour vous avec différentes *fazendas* ;

– en contactant vous-même directement les *fazendas*. Ce sont elles de toute façon qui assurent sur place les activités : randonnée à cheval, excursion en bateau, pêche, repérage de caïmans la nuit…

Carnet pratique

CARTE DU PANTANAL P. 387

S'informer

Offices de tourisme :
Cuiabá – Aéroport : Bureau où se trouve le plan de la ville et les brochures des agences d'excursions
En ville : *praça Rachid Jaudy - ✆ (65) 3023 5200 - www.turismo.cuiaba.mt.gov.br.*
Campo Grande – *À l'aéroport et à la gare routière - www.campogrande.ms.gov.br/sectur.*

Arriver/Partir

En avion (Cuibá)

Aéroport international Marechal Rondon – *✆ (65) 3614 2500- www.centroeste-airports.com.br.* À 8 km du centre, dans la commune de **Varzea Grande**. Taxi pour le centre : *50 R$ env.* Bus dans l'Av. qui longe l'aéroport, derrière le parking.

Compagnies aériennes – *Vols directs Brasília (1h40, LATAM, Azul et GOL) et São Paulo (2h15, LATAM et Azul) - www.voeazul.com.br; www.voegol.com.br; www.latamairlines.com.*

En avion (Campo Grande)

Aéroport international – *Av. Duque de Caxias s/n - ✆ (67) 3368 6000- www4.infraero.gov.br.* À 7 km du centre-ville, accessible en bus (lignes 409 et 414 vers lecentre-ville) ou en taxi. Comptez 45 R$ env.

Liaisons aériennes – *Brasilia, 1/j. (1h40, LATAM), São Paulo pls/j. (1h45, GOL, LATAM), Cuiabá 5/j. (1h10, Azul), Curitiba 6/sem. (1h25, Azul) - www.latamairlines.com; www.voegol.com.br; www.voeazul.com.br.*

En bus

Rodoviária de Cuiabá (gare routière) – *Av. Jules Rimet s/n - ✆ (65) 3621 1515.* À 2 km au nord du centre historique. Plusieurs bus quotidiens pour Poconé *(durée : 2h30)*, **Chapada dos Guimarães** *(dép. ttes les heures à partir de 7h, durée : 2h)* et pour les grandes villes brésiliennes ; pour la Bolivie également, via Cáceres. Pour rejoindre le centre, bus direction « Centro » en face de la gare.

Rodoviária de Campo Grande (gare routière) – *Av. Gury Marques 1215 - ✆ (67) 3313 8700 - www.terminalcampogrande.com.br.* Liaisons avec les grandes villes

Se déplacer

En voiture

Bonne option pour découvrir la région de manière autonome, ce qui est tout à fait possible en saison sèche *(mai-sept.)*, y compris sur la piste *Transpantaneira* qui traverse le Pantanal. Mais attention aux distances ! Pas nécessaire d'avoir un 4x4. **Chapada dos Guimarães** est à 1h de voiture *(65 km)* de Cuiabá par une très bonne route nationale qui part plein nord de la gare routière.

Location de voiture à Cuibã – *À l'aéroport.* **Localiza -** *www.localiza.com.* **Movida** – *www.movida.com.br.*

Location de voiture à Campo Grande – *Á l'aéroport.*
Localiza-Hertz – *✆ (67) 3363-1401.*
Unidas – *✆ (67) 3368-6036.*
Movida – *www.movida.com.br.*

En bus

À Cuibã – Le centre est limité : on peut donc se déplacer **à pied**. Bus pour la gare routière et l'aéroport au dép. de la Praça Alencastro.

À Campo Grande – Les bus qui circulent sur l'Av. Afonso Pena permettent d'atteindre les principaux points d'intérêt.

En taxi

À Cuibã – *✆ (65) 9 9617 8111.*

Adresses utiles

Banque/Change

Aéroport de Cuiabá – Distributeurs de billets, niveau rez-de-chaussée.

Centre de Cuiabá –. **Banco do Brasil** - *Av. Getúlio Vargas 1189* - distributeur, change.

Banco do Brasil à Chapada dos Guimarães – *Praça Dom Wunibaldo.*

À Campo Grande – Distributeur **Banco 24 Horas** – *R. Joaquim Nabuco.* **Banco do Brasil** – *R. Marechal Rondon 1671.*

Poste

Poste centrale à Cuiabá – *Praça da República 101.*

Poste centrale à Campo Grande – *Av. Calógeras 2309 .*

Urgences/Santé

Hospital Geral Universitario (public) **à Cuiabá** – *R. 13 de Junho 2101 - ✆ (65) 3363 7000.*

Hospital Santa Rosa (privé) à Cuiabá – *R. Adel Malouf 119 - ✆ (65) 3618 8000.*

Hospital Santo Antônio à Chapada dos Guimarães – *Av. Principal - ✆ (065) 3301 1116 - 24h/24.*

Hospital Santa Casa à Campo Grande – *R. Eduardo Santos Pereira 88 - ✆ (67) 3322 4000.*

Police (aéroport de Campo Grande) – av. Pres. Getulio Vargas - *✆ (67) 3419-1276.*

Ambulance – *✆ 192.*

Consulat

Consulat honoraire de France à Cuiabá –*Rua Vereador Abelardo de Azevedo, nº 999, 1º andar - ✆ (65) 3685-6802 - consulat.cuiaba@yahoo.fr.*

Nos adresses

Restauration

À Cuibá

Premier prix

Regionalissimo – *Av. Manoel José de Arruda 140 - ✆ (65) 3623-6881 - fermé le soir et lun. Autour de 60 R$.* L'endroit est parfait pour découvrir les spécialités culinaires du Pantanal, servies dans de grands plats en terre cuite : les poissons d'abord, comme le *pacu* et le *pintado*, mais aussi tous les plats à base de manioc, les desserts locaux et la *cachaça* locale.

Budget moyen

Choppão – *Praça 8 de Abril, 44 - ✆ (65) 3623-9101 - www.choppao.com.br - fermé lun. - plats 120/163 R$.* Au bout de l'Av. Getúlio Vargas, une véritable institution à Cuiabá, fondée en 1974. Sous les arcades, dans la salle ouverte, balayée par l'air chaud des ventilos, on déguste des plats régionaux tout en sirotant une des meilleures bières pression de la ville. Essayez l'*escaldadao coiabino*, un ragoût de poulet au manioc et à la tomate, un plat emblématique de la région.

À Chapada dos Guimãres et ses environs

Premier prix

Morro dos Ventos – *À 2 km du centre, sur la route du Mirante do Geodésio - ✆ (65) 3301-1030 - www.morrodosventos.com.br - fermé le soir - 100/160 R$ le plat pour 2/3 pers.* Une large paillote au bord des falaises, avec vue panoramique sur toute la plaine, c'est LE restaurant idéal pour goûter la cuisine du Pantanal : arroz carreteiro (riz mélangé à de la viande sèche), costelinha de porco (côtelettes de porc), munjica de pintado (poisson cuit dans le manioc)... Si vous restez pour déjeuner, la taxe prélevée à l'entrée de la piste sera déduite de votre addition.

À Campo Grande

Il faut souvent s'éloigner de la gare routière pour les trouver, mais Campo Grande cache de belles ambiances.

Budget moyen

Fogo Caipira – *R. José Antônio 145 - (67) 3324-1641 - fermé jeu. soir et dim. soir - 121 R$.* La meilleure table de la ville pour goûter les spécialités du Pantanal : *pacu* grillé à la farine de banane, soupe de caïman au manioc...

Casa Colonial – *Av. Afonso Pena 3997 - (67) 3383-3207 - www.casacolonial.com.br - fermé dim. soir et lun. midi- plats 94/128 R$.* Une belle maison de pionnier en bois, transformée en restaurant plutôt chic. Terrasse agréable sous les manguiers pour dîner dans la fraîcheur du soir.

Casa do Peixe – *R. Dr. João Pires 1030 - (67) 3382-7121 - www.casadopeixe.com.br - fermé dim. soir et lun. - buffet 80 R$, plats autour de 138/156 R$.* LA bonne adresse pour déguster les poissons de la région, en soupe, grillés ou au four. Un délice.

Boire un verre

À Campo Grande

Café Mostarda – *Av. Afonso Pena 3952 - 79002-074 Campo Grande - (67) 3301-9990 - www.cafemostarda.com - 11h-1h (lun. 0h).* Une terrasse survoltée grâce à de fabuleux musiciens les lun. merc. et jeu et aux DJ qui se succèdent aux platines les vend. et sam. ;

Shopping

À Cuibá

Casa do Artesão – *R. 13 de Junho 315 - (65) 3611-0500 - lun.-vend. 8h-17h30, sam. 8-19h, dim. 8h30-15h.* Centre de promotion de l'artisanat régional installé dans une belle maison coloniale : hamacs, céramiques, objets en bois...

À Campo Grande

Casa do Artesão – *Av. Calógeras 2050 - (67) 3383-2633 - lun.-vend. 8h-18h, sam. 8h-16h.* Dans une maison coloniale, un centre de vente d'artisanat régional : céramique, bijoux, liqueurs.

Activités

Excursions

Indispensables si vous n'êtes pas motorisé ou pour des activités plus sportives, genre canyoning, rappel ou randonnée à cheval.

Interativa Pantanal Expeditions – *Av. Isaac Povoas 557A - Cuibá - (65) 3023-8220 - www.interativapantanal.com.br.* Agence très sérieuse, tenue par un Brésilien ayant longtemps vécu en Europe. Excursions de 2 à 5 jours dans le Pantanal avec guide bilingue anglais ou français.

Bushmasters Écotours – *R. Florada da Serra - 78195-000 Chapada dos Guimarães - nº 2, quadra 12 - (65) 3682-7287.* Cette agence est tenue par Pascal Crépin, un Français guide naturaliste qui connaît le Pantanal par cœur. Voyager hors des sentiers battus avec une personne qualifiée qui parle français peut beaucoup aider à la découverte de la faune et en particulier des milliers d'espèces d'oiseaux que compte la région. *Comptez 785/1390 € pour un séjour 4 j./3 nuits pour 2 personnes (tt compris).*

Chapada Explorer – *Praça Dom Wunibaldo 57 - Chapada dos Guimarães - (65) 99228-8154 - www.chapadaexplorer.com.br.* Plus récente, mais très pro.

À **Campo Grande**, toutes les agences organisent des excursions dans des *fazendas* de la région de

l'Estrada Parque, à 140 km au sud de **Corumbá**. Leurs tarifs incluent logement, repas et excursions, mais jamais le transport jusqu'à la *fazenda*. Il faut donc prendre un bus à la gare routière pour Corumbá *(7 dép./j. - durée : 6h30 - 171/253 R$ AS)* et s'arrêter à **Buraco dos Piranhas**, là où commence la piste d'Estrada Parque.
Le transfert en Jeep de l'arrêt de bus à la *fazenda* est en revanche compris dans le prix.
Pantanal Viagens – *Rua Joaquim Nabuco, 200, Bairro Amambaí, Campo Grande - ✆ (67) 99834-4855 - pantanalviagens.com.br.* Agence très accueillante et professionnelle qui organise des séjours pour tous les budgets.

Hébergement

À Cuibá

Budget moyen

Hotel Bandeirantes – *Av. Coronel Escolástico 425 - ✆ (65) 99284-7338 - P - 69 ch. 230 R$ ☕.* Hors du centre historique, près de l'église São Benedito, mais d'un bon niveau de confort pour un prix raisonnable.

Pour se faire plaisir

Amazon Plaza Hotel – *Av. Getúlio Vargas 600 - ✆ (65) 2121-2000 - www.hotelamazon.com.br - P - 110 ch. 342 R$ ☕ - ✕.* Situé sur la principale avenue de la ville, c'est le grand hôtel de Cuiabá. Confortable, avec une belle piscine entourée de végétation.

Voir « Fazendas » ci-après, pour un hébergement traditionnel.

À Chapada dos Guimãres

Budget moyen

Pousada Bom Jardim – *Praça Dom Wunibaldo 641 - ✆ (65) 3301-2668 - www.pousadabomjardim.com.br - 18 ch. 240 R$ ☕.* Bien située sur la place centrale. Accueil chaleureux. Les chambres sont simples et propres. Celles avec climatisation sont un peu plus chères, ventilateur dans les autres. Petit-déjeuner copieux.

Pousada Villa Guimarães – *R. Neco Siqueira 41 - ✆ (65) 3301-1366 - www.pousadavillaguimaraes.com.br - P - 8 ch. 199/319 R$ selon la catégorie ☕.* Près de la place centrale. Chambres très spacieuses avec balcon et hamac. Vélos à disposition. Accès Internet.

À Campo Grande

Premier prix

Hostel Campo Grande – *R. dos Motoristas - ✆ (67) 3387-2551 - - 55 ch. 100 R$ ☕.* Tout près du centre-ville. Autres atouts : patio avec piscine.

Hotel Alkimia – *Av. Afonso Pena 1413 - ✆ (67) 3324-2621 - www.alkimiahotel.com.br - P - 76 ch. autour de 150 R$ ☕.* Chambres correctes et bon petit-déjeuner.

Budget moyen

Hotel International – *R. Allan Kardec 223 - ✆ (67) 3384-4677 - www.hotelinternacionalms.com.br - P - 100 ch. 188 R$ ☕.* Un hôtel de très bon standard pour un prix raisonnable. Piscine agréable avec bar.

Voir aussi « Fazendas » ci-dessous, pour un hébergement traditionnel.

Fazendas

CARTE DU PANTANAL P. 387

Autour de Cuibá

On trouve une série de *fazendas/pousadas* le long de la *Transpantaneira*. En voici une petite sélection, aux niveaux de prix et de confort différents, facilement accessibles par vos propres moyens. Nous les citons selon leur positionnement le long de la piste. Les tarifs, par personne, incluent le logement, la pension complète et les excursions (randonnée à cheval, bateau, pêche...), mais le transport jusqu'à la *fazenda* n'est pas compris.

4

Budget moyen

Fazenda Rio Clarinho – *Transpantaneira, km 40 - ✆ (65) 9977-8966 - www.pousadarioclarinho.com.br - 12 ch. - 420 R$/j. tt compris/2 pers. (pension complète, excursions et guide anglophone).* Attention : par temps de pluie, la petite piste menant de la Transpantaneira à la fazenda devient très cahoteuse. Éloignée de la piste principale, cette ancienne fazenda donne une grande sensation d'isolement au milieu de l'immense marécage. Le soir, on s'éclaire à la bougie pour déguster, dans la salle commune, la cuisine régionale préparée sur le vieux fourneau à bois comme autrefois. Chambres simples, mais propres, avec moustiquaires. Ne manquez pas le lever du soleil et l'éveil de tous les oiseaux de la forêt. Balade en barque sur le rio tout proche, randonnée à cheval, repérage des caïmans.... Le Pantanal à la mode rustique, mais plus authentique.

Une folie

Pousada Araras Ecolodge – *Transpantaneira, km 32 - ✆ (65) 3682-2800 - www.ararаslodge.com.br - ⛱ - 19 ch. autour de 3500/4300 R$ tt compris pour 2 nuits (pension complète, ch. double, excursion et activités, guide anglophone, transfert en navette Cuiabá ou Caiabas-fazenda).* Plus hôtel que *fazenda*, cette pousada assez luxueuse permet de découvrir le Pantanal tout en bénéficiant d'un grand confort. Chambres aménagées avec goût, conçues avec des matériaux naturels. Randonnées à cheval, en barque et à pied dans les environs. Guides anglophones

Autour de Campo Grande

☺ Les *fazendas* les plus accessibles en voiture de location se trouvent autour de la ville de **Miranda**, à mi-chemin entre Campo Grande et Corumbá *(3h de rte)*. Vous pouvez aussi prendre un bus à la gare routière de Campo Grande, à destination de Miranda ou de Corumbá. Les tarifs comprennent le logement, la pension complète et les excursions, mais pas le transport jusqu'à la *fazenda*.

Pour se faire plaisir

Fazenda San Francisco – *À 30 km à l'ouest de Miranda - ✆ (67) 3242-1088 - www.fazendasanfrancisco.tur.br - ⛱ - 18 ch. 1200 R$/j -* ✕. Cette fazenda a développé ces dernières années un programme de protection des jaguars dans lequel il est même possible de s'engager comme volontaire. Ambiance moins authentique et familiale que dans d'autres fazendas, mais excursions de qualité. Possibilité d'organiser un séjour purement ornithologique.

Rio da Prata.
Thiago Santos/Getty Images Plus

Bonito ★★

Les Caraïbes au centre du Brésil, à 1000 km de l'océan ! Difficile à croire et pourtant, dans cette partie sud du Pantanal, les eaux de la multitude de fleuves alimentés par le bassin hydrographique du Rio Paraguay ont creusé la roche calcaire de la Serra da Bodoquena et formé des grottes magnifiques. Le calcaire dissous favorisant par réaction chimique le dépôt de particules au fond des rivières, leurs eaux sont d'une transparence exceptionnelle. On peut donc nager, ou même se laisser flotter au gré du courant avec un masque et un tuba pour observer les poissons, comme on le ferait dans un lagon tropical. Et lorsqu'on relève la tête, c'est pour retrouver le décor et les sons de la jungle. Magique !

Se repérer

21 483 hab.

CARTE B4 P. 364-365.

Encadré page suivante.

À ne pas manquer

Plongée dans les eaux cristallines du Rio da Prata.

Carnet pratique p. 396

Nos adresses p. 397

Excursions

CARTE DU PANTANAL P. 387

On compte une trentaine de possibilités d'excursion « écotouristique » autour de Bonito, du rappel au rafting en passant par la plongée, le trek et la pêche. À l'exception du balneário municipal, il s'agit toujours de terrains privés auxquels on ne peut accéder qu'en réservant auprès d'une agence locale. Les prix, fixés par les propriétaires, sont les mêmes pour tout le monde et ne varient pas d'une agence à l'autre. Attention, le transport n'est jamais compris dans le prix, ni fourni. À la demande toutefois les agences peuvent se coordonner pour regrouper leurs clients et louer un van ; au pire, elles trouveront d'autres touristes acceptant de vous emmener, le dernier recours étant le taxi.

Se repérer

Le village s'organise autour de la rue qui le traverse, R. Cel. Pilad Rebuá, et des 2 ou 3 rues parallèles de chaque côté.

★ Balneário Municipal

À 7 km de Bonito, sur la rte de Campo Grande - 8h-17h - 70 R$

Les eaux transparentes du Rio Formoso forment une piscine naturelle où l'on peut nager au milieu des poissons. Attention : affluence le w.-end.

★★ Gruta do Lago Azul

À 20 km de Bonito - 7h-14h - 110 R$ (en taxii 1 à 3 pers. comptez 110/140 R$).

Une faille de 80 m de profondeur au fond de laquelle on découvre un petit lac qui prend, par réfraction des rayons solaires venus de la surface, une exceptionnelle couleur bleue.

★★★ Rio da Prata

À 54 km de Bonito -7h30-13h30- 330 R$ (en taxi 1 à 3 pers. comptez 280 R$) - à partir de 8 ans.

Conseil – Louez sur place un appareil photo numérique *waterproof.*

2h de descente en masque et tuba (fournis) dans les eaux cristallines du Rio da Prata, au milieu des poissons *(pacus, dourados...)*. 2h inoubliables. Un déjeuner régional est inclus.

Carnet pratique

S'informer

Office de tourisme – à l'entrée de la ville au bord de la MS-382 - *(67) 3255 1850 - www.turismo.bonito.ms.gov.br.*

Arriver/Partir

En bus

Plusieurs liaisons quotidiennes avec Campo Grande - *durée : 4h.*

En voiture

Comptez 4h, sur une route nationale plutôt bonne.

En avion

2 liaisons/sem. avec **São Paulo** assurées par GOL *(durée : 1h55).* www.voegol.com.br. L'aéroport se trouve à 15 km au sud de la ville.

Adresses utiles

Banque/Change

Banco do Brasil – *R. Luiz Costa Leite 2279.*

Urgences/Santé

Hospital Darcy João Bigaton – *R. Oito 69 - (67) 3255 1839.* À l'entrée de la ville par la MS-382, sur la droite.

Nos adresses

Activités

Excursions

Une multitude d'agences travaillent à Bonito, mais le prix des excursions est le même partout car il est fixé par le propriétaire du terrain où se trouve le site.

Muito Bonito Tourismo Peixe – *R. Col. Pilad Rebuá 1444 - (67) 3255-1645.* Intégrée à la pousada du même nom (*voir ci-après*), cette agence a l'avantage d'être en plein centre. Très accueillante, elle saura très bien organiser votre excursion, le transport notamment.

Ygarapé Tour – *R. Col. Pilad Rebuá 1853 - (67) 3255-1733 - www.agenciaygarape.com.br.* Agence très pro, au centre de Bonito.

Bonitour – *R. Filinto Müler, 831, Vila Santa Cristina - (67) 3255-4808 - bonitour.com.br.* Toutes les excursions sont décrites sur le site Internet. Possibilité de réserver en ligne (entrée et transport).

Hébergement

Premier prix

Bonito Hi Hostel – *R. Dr. Pires 850 - (67) 3255-1022 - www.bonitohostel.com.br - - 32 ch. : en dortoir 64 R$/pers. ; ch. double 127/172 R$ - prix plus élevés d'env. 20 % les j. fériés et les w.-end prolongés.* - . Avec sa piscine et ses hamacs, cette auberge de jeunesse offre un très bon rapport qualité-prix. Un peu excentrée, mais on vient vous chercher à la gare routière. Location de vélos.

Pour se faire plaisir

Pousada Muito Bonito – *R. Col. Pilad Rebuá 1444 - (67) 3255-1645 - P - 15 ch. 250/480 R$.* Au fond d'un grand jardin, au centre de Bonito, ces maisons de briques recouvertes de végétation abritent des chambres spacieuses. Accueil très chaleureux du propriétaire qui est aussi guide et possède sa propre agence. Pour le petit-déjeuner, grand auvent ouvert sur le jardin.

Pousada Olho d'Água – *À la sortie de Bonito, au km 0,7, sur la piste menant à la Gruta do Lago Azul - (67) 3255-1430 - www.pousadaolhodagua.com.br - P - 24 ch. 409 R$ - .* Un immense jardin et quelques bungalows en briques décorés avec goût cachés dans la végétation luxuriante. Au milieu, une grande piscine. Bref, un havre de paix pour apprécier la beauté naturelle de Bonito, à seulement 3 km du centre-ville.

4

Bateau sur le Rio Negro.
imantsu/Getty Images Plus

5

L'Amazonie

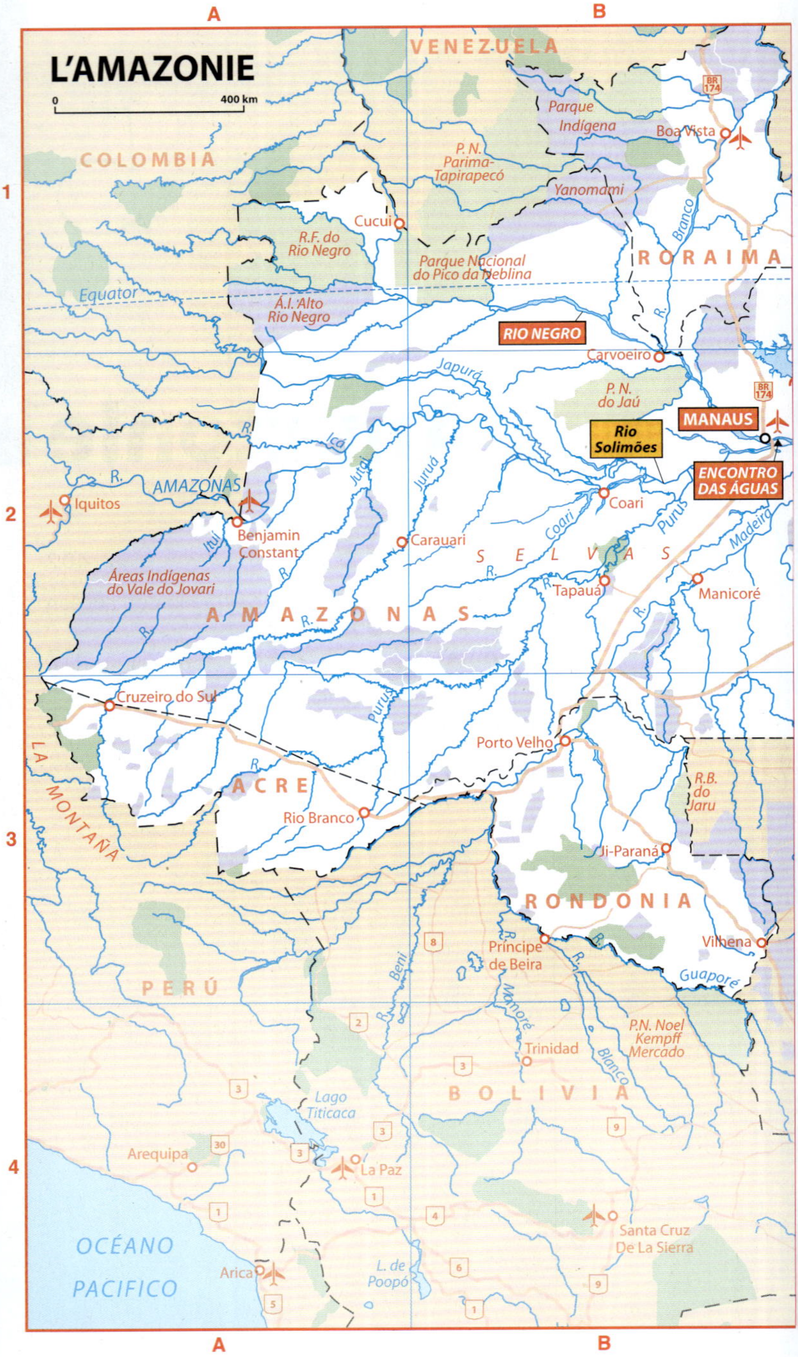

L'AMAZONIE
0
400 km
A
B
1
2
3
4
VENEZUELA
COLOMBIA
Parque Indígena Yanomami
Boa Vista
BR 174
P. N. Parima-Tapirapecó
Cucuí
R.F. do Rio Negro
Parque Nacional do Pico da Neblina
RORAIMA
Branco
Equator
Á.I. Alto Rio Negro
RIO NEGRO
Carvoeiro
Japurá
P. N. do Jaú
MANAUS
Rio Solimões
ENCONTRO DAS ÁGUAS
Içá
Jutaí
Juruá
Iquitos
AMAZONAS
Benjamin Constant
Ituí
Coari
Purus
Madeira
Carauari
SELVAS
Tapauá
Manicoré
Áreas Indígenas do Vale do Jovari
AMAZONAS
Cruzeiro do Sul
LA MONTAÑA
Porto Velho
R.B. do Jaru
ACRE
Rio Branco
Ji-Paraná
RONDONIA
Vilhena
Príncipe de Beira
Guaporé
Mamoré
Beni
PERÚ
P.N. Noel Kempff Mercado
Trinidad
Blanco
BOLIVIA
Lago Titicaca
Arequipa
La Paz
Santa Cruz De La Sierra
OCÉANO PACIFICO
Arica
L. de Poopó

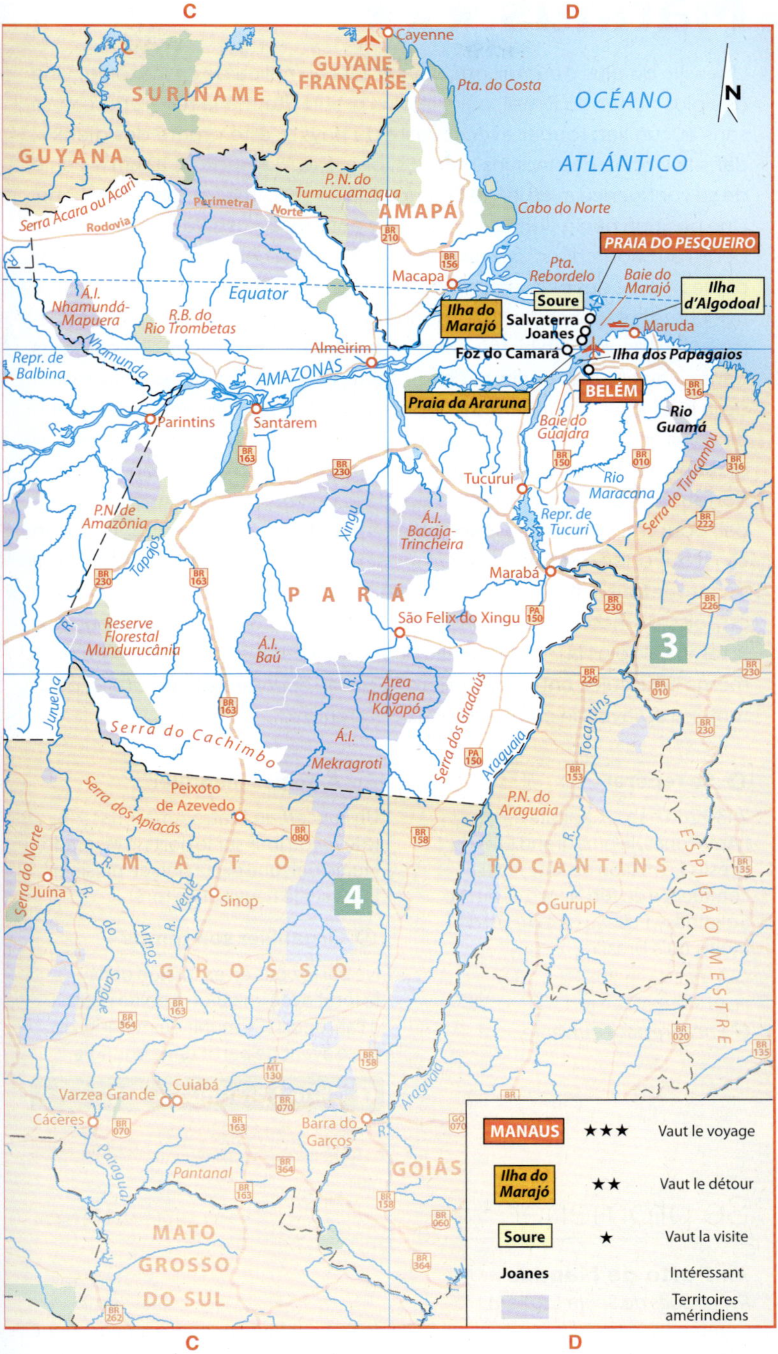
C
D
Cayenne
GUYANE FRANÇAISE
SURINAME
GUYANA
Pta. do Costa
OCÉANO
ATLÁNTICO
N
1
P. N. do Tumucuamaqua
AMAPÁ
Cabo do Norte
Serra Acara ou Acari
Perimetral Norte
Rodovia
PRAIA DO PESQUEIRO
Pta. Rebordelo
Baie do Marajó
Ilha d'Algodoal
Macapa
Equator
Á.I. Nhamundá-Mapuera
R.B. do Rio Trombetas
Ilha do Marajó
Soure
Salvaterra
Joanes
Maruda
Foz do Camará
Ilha dos Papagaios
Almeirim
Repr. de Balbina
Nhamunda
AMAZONAS
BELÉM
Praia da Araruna
Rio Guamá
Parintins
Santarem
Baie do Guajara
Rio Maracana
Tucurui
Serra do Tiracambu
2
P.N. de Amazônia
Xingu
Á.I. Bacaja-Trincheira
Repr. de Tucuri
Tapajós
Marabá
PARÁ
São Felix do Xingu
Reserve Florestal Mundurucânia
Á.I. Baú
Area Indígena Kayapó
3
Juruena
Serra dos Gradaús
Serra do Cachimbo
Á.I. Mekragroti
Araguaia
Tocantins
Serra dos Apiacás
Peixoto de Azevedo
P.N. do Araguaia
Serra do Norte
MATO
TOCANTINS
ESPIGÃO MESTRE
Juína
Sinop
R. Verde
4
Gurupi
Arinos
R. do Sangue
GROSSO
Varzea Grande
Cuiabá
Cáceres
Barra do Garços
Paraguai
Pantanal
GOIÁS
MATO GROSSO DO SUL
BR 210
BR 156
BR 316
BR 163
BR 230
BR 150
BR 010
BR 222
PA 150
BR 226
BR 153
BR 080
BR 158
BR 135
BR 364
MT 130
BR 070
BR 020
BR 060
BR 262
MANAUS ★★★ Vaut le voyage
Ilha do Marajó ★★ Vaut le détour
Soure ★ Vaut la visite
Joanes Intéressant
Territoires amérindiens
C
D

Manaus ★★★

Une ville de plus de 2 millions d'habitants au milieu de l'Amazonie! Une des plus riches du Brésil, dans le plus grand État de la fédération, mais sans aucun lien routier avec le reste du pays! Cette « mère des dieux », dans la langue des Indiens manaós, borde le Rio Negro à 10 km à peine de sa confluence avec le Rio Solimões, là où se forme le fleuve Amazone. Une position bénie dont les Européens ont profité jusqu'à l'excès. Avec le boom du caoutchouc, ce hameau s'est métamorphosé en « Paris des tropiques », avec des palais et un théâtre copié sur l'opéra Garnier! Puis la zone franche, dans les années 1970, donne naissance à un immense pôle industriel. Manaus, par son histoire et sa structure, incarne la folie des hommes dans ce qu'elle a de génial et de terrifiant. Véritable îlot de béton au milieu de la jungle, elle peut paraître déprimante. Mais en donnant accès à l'une des plus riches biodiversités de la planète, elle fait vite oublier ses contradictions. Il suffit de quelques minutes à pied, du Teatro Amazonas au port flottant en passant par les rues bondées du centre et le Marché municipal, pour transcender l'espace et le temps de manière fulgurante. En un clin d'œil, on se retrouve submergé par l'effervescence de l'Amazonie qui débarque tout entière des bateaux de bois rond, chargés de fruits fabuleux, de poissons inconnus et de passagers allongés dans leur hamac : pour eux, le temps n'a plus la même valeur... Alors laissez-vous bercer, ensorceler et même bousculer, entre fourmilière humaine et immensité naturelle, pour tenter d'essayer de commencer à comprendre...

Se repérer

2 130 264 hab. - Capitale de l'Amazonas, le plus grand État du Brésil (1,5 million de km2) - À la confluence du Rio Negro et du Rio Solimões - Fuseau horaire : 1h de moins qu'à Brasília

CARTE B2 P. 400-401.
PLAN DE LA VILLE P. 404.
Encadré page suivante.

À ne pas manquer

Un concert au Teatro Amazonas; le lever du jour sur le port; le Mercado Municipal; une excursion de plusieurs jours sur le fleuve et en forêt.

Organiser son temps

Ne partez pas en excursion dans la forêt avec un guide à peine entrevu à l'aéroport. Se munir du matériel de base avant de partir dans la jungle.

Carnet pratique p. 412
Nos adresses p. 413

Se promener

PLAN DE LA VILLE P. 404

★★ Porto de Manaus A2

R. Marquês de Santa Cruz s/n.

Comme pour toute ville située au bord de l'eau, il faut se rendre au port pour décrypter l'âme de Manaus. Un port particulier puisqu'il est flottant. Construit

Teatro Amazonas.
Brasil2/Getty Images Plus

par des Anglais en 1903, ses quais suivent le niveau des eaux qui peut varier de 10 m entre la saison sèche et la saison des pluies. Venez tôt le matin, vers 5h30, lorsque l'animation est à son comble. Devant le quai, des barques par dizaines. Á leur bord, les habitants du fleuve : certains ont navigué jusqu'à 15 jours pour venir en ville vendre leur poisson séché et faire leurs emplettes. Ils repartiront le soir même vers leur village. Pour l'heure, c'est un va-et-vient continu de porteurs qui soulagent les bateaux de leur chargement de poissons sous l'œil attentif des négociants et des amateurs qui cherchent les pièces rares : des pirarucus les plus gros possibles. Certains dépassent allègrement les 150 kg. Ce sont les plus gros qui offrent la chair la plus délicate.
Le bâtiment de la douane, tout proche, construit lui aussi par des Anglais en 1906, fut le premier préfabriqué du monde. Il est arrivé en blocs, prêts à être montés !

★★★ Mercado Municipal A2

R. dos Barés 46 - 6h-17h (13h dim. et j. fériés).
Ce marché Art nouveau à structure métallique a été construit en 1880 sur le modèle des Halles de Paris, considérées à l'époque comme un summum de modernité. À l'intérieur, un labyrinthe d'étals de légumes et de fruits d'Amazonie, mais aussi de plantes médicinales et d'artisanat de la région. Déluge d'odeurs, en particulier dans le quartier des bouchers, ou dans celui des poissonniers où l'on découvrira le *tucunaré*, avec sa tache jaune sur la queue, ou le *pirarucu* avec des écailles si dures qu'elles servent de limes à ongles aux Indiens.

Se repérer

L'**Av. 7 de Setembro** est un point de repère majeur dans le centre-ville.
Au sud : le port, le Marché municipal et le quartier commerçant.
Au nord : le Teatro Amazonas, situé entre l'Av. Eduardo Ribeiro et la Getúlio Vargas.

Museu da Cidade de Manaus (MuMa) A2

R. Gabriel Salgado - ✆ (92) 3622-4991 - lun.-vend. 9h-16h.

Ce palais du 19e s. abrite une jolie introduction à l'histoire de la ville. Les installations interactives et la réalité augmentée rendent compte de l'évolution de manière ludique et séduisante.

★★★ Teatro Amazonas A1

Praça São Sebastião - ✆ (92) 3622-1880 - teatroamazonas.com.br - mar.-sam. 9h-17h ; dim. 9h-13h - 20 R$ - visite guidée en portugais ou en anglais.

Construire une réplique de l'opéra Garnier de Paris en plein milieu de l'Amazonie, voilà jusqu'où est allée la folie des grandeurs des barons du caoutchouc ! Un projet délirant lancé en 1884 et qui a bien failli capoter avant que le gouverneur Eduardo Ribeiro, promoteur de tout le plan d'urbanisme de Manaus, n'en reprenne les rênes et décide que tout sur ce chantier soit importé : non seulement les matériaux, du marbre de Carrare aux tuiles alsaciennes de la coupole, des lustres de Murano aux colonnes en fer de Glasgow, mais aussi les ouvriers, les artistes et les

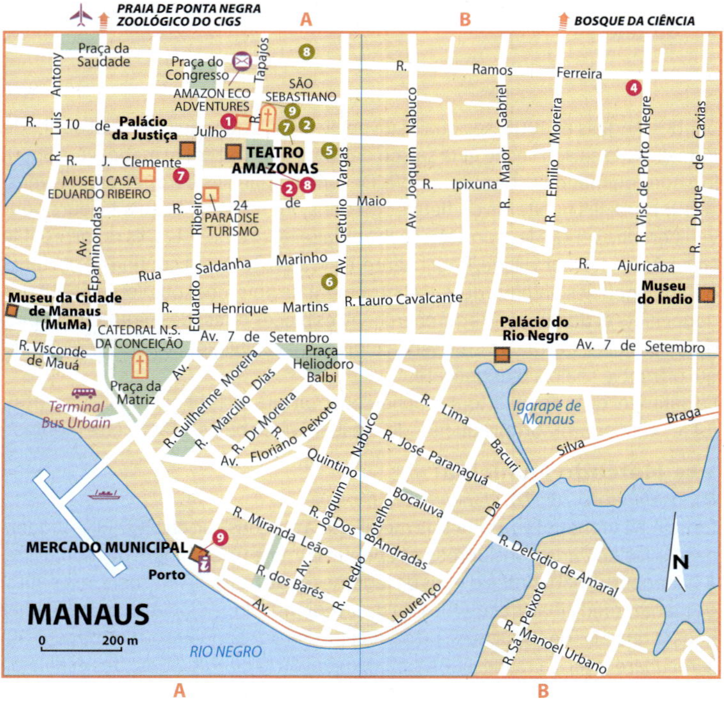

SE RESTAURER		SE LOGER	
Caxiri	1	Hotel Dez de Julho	2
Casa do Pensador	2	Taj Mahal Continental Hotel	5
Coqueiro Verde	4	Amazônia Tower Hotel	6
Tambaqui de Banda	7	Boutique Hotel Casa Teatro	7
Tacacá de Gisela	8	Hotel Saint Paul	8
Taberna do Chef	9	Seringal Hotel	9

décorateurs. Tout en provenance d'Europe, à l'exception du système d'éclairage électrique venu de... New York ! Lors de son inauguration en 1896, le bâtiment devient le symbole de la ville. Un symbole bien visible avec sa façade rose et surtout sa coupole composée de 36 000 tuiles vernies représentant le drapeau brésilien. Une coupole qui fit hurler à l'époque les critiques d'art et la bourgeoisie, mais qui permet, en étant repérable à des kilomètres par les navires, d'affirmer qu'on est bien ici en territoire brésilien.

À l'intérieur, 700 places assises, aérées par un système de ventilation placé sous les sièges, lesquels étaient à l'origine en paille tressée, remplacée par du velours lors de l'installation de l'air conditionné en 1974. Au plafond, une fresque étonnante, peinte à Paris par la maison Carpezot, représente la tour Eiffel vue de dessous. Le rideau de scène a été lui aussi réalisé à Paris, mais par un Brésilien, Crispim do Amaral ; il illustre la « Rencontre des eaux ». On peut d'ailleurs noter que l'artiste ne connaissait pas la région car il n'a pas donné à chacun des deux fleuves une couleur différente. Afin d'éviter qu'il ne s'abîme, ce panneau de 192 m² n'est pas roulé, mais soulevé de toute sa hauteur, au-dessus de la scène, dans la coupole. Tout autour de la salle, des masques en plâtre rendent hommage aux maîtres de la musique et du théâtre : Molière, Beethoven, Shakespeare, Schiller ou Verdi...

Au premier étage, un magnifique salon accueillait autrefois les plus hautes autorités pendant l'entracte ou à l'occasion de bals. Remarquez le parquet en marqueterie de différentes essences de bois d'Amazonie, ainsi que les fresques du peintre italien Domenico de Angelis représentant, au plafond, la glorification des Beaux-Arts en Amazonie, et sur les murs la faune et la flore de la région. Depuis le balcon, belle vue sur la place dont les pavés étaient mêlés à du caoutchouc pour atténuer le bruit des voitures à cheval des retardataires...

Durant ses heures de gloire et jusqu'en 1915, le théâtre accueillit des troupes et des orchestres du monde entier. On entend souvent raconter que Caruso et Sarah Bernhardt s'y sont produits : c'est totalement faux, même si Manaus était effectivement devenue une étape obligée des grandes tournées internationales. À la fin du boom du caoutchouc, le théâtre ferma pendant plus de 50 ans ; il ne fut restauré que dans les années 1970 et 1990. Il accueille désormais chaque année en avril-mai un grand festival d'opéra. L'orchestre philharmonique d'Amazonie s'y produit gratuitement toutes les semaines *(le jeudi et parfois aussi le dimanche)* et attire les foules.

★ Palácio da Justiça A1

Av. Eduardo Ribeiro 833 - ✆ (92) 3248-1844- mar.-sam. 9h-17h - ♿.

Construit sous l'impulsion du gouverneur Eduardo Ribeiro, ce bâtiment, inspiré du style Second Empire français et du néoclassicisme anglais, abrita le palais de justice jusqu'en 1987. Il a été reconverti en centre culturel et l'on peut visiter ses salons ainsi que les salles d'audience. Admirez en particulier les superbes parquets bicolores et les meubles sculptés en palissandre. Le w.-end, concerts de musique de chambre à partir de 18h.

★ Museu Casa Eduardo Ribeiro A1

R. José Clemente 322 - ✆ (92) 3631-2938 - cultura.am.gov.br - tlj 9h-14h - ♿.

Cette belle demeure a servi de résidence à Eduardo Ribeiro (1862-1900) l'énergique gouverneur qui a métamophorsé Manaus à la fin du 19e s. Les appartements ont été remeublés dans la goût de l'époque. Une intéressante fenêtre ouverte sur la modernité de la ville au temps de sa splendeur.

Des marais au boom économique...

Il faut attendre le 19e s. pour que Manaus apparaisse véritablement sur la carte de l'Amazonie, dessinée par les Portugais. Jusque-là c'est Belém, porte d'entrée de cet immense territoire, qui monopolise les initiatives et le pouvoir, celui-là même qui ordonne, en 1699, la construction d'un fort sur le Rio Negro pour contrôler le trafic des marchandises et surtout les prétentions territoriales des Hollandais implantés au nord, dans l'actuel Suriname. **São José do Rio Negro** naît alors, mais ne reste pendant des décennies qu'un hameau peuplé d'Indiens manaós, barés et baribas ainsi que d'une dizaine de Portugais ; tellement insignifiant qu'on le baptise « *Lugar da Barra* ». Le transfert de l'Amazonie des Espagnols aux Portugais lors du traité de Madrid en 1750 change la donne. Une capitainerie est créée à Barcelos, plus en amont sur le Rio Negro, puis déplacée en 1791 à *Lugar da Barra* dont la position est stratégique, à 10 km à peine de la confluence avec le Rio Solimões. Une administration publique est mise en place et, en 1832, le village s'élève au rang de petite ville sous le nom de **Manaus**.

La ruée vers l'or blanc

L'ouverture de l'Amazone à la navigation internationale en 1866, combinée à la révolution industrielle européenne et en particulier à l'émergence de l'industrie automobile, favorise le boom du **caoutchouc**.
À vrai dire, la découverte de cette matière par les Européens remonte à l'expédition d'un Français, Charles de La Condamine, qui explora le fleuve de Quito à son embouchure et décrivit, dans son carnet d'expédition, publié en 1745, cette « résine élastique et imperméable, appelée *cahuchu* par les Indiens qui en font des bouteilles incassables et des bottes ». Ce caoutchouc est rapidement utilisé en médecine pour les seringues, d'où le nom brésilien de *seringueira* attribué à l'hévéa. Mais c'est la découverte du procédé de **vulcanisation** par Charles Goodyear en 1842, puis l'invention du pneu par Dunlop en 1890 qui lance la filière. En quelques mois, des investisseurs du monde entier viennent s'installer à Manaus ; ils embauchent les paysans qui fuient la sécheresse du Nordeste. Ces *seringueiros* passent des mois dans la forêt, dans des conditions effroyables, pour collecter le latex. Leur système de rétribution est pervers : ils doivent se fournir en outils et nourriture auprès des compagnies qui leur achètent le caoutchouc. Or les prix pratiqués sont si élevés que leur salaire ne couvre jamais leur dette, ce qui les oblige à travailler toujours plus et les réduit pratiquement à l'esclavage. Un système qui fait la fortune des « barons du caoutchouc ».

Paris des tropiques

À la fin du 19e s., Manaus se métamorphose. Sa population passe de 5 000 à 50 000 hab. entre 1850 et 1900. On construit des palais tous plus luxueux les uns que les autres grâce à des architectes et avec des matériaux venus d'Europe. En 1880, le **Marché municipal** en fer forgé, type Eiffel, est inauguré ; en 1896, c'est au tour du fameux **teatro Amazonas** qui accueille comédiens et musiciens du monde entier. Manaus est la première ville du Brésil à développer un plan d'urbanisme avec assèchement des marais, construction d'avenues perpendiculaires, système de canalisation, électricité et même tramway, le premier du pays ! L'argent coule à flots et ce hameau au cœur de l'Amazonie devient le « Paris des tropiques » ! La légende raconte que

Les Amérindiens

Contrairement aux prévisions démographiques, les Amérindiens du Brésil ne sont pas morts. Au contraire, leur nombre a augmenté de 150 % en 10 ans d'après les statistiques officielles, atteignant 900 000 aujourd'hui, divisés en près de 250 ethnies, dont une quarantaine de groupes isolés au cœur de l'Amazonie. Leur taux de fécondité élevé n'explique pas tout. L'absence de recensement jusqu'à récemment et le retour d'une certaine « fierté indienne » poussant un grand nombre d'entre eux à s'autodéclarer y sont pour beaucoup. Un signe fort de changement en tout cas, renforcé par de grands progrès en matière juridique grâce à la nouvelle Constitution de 1988 qui, pour la première fois, a donné aux Indiens le statut de vrais citoyens avec la reconnaissance d'un droit « originaire » à des terres. Ainsi, pendant le premier mandat de Lula, 65 nouvelles zones indiennes ont été créées ; ces terres représentent aujourd'hui 13 % du territoire brésilien et 22 % de l'Amazonie où elles se situent dans 98 % des cas. Le mandat de Jair Bolsonaro (2019-2022) a été marqué par une politique anti indienne assumée en faveur de l'industrie forestière et agroalimentaire ainsi que de l'orpaillage sauvage qui a contaminé par des rejets massifs de mercure des zones entières peuplées d'Indiens. Dès son arrivée au pouvoir en 2023, Lula a pris des mesures fortes en faveur des populations indigènes avec notamment la création d'un ministère des Peuples autochtones.

les riches familles faisaient laver leur linge à Lisbonne ou à Paris, de peur qu'il noircisse au contact des eaux sombres du Rio Negro !

D'un boom à l'autre

Rapidement, ce boom économique fait des envieux. En 1910, un Anglais dénommé Wickam réussit, malgré l'interdiction des autorités brésiliennes, à sortir du pays une énorme quantité de graines d'hévéa qu'il plante en Malaisie. Quelques années plus tard, les plantations malaisiennes font concurrence à la production amazonienne, plus assez rentable face à cette culture intensive. C'est la crise, les faillites se succèdent. Il faudra attendre 1967 et la création de la zone franche pour que Manaus revienne sur le devant de la scène économique. Grâce à de fortes incitations fiscales, des usines d'électronique, d'électro-ménager, de jouets ou d'assemblage de motos s'y implantent, créant plus de 100 000 emplois.

Un grand succès qui est à l'origine d'un nouveau boom démographique : 300 000 hab. en 1950, plus de 2,2 millions en 2023 ; mais avec un effet collatéral – l'exode rural – qui n'est pas sans poser problème. D'ailleurs, Manaus tente, depuis 2005, de donner une autre « teinte » à son développement avec la création d'une « zone franche verte ». L'objectif : favoriser l'activité économique durable en forêt pour endiguer l'exode rural et combattre la **déforestation**. Un programme pilote observé de très près par les militants écologistes à l'heure où la déforestation fait rage au Mato Grosso et au Pará pour faire place à la culture intensive du soja.

★★ Palácio do Rio Negro B1-2

Av. 7 de Setembro 1546 - ✆ (92) 3232-4450 - mar.-sam. 9h-17h.

Résidence privée de Waldemar Scholz, un entrepreneur allemand, ce palais permet d'imaginer l'ampleur de la richesse des barons du caoutchouc. En 1911, suite à la crise, le palais est hypothéqué avant de devenir, en 1918, le siège du gouvernement. Devenu musée en 1995, il est encore utilisé de temps à autre pour des réceptions officielles. La visite mène à la terrasse panoramique qui permettait au seigneur des lieux d'admirer la forêt alentour, désormais remplacée par une jungle... de béton.

★ Museu do Índio B1

R. Duque de Caxias 356 - ✆ (92) 98462 4839 - lun.-vend. 8h30-12h, 13h0-16h30, sam. 8h30-12h -20 R$.

Ce petit musée, construit par la congrégation religieuse des Salésiens qui œuvre depuis des années auprès des communautés indiennes, rassemble une belle collection d'objets de la vie quotidienne issus de différentes ethnies (masques, poteries, outils...). Dommage que la muséographie, vieillissante, ne les mette pas plus en valeur.

Bosque da Ciência B1 EN DIR.

Av. Bom Te Vi (anciennement R. Otavio Cabral, Petrópolis), à 7 km du centre (accès par les bus 519, 608, 610 ou 623) au dép. de la place de la cathédrale) - ✆ (92) 3643-3192 - http://bosque.inpa.gov.br/ - mar.-vend. 9h-12h, 14h-16h, w.-end 9h-16h - 5 R$ (-10 ans gratuit).

Ce petit musée, abrité dans l'enceinte de l'INPA (Institut national de recherches amazoniennes), manque malheureusement de moyens et présente peu d'intérêt à l'exception du bassin des lamantins, ces impressionnants mammifères marins dont il existe une espèce d'eau douce en Amazonie. Ce bassin jouxte le laboratoire dirigé par une spécialiste reconnue mondialement de cette espèce menacée. Dans les années 1980, elle a guidé le commandant Cousteau lors du tournage de ses films dans la région. Avec un peu de chance, vous assisterez au déjeuner (au biberon!) des petits lamantins.

★ Zoológico do CIGS A1 EN DIR.

Av. São Jorge 750 - ✆ (92) 2125-6400 - www.cigs.eb.mil.br - mar.-vend. 9h-16h; sam.-dim. 9h-16h30 - 20 R$.

Même si cela peut paraître cynique, voire pervers, d'aller observer des animaux en cage alors qu'ils courent en liberté dans la jungle toute proche, il faut reconnaître que ce zoo offre l'opportunité rare d'admirer de près des espèces souvent difficiles à repérer en milieu naturel, sauf à les traquer pendant des jours. Une vraie chance, donc, pour le visiteur de passage qui peut profiter de la visite la conscience tranquille, ces animaux ayant été récupérés par l'armée à l'issue d'arrestations de trafiquants de bêtes sauvages. De toute manière déjà retirés de leur environnement naturel, ici au moins ils sont bien traités.

★ Praia de Ponta Negra A1 EN DIR.

▶ À 15 km au nord du centre-ville (prendre un bus direction « Ponta Negra » devant la gare maritime).

Ponta Negra est LA plage de Manaus. Une vraie plage à la brésilienne, longée de hauts buildings, avec de jolies filles en bikini, des terrains de *futevolley*, une myriade de petits restaurants et de bars qui inondent l'atmosphère de musique *forró* à pleins décibels. Une sorte de Copacabana miniature au milieu de l'Amazonie, où l'océan a été remplacé par le Rio Negro. Insolite!

La plage de Ponta Negra.
luoman/Getty Images Plus

Excursions dans la forêt amazonienne

CARTE P. 400-401

Même si ses buildings et ses larges avenues font que parfois on l'oublie, Manaus est bel et bien au milieu de l'Amazonie et il suffit de quelques kilomètres en bateau pour en découvrir la magie. Vous aurez ainsi un aperçu de la forêt, de la flore, de la faune, mais aussi de la vie des habitants de la région. Ne vous attendez pas à rencontrer des tribus amérindiennes telles qu'on les voit dans les documentaires. Ces images ont souvent été tournées sur des lieux très reculés et les territoires indiens sont protégés par leur statut de réserve qui interdit à quiconque d'y pénétrer sans autorisation officielle. En revanche, vous rencontrerez des *caboclos*, des métisses, descendants de mariages intercommunautaires entre Blancs et Indiens. Ils habitent l'Amazonie depuis des siècles et ont conservé un mode de vie fondé sur la pêche et la cueillette, très proche de celui des Amérindiens.

Liste du matériel indispensable

Vous rencontrerez un taux de 83 % d'humidité en moyenne, équipez-vous en conséquence… Certains équipements sont difficiles à trouver à Manaus, pensez donc à les acheter avant de partir.
Disponible à Manaus : lotion anti-moustiques, crème solaire, chapeau, hamac et moustiquaire.
Pas disponible à Manaus : bons vêtements de pluie, pantalon léger dans un matériau séchant vite, chemises à manches longues (contre les moustiques), petit pull léger pour ne pas attraper froid (la température baisse beaucoup la nuit dans la forêt), lampe frontale, pastilles Micropur pour rendre l'eau potable, médicaments contre la diarrhée.

Quelques conseils :

– Réservez **au moins 3 jours** et 2 nuits pour une excursion : c'est le minimum pour commencer à « sentir » un peu cet environnement exceptionnel. Moins longtemps, cela restera intéressant, mais tiendra plus de la promenade que de l'imprégnation et du vécu.
– Préférez la **saison sèche**, de juillet à novembre, car les moustiques sont alors moins nombreux et l'étendue des terres immergées plus large.
– Un **traitement antipaludéen** est indispensable. Il faut se le faire prescrire avant le voyage car on le trouve difficilement au Brésil. La vaccination contre la **fièvre jaune** est également recommandée.
– Impossible de s'aventurer seul en Amazonie, à moins de déjà connaître la région. Il faut absolument faire appel aux services d'une **agence**.
– Sachez qu'une excursion en Amazonie **coûte cher** car il faut payer le bateau, le gasoil, le guide et la nourriture. Chaque excursion doit toujours comprendre au moins 2 pers. Les prix tournent autour de 300 €/j./pers. **Attention aux arnaques** et en particulier aux guides qui abordent les voyageurs à l'aéroport en leur proposant des tarifs incroyables. Ils ne sont pas agréés et peuvent vous faire voyager dans des conditions de sécurité inacceptables. Or, en Amazonie, il faut faire attention. Prenez bien le temps de vous renseigner, avant de partir ou sur place, et de comparer avant de faire votre choix.

Il existe deux manières de voyager en Amazonie :
– **l'hôtel de jungle** (ou *lodge*), qui assure en général un très bon niveau de confort et permet de rayonner autour d'une base fixe en petit bateau rapide ;
– **le voyage itinérant**, organisé par une agence, avec nuits sur le bateau en hamac ou cabine. Moins confortable, mais offre une surface de découverte beaucoup plus étendue.

Rio Negro.
Ildo Frazao/Getty Images Plus

Déforestation : un enjeu majeur

Au cours de ces 30 dernières années, une surface un peu supérieure à celle de la France, soit 17 % de la couverture forestière originelle d'Amazonie, a disparu. Principaux responsables de ce désastre : les trafiquants de bois bien sûr, mais aujourd'hui surtout les producteurs de soja et les éleveurs de bovins, le Brésil étant devenu le 1er exportateur mondial de soja et de viande bovine. 80 % du bois extrait d'Amazonie l'est de manière illégale. Une production absorbée à 65 % par le marché brésilien, le reste étant exporté, principalement vers l'Europe encore trop peu regardante...

★★★ Encontro das Águas B2

De nombreuses agences proposent cette petite excursion d'une demi-journée et les bateaux conduisant aux hôtels de jungle font souvent le détour par là.

La confluence du Rio Negro et du Rio Solimões, à 10 km à peine de Manaus, est un haut lieu touristique, parce que c'est là que se forme officiellement le fleuve Amazone, mais aussi parce que cette « rencontre des eaux » s'effectue d'une manière étonnante. Comme son nom l'indique, le Rio Negro a une eau noire, au taux d'acidité élevé, alors que le Rio Solimões est un fleuve dit « blanc », chargé en limon, au pH basique ; leurs eaux ne se mélangent donc pas tout de suite. Sur plus de 10 km, les courants noir et crème restent séparés, comme huile et vinaigre.

★★★ Rio Negro B1

C'est sur ce fleuve que la plupart des agences organisent leurs excursions et voyages itinérants. En effet, grâce à son acidité élevée, le nombre des moustiques est plus faible et le voyage plus agréable ! En remontant ses affluents, on découvre de nombreuses communautés de *caboclos* qui vivent le long des fleuves. À 5h de bateau de Manaus on rejoint les îles Anavilhanas, l'un des plus grands archipels fluviaux du monde, composé de plus de 400 îles dispersées sur 100 km. Classé réserve naturelle depuis les années 1980, c'est un lieu privilégié pour observer les oiseaux, les lamantins et les dauphins roses d'Amazonie.

★★ Rio Solimões B2

Il vous faudra batailler contre les moustiques pour découvrir cette région, mais cela vaut la peine. C'est l'occasion aussi de découvrir un peu la conduite en Amazonie, particulièrement sportive durant la saison des pluies, en prenant la piste qui part de **Careiro da Várzea** pour approcher le **lac Mamorí**. N'hésitez pas à vous baigner quand on vous le proposera.

★ Manaus-Belém

*Dép. de la gare fluviale (**p. 412**).*

Si vous avez le temps, le voyage en bateau de ligne de Manaus à Belém vaut la peine. Ce n'est pas là que vous observerez le mieux la faune et la flore, mais vous pourrez, l'espace de quelques jours, vivre un peu le quotidien des habitants de la région : chargement des navires à chaque étape, vie à bord avec nuit et hamac et partage du repas à la table commune. Faire l'expérience de la lenteur surtout, propre à cette région où l'on ne se déplace qu'en bateau. Le voyage dure 5 jours : l'occasion de voir le temps s'écouler sans jamais courir...

Carnet pratique

PLAN DE LA VILLE P. 404

S'informer

Office de tourisme – Mercado Municipal A2; Aeroporto Internacional Eduardo Gomes - *www.amazonastur.am.gov.br.*

Arriver/Partir

En avion

Aéroport international Eduardo Gomes – *Av. Santos Dumont 1350 - ✆ (92) 3652 1210 - www.airport-manaus.com.br.* À 14 km au nord du centre-ville. Liaisons avec : Belém (*1/j. - durée 3h* -Azul, GOL et LATAM); Fortaleza (*2/j. - durée 3h20* - GOL et LATAM); Recife (*1/j. - durée 3h55* - Azul); Brasília (*4/j. -durée 2h55* - GOL et LATAM); Rio (*4/sem. - durée 4h05* -GOL); São Paulo-Guarulhos (*5/j. - durée 3h55* - GOL et LATAM). Également liaisons directes avec Bogotá, Medellin, Panama et Miami. *www.voegol.com.br; www.voeazul.com.br; www.latamairlines.com.*

Taxi – *Pour le centre : 100 R$ (prépayez la course au bureau des taxis).*

Bus – *Ligne 454, terminus Praça da Matriz, 3,80 R$.*

Ônibus Especial - *dir. Av. Eduardo Ribeira, 20 R$ - départ 12h30, 13h30 14h30, 23h30, 0h30, 1h30, 2h40.* Pratique lorsque les bus municipaux ont terminé leur service.

En bateau

Estação Hidroviária – A2 - *Gare fluviale, R. Marques de Santa Cruz 25 - ✆ (92) 3233 7061- www.portodemanaus. com.br.* C'est d'ici que partent tous les bateaux de ligne pour Santarém, Belém ou le Pérou. Les billets s'achètent aux guichets, à l'intérieur de la gare. Départ vers l'aval généralement merc. et sam. Pour Belém (4 j. mais 5 j. en sens inverse) : hamac *600 R$*, cabine double *2 000 R$/pers.*, suite pour 2 pers. *2500 R$/pers.* : eau minérale à disposition, repas non compris.

En bus

Manaus n'est reliée à aucune autre grande ville du Brésil par la route. La seule route existante conduit au Venezuela *(38h pour Puerto la Cruz, d'où partent des bus pour Caracas; Boa Vista, la frontière, est à 12h de route).*

Terminal Rodoviário – A2 - *À 8 km au nord du port - gare routière, av. Recife 2784 - ✆ (92) 3632 2568 - www.onibuz.com.*

Se déplacer

En voiture

Nul besoin de voiture pour circuler à Manaus en tant que touriste, car le centre-ville est très restreint.

En bus

L'essentiel du centre-ville est accessible à pied. Un bon réseau de bus permet toutefois d'atteindre la plage de Ponta Negra ou le zoo depuis le terminal situé en face de la gare fluviale. *www.onibusmanaus.com.br.*

En taxi

Énormément de taxis à Manaus, et à toute heure. Veillez à ce que le compteur soit bien activé.

Adresses utiles

Banque/Change

Banco do Brasil – A2 - *R. Guilherme Moreira 315 - ✆ (92) 4003-3001.* Distributeur et change.

Bradesco – *Av. 7 de setembre 895 - lun.-vend. 9h-15h.*

Poste – *R. do Congresso 90* A1 - *lun. vend. 9h-17h.*

Urgences/Santé

Hospital Universitário Getúlio Vargas – *R. Tomás de Villa Nova,Centro - ✆ (92) 3305 4700 .*

SAMU – ✆ 192.
Police – ✆ 190.

Consulats

Consulat honoraire de France – A1 EN DIR. - *À l'alliance Française, R. Lauro Calvacante 250 - ✆ (92) 9 8825 0960 - consulat.manaus@yahoo.fr .*

Consulat de Belgique – *R. Javari, Q34, n° 26 - ✆(92) 2126-0136).*

Nos adresses

Restauration

La place du Teatro Amazonas, réaménagée, est un des lieux les plus agréables pour manger ou boire un verre.

Premier prix

2 Casa do Pensador – A1 - *R. José Clemente 632 - ✆ (92) 99605-4556 - CC - fermé le midi - plats 28/42 R$.* Le restaurant occupe une ancienne école, une belle maison coloniale. D'où son nom ! Sur la terrasse, vous goûterez sa cuisine familiale en admirant le Teatro Amazonas.

8 Tacacá de Gisela – A1 - *Pr. São Sebastião s/n - ✆ (92) 98801-4901 - fermé le midi - 28 R$.* C'est l'endroit idéal pour déguster une *tacacá*, la soupe traditionnelle de l'Amazonie, mélange de *tucupi* – jus de manioc additionné de piment et d'aromates – et de crevettes. C'est le plat unique de ce micro restaurant qui fait courir les amateurs de la ville. Et si vous avez encore une petite faim, les restaurants ne manquent pas autour de la place.

9 Taberna do Chef – A2 - *Mercado Municipal - ✆ (92) 99172-6488 - ✗ - 8h-16h30 ; fermé lun. - plats 18-25 R$.* Après une première carrière dans des restaurants gatronomiques, Claudio Procopio a trouvé son bonheur dans la *street food*. Dans son petit kiosque en lisère du marché municipal, il concocte à la minute les classiques de la cuisine amazonniennes : *tacaca*, poissons aux aromates de la forêt, comme le *piracucu* fumé au lait de coco... À ne pas manquer.

4 Coqueiro Verde – B1 - *R. Ramos Ferreira 1920 - ✆ (92) 98201-0000 - fermé dim. soir - plats 23/51 R$.* Adresse authentique, très prisée des familles le w.-end. Terrasse couverte aérée par des ventilos, avec nappes à carreaux. Au menu, la *carne de sol*, une viande très cuite et salée avec riz, haricots, salade et farine de manioc. Un peu excentré.

Canto da Peixada – B1 EN DIR. - *R. Emilio Moreira 1677 - ✆ (92) 3234-3021 - www.cantodapeixada.com - CC - fermé dim. soir - plats 60/65 R$.* Un peu excentré, dans un quartier sans charme, mais pourtant l'une des meilleures adresses de Manaus pour déguster les poissons d'Amazonie. En soupe ou grillés : *tambaqui, tucunaré, pirarucu...*

7 Tambaqui de Banda – A1 - *Rua José Clemente 596 - ✆ (92) 98444-6073 - ouv. tlj, service continu ; plats 24/150 R$.* Sans aucun doute la terrasse la plus agréable de la place : face au théâtre, vous pourrez déguster d'excellents poissons grillés escortés de savoureux accompagnements de légumes. La grande terrasse est souvent prise d'assaut. Service souriant.

Budget moyen

1 Caxiri – A1 - *R. 10 de Julho 495 - ✆ (92) 3304-8700 - fermé dim. soir et lun.- plats 72/88 R$.* Dans une salle élégante au premier étage d'une belle maison de la place du théâtre, la chef Débora Shornik fait des merveilles. Passionnée par la richesse et la variété des plantes de l'Amazonie, elle concocte une cuisine personnelle à base de produits frais de la région. Ses mélanges d'aromates font merveille, tant dans les entrées que dans les plats principaux. Pour commencer, laissez vous tenter par les palitos de tapioca au fromage, et poursuivez par un des plats signatures de la maison, le *tambaqui* (poisson de l'Amazonie) cuit au four dans du papier sulfurisé et accompagné d'un assortiment de légumes à tomber *(pour 2 pers., prévoyez 40mn d'attente)*. Joli carte des vins d'Amérique du Sud et du Portugal. Un repas de fête !

Petite pause

Sorvete Glacial – A1 - *Av. Getúlio Vargas 188 - ✆ (92) 3233-7940 - www.glacial.com.br - 10h-22h30 (vend.-dim. 23h).* Si vous êtes épuisé par la chaleur humide de Manaus, faites un arrêt ici pour déguster un sorbet préparé avec l'un des fabuleux fruits de la région comme le *cupuaçu*, la *graviola* ou l'*açaí*.

Boire un verre

Bar do Armando – A1 - *R. 10 de Julho 593 - ✆ (92) 3232-1195 - jeu.-sam. 10h-3h, merc., dim. et mar. 10h-1h, lun. 16h-1h.* Une institution à Manaus ! Quelques tables sur le trottoir devant une vieille maison coloniale. Un bistrot où se mélangent artistes, employés, étrangers et « paumés » pour boire des bières et refaire le monde jusqu'au bout de la nuit. Des musiciens viennent animer la soiré à partir de 18h. En face du Teatro Amazonas.

Shopping

Galeria Amazônica – *R. Costa Azevedo 272 - (place du Théatre) - ✆ (92) 3302-3633 - 8h-17h, fermé dim.* Cette galerie élégante présente des créations contemporaines inspirées des traditions de l'Amazone ; céramiques, bijoux, tissus....

Activités

Voyages itinérants

Manaus fourmille d'agences proposant des voyages itinérants en Amazonie. Difficile de faire le tri parmi toute cette offre, d'autant qu'il est impossible, pour d'évidentes raisons de temps et de budget, de toutes les tester. Voici donc un choix de « valeurs sûres », d'agences reconnues pour leur sérieux depuis des années par des spécialistes du tourisme.

Paradise Turismo – *Av. Eduardo Ribeiro 654 - ✆ (92) 3026-8805.* Claudia Mendonça est passionnée par l'Amazonie. Elle vous accueilllera en français pour vous aider à organiser votre séjour, selon vos goûts : lodge de luxe, ou expédition au cœur de la forêt. Vous pourrez même passer pour lui demander des conseils : elle se fera un plaisir de vous répondre.

Amazon Eco Adventures – *R. 10 de Julho 509 - ✆ (92) 99931-1011 - www.amazonecoadventures.com.* Une agence jeune et dynamique qui s'est fait une spécialité des découvertes de l'Amazonie au plus près de la nature et de ses habitants. Au programme : excursion sur le fleuve, randonnées pédestres, séjour dans une pousada flottante... Annoncez-vous à l'avance et vous aurez peut être la chance de vous adjoindre les services de Milton Fernandes, incollable sur sa région et parfait francophone.

Hébergement

Premier prix

2 **Hotel Dez de Julho** – A1 - *R. 10 de Julho 679 - ✆ (92) 3232-6280 - 60 lits en dortoir et ch. avec sdb, ch. dble : 140 R$.* À deux pas du Teatro

Amazonas. Bien tenu, avec une agréable salle de petit-déjeuner. Bon endroit pour échanger des infos sur les excursions en Amazonie avec d'autres touristes étrangers : ils sont nombreux à loger ici. Agence dans l'hôtel.

Budget moyen

5 **Taj Mahal Continental Hotel** – A1 - *Av. Getúlio Vargas 741 - ✆ (92) 3627-3737 - www.grupotajmahal.com.br - P - 170 ch. 204/221 R$.* L'hôtel « chic » du centre de Manaus, bien qu'un peu vieillissant. Choisir les chambres sur l'arrière : elles offrent la plus belle vue de la ville sur le Teatro Amazonas. Même vision depuis le restaurant panoramique, sur le toit de l'hôtel.

9 **Seringal Hotel** – A1 - *R. Monsenhor Coutinho 758 - 16 ch 350 R$.* Un bon petit hôtel sans façon, idéalement placé à deux pas de la place du Théâtre. L'accord cordial et prévenant fait passer des chambres un peu vieillotes mais néanmoins suffisantes pour une étape. Demandez à en voir plusieurs. Certaines n'ont pas d'autre ouverture qu'une fenêtre sur le couloir et ne sont pas franchement gaies. Excellent petit-déjeuner.

8 **Hotel Saint Paul** – A1 - *R. Ramos Ferreira 1115 - ✆ (92) 2101-3800 - www.hotelsaintpaul.tur.br - - 60 ch, 212/341 R$ -* Un hôtel tout en hauteur avec pour certaines chambres, balcon et vue sur le théâtre. Le hall d'entrée est accueillant, les chambres ne le sont pas moins avec leur décoration fonctionnelle et leurs équipements modernes. Un bon rapport qualité/prix. Micro piscine sur le toit-terrasse.

7 **Boutique Hotel Casa Teatro** – A1 - *Rua 10 de Julho - ✆ (92) 3622-8381 - www.casateatro.com.br - 18 ch. 270 R$.* Le seul hôtel « de charme » de la ville. De fait la décoration des parties communes est particulièrement soignée : l'artisanat ethnique y côtoie des œuvres d'artistes contemporains. Les chambres disposent de tout le confort moderne. Elles sont en revanche très petites. Les chambres « eco » ne sont pas beaucoup plus grandes qu'un compartiment couchette de chemin de fer. Très agréable terrasse sur le toit pour siroter un verre avec le théâtre en toile de fond. Excellent accueil, cordial et professionnel.

6 **Amazônia Tower Hotel** – A1 - *Av. Getúlio Vargas - ✆ (92) 3028-3891 - www.amazoniatowerhotel.com.br - 98 ch. 183/329 R$ -* Un hôtel moderne de confort standard, sans grande originalité, mais très bien situé au centre-ville. Remises importantes sur le site Internet.

Pour se faire plaisir

Hôtels de jungle

Un voyage itinérant en Amazonie devient vite très onéreux quand on est deux ou seul, car il faut prendre en charge tous les coûts logistiques. L'hôtel de jungle constitue alors une bonne option. On en compte une vingtaine dans la région de Manaus. Certains tiennent du parc d'attractions, accueillant les touristes par centaines : ils sont à éviter. Préférez ceux à taille humaine, ne pouvant recevoir qu'un nombre limité de personnes et construit de manière écologique. Tous proposent des séjours de 2 à 4 j. en pension complète et intègrent un programme d'excursions : marche en forêt, pêche aux *piranhas*, observation des caïmans, visite des villages voisins, le long des fleuves. Leurs tarifs, établis par personne et par jour, incluent toutes les prestations : transport en bateau ou par la route, logement, nourriture et excursions. Vous serez en général réceptionné directement à l'aéroport, ou à votre hôtel dans le centre de Manaus.

5

Pour se faire plaisir

Malocas Jungle Lodge – *✆ (92) 99128-4741 - www.malocas.com - 2 j. 1 nuit mini., forfait tt compris (hébergement, repas, activités, transfert depuis Manaus, guide), tarif variable, se rens.* - ✕. Lodge totalement écologique, sans électricité, sur les bords du Rio Preta da Eva, à 150 km de Manaus et atteignable par la route (3h de voyage). Les guides - des Amérindiens bilingues - vous feront découvrir les plantes médicinales, la faune, les forêts inondées, mais aussi la préparation de la farine de manioc dans les villages. Le lodge est composé de différentes *malocas* (grandes maisons amérindiennes circulaires) dont une abritant 12 chambres, une autre des hamacs, une autre encore le restaurant où l'on peut goûter la cuisine régionale à base de poissons. Ambiance très authentique, proche de la nature. Paiement en espèces ou par virement bancaire.

Une folie

Amazon Ecopark Jungle Lodge – *✆ (92) 3622-2612 - www.amazonecopark.com.br - 4600/5000 R$* ☕ - ✕. Situé sur le Rio Tarumã, affluent du Rio Negro, cet hôtel de jungle est accessible en 30mn à peine en bateau rapide depuis Manaus. Chambres d'un très grand confort. L'hôtel propose des forfaits tout compris de 2 à 4 nuits en pension complète et activités.

Juma Amazon Lodge – *✆ (11) 3030-7617 - jumalodge.com.br - 21 bungalows -forfaits de 6600/9500 R$/nuit pour 2 pers. selon la durée, pension complète et activités comprises. De Manaus, compter 3h pour atteindre le lodge en 3 étapes : la première en bateau (45mn) vous permettra de découvrir la rencontre des eaux (Encontro das Águas) ; ensuite, après une heure de route, vous reprendrez un bateau pour une autre heure.* Une immersion totale dans la jungle amazonienne, au bord du lac Juma, mais avec d'excellentes conditions de confort dans des bungalows de bois juchés sur pilotis, face au lac ou au milieu de la forêt. La restauration est de qualité et les activités variées, toutes encadrées par des guides expérimentés : randonnée dans la jungle, balade à la découverte des caïmans, pêche, lever de soleil sur l'Amazonie....

Belém ★★★

Porte d'entrée vers l'Amazonie, point de départ pour des découvertes fabuleuses, des richesses insoupçonnées et, qui sait, l'Eldorado! Belém, un nom de femme retenu par le portugais Francisco Caldeira Castelo Branco, le fondateur de la ville, comme pour signifier plus encore le mystère et l'attraction permanente des hommes pour ce territoire hors du commun. Un passage vers une forêt sans fin, un jardin secret où les humains vivent nus au milieu des fruits les plus savoureux, les poissons les plus variés, les oiseaux les plus colorés, les épices et les parfums les plus enivrants. Belém, comme une promesse, comme une histoire d'amour où la passion peut jouer des tours. Un joyau d'architecture coloniale qui se métamorphose grâce au latex en reine de la Belle Époque avant de se donner aux trafiquants de bois, d'or et de soja... À la fois douce et salée comme l'eau du fleuve qu'agite le va-et-vient des marées, elle est la capitale du Pará, Pa Ra, l'océan dans la langue des Indiens tupi qui n'est qu'à 130 km de là. Impossible de ne pas céder aux charmes de Belém. Oubliez peut-être les rancœurs de la première rencontre dues au béton, et laissez-vous séduire. Dès les premières heures du jour, dans la cohue généreuse du marché Ver-o-Peso, puis dans l'ambiance tamisée du Teatro da Paz, enfin près des docks, après avoir bien transpiré dans ses venelles, laissez-la vous caresser le visage de sa respiration venue du poumon de la terre en savourant les fruits de ses entrailles.

Se repérer

1452 275 hab. - Capitale de l'État du Pará

CARTE D2 P. 400-401. PLAN DE LA VILLE P. 420-421.

Encadré page suivante.

À ne pas manquer

Le lever du jour au Mercado Ver-o-Peso et à la foire à l'*açaí*; le Teatro da Paz, copie de l'opéra Garnier en Amazonie; déguster un canard au *tucupi* au bord du fleuve; goûter aux jus de fruits d'Amazonie.

Organiser son temps

Pour votre sécurité, évitez de flâner à pied la nuit dans le centre. N'oubliez pas votre parapluie : il pleut tous les jours entre 15 et 16h.

Carnet pratique p. 428

Nos adresses p. 429

5

Se promener

PLAN DE LA VILLE P. 420-421

Quartier du marché A2-3

Belém, porte d'entrée de l'Amazonie et donc point de contrôle parfait pour les autorités portugaises qui mettent en place, dès 1688, *uma casa de ver-o-peso* (une maison de contrôle du poids).

Se repérer

Au bord de la baie de Guajará, qui limite la ville et correspond en fait au delta de l'Amazone, se trouvent le fort et la vieille ville coloniale puis, en remontant le long des quais, le marché Ver-o-Peso et l'Estação das Docas, les anciens docks réhabilités en complexe comprenant bars et restaurants. De là part vers l'est l'Av. Getúlio Vargas, artère principale du centre qui rejoint la Praça da República où se trouve le Teatro da Paz. En poursuivant vers l'est sur l'Av. Nazaré, on atteint la basilique N. S. de Nazaré, le musée Emílio Goeldi et la gare routière.

★★★ Mercado Ver-o-Peso A2

Sur les quais du port - 5h-18h30.

Le grand marché aux poissons, installé sur les quais, prend au fil du temps ce nom de *ver-o-peso*. Il est toujours actif aujourd'hui. Dès 4h du matin, les bateaux viennent livrer leur pêche de la nuit et les négociations commencent dans un ballet de caisses, de couteaux et de balances. Au centre de l'animation, les halles monumentales avec leur quatre tours d'angle, ont été inaugurées en 1901. Tout autour, une myriade d'étals vendent légumes, fruits – tous plus inconnus les uns que les autres des papilles européennes –, farine de manioc, crevettes séchées... On y trouve aussi des herbes médicinales qu'on appelle *drogas do sertão* (les drogues de la jungle), vendues par des femmes qui se transmettent de mère en fille les secrets de fabrication de ces décoctions sensées tout guérir : les diarrhées, les infections urinaires, les maux de tête et même le cancer ! Laissez-vous transporter dans cette ambiance d'un autre âge et enivrer par les parfums, préparés eux aussi avec des produits de la forêt – le bois de rose notamment – et vendus dans des guirlandes de fioles. Leur champ d'action : la séduction de l'être aimé... Autre plaisir plus terre-à -terre : les nombreux stands de cuisine qui proposent une authentique cuisine amazonienne, à déguster au coude-à-coude avec les habitants de la ville.

★★ Mercado de Carne A2

De l'autre côté de la rue, le marché de la viande, appelé aussi le Mercado Bolonha date de 1907. Il a été entièrement restauré en 2011. À l'intérieur, quatre pavillons en fer forgé de Glasgow abritent les étals des bouchers. Grimpez au sommet de la plateforme qui se dresse à l'entrée pour découvrir une vue d'ensemble.

Paris N'America A2

R. Santo Antônio, au coin de la Padre Prudencio.

Gastronomie du Pará

Inspirée des traditions amérindiennes, la cuisine du Pará est une des plus raffinées du Brésil, mélangeant des saveurs totalement inconnues des Européens. Voici ses plats les plus réputés :
– *tacaca* : soupe à base de manioc, de crevettes et de feuilles de jambu, une herbe qui anesthésie légèrement les lèvres ;
– *pato no tucupi* : le *tucupi* est un poison qu'on extrait de la racine de manioc en la broyant et qui se transforme, après des heures de cuisson, en un délicieux bouillon dans lequel on fait cuire du canard ;
– *maniçoba* : sorte de *feijoada* amazonienne, avec différents morceaux de porc cuits dans une sauce noire à base de manioc.

Mercado Ver-o-Peso.
J Brarymi/Getty Images Plus

En flânant dans les rues commerçantes proches du Mercado Ver-o-Peso, jetez un coup d'œil dans cette boutique de tissus logée dans un ancien « grand magasin » à la mode haussmannienne datant de l'époque du caoutchouc. L'escalier en fer forgé est encore là. La rua Santo Antônio, la rue principale de la vieille ville, débouche sur une placette dominée par la façade de N.S. das Mercès, la plus ancienne église de Belém (1640). Bien avant la construction des halles métalliques, c'était son clocher qui annonçait aux navigateurs l'approche de la ville. Tels les héros du roman peu connu de Jules Verne, *la Jaganda* qui, après un long périple sur l'Amazone, abordent enfin Belém « avec ses pittoresques rangées de ses maisons blanches à plusieurs étages, ses couvents enfouis sous les palmiers, les clochers de Nostra-Señora de Merced, la flottille de ses goélettes, bricks et trois-mâts, qui la relient commercialement avec l'ancien monde ».

★★★ Feira do Açaí A2

Sur les quais, de l'autre côté du port, au pied du fort - à partir de 5h du matin.
Au pied du fort se tient la foire à l'**açaí**. Ce petit fruit noir qui pousse en grosses grappes au sommet d'une espèce particulière de palmier est connu pour être riche en vitamine B1, magnésium et fer. Un aliment tellement nourrissant qu'il fait partie de l'alimentation de base des habitants d'Amazonie qui le consomment sous forme de jus ou de sorbet après l'avoir dénoyauté et pressé. Considéré comme un anabolisant naturel, de plus en plus de Brésiliens l'utilisent, dans les grandes métropoles comme Rio ou São Paulo, pour se forger un corps de rêve dans les salles de fitness. Des corbeilles débordant d'*açaí* débarquent donc par centaines sur les quais dès 5 heures du matin, dans une cohue où se mêlent porteurs chargeant et déchargeant les bateaux et négociateurs faisant fluctuer le cours mondial de l'*açaí*!

Museu do Estado do Pará A2-3

Praça Dom Pedro II s/n - ✆ (91) 4009-8513 - mar.-vend. 10h-17h, w.-end 9h-13h - 4 R$.

SE RESTAURER

Estação das Docas	2	Marujos	5
Palafita	4	Retiro da Sé	7

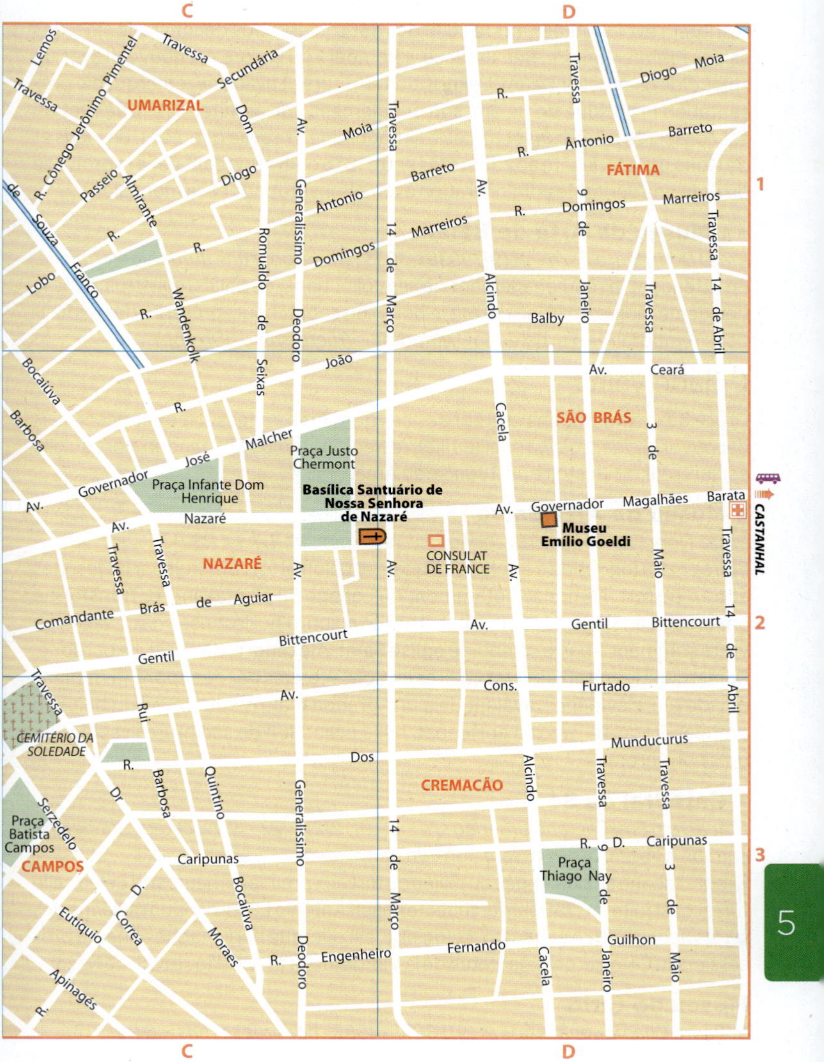

SE LOGER

Hostel Amazônia 2
Hotel Grão Pará........ 4
Le Massilia 6
Ibis Styles Belém........ 8

Construit à la fin du 18ᵉ s. sur ordre du marquis de Pombal qui envisageait de transférer la Couronne portugaise dans le Pará, ce palais dessiné par Antônio Landi servit de résidence au gouverneur jusqu'au début du 20ᵉ s., puis de siège au gouvernement jusqu'en 1980. L'intérieur a été splendidement aménagé pour restituer l'évolution des mode au fil des décennies ; vous découvrirez ainsi des salons Premier Empire, Renaissance, « Pompéi » ou encore Art nouveau avec un splendide chandelier Daum. L'exposition se poursuit avec une remarquable présentation historique de Belém, son peuplement, son architecture. Une section est consacrée au *Cabanagem*, cette « république » rebelle d'Indiens, de Métis et de Noirs qui a tenu tête aux autorités entre 1835 et 1840, créant dans la proivnce du Parà une véritable administration avec ses institutions et sa monnaie.

★★ Museu de Arte de Belém A2

Praça Dom Pedro II s/n - ✆ (91) 99397-3033 - fermé pour une durée indéterminée.
En attendant le réaménagement de ses collections, ce palais, construit dans la deuxième moitié du 19ᵉ s., durant le boom du caoutchouc, présente des expositions temporaires d'artistes contemporains *(merc.-vend. 10h-16h).*

Cidade velha A3

Grâce aux restaurations entreprises ces dernières années, on peut désormais découvrir la *cidade velha* (vieille ville), restée longtemps à l'abandon alors qu'elle est au cœur de l'histoire portugaise en Amazonie.

★ Museu de Arte Sacra A2

Praça Dom Frei Caetano Brandão s/n - mar.-dim. 9h-17h - 4 R$.
Peu après la fondation de Belém, un quartier colonial fut construit par les jésuites autour du fort, composé notamment du collège Saint-Alexandre. Transformé par la suite en siège de l'épiscopat, il abrite aujourd'hui le musée d'Art sacré. La visite commence par la splendide **église Saint-Alexandre**, de pur style baroque. Remarquez les retables et les chaires en bois, sculptés par des apprentis indiens qui, de toute évidence, avaient déjà une grande maîtrise du travail du bois. Au premier étage de l'ancien épiscopat, belle collection de sculptures sacrées en bois polychromes.

★ Catedral da Sé A2-3

Praça Dom Frei Caetano Brandão s/n - ✆ (91) 2121 3722 - www.catedraldebelem.com.br - 8h-12h, 14h-16h, sam. 16h-18h, fermé dim.
Simple cabane en bois érigée au milieu du fort aux premières heures de Belém, elle fut reconstruite en 1755 par l'architecte italien Antônio Landi dans un mélange des styles néoclassique et baroco-colonial. C'est d'ici que part chaque année la procession du Círio qui porte la statue de la Vierge jusqu'à la basilique N. S. de Nazaré.

Museu do Círio A2

R. Padre Champagnat s/n - ✆ (91) 8889-4567 - horaires se rens. - 6 R$.
Ce petit musée rassemble des objets traditionnels utilisés durant le pèlerinage du Círio (*voir « N. S. de Nazaré » p. 423*) : ex-voto en cire ou corde, petits bateaux. Explications en portugais et (parfois) aussi en anglais.

★★ Forte do Presépio A2

Praça Dom Frei Caetano Brandão s/n - mar.-dim. 9h-17h - 4 R$.
Premier bâtiment construit par Castelo Branco lors de la fondation de la ville, il offre depuis ses murailles une vue magnifique sur le fleuve et le marché Vᵉʳ-o-Peso. À l'intérieur, exposition sur les ethnies amérindiennes de la région, avec de superbes céramiques des Tapajós et en provenance de l'île de Marajó.

Casa das Onze Janelas A2

Praça Dom Frei Caetano Brandão s/n - mar. et jeu. 10h-18h, merc. 10h-16h, vend. 10h-19h, sam.-dim. 9h-13h - 4 R$.

Construit au 18e s. pour servir de résidence à un riche seigneur, ce bâtiment eut ensuite différentes fonctions militaires. Aujourd'hui, il accueille des expositions temporaires d'artistes régionaux contemporains.

Quartier du théâtre B2

★★★ Teatro da Paz B2

R. da Paz s/n - (91) 4009-8750 - www.theatrodapaz.com.br - mar.-vend. : visites guidées en portugais et en anglais ttes les heures de 9h à 12h et de 14h à 17h (dernière visite), le sam. de 9h à 12h, le dim. de 9h à 11h - fermé lun. - 6 R$ - - gratuit le merc.

Le boom du caoutchouc modifia profondément la vie et l'architecture de la ville. Il fallait être à la mode, or la mode, en Europe, était de s'intéresser à l'art, à la musique en particulier. C'est pourquoi les grands barons du caoutchouc se réunirent pour financer la construction d'un opéra, à l'architecture inspirée de la Scala de Milan et de l'opéra Garnier de Paris. Le Teatro da Paz fut inauguré en 1878 (20 ans avant le Teatro Amazonas de Manaus), après neuf ans de construction. De style néo-classique, il s'élève au centre de la Praça da República. La plupart des matériaux utilisés furent importés d'Europe : marbre d'Italie, fer d'Angleterre, lustres et statues en bronze de France.

La salle, splendide, qui peut contenir 900 spectateurs, était équipée d'un système de ventilation placé sous les fauteuils faits de bois et de paille tressée, matériaux bien plus adaptés au climat tropical que le velours. Aux murs, remarquez les peintures : elles imitent le papier peint qui était très à la mode à l'époque, mais qui n'aurait jamais supporté l'humidité locale. Au plafond, une fresque étonnante du peintre italien Domenico de Angelis, mélangeant mythologie grecque et légendes amazoniennes : Apollon sur son char dans la jungle et Diane représentée en Indienne. De nombreux orchestres européens se produisaient ici, parfois sans même passer par Rio de Janeiro, la capitale. Superbe salle de bal au premier étage : admirez le parquet bicolore, fréquent en Amazonie.

Quartier est

★ Basílica de N. S. de Nazaré C2

Praça Justo Chermont s/n, le long de l'Av. Nazaré - - (91) 4009-8431 - lun.-vend. 6h-20h (merc. 21h), sam. 6h-19h, dim. 6h-13h, 15h-21h.

Construite en 1909, cette basilique néoclassique d'inspiration byzantine conserve une statue en bois de N. S. de Nazaré découverte par Plácido, un paysan de la région, dans les années 1700. La légende raconte que cette sculpture d'à peine 20 cm de haut, fabriquée à Nazareth, aurait provoqué des miracles au Portugal au Moyen Âge avant d'être perdue, puis retrouvée au Brésil. Lorsqu'il la découvrit près d'un ruisseau, Plácido l'emmena chez lui ; le lendemain, elle était revenue près de l'eau. Il tenta de nouveau de l'emporter, mais, chaque fois, il la retrouvait au même endroit. Pour la protéger, il construisit une cabane qui devint rapidement un lieu de dévotion, de prières et de prodiges. Au cours du 18e s., une chapelle fut construite, puis cette basilique qui accueille, chaque deuxième dimanche d'octobre, le **pèlerinage du Círio**. Avec près de deux millions de personnes en procession, c'est une des plus grandes manifestations catholiques du monde. Les fidèles se bousculent pour tenir l'énorme corde de 400 m de long qui tire le char sur lequel est perchée la statue de la Vierge. Les fidèles apportent aussi en

Bataille pour l'Amazonie

Quel fut le premier Européen à découvrir l'Amazone ? Certains historiens affirment que l'Espagnol Pizón aurait atteint l'embouchure du fleuve en 1499, mais ne l'aurait pas remonté par peur de la *pororoca*, cette terrible vague que provoque la collusion des eaux douces avec celles de l'océan. D'autres estiment qu'il n'aurait en fait jamais dépassé l'Équateur et que le mérite revient à Diego de Lepe, en 1503. Après lui, d'autres navigateurs se succèdent : des Portugais, mais aussi des Anglais, des Hollandais et même des Français. Tous contestent le **traité de Tordesillas** dont la ligne passe juste à l'ouest de Belém, attribuant par là même tout le territoire amazonien aux Espagnols. Et c'est justement l'un d'entre eux, Francisco de Orellana, parti de Quito en 1541 en quête de l'Eldorado, qui descend pour la première fois dans son intégralité l'immense fleuve. Un voyage mythique, à tel point que Carvajal, chroniqueur de l'expédition, mélange dans son récit réalité et légendes. Il décrit ainsi une attaque par une tribu indienne : « des femmes féroces qui combattaient comme dix Indiens avec leurs arcs et leurs flèches », associant aux Indiennes qui prenaient part au combat les légendaires Amazones, ces guerrières de la mythologie grecque qui se coupaient un sein pour mieux tirer à l'arc. Après lui en tout cas la légende reste, et le nom du fleuve avec : **Amazone**.

Des intérêts menacés

À la fin du 16e s., l'Union ibérique met fin à 60 ans de conflit d'intérêt entre Espagnols et Portugais autour de l'Amazonie. Mais Anglais et Hollandais, qui n'ont pas renoncé à leurs prétentions, mettent en place des comptoirs qui développent l'exportation d'herbes médicinales vers l'Europe. Les Français, 60 ans après l'échec de Villegagnon à Rio de Janeiro, tentent une nouvelle expérience de colonisation au Maranhão. Daniel de La Touche fonde São Luís en 1613, puis explore le Pará un des bras inférieurs de l'Amazone. Les Portugais décident de mettre fin à cet expansionnisme : dès 1615, les Français sont chassés, Francisco Castello Branco remonte le fleuve Pará jusqu'à l'Amazone et fonde, en 1616, la ville de **Santa Maria de Belém**. Commence alors une exploration en profondeur de cet immense territoire par les Portugais. En 1638, l'expédition de Pedro Teixeira marque en ce sens une étape décisive puisqu'il est le premier à remonter le fleuve jusqu'à sa source. Des missions se développent aussi ; les jésuites notamment deviennent très influents dans toute la région.

Le Portugal reprend la main

Lorsque l'Union ibérique prend fin, en 1640, les Portugais sont très présents en Amazonie, sur un territoire pourtant espagnol. Un nouveau traité, le **traité de Madrid**, est donc établi en 1750 qui modifie la répartition des territoires. Suit une nouvelle ère pendant laquelle le marquis de Pombal remet en cause toute la politique du Portugal en Amazonie. Il nomme son frère gouverneur du Pará, expulse les jésuites qui s'opposent à l'esclavage des Indiens et interdit à ces derniers la pratique de leur langue natale. Parallèlement, l'**architecture coloniale** de Belém s'enrichit. Mais peu après l'indépendance du Brésil, en 1822, émerge un grand mouvement de contestation mené par les paysans métis, les esclaves noirs échappés et les Amérindiens : c'est la rébellion *Cabanagem*, du nom des cabanes en bois dans lesquelles habitaient ces gens le long des fleuves. En 1835, les rebelles entrent dans Belém, envahissent le palais du gouverneur – il est assassiné – et placent leur propre leader à la tête de l'État. Quelques mois plus tard, l'armée vient du Sud reprendre le pouvoir. 30 000 personnes sont tuées, soit un tiers de la population. Un événement jamais oublié dans la région, même si quelque temps après, la découverte de l'utilisation industrielle du latex va tout changer...

Le boom du caoutchouc

Tout démarre vers 1850 avec la révolution industrielle européenne, l'arrivée des premiers bateaux à vapeur puis l'ouverture à la navigation internationale du fleuve Amazone en 1866. Des entrepreneurs espérant faire fortune débarquent du monde entier et bientôt l'argent coule à flots. En 1910, le **caoutchouc** représente 40 % du total des exportations brésiliennes ! Le nombre d'habitants explose, passant de 40 000 en 1870 à 100 000 en 1900. La ville se métamorphose, devient un mélange de Liverpool, où tout se paie en schilling, et de Paris, sa mode et ses artistes. De larges avenues sont tracées, les marais sont drainés, émergent des palais et même un opéra ! À l'initiative du gouverneur Antonio Lemos, très influencé par le positivisme d'Auguste Comte, on construit des édifices magnifiques, mais utiles au progrès social : halles en fer forgé, réseau de canalisations, tramway électrique... Peu après 1910, c'est le krach, lié à la concurrence des plantations de Malaisie qu'ont développées des Anglais après avoir volé des graines d'hévéas en Amazonie. Sous l'impulsion des Américains, une relance de l'extraction du latex survient pendant la Seconde Guerre mondiale, quand les Japonais envahissent la Malaisie.

De l'or jaune à l'or vert

Plus tard, la découverte de **minéraux** dans le sud de l'État relance l'activité et les images de la mine d'or de la **Serra Pelada** font le tour du monde grâce au photographe Sebastião Salgado. En 1961, la ville est reliée au reste du pays par une route Belém-Brasília. Suit, parallèlement à la construction de la piste transamazonienne, la campagne de distribution des terres en Amazonie organisée par le gouvernement pour donner « une terre sans hommes à des hommes sans terre ». Une politique qui conduira au conflit des « sans-terre » et à la déforestation massive que connaît le sud du Pará, liée au développement de l'élevage extensif des bovins et à la culture du soja dont le Brésil est devenu le premier exportateur mondial. Le gouvernement, installé à Belém, aujourd'hui grande ville comptant plus d'1,5 million d'habitants, est montré du doigt, mais la corruption et l'impunité existent dans certaines régions de l'État, comme l'a tristement révélé l'assassinat de la religieuse américaine Dorothy Stang en 2005. Signe d'espoir : la création par le gouverneur, en 2006, de la plus grande **réserve de développement durable** du monde. Dans la même optique, Belém a attiré, en 2009, la jeunesse altermondialiste lors de sa neuvième édition du Forum Social Mondial.

Biodiversité convoitée

Couvrant 60 % du territoire brésilien sur une surface équivalente à 10 fois celle de la France, l'**Amazonie** regroupe 20 % des forêts de la planète et d'importantes réserves d'eau douce. Grâce au fleuve Amazone, le plus long du monde (6 900 km), et ses 1 000 affluents, elle produit une humidité responsable de 50 % des pluies d'Amérique latine. Elle constitue donc un véritable « climatiseur » face au réchauffement de la planète plutôt qu'un « poumon de la terre » comme on l'a souvent dit. De plus, l'Amazonie abrite 60 % des formes de vie sur terre, dont 70 % encore à découvrir... On peut ainsi compter de 40 à 300 espèces animales différentes par hectare, et jusqu'à 1 500 espèces de plantes sur à peine 25 cm^2. Aujourd'hui, alors que 25 % des essences pharmaceutiques extraites des forêts tropicales proviennent d'Amazonie, la « biopiraterie » devient une menace majeure. De nombreuses multinationales du génie génétique ont en effet déposé les brevets de molécules tirées de plantes ou de micro-organismes d'Amazonie en vue de disposer du droit exclusif de leur exploitation dans le futur. Une pratique totalement illégale.

dévotion des ex-voto en cire représentant les parties du corps miraculées grâce aux prières à la Vierge. Des petits bateaux en bois sont également offerts en remerciement de sa protection contre les naufrages.

★★ Museu Emílio Goeldi D2

Av. Magalhães Barata 376 - ✆ (91) 3219-3369 - www.gov.br - merc.-dim. 9h-16h (biletterie 15h) - 3 R$ (parc et musée).

Fondée en 1866 par un groupe de naturalistes, ce parc zoologique offre, en plein centre de Belém, une vision miniature de la forêt amazonienne. On peut y observer plus de 2 000 espèces de plantes et des animaux parfois difficiles à repérer dans la forêt lors d'un court séjour : jaguar, tapir, loutre... et dans l'aquarium, le lamantin ou le *pirarucu*. Exposition ethnologique dans le pavillon Art nouveau. À noter : l'institut Emílio Goeldi compte parmi les grands centres de recherche sur la biodiversité amazonienne.

★★ Museu São José Liberto - Polo joalheiro B3

Praça Amazonas s/n - ✆ (91) 3344-3500 - www.saojoseliberto.com.br - mar.-sam. 10h-18h, dim. et j. fériés 10h-14h - 6 R$.

Installé dans un ancien couvent, ce centre culturel consacré aux minéraux du Pará est composé d'un **musée des Pierres précieuses** passionnant et d'un **centre associatif** proposant de l'artisanat local. À l'entrée, un quartz extraordinaire de 2,5 t trouvé dans le Rio Araguaia puis, dans de belles vitrines, des céramiques et des bijoux amérindiens, enfin toute une série de spécimens témoignant de l'extraordinaire richesse du Pará en minéraux : améthystes, émeraudes, bois fossilisés et un quartz opalescent unique au monde. L'exposition se termine sur la présentation d'une collection de bijoux développée par l'association des artisans et qui mêle avec succès design du 21e s. et art amérindien. Ces bijoux sont en vente dans les boutiques qui s'ouvrent sur le patio et l'on peut assister au travail du joaillier dans des ateliers vitrés. Vente d'artisanat local dans le grand hall adjacent.

Mangal das Garças A3

Passagem Carneiro da Rocha s/n - ✆ (91) 3344-0100 - www.mangaldasgarcas.com.br - mar.-dim. 8h-18h - 7 R$ l'espace, 20 R$ les 4 (le musée de la navigation est gratuit le mar.).

Basílica de N. S. de Nazaré.
filipefrazao/Getty Images Plus

Situé sur les rives du Rio Guamá, ce parc ornithologique dispose d'une immense volière à papillons. Un grand ponton en bois permet de surplomber les mangroves et d'avoir un point de vue splendide sur le fleuve au coucher du soleil. Beau restaurant au centre du parc, ouvert midi et soir, dans une salle climatisée avec vue sur le fleuve.

Excursions

CARTE P. 400-401

Un séjour à Belém ne saurait être complet sans une excursion en bateau sur le fleuve et dans la jungle. C'est là que vivent les pêcheurs et les paysans qui viennent chaque matin vendre poissons, fruits et *açaí* sur les marchés. Plusieurs agences proposent différentes formules, d'une demi-journée à 2 j.

Rio Guamá D2

Sortie d'1h30 - 90 R$/pers.
En remontant le Rio Guamá qui rejoint le delta de l'Amazone précisément au niveau de Belém, on navigue dans un labyrinthe d'îles. Paysage de mangrove et de jungle inondée où vivent les *Caboclos*, des métisses d'Indiens et de Portugais, qui vivent de pêche et de cueillette.

Ilha dos Papagaios D2

Sortie de 4h - 125 R$.
Des centaines de couples de perroquets passent la nuit en groupes sur cette petite île. Ils s'envolent dans une symphonie de cris et de battements d'ailes dès les premières lueurs. Magique !

Carnet pratique

PLAN DE LA VILLE P. 420-421

S'informer

Office de tourisme – À l'aéroport - *(91) 3210 6330.* En ville - B3 - *Av. Gentil Bittencourt 43 - (91) 3110 5000.* Très accueillants, parlent français et donnent de bons conseils pour les excursions dans le delta de l'Amazone. *www.belemtur.belem.pa.gov.br.*

Arriver/Partir

En avion

Aéroport international de Belém – *Av. Júlio César 5000 - (91) 3210 6000- www4.infraero.gov.br - 5 km du centre.* En taxi pour le centre 50 R$ env. En bus, prendre la ligne en direction d'« Avenida do Presidente Vargas » ou de « Ver-o-peso ».

Compagnies aériennes – Liaisons avec : Manaus (*au moins 1/j. - durée : 3h* - Azul, GOL, LATAM) ; São Luis (*1/j. - durée : 1h05* - Azul) ; Fortaleza (*au moins 1/j. - durée : 1h50* - Azul, GOL, LATAM) ; Recife (*2/j. - durée :2h30* - Azul) ; Brasília (*3/j. - durée : 2h35* - GOL, LATAM) ; Belo Horizonte (*2/j. - durée : 3h* - Azul) ; Rio (*1/j. ; durée : 3h35* - GOL) ; São Paulo-Guarulhos (*4/j. - durée : 3h35* -GOL, LATAM).

LATAM – *www.latamairlines.com.*

GOL – *www.voegol.com.br.*

Azul –*www.voeazul.com.br.*

En bateau

Terminal Hidroviário – *Gare maritime, Av. Marechal Hermes -* À 5mn en taxi du centre. Départ quotidien pour Marajó, mais seult 2 fois/sem. pour les destinations plus lointaines : **Manaus** (*merc. et vend. à 18h - durée : 5 j. - 600 R$ env. en hamac, 2000 R$ en cabine double avec sdb ; prix/pers. eau minérale à discrétion, repas non compris*). Les billets s'achètent au terminal, aux kiosques de chaque compagnie.

En bus

Terminal Rodoviário – *Gare routière, Praça do Operánio, São Brás - (91) 3266 2625 - www.terminalrodoviariodebelem.com.br.* Bus de/pour l'intérieur du Pará, mais aussi São Luís do Maranhão (*durée : 12h*), Fortaleza (*28h*), Recife (*37h*) et même Brasília (*36h*) ou Rio (*54h*) ! C'est ici que l'on prend le bus pour Marudá (*3h30*) si l'on veut rejoindre l'île d'Algodoal.

Se déplacer

En voiture

Louer une voiture n'est pas nécessaire, car tout, dans le centre, est accessible à pied.

En bus

La ville possède un bon réseau de bus fonctionnant de 4h à minuit. La plupart passent par l'Av. Getúlio Vargas et la Praça da República. Indiquez votre destination au chauffeur et il vous indiquera le numéro de bus à prendre. Ticket : 3,30 R$.

En taxi

Parfait pour rejoindre les curiosités un peu plus éloignées comme le Museu Goeldi ou la basilique de Nazaré. N'hésitez pas à revenir à votre hôtel en taxi, le soir après dîner, car mieux vaut éviter de circuler la nuit à pied dans le centre-ville.

Adresses utiles

Banque/Change

Banco do Brasil – B2 - *Av. Presidente Vargas 248 et distributeur dans l'Estação das Docas.*

Bradesco – B2 - *Av. Presidente Vargas 988.*

Poste B2

Poste centrale – *Av. Presidente Vargas 498 - lun.-vend. 9h-17h.*

Urgences/Santé

Hospital Ophir Loiola – D2 - *Av. Gov. Magalhães Barata 992, Bairro de São Brás - ✆ (91) 3265 6500 - www.ophirloyola.pa.gov.br.*

Consulat

Consulat honoraire de France – C2 - *Av. Governador José Malcher 815 - ✆ (91) 3224 6818 - consulat.belem@yahoo.fr - lun., merc. et vend. 9h-12h.*

Agenda

Círio de Nazaré – *2e dim. d'oct.* Une des plus grandes manifestations catholiques du Brésil.

Nos adresses

Restauration

Premier prix

Au marché Ver-o-Peso (A2), des petits « kiosques », ouverts 24h/24, sont parfaits pour découvrir, à prix modiques, la cuisine du Pará aux saveurs d'Amazonie inconnues du palais des visiteurs, Brésiliens inclus ! *Encadré p. 418.*

4 **Palafita** – A2 - *R. Siqueira Mendes 264 - ✆ (91) 3212-6302 - CC - fermé lun. - 60 R$ le plat pour 2 pers.* Quoi de plus agréable et naturel en Amazonie que de dîner au-dessus de l'immense fleuve, sur un ponton ! Palafita désigne en portugais une construction sur pilotis au-dessus de l'eau. Le soir, le bruit des vagues accompagne un chanteur et sa guitare pendant qu'on déguste la cuisine régionale.

7 **Retiro da Sé** – A2 - *R. Dr. Malcher - ✆ (91) 3085-3111 - fermé le soir et lun. - 70 R$/kg.* Un bon endroit pour une halte reposante à la mi-journée. La salle est climatisée sans excès et le buffet au kg permet de piocher à sa guise dans un large assortiment de salades et de plats chauds.

2 **Estação das Docas** – A2 - *Av. Blvd Castilhos França - ✆ (91) 3212-5525 - www.estacaodasdocas.com.br - ouv. tlj, service continu.* Les anciens docks du port de Belém abritent un complexe très réussi comprenant bars et restaurants. À l'intérieur ou en terrasse, le long du fleuve et des anciennes grues, c'est un des lieux les plus agréables pour se restaurer. Buffet, cuisine régionale, italienne, bar à bière : il y en a pour tous les goûts !

5 **Marujos** – A2 - *Av. Blvd Castilhos França - Estacão das Docas - ✆ (91) 98095-8560 - fermé le midi sf. dim., plats 39/95 R$ env.* Une bonne option pour s'attabler dans le quartier des Docas. L'établissement se trouve en dehors du centre commercial, et est le seul à offrir une terrasse directement au bord du fleuve. Cuisine traditionnelle sans prétention, service décontracté. Le soir, des musiciens viennent souvent s'y produire.

Petite pause

Cairu – C3 - *Travessa 14 de Março 1570 - 10h-22h.* Les meilleures glaces de Belém. Laissez-vous tenter par toutes les saveurs des fruits d'Amazonie : *açaí, graviola, cupuaçu, bacuri*... Une douzaine d'autres boutiques en ville dont une à l'Estação das Docas.

Boire un verre

Amazon Beer – A2 - *Estação das Docas - ✆ (91) 3212-5400 - lun.-vend. 17h-1h, sam.-dim. 12h-0h.*

Une vraie brasserie locale avec ses chaudrons de fermentation qui propose des bières étonnantes, parfumées aux fruits d'Amazonie comme l'étonnante stout à l'açai. À découvrir absolument.

Casa do Gilson – C3 - *Travessa Padre Eutiquio 3172 - entre les r. Nova et dos Tambés - ✆ (91) 3272-7306 - vend. 20-2h, sam.-dim. 12h-1h.* Attention, difficile à trouver : s'y rendre en taxi. Quelques tables sous un vieux hangar, une scène minuscule éclairée au néon, aucun charme apparent et pourtant, dès que les musiciens se mettent à jouer, la magie opère. Depuis des décennies, les plus grands maîtres de samba de la région se produisent ici. La réputation du lieu est telle que même des stars comme Caetano Veloso ou Gilberto Gil viennent finir discrètement la soirée ici une fois leur concert officiel terminé. Un lieu magique, véritable concentré de ce qui fait l'âme du Brésil.

Shopping

Bombom do Pará – C3 - *Av. Conselheiro Furtado, 1388 - ✆ (91) 3119-5352 - tlj sf dim. 8h-17h30, vend. 18h, sam. 13h.* Cette boutique d'artisanat propose des céramiques et des bijoux, mais surtout des produits régionaux à base de fruits ou d'herbes d'Amazonie : guaraná en poudre ou en sirop, savons d'*andiroba*, huile de *copaiba*... et les fameux bonbons au *cupuaçu*.

La boutique du **Museu São José Liberto** propose de beaux bijoux régionaux (*p. 426*).

En soirée

Danse

Mormaço – A3 - *Passagem Carneiro da Rocha s/n - ✆ (91) 99813-6000 - 11h-0h (mar. 15h), fermé lun. - 40 R$.* Faites-vous déposer par un taxi devant l'entrée du Mangal das Garças et prenez la rue sans issue qui longe le parc sur la droite. Au fond, poursuivez dans une ruelle, puis sur un ponton bordé de cabanes de pêcheurs. Allez tout au bout : c'est là ! Une immense terrasse sur pilotis, entre le fleuve et les étoiles, pour danser toute la nuit au son des groupes de musique régionale. Le mieux, c'est d'y aller un dim. soir.

Activités

Excursions

Amazon Star do Brasil – B2 - *R. Henrique Gurjão 210 - ✆ (91) 3212-6244 - www. amazonstar.com.br.* Agence créée par un Français qui propose des excursions sur le Rio Guamá et dans l'île de Marajó. Très sérieuse, avec guides parlant français.

Vale Verde Turismo – D1 EN DIR. - *Estacão das Docas - ✆ (91) 33218-7333 - www.valeverdeturismo. com.br.* Excursions pour l'île aux perroquets, pour le Rio Guamá et d'autres.

Hébergement

Difficile de trouver un hôtel de charme dans Belém, malgré son architecture intéressante. Seul accès aux magnifiques demeures coloniales : les petits hôtels plus que rudimentaires réservés aux baroudeurs. Sinon, il faut se contenter d'établissements modernes plutôt banals.

Premier prix

(2) **Amazônia Hostel** – B2 - *R. Ó de Almeida 548 - ✆ (91) 3119-7558 - - 12 ch., dont 2 en dortoir (4 pers.) : 40 R$, ch. double : 80 R$* . Dans une maison coloniale restaurée, des dortoirs et petites chambres séparés par des cloisons de bois. Confort minimum, mais l'ensemble est récent, avec cuisine et salle commune agréables. Les chambres climatisées sont plus chères. Accueil chaleureux.

4 Hotel Grão Pará – B2 - *Av. Presidente Vargas 718 - ✆ (91) 3321-2121 - www.hotelgraopara.com.br - 154 ch. 170 R$* ☕. Hôtel entièrement rénové. Chambres très grandes et confortables. Mais, surtout, si vous choisissez le côté rue et un étage élevé, une vue imprenable sur le Teatro da Paz.

6 Le Massilia – B2 - *R. Henrique Gurjão 236 - ✆ (91) 98282-1488 -* P 🏊 *- 20 ch. 168/198 R$* ☕ - 🍴. Un charmant patio autour d'un jardin et d'une petite piscine. Chambres spacieuses et bien tenues. Cet hôtel, fondé par un Marseillais, offre un luxe rare dans le centre de Belém : un peu de calme et de verdure. Et si vous êtes en manque de saveurs françaises, goûtez à la cuisine du propriétaire. Transfert hôtel-aéroport.

Budget moyen

8 Ibis Styles Belém – B3 - *R. Presidente Pernambuco 116 - ✆ (91) 3342-2121 - all.accor.com - 90 ch. 226/310 R$* ☕ - 🍴. Un établissement de chaîne, moderne et plutôt impersonnel, mais les chambres sont agréables, bien aménagées et le personnel très serviable. Bien situé tout à coté du centre-ville. Des taxis stationnent le plus souvent devant l'hôtel.

Vendeurs et négociants au marché d'açai.
Roman_Rahm/Getty Images Plus

5

Ilha d'Algodoal ★

Un petit coin de paradis à la frontière de l'Amazonie. À près de 200 km au nord-est de Belém, sur l'Atlantique. 24 km^2 de jungle et de mangrove entourés de plages de sable blanc immaculé ouvertes sur l'océan à l'embouchure du Rio Maracanã. Différentes légendes circulent quant à l'origine du nom de l'île qui signifie « plantation de coton » en portugais. Certains affirment que les premiers explorateurs, lorsqu'ils naviguaient au large, comparaient les dunes blanches de ses plages à du coton. On parle également d'une plante très courante dans la région dont la fleur est formée d'un filet blanc qui s'envole au vent et rappelle le coton. À l'origine, les Indiens tupis l'ont baptisée Maiandeua, ce qui signifie « mère de la terre ». Un nom qui sonne juste. Dans les années 1970, des hippies du monde entier s'y sont installés pour refaire leur vie. Aujourd'hui encore, les voitures y sont interdites et l'on ne circule qu'en carriole à cheval ; l'électricité n'est arrivée qu'en 2005. Depuis 1990, l'île a d'ailleurs le statut de réserve naturelle, ce qui ne la met malheureusement pas à l'abri des risques écologiques liés à la croissance du tourisme et surtout à la vente de terrains par les locaux à des promoteurs. Espérons que l'émergence d'un écotourisme garantisse justement la préservation de cette île sauvage...

Se repérer

15 km de long, 12 km de large

CARTE D1 P. 400-401.

À ne pas manquer

Les immenses plages désertes.

Organiser son temps

Pour plus de tranquillité, évitez la fin de semaine.

Carnet pratique p. 433

Nos adresses p. 433

Se promener

★★★ Praia da Princesa

Cette plage immense *(18 km de long)* et ses dunes de sable blanc font la célébrité de l'île. Située à 4 km au nord du village, elle offre l'occasion d'une belle marche à pied en passant par la Praia do Farol (admirez les filets de pêcheurs verticaux) ou, si la chaleur est trop intense, d'une agréable balade en carriole à cheval. Au milieu de la plage, quelques petits restaurants proposent des crevettes et des plats de poissons.

★ Lagoa

Comptez 30mn en charrette depuis le village d'Algodoal.

D'après la légende, chaque nuit de pleine lune, une princesse tout de blanc vêtue marche à la surface de ce lac d'eau douce. Et celui qui ose la regarder est séduit au point qu'il tente de la suivre et meurt noyé dans le lac... Entourées de dunes blanches, ses eaux sont si sombres que certains les comparent à du Coca-Cola !

★ Fortalezinha

À 50mn de charrette ou 2h de marche du village d'Algodoal.
La plage du village de Fortalezinha est formée de piscines naturelles bordées de mangrove.

Carnet pratique

Arriver/Partir

En bus

À la Rodoviária de Belém, prendre un bus à destination de **Marudá** Durée : 3h30.

Puis en bateau

Depuis la gare routière, située à l'entrée de Marudá, rejoindre, à 1 km de là, l'embarcadère à pied ou en moto-taxi. Le nombre de dép. en bateau vers l'île varie selon l'affluence : il y en a plus durant le w.-end. 40mn de traversée. Comptez 10 R$.

Veillez à ne pas quitter Belém trop tard afin de ne pas manquer le dernier bateau pour Algodoal : il quitte rarement le port après 17h.

À Algodoal, les bateaux débarquent sur un bout de plage à l'entrée d'une lagune. De là, prendre une carriole à **cheval** pour atteindre le village, à 200 m, ou les *pousadas* plus lointaines.

Se déplacer

Aucune voiture à Algodoal. Seuls moyens de transport : vos deux pieds, le vélo ou les charmantes carrioles à cheval dont le rythme tranquille contribue au charme du voyage *(demandez le prix à l'avance pour éviter une mauvaise surprise).*

Adresses utiles

Attention, pas de banque à Algodoal et peu de *pousadas* acceptent les cartes. Retirez du liquide avant de partir.

Nos adresses

Hébergement/restauration

Peu de restaurants sur l'île, hormis sur la Praia da Princesa, mais presque toutes les *pousadas* servent des repas. Elles se situent pour la plupart dans le petit village d'Algodoal.

Budget moyen

Hotel Bela Mar – *Sur la gauche, au début de la rue principale du village d'Algodoal quand on vient de l'embarcadère - (91) 99978-7714 - 16 ch. 220 R$* - Une grande maison familiale dans le village, autour d'un patio fleuri. Chambres calmes et confortables. Seul inconvénient : un peu moins proche que les autres des plages désertes.

5

Ilha do Marajó ★★

La plus grande île fluvio-maritime de la planète. Un territoire plus grand que la Suisse, avec seulement 90 km de route asphaltée, en plein milieu du delta de l'Amazone. Marajó, « la barrière de la mer » en langue amérindienne, subit effectivement le flux et le reflux du fleuve d'un côté, de l'océan de l'autre. Une rencontre des eaux qui forme la pororoca, cette terrible vague que traquent désormais les meilleurs surfeurs, mais qui empêcha les premiers navigateurs portugais de remonter l'Amazone. Ici, les rouleaux qui éclatent sur les plages de sable fin sont... d'eau douce. Une sensation étonnante, tout comme cette frontière impossible à distinguer entre fleuve et océan. Un doux mélange qui a donné naissance à un écosystème unique, mosaïque de jungle profonde et de grandes plaines recouvertes d'eau durant la saison humide et subissant l'influence des marées. Ce territoire, peuplé de 600 000 buffles, trois fois plus que d'êtres humains, fut le berceau, jusqu'à l'arrivée des colons, d'une des civilisations les plus avancées du bassin amazonien.

Se repérer

50 000 km2 - dans le delta de l'Amazone

CARTE D1-2 P. 400-401.

Encadré ci-dessous.

À ne pas manquer

Une randonnée à cheval dans une *fazenda* ; les plages désertes ; la vie authentique dans les *fazendas*.

Organiser son temps

L'île se trouve à 3h de bateau de Belém.

Carnet pratique p. 437

Nos adresses p. 437

Découvrir

CARTE P. 400-401

★★★ Les fazendas

Le moyen idéal de découvrir Marajó, au-delà des plages, est de passer au moins une journée dans une *fazenda* : pour une randonnée à cheval ou un tour en bateau à la découverte de la faune, mais surtout pour y faire l'expérience de la vie quotidienne dans ces immenses propriétés isolées au milieu de la jungle. Toutes les *pousadas* proposent des excursions dans des *fazendas*. Vous pouvez aussi décider d'y loger.

Se repérer

La partie la plus visitée de cette île immense est la côte est car c'est la plus proche de Belém. Depuis **Foz do Camará** où arrive le ferry, on peut rejoindre, par l'unique route, la bourgade de **Joanes**, puis **Salvaterra**, à 28 km, petite station balnéaire sans grand intérêt, enfin **Soure**, à 32 km. Soure est une bonne base pour rayonner vers les plages magnifiques, la mangrove et les immenses *fazendas*.

L'idéal pour circuler dans Soure est de louer une bicyclette.

Maisons sur pilotis dans l'estuaire de l'Amazone.
Nigel J.H. Smith/Animals Animals/age fotostock

Les Indiens d'Amazonie

Les archéologues estiment que la première présence humaine sur l'île remonte à 3500 av. J.-C., mais que c'est entre 400 et 1400 ap. J.-C. que s'est développée la civilisation marajoara. Une société d'un haut niveau socioculturel en tout cas, qui vouait un culte à ses ancêtres. Les seuls vestiges de cette culture proviennent d'ailleurs de ses nécropoles, construites sur des collines artificielles de 8 à 10 m de haut qui protégeaient des crues les urnes funéraires en céramique, souvent anthropo- ou zoomorphiques, richement décorées de motifs peints ou gravés. Ces urnes étaient souvent accompagnées d'autres objets comme des petits bancs, des statuettes, des vases et même des cache-sexes en céramique.
Cette société avait pratiquement disparu lors de l'arrivée des premiers Européens, quelques années avant la découverte du Brésil par Cabral en 1500 d'après certains historiens. Les premiers colons à s'installer sur l'île au 17e s. furent des religieux qui construisirent des missions avec les Amérindiens. Mais après l'expulsion des jésuites par le marquis de Pombal en 1755, les Indiens, massacrés par les marchands d'esclaves ou décimés par les maladies, disparurent rapidement. Pour travailler dans les grandes *fazendas* de bovins, les Portugais firent venir de la main-d'œuvre d'Afrique via le commerce triangulaire. L'île accueille le plus grand troupeau de buffles du Brésil. On raconte qu'ils sont arrivés sur l'île suite au naufrage d'un navire français en provenance de Guyane qui avait à son bord des buffles d'Indochine. Ils sont si nombreux aujourd'hui qu'il existe même des troupeaux sauvages. Certaines *fazendas* en possèdent plus de 50 000. La capacité du buffle à évoluer dans les marais en fait le meilleur des 4x4 pour se déplacer sur l'île et la police municipale de la commune de Soure se déplace même sur le dos de ces petites montures d'une demi-tonne !

Équipement

Prévoir l'équipement indispensable pour séjourner en Amazonie : chapeau, crème solaire, lunettes de soleil, lotion anti-moustiques, chemise à manches longues, jumelles, sans oublier de se faire vacciner contre la fièvre jaune et de prendre un traitement antipaludéen.

★ Soure D1

Du fait de son isolement, de l'autre côté du Rio Paracauri, cette petite bourgade a gardé un charme désuet, comme figée dans le temps. Pratiquement pas de voitures dans les larges rues, mais des vélos circulant au rythme lent des buffles qui font partie du décor. Peu de chose à voir en réalité, mais une ambiance étonnante. À ne pas manquer : un passage dans l'atelier du potier pour ses céramiques marajoaras *(200 m vers l'ouest après la Banco do Brasil)* ou par celui du tanneur *(près du terrain de foot)*.

Les plages

★★ Praia da Araruna D2

Une des plus belles plages de l'île, située à la sortie de Soure donc accessible sans problème à vélo. Prendre la Travessa 14 plein est vers la baie de Marajó. Elle se transforme en piste de terre pour rejoindre la Praia Barra Velha. De là, franchir la longue passerelle en bois au-dessus de la rivière pour rejoindre la Praia de Araruna qui continue sur 5 km dans un superbe paysage de mangroves.

★★★ Praia do Pesqueiro D1

Situé à 9 km au nord de Soure, on peut la rejoindre facilement en moto-taxi. Sur cette immense plage déserte de sable fin se trouvent quelques petits restaurants où l'on peut déguster des crevettes et des poissons locaux. Dans les marais, au bord de la plage, des buffles paissent sous les vols des ibis rouges.

Marchez plutôt en sandales que pieds nus sur la plage car on se fait fréquemment piquer par des raies cachées sous le sable.

Carnet pratique

S'informer

Consultez les pages tourisme du site de la municipalité : *www.soure.pa.gov.br.*

Arriver/Partir

Master Motors – *Terminal Hidroviário de Belém - ✆(91) 9 8166 8297 - www.master-motors-transportation-escort-service.negocio.site.* Ferry direct Belém-Soure - *dép. 8h15 ; durée : 2h15 - 48 R$.*

Adresses utiles

À Soure

Banque/Change

Banco do Brasil – *R. 3, entre les Travessas 17 et 18, face au marché municipal.*

Nos adresses

Hébergement/restauration

À Joanes

Budget moyen

Pousada Ventania do Rio-Mar – *✆ (91) 99200-2634 - 13 ch. 243/248 R$* ☕. Située en plein vent, au sommet d'une falaise surplombant une plage de sable fin et l'océan qui n'est autre que le fleuve Amazone, cette pousada porte bien son nom : « grand vent du fleuve-mer ». Pas besoin de climatisation ici, les éléments naturels suffisent. Une pousada écologique, mais aussi sociale, la propriétaire belge ayant associé les gens du village à la construction et mis en place un potager communautaire. Une base idéale pour explorer la jungle de Marajó tout en profitant de la plage. La pousada organise des excursions.

À Soure

Budget moyen

Canto do Francês – *R. 6 et Travessa 8 - ✆ (91) 99149-8596-- www.ocantodofrances.blogspot.com - ▤ - 10 ch. 252/319 R$* ☕ - ✕. Thierry, un photographe français, et sa femme, originaire de Belém, ont voulu revenir aux sources en s'installant à Soure avec leurs enfants pour monter cette agréable pousada. Ils ont embauché Gedilson, un habitant de l'île qui a appris le français à leur contact et qui, grâce à sa parfaite connaissance de la région, guide merveilleusement les voyageurs (excursions à cheval, plages...). Ne manquez pas, le soir, le steak de buffle cuisiné par le maître de maison !

Activités

Fazenda São Jerônimo – *Rodovia Soure-Pesqueiro, km 3 - ✆ (91) 99347-2364.* Avec ses 400 ha de mangrove, de lagune et de plage, elle propose un bel éventail d'excursions en bateau, à pied, à cheval ou à dos de buffalo.

Capoeira au coucher du soleil, Jericoacoara.
tunart/Getty Images Plus

COMPRENDRE LE BRÉSIL

Le Brésil aujourd'hui

Sous le feu des projecteurs après la Coupe du monde de football en 2014 et les Jeux olympiques d'été de Rio en 2016, le Brésil, neuvième puissance économique mondiale, s'impose désormais comme un acteur majeur sur l'échiquier international. S'étalant sur la moitié du territoire sud-américain, la grande puissance latine est également le cinquième pays au monde par sa superficie et sa population. Durant la première présidence de Lula (2003-2011), une politique sociale volontariste a permis aux plus pauvres de sortir de la misère la plus criante et a suscité l'émergence d'une classe moyenne. Sans pour autant mettre un terme aux inégalités qui ont conduit à l'élection de Jair Bolsonaro en 2018. Pendant son mandat, le Brésil a été mis au ban de la communauté internationale en raison d'une politique agricole et forestière insoucieuse de la préservation des milieux naturels et notamment de l'Amazonie. Dès son investiture en 2023, Lula s'est engagé à mettre un terme à la déforestation massive et à protéger les peuples autochtones amazoniens.

Les Brésiliens

Des images de misère et de violence collent souvent à la peau du peuple brésilien, pourtant volontiers décrit comme aimable, ouvert, tolérant, musical, hédoniste et sensuel. L'amour de la fête, la joie de vivre – qui s'expriment dans le Carnaval et les écoles de samba – sont l'un des traits de son identité. Un Brésilien n'y renoncerait pour rien au monde, même s'il lui arrive de céder à une douce nostalgie – la *saudade*, héritée des Portugais – qui se fredonne sur des airs de bossa-nova.

Une population jeune

Le Brésil a une population jeune : près de 20 % de ses 219 millions de citoyens (estimation de 2023) ont moins de 25 ans, tandis que 10,5 % ont plus de 65 ans (contre 21,3 % en France). Le pays compte environ 3 millions de naissances par an. Plus de 87 % des habitants vivent dans les villes (2023), principalement sur le littoral du Sud-Est, entre les deux mégapoles que sont São Paulo (22,6 millions d'hab.) et Rio de Janeiro (6,3 millions d'hab.). Nation dynamique, le Brésil se caractérise par une longue tradition de mobilité

La plage de Copacabana à Rio de Janeiro.
Nikada/Getty Images Plus

spatiale, associée au rêve de l'enrichissement et de l'ascension sociale. Ainsi, plus de 5 millions de Brésiliens ont changé de région dans la première décennie du 21e s., allant principalement du Nordeste vers le Sud-Est.

Mais la croissance brutale et anarchique des métropoles a entraîné la multiplication des **favelas** dans les plus grandes d'entre elles, bidonvilles immenses où la pauvreté contraste avec le luxe opulent des quartiers huppés. Car le Brésil reste un pays où les richesses sont très inégalement réparties : à côté d'une élite et d'une importante classe moyenne, près de 2 % de la population vivait en deçà du seuil de pauvreté en 2020, selon la Banque mondiale (contre 14 % en 2000). Le salaire minimum est de 1300 R$/ mois (soit environ 230 €) mensuels en 2023.

Une société métissée

Malgré les inégalités qui la travaillent, la société brésilienne opère néanmoins un constant brassage de populations. Des diverses ethnies d'Indiens qui vivent au Brésil depuis longtemps, des Portugais, des peuples d'Afrique venus en esclavage, puis des Italiens, des Français, des Allemands, des Japonais et de tant d'autres migrants est née une culture à la diversité sans égale, mosaïque aux mille visages. Au Brésil, le métissage est une tradition nationale, initiée par les colons portugais dès leur arrivée il y a cinq siècles et désormais si bien ancrée dans les mœurs qu'on a pu parler de « démocratie raciale ».,

La population se répartit en trois principaux groupes ethniques. Selon le dernier recensement de 2010 (celui prévu en 2020 s'est tenu fin 2022 et ses résultats n'ont pas encore été publiés) pour la première fois au Brésil, la population blanche représente moins de la moitié de la population totale, qui se compose de 47 % de Blancs, 43 % de métis, 8 % de Noirs, 1,1 % d'Asiatiques et environ 0,4 % d'Indiens. La réalité est pourtant plus complexe, car les Brésiliens distinguent des douzaines de types de métis, tels les *caboclos* (métis de Blanc et d'Indien), *cafusos* (métis d'Indien et de Noir) et *mulatos* (métis de Blanc et de Noir). Ils n'emploient pas le terme de « race », mais celui de « couleur » *(cor)*, utilisant pour se décrire des centaines de nuances qui vont du blanc *(branco)* au noir chocolat ou cannelle, en passant par le pourpre, le gris *(pardo)*, le basané... La classification reste bien sûr une affaire de perception individuelle, tant il est impossible de définir un Brésilien « typique ».

Géographiquement, les Noirs et les métis dominent dans les anciennes régions de plantations de canne à sucre ayant eu recours à l'esclavage africain : le Nordeste

(notamment Pernambuco et Bahia) et la région de Rio de Janeiro. Dans les États du Sud, développés plus tardivement autour du café et de l'élevage, les populations blanches sont les plus nombreuses, descendant d'émigrants allemands, russes, polonais, hollandais et italiens. L'État de Santa Catarina, dans le sud du pays (qui détient le plus grand taux de population blanche avec 88 %), abrite ainsi la plupart des descendants des colons allemands. La région comprend de nombreuses églises luthériennes et a conservé des traditions festives très typiques, comme la fête de la Bière à Blumenau. Venus en majorité de Vénétie vers la fin du 19e s., les Italiens ont principalement fait souche dans l'État de São Paulo. Après avoir cultivé la vigne dans les zones montagneuses du Sud – elles produisent de nos jours les meilleurs vins du pays –, ils furent attirés par l'industrie naissante de Rio et de São Paulo, dont ils fournirent la main-d'œuvre et où ils fondèrent les premiers syndicats ouvriers.
Le pays compte aussi près de 7 millions de Brésiliens d'origine syro-libanaise, établis en majorité à São Paulo, Rio de Janeiro, Manaus et Belo Horizonte. Appelés « Turcs » bien qu'ils fussent arabes et pour la plupart de confession chrétienne, ils migrèrent lors du démantèlement de l'Empire ottoman, au début du 20e s. Ils s'intégrèrent dans la société en exerçant les métiers de colporteurs et de commerçants en textile, et conquirent rapidement une position enviable grâce à leur sens aigu des affaires. Parmi les Asiatiques, on note une forte présence de Japonais. Ils seraient près de 3 millions, composant la plus importante communauté nippone hors du Japon. Débarqués au Brésil vers la fin du 19e s., ils travaillèrent dans les plantations de café du Sud-Est et restèrent longtemps cantonnés dans les campagnes. Après la Seconde Guerre mondiale, ils se replièrent sur Rio et surtout São Paulo (dans le quartier de Liberdade) où, mêlés à des migrants plus récents d'origine coréenne ou chinoise, leurs descendants finirent par se fondre dans la population.

Indiens sous protection

Quelque 5 millions d'Indiens vivaient au Brésil vers 1500 ; il n'en restait plus que 100 000 en 1950, quand les autorités commencèrent à s'en inquiéter. La création en 1967 de la **FUNAI** (*Fundação Nacional do Indio*, Fondation nationale de l'Indien) marque le changement de politique : il ne s'agit plus de les intégrer à tout prix, mais de les respecter et de les protéger, autant que possible, du monde moderne. Le contact avec les tribus isolées n'est établi qu'en dernier recours, quand la FUNAI estime qu'elles sont en danger. La délimitation de réserves indigènes – elles s'étendent aujourd'hui sur près de 13 % du territoire brésilien – et la reconnaissance de leurs droits dans la Constitution de 1988 ont permis d'améliorer la situation des Indiens, dont le nombre s'élève à présent à env. 900 000, répartis en près de 250 groupes dispersés dans toutes les régions de ce vaste pays. La taille des groupes varie de dizaines de milliers d'individus (19 000 pour les Yanomamis) à quelques dizaines seulement pour les Akuntsus et les Kanoês. Parmi les principaux groupes, citons les Tikunas, Kaingangs, Macuxis, Yanomamis, Guajajaras, Terenas, Kayapós, Guaranis ou Xavantes.
Aux yeux de l'État toutefois, les Indiens restent des mineurs sous tutelle. Sur le terrain, ils sont souvent victimes de violences de la part de colons agriculteurs, de prospecteurs ou de compagnies forestières qui n'ont de cesse d'envahir leurs terres pour s'en approprier les richesses. Par ailleurs, si certaines ethnies ont réussi à préserver leur patrimoine linguistique et culturel, d'autres sont

aujourd'hui totalement aculturées, à la marge des villes, ravagées par la maladie et la malnutrition. Sur les 250 groupes que compte le Brésil – la plupart en Amazonie –, seuls une quarantaine de petits groupements nomades vivent encore isolés dans la forêt, sans contact avec l'extérieur. Déforestation, pollution des fleuves, menace sur les terres, indifférence ou rejet d'une grande partie de la population brésilienne, pour qui la culture des Amérindiens représente, au mieux, une curiosité folklorique. **La situation des Indiens s'est assombrie durant la présidence de Jair Bolsonaro. Sous son mandat, le budget de la FUNAI a été réduit de moitié.**

L'économie

Coupe du monde de football en 2014, Jeux olympiques d'été de Rio en 2016... La 10e puissance économique mondiale a profité de ces deux grands événements internationaux pour combler une partie de son important déficit en infrastructures de transport (aéroports, métros, tramways, routes et autoroutes). Malgré les nombreux retards dans l'avancement des travaux, les Jeux olympiques de Rio se sont bien déroulés et le pays en a tiré d'importants bénéfices en termes d'image et de retombées économiques (environ 10 milliards d'euros). Des bénéfices toutefois insuffisants pour sortir le pays de la récession qu'il traverse depuis 2013 et pour combler son important déficit public, sa dette dépassant 100 % du PIB.

Tirant parti de la globalisation, le Brésil est néanmoins devenu une redoutable machine à exporter : des voitures, des avions, des minerais, des chaussures, des T-shirts, des téléphones portables, et surtout des produits agricoles. Doté de considérables atouts en matière d'énergie et de **ressources naturelles**, d'un remarquable potentiel agricole et d'industries de pointe, le pays affiche en revanche de bien maigres résultats sur le plan des indicateurs sociaux : son indice de développement humain ne le classe qu'au 87e rang mondial (2022).

Une situation contrastée

Jusque dans les années 1980, le Brésil a connu une croissance soutenue qui lui a permis de créer une base industrielle solide. L'État intervenait alors massivement pour développer l'énergie, l'industrie lourde, les transports et les biens d'équipement. Mais les énormes dépenses consenties ont entraîné le pays dans la crise, alimentée par une dette élevée et une forte inflation. Le Brésil s'est alors orienté vers une approche plus libérale, privatisant des entreprises du secteur public, ouvrant des marchés aux investisseurs étrangers tout en adoptant une discipline budgétaire. Au final, en moins d'un demi-siècle, le Brésil est parvenu à se hisser parmi les nations les plus industrialisées de la planète et à devenir la **première puissance économique** d'Amérique latine. Après une période de croisance soutenue (7,5 % en 2010), le pays a connu une phase de récession à partir de 2012 (avec un pic à -3,8 % en 2015). Depuis 2017, l'économie brésilienne renouait avec la croissance (près de 2 % en 2018) avant que survienne l'épidémie de Covid qui a durement touché le pays (650 000 morts selon les statistiques officielles). Le Brésil est à nouveau entré en récession avant de se relever en 2021 avec une croissance de 4,62 %. De même, l'inflation, après avoir été maîtrisée, flambe à nouveau avec un taux de 8,3 % en 2021.

Les fractures bresiliennes

Un rapport alarmant publié en 2017 par l'Institut brésilien des statistiques (IGBE) a relevé les profondes disparités qui fracturent le pays. 25 % de la population active est peu ou pas employée. Sur le plan national, le chômage touche 14,4 % de la population active avec de fortes disparitités régionales : 7 % dans le sud, 15 % dans le Nordeste. Noirs et métis représentent plus de 60 % des personnes privées d'emploi, alors qu'ils ne comptent que pour 51 % de la population brésilienne.

Le boom de l'agrobusiness

Jadis principale base économique du pays grâce à l'étendue du territoire et à l'importance des ressources naturelles, l'agriculture ne représente plus qu'environ 6,6 % du PIB et 10 % des emplois (2017). Mais on ne peut évaluer ses performances réelles sans tenir compte d'un phénomène nouveau : la part croissante de l'agrolimentaire, qui réalise 36 % des exportations du Brésil. Le pays est le premier producteur et exportateur mondial de soja, de canne à sucre et de café, le 2e producteur et 1er exportateur de viande. C'est aussi l'un des plus grands exportateurs au monde de cacao, d'épices, d'avocats, de citrons, de mangues, de viande de porc, de coton, de langoustes et de crevettes.

La lancinante question agraire

La toute-puissance de l'agro-business brésilien est visible dans l'État du **Mato Grosso**, le grenier à céréales du pays. Là, des entreprises font fortune avec le soja, le maïs, le coton, le bétail. Dans leurs exploitations gigantesques et ultramodernes, les rendements égalent ou dépassent ceux des États-Unis. Dans l'avenir, le Brésil pourrait d'ailleurs bien devenir la première puissance agricole du monde. Pour cela, il dispose d'un atout essentiel : ses réserves de terres, évaluées à 80 millions d'hectares. L'équivalent de la France et de la Grande-Bretagne réunies ! L'élevage bovin, d'après une enquête de Greenpeace, serait responsable de 80 % de la déforestation de l'Amazonie (14 % de la déforestation annuelle de la planète). En dix ans, 10 millions d'hectares de **forêt** sont partis en fumée pour laisser brouter 200 millions de bovins, ce qui place le Brésil parmi les dix pays plus gros émetteurs de gaz à effet de serre de la planète (dont 75 % dus à la déforestation). Par ailleurs, la répartition très inégale du sol (3,2 % des plus grosses exploitations concentrent plus de 62 % des terres) est à l'origine de vives tensions que les timides réformes agraires ne peuvent résorber.

La puissance minière

Les ressources minérales du Brésil sont colossales, mais souvent difficiles à mettre en valeur. Les gisements les plus éloignés, aux confins de l'Amazonie, nécessitent de lourds investissements en moyens de transport. Inversement, l'immensité du territoire est un gage d'espoir pour le gouvernement : celui de la découverte de nouveaux filons. L'exploitation des richesses en minerai a fait du Brésil le 2e exportateur mondial de fer (derrière l'Australie) et l'un des principaux producteurs d'aluminium et de houille. Le pays figure aussi dans le peloton de tête pour la bauxite, l'étain, l'or, le manganèse, le titane. Ces minerais alimentent l'industrie nationale et représentent près de 16 % des exportations. Les principales zones d'extraction sont localisées dans l'État du **Minas Gerais** (littéralement : les mines générales) qui assure plus de la moitié de la production du pays. Vient ensuite le gisement de **Carajás** (Pará), la plus grande mine de fer du monde.

Vers une révolution énergétique

Le Brésil est assis sur des réserves prouvées de 12 milliards de barils et se place déjà au 10e rang des producteurs au monde. Il devrait passer au 5e à l'horizon 2030. Le Brésil est devenu exportateur net de pétrole depuis 2011 (les huiles brutes de pétrole ou de minéraux bitumineux représentent 11 % de ses exportations). 75 % du pétrole provient de gisements offshore au large de l'État de Rio. C'est l'exploitation de ce fameux *pré-sal*, zone offshore qu'on trouve entre 5000 et 7000 m de profondeur, à condition toutefois de percer la croûte de sel qui peut atteindre jusqu'à 2000 m d'épaisseur ! En 2017 a été mis en exploitation le formidable gisement de Libra à 180 km au large des côtes brésiliennes, par un consortium international auquel Total participe à hauteur de 20 %. En outre, pour réduire la part trop importante des combustibles fossiles dans sa consommation, le Brésil mise à fond sur les énergies alternatives. Après l'**éthanol**, carburant extrait de la canne à sucre dont il est le second producteur au monde, le pays s'est lancé dans le **biodiesel**, fabriqué à partir d'huile végétale de soja ou de palme et en est devenu le second producteur mondial. Avec pour corrolaire une déforestation accrue dont s'inquiétent les organisations écologistes.

Cette révolution en faveur des énergies renouvelables, s'accompagne d'une relance des investissements dans la production hydroélectrique, pour laquelle le Brésil dispose d'un formidable potentiel, quoique peu utilisé. Inauguré en 1984, le barrage d'**Itaipu**, sur le fleuve Paraná, abrite l'une des plus grosses centrales hydrauliques du monde, qui produit à elle seule le quart de l'électricité consommée au Brésil. Enfin le bois joue encore un rôle important comme combustible, notamment pour la cuisine et la sidérurgie.

Un nouveau pays industriel

Classée première en Amérique du Sud, l'industrie brésilienne représente 20,7 % du PIB (2017). Elle connaît de brillants succès dans de nombreux domaines, dans des secteurs traditionnels tels que l'acier et le BTP tout autant que dans des secteurs de pointe comme l'aéronautique, la biochimie, les télécommunications et l'industrie spatiale. Elle couvre un large éventail d'activités qui comprend la sidérurgie, la chimie (1er rang en Amérique latine et 8e au monde), le papier, le verre, le plastique, les biens d'équipement (machines-outils et agricoles), la construction navale, l'armement...

Le secteur de l'automobile (2,7 millions de véhicules fabriqués en 2020, 1er fabricant d'Amérique latine et 11e mondial) s'est beaucoup modernisé et a connu une forte expansion ces dernières années, en particulier la production de bus et de camions, dont le pays est un gros exportateur. Les voitures vendues sur le marché brésilien sont essentiellement des modèles dits *flex fuel*, c'est-à-dire fonctionnant aussi bien à l'essence qu'à l'alcool ou au biodiesel. La sidérurgie (35 millions de tonnes d'acier brut en 2018) classe le Brésil au 8e rang mondial ; elle a été restructurée autour de quelques grandes entreprises privées.

Des avions et des tissus

Inconnue du grand public, l'aéronautique brésilienne) est

pourtant un bel exemple de réussite : le groupe Embraer (8000 avions, moyens porteurs et jets, produits depuis la création de l'entreprise en 1969, livrés dans une soixantaine de pays), rivalise avec le canadien Bombardier pour se situer au 3e ou 4e rang derrière les deux géants que sont Airbus et Boeing. Moderne et dynamique, l'industrie brésilienne est cependant très dépendante des investisseurs étrangers, qui détiennent une grosse part du capital des grandes entreprises. Par ailleurs, elle souffre de fortes disparités régionales. L'essentiel de l'activité se concentre dans la région de São Paulo.

La montée rapide du tertiaire

En croissance rapide, les services représentent les 72,7 % du PIB restants. Dans les faits, ce secteur forme une vaste nébuleuse qui va du tertiaire supérieur, à forte valeur ajoutée (banque, gestion, informatique, édition...), au tertiaire informel regroupant les microentreprises et les petites activités plus ou moins clandestines (vendeurs de rue, échoppes de quartier...). Le petit commerce occupe toujours une place importante, mais la grande distribution connaît, depuis quelques années, une croissance sans précédent. Elle se met en place sous la forme de réseaux d'hypermarchés, de supermarchés et de centres commerciaux modernes qui visent la clientèle à fort pouvoir d'achat.

Le secteur de la **téléphonie**, totalement déréglementé depuis 1998, est celui qui bénéficie le plus des investissements étrangers. Le secteur des médias – surtout la télévision – représente un poids économique important. Diffusée très largement à l'international, la chaîne de télévision **Globo**, élément d'un puissant groupe de presse, compte parmi les premières au monde et vend des créations audiovisuelles, notamment ses *telenovelas* (feuilletons populaires), à l'international.

La religion

Première nation catholique du monde, le Brésil voit aussi se développer de nouvelles sectes évangéliques toujours plus puissantes. Cependant, les religions afro-brésiliennes demeurent encore très présentes.

Un catholicisme populaire

L'Église catholique garde une influence prépondérante au sein de la population mais perd de plus en plus de terrain : 64,6 % des Brésiliens se déclaraient catholiques en 2020, contre 90 % dans les années 1970.

Prêtres et évêques doivent batailler ferme pour résister à la concurrence des sectes pentecôtistes et contrôler leurs ouailles : sur leur chemin vers Dieu, de nombreux fidèles mêlent volontiers christianisme et cultes afro-brésiliens.

Dès l'origine, faute de disposer d'un clergé en nombre suffisant pour encadrer les fidèles, en particulier la grande masse des esclaves indiens et africains convertis de force, le catholicisme brésilien s'est montré accommodant dans l'interprétation des dogmes. Après l'expulsion des jésuites, en 1759, la colonie a été durablement confrontée à une pénurie de prêtres. Réorganisée au début du 20e s., l'Église catholique brésilienne s'efforce alors de diffuser la doctrine romaine et d'expurger toute manifestation du catholicisme populaire. Les confréries laïques sont dissoutes, et seuls les Brésiliens d'ascendance européenne peuvent accéder à la prêtrise ; Noirs, mulâtres et métis en sont exclus. Mais la religiosité populaire résiste : elle détourne le culte de la Vierge et des saints au profit d'anciennes divinités païennes, ou bien les vénère de manière peu orthodoxe.

Le catholicisme brésilien d'aujourd'hui a conservé cette piété populaire, où le culte des saints et de leurs images – devant lesquelles les dévots demandent grâce et font des vœux – compte vraiment. L'offrande de petits ex-voto en cire, de bougies, de fleurs, d'objets et de bijoux afin d'obtenir la protection du saint est très répandue. À Juazeiro, bourgade du Ceará, dans le Nordeste, sur le tombeau du **Padre Cícero** (1844-1934), prêtre à la réputation de faiseur de miracles qui fut pourtant excommunié par Rome, plus d'un million de pèlerins viennent se recueillir chaque année.

Très proche du régime de l'*Estado Novo* instauré dans les années 1930, l'épiscopat brésilien est resté longtemps arc-bouté sur ses vieilles hantises – la lutte contre le communisme et la défense des valeurs morales –, avant de commencer à se préoccuper des questions sociales et des droits de l'homme. Sous l'influence de prêtres réformateurs, il finit pourtant par s'engager, durant les années 1970, dans la lutte contre la dictature militaire et pour la défense des pauvres soutenue par la « théologie de la libération » alors en vogue dans toute l'Amérique latine. Dans les années 1980, le Vatican a tenté une reprise en main en nommant des évêques plus conservateurs, mais l'Église brésilienne reste néanmoins très impliquée dans la lutte sociale.

Enfin, pour contrer l'influence des sectes et la désaffection des fidèles, le clergé catholique riposte désormais en utilisant des moyens de communication de masse. Le mouvement de Rénovation charismatique, qui revendique 8 millions de fidèles, est emblématique de cet effort pour revitaliser la foi. En juillet 2013, l'Église catholique a organisé à Rio les 28e Journées mondiales de la jeunesse, l'occasion de renouveler la ferveur des croyants qui étaient plus de 3 millions auprès du pape François lors de la messe de clôture à Copacabana.

L'essor des évangélistes

Arrivées au Brésil au 19e s., les confessions protestantes se sont surtout répandues grâce aux populations anglaise et allemande du sud du pays. Mais qu'il s'agisse des luthériens, des baptistes ou des presbytériens, les Églises réformées traditionnelles ne concernent que de petites communautés, généralement issues des couches moyennes urbaines, à l'esprit tolérant et peu soucieuses de prosélytisme. En revanche, il en va tout autrement des nouvelles sectes pentecôtistes, appelées aussi « évangéliques », dont l'accroissement est spectaculaire : on estime qu'elles concernaient 2,6 % de la population en 1940, contre plus de 22 % aujourd'hui. Issues du mouvement du « réveil protestant » né aux États-Unis au début du siècle, elles se distinguent par un prosélytisme envahissant et le caractère émotionnel de leur culte. Rompus aux techniques de marketing modernes, leurs pasteurs prêchent en vrais showmen sur des chaînes de télévision, des stations de radio et des sites Internet. Pour conquérir une part plus grande du marché religieux, ces prédicateurs n'hésitent pas à réaliser de prétendus miracles et guérisons et à promettre des lendemains radieux. Leur capacité à faire participer les fidèles, à soulever leur enthousiasme et à faire naître leur espérance garantit à ces sectes un vif succès auprès des plus démunis. Sous les sermons se cachent pourtant de vastes entreprises commerciales. Ainsi de l'Église universelle du royaume de Dieu, fondée par Edir

Macedo, richissime prédicateur : véritable multinationale de la foi, cette secte, née en 1974 dans les faubourgs de Rio, est désormais implantée dans une cinquantaine de pays et dirige un puissant empire financier comprenant journaux, stations de radio et une importante chaîne de télévision, Rede Record. Ces pasteurs évangélistes ont été de fervents soutiens de Jair Bolsonaro et ont contribué à sa victoire en 2018.

Les cultes africains

Convertis de force, les esclaves africains furent contraints d'abandonner leurs dieux et leurs traditions au profit de la religion des Portugais. Toutefois, bravant et contournant les interdits de leurs maîtres, ils parvinrent à préserver une partie de leurs rites ancestraux, en particulier yorubas et bantous, en dissimulant leurs dieux – appelés *orixás* – sous les apparences de saints catholiques. Ogun, le dieu de la Guerre, devint ainsi saint Georges ; Xangô, le maître du Tonnerre, se confondit avec saint Jérôme ; Oxum, la reine de l'Or, prit le visage de la Vierge ; Oxalá, le père des dieux, fut assimilé au Christ, Exú, le messager des dieux, identifié au diable...
Ainsi, c'est grâce au syncrétisme que les religions africaines ont survécu au Brésil. Rien d'étonnant alors si, aujourd'hui, les foules impressionnantes qui se massent lors du Nouvel An sur les plages de Recife, Salvador ou Rio pour rendre hommage à **Yemanjá**, la déesse de la Mer, se disent en majorité de confession catholique. En termes de statistiques, les cultes afro-brésiliens paraissent n'occuper qu'une place dérisoire (0,34 %). En réalité, ils sont très largement pratiqués dans les dizaines de milliers de *terreiros* (lieux de culte afro-brésiliens) que compte le pays.

Le candomblé

On regroupe sous ce terme les cultes de possession venus directement d'Afrique, par opposition à l'*umbanda*, religion syncrétique née au Brésil au 20e s. Le *candomblé* s'apparente au vaudou haïtien ou à la *santería* cubaine. Bien implanté à Salvador, il connaît aussi des variantes dans le reste du pays : à Rio, on parle plutôt de *macumba* ; dans le Sud, de *batuque* ; dans le Maranhão, de *tambor de Minas*...
Il s'agit d'une religion initiatique. Les initiés doivent passer des grades et subir des épreuves lors de cérémonies secrètes au cours desquelles ils apprennent à manipuler la force vitale, l'*axé*. Dans les *terreiros de candomblé*, le chef spirituel *babalorixha* (père de saint) ou *ialorixha* (mère de saint) dirige le culte des ancêtres *(egun)* et des divinités *(orixás)*, dont la puissance est entretenue par des offrandes et des sacrifices d'animaux. À chaque être humain correspond un *orixá* hérité de ses ancêtres qu'un devin *(babalaô)* se charge d'identifier. L'individu peut alors entrer en contact avec lui au cours d'une cérémonie de transe extatique rythmée par des tambours sacrés et des chants en langue yoruba. Les *egun*, esprits néfastes des morts, peuvent aussi s'emparer des personnes et provoquer de graves maladies : il faut alors procéder à un exorcisme pour les expulser.

L'umbanda

Beaucoup plus populaire que le *candomblé*, l'*umbanda* est née de la rencontre des traditions africaines, du catholicisme, des influences indigènes (chamanisme) et du spiritisme, croyance introduite dans les années 1920 par le Français Allan Kardec. Très en vogue à l'époque dans la petite bourgeoisie blanche de Rio de Janeiro, le spiritisme séduit

Bahianaise.
Gabriel Boieras/Getty Images Plus

encore de nombreux adeptes de nos jours. De celui-ci, l'*umbanda* a repris la croyance en la réincarnation et la possibilité de communiquer avec les esprits, grâce au médium, pendant la transe. Le succès que connaît l'*umbanda* depuis les années 1950 s'explique : les cérémonies y sont plus simples que dans le *candomblé*. En lieu et place des *orixás*, cette religion promeut les esprits. Partout présents, les *terreiros* d'*umbanda* accueillent aussi bien des Noirs, des métis et des mulâtres que des descendants d'immigrés européens. Par la magie blanche ou la magie noire *(quimbanda)*, ce culte soulage immédiatement les maux de ceux qui consultent, sans leur imposer toutes les exigences rituelles du *candomblé*.

Histoire

Synonyme de métissage, l'histoire du Brésil est marquée par l'installation, aux côtés des indigènes, des Portugais et, plus tard, l'arrivée en masse d'esclaves africains puis des immigrés européens. Héritage du passé colonial, la répartition très inégale des terres est encore aujourd'hui source de nombreux conflits.

Le Brésil précolombien

Des origines à 1500

S'ils ignoraient l'écriture et l'usage du fer, les Amérindiens du Brésil eurent néanmoins une histoire avant la conquête. Venues d'Asie par le détroit de Béring il y a environ 15 000 ans, des tribus de chasseurs nomades migrèrent jusqu'en Amazonie, où elles firent probablement souche 9 000 ans env. avant notre ère. À la chasse, la pêche et la cueillette vint s'ajouter, 8 000 ans env. av. J.-C., la **culture du manioc**. Les plus anciens vestiges de céramiques, mis au jour dans la région de Santarem, remontent à cette époque. L'usage du tissage, des parures de plumes et des peintures corporelles se répand sans doute alors. Peu de traces matérielles s'offrent néanmoins aux archéologues, hormis les *sambaquis* apparus vers 7000-4000 av. J.-C., gros amas de coquillages qui servaient aux peuples côtiers d'habitations et de sites funéraires. À partir de 400 av. J.-C. se constituent, autour de quelques villages, des communautés sédentaires plus structurées. C'est le cas sur l'**île de Marajó**, où des céramiques (bols, jarres, urnes funéraires) ornées de motifs géométriques ont été exhumées et dont la finesse atteste une civilisation très avancée (400 av. J.-C. à 1400 apr. J.-C.). Au fil du temps, le Brésil voit naître un florilège de cultures indigènes – les Tapajós, les Guaritas, les Maracás, les Arawaks, les Tupinambás, les Gês, les Panos – dont on connaît peu de chose sinon leur fragmentation en de multiples chefferies locales, sans cesse en guerre les unes contre les autres. Difficile de dire, par conséquent, le nombre exact d'Indiens au Brésil à l'arrivée des Européens : les estimations varient entre 2 et 5 millions. Les **Tupis-Guaranis**, qui formaient le principal groupe linguistique, occupaient le littoral en agriculteurs sédentaires alors qu'à l'intérieur évoluaient quantité de groupes de chasseurs-cueilleurs nomades, que les premiers observateurs blancs ont nommés indistinctement les **Tapuias**.

Nus, féroces et anthropophages

Les **Tupis** habitaient à plusieurs familles dans de longues cases en troncs d'arbre à toit de palmes appelées *maloca*. Leur vie sociale était guidée par de nombreux rites, dont le plus barbare, aux yeux des témoins blancs de l'époque, était sans nul doute l'anthropophagie.

Ce cannibalisme n'était en rien une pratique clandestine dictée par la faim, mais plutôt une fête collective, ponctuée de chants et de danses, qui célébrait la victoire sur une tribu ennemie et au terme de laquelle les villageois mettaient à mort, dépeçaient et faisaient cuire leurs prisonniers de guerre dont ils se régalaient. En dépit de leur caractère rituel, ces festins suscitèrent l'horreur des Européens, qui tinrent dès lors les Indiens pour des êtres « bestiaux et diaboliques ».

Découverte et colonisation

De 1500 à 1580

Dès le 15e s., les Portugais se sont lancés dans de grandes expéditions maritimes à la recherche d'une route vers l'Orient. En 1494, par le traité de Tordesillas, ils se sont partagé le monde avec les Espagnols. Et dans la partie qui leur est attribuée, à l'ouest de la longitude 50°, figure, bien qu'ils l'ignorent encore, le Brésil.

Le 22 avril 1500, un peu par inadvertance, alors qu'il tentait de gagner l'Inde, le navigateur portugais **Pedro Álvares Cabral** pose le pied sur le sol brésilien, au sud de l'actuel Salvador. À ses yeux émerveillés s'offre un territoire digne du paradis peuplé par « des hommes bruns tout nus » que le découvreur proclame aussitôt possession portugaise et baptise par une messe *Terra de Santa Cruz*, « Terre de Sainte Croix ». Une nouvelle expédition menée par **Amerigo Vespucci** le long des côtes, de 1501 à 1502, permet de comprendre qu'il ne s'agit pas d'une île, mais d'un nouveau continent.

Certes, la nouvelle terre ne recèle ni or, ni épices, ni soieries. Mais à mesure que les années passent, les marchands de Lisbonne sont nombreux à venir s'installer sur cette côte, où ils pratiquent le commerce du **pau-brasil**, un arbre dont on extrait une teinture pourpre très prisée en Europe. Dès 1511, l'esprit de lucre l'emporte sur la foi : la « Terre de Sainte Croix » prend le nom de *Brasil*; en 1514, ses côtes sont reconnues en totalité, des bouches de l'Amazone au Rio de la Plata. Malheureusement pour la tranquillité des Portugais, une forte concurrence s'instaure avec l'arrivée de commerçants anglais, hollandais et surtout français, des marins de Dieppe et de Honfleur qui ont pris pied au Pernambuco et trafiquent avec les indigènes.

Les fondations coloniales

En 1530, Jean III, roi du Portugal, entreprend un programme de colonisation systématique. Des forts militaires et des comptoirs sont installés. Le territoire est divisé en quinze capitaineries, des zones horizontales de 150 à 600 km de large qui sont confiées à perpétuité à des *donatários*, des notables de la cour. Mais faute de main-d'œuvre et de capitaux, ces domaines périclitent, hormis au Pernambuco et à São Vincente (près de l'actuelle São Paulo). La couronne portugaise reprend alors les choses en main. Un gouvernement central est mis sur pied, dirigé par un gouverneur général énergique, **Tomé de Souza**, qui établit sa capitale à Salvador de Bahia en 1550.

Afin de renforcer leur présence, les Portugais prennent aussi pour épouses de jeunes Indiennes qui leur donnent des enfants métis appelés *caboclos*. Les colons se heurtent néanmoins à l'hostilité croissante des indigènes qu'ils cherchent à réduire en esclavage pour couper le bois-brésil et travailler sur les plantations de canne à sucre. Au même moment, les **jésuites**, arrivés dans le sillage de Tomé de Souza, amorcent la construction des premières missions *(aldeia)* afin de convertir les Indiens au christianisme, les pacifier et les protéger des rafles esclavagistes.

La République des esclaves

Dès le début du 17e s. éclatent dans les plantations du **Nordeste** des révoltes d'esclaves dont beaucoup s'enfuient dans les montagnes de l'intérieur. Ces esclaves fugitifs y fondent des communautés appelées *quilombos*. On dit parfois que la **capoeira** est née de la formation des guerriers qui défendaient ces communautés contre les *capitães do mato*, chasseurs d'esclaves en fuite. Le plus célèbre *quilombo*, **Palmares**, fut fondé par des esclaves angolais en 1604, dans la serra da Barriga de l'Alagoas. Devenu véritable république autogérée de 20 000 rebelles, hommes, femmes et enfants, Palmares parvint à résister aux attaques des soldats portugais durant presque un siècle, jusqu'en 1694.

En 1554, un groupe de jésuites implante un collège sur la colline de Piratinanga, qui deviendra la ville de São Paulo. L'année suivante, des huguenots français, menés par le navigateur Nicolas Durand de Villegagnon, tentent de s'installer dans la baie de Guanabara. Mais, en 1567, les Portugais détruisent cette colonie et créent à la place une capitainerie royale, la future Rio de Janeiro.

Le cycle du sucre

De 1580 à 1698

Originaire de l'Inde, la canne à sucre avait été introduite par les Portugais dans leurs îles de l'Atlantique, puis au Brésil, où le climat du Nordeste lui profitait. Aussi les colons se mettent-ils rapidement à exporter cette denrée, très demandée en Europe où son prix flambe. Toute une économie s'organise alors autour du sucre, dont le Brésil devient le premier exportateur mondial dès le début du 17e s. Sa monoculture est fondée sur de grandes exploitations dont le moulin, l'*engenho*, est le cœur. Véritable univers social, la plantation est constituée de la *casa grande*, la maison du maître, autour de laquelle se groupent les cabanes des esclaves formant la *senzala*. Car pour effectuer les tâches pénibles de la coupe et de la transformation de la canne, les Portugais ont besoin d'une main-d'œuvre abondante. Malgré l'opposition des jésuites, la **traite** d'esclaves indiens devient un commerce florissant, alimenté par les expéditions (*bandeirantes*; *encadré p. 465*) qui partent de São Paulo chasser l'Indien dans l'arrière-pays.
Les Indiens de leur côté résistent mal à ces travaux forcés et meurent en masse au contact des maladies européennes. Aussi les planteurs font-ils venir des esclaves africains, qu'on dit alors plus robustes.
C'est le début d'un commerce qui, durant trois siècles, arrachera 3,5 millions de Noirs à leur terre et à leur famille pour les déporter et les vendre comme de simples marchandises. Jusqu'à l'abolition de l'esclavage, en 1888, ils subiront la loi des maîtres qui ont le droit de les châtier cruellement et même de les tuer. Tous cependant ne sont pas maltraités : les domestiques affranchis qui vivent à proximité des maîtres nouent très souvent avec eux des liens charnels, dont naît une population grandissante de **métis** dits « mulâtres ».

Convoitises européennes

En 1580, le roi d'Espagne Philippe II hérite du trône du Portugal laissé vacant après la mort du roi Sébastien. Cette période d'union des deux royaumes (jusqu'en 1640) est marquée par de fréquentes agressions françaises et hollandaises contre le Brésil. Après le projet avorté de « France antarctique » à Rio, les Français débarquent de nouveau en 1612, cette fois à **São Luís**, au Maranhão, avec l'idée de fonder une « France équinoxiale », laquelle sombre trois ans plus tard. Beaucoup plus coriaces furent les Hollandais qui, attirés par le succès de la canne à sucre, fondent la Compagnie hollandaise des Indes occidentales afin de faire main basse sur les plantations du Brésil. En 1624, une flotte hollandaise s'empare de Bahia, reprise l'année suivante. En 1630, les Hollandais prennent **Recife** et s'installent sur presque tout le littoral nordestin, où ils fondent une « Nouvelle Hollande », dirigée par le prince de Nassau. Il faudra attendre 1654 pour que les Portugais parviennent à les déloger.

La ruée vers l'or

De 1698 à 1807

À la fin du 17e s., l'industrie sucrière décline : les acheteurs trouvent de nouveaux fournisseurs aux Antilles et les prix s'effondrent. Un événement survient alors pour relancer la machine : la découverte d'or et de diamants. Au cours de leurs errances dans l'intérieur du pays à la recherche d'esclaves, les *bandeirantes* dénichent, vers 1698, un important gisement dans la haute vallée du Rio São Francisco, dans les parages de l'actuelle **Ouro Preto**. La rumeur provoque une ruée de prospecteurs venus d'abord de São Paulo, puis de Rio et de Bahia ; parcourant plateaux et montagnes en tous sens, ils font de nouvelles découvertes dans le **Minas Gerais**, puis dans le **Goiás** et le **Mato Grosso**. La fièvre de l'or, qui dure jusqu'en 1760, n'a rien d'un feu de paille : elle bouleverse de fond en comble l'organisation du Brésil. Le pouvoir politique et les populations se déplacent vers le sud. En 1763, la capitale est transférée plus près des mines, à **Rio de Janeiro**, pour mieux contrôler la production. Des immigrants portugais affluent en masse vers ce nouvel Eldorado. Au 18e s., la population du pays passe de 300 000 à 3 millions d'habitants. Une hausse due à l'arrivée d'esclaves d'Angola et de Guinée, force de travail indispensable pour exploiter les mines.

Pour satisfaire les besoins des zones aurifères, l'élevage et l'agriculture se développent, entraînant une poussée colonisatrice vers les terres vierges de l'intérieur où il est encore facile de se « procurer » des esclaves indiens. Les jésuites, qui tentent d'armer les Indiens, sont expulsés du Brésil en 1759.

La conquête de l'Amazonie et, vers le sud, de la vallée de l'Uruguay permet de repousser les limites territoriales bien au-delà de la ligne de Tordesilhas. Mis devant le fait accompli, les Espagnols doivent avaliser ces nouvelles frontières avec le **traité de Madrid** en 1750.

Premières rébellions

Dans le Minas Gerais, avec l'or et les pierres précieuses surgissent de nouvelles et fastueuses **villes coloniales**, comme Ouro Preto. Des fortunes se bâtissent, en même temps qu'apparaît une bourgeoisie blanche ou métisse de plus en plus rebelle aux injustices et aux impôts levés par Lisbonne. Enhardies par le souffle des révolutions américaine, hollandaise et française, ces nouvelles élites brésiliennes réclament le droit de se gouverner elles-mêmes et fomentent des révoltes. Ainsi la célèbre conspiration **Inconfidência Mineira**, organisée en 1789 dans le Minas Gerais alors frappé par le déclin de l'industrie aurifère, qui donnera au pays son premier martyr, Joaquim José da Silva Xavier, dit **Tiradentes**, leader de l'insurrection, pendu en 1792. D'autres révoltes éclatent à Rio, en 1794, et à Bahia, en 1798, elles aussi très vite réprimées.

L'indépendance et l'Empire

De 1807 à 1889

Le Brésil ressemble encore à un archipel divisé lorsqu'un événement se produit qui va précipiter la naissance de la nation. En 1807, l'entrée au Portugal des troupes de **Napoléon** oblige le prince régent à fuir au Brésil, qu'il élève en 1808 au rang de royaume.

Rio, capitale du royaume du Portugal

Le transfert de la royauté portugaise à Rio marque une étape majeure, qui permet d'éviter l'éclatement du pays au moment où les colonies espagnoles voisines accèdent à l'indépendance. Sous l'autorité de **João VI**, un nouvel appareil d'État est installé, qui signe la fin du statut colonial. Des réformes sont mises en œuvre : ouverture des ports au commerce étranger, mesures en faveur de l'agriculture et de l'industrie, création, à Rio, de multiples institutions administratives, judiciaires, scientifiques et artistiques. L'économie progresse. Avant de regagner Lisbonne, en 1821, João VI nomme son fils **Dom Pedro** prince régent du Brésil.

Émancipation brésilienne

Après la période de la ruée vers l'or vint celle du **boom du café**, principal produit d'exportation du Brésil à partir de 1830. Sa culture provoqua, elle aussi, une véritable colonisation de territoires encore vierges, d'abord dans la région de Rio, puis dans celle de São Paulo. Le pays est désormais mûr pour voler de ses propres ailes : le 7 septembre 1822, alors qu'on le somme de rentrer au Portugal, Dom Pedro lance son fameux cri : « L'indépendance ou la mort ! » Le Brésil s'émancipe du Portugal, **Pedro Ier** en devient l'empereur. Singulier paradoxe qui voit l'héritier du trône portugais se transformer en premier chef du nouvel État indépendant ! Souverain à la forte personnalité, Pedro Ier fait évoluer le pays en lui accordant, en 1824, une charte constitutionnelle. Mais il n'en reste pas moins un Portugais aux yeux de ses sujets, lesquels se méfient de lui. En 1825, une guerre éclate avec l'Argentine dans le sud du pays. Défait, le Brésil est contraint d'accorder son indépendance à l'Uruguay trois ans plus tard. Il s'ensuit une période troublée, que l'oligarchie des grands planteurs brésiliens met à profit pour forcer l'empereur à abdiquer, ce qu'il fait en 1831, en faveur de son jeune fils **Pedro II**.

Une monarchie éclairée

Durant le demi-siècle du règne de Pedro II, souverain éclairé, le Brésil se modernise, atteint la maturité politique et la stabilité. L'économie connaît une prospérité exceptionnelle : la production nationale est multipliée par dix et le pays commence à se doter d'un réseau ferroviaire. Sur le plan extérieur, le Brésil affirme ses ambitions politiques et, allié à l'Argentine et à l'Uruguay, se lance dans une guerre contre le Paraguay à partir de 1865 ; il en sort vainqueur en 1870. Sur le plan intérieur, l'empereur cherche à encourager l'installation d'immigrants européens, suisses et allemands, afin de mettre en valeur le Sud. Ces derniers arrivent par villages entiers et forment de véritables enclaves, reconnaissables encore aujourd'hui. Ils seront rejoints par des Italiens, Espagnols, Syriens, Japonais…

L'abolition de l'esclavage

Reste la lourde question de l'esclavage. Même s'il demeure le pilier de l'économie, le système esclavagiste commence à vaciller. Les abolitionnistes mènent

Rio de Janeiro vers 1882.
ZU_09/Getty Images Plus

campagne à travers le pays, où des révoltes éclatent entre 1835 et 1840 (Maranhão, Pará, Bahia). En 1850, sous la pression de l'Angleterre, la **traite des Noirs** est interdite. En 1865, la guerre de Sécession met fin à l'esclavage aux États-Unis. Dès lors, l'institution est moribonde : en 1888, la Lei Aurea, rédigée par la fille de Pedro II, Isabel, abolit l'esclavage. Les esclaves affranchis partent vers les villes, ce qui déclenche une crise dans les plantations de café. Mis en difficulté, les *fazendeiros* (grands propriétaires) retournent leur colère contre l'empereur, dont ils précipitent la chute. Le 15 novembre 1889, Pedro II est déposé par un **coup d'État** militaire.

Les débuts de la République

De 1889 à 1929

En 1891, la Constitution républicaine est adoptée, calquée sur celle du modèle américain. Le Brésil devient un État fédéral et laïque, doté d'un régime présidentiel, d'un Congrès et d'une Cour suprême. Mais il s'agit d'une démocratie plus formelle que réelle. Le pouvoir reste entre les mains d'une petite oligarchie régionale : barons du café de l'État de São Paulo, grands éleveurs du Minas Gerais, grands propriétaires terriens du Nordeste, appelés *coronéis*. Ce sont eux qui, en alternance, désignent les présidents. Libres de tout contrôle, ils traitent les paysans comme leurs vassaux. Bientôt des insurrections éclatent.

L'aventure du caoutchouc

L'économie connaît néanmoins un nouvel élan, stimulée par l'essor des *fazendas* caféières dans la région sud. Pour remplacer l'ancienne main-d'œuvre esclave, on fait appel à des Européens, aux Italiens surtout. L'arrivée de ces migrants permet à **São Paulo** de s'affirmer comme une grande métropole, au détriment de Rio. Terre d'accueil et de brassage, le Brésil compte 18 millions d'habitants en 1900, 30 millions en 1920. Le début du siècle est marqué par le cycle – bref, mais explosif – du caoutchouc en **Amazonie**.

L'invention des pneumatiques en 1890 et la croissance de l'industrie automobile aux États-Unis font grimper en flèche la demande de latex, tiré de la sève de l'hévéa dont le Brésil assure près de 80 % de la production mondiale. Des migrants affluent le long de l'Amazone où tout un réseau s'organise : *seringueiros* (les saigneurs d'hévéas, pauvres hères qui s'épuisent dans la jungle à un travail sans espoir), maisons d'import-export, riches négociants et banquiers. Grâce à la « fée Élastique », **Manaus** se métamorphose en princesse de la jungle : tramway et électricité, palais rococo et même un Opéra lyrique. Mais toute cette richesse s'effondre brutalement après 1910, quand les Anglais parviennent à acclimater l'hévéa dans leurs colonies d'Asie du Sud-Est et raflent le marché en pratiquant des prix plus bas. La poussée pionnière aura toutefois permis au Brésil d'asseoir ses frontières en Amazonie.

En 1917, le Brésil entre en guerre contre l'Allemagne, ce qui lui vaudra de siéger à la conférence de Versailles aux côtés des vainqueurs. Malgré une brève embellie après guerre, le pays retombe dans le marasme et affronte une série de conflits politiques et sociaux : contestation des militaires, banditisme rural et grèves ouvrières. La crise de 1929 provoque la chute des cours mondiaux du café. Les revenus du Brésil s'effondrent, le pays plonge dans la dépression. La crise politique s'accélère. En 1930, **Getúlio Vargas**, homme de main des officiers nationalistes, s'empare du pouvoir.

L'ère des bâtisseurs populistes

De 1930 à 1964

Getúlio Vargas, qui gouvernera le pays durant plus de vingt ans, s'avère excellent stratège et habile démagogue, sachant s'assurer tantôt le soutien de l'armée et des élites, tantôt celui du petit peuple. Mais c'est aussi un visionnaire qui entend faire du Brésil un pays moderne, uni, indépendant et prospère. L'accent est mis sur la modernisation industrielle, soutenue par une intervention de l'État. Afin de mettre en place les bases de la croissance, celui-ci investit dans la sidérurgie, l'industrie pétrolière, la production électrique, les mines, la

Canudos, la terre promise

À la fin du 19e s., la misère qui sévit dans le sertão du Nordeste, née de l'injustice sociale et de la sécheresse, provoque l'apparition de nombreuses bandes de hors-la-loi, les *cangaceiros*. Mais la rébellion des affamés prend aussi un tour messianique derrière un homme d'Église aux airs de prophète, **Antônio Conselheiro**, qui part en croisade en faveur des plus démunis. Il parcourt à pied le sertão, prêchant la parole de Dieu en même temps que les idéaux communautaires, et rassemble derrière lui une foule de gueux en quête d'une vie meilleure. Bientôt, il fonde la cité idéale de **Canudos**, aux confins de l'État de Bahia, une « nouvelle Jérusalem » qui abrite, vers 1885, 25 000 habitants. Mais les grands propriétaires et les autorités n'entendent pas laisser prospérer un aussi dangereux bastion de rebelles. L'armée attaque ; les insurgés repoussent les premiers assauts. Canudos tombe finalement en 1897 et tous ses habitants sont massacrés.

chimie, l'automobile. Vargas lance aussi une série de réformes sociales inédites (salaires, droit du travail, pensions de vieillesse, école gratuite et obligatoire) qui contribuent à améliorer la vie des classes moyennes et populaires.

L'État nouveau (1937-1945)

Sous cette figure de chef d'État bienveillant se cache pourtant un dictateur intraitable, désireux de briser toute résistance à son autorité. Dès 1934, une nouvelle Constitution est adoptée qui renforce le pouvoir de l'exécutif. En 1935 ont lieu des vagues d'arrestations d'opposants communistes. Prétextant un complot, Vargas décrète l'état d'urgence en 1937 et impose l'**Estado Novo** (l'État nouveau), un régime autoritaire, populiste et nationaliste inspiré des exemples fascistes de Mussolini et de Salazar. Le Congrès est dissout, les partis politiques interdits, les libertés suspendues, la presse censurée et les syndicats muselés. Par opportunisme, Vargas finit par engager le pays aux côtés des Alliés dans la lutte contre l'Allemagne nazie en 1942, mais il ne jouit pas de l'appui des États-Unis en raison de sa politique. Un contingent de 25 000 hommes est même envoyé sur le front italien. Mais après la guerre, la montée des oppositions oblige Vargas à quitter le pouvoir : il démissionne en 1945. La popularité de l'ancien dictateur reste pourtant forte dans tout le pays, ce qui lui permet de revenir à la présidence à l'issue des élections de 1951. Un gouvernement de coalition est mis sur pied, mais, à partir de 1953, l'opposition gagne du terrain et exploite les difficultés économiques qui s'accumulent. L'inflation atteint des sommets, des affaires de corruption éclatent ; à la suite d'un scandale, l'armée exige la démission de Vargas, qui se suicide en 1954.

L'âge d'or de Kubitschek

L'ancien gouverneur du Minas Gerais **Juscelino Kubitschek** arrive au pouvoir en 1956. Ce fils d'immigrés tchèques entend approfondir la politique de modernisation menée par Vargas. Un plan de développement (routes, barrages, industrie automobile) est lancé, financé par un emprunt extérieur et par l'appel aux investisseurs étrangers. Sous sa présidence, le Brésil traverse une phase de forte expansion économique, de stabilité politique et de progrès social. La construction, en 1960, d'une nouvelle et futuriste capitale, **Brasília**, symbolise cette réussite. Mais cette politique de grands travaux se révèle être un véritable gouffre financier. La dette explose et le pays se retrouve étranglé par l'inflation. Commence alors, sur fond de crise économique, une période de troubles sociaux. Encouragés par les révolutions chinoise et cubaine, les militants communistes et trotskistes cherchent à entraîner paysans et ouvriers dans des mouvements de grève. Élu président en 1961, **Jânio Quadros** démissionne six mois plus tard. Lui succède **João Goulart**, un populiste dont le programme de réforme agraire et de nationalisations déclenche l'hostilité des *fazendeiros* et du patronat. Les militaires le renversent par un **coup d'État** en 1964.

La dictature militaire

De 1964 à 1985

Cette fois, l'armée ne remet pas le pouvoir aux civils : elle le garde et impose un régime dictatorial marqué par l'arbitraire et la répression. En 1965, une nouvelle Constitution supprime les élections au suffrage universel, interdit les partis d'opposition, réduit les libertés civiles et confère des pouvoirs étendus à la police secrète. Des mesures d'austérité sont imposées pour juguler l'inflation, les syndicats sont purgés et la presse bâillonnée. Cinq présidents, tous des militaires, vont se succéder, promouvoir la « sécurité nationale » et tenter de relancer l'économie. L'accent est mis en particulier sur la pénétration de l'**Amazonie** (construction de la Transamazonienne) et l'exploitation de ses richesses. Les migrations sont encouragées, la colonisation devant venir soulager la misère des paysans du Nordeste. De fait, le Brésil connaît alors un « **miracle économique** », avec un taux de croissance de 10 % entre 1968 et 1974. Le pays s'affirme comme une nation urbaine et industrielle mais, dans le même temps, les inégalités ne font que s'accentuer.

Les années de plomb

L'année 1968 est marquée par une agitation sociale et politique qui pousse le président-maréchal Costa e Silva à instaurer l'**état d'urgence** et à s'attribuer les pleins pouvoirs. Au cours des années 1969-1974, sous la présidence du général Garrastazu Médici, la répression contre l'opposition et les mouvements de guérilla s'intensifie avec l'**opération Condor**, plan secret de lutte contre le communisme financé par la CIA qui conduit à l'arrestation, la torture et l'assassinat de centaines de dissidents. À ce climat de terreur s'ajoute, à partir de 1974, une situation économique désastreuse : inflation galopante, chômage record et dette faramineuse. La contestation se fait plus vive dans la population qui revendique le retour à la démocratie. L'Église catholique brésilienne, inspirée par la « théologie de la libération », dénonce la misère, l'injustice sociale et la violence. De 1978 à 1980, des grèves éclatent dans les usines métallurgiques de São Paulo et le président-général Figueiredo est contraint de lâcher du lest et de rétablir les partis politiques. Des élections législatives ont lieu en 1982 qui confirment la progression de l'opposition. En janvier 1985, celle-ci parvient à faire élire par le Congrès son candidat, **Tancredo Neves**, à la présidence de l'État. Comme il décède peu avant de prendre ses fonctions, c'est son vice-président, **José Sarney**, qui le remplace.

Le Brésil démocratique

De 1985 à aujourd'hui

La transition démocratique est consolidée par la promulgation, en 1988, d'une nouvelle Constitution qui incorpore de nombreux droits civiques et sociaux. Afin d'assainir les finances, Sarney impose un programme d'austérité comprenant le gel des prix et le lancement d'une nouvelle monnaie, le **cruzado**. Mais la reprise n'est pas au rendez-vous. En 1989, les premières élections au suffrage direct depuis 1960 portent à la présidence **Fernando Collor**, le candidat du parti conservateur. Les mesures drastiques qu'il prend contre l'inflation provoquent une grave récession. Pour parachever son impopularité, un gigantesque réseau de corruption est mis au jour. Une procédure de destitution est engagée qui l'oblige à démissionner à la fin de 1992.

Son vice-président, **Itamar Franco**, assure la transition. La création d'une nouvelle monnaie, le **real**, en juillet 1994, permet de ralentir l'inflation. Le promoteur de ce nouveau plan, le social-démocrate **Fernando Henrique Cardoso**, est élu à la présidence en octobre 1994. Son programme, d'inspiration libérale, prévoit la poursuite de la lutte contre l'inflation, une réforme de la fiscalité et la privatisation du secteur public. Début 1995 est lancé le **Mercosul**, un marché de libre-échange avec l'Argentine, le Paraguay et l'Uruguay. De bons résultats économiques assurent à Cardoso une réélection triomphale en 1998. Mais dès 1999, le pays est ébranlé par une crise financière dont il ne parvient à se sortir que grâce à un prêt du FMI et une sévère cure d'austérité.

En octobre 2002, le chef du Parti des travailleurs (PT), **Luiz Inácio Lula da Silva**, dit Lula, est élu président. Pour la première fois dans l'histoire du Brésil, un enfant du peuple accède à la fonction suprême. En effet, celui qui fut cireur de chaussures, vendeur de journaux, ouvrier métallo avant de devenir leader syndical, chef politique puis président, a connu une ascension inédite. Dès son arrivée à la présidence, Lula s'est attaché à réduire la dette et l'inflation, à réformer les retraites et les impôts. En 2004, le gouvernement a lancé un programme destiné aux plus défavorisés, qui a permis à toute une frange de la population de sortir de la misère, et à une autre d'accéder à la classe moyenne, qui représente aujourd'hui plus de 50 % de la population. Des problèmes subsistent, notamment dans les domaines de la sécurité, de l'éducation et de la santé. En octobre 2006, alors qu'un scandale financier éclabousse le Parti des travailleurs, Lula est réélu avec plus de 60 % des voix. Il finit son deuxième mandat avec une cote de popularité de 80 %, mais ne se représente pas pour les élections de 2010, comme le prévoit la Constitution. C'est sa dauphine, **Dilma Rousseff**, qui est élue à la présidence. Au cours de son premier mandat, la présidente fait de la lutte contre la pauvreté sa priorité, dans la lignée de son prédécesseur. Mais elle voit la croissance se réduire et l'inflation se maintenir à des niveaux élevés. Avec l'explosion des dépenses pour la Coupe du monde de football (9 milliards d'euros au lieu des 3,9 prévus), un vaste **mouvement protestataire** agite le pays en 2013, réclamant des investissements conséquents en matière de transports publics, de santé et d'éducation. En 2014, Dilma Rousseff est néanmoins réélue face au candidat de la droite Aécio Neves, avec 51,6 % des voix. Cette même année éclate un retentissant scandale ; l'affaire Petrobas, du nom de la compagnie pétrolière accusée d'avoir versé des pots de vins à des dirigeants politiques, tous partis confondus, de la droite au Parti des Travailleurs. L'enquête-fleuve nommée *Lava Jato* (lavage express) aboutit à la destitution de la présidente Rousseff en 2016, puis à la condamnation et l'incarcération de Lula en 2018 ce qui l'empêche de se présenter à l'élection présidentielle pour laquelle il était donné favori. Jair Bolsonaro est élu sur un programme à la tonalité populiste. Son mandat chaotique (2019-2022) a été marqué par l'épidémie de Covid qui a fait officiellement 650 000 morts. La gestion de la crise par le président anti pass sanitaire et anti vaccin a été dénoncée par une commission d'enquête parlementaire en 2021. Le mandat de Bolsonaro a vu une dramatique augmentation de la déforestation de l'Amazonie en raison du soutien du pouvoir à l'industrie agroalimentaire, au détriment des populations indiennes. À l'élection présidentielle de 2022, Lula l'emporte de justesse sur le président sortant, avec 50,9 % des voix. Sitôt élu, mais avant même sa prise de fonction, il se rend à la COP 27 en Égypte où il annonce sa détermination à protéger la forêt amazonienne. Reste que sa mission est compliquée faute d'une majorité claire au parlement.

Les dates clés

L'époque coloniale

- **1500** – L'amiral portugais Pedro Álvares Cabral découvre le Brésil.
- **1530** – Installation des premiers colons et création des capitaineries.
- **1560** – Les planteurs commencent à acheter des esclaves africains.
- **1612** – Une expédition française fonde la ville de São Luís.
- **1624** – Premières invasions des Hollandais. Ils sont chassés en 1654.
- **1690** – Découverte d'or dans le Minas Gerais.
- **1789** – Inconfidência Mineira. Révolte contre la domination portugaise.
- **1808** – La famille royale du Portugal s'installe à Rio.

L'empire

- **1822** – Indépendance et proclamation de l'Empire brésilien par Pedro Ier.
- **1840** – Pedro II devient empereur.
- **1850** – Le trafic négrier est arrêté.
- **1864** – Guerre contre le Paraguay.
- **1888** – Abolition de l'esclavage. Des milliers d'Européens affluent pour travailler dans les plantations de café.

La république

- **1889** – Proclamation de la République.
- **1890-1910** – Boom du caoutchouc en Amazonie.
- **1930** – La crise économique entraîne la chute du régime. Getúlio Vargas est nommé président.
- **1937** – Getúlio Vargas instaure l'« État nouveau ».
- **1942** – Le Brésil déclare la guerre à l'Allemagne et à ses alliés.
- **1945** – Vargas quitte le pouvoir.
- **1951** – Retour de Vargas. Il démissionne et se suicide en 1954.
- **1956** – Juscelino Kubitschek devient président. Mise en place de grands projets de modernisation.
- **1960** – Inauguration de Brasília, qui devient capitale fédérale.
- **1964** – Début du régime militaire.

La dictature militaire

- **1968** – État d'urgence. Suspension des droits civiques et des libertés.
- **1968-1973** – Période de forte croissance économique.
- **1978-1980** – Grève des ouvriers métallurgistes de São Paulo. Début de l'ouverture politique.
- **1985** – Retour des civils au pouvoir. José Sarney devient président.

Le brésil démocratique

- **1988** – Nouvelle Constitution. Retour au suffrage universel.
- **1992** – Sommet de la Terre à Rio. consacré à l'environnement.
- **2002** – Luiz Inácio Lula da Silva, dit Lula, est élu président.
- **2003** – Plan « Faim zéro » afin d'éradiquer la malnutrition.
- **2004** – Le Brésil lance sa première fusée spatiale.
- **2006** – Lula est réélu président.
- **2008** – Découverte de gisements pétroliers dans le bassin de Santos.
- **2010** – La dauphine de Lula, Dilma Rousseff, devient la première femme élue à la présidence du pays.
- **2014** – Le Brésil accueille la Coupe du monde de football. Réelection de Dilma Rousseff.
- **2016** – Jeux olympiques de Rio. Destitution de la présidente du Brésil, Dilma Rousseff.
- **2018** – Incarcération de Lula. Élection de Jair Bolsonaro.
- **2019** – Libération de Lula.
- **2019-2022** – De terribles incendies ravagent des surfaces considérables de la forêt amazonienne.
- **2022** – Élection de Lula à la présidence de la République.

Nature et paysages

Grand comme quinze fois la France métropolitaine, le Brésil est de la taille d'un continent... Six écosystèmes dominent, chacun avec leur faune et leur flore propres. De la « jungle urbaine » de São Paulo à la touffeur de l'Amazonie, des plages désertes bordées de palmiers le long de la mer turquoise à Bahia aux chutes d'Iguaçu, les paysages regorgent de contradictions et d'exubérance. C'est également le pays où l'on compte la plus grande diversité de plantes au monde.

Géographie

Cinquième pays du monde par sa population, dixième par son poids économique, le Brésil est sans conteste une grande puissance émergente. Comme l'Inde ou la Chine, il s'affirme déjà en un futur géant du 21e s. Population jeune, instruite et urbanisée, industrie prospère, aménagement de plus en plus poussé du territoire : autant de révélateurs de cette montée en puissance. Pourtant, cette nation en plein essor reste un colosse fragile, affaibli par ses inégalités sociales et spatiales. Le contraste est flagrant entre les régions littorales du Sud et du Sudeste, cœur des richesses et du peuplement urbain, et le Nordeste, rural et déshérité, l'Amazonie et le Centre-Ouest, espaces pionniers sous-peuplés.

Vertige des dimensions

Le Brésil a la démesure d'un continent : cinquième plus vaste pays de la planète (8 548 870 km^2), il couvre près de la moitié de l'Amérique latine. Composé de 26 États et d'un district fédéral, Brasília, il partage des frontières terrestres avec tous les pays sud-américains, Chili et Équateur exceptés, et s'ouvre à l'est sur l'océan Atlantique par une côte de 7 400 km de long, ourlée de plages paradisiaques, ponctuée de villes magiques.

De forme vaguement triangulaire, le Brésil s'étire sur 4 400 km du nord au sud et presque autant d'est en ouest, ce qui représente à peu près les distances entre Lisbonne et Moscou, Oslo et Tamanrasset. Les temps de transport donnent une idée encore plus concrète de l'immensité du territoire : pour aller de Boa Vista, au nord, à Porto Alegre, au sud, il faut compter cinq jours et cinq nuits d'autobus !

Un élément résume à lui seul le gigantisme du Brésil : l'**Amazone**, le plus grand fleuve du monde (6 570 km), sorte d'anaconda géant qui enserre la forêt tropicale de ses 1000 affluents, les principaux étant les Rios Negro, Purus, Madeira, Tapajós, Araguaia et Tocantins. Navigable sur 1600 km, ce fleuve-océan charrie 20 % des eaux douces de la planète. À son embouchure, large de 350 km, son débit atteint

200 000 m³/s, plus que tous les fleuves d'Europe réunis : de quoi recouvrir Paris sous 1 m d'eau en moins de dix minutes !

Un pays horizontal

Des horizons infinis, parfois monotones, ne font que renforcer la sensation d'immensité que suscite l'espace brésilien. Car, à l'inverse des pays andins, au relief fort et accidenté, le Brésil est un pays assez plat (200 m d'altitude en moyenne), où alternent plateaux (60 % de la surperficie) et plaines (40 %). Des structures rocheuses très anciennes, les « boucliers », couvrent la majeure partie du territoire, créant des paysages de hauts plateaux et de collines érodées. Le bouclier guyanais, au nord de l'Amazonie, est formé de roches cristallines et porte le point culminant du pays, le **Pico da Neblina** (3 014 m). Au sud du bassin amazonien, le gigantesque bouclier central laisse affleurer des roches dont l'origine remonte au précambrien. On trouve là des traces fossiles du continent primitif, le Gondwana, qui réunissait l'Amérique du Sud et l'Afrique avant qu'elles ne se séparent, il y a 160 millions d'années.

Des plaines sédimentaires bordent ces deux grands plateaux, tels la vaste cuvette amazonienne, le bassin Paraná-Paraguay au sud et l'étroite plaine côtière. L'impression d'horizontalité, d'immobilisme sans limites, y est encore plus frappante, notamment dans le **Pantanal**, immense marais de 200 000 km² à la lisière du Paraguay et de la Bolivie, plat comme une assiette et inondé six mois par an.

Quelques ruptures et escarpements scandent néanmoins le relief, notamment la grande chaîne côtière qui borde le littoral atlantique sur près de 3 000 km. Formée de crêtes granitiques souvent abruptes, les *serras*, elle s'étend de Belém, au nord, à Porto Alegre, au sud, et culmine au **Pico da Bandeira** (2 890 m). Au centre du plateau brésilien apparaissent aussi des structures tabulaires de grès rouge ou de basalte, les *chapadas* : **Chapada Diamantina** dans l'État de Bahia et **Chapada dos Guimarães** dans l'État du Mato Grosso, parsemées chacune de superbes canyons, grottes et cascades. D'importantes failles tectoniques donnent également naissance à des vallées accidentées – comme celle où déferlent par exemple les rapides du **São Francisco**, second fleuve du pays (3 160 km) – et à d'autres sites grandioses comme les **chutes d'Iguaçu**, dans l'État du Paraná. L'érosion, enfin, dessine parfois des formes spectaculaires, tels les reliefs karstiques du Minas Gerais ou les célèbres *morros* de la **baie de Rio** (baie de Guanabara).

La Chapada Diamantina.
Markus Frenzel/Getty Images Plus

Les principales régions

L'étendue du territoire engendre des milieux géographiques et climatiques très variés, que l'on peut, grosso modo, regrouper en cinq grands ensembles.

Le bassin amazonien

Drainant le fleuve Amazone et ses affluents, cette vaste cuvette s'étire sur près de 3,5 millions de km^2, soit le tiers de la superficie du pays. D'une largeur de 1300 km à l'ouest, près des contreforts andins, ce royaume d'eau et de jungle se rétrécit en descendant vers l'estuaire du fleuve. À l'exception des zones urbaines (Manaus, Belém) et des domaines défrichés par les agriculteurs, éleveurs, orpailleurs, bûcherons et compagnies minières (environ 17 % de la forêt originelle ont été déboisés et 38 % seraient dégradés en raison de l'activité humaine selon des études scientifiques publiées en 2023), la forêt dense et humide occupe l'essentiel des terres. Encore très peu peuplée, au point même d'être qualifiée de « Sibérie tropicale », l'Amazonie occupe une place à part dans l'imaginaire des Brésiliens, lesquels en ont une perception ambivalente. D'un côté, la légende dorée des terres fertiles, des plantes rares, du bois précieux, des richesses du sous-sol, une sorte d'eldorado suscitant toutes les convoitises. De l'autre, la légende noire des animaux dangereux, du climat insalubre, des Indiens hostiles : bref, l'enfer vert. Toujours est-il qu'en dépit de travaux titanesques lancés il y a près de cinquante ans pour désenclaver la région, sa mise en valeur a plutôt revêtu jusqu'à ce jour l'allure d'une mise à sac.

La zone littorale

Elle se compose d'un long et étroit ruban côtier, frangé de lagunes et de barres sablonneuses au nord et au sud, de baies échancrées et d'îlots rocheux au centre. Elle est bordée, à l'arrière, par une chaîne montagneuse escarpée et discontinue (Serra do Mar, Serra da Mantiqueira, Chapada Diamantina) qui la sépare du plateau central. Au cours de l'Histoire, l'accès à l'intérieur du pays fut freiné par cette barrière naturelle, si bien que le littoral concentre à présent l'essentiel de la population et des grandes villes. Avant l'arrivée des colons, cette région était recouverte d'une forêt vierge luxuriante, la *Mata Atlântica*, qui s'étendait sur 1,3 million de km^2. Il n'en reste désormais que d'infimes fragments, à peine 7 % de la surface originelle. L'urbanisme, les activités agricoles et industrielles pèsent comme une menace sur la survie de cette forêt, au point que des programmes de protection ont dû être initiés.

Amazonie, la mal-nommée

Dans la **mythologie antique**, les Amazones étaient des femmes guerrières résidant sur les rives de la mer Noire. On prétendait qu'elles se coupaient le sein droit pour mieux tirer à l'arc. Le rapport avec le fleuve Amazone ? Aucun, sinon la **méprise des premiers conquistadors** qui le baptisèrent ainsi. Lorsqu'ils remontèrent le fleuve, ils furent attaqués par des Indiens imberbes armés d'arcs et de flèches, qu'ils prirent à tort pour des femmes et assimilèrent de ce fait aux légendaires Amazones. Dès le début, la vision de l'Amazonie mêle le réel au fabuleux. La connaissance de ce monde mystérieux avance à pas de fourmi : ainsi, les vraies sources du fleuve Amazone, situées au Pérou, n'ont-elles été découvertes qu'en 2001 !

Le Nordeste

Il présente un paysage semi-aride très singulier, mêlant plateaux, collines parsemées de monticules ruiniformes et crêtes montagneuses. À l'exception de la mince plaine littorale, bien arrosée et couverte de plantations de canne à sucre, la région est victime de fréquentes sécheresses. Elle n'offre qu'un sol mince et pierreux sur lequel s'accrochent arbres et buissons rachitiques, cactus et épineux. C'est le **sertão**, l'arrière-pays désolé, dont l'ancienne forêt sèche et clairsemée, la *caatinga*, s'est inexorablement dégradée. Terre d'élevage extensif, le sertão possède pourtant ses oasis, les *brejos*, petits paradis verdoyants où prospèrent des cultures vivrières. Pour vaincre la sécheresse, barrages et travaux d'irrigation ont été entrepris, sans toutefois parvenir à freiner l'exode rural qui saigne à blanc toute la région.

Les plateaux centraux

Ils couvrent près de 2 millions de km^2. Brousses et savanes, les *cerrados*, y forment des paysages moutonnants entrecoupés, au bord des fleuves, de forêts-galeries où dominent les hauts palmiers *buritis*. Cette savane arborée résiste bien à la sécheresse et aux grandes variations d'humidité, liées à l'alternance de la saison sèche et de la saison des pluies. Son exploitation récente au profit des cultures et de l'élevage bovin risque néanmoins de porter un coup fatal à sa diversité écologique.

La région subtropicale

Au sud du pays, elle fait la transition entre les savanes arborées des hauts plateaux et les *pampas* (plaines herbeuses). Sur les plateaux, les grandes forêts d'araucarias et les pinèdes ont été abattues presque en totalité pour alimenter les scieries. En revanche, les sols fertiles – la fameuse *terra roxa* (terre rouge) d'origine basaltique – ont permis l'essor des plantations de café. Plus au sud, les vastes zones de *campos* (savanes ouvertes) sont consacrées à l'élevage des troupeaux menés par les *gaúchos* et aux grandes cultures de soja et de riz.

La répartition des États

Administrativement, les 26 États du Brésil se répartissent en cinq régions. Le **Nord** (l'Acre, le Rondônia, l'Amazonas, le Roraima, le Pará, l'Amapá, le Tocantins) est la région la moins peuplée, où vivent la majorité des Indiens. Le **Nordeste** (le Maranhão, le Piauí, le Ceará, le Rio Grande do Norte, le Paraíba, le Pernambuco, l'Alagoas, le Sergipe, Bahia), région pauvre, conserve des influences africaines et de multiples vestiges coloniaux. Le **Sud-Est** (le Minas Gerais, l'Espírito Santo, Rio de Janeiro, São Paulo) représente le Brésil industriel et urbanisé. Le **Sud** (le Paraná, le Santa Catarina, le Rio Grande do Sul), au climat tempéré, affiche une influence très européenne. Le **Centre-Ouest** (le Mato Grosso, le Goiás, le Mato

Grosso do Sul), auquel est rattaché le district fédéral de Brasília, encore peu peuplé, où se développe une agriculture mécanisée.

Vaincre les distances

S'il évoque un continent, le Brésil est aussi souvent comparé à un archipel en raison d'un peuplement diffus, éparpillé en une série de petites « îles » séparées par de grands vides. Un morcellement qui s'explique en partie par l'Histoire. Depuis les *bandeiras* de l'époque coloniale (*encadré ci-dessous*) jusqu'à la création, en 1960, de Brasília, la capitale fédérale, la conquête de l'espace s'est faite par à-coups, en cycles successifs entraînant à chaque fois la mise en valeur de régions différentes : cycle du sucre dans le Nordeste au 17e s., ruée vers l'or dans le Minas Gerais au 18e s. puis, au cours des 19e et 20e s., essor de l'élevage dans le Centre-Ouest et le Sud, du caoutchouc en Amazonie, du café autour de Rio et de São Paulo...

La conquête de nouvelles terres, l'occupation volontaire de l'espace intérieur ont donc toujours été une préoccupation du gouvernement brésilien afin de pallier les déséquilibres régionaux. Aujourd'hui, le Brésil est encore caractérisé par l'avancée d'un front pionnier qui progresse depuis les plateaux centraux en direction de l'Amazonie. L'un des grands défis des années à venir réside dans l'aménagement des distances et l'intégration des différentes facettes du territoire, seul moyen de garantir l'unité politique de la nation. La construction de routes (dont la Transamazonienne), le lancement de programmes radar et de photographies aériennes pour cartographier les milieux naturels, la création d'instituts de recherches géographiques ont permis de mieux « couvrir » le territoire. Mais beaucoup reste à faire, notamment côté transports : le réseau de routes et d'autoroutes couvre approximativement 1,5 million de kilomètres dont quelque 160 000 goudronnés. Le réseau ferroviaire, dans un pays aussi plat, reste indigent (autour de 31000 km essentiellement empruntés par le transport de marchandises), tandis que les voies navigables, malgré leur nombre, sont peu utilisées (à peine 15 % du transport marchand). Avec la multiplication des compagnies et la modernisation des infrastructures aéroportuaires, le réseau aérien se porte plutôt bien et reste le moyen le plus commode de relier une ville à l'autre.

Climat : chaud et humide

Situé presque en totalité dans la zone intertropicale, le Brésil bénéficie de températures élevées et constantes : autour de 22 °C en moyenne et jusqu'à 26 °C dans l'Amazonie centrale et sur la côte nord-est. Seul le Sud connaît des

L'épopée des bandeirantes

Dès la fin du 17e s., les **pionniers de São Paulo**, les *bandeirantes*, partent à la conquête de l'intérieur des terres derrière leur drapeau (*bandeira* en portugais), à la recherche d'or, de diamants ou d'esclaves. Ces aventuriers européens ou métis sont indissociables de l'histoire du Brésil. Nombre de leurs expéditions dans le sertão échouèrent ou ne revinrent jamais. Leurs chasses à l'Indien se soldèrent par la destruction des missions jésuites du Sud. Cependant, grâce à leur audace et à leur goût du danger, ils parcoururent des milliers de kilomètres à travers le Minas Gerais, le Paraná, le Goiás, le Mato Grosso et jusqu'à l'Amazonie, permettant l'exploration du territoire et l'expansion des frontières du pays.

températures plus faibles (16 °C en moyenne) et une amplitude thermique plus marquée, avec des hivers froids. Il peut même neiger en juillet dans les montagnes du Rio Grande do Sul!
Hormis dans la partie équatoriale de l'Amazonie, soumise à une humidité constante, le climat est marqué par l'alternance de saisons pluvieuses et sèches, et par des taux de précipitations élevés (autour de 1000 mm/an dans le centre du pays et au sud, de 2000 mm/an en Amazonie). Une exception notable tout de même : l'intérieur du Nordeste, peu touché par les courants humides apportés par les alizés et qui enregistre plus de 100 jours de sécheresse par an. Parfois, de façon imprévisible, la région subit une année complète sans la moindre goutte d'eau puis, durant quelques mois, des pluies diluviennes catastrophiques.
L'**hiver** brésilien, inversé par rapport au nôtre (le pays se situe dans l'hémisphère austral), dure de juin à octobre. C'est la saison sèche, durant laquelle les températures sont agréables sur le littoral, tant à Rio de Janeiro (de 19 à 25 °C) ou Salvador (de 22 à 26 °C) qu'à Porto Alegre (de 12 à 20 °C). Mais la mer est alors fraîche à Rio (21 °C) et encore plus dans le Sud (16 °C). À l'intérieur, sur le plateau du Minas Gerais et autour de Brasília, le temps est sec et clément et les soirées fraîches. L'hiver est une période propice pour visiter l'Amazonie, car les averses sont alors moins fréquentes.
Pendant l'**été**, de décembre à mars, tombe l'essentiel des pluies. Les températures peuvent être étouffantes à Salvador (de 24 à 30 °C) de même qu'à Rio (de 23 à 30 °C), où il pleut généralement dru en fin d'après-midi. La température de la mer oscille autour de 25 °C. Les températures sont plus douces dans les hautes terres centrales, mais les averses y sont fréquentes.

Faune et flore

Le Brésil possède une faune et une flore extraordinaires. Le pays occupe le premier rang mondial pour la diversité de ses plantes, primates et amphibiens, le troisième pour ses oiseaux et le quatrième pour ses reptiles et papillons. Au total, il rassemble plus de 20 % des espèces connues de la planète.
À l'exubérance végétale des forêts amazonienne et atlantique répond l'incroyable faune ornithologique du Pantanal, mise en danger par de terribles incendies en 2020 qui ont ravagé près de 20 % de la région; à la fascinante complexité des mangroves et lagunes du littoral s'ajoutent les étendues dilatées, majestueuses et arides des savanes et *pampas* de l'intérieur.

Les milieux humides

La forêt amazonienne

Surnommée le « poumon vert » de la planète, la plus vaste forêt équatoriale du monde cache, sous l'apparente uniformité d'un épais couvert végétal, un écosystème d'une grande diversité, grouillant de quelque 2,5 millions de variétés d'insectes, 60000 espèces de plantes, 2000 espèces de poissons, 2000 espèces d'oiseaux et 467 espèces de mammifères, sans parler de toutes les espèces animales ou végétales qui n'ont pas encore été répertoriées. Nulle part au monde on ne compte une telle biodiversité : sur chaque hectare de forêt vivent 300 espèces d'arbres en moyenne, dont environ 80 % sont endémiques.
La vie des multiples hôtes de la forêt se découvre par paliers. L'essentiel de l'activité se situe dans la canopée, la cime des grands arbres, entre 20 et 45 m au-dessus du sol, qui concentre toute la luxuriance du feuillage et où vivent la majorité des oiseaux

Les pierres précieuses du Brésil

S'il n'est plus un grand producteur d'or et de diamants, le Brésil possède en revanche un choix très large de **pierres précieuses et semi-précieuses**, dont il fournit un tiers du marché mondial : topazes, tourmalines, émeraudes, saphirs, agates, aigues-marines d'un fin bleu-vert, grenats, rubis, améthystes violettes ou mauves, citrine jaune orangé, kunzite rose-pourpre, alexandrite dont la couleur subtile varie selon l'éclairage... La grande majorité des gemmes provient du **Minas Gerais**.

et des singes. La canopée capte près de 95 % de l'énergie solaire, faisant ainsi écran à la lumière que se disputent âprement les plantes des étages inférieurs. Là, des arbres plus petits, surtout des palmiers, achèvent d'intercepter les rayons du soleil. Tous sont encombrés de lianes, plantes épiphytes et autres parasites qui descendent jusqu'au sol où prospèrent fougères, mousses et champignons. Gigantesque organisme en mouvement perpétuel, la forêt pousse sans cesse. Elle vit de l'eau des pluies (dont la moitié provient de l'évaporation), se nourrit de sa propre décomposition et repose en majorité sur des sols pauvres, lessivés et acides, si bien que lorsqu'elle est détruite, elle ne peut plus se reconstituer.

La forêt amazonienne n'est pas homogène et comprend plusieurs ensembles. L'**igapó**, forêt inondée en permanence, est dominée par une végétation basse, dense et inextricable, dont les racines servent de refuge à une riche faune aquatique. La **várzea**, qui occupe les zones inondées six mois par an, s'étire parfois loin autour des cours d'eau qui peuvent s'élever jusqu'à 15 m au-dessus de leur lit durant les crues. C'est une forêt où les essences tendres et à croissance rapide l'emportent, telles que palmiers, aréquiers et hévéas. Enfin, la forêt de **terra firme**, en sol sec, de loin la plus vaste (90 % des terres), s'étend sur les collines et les plateaux. Haute et touffue, elle abrite des essences nobles : *mahogany* (acajou), cèdre, palissandre, bois de rose, *cumaru*, *ipê* (ébène verte) ; des arbres fruitiers et une grande variété de lianes, broméliacées et orchidées. Des espaces ouverts – prairies, savanes et marécages – ponctuent parfois cette forêt, comme sur l'île de Marajó, face à l'embouchure de l'Amazone.

Faune bigarrée, mais bien cachée

Débusquer les animaux sauvages n'est pas aisé dans cet univers si difficile à pénétrer. Mais au cours d'une expédition en pirogue sur les *igarapés* (petits bras d'eau), on aura peut-être droit à quelques furtives apparitions. Ici, un **tapir** montrera sa trompe avant de détaler. Là, dans les frondaisons, gambaderont des **singes hurleurs** à la face rubiconde, des **singes tamarins** ou des **singes araignées**, alors qu'un **paresseux** avancera avec lenteur, agrippé à sa branche tête en bas. Le **jaguar**, roi de la forêt, risque peu de montrer son pelage tacheté, pas plus que l'**anaconda** ou le **boa constricteur** de vous enserrer de leurs étouffants anneaux. **Pécaris**, **coatis** et **agoutis** ne seront pas plus extravertis, mais autant se réjouir de ne pas tomber nez à nez avec une mygale, un serpent corail ou le redoutable **surucucu**, le plus venimeux des crotales, qui nage parfois à la surface de l'eau.

Filant dans les airs, des couples d'**aras hyacinthes** d'un bleu étincelant ou d'**aras chloroptères** au rouge écarlate se laissent parfois deviner dans le vert émeraude de la forêt. Tout aussi éclatant est le bec

Le pirarucu, monstre des eaux

Propre à l'Amazone, le rare *pirarucu* est **le plus grand poisson d'eau douce** du monde. Ce géant antédiluvien à la tête aplatie et à la livrée allant du vert au grenat peut mesurer jusqu'à 3 m de long et peser 250 kg ! Doté d'un appendice dorsal lui permettant de respirer l'air en surface, il est capable de bondir hors de l'eau pour happer des oisillons perchés sur les branches des arbres. Sa langue et ses écailles sont si dures qu'on les utilise pour râper le guarana. Sa chair au goût de morue, très appréciée des habitants de la région, en fait un poisson convoité et désormais en voie d'extinction, au point qu'il a fallu sévèrement limiter sa pêche.

en banane du **toucan**, ou encore le panache du **cacique cul-jaune**, du **coq de roche** orange vif, des colibris et autres perroquets dont les plumes servent à confectionner les somptueuses coiffes indiennes. Et que dire du papillon **morpho** au bleu irisé et des autres lépidoptères aux couleurs dignes d'un voyage psychédélique ?

Prédateurs en eaux troubles

Répartie différemment selon qu'elle fréquente les fleuves **blancs** (eaux alcalines et riches en sédiments) ou **noirs** (eaux acides et pauvres en alluvions), la faune aquatique est aussi variée que dans les océans. L'adaptation au milieu est parfois étonnante. Certains poissons, tel le **tambaqui**, profitent ainsi de la montée des eaux pour aller se tapir au pied des arbres, où ils attendent que tombent les fruits dont ils se nourrissent. Leurs mâchoires sont équipées de dents impressionnantes capables de percer les écorces les plus épaisses. Bien d'autres poissons sont carnivores, comme le **tucunaré** aux écailles dorées, les **pirarucus** (*encadré ci-dessus*) ou les voraces **piranhas**, dont la réputation d'assassins est un peu exagérée. S'il est vrai que certains spécimens (les rouges) sont capables de dévorer de gros animaux en quelques minutes, il est rare qu'ils attaquent les baigneurs dans les grandes rivières ou les lacs. Toutefois, isolés dans de petits étangs et affamés, ils peuvent devenir redoutables. Dans l'eau, mieux vaut aussi se méfier de la terrible décharge de l'**anguille électrique**, qui peut atteindre 400 V, de la gueule féroce du **jacaré** (caïman) ou du dard empoisonné de la **raie pastenague**.

Plus sympathiques en revanche sont les **dauphins roses** qui hantent les eaux de l'Amazone, dotés d'un rostre d'une longueur incroyable. Grâce à la précision de leur sonar, ils parviennent à chasser les poissons même en eaux troubles. Les gros **lamantins**, d'Amazonie eux aussi, noirs avec une tache blanche sur la poitrine, broutent près de 50 kg par jour de jacinthes d'eau. Timide, la **loutre géante** (elle peut atteindre 2 m de long) s'immerge au moindre danger. Elle se laisse facilement domestiquer par les tribus indigènes.

Le Pantanal

Aux forêts sombres et impénétrables d'Amazonie, le vaste marécage du Pantanal oppose ses paysages ouverts et illuminés de soleil. La faune y est similaire, mais bien plus facile à observer. Le Pantanal forme la plus vaste zone inondable du monde. Durant la saison des pluies, les fleuves sortent de leur lit et inondent 70 % des terres, formant des îlots où se réfugient les animaux. Lorsque vient le reflux, lagons et marais s'assèchent et se couvrent d'herbes. Outre qu'il collectionne les **fleurs sauvages** et les **plantes aquatiques** par milliers (nénuphars géants, jacinthes, orchidées), auxquelles s'ajoutent de superbes *ipês* très colorés, le Pantanal est aussi une incomparable réserve ornithologique. Important lieu de migration, il accueille près de 650 espèces d'**oiseaux** dont on entend en permanence les sifflements et les trilles : ibis, aigrettes, aras, perruches, perroquets, cigognes, martins-pêcheurs, spatules roses, hérons, faucons, toucans, buses, colibris... On y observe notamment le **tuiuiú** *(jabiru)*, repérable à sa tête rouge et à sa crête noire, symbole du Pantanal.

La région compte aussi quantité de **mammifères** tels que jaguars, pumas, cerfs, cougars, tapirs, tatous, tamanoirs, toutes sortes de singes et de reptiles. On y croise le rare **guará**, ou loup à crinière, au pelage roux chamois, et le craintif **capivara**, le plus gros rongeur au monde, dont l'allure évoque un improbable hybride de cochon d'Inde et d'hippopotame. Rivières et lacs regorgent enfin d'une quantité biblique de **poissons** (piranhas, daurades, *pacus, cacharas, jaús*...).

La Mata Atlântica

Vestige du Brésil d'avant la colonisation, l'actuelle Mata Atlântica, la luxuriante forêt qui couvrait jadis tout le littoral, ne subsiste que sous la forme de poches isolées, principalement dans les *serras* d'altitude. Mais ces fragments n'en forment pas moins d'immenses réserves naturelles à la végétation dense et enchevêtrée, d'oùbémergent les grands troncs élancés des *ipês, roxos, jatobás,* bois de fer et pau-brasil. Le sol, relativement éclairé, est strié de racines sinueuses et jonché de petites plantes et de fleurs (lys, *beijos*, fougères *samambaïas*, orchidées). Sur la côte, les embouchures des rivières sont tapissées d'une épaisse **mangrove** où abondent crabes, poissons et mollusques. Plus à l'intérieur s'étire la **restinga,** composée d'arbustes, de prairies et de marais, qui fait la transition avec la forêt ombrophile.

D'origine très ancienne (elle remonte à près de 60 millions d'années), la Mata Atlântica abrite une faune aussi diversifiée que celle de la forêt amazonienne et compte de nombreuses espèces menacées. Parmi elles, des variétés de singes propres à la région, comme le **tamarin lion doré**, ravissant petit primate de la taille d'un écureuil couvert d'un pelage long, mordoré et soyeux. Menacé d'extinction dans les années 1970, il a été provisoirement sauvé grâce à un programme de réintroduction.

Les milieux secs

La Caatinga

Forêt sèche à épineux et cactus, la *caatinga* (« forêt blanche », en langue tupi-guarani) occupe principalement les plaines et les plateaux semi-arides du sertão nordestin et le nord du Minas Gerais. Percée d'un labyrinthe de clairières et de sentiers, sa végétation broussailleuse et chétive, adaptée à la fournaise et au manque d'eau, a été fortement clairsemée par des coupes. Au rythme actuel des destructions, cette forêt xérophile risque de disparaître d'ici à moins d'un demi-siècle. Parmi les espèces

Pau-brasil, l'arbre national

Dominant jadis la forêt atlantique, le pau-brasil, ou **bois de braise**, fut le premier produit d'exportation du Brésil, auquel il a donné son nom. Ce grand arbre au tronc couvert d'épines était très prisé des Européens pour la **teinture** rouge sang qu'on en extrayait, la *brasileina*. De nos jours, son bois très dur et résistant est utilisé pour la fabrication des **archets de violon**.

végétales qui y vivent figurent beaucoup de **cactus** ronds et des petits arbustes qui surgissent durant la saison des pluies. Dans les *brejos*, les oasis, et dans les *serras* aux températures plus fraîches, pousse une végétation plus riche : broméliacées, palmiers **babaçu**, **agaves** (qu'on cultive pour les fibres) et quelques grands arbres tels le *cajueiro* (anacardier), l'*ipê, le jucá* et le **joazeiro**, un bel arbre typique du Nordeste qui garde ses feuilles vertes toute l'année. La faune locale est riche en iguanes, serpents, tatous, perroquets, perruches et aras.

Le cerrado

Cette grande savane boisée de 2 millions de km^2 recouvre le plateau central du Brésil, aux sols relativement pauvres. Des arbres racornis et tortueux, tels le *mangaba*, le *carobeira*, *l'araçá*, le *gabiroba*, recouverts d'une écorce épaisse qui les protège du feu, parsèment les plaines herbeuses. Dans les fertiles **forêts-galeries** des ravines humides surgissent les grands **palmiers buriti** aux longues grappes de fruits rouges, des *ipês* mauves ou jaunes. Contrairement à ce qu'on pourrait croire, la biodiversité est ici très forte : on dénombre 6 500 variétés de plantes et 1 200 d'animaux. **Jaguars**, **pumas**, ocelots, chats sauvages, loups à crinière, renards, **tatous**, **tamanoirs** et **nandous** peuplent les lieux, de même que des milliers d'oiseaux et de reptiles. Autrefois abondant, le *cerrado* (il héberge 5 % de la biodiversité mondiale) est menacé par l'extension sans fin de la culture du soja, dont le Brésil est le 1er producteur mondial.

La Mata da Araucaria

À l'origine, cette forêt couvrait presque tout le Sud. Aujourd'hui, ce n'est que sur quelques zones éparses du Paraná et du Santa Catarina qu'il est encore possible de voir les **araucarias**, ces étranges pins aux branches en chandelier et aux feuilles en écaille. La région abrite écureuils, renards, cerfs, faucons, ouistitis, coatis, toucans...

La question écologique

Des années 1950 au milieu des années 1980, alors que l'économie croissait à grand rythme, le Brésil était peu soucieux de protéger son environnement. L'espace paraissait immense et les ressources inépuisables. Pendant de longues années, le développement de l'Amazonie s'est fait de façon brutale, sans états d'âme, avec pour objectifs de coloniser l'espace et de dégager des profits rapides. Le pillage des ressources a pris parfois des allures apocalyptiques, comme dans les mines de la Serra Pelada (Pará), aujourd'hui fermées, où des milliers d'hommes-termites s'activaient dans la boue d'un territoire dévasté. Un phénomène qui n'épargne pas les autres forêts du pays. Fin 2015, la rupture d'un barrage minier au Minas Gerais a provoqué une gigantesque coulée de boues chargées de métaux lourds, ravageant le fleuve Rio Doce sur 660 km jusqu'à l'Atlantique, dévastant au passage des villages et tuant 19 personnes.

Un effort de protection

Parmi les principales sources de nuisance figurent le saccage des forêts par les scieries et les compagnies minières, la pollution des rivières par le mercure des *garimpeiros* (chercheurs d'or), la contrebande d'espèces animales ou végétales, les brûlis agricoles, les défrichements pour développer l'élevage et la culture du soja, l'usage irraisonné de pesticides, les négligences industrielles et la multiplication des barrages fluviaux. La société brésilienne a pris conscience que ces développements prédateurs ont des conséquences alarmantes et que la préservation

Puma.
LeoMercon/Getty Images Plus

de la nature est une réelle urgence. Sous l'égide de l'**ICMBio** (Instituto Chico Mendes de Conservação de Biodiversidade) – qui gère les 72 parcs nationaux, les stations et les réserves biologiques – se met en place un vaste plan de conservation de la biodiversité (création de nouvelles zones protégées, surveillance radar, législation répressive renforcée). L'action de l'institut a été considérablement entravée sous le mandat de Jair Bolsonaro.

La déforestation : un enjeu planétaire

Longtemps considérée comme une terre vierge à conquérir, l'Amazonie apparaît aujourd'hui comme un trésor inestimable à protéger. Grâce à l'action déterminée du gouvernement, la déforestation s'est réduite à partir de 2016 avant de reprendre de plus belle sous le mandat de Jair Bolsonaro. Selon les études, elle aurait augmenté de 75 % par rapport à la décennie précédente. S'y ajoutent les incendies catastrophiques de 2019-2022, dûs en grande partie à l'activité humaine. Si l'Amazonie concentre l'attention internationale, d'autres régions brésiliennes sont touchées par la déforestation en raison de l'extension des zones de culture –de soja notamment – et d'élevage : le Cerrado, la savane, le Nordeste. Pour marquer son engagement dans la lutte contre le réchauffement climatique, le président Lula a proposé le Brésil comme prochain lieu de réunion de la COP en 2025.

Traditions et art de vivre

Partager une bière fraîche entre amis à la plage, improviser un concert sur le coin d'une table, bondir comme un seul homme lorsque l'équipe nationale de foot marque un but : les Brésiliens ont un vrai talent pour apprécier l'instant présent. Leur bonne humeur n'est pas une légende, elle est contagieuse. Autour d'une roda de samba ou d'une fête populaire, les générations se mêlent pour partager, chanter, danser sans laisser la place aux complexes ou à la gêne. Vos hôtes se feront d'ailleurs un point d'honneur à ce que vous vous sentiez chez eux a vontade (à l'aise). En période de Carnaval, sous le masque, tout est permis, les rues des grandes villes s'enflamment... Il y a les inconditionnels, et ceux qui préfèrent s'en éloigner pour trouver le calme.

Savoir-vivre

Les Brésiliens sont très ouverts. Partout où l'occasion s'y prête, dans les bars ou les petits restaurants, dans les bus ou en faisant la queue, ils engagent la conversation, pour le simple plaisir de faire connaissance. Peu importe que la rencontre soit sans lendemain : plus que nous, souvent, ils profitent de l'instant présent. Chaleureux, curieux des autres, ils apprécient généralement de rencontrer des étrangers. En parlant, ils vous poseront parfois une main sur l'épaule ou sur le bras : ne soyez pas trop formaliste ! Cette familiarité tout en gentillesse et joie de vivre fait vraiment partie de l'identité brésilienne.

En revanche, vous serez peut-être agacé par leur nonchalance, que vous prendrez parfois pour du mépris, ou un manque d'efficacité. Il n'en est rien : les Brésiliens vivent simplement sur un autre rythme. Les horaires (églises, musées...) ne sont pas toujours respectés et si vous avez rendez-vous avec quelqu'un, prévoyez une marge de retard. Dans les administrations, insistez gentiment devant un refus ou un évident manque d'allant, et soyez patient.

Dans les grandes villes de bord de mer, les Brésiliens montrent leur corps : torse nu pour les hommes, short moulant et haut de maillot pour les femmes. Sur la plage, les femmes portent des bikinis extrêmement minimalistes, mais n'ont toutefois jamais les seins nus. Enfin, s'ils se rendent, en journée, en short et tongs dans les magasins ou les cafés, ils soignent leur tenue pour sortir le soir, surtout s'ils sont invités.

Si vous connaissez quelqu'un au Brésil ou si vous êtes recommandé par un ami, vous serez probablement invité à déjeuner ou pour un *churrasco* (un barbecue). Les Brésiliens sont amicaux, ils ont un vrai talent pour recevoir et le repas sera convivial et informel. Apportez un petit cadeau : votre geste sera très apprécié. En revanche, si l'on vous héberge, ne proposez pas d'argent : ce serait pris comme une offense. Au restaurant, celui qui invite est celui qui paie, mais il est poli de proposer de partager l'addition.

Les Brésiliens aiment faire la fête : sortir boire un verre, écouter de la musique et danser, jusque tard dans la nuit. Vous pourrez facilement vous mêler à eux, dans les bars notamment mais ne vous avisez pas d'inviter une femme mariée à danser, c'est inconcevable pour un Brésilien.

Sports et loisirs

L'engouement des Brésiliens pour le sport est manifeste : plus qu'un simple loisir, il est pour eux une passion, un vecteur de promotion sociale ainsi qu'une bonne occasion de faire la fête. Derrière lui, c'est surtout le culte du corps qui transparaît. Proximité de la nature et des plages, influences indienne ou africaine, climat qui invite à se découvrir : quelle qu'en soit la raison, au Brésil, le corps est volontiers exhibé. Considéré comme un outil de séduction ou comme une arme de compétition, il fait l'objet de toutes les attentions... et de quelques dérives aussi.

Cultiver l'apparence

Attachés au plaisir charnel, à la sensualité, et célébrant la beauté de façon presque obsessionnelle, les Brésiliens accordent beaucoup d'importance à leur physique et se donnent du mal pour l'entretenir – les gens aisés tout au moins. À Rio, sur les plages de Leblon ou d'Ipanema, difficile d'échapper aux cohortes de joggeurs, bikers, surfeurs et body-builders en pleine démonstration. Les clubs de gym pullulent à Rio et São Paulo, fréquentés par des garçons et des filles issus de tous les milieux sociaux. Culte de la minceur, du galbe ou des pectoraux, désir de se façonner un physique de rêve, souci permanent de plaire font de la séduction un devoir absolu.

Et lorsque l'effort ne suffit plus, beaucoup ont recours aux compléments alimentaires, aux hormones et à la chirurgie esthétique. Nouveau sport national, elle a trouvé ici sa seconde patrie après les États-Unis. Lèvres gonflées, visages botoxés, poitrines siliconées, mollets arrondis, ventre et fessiers liposucés : tout y passe !

Fous de futebol

Immensément populaire au Brésil, le football est joué partout : dans les stades, sur la plage, au coin des rues ou sur les terrains vagues. Pour les enfants défavorisés, initiés dès leur plus jeune âge, il représente l'espoir d'une ascension sociale, d'une réussite incarnée par les stars **Pelé**, **Garrincha**, **Ronaldo**, **Ronaldinho** ou **Neymar**. Grande fabrique à rêves et à spectacles, ce sport exalte la fierté nationale : la population tout entière vibre aux exploits de sa Seleção,

Le roi Pelé

Né en 1940 dans le Minas Gerais, Edson Arantes do Nascimento, dit **Pelé**, reste **le plus célèbre joueur de football du monde**. Il n'a pas 16 ans lorsqu'il joue son premier match officiel avec le club de Santos, à São Paulo. En 1958, à 17 ans, il entre dans la légende après avoir marqué deux buts d'anthologie en finale de Coupe du monde contre la Suède. En 1962 et 1970 encore, il illumine la Coupe de son talent inouï. Lorsqu'il se retire, en 1977, son palmarès compte 1 281 buts : record absolu ! Sa mort en 2022 a suscité une émotion considérable dans tout le pays.

seule équipe à avoir remporté cinq fois la Coupe du monde (en 1958, 1962, 1970, 1994 et 2002).
Le football fut introduit au Brésil dans les années 1890 par des marins anglais qui y faisaient escale. D'abord pratiqué par une élite dans des clubs de Rio et de São Paulo, il se popularise peu à peu en s'ouvrant à des joueurs de toutes les classes sociales. L'apothéose survient avec la victoire en Coupe du monde en 1958, en Suède : depuis, les virtuoses au maillot jaune sont salués par toute la planète pour leur style de jeu incomparable, fait d'agilité, de finesse et d'imagination.
Le ballon rond continue d'enflammer les foules : rivés derrière leur écran de télévision ou massés dans des stades géants comme le **Maracanã** de Rio, les *torcidas* (groupes de supporteurs) brésiliennes dansent, chantent et hissent des drapeaux aux couleurs de leur club – les plus importants sont le **Flamengo**, le **Fluminense**, le **Botafogo** et le **Vasco** de Rio, le **Corinthians**, le **Santos**, le **São Paulo** et le **Palmeiras** de São Paulo. En 2014, le Brésil a accueilli la Coupe du monde de football (pour la deuxième fois après celle de 1950), réaffirmant avec force l'attachement du pays à ce sport.

La capoeira

Art martial propre au Brésil, la capoeira est un mélange de lutte et de danse. Digne d'un spectacle de hip-hop, elle se distingue des autres arts de combat par son côté ludique et acrobatique, par son accompagnement musical et par un aspect plus théâtral que violent (les coups ne sont pas portés).
Pour autant, certains de ses gestes, comme les coups de pied fouettés, sont d'une redoutable efficacité. La capoeira fut créée au 16e s. par des esclaves africains venus d'Angola qui développèrent cette technique de lutte à mains nues parce qu'ils n'avaient pas le droit de porter une arme. Pour berner leurs maîtres, ils la dissimulèrent en jeu dansé au son d'instruments de musique et de chants.
Dans les années 1930, **mestre Pastinha** puis **mestre Bimba** créèrent les premières écoles. Celle de maître Pastinha, dite « capoeira Angola », lente et rusée, est proche des racines africaines ; celle de maître Bimba, enrichie de techniques inspirées de la savate et du kung-fu, est plus rapide et impulsive *(encadré p. 243)*. Au son du *berimbau*, des tambours et des chants, les adversaires se relaient pour s'affronter dans un cercle *(roda)*. Jambes fléchies, mains au sol, ils livrent des gestes rapides et acrobatiques, accordés à la musique, lançant tour à tour des coups de jambe, esquivant par des bascules et des reculs. L'harmonie des enchaînements et l'élégance des figures comptent autant que la force et la vitesse des coups.

Les autres sports

En championnats, le Brésil s'est illustré dans d'autres sports comme le tennis avec **Gustavo Kuerten**, ou la Formule 1 avec **Nelson Piquet** et **Ayrton Senna** (mort tragiquement en 1994). Son équipe de volley-ball masculin a été championne du monde, en 2002, 2006 et 2010. Le beach-volley, enfin, est une discipline olympique où les Brésiliens excellent. En 2016, le Brésil a accueilli à Rio les Jeux olympiques d'été. L'ensemble des infrastructures sportives étaient situées à Copacabana, Deodoro, Maracanã et Barra da Tijuca (où a également été construit le village olympique).

Carnaval

L'amour des Brésiliens pour la fête a donné jour à des réjouissances hautes en couleur et en fantaisie. La folie du carnaval, vaste exutoire des passions inassouvies, permet d'oublier temporairement les difficultés du quotidien. On se défoule, on s'enivre, on danse la samba à en perdre haleine. Les vibrations des tambours sont à leur comble et chacun rivalise d'originalité et de sacrifices pour s'offrir le costume le plus incroyable qui fera de lui un être de lumière le temps d'une nuit.

Rio, le plus célèbre

Bariolé, explosif, flamboyant : le carnaval de Rio est le grand spectacle-vitrine du Brésil. Il attire chaque année des milliers de touristes venus se joindre aux Cariocas en transe, pour cinq jours débridés, du vendredi au Mardi gras. À l'origine, au 17e s., était l'*entrudo* portugais, une fête de rue marquant l'entrée en carême qui consistait à asperger les passants d'eau, de farine et d'œufs. Un jeu que les pouvoirs publics interdisent en 1856. Mais tandis que les élites s'amusent dans leurs bals costumés, les pauvres organisent, vers la fin du 19e s., leurs propres défilés : des petits groupes déambulent dans les rues en chantant et en dansant. Les premières *escolas* (écoles) de samba apparaissent dans les années 1920 : Deixa Falar, puis Mangueira, suivies d'une trentaine d'autres. Leur carnaval annuel dans le centre de Rio prend bientôt une telle ampleur qu'on commence, dans les années 1960, à construire des gradins et à faire payer le public. En 1984, la création du **Sambódromo** (projet d'Oscar Niemeyer) permet de canaliser les débordements de cette fête populaire, dont il devient le temple.

En 2005, Rio s'est doté d'une **Cidade do Samba**, vaste citadelle située dans la zone portuaire où les écoles de samba ont leurs salles de préparation et leurs ateliers.

Les répétitions débutent dès le mois de septembre. Chaque école met au point l'*enredo*, le thème du défilé, puis fabrique costumes et chars allégoriques. Le financement est assuré par le mécénat, les subventions de la municipalité, la vente des droits télévisés et des CD.

Le carnaval débute le vendredi par le défilé des enfants. L'apogée arrive, les nuits des dimanche et lundi, avec ceux des *Grupo Especial*, les écoles de samba les plus cotées. En tête de cortège, la *Comissão de Frente* ouvre la chorégraphie. Viennent alors des chars gigantesques, les *alas* (groupes bigarrés de plusieurs centaines de figurants) qui virevoltent en cadence, guidés par la *Bateria* des musiciens, le *Mestre Sala* (maître de cérémonie) et le *Porta Bandeira* (porte-drapeau) impeccables. Juchées sur les plus beaux chars, des beautés à demi nues se déhanchent dans leurs costumes chamarrés, sous le regard impavide du jury qui note chaque spectacle. Pendant ce temps, le carnaval se déroule aussi dans la rue où se pavanent en fanfare les *bandas* et les *blocos* costumés, tandis que des bals extravagants sont donnés en divers lieux de la ville.

Bahia, le plus authentique

Le carnaval de Rio n'est pas le seul du Brésil : toutes les capitales régionales ont plus ou moins le leur. Ceux de São Paulo, de Recife, de Fortaleza, de Ouro Preto ou de Natal sont également spectaculaires, mais le carnaval de rue de **Salvador de Bahia**, l'un des plus anciens, tranche véritablement par son rythme endiablé. Il attire plus de 2 millions de personnes avec pour seul mot d'ordre *pular* : sauter, danser la samba et faire la fête jusqu'au bout de la nuit. Ses fameux **trios elétricos**, de gros camions décorés sur lesquels des orchestres jouent de l'*axé music* et du *frévo* électrique amplifiés par des sonos à pleins tubes, sont emmenés par des stars de la musique tels Gilberto Gil, Caetano

Veloso, Daniela Mercury, Timbalada ou Ivete Sangalo. Ils sont escortés par les figurants des *blocos* (groupes de quartier) qui paradent au son des tambours. Défilent aussi les **afoxés** aux costumes blancs ornés de perles bleues, les Filhos de Gandhi pratiquant les rites afro-religieux du *candomblé* et les *blocos afros* affirmant avec fierté leur négritude. Sur les flancs du cortège, derrière de grandes cordes, une foule compacte se trémousse et saute tant et si bien qu'on la surnomme *pipoca*, pop-corn. Bref, six jours de folie furieuse !

Autres fêtes

De multiples autres festivités ponctuent le calendrier. Elles reflètent la diversité des croyances et des traditions du Brésil. Très populaires dans le Nordeste, les **Festas Juninas** (fêtes de Juin), jadis associées à la récolte du maïs, donnent lieu à des feux de joie, des bals et des danses en quadrilles au son du *forró*. Les **Folias de Reis** (fêtes des Rois) se rencontrent dans les États du Goiás, du Minas Gerais, de l'Espírito Santo et de São Paulo. À l'Épiphanie, chanteurs et danseurs masqués déambulent de maison en maison, entonnant des *chulas* dédiés aux Rois mages. Le **Bumba-meu-boi** (fête du bœuf), dont le nom diffère selon les régions (*Boi-bumbá* au Maranhão et en Amazonie, *Boi-de-mamão* à Santa Catarina), se déroule à des dates variables. Cette fête très colorée a pour origine un conte populaire portugais du Moyen Âge ayant pour thème la mort et la résurrection d'un bœuf. Un bœuf factice fait d'un velours brodé, paré de rubans tendus sur des arceaux, est exhibé dans les rues, porté par un danseur. Dans son sillage avancent les participants au son de percussions endiablées, tandis que le public hue et applaudit. Le *Boi-bumba* de **Parintins**, en Amazonie, est hallucinant. Lié aux anciennes cérémonies de couronnement des rois nègres que les esclaves désignaient chaque année pour présider leur communauté, le **maracatu** de Recife et d'Olinda donne lieu, lors du carnaval, à une fastueuse procession costumée d'une « cour royale », rythmée par des tambours. Parmi les personnages, on reconnaît le *caboclo de lança*, l'Indien en guerre, qui exécute une brillante chorégraphie avec sa lance.

Gastronomie

À la base de l'alimentation brésilienne figurent la farine de manioc *(farofa)*, le riz *(arroz)* et les haricots noirs *(feijão)*. Pour le reste, les plats proposés sont aussi variés que la population est métissée : bœuf et poulet, poissons et crustacés surtout dans le Nordeste,

Carnaval de Rio.
ampueroleonardo/Getty Images Plus

mais aussi pâtes italiennes, sushis japonais, *mezze* libanais, saucisses allemandes, boulettes à l'huile de palme d'origine africaine... Traits communs à toutes ces recettes : des produits toujours frais et des portions ultra-copieuses.

La feijoada, plat national

Traditionnellement servie lors du déjeuner du samedi à Rio, la **feijoada**, sorte de cassoulet délicieux, mais roboratif, à base de haricots noirs et de morceaux de viandes, se déguste accompagnée de bière glacée ou de *caipirinha*. Le *feijão* (haricot) fut apporté par les colons portugais. Il avait l'avantage de se conserver longtemps et de se transporter facilement, si bien qu'il fut largement adopté par les populations du sertão, en complément de la viande séchée et de la farine de manioc. Quant à la *feijoada*, elle est née dans la cuisine des *senzalas*, baraques d'esclaves où l'on avait coutume d'accommoder les haricots avec les abats laissés par les maîtres. Outre des haricots et de la viande de bœuf séchée, on ajoute en général dans la *feijoada* diverses saucisses, des côtes et du lard de porc, des feuilles de *couve* (variété de chou), de la farine de manioc, des tranches d'orange, de la coriandre, de l'ail, de l'oignon et du piment. Elle est servie avec du riz blanc et de la *farofa* (farine de manioc revenue dans le beurre).

Spécialités régionales

La savoureuse cuisine de **Bahia**, où dominent les influences africaines, fait grand usage du *dendê* (huile de palme de couleur vermillon), du lait de coco et des épices, tels les redoutables *pimentas malaguetas*. Parmi ses spécialités : la *moqueca de peixe*, ragoût de poisson et de fruits de mer au *dendê* et lait de coco ; le *vatapá*, sorte de purée épicée de crevettes, de *dendê*, de riz et de mie de pain ; le *bobo de camarão*, crevettes cuites dans du lait de coco et mélangées à de la pâte de manioc ; les *acarajé*, boulettes de haricots farcies de crevettes frites dans l'huile de palme. Au **Nordeste**, essayez le *sarapatel*, ragoût à base d'abats, ou d'autres plats de tripes, panse de mouton et viande séchée. Sur la côte, crabes *(caranguejos)* et fruits de mer sont très appréciés.

Les Tupis ont enseigné la façon de préparer le manioc, présent dans de nombreux plats d'**Amazonie**, tel le *pato ao tucupi*, canard rôti à l'ail, au *jambú* (une herbe amazonienne) et au jus de manioc. Le *tacacà*, d'origine indienne également, est un plat de crevettes séchées cuites avec piment, *jambú* et tapioca, un peu gélatineux.

La rustique cuisine du **Minas Gerais** privilégie le porc, les haricots, le

couve et la farine de manioc. Parmi ses plats typiques : le *tutu mineiro*, purée de haricots avec de la viande séchée, du riz et du manioc ; le *feijão-tropeiro*, potée de haricots aux lardons, saucisses, chou et manioc. Les fromages *(queijos)* sont une autre spécialité de la région. On les mange souvent avec de la confiture de goyave ou de la confiture de lait.
Dans le **Sud-Est**, vous pourrez goûter la *galinha ao molho pardo*, poule cuite en cocotte dans son sang, un plat d'origine africaine.
À Rio, les Portugais ont laissé leurs plats traditionnels, le *bacalhau* (morue) et le *cozido* (légumes et viande poêlés). São Paulo se repaît d'une cuisine très cosmopolite et sophistiquée : restaurants de sushis, de couscous, de pizzas ou de cuisine française.
Dans le **Sud**, place à la cuisine des *gaúchos* et à leurs *churrascos*, viandes grillées au barbecue, salées, puis servies en lamelles avec une sauce aux oignons et de la farine de manioc. Dans les enclaves allemandes, choucroute et saucisses sont bien sûr à l'honneur.

Quelques desserts

À Bahia, vous aurez sans doute l'occasion de goûter les *quindims*, flans aux œufs et à la noix de coco. Dans le Nordeste, le *pé de moleque*, à base de noix de cajou, est un régal. Originaire du Minas Gerais, le *doce de leite* (confiture de lait) est un des entremets les plus populaires du Brésil. Le pays possède enfin une multitude de fruits exotiques. Au-delà des classiques bananes, noix de coco, ananas *(abacaxi)*, mangues, pastèques, fruits de la passion et goyaves, ce sera l'occasion de découvrir des saveurs inconnues, celle du *fruta do conde*, ou de l'*açai*, petite baie dont le jus noir évoque la couleur du chocolat. Il a conquis aujourd'hui le monde entier grâce à sa forte teneur en antioxydants.

Les boissons

Une variété incroyable de **jus de fruits** *(sucos)* sont servis dans les *lanchonetes*, petits snacks qui bordent les rues. Vous pourrez y tester des fruits aux parfums inédits, acidulés ou doucereux : *guaraná*, *acerola*, *graviola*, *jabuticaba*, *cupuaçu*, *pitanga*... Essayez aussi l'*agua de coco*, le lait de coco, ou le *caldo de cana*, le jus de canne à sucre.
La **bière** se boit en toute occasion, servie en bouteilles bien glacées ou à la pression *(chope)*. Les deux grandes marques, Brahma et Antartica, sont peu alcoolisées.
Les plantations de **café** du Sud-Est, qui firent jadis la richesse du Brésil, produisent toujours un excellent arabica, doux et parfumé. Les Brésiliens aiment leur *cafezinho* (petit-noir) fort, brûlant et très sucré.
Boisson de prédilection des *gaúchos*, le **mate**, thé vert au goût tonique et amer, est servi froid, voire glacé, à Rio, mais brûlant dans le sud du pays.
La **cachaça**, appelée aussi *pinga*, est un alcool de canne obtenu par fermentation et distillation, tirant à près de 40°. En l'additionnant de sucre roux, de glace pilée et de citron vert, on obtient la **caipirinha**, le célèbre cocktail national. En ajoutant du jus de fruit ou du lait de coco, on compose les **batidas**.

Arts et culture

Foisonnante et métissée, la culture au Brésil s'épanouit dans toutes les formes d'expression. Des joyaux de l'art baroque jusqu'aux plus récentes compositions musicales, la création brésilienne est toujours empreinte de trois grandes influences : amérindienne, européenne et africaine. Certaines régions, en écho à leur histoire, affichent des dominantes : les racines africaines sont omniprésentes dans le Nordeste, certains villages du sud du Brésil ressemblent à s'y méprendre à nos bourgades européennes... L'art populaire possède également ici toutes ses lettres de noblesse : la culture est l'affaire de tous et elle transcende les clivages sociaux.

Art et architecture

L'originalité de l'art brésilien vient de ce qu'il puise son inspiration dans une combinaison d'éléments amérindiens, européens et africains. Le brassage de ces différentes influences a servi depuis trois siècles de catalyseur à une expression artistique foisonnante et bigarrée, dont les exemples les plus saisissants sont fournis par l'art baroque du 18e s., né avec la fièvre de l'or.

L'art des Amérindiens

Les arts des Indiens du Brésil sont issus de traditions remontant à plus de douze mille ans. Les plus anciennes manifestations en sont les peintures rupestres qui ont été mises au jour dans le sertão du Nordeste, plus précisément dans la région de la **Serra da Capivara** (État du Piauí). Classé par l'Unesco, ce parc national renferme 744 sites préhistoriques abritant plus de 30 000 peintures et gravures rupestres d'une valeur inestimable. Si l'art pariétal n'a pas eu de descendance picturale, d'autres traditions ont perduré comme la céramique, les masques, la vannerie et surtout l'**art de la plume**, sans nul doute l'expression artistique amérindienne la plus fascinante. Parures et sublimes diadèmes colorés en plumes d'aras, d'aigrettes, de toucans, d'aigles royaux ou de perroquets témoignent d'une très grande maîtrise technique et d'un sens aigu de l'expression symbolique. Car, au-delà de leur beauté, ces parures servent à marquer l'identité du groupe ethnique et le rang social des individus.

L'art colonial

16e et 17e s.

Avec les premiers colons portugais s'installe une architecture coloniale typique, dont les traits s'imposent durablement. Coiffées de grands toits pentus en tuiles rouges, les maisons de briques ou de pierres arborent une allure simple, des murs blanchis à la chaux, parfois rehaussés par les couleurs des encadrements des portes et des fenêtres. Distribué en général autour d'un patio intérieur, l'étage abrite les appartements familiaux tandis que le rez-de-chaussée sert au négoce.

À la sobriété des demeures et des bâtiments publics s'oppose le raffinement éclatant des églises et des couvents. Durant toute la période coloniale, les ordres religieux rivalisent de faste dans la construction et la décoration des lieux de culte, dont le style est calqué sur celui des églises du Portugal, d'Espagne ou d'Italie. Ainsi la grande cathédrale de Salvador ou le splendide couvent bénédictin de São Bento de Rio, dont l'intérieur doré est l'œuvre de **frei Domingos da Conceição** (1643-1718). Beaucoup d'églises et de couvents sont ornés d'azulejos bleus et blancs venus du Portugal, illustrant des scènes religieuses ou profanes. On en voit de beaux exemples dans le cloître de l'église São Francisco de Salvador ou dans les bâtiments franciscains de Olinda, Recife ou Rio. Sous l'influence des confréries, des ateliers d'art se créent où s'expriment des nuances propres à chaque région : art des missions jésuites de l'extrême sud, caractérisé par le travail des Indiens ; art des moines de São Paulo où dominent les céramiques polychromes ; art de Bahia d'influence africaine, utilisant le travail du bois. Toutes ces écoles travaillent sur des reproductions de tableaux religieux italiens ou espagnols d'époque Renaissance et baroque, images auxquelles les peintres locaux apportent une touche originale faite de fraîcheur et de naïveté.

Durant l'occupation hollandaise du Pernambuco, les peintres paysagistes **Frans Post** (1612-1680) et **Albert Eckhout** (1610-1666) séjournent au Brésil. Ils sont les premiers Européens à peindre les merveilles du Nouveau Monde, livrant à l'Europe quantité de portraits d'indigènes et de colons, de paysages, de représentations de plantes et d'animaux.

L'envolée baroque

18e s.

Tout au long du 18e s., l'or du Brésil entraîne la floraison, un siècle après son apparition en Europe, d'un art baroque dont il subsiste de magnifiques vestiges. Près des mines du **Minas Gerais** naissent les villes d'Ouro Preto, Mariana, Sabará, São João del Rei, Congonhas, Diamantina, dont les édifices disent le goût immodéré à cette époque de la gloire, de la démesure et de la pompe. Dans les bâtiments administratifs, symboles de la royauté portugaise triomphante, s'exprime toute l'exubérance de

L'Aleijadinho, le « petit estropié »

Fils d'un architecte portugais et d'une esclave africaine, ce mulâtre au tempérament bouillonnant, bagarreur et coureur de jupons, éclipse par son magistral talent la majorité de ses contemporains. Atteint dès 40 ans d'une atrophie lépreuse des pieds et des mains (d'où son surnom de « petit estropié »), l'*Aleijadinho* doit attacher ses ciseaux et son maillet à ses moignons pour continuer à sculpter. Parmi les plus connues de ses réalisations figurent l'**église São Francisco de Assis à Ouro Preto**, à la façade et aux tours animées de courbes sensuelles, et l'expressif ballet des douze prophètes qui ornent le parvis de la **basilique Bom Jesus de Matosinhos à Congonhas**, sculptés en pierre-savon. Quoiqu'inspirée de modèles européens, son œuvre marque l'avènement d'un art authentiquement brésilien, caractérisé par une grâce musicale et une douceur sensuelle.

l'art baroque. Escaliers imposants, frontons décorés, hautes fenêtres entre pilastres, portes massives : tout est fait pour imposer l'image du colonisateur lointain, mais puissant. Soucieux d'afficher leur nouvelle richesse, les bourgeois portugais rivalisent eux aussi de luxe princier : les façades de leurs maisons, cossues, se parent de statues, de guirlandes de pierre et de balcons ajourés.

La prospérité des villes se traduit bientôt dans l'architecture des églises, désormais caractérisée par la plasticité des murs aux courbes elliptiques, les tours circulaires et les façades d'influence italienne qui ondulent avec douceur, à l'image de N. S. do Rosario (à Ouro Preto), de São Pedro dos Clérigos (à Mariana), de São Francisco de Assis (à São João del Rei) ou de N. S. da Glória à Rio. La pureté des lignes et la simplicité des volumes extérieurs contrastent avec les fastes artistiques déployés pour la décoration intérieure et l'incroyable mise en scène des nefs et des autels, surchargés d'or, d'éléments sculptés et polychromes : maître-autel encadré de colonnes torsadées, chérubins joufflus batifolant entre fleurs et oiseaux, anges virevoltant dans les ciels en trompe-l'œil des plafonds à caissons, chapelles latérales foisonnant de statues, fresques, retables en bois doré avec pilastres à caryatides... Tout à la joie de ses couleurs radieuses, à la volupté de ses formes flamboyantes, le baroque se laisse aller à une jubilation festive et glisse, à la fin du siècle, vers le rococo, ses volutes de rocaille et ses ornements sophistiqués.

Plusieurs artistes marquent le baroque brésilien de leur empreinte. Le peintre **Manuel da Costa Ataíde** (1762-1830) peuple de ses madones et enfants Jésus les églises São Francisco de Assis d'Ouro Preto et N. S. do Rosário de Mariana. Le sculpteur **Francisco Xavier de Brito** (mort en 1751) œuvre à N. S. do Pilar d'Ouro Preto et à São Francisco da Penitência do Rio qu'il enrichit de scènes narratives colorées, de saints et d'anges potelés aux gestes grandiloquents. **José Joaquim da Rocha** (1737-1807), au style italianisant, peint les fresques illusionnistes de plusieurs églises de Salvador. Valentim da Fonseca e Silva, dit **Mestre Valentim** (1750-1813), réalise à Rio les splendides portails et l'autel en argent de l'église de Ordem Terceira do Carmo, la fontaine de la Pyramide et le Passeio Público. Mais le sommet est atteint avec l'œuvre d'Antônio Francisco Lisboa, dit l'**Aleijadinho** (1738-1814 ; *encadré ci-contre*), sculpteur génial qui signe quelques-unes des plus belles églises du Minas Gerais.

Retour au classicisme

19e s.

En 1816, la cour portugaise exilée à Rio fait venir de Paris une mission artistique afin de fonder l'Académie des beaux-arts et « répandre l'esprit des Lumières aux tropiques ». Parmi les artistes invités figurent les peintres **Jean-Baptiste Debret** (1768-1848), élève de David au style pompier, et **Nicolas-Antoine Taunay** (1755-1830) qui peint des paysages et des scènes de l'histoire antique. Durant quinze ans, ces peintres réalisent quantité de dessins, aquarelles et tableaux : portraits officiels, scènes de la vie quotidienne à Rio, villages et coutumes des Indiens, paysages tropicaux. Leur art néoclassique marque une rupture avec le baroque colonial et l'iconographie religieuse qui dominaient jusqu'alors. Leur influence est visible dans le style académique de leurs élèves, **Araujo Porto-Alegre** (1806-1879), **Pedro Américo** (1843-1905) et **Vítor Meireles** (1832-1903), dont les grands tableaux romantiques cherchent à glorifier la nation. Plus authentiquement brésilienne apparaît en revanche l'œuvre d'**Almeida Júnior** (1850-1899), artiste formé par Cabanel à Paris, qui pose sur son pays un regard neuf et capte ses couleurs, sa luminosité, tout en s'efforçant de mettre en scène, de façon réaliste, paysans des campagnes et bourgeois des villes. Le néoclassicisme architectural – ses colonnes à l'antique et ses frontons triangulaires – s'impose avec l'architecte français **Granjean de Montigny** (1776-1850).

L'art du 20e siècle

Le modernisme en architecture

Dès le début du siècle, l'architecture va permettre au Brésil de faire étalage de sa modernité et de sa puissance, surtout après la **semaine d'Art moderne** en 1922. En 1929, on inaugure à São Paulo le premier gratte-ciel de l'Amérique du Sud, l'Edifício Martinelli, tandis que Belo Horizonte, nouvelle capitale du Minas Gerais, impose les perspectives droites et nettes de ses avenues à l'américaine. Sous l'influence des idées novatrices de Le Corbusier et de Walter Gropius triomphe, à partir des années 1950, un courant moderniste incarné par **Oscar Niemeyer** (1907-2012), **Lúcio Costa** (1902-1998), ainsi que le paysagiste et peintre **Roberto Burle Marx** (1909-1994).

Une scène artistique active

Formés au contact de l'art européen, les artistes de São Paulo **Lasar Segall** (1891-1957) et **Vítor Brecheret** (1894-1955) brisent les anciens carcans académiques et défient les préjugés bourgeois. D'autres s'attachent à promouvoir un art moderne plus ancré dans l'âme brésilienne. **Tarsila do Amaral** (1896-1973), émule de Fernand Léger, s'inspire de l'art populaire dont elle tire ses couleurs vibrantes et présente une vision des Indiens débarrassée du regard colonial. **Cândido Portinari** (1903-1962), peintre d'origine italienne, développe de vastes fresques murales au style tourmenté où il attire l'attention sur les injustices subies par les paysans et ouvriers.
À São Paulo se tient tous les ans une biennale internationale réputée. L'abstraction géométrique y domine autour de **Samson Flexor** (1907-1971), **Waldemar Cordeiro** (1925-1973) et **Alfredo Volpi** (1896-1988).
À Rio se développe un art plus sensible et participatif, avec **Lygia Clarke** (1920-1988), **Hélio Oiticica** (1937-1980), **Ivan Serpa** (1923-1973), **Sérgio Camargo** (1930-1990) ou encore **Cildo Meireles** (né en 1948). N'oublions pas non plus Vik Muniz (né en 1961), l'une des très grandes signatures de l'art contemporain, qui nous réapprend à voir des œuvres célèbres en les reproduisant à l'aide de confiture, de confettis ou d'ordures avant de les détruire après les avoir photographiées.
La rivalité entre Rio de Janeiro

Oscar Niemeyer

Né en 1907 à Rio, Oscar Niemeyer est l'un des grands architectes du 20e s. Il a dessiné, dans les années 1960, les principaux bâtiments de **Brasília**, dont la cathédrale et le Congrès national. Il est aussi notamment l'auteur du siège du Parti communiste français, à Paris, et du très futuriste musée d'Art contemporain Niterói, à Rio (en forme de soucoupe volante). Son œuvre n'est pas exempte d'une certaine démesure, mais ses plans audacieux, tout en courbes et spirales, son style épuré et son utilisation très fluide du béton armé forcent l'admiration. Signe de la reconnaissance de ses pairs, Il a reçu, en 1988, le prestigieux **prix Pritzker**. Il s'est éteint en 2012 à l'âge de 104 ans.

Groupe de percussions dans les rues de Bahia.
Panther Media GmbH/Alamy/hemis.fr

et São Paulo s'étend également sur le terrain de l'art. Même si la capitale économique a pris le pas dans le domaine de la création, notamment avec sa célèbre biennale (Bienal) – qui a fêté en 2023 sa 35e édition –, ce serait sans compter sur Rio qui a inauguré, en 2011, une foire annuelle de l'art, ArtRio, en passe de devenir un rendez-vous majeur de la création au Brésil.

Musique

La musique est indissociable du Brésil. Du nord au sud, de l'est à l'ouest, elle accompagne tous les instants de la vie quotidienne, s'invite dans toutes les couches de la société, au point de symboliser l'identité de tout un peuple. Accessible à tous, la musique brésilienne révèle des métissages d'une richesse étonnante, des rythmes tantôt endiablés et sensuels comme dans la samba, tantôt délicats, intimes et entêtants comme la bossa-nova. L'émotion, le charme, la vitalité festive véhiculés par les mélodies et refrains de ses grands maîtres – Caetano Veloso, João Gilberto, Chico Buarque, Gilberto Gil – expliquent son succès planétaire.

La samba dans tous ses états

Rio de Janeiro et son carnaval sont à la source de ce qui est devenu, à partir des années 1930, l'emblème du Brésil : la **samba**. Ce genre musical au rythme syncopé, indissociable de la danse, est le résultat d'un lent travail de fusion de rythmes venus d'Afrique et d'Europe. Le mot vient de *semba*, une danse originaire du Bénin ou d'Angola où les partenaires se frottent le nombril avec gaieté. Au 19e s., les Noirs affranchis de Salvador de Bahia s'installent à Rio. Ils y pratiquent le *samba de roda*, une danse rythmée par des percussions dont les règles musicales commencent à se fixer dans les années 1920. *Pelo Telefone*, du chanteur Donga, l'un des premiers enregistrements de samba, date de 1916. Attirés par la créativité des quartiers noirs, des compositeurs blancs **(Noel Rosa,**

Ary Barroso, Mario Reis) viennent y puiser leur inspiration. Dans les années 1930, la samba, grâce à la radio, conquiert peu à peu le devant de la scène musicale. Vers les années 1940, des artistes comme **Carmen Miranda** popularisent la samba à l'étranger. Elle contraste avec le rythme frénétique de la *samba enredo* du carnaval que développent les *blocos* et les écoles de samba de Rio, dont les défilés s'enfièvrent au son des *batucadas*, orchestres de percussions incluant tambours, tambourins, cloches, cymbales et sifflets. Une autre variante est donnée par le *choro* (du portugais *chorar*, pleurer), musique nostalgique que les esclaves jouaient dans leurs baraquements *(senzalas)*. La mélodie, souvent improvisée, est soutenue par une formation incluant flûte, trombone, mandoline et *cavaquinho*, une petite guitare à quatre cordes cousine de l'ukulélé. **Pinxinguinha** fut l'un des grands maîtres du *choro*. Après une samba mâtinée de rock, puis de funk dans les années 1960 et 1970 et dont le représentant le plus connu est **Jorge Ben Jor**, Rio voit apparaître, dans les années 1980, le *pagode*, un style informel et détendu fondé sur une section rythmique limitée – banjo, *pandeiro* (tambourin) et tam-tam – et des chansons festives qui jouissent vite d'une grande popularité. Incarné par des artistes comme **Jorge Aragão**, **Almir Guineto**, **Zeca Pagodinho** ou le groupe **Fundo do Quintal**, le *pagode* a évolué depuis vers un registre très commercial.

La bossa-nova

Née dans les années 1950 de la samba, la bossa-nova intègre les influences du jazz américain et introduit une nouvelle manière de chanter et de jouer des instruments, plus épurée, plus suave, plus swing. Morceau d'anthologie, *A Garota de Ipanema* (La Fille d'Ipanema), d'**Antônio Carlos Jobim** et **Vinícius de Moraes** (popularisé par Stan Getz, Astrud et João Gilberto), fut sans conteste le tube le plus célèbre de cette nouvelle vague. Père fondateur du mouvement, le guitariste et chanteur **João Gilberto**, à la voix douce et mélancolique, reste la référence absolue, mais on citera aussi **Baden Powell**, virtuose de la guitare acoustique, **Nara Leão**, **Luis Bonfá** ou **Elis Regina**, étoile filante à l'envoûtante voix *bluesy*. Aujourd'hui, **Maria Bethânia**, sœur de Caetano Veloso, **Bebel Gilberto**, fille de João, et le chanteur **Vinícius Cantuária** font à leur tour partie des grands interprètes.

La synthèse tropicaliste

L'arrivée des militaires au pouvoir, dans les années 1960, se traduit par un repli nationaliste de la musique brésilienne, alors même que l'influence du rock britannique et américain gagne du terrain. Mouvement contestataire lancé par **Gilberto Gil**, **Caetano Veloso** et quelques autres, le *tropicalismo* vise à fusionner les courants rock, hippie et pop dans la musique brésilienne. Il réaffirme l'importance du patrimoine musical du pays, tout en l'ouvrant à la modernité. Tous les instruments, en particulier électroniques et électriques (guitares, claviers...), sont utilisés dans des compositions aux paroles souvent critiques. Censurés et emprisonnés par la junte militaire, Gilberto Gil et Caetano Veloso s'exilent à Londres de 1968 à 1972.

Les rois de la « mpb »

Profitant des acquis du tropicalisme, la *Musica Popular Brasileira* (MPB) évolue vers de nouveaux horizons : rock avec **Raul Seixas**, blues avec **Luís Melodia**. La samba revient en force avec **Paulinho da Viola** ou plus récemment avec **Martinho da Vila**. À sa version traditionnelle, le grand artiste **Chico Buarque de Holanda** ajoute, dès la fin des années 1960, un registre poétique et engagé dont la qualité fait l'unanimité. Autre grande star, **Milton Nascimento**, originaire du Minas Gerais, innove en intégrant à ses chansons des influences issues du jazz, du rock ou des musiques latines. Parmi les icônes actuelles du MPB, **Marisa Monte** cartonne auprès des foules qu'elle ensorcelle de sa voix fluide et veloutée.

Les nouvelles tendances

Le rock brésilien s'est bien développé à Rio, São Paulo et Brasília avec des groupes cultes comme **Legião Urbana**, **Os Titãs**, **Paralamas do Sucesso**, et ce jusque dans sa tendance punk ou heavy metal comme avec le groupe **Sepultura**. Un versant plus tropical et acoustique est fourni par **Lenine**, artiste de Recife. Le rap, version *favelas*, est dignement représenté par **Planet Hemp** ou **Racionais MC**. Né à Rio sous l'influence de la soul américaine et du Miami bass, le *baile funk*, aux rythmes agressifs, s'est imposé depuis la fin des années 1980. Une version plus paisible, dite *melody*, a aussi fait son apparition.

Plus enracinée dans la tradition locale, l'*axé music*, originaire de Salvador, fusionne les rythmes africains, les sonorités du *merengue* et du reggae aux instruments du rock. Elle connut sa déferlante dans les années 1990 avec les chanteuses **Margareth Menezes**, **Daniela Mercury**, **Ivete Sangalo**. Né à Recife, le *mangue beat* associe les sons électroniques du hardcore et le chant saccadé du hip-hop aux percussions rythmiques du *maracatu* (musique du Nordeste d'origine africaine). Incarné par **Chico Science**, mort en 1997, ce style mutant est aujourd'hui repris par de nombreux groupes, tels **Mundo Livre** ou **Mestre Ambrósio**.

Styles régionaux

Si la samba est reine à Rio, le **forró** règne, lui, sur le Nordeste, du Piauí au Sergipe. Cette musique chaloupée et entraînante, jouée à la *sanfona* (accordéon), au triangle et au *zabumba* (gros tambour), accompagnait à l'origine les danses de la fête de la Saint-Jean. L'accordéoniste **Luis Gonzaga** a fait connaître le *forró* dans tout le Brésil. Le terme englobe aujourd'hui d'autres danses folkloriques de bals populaires comme le *coco* ou le *baião*. Le carnaval de Recife permet en outre d'apprécier le **frevo** et ses danses acrobatiques sur des parapluies colorés, portées par le tempo endiablé des cuivres et des tambours. Le **carimbó**, danse d'origine indienne au rythme lent, est très populaire dans l'État du Pará. Les artistes **Pintuca** et **Beto Barbosa** en firent connaître une version mêlée de salsa langoureuse nommée **lambada**, qui eut son heure de gloire en Europe à la fin des années 1990.

Carmen Miranda, la « bombe brésilienne »

Avec ses coiffures hallucinantes, ses costumes bariolés et ses talons hauts, elle incarna aux yeux du monde, entre les années 1930 et 1950, le joyeux exotisme et le lyrisme foisonnant de la **musique brésilienne**. Carmen Miranda (1909-1955) se fait connaître au Brésil dès la fin des années 1920 par ses talents de comédienne et de chanteuse de samba. Invitée à Hollywood et sur les scènes de Broadway, elle triomphe dans les **comédies musicales** de l'époque. Sa popularité (elle était adulée par des millions de fans) est alors proportionnelle à la hauteur de ses coiffures, savants échafaudages de corbeilles de fruits qui fourniront à Tex Avery une cible de choix pour les caricatures de ses dessins animés.

L'État de Bahia reste baigné de musiques africaines, notamment les chants entonnés par les chœurs féminins au son des grands tambours, lors des cérémonies de *candomblé*. Fascinant aussi, le son produit par le *berimbau*, sorte d'arc en bois qui accompagne l'art martial dansé de la *capoeira*. Les États du Sud (Paraná, Santa Catarina) s'illustrent à l'inverse par des danses héritées de l'Europe – *valsas*, *polkas* et *mazurkas* – au son de l'accordéon et de la guitare. Ultra-populaire enfin, la musique *sertaneja*, sorte de country venue de l'intérieur du pays.

La musique classique

Dans ce domaine aussi, le Brésil possède une tradition prolixe, apparue dès le 18e s. avec la **musique baroque** du Minas Gerais. Chaque ville de l'État avait son orchestre qui officiait lors des célébrations religieuses. Certaines municipalités, comme São João del Rei, l'ont conservé.
À partir du 19e s. s'élabore un répertoire national, comme en témoigne l'opéra *O Guarani* de **Carlos Gomes** qui remporte un vif succès lors de sa première en 1870. Mais c'est dans les années 1920, avec **Heitor Villa-Lobos** (1887-1959), que la musique érudite va vraiment se détacher du modèle européen. Les célèbres *Bachianas brasileiras* du compositeur figurent désormais en bonne place dans le panthéon national.

Littérature

La littérature brésilienne, la seule d'Amérique latine écrite en langue portugaise, se caractérise par l'effort qu'elle fait depuis des siècles pour se libérer du modèle légué par l'ancien colonisateur afin d'affirmer sa spécificité nationale.

La littérature coloniale

Avec l'arrivée des Portugais sur le sol brésilien naît une littérature d'inspiration baroque, dont le poète **Gregório de Matos** (1633-1696) est le meilleur représentant. Poète lyrique influencé par Camões, il se rend célèbre par ses satires de la société bahianaise. L'art des sermons est incarné par le prédicateur jésuite **Antônio Vieira** (1608-1697), dont l'œuvre met en lumière les rapports complexes des premiers colons avec les Indiens. Longtemps méconnue, *L'Histoire d'un voyage fait en la terre du Brésil*, publiée en 1578 par l'écrivain-voyageur français **Jean de Léry**, offre un témoignage unique sur les mœurs des indigènes de l'époque.
Vers la seconde moitié du 18e s., à l'époque de la ruée vers l'or, apparaît au Minas Gerais un mouvement de poésie néoclassique nommé *Arcadismo*, allusion à l'ancienne Arcadie grecque, caractérisé par des confessions sentimentales et par une idéalisation champêtre de la nature brésilienne. S'imposent ainsi les poètes **Cláudio Manuel da Costa** (1729-1789), **Tomás Antônio Gonzaga** (1744-1810) et d'autres intellectuels qui tous participent à l'insurrection de 1789 (*Inconfidência Mineira*; *p. 453*), vaine tentative d'indépendance du Brésil.

Romantisme et parnasse

Le 19e s. voit émerger une littérature autonome qui cherche à se libérer de l'influence portugaise en allant puiser dans les modèles français. Peu après l'indépendance du pays (1822) débute ainsi la florissante période du romantisme brésilien, inaugurée par la publication, en 1836, des *Soupirs poétiques et nostalgies* de **Gonçalves de Magalhães** (1811-1882). Imagination, émotion, culte du moi et lyrisme nostalgique triomphent, qui donneront jour aux romans et poèmes indianistes de **José de Alencar** (1829-1877) et **Gonçalves Dias** (1823-1864) où l'Indien est idéalisé en héros mythique.

O Guarani ou *Iracema*, du brillant José de Alencar, évoquent ainsi sur un ton allégorique la rencontre-fusion des bons sauvages et des colons portugais. Avec **Castro Alves** (1847-1871) et **Bernardo Guimarães** (1825-1884) enfin, le romantisme devient plus politiquement engagé, réclamant l'abolition de l'esclavage. Vers la fin des années 1870 se succèdent dans la poésie les mouvements du Parnasse et du symbolisme qu'illustre bien le style précieux d'**Olavo Bilac** (1865-1918), tandis que la prose évolue vers le réalisme et le naturalisme. Après José de Alencar, une autre personnalité hors du commun vient dominer ce siècle finissant : **Machado de Assis** (1839-1908). Fils d'un artisan mulâtre et d'une blanchisseuse açorienne, ce génial autodidacte, pourtant bègue, myope et épileptique, travailla comme journaliste à Rio. Outre de multiples articles et poèmes, il rédigea plus de 200 nouvelles et cinq romans dont les *Mémoires posthumes de Bras Cubas* et *Dom Casmurro*, deux ouvrages au style fantaisiste où le narrateur, qui interrompt souvent le récit pour s'adresser directement au lecteur, analyse les faiblesses humaines avec une ironie et un pessimisme d'une veine comparable à celle de Sterne ou de Diderot.

Le 20e siècle

À rebours de l'académisme copié sur l'Europe qui domine le début du siècle, quelques écrivains isolés cherchent à exprimer la réalité brésilienne. **Euclides da Cunha** (1866-1909) publie en 1902 *Os Sertões* (*Hautes Terres*), œuvre réquisitoire sur la révolution de Canudos de 1897 dont il a été témoin. **Lima Barreto** (1881-1922) traite de la condition du prolétariat à Rio de Janeiro. Mais c'est à São Paulo, lors de la Semaine d'art moderne de 1922 qu'éclate la révolte du modernisme. Soucieux de se libérer de l'esprit réactionnaire du Parnasse, le mouvement entend affirmer la « brasilianité » et faire de la littérature le reflet de son époque. Parmi ses œuvres maîtresses figurent *Macunaíma*, de **Mário de Andrade** (1893-1945), et le *Manifeste anthropophage* de **Oswald de Andrade** (1890-1954) qui invite le Brésil à « cannibaliser » les cultures étrangères qui lui sont imposées. La poésie moderniste est marquée par l'œuvre de **Carlos Drummond de Andrade** (1902-1987), **Cecília Meireles** (1901-1964), **Menotti del Picchia** (1892-1988), **Manuel Bandeira** (1886-1968) ou encore **João Cabral de Melo Neto** (1920-1999), les grands maîtres de la littérature brésilienne.

Avec l'essor de la conscience nationale se développent les essais d'interprétation du Brésil, tels *Maîtres et Esclaves* du sociologue **Gilberto Freyre** (1900-1987). Le roman régionaliste connaît lui aussi un engouement : le Sud est décrit par **Érico Verissimo** (1905-1975), le Nordeste par **Graciliano Ramos** (1892-1953) et par **Jorge Amado** (1912-2001), l'auteur de *La Terre aux fruits d'or*, sans doute le romancier brésilien le plus connu à l'étranger.

À partir des années 1950, une approche plus subtile et esthétique se fait jour. Elle prend une dimension introspective chez **Clarice Lispector** (1925-1977), ou bien s'enracine dans l'univers rude et sauvage du sertão du Minas Gerais avec **João Guimarães Rosa** (1908-1967), dont le roman *Diadorim*, par sa dimension épique et son écriture très novatrice, constitue un équivalent brésilien à l'œuvre de James Joyce. L'un des écrivains les plus célèbres de ces dernières années est Paulo **Coelho** (né en 1947). Ce dramaturge, metteur en scène et compositeur populaire devient internationalement connu après la publication de *L'Alchimiste* (1988).

Cinéma et télévision

Au bord de l'extinction au début des années 1990, le cinéma brésilien a connu depuis une totale renaissance. En revisitant avec talent les sujets sociaux qui firent la force des grands classiques du cinéma Novo des années 1960, les auteurs contemporains ont prouvé leur capacité à tenir tête aux insipides productions télévisées.

Des débuts difficiles

Le cinéma fait son apparition à Rio dès 1898. Une dizaine de salles existent déjà à Rio et São Paulo en 1908 lorsque sort le film *Les Étrangleurs* d'**Antonio Leal**, considéré comme le premier long-métrage brésilien. À ses débuts, l'industrie nationale souffre de la concurrence étrangère et produit surtout des mises en scène de carnaval, des drames romantiques et des comédies légères de style hollywoodien. **Humberto Mauro**, premier maître du cinéma brésilien, réalise néanmoins quelques films majeurs abordant la réalité sociale, tel *Ganga bruta*, en 1933.

Dans les années 1940, le studio Atlântida de Rio se spécialise dans les *chanchadas*, comédies musicales burlesques dont le genre devient prédominant. Par opposition, le studio Vera Cruz de São Paulo se lance dans une production de qualité, comme *O Cangaceiro* (1952) de **Lima Barreto**, fiction inspirée de la légende de Lampião, célèbre brigand du Nordeste. Malgré le succès du film, la société ne parvint pas à s'imposer sur le marché et dut fermer ses portes en 1957. Tourné à Rio, *Orfeu Negro*, de Marcel Camus, mis en musique par Antônio Carlos Jobim et Luis Bonfá, est couronné à Cannes en 1959.

Le cinéma nouveau

Récompensée par la Palme d'or à Cannes en 1962, *La Parole donnée*, d'**Anselmo Duarte**, marque le début du cinéma Novo, mouvement inspiré de la Nouvelle Vague française et du néoréalisme italien. Idéologiquement à gauche, opposé au cinéma de divertissement, ce courant qui fleurit dans les années 1960 cherche à imposer une approche directe, crue et démystificatrice des problèmes sociaux et de la misère du pays. *Le Dieu noir et le diable blond* (1964), de **Glauber Rocha**, et *Sécheresse* (1963), de **Nelson Pereira dos Santos**, illustrent bien cette vision critique. Dans leur sillage viendront bien d'autres réalisateurs engagés tels **Leon Hirszman**, **Joaquim Pedro de Andrade** ou **Carlos Diegues** qui contribueront, eux aussi, dans un registre souvent allégorique, à donner son identité au cinéma brésilien. Sous la dictature militaire, le cinéma d'« auteur » perd du terrain devant l'invasion des films américains et des productions télévisées. Mais avec le déclin du régime, un renouveau créateur se fait jour avec des films comme *Bye Bye Brasil* (1979), de Carlos Diegues, et *Pixote, la loi du plus faible* (1980) de **Hector Babenco**, qui dénonce le sort réservé aux gamins des rues. Fils prodige du cinéma brésilien, Babenco part tourner plusieurs films à Hollywood, dont *Le Baiser de la femme araignée* (1985).

Films récents

Victime d'une grave crise au début des années 1990, l'industrie cinématographique menaçait de mettre en retraite précoce les jeunes révélations de la décennie antérieure : **André Klotzel**, **Arnaldo Jabor**, **Hugo Carvana**. Son sauvetage intervient à partir de 1995 avec la mise en place, par l'État, de nouveaux mécanismes de soutien. Après avoir fait carrière aux États-Unis, **Bruno Barreto** revient ainsi au Brésil tourner *Quatre Jours en septembre* (1997), puis *Bossa Nova et vice versa* (2001). *Vocação do poder*, film d'Eduardo Escorel et de José Joffily (2005), est une utile réflexion documentaire sur ce qu'il y a d'attractif dans une carrière politique. *Le Quadrille*, de **Fabio Barreto**, qui évoque la vie des immigrants italiens, est nominé aux Oscars en 1996 tandis que *Central do Brasil*, de **Walter Salles**, remporte un Oscar et l'Ours d'or à Berlin en 1998. Déjà imposé par l'émouvant *Terre lointaine*, sacré meilleur film de l'année 1996 au Brésil, le réalisateur fait de nouveau parler de lui en 2004 avec *Carnets de voyage* qui raconte le périple du jeune Che Guevara en Amérique du Sud. En 2009, son film *Une Famille brésilienne* a fait moins de bruit. Pourtant les portraits croisés de quatre frères à São Paulo et de leur mère, femme de ménage, sont justes et très émouvants. Son dernier opus, *Sur la route*, est consacré au chef-d'œuvre de l'écrivain américain Jack Kerouac (2012). Révélé par *La Cité de Dieu* en 2002, plongée explosive dans la violence d'une favela de Rio, **Fernando Meirelles** a réalisé en 2005 l'adaptation cinématographique du roman de John Le Carré, *The Constant Gardener*. *360* (2012) est une relecture de La Ronde, pièce sulfureuse d'Arthur Schnitzler. Son dernier long-métrage, *Les Deux Papes* (2019) a été produit par Netflix. Parmi la génération montante, citons **Andrucha Waddington**, auteur de *La Vie peu ordinaire de Dona Linhares* (2001), *La Maison de sable* (2006) et *Os Penetras* (2012), et **Jorge Furtado** dont le décapant court-métrage *L'Île aux fleurs* (1989), maintes fois primé, n'a pas pris une ride. *Troupe d'élite* (2007), Ours d'or à Berlin, de **José Padilha** dresse un portrait ultraviolent d'une favela de Rio. Il signe la suite en 2010 sur un terrain plus psychologique. En 2013 et 2014, le Brésil est récompensé deux fois de suite au festival du **film d'animation** d'Annecy, d'abord pour *Rio 2096 : A Story of Love and Fury*, de Luiz Bolognesi, puis pour *Le Garçon et le monde*, d'Alê Abreu. En 2015, le film *Une Seconde Mère* d'**Anna Muylaert** a été présenté à la Berlinale 2015, au Festival du film de Sundance 2015 et a également concourru pour l'Oscar du meilleur film en langue étrangère en 2016.

Le règne des telenovelas

Bâtie sur le modèle américain, la télévision brésilienne diffuse principalement des émissions sur le sport, des jeux, des variétés et des feuilletons noyés dans un océan de publicités. Il existe dans chaque État une chaîne éducative et culturelle publique, mais le secteur reste dominé par les chaînes commerciales, au premier rang desquelles figure **TV Globo**. Première chaîne du pays et quatrième plus vaste réseau du monde pour son audience, TV Globo rafle 75 % du marché publicitaire national et produit la totalité des *novelas*. Les **novelas** (feuilletons) sont suivies par plus de 80 millions de Brésiliens. Chaque épisode est tourné quelques jours à peine avant sa diffusion, ce qui permet à leurs auteurs de suivre une actualité édulcorée et de coller ainsi aux attentes du public.

Parasols sur la plage.
Ildo Frazao/Getty Images Plus

ORGANISER SON VOYAGE

Types de séjour

Séjour culturel : cités historiques, architecture coloniale et églises baroques	
Dans le Nordeste (p. 224)	Salvador *(p. 228)*, Recife *(p. 273)*, Olinda *(p. 298)*, Belém *(p. 417)* et São Luís *(p. 350)*.
Dans le Minas Gerais et l'État de Rio	Ouro Preto *(p. 165)*, Mariana *(p. 175)*, São João del Rei *(p. 182)*, Tiradentes *(p. 179)*, Congonhas *(p. 177)*, Petrópolis *(p. 75)*, Rio *(p. 34)* et Paraty *(p. 118)*.
Séjour culturel : mégapoles et architecture moderne	
Rio (p. 34)	Museu do Amanhã *(p. 49)*, musée d'Art moderne *(p. 53)*, parc du Flamengo de Burle Marx *(p. 63)*, musée d'art contemporain de Niterói *(p. 75)*.
São Paulo (p. 128)	Museu de Arte, édifice Copan, musée d'Art moderne et parc Ibirapuera, œuvre de Niemeyer.
Brasília (p. 366)	Toute la ville, conçue par Lúcio Costa et Oscar Niemeyer.
Séjour danse et carnaval	
Rio (p. 34)	Assister aux défilés sur le Sambodrome *(p. 95)*. Aller danser la samba le soir dans les clubs de Lapa ou à la Pedra do Sal *(p. 50)*.
Dans le Nordeste (p. 224)	Les carnavals de Salvador *(p. 261)*, Recife *(p. 295)* et Olinda *(p. 304)* comptent parmi les plus festifs et colorés du Brésil. À Salvador, on peut aussi s'initier à la capoeira *(p. 260)*. À Recife et à Fortaleza, on pourra danser dans un authentique bal forró *(p. 295 et 333)*.
Séjour nature : faune, flore et paysages	
En Amazonie (p. 399)	Manaus-Belém en bateau de ligne *(p. 412)* pour vivre au rythme du fleuve Amazone.
Dans le Pantanal (p. 382)	Emprunter la Transpantaneira *(p. 386)* et séjourner en ***fazenda***.
Dans le Sud (p. 187)	Découvrir les chutes d'Iguaçu, en touriste côté brésilien *(p. 189)*, en sportif côté argentin *(p. 192)*. Sans oublier les parcs nationaux de Rio *(p. 74)*.
Dans le Nordeste (p. 224)	Plonger en apnée parmi les tortues et les dauphins à Fernando de Noronha *(p. 311)*. Assister à la course vers la mer des bébés tortues du Projeto Tamar à Praia do Forte *(p. 247 et 310)*.

Séjour soleil : les plaisirs de la plage	
Dans le Nordeste (p. 224)	À Porto de Galinhas *(p. 288)*, Praia do Forte *(p. 313)*, Morro de São Paulo *(p. 264)* ou Jericoacoara *(p. 336)*.
À Rio (p. 34)	Sur les plages les plus connues au monde *(p. 68)*.
Dans le Sud (p. 187)	À Trindade, près de Paraty *(p. 121)*, sur Ilha Grande *(p. 116)*, à Búzios, près de Rio *(p. 106)*, ou à Florianópolis *(p. 209)*.

Séjour sportif : dans les airs, sur la terre...	
Parapente et escalade	À Rio, magnifique vue en deltaplane/parapente *(p. 99)* et plusieurs sites d'escalade dans ses environs *(p. 98)*. Dans le Parque Nacional da Chapada Diamantina *(p. 270)*, où l'on pratique aussi le saut à l'élastique.
Randonnée	À Rio *(p. 98)*, entourée d'une nature grandiose. Dans le Parque Nacional da Chapada Diamantina *(p. 270)*. Dans le Parque Nacional da Chapada dos Veadeiros *(p. 379)*. Dans la Serra Gaúcha, dans le Parque Estadual do Caracol *(p. 221)* ou, plus sauvage, le Parque da Ferradura *(p. 221)*.
Équitation	Dans le Minas Gerais, sur l'ancienne route de l'or, entre Belo Horizonte *(p. 158)* et Ouro Preto *(p. 165)*. Dans le Pantanal *(p. 382)*. À Atins, dans le parc des Lençóis *(p. 348)*. À Jericoacoara *(p. 342)*.

Séjour sportif : sur l'eau...	
Surf	Sur l'île de Santa Catarina *(p. 212)*, à Ilha do Mel *(p. 205)*, Búzios *(p. 106)*, Niterói *(p. 75)*, Prainha *(p. 328)*, Porto de Galinhas *(p. 288)*, Fernando de Noronha *(p. 308)*.
Planche à voile et kitesuf	À Búzios *(p. 106)*, Ilhabela *(p. 148)*, Jericoacoara *(p. 336)*, Icaraí de Amontada *(p. 337)*, Atins *(p. 348)*.
Plongée	Le plus beau site de plongée du Brésil est l'archipel de Fernando de Noronha *(p. 308)*. On plonge également à Natal *(p. 312)*.

Aller au Brésil

Fiche d'identité

Capitale : Brasília
Superficie : 8548870 km²
Population : 207660919 hab. (estimation 2017)
Monnaie : le réal (1R$ = ± 0,18 €)
Langue officielle : le portugais

En avion

Lignes régulières

Air France – Réservation : 09 69 39 36 54 (tlj 8h-22h, appel non surtaxé) - www.airfrance.fr. Au départ de Roissy-Charles-de-Gaulle, 1 vol quotidien direct vers São Paulo et 1 vol quotidien direct vers Rio. Durée : 12h env.

LATAM Airlines – 0185 148725 (lun.-vend. 9h-19h) - www.latam.com. Au départ de Roissy-Charles-de-Gaulle, vol quotidien direct de nuit pour São Paulo, continuation possible vers Rio et les autres villes du Brésil.

Les principales autres compagnies régulières desservant le Brésil (avec parfois une escale dans le pays d'origine de la compagnie) sont **Alitalia**, **British Airways**, **Iberia**, **KLM**, **TapPortugal**, **American Airlines**, **Lufthansa**, **Royal Air Maroc**.

Vols à tarifs négociés

Il est possible d'obtenir des tarifs négociés sur les compagnies régulières auprès des agences de voyages (*p. 496*) ou d'organismes de réservation en ligne. Parfois, les compagnies aériennes elles-mêmes font d'importantes promotions et des ventes flash sur certaines destinations, principalement hors période scolaire.

Les sites des comparateurs de vols offrent un choix de voyages discount et de vols à prix intéressants, que ce soit à l'avance ou à la dernière minute.

Certains moteurs de recherche sont liés à des compagnies aériennes ou travaillent de pair avec elles. Mieux vaut donc comparer les tarifs proposés sur plusieurs sites avant de réserver. Il est, par ailleurs, conseillé d'acheter son billet en semaine et durant la nuit plutôt qu'en journée et le week-end.

Voici quelques sites de comparateurs de vols :

Bourse des Vols – www.bourse-des-vols.com
Expedia – www.expedia.fr
Je réserve – www.jereserve.com
Kayak – www.kayak.fr
Lastminute – www.fr.lastminute.com
Liligo –www.liligo.fr
Opodo – www.opodo.fr
SkyScanner – www.skyscanner.fr
Voldiscount – www.voldiscount.com

Avant de partir

Le bon moment pour partir

Climat

Le Brésil se situe dans l'hémisphère austral : on y est en été de décembre à mars. Étant donné l'immensité du Brésil et la diversité de ses climats, vous ne bénéficierez pas partout de la saison idéale si vous décidez de sillonner l'ensemble du pays au cours de votre séjour. Le climat de **Salvador** est agréable toute l'année : l'été (**été austral**, de décembre à mars) est chaud et même lourd, avec des averses fréquentes, mais de courte durée. D'avril à août, les pluies sont abondantes et se prolongent parfois, entrecoupées toutefois de belles journées ensoleillées. De septembre à mi-décembre, la température est idéale (28 °C en moyenne) pour allier visites et plaisirs de la plage.

À l'intérieur des terres, dans le **Nordeste**, les différences de température sont beaucoup plus marquées et aléatoires : à de grandes sécheresses succèdent parfois des pluies diluviennes.

À **Rio**, l'été est aussi la saison des pluies (d'octobre à janvier) : il y fait donc chaud et humide, souvent étouffant. C'est à cette période toutefois que vous choisirez de partir si vous souhaitez vous baigner, car la mer est alors à 25 °C ; l'hiver (de juin à septembre), sa température descend à 21 °C, tandis que celle de l'air devient idéale (25 °C) pour visiter la ville et profiter des terrasses.

À **Brasília**, les températures sont agréables toute l'année, mais l'hiver, un vent froid souffle souvent et les nuits sont très fraîches. À **São Paulo**, et plus au sud à **Porto Alegre**, il fait chaud l'été, avec parfois de fortes pluies tropicales, mais très doux l'hiver (20-22 °C en moyenne). L'**Amazonie** est l'une des régions les plus humides du monde. Les pluies y tombent en abondance de janvier à mai, rendant difficile toute forme de déplacement. On s'y rendra donc pendant la saison « sèche », de juin à octobre, quand il ne pleut qu'une ou deux heures par jour…

Vêtements à prévoir

Emportez des vêtements légers, un maillot de bain, un chapeau ou une casquette et des lunettes de soleil ainsi qu'une veste légère pour le soir. L'hiver brésilien peut être frais dans le Sud : prenez alors des vêtements de demi-saison et un imperméable. Si vous comptez faire une excursion en Amazonie ou dans le Pantanal, prévoyez des vêtements confortables, des chaussures de marche, un imperméable et un chapeau. Une tenue décente est de rigueur dans les églises.

Adresses utiles

Office de tourisme

Il n'y a pas d'office du tourisme du Brésil en France. Pour les informations touristiques sur place, consultez nos carnets pratiques dans chaque chapitre.

Représentations diplomatiques du Brésil

Ambassade du Brésil en France – 34 cours Albert-Ier - 75008 Paris - ✆ 01 45 61 63 00.

Ambassade du Brésil en Belgique – Bd Saint-Michel 27 - 1040 Etterbeek - ✆ 02 640 2015 - www.bruxelas.itamaraty.gov.br.

Service consulaire – R. du Trône 108 (rdc) - Bruxelles 1050 - ✆ 02 626 28 91 - www.cgbruxelas.itamaraty.gov.br - lun.-vend. 8h-13h.

Ambassade du Brésil en Suisse – Monbijoustrasse 68 - 3007 Berne - ✆ 031 371 85 15.

Ambassade du Brésil au Canada – 450 Wilbrod St. - Ottawa (Ontario) K1N 6M8 - ✆ (613) 237 1090

Service consulaire – 1 Westmount Sq. - suite 1700 - Montréal (Québec) H3Z 2P9 - ✆ (514) 499 0968 - www.montreal.itamaraty.gov.br - lun.-vend. 9h30-13h.

Agences de voyages

Altiplano Voyage – En France : Park Nord, Les Pléiades n° 35 - 74370 Metz-Tessy (Annecy) - ✆ 04 50 46 00 44 - www.altiplano-voyage.com.

À Genève : Place du Temple 3 - 1227 Carouge - ✆ 022 342 49 49 - www.altiplano-voyage.ch. Nombreux circuits entre sites naturels (chutes d'Iguaçu, dunes de Lençois Marenhenses), coloniaux (Parati, Ouro Preto, Salvador de Bahia) et sauvages (Pantanal, Amazonie). Circuit combinable avec l'Argentine.

Comptoir des Voyages – 2-18 r. Saint-Victor - 75005 Paris - ✆ 01 53 10 30 15 - www.comptoir.fr. Agence labellisée Agir pour un Tourisme Responsable. Voyages en individuel selon un itinéraire sur-mesure. Agences à Lyon, Marseille, Toulouse, Bordeaux, Lille, Nice.

Directours – 27 bd des Italiens - 75002 Paris - ✆ 01 45 62 62 62 - www.directours.com. Nombreux circuits au Brésil et des formules séjours balnéaires ou urbains. Agence à Lyon.

Evaneos – www.evaneos.com. La première plate-forme de mise en relation de voyageurs avec des agences locales francophones, sélectionnées pour leur compétence et leur réactivité. L'expertise des conseillers sur place vous aide à élaborer le voyage sur mesure le mieux adapté à vos désirs et à votre budget. L'accent est mis sur des circuits d'aventure et les bons plans hors des sentiers battus.

Jetset Voyages – 249 r. de Crimée, 75019 Paris - ✆ 01 53 67 13 00 - www.jetset-voyages.fr. Circuits en groupe ou individuels modulables, dont un itinéraire de 12 j./9 nuits incluant Rio, le Minas Gerais, Brasília et Olinda.

Kuoni – Plusieurs agences à Paris et ses environs - ✆ 01 55 87 82 50 - www.kuoni.fr. Plusieurs circuits.

Les Covoyageurs – ✆ 04 30 96 53 90 - www.les-covoyageurs.com. Voyages en petit groupe réservés aux voyageurs en solo.

Marco Vasco – ✆ 01 76 64 74 89 - www.marcovasco.fr. Plusieurs circuits en individuels. Bureaux à Paris, Marseille et Rennes (sur RV uniquement).

La Route des Voyages – 10, r. Choron, 75009 Paris - ✆ 01 55 31 98 80 - www.laroutedesvoyages.com. Autres agences à Lyon, Annecy, Genève, Toulouse, Bordeaux et Angers. Agence spécialisée depuis 25 ans dans le voyage sur-mesure. Leur équipe de voyageurs passionnés a développé un vrai savoir-faire du voyage personnalisé. Son engagement à promouvoir un tourisme responsable se traduit par des possibilités de séjours solidaires.

Salaün Holidays – Nombreuses en France - www.salaun-holidays.com. Circuit avec des guides locaux.

Terre-Voyages – 28 bd de la Bastille - 75012 Paris - ✆ 01 44 32 12 80 - www.terre-voyages.com. Voyages individuels ou en groupe.

Tui – Nombreuses agences à Paris et en province - ✆ 0825 000 825 - www.tui.fr. Deux circuits 11 et 14 j.

Vivatours – 2 r. Camille-Desmoulins - 92300

Levallois-Perret - ✆ 01 40 85 86 87 – www.voyage-bresil.net. Circuits et séjours sur mesure.

Voyageurs du Monde – 55 r. Ste-Anne - 75002 Paris - ✆ 01 42 86 16 00 - www.voyageursdumonde.fr. Nombreuses agences en province. Propose les services de spécialistes par pays ou région pour élaborer un voyage sur mesure. Agence labellisée Agir pour un Tourisme Responsable.

Voyages nature, sports et aventure

Escursia – 8 r. de Mayence - 44000 Nantes - ✆ 02 53 35 40 29 - www.escursia.fr. Voyager curieux est le leitmotiv de cette agence qui organise des voyages naturalistes, scientifiques et écoresponsables. Deux voyages en immersion dans la nature du Pantanal.

Fleuves du Monde – 28 bd de la Bastille - 75012 Paris - ✆ 01 44 32 12 85 - www.fleuves-du-monde.com. Trois expéditions sur l'Amazone au départ de Santarem à bord d'un bateau de croisière vintage ou d'un catamaran.

Allibert Trekking – 37 bd Beaumarchais - 75003 Paris - ✆ 01 44 59 35 35 - www.allibert-trekking.com. Agence labellisée Agir pour un Tourisme Responsable. Treks et randonnées dans la Chapada Diamantina, dans le Nordeste, sur la Costa Verde, ...

Fun & Fly – 2 r. Louise-Weiss - 31200 Toulouse - ✆ 05 82 88 11 90 - www.fun-and-fly.com - Séjours kitesurf et windsurf dans le Nordeste.

Nomade Aventure – 40 r. de la Montagne-Ste-Geneviève - 75005 Paris - ✆ 01 46 33 71 71 - www.nomade-aventure.com. Agence labellisée Agir pour un Tourisme Responsable. Randonnée/trek sur la Costa Verde et aventure fluviale sur l'Amazone. Agences à Lyon et Toulouse.

Terres d'Aventure – 30 r. St-Augustin - 75002 Paris - ✆ 01 70 82 90 00 - www.terdav.com. Agence labellisée Agir pour un Tourisme Responsable. Treks dans les dunes des Lençóis Maranhenses, sur la Costa Verde et dans la Chapada Diamantina. Une dizaine d'agences en France.

Sur place

Terra Brazil – R. Farani, 23, Botafogo, Rio de Janeiro - ✆ 09 70 40 53 54 - www.tourisme-bresil.com. L'un des maillons de Terra Group, réseau d'agences opérant dans toute l'Amérique latine. Accueil francophone.

Terra Nordeste – ✆ (055) 98 33 04 37 97 - www.terra-nordeste.com. Installée à São Luís, au cœur du Nordeste brésilien, cette agence francophone saura vous guider hors des sentiers battus à la découverte du parc des Lençóis Maranhenses, de l'archipel Fernando de Noronha, de Salvador de Bahia, de la Chapada Diamantina, de l'embouchure de l'Amazone et du Pantanal.

Sites Internet

www.visitbrasil.com – Le site officiel de l'office du tourisme du Brésil.

www.vivre-au-bresil.blogspot.com – Le blog régulièrement alimenté d'un expat' français.

www.survival-international.org – Pour découvrir l'histoire et suivre l'actualité des Indiens du Brésil. Ressource précieuse.

www.autresbresils.net – Articles, reportages et analyses sur la société brésilienne, loin des idées reçues.

Personnes handicapées

Au Brésil, rares sont les infrastructures aménagées pour les visiteurs handicapés. Elles se concentrent principalement dans les aéroports, les centres commerciaux et certains hôtels et restaurants. Quelques stations de métro sont équipées d'ascenseurs spéciaux et de rampes dédiées aux voyageurs en chaise roulante. L'entreprise Coop Táxi RJ (✆ (21) 3295 9606 - www.especialcooptaxirj.com.br) propose à Rio un service de taxis adapté aux personnes à mobilité réduite.

Librairies spécialisées

Éditions Chandeigne-Librairie portugaise – 19-21 r. des Fossés-Saint-Jacques - 75005 Paris - ✆ 01 43 36 34 37 - www.librairie-portugaise.com - lun.-sam. 11h-13h, 14h-19h. Littérature, récits de voyage, guides, beaux livres.

Formalités

Ces informations sont fournies à titre indicatif. Il est conseillé aux visiteurs étrangers de s'assurer, dans leur pays, auprès de la représentation diplomatique brésilienne, des conditions en vigueur au moment de leur voyage.

Papiers

Pièces d'identité, visa

Les ressortissants de l'Union européenne, ainsi que les Suisses et les Canadiens n'ont pas besoin de visa si leur séjour ne dépasse pas trois mois. Il est nécessaire d'avoir un passeport d'une validité de plus de six mois et un billet retour.

Pour plus de sécurité, il est conseillé de conserver une copie de ses documents d'identité sur un portail de stockage personnel et confidentiel, accessible sur Internet. En cas de vol ou de perte, vous pourrez les télécharger et apporter la preuve de votre identité.

Permis de conduire

Le permis de conduire national est suffisant pour les touristes.

Vaccination

Aucun vaccin n'est obligatoire. Il est toutefois fortement conseillé d'être vacciné contre la **fièvre jaune**, notamment si l'on prévoit un séjour dans le Pantanal ou en Amazonie. Vaccins également conseillés : **tétanos, poliomyélite, hépatites A et B, méningococcie**. Enfin, un traitement **antipaludéen** est préconisé.

Assurances

Vérifiez auprès de votre assureur que vous êtes bien couvert à l'étranger, en particulier au Brésil. Si vous passez par un tour-opérateur, veillez à ce que l'assurance assistance/rapatriement soit incluse dans le prix de votre voyage. En principe, l'assurance de votre carte bancaire vous couvre à l'étranger pendant 90 jours si vous avez payé votre billet d'avion ou votre séjour avec cette carte. Mais la couverture n'est suffisante que pour les cartes haut de gamme (Gold, Platinium ou Premier). Les autres cartes n'offrent qu'une garantie limitée, avec de plus une franchise.

Europ Assistance – ✆ 01 41 85 93 65 - www.europ-assistance.fr.

Allianz Travel – ✆ 01 42 99 82 82 - www.allianz-voyage.fr.

Argent

Monnaie

La devise brésilienne s'appelle le *real* (R$), divisé en 100 *centavos*. Il existe des billets de 100, 50, 20, 10, 5 et 2 R$. Son taux est plutôt fluctuant (*voir « fiche d'identité » p. 496*).

Change

Les monnaies étrangères les plus acceptées sont les dollars américains et les euros. Les taux appliqués par les bureaux de

change sont plus avantageux que ceux des banques, qui font payer une commission pour effectuer la transaction. Les bureaux de change ferment plus tard que les banques (lun.-vend. 10h-16h) et ils sont ouverts le w.-end.

Décalage horaire

Depuis 2019, le Brésil ne pratique plus l'alternance d'heure été/hiver. Le sujet fait néanmoins l'objet d'un débat et la situation pourrait changer. Lorsqu'il est 12h à Brasilia, il est 16h à Paris en hiver, et 17h en été. Pour compliquer encore un peu le calcul, il faut savoir que le Brésil connaît 4 fuseaux horaires :
- le fuseau de Brasília qui comprend Rio de Janeiro, São Paulo, Salvador, Belém,
- le fuseau de l'archipel de Fernando de Noronha + 1h par rapport à Brasília,
- le fuseau de Manaus qui comprend les États du Roraima, de l'Amazonas, du Rondônia, du Mato Grosso, du Mato Grosso do Sul et la partie ouest du Pará (-1h par rapport à Brasília),
- le fuseau de l'État d'Acre, au sud-ouest de l'Amazonie (-2h par rapport à Brasília).

Téléphone

Pour appeler le Brésil depuis la France, composez 00 + 55 (indicatif du Brésil) + indicatif de la ville (sans le 0 initial) + numéro du correspondant.

Budget

La côte nordestine en général et ses villes en particulier (Salvador, Recife, Fortaleza, São Luís) sont chères, de même que São Paulo (la plus chère), Brasília, Belém et Rio. Les régions du Centre (Tocantins, Goiás) et les régions intérieures du Sud-Est et du Sud (Minas Gerais) sont à meilleur marché, sans doute parce que le mode de vie y est encore largement traditionnel. L'hébergement coûtera 30 % en moyenne de plus en **haute saison** (déc.-mars) – hors période de Carnaval où les prix peuvent être multipliés par 3, 4 ou 5.

Hébergement

Toutes les catégories d'hébergement sont représentées dans les zones touristiques. Choisissez de préférence un établissement récent : il sera mieux équipé, plus confortable.

Notre sélection

Dans ce guide, les établissements sont classés par fourchettes de prix *(voir tableau p. 502)*, sur la base d'une chambre double standard en haute saison.

Réserver

L'été brésilien, de décembre à mars, correspond à la **haute saison** touristique, où se cumulent vacances scolaires, fête du Nouvel An et Carnaval. Les Brésiliens se rendent alors en masse sur les plages du Nordeste et sur le littoral sud. À cette saison, il est donc impératif de réserver son hébergement longtemps à l'avance.

Les prix

Les prix sont généralement élevés en regard des prestations. Néanmoins, il est très facile d'obtenir un rabais *(desconto)*, si vous venez à plusieurs, ou si vous comptez rester longtemps. N'hésitez pas à le demander : c'est une pratique courante. De plus, les hôtels pratiquent des tarifs spéciaux *(pacotes)* pour les fins de semaine, les longs séjours, les groupes ou en basse saison. Renseignez-vous. Dans les hôtels comme dans les *pousadas*, le petit-déjeuner est presque toujours compris.

Types d'hébergement

Auberges de jeunesse

Les *albergues da juventude* proposent un hébergement en dortoir (prix au lit), hommes et femmes séparés le plus souvent, et parfois quelques chambres individuelles. Dans certaines, un coin cuisine est à disposition. Les prestations sont de qualité.

Federação Brasileira de Albergues da Juventude (FBAJ) – ✆ (11) 96452-0004 (Whatsapp) - www.hihostel.com.br. Elle regroupe une vingtaine d'auberges affiliées au réseau Hostelling International.

www.french.hostelworld.com – Ce site recense (en français) des auberges de jeunesse agréées ou indépendantes partout dans le monde. Possibilité de réserver.

Hôtels

Ils sont nombreux et la gamme est vaste. Pour un confort standard, il est préférable de choisir un hôtel récent, de catégorie supérieure. Nombre d'hôtels bon marché proposent encore des chambres sans fenêtre à l'équipement minimal.

Pousadas

Les *pousadas* au Brésil s'apparentent à des hôtels de charme aux chambres coquettes et personnalisées. L'accueil y est chaleureux et la décoration particulièrement soignée. Un autre avantage : on en trouve partout, y compris dans les endroits les plus reculés.

Fazendas (Pantanal et Amazonie)

Ce sont d'anciennes fermes d'élevage (certaines le pratiquent encore) transformées en hôtels. Les propriétaires proposent généralement de découvrir la faune et la flore de la région à pied, à cheval ou en bateau. Quelques anciennes fermes de café à l'intérieur de Rio et de São Paulo ont aussi été transformées en hôtels, tout en conservant leurs caractéristiques, comme l'architecture, les meubles et parfois les anciennes installations pour le café.

Hôtels de jungle (ou lodge)

On en trouve dans la région de Manaus (*p. 415*), en Amazonie, d'un bon niveau de confort. Tous proposent des excursions sur le fleuve ou en forêt. Certains sont construits de manière écologique.

Camping

Le camping n'est pas très populaire au Brésil. Pour des raisons de sécurité, évitez les terrains en bordure d'agglomération et informez-vous localement : allez-y seulement si l'on vous garantit que c'est sans risque.

Motels

Rien à voir avec un hébergement en bord de route : ils sont fréquentés par les couples brésiliens pour quelques heures d'intimité.

Se restaurer

À population métissée, cuisine métissée. Les influences se mêlent, dans chaque région selon son histoire. Toutefois, on trouvera partout des haricots, du riz, de la farine de manioc, de la viande et du poisson.

Le petit-déjeuner, dans sa formule la plus simple, se compose de café au lait et de pain beurré. Le déjeuner et le dîner s'organisent autour d'un plat principal et de plats complémentaires ou d'une salade. Le dessert n'est pas systématique.

Notre sélection

Dans ce guide, les établissements sont classés par fourchettes de prix (*voir tableau ci-contre*) sur la base d'une entrée et d'un plat sans les boissons.

Types d'établissement

Churrascarias

Dans ces établissements typiquement brésiliens, les serveurs passent entre les tables pour remplir les assiettes *a rodízio* (à volonté) de viandes grillées, le *churrasco*, la grillade des gauchos. On les appelle aussi des *rodízios de churrasco*, mais on trouve également des *rodízios* de pizzas, de fruits de mer... Sur un grand buffet, à part, sont présentés hors-d'œuvre et légumes.

Restaurants au kilo

On se sert au buffet, puis on paie son repas au poids. C'est une formule particulièrement intéressante parce que très économique, et qui permet de goûter plusieurs plats.

Lanchonetes et padarias

Les *lanchonetes* sont des petits bars où l'on mange au comptoir, au coude-à-coude et pour pas cher. Les *padarias* sont des boulangeries où l'on peut aussi manger sur le pouce.

Restaurants « classiques »

Pas de « formule menu » généralement, le repas s'organisant autour d'un plat. Celui-ci est souvent si copieux qu'on peut n'en commander qu'un seul pour deux. Pour faire patienter, le serveur apporte d'emblée des petits plats (couverts) : ils ne sont pas offerts et vous pouvez les refuser.

Les produits

Pour les spécialités régionales, voir la rubrique « Gastronomie » dans « Comprendre le Brésil » p. 476.

Viandes

La viande de bœuf, excellente, est fréquemment consommée au Brésil, tout comme le poulet. Les Brésiliens apprécient la viande très cuite : si vous la souhaitez saignante *(mal passada)* ou à point *(ao ponto)*, pensez à le préciser.

Poissons

Poissons et fruits de mer abondent sur le littoral. On les déguste frits (avec farine de manioc et piment), grillés, en sauce ou en ragoût. Si vous êtes en Amazonie, goûtez aux poissons du fleuve Amazone.

Amuse-gueules

Dans les bars, on vous servira des *bolinhos de bacalhau* (beignets de morue) ou de *peixe* (poisson), des *quibes*, *pititingas*, *agulhinhas* (petits poissons frits) ou de l'*aipim frito* (racine de manioc frite).
Il existe une grande variété de *salgadinhos* (petits salés) : *pastel de queijo* ou *de carne* (pâte feuilletée frite garnie de fromage ou de viande), *coxinha de galinha* (beignet de poulet), *empada de galinha* ou *de camarão* (tartelette de poulet ou de crevettes), *pão de queijo* (pain au fromage)...

Fromages

Deux fromages locaux, à goûter : le *queijo coalho* (dans le Nordeste), servi frit avec du miel, vendu dans les rues et sur les plages ; le *requeijão*, fromage à pâte cuite à Bahia, crémeux dans le Minas Gerais.

Desserts

Ils sont très sucrés. *Doces de frutas* (pâtes de fruits), *doce de leite* (confiture de lait), *quindins* à base d'œufs et de noix de coco, *pé de moleque*, à base de caramel et de noix de cajou.

Nos catégories de prix		
	Hébergement	**Restauration**
Premier prix	moins de 200 R$ (moins de 36 € env.)	moins de 50 R$ (moins de 9 €)
Budget moyen	de 200 à 300 R$ (de 36 à 55 € env.)	de 50 à 100 R$ (de 9 à 18 €)
Pour se faire plaisir	de 300 à 550 R$ (de 55 à 100 € env.)	de 100 à 200 R$ (de 18 à 36 €)
Une folie	plus de 550 R$ (plus de 100 € env.)	plus de 200 R$ (plus de 36 €)

Quelques idées de prix pour établir son budget		
Services ou articles	**Prix moyen en R$**	**Prix moyen en euros**
Un lit pour 1 pers. dans un hôtel très simple (type dortoir en auberge de jeunesse)	50 R$	9 €
Une chambre double dans un hôtel modeste	env. 200 R$	env. 36 €
Une chambre double dans un hôtel de catégorie supérieure	env. 300 R$	env. 54 €
Une chambre double dans un hôtel chic ou une *pousada* de charme	300-500 R$	54-90 €
Une chambre double dans un hôtel de luxe	800-1500 R$	144-270 €
Un séjour dans un lodge en Amazonie (pension complète et activités)	4500-9000 R$/j.	800-1600 €/j.
Un séjour dans une *fazenda* au Pantanal	env. 1500 R$/j.	270 €/j.
Un repas dans un restaurant « au kilo »	env. 20 R$	3,6 €
Un repas dans un bon restaurant	80-160 R$	14-28 €
Un repas dans un restaurant gastronomique	200-300 R$	36-54 €
Une location de voiture pour 1 semaine	610-950 R$	110-170 €
Un litre d'essence sans plomb	5,60 R$	1 €
Un billet d'avion Rio-Brasília	env. 560 R$	env. 100 €
Un billet d'avion Rio-Salvador	env. 780 R$	env. 140 €
Un ticket de bus Rio-Búzios	100 R$	18 €
Trajet aéroport international-centre en taxi à Rio	60-80 R$	11-14 €
Une excursion en bateau au départ de Belém	50-200 R$	9-36 €
Services d'un guide pour une excursion ornithologique au Pantanal	250-300 R$/j.	45-55 €/j.
Un litre d'eau minérale	env. 2 R$	0,35 €
Une bière	env. 16 R$	env. 3 €
Un hamac	50 R$	9 €
Une paire de Havaianas	env. 100 R$	env. 18 €

Fruits
Ils abondent dans tout le pays. La plupart nous sont inconnus. Goûtez-les sous la forme de jus ou en sorbet.

Les boissons

Jus de fruits
On en vend partout. Essayez les jus d'*acerola*, de *graviola* ou d'*açai* (baie rouge). En les mélangeant avec du lait, on obtient des *vitaminas*.

Bière
Les Brésiliens en consomment beaucoup. Leurs bières sont moins alcoolisées que les européennes.

Cachaça
C'est l'alcool de canne que l'on boit dans tout le pays. Avec du sucre, du citron vert et de la glace pilée, cela devient la célèbre *caipirinha*. En y ajoutant un jus de fruits, on obtient une *batida*.

Vins
On goûtera aux vins rouges des maisons Valduga et Aurora et aux blancs de la maison Almaden. Ils sont produits dans le Rio Grande do Sul, à l'exception du botticelli, produit dans la vallée du São Francisco.

Sur place de A à Z

Achats

Voir la rubrique « Souvenirs » p. 510 et « Shopping » dans les carnets d'adresses.

Horaires des commerces

Les magasins sont le plus souvent ouverts de 9h à 19h, du lun. au vend. et de 9h à 13h le sam. Les centres commerciaux des grandes villes ouvrent de 10h à 22h en semaine et le dim. de 15h à 21h. Enfin, les supermarchés sont ouverts du lun. au sam. de 8h à 22h. Dans les grandes villes également, les stations-service, les pharmacies et les petits commerces de boissons ou de cigarettes restent fréquemment ouverts toute la nuit.

Marchandage

Sachez qu'il est admis de demander un rabais dans un hôtel, mais qu'il serait déplacé d'en faire autant dans une boutique ou sur un marché. Et quand vous rencontrerez des vendeurs ambulants, pensez qu'ils survivent souvent de ce commerce.

Ambassades et consulats

À Brasília

Ambassade de France - *SES, Av. das Nações, Quadra 801, Lote 04 - ✆ (61) 3222 3999 - urgences ✆ (61) 3222-3820 - www.br.ambafrance.org.*

Ambassade de Belgique – *SES, Av. das Nações, Quadra 809, Lote 32 - ✆ (61) 3443 1133, urgences ✆ (61) 98407 9756 - www.brazil.diplomatie.belgium.be.*

Ambassade de Suisse - *SES, Av. das Nações, Quadra 811, Lote 41 - ✆ (61) 3443 5500 - www.eda.admin.ch/countries/brazil.*

Ambassade du Canada – *SES, Av. das Nações, Quadra 803, Lote 16 - ✆ (61) 3424 5400 - www.international.gc.ca/country-pays/brazil-bresil.*

À Rio de Janeiro

Consulat de France - *Av. Pr. Antônio Carlos 58, 8e étage, Centro - ✆ (21) 3974 6699 - ww.riodejaneiro.consulfrance.org - urgences 24h/24 ✆ (21) 9 8121 2628.*

Consulat de Belgique – R. Lauro Müller 116, Botafogo - ✆ (21) 2543 8558 - www.brazil.diplomatie.belgium.be - *urgences 24h/24 ✆ (21) 9 9623 1755.*

Consulat de Suisse – *R. Cândido Mendes 157, 11e étage, Glória - ✆ (21) 3806 2100 - www.eda.admin.ch/riodejaneiro.*

Consulat du Canada - *Av. Atlântica 1130, 13e étage, Copacabana - ✆ (21) 2543 3004 - www.international.gc.ca/country-pays/brazil-bresil.*

À São Paulo

Consulat de France – *Av. Paulista 1842, Torre Norte, 14e étage- ✆ (11) 3371 5400 - www.saopaulo.consulfrance.org.*

Argent

Voir aussi p. 498.

Cartes bancaires

Les cartes Visa et MasterCard sont couramment acceptées dans la plupart des établissements, services, commerces... Même les boutiques de marché disposent souvent de leur terminal. Une façon d'éviter de se promener avec de l'argent liquide dans un pays où la sécurité n'est pas toujours assurée. Les distributeurs sont fréquents dans les villes et les zones touristiques.

Il est recommandé d'utiliser les distributeurs situés à l'intérieur des banques, des centres

commerciaux et des supermarchés, et de préférence pendant la journée. Sachez également que les distributeurs hors agences bancaires appliquent des frais supplémentaires (ils sont précisés au moment de la transaction).
Centres d'opposition au Brésil :
Visa - ✆ 0800 891 3680.
Mastercard - ✆ 0800 891 3294.

Banques

Horaires

Les banques sont ouvertes du lun. au vend. de 10h à 16h, et les distributeurs sont généralement accessibles de 6h à 22h. Les bureaux de change sont ouverts de 9h à 17h.

Beach-volley

Plage oblige. On peut facilement se glisser dans une partie et ainsi faire connaissance avec des Brésiliens.

Capoeira

Voir aussi p. 474 et « Salvador » dans le Nordeste p. 243.
Sport de compétition depuis 1973, elle est pratiquée dans tout le Brésil, vous en verrez des démonstrations dans les villes, sur les places, en début de soirée. Demandez toujours l'autorisation avant de prendre une photo ; on vous l'accordera parfois en échange d'une participation financière.

Cigarettes

La loi brésilienne interdit de fumer dans tous les lieux publics ainsi que dans les restaurants. Certains hôtels interdisent également la cigarette dans leurs murs : renseignez-vous avant de réserver.

Eau du robinet

L'eau du robinet, bien que traitée, n'est pas potable. Il vaudra mieux la filtrer ou boire de l'eau en bouteille. Salades, fruits et légumes devront être passés à l'eau avant d'être consommés crus.

Électricité

Selon les villes et régions, le Brésil utilise du 110 V ou du 220 V. La plupart des hôtels fonctionnent en bivoltage (110-120 et 220 V). Les chargeurs de tablettes, portables, appareils photo et brosses à dents électriques sont presque tous utilisables au Brésil. Les prises sont de type N ou C et peuvent être utilisés avec les fiches européennes. Il n'est pas nécessaire de prévoir un adaptateur.

Enfants

Les enfants sont les bienvenus partout. À l'hôtel, on acceptera de disposer un lit supplémentaire dans la chambre des parents (demandez le au moment où vous réservez). Au restaurant, on vous proposera une chaise haute ou un menu adapté. Vous trouverez facilement des couches, mais plus difficilement de la nourriture pour bébé ou du lait en poudre hors des grandes villes.
À l'occasion du Dia da Criança (Journée de l'Enfant), le **12 octobre**, des activités spéciales et des divertissements sont organisés.

Femme seule

Si le machisme sévit au Brésil, c'est toutefois d'une manière moins prononcée que dans les autres pays d'Amérique latine. Néanmoins, la drague plus ou moins démonstrative y est un mode de communication courant - sinon unique - entre les hommes et les femmes. Même si elles ne sont pas réellement en danger (en tout cas pas plus que les hommes), les femmes devront veiller, pour ne pas être importunées, à ce que leur attitude ne soit pas mal interprétée : éviter de sortir seule la nuit, de se rendre seule dans un bar ou une boîte de nuit. Aux heures de pointe (6h-9h, 17h-20h), le métro de Rio dispose de wagons « *exclusivo para mulheres* » (exclusivement féminins).

Football

Les quintuples champions du monde ont un stade mythique : le Maracanã de Rio, entièrement rénové pour la Coupe du monde de 2014. Plus couramment, les Brésiliens y jouent à la plage, le week-end. *Voir aussi p. 473.*

Internet

La quasi totalité des hôtels, même les plus modestes, proposent un acccès wifi gratuit dans les chambres. Idem pour les restaurants et les bars, qui communiquent sur demande le mot de passe de connexion à leurs clients. Il est en revanche plus difficile de trouver des hotspots d'accès gratuit dans les lieux publics.

Jours fériés

1er janv.	Jour de l'an *(Dia de Ano Novo)*
Fév. ou mars	Carnaval, 4 j. avant le mercredi des Cendres *(Cinzas)*, soit du vend. soir au merc. matin
Mars ou avr.	Vendredi saint *(Sexta-feira Santa)*
Mars ou avr.	Pâques
21 avr.	Fête de Tiradentes *(Dia de Tiradentes)*, héros national ayant participé à l'un des premiers mouvements indépendantistes
1er Mai	Fête du Travail *(Dia do Trabalho)*
Mai ou juin	Corpus Christi
7 sept.	Fête de l'Indépendance *(Dia da Independência)*
12 oct.	Fête de N. S. d'Aparecida, sainte patronne du Brésil
2 nov.	Fête des Morts *(Finados)*
15 nov.	Proclamation de la République *(Dia da Proclamação da República)*
20 nov.	Fête de la Conscience noire *(Dia da Consciência Negra)*
25 déc.	Noël *(Natal)*

Médias

Presse brésilienne

Les plus grands quotidiens brésiliens sont *Folha de São Paulo*, *Estado de São Paulo* et *O Globo*. Chaque capitale d'État possède également sa presse quotidienne. La presse magazine est représentée par les hebdomadaires *Veja*, *Exame (bi mensuel)*, *Isto É*, *Época*, entre autres.

Radio

Écouter la radio (Globo FM de Salvador par exemple) est un bon moyen d'entendre de la bonne musique populaire brésilienne.

Télévision

Voir aussi p. 488.
Le média le plus répandu, y compris dans les zones les plus reculées du pays. Deux chaînes publiques, les autres sont privées. Parmi ces dernières, TV Globo, l'une des plus puissantes chaînes de télévision du monde. Les programmes sont composés d'émissions de plateau, de séries américaines, de films et bien sûr des fameuses *telenovelas*.

Musées et monuments

Horaires

Ils ferment généralement le lun. et les j. fériés.

Poste

Horaires

Les bureaux de poste sont ouverts du lun. au vend. de 9h à 17h, parfois le sam. de 9h à 13h. On y vend les timbres.

Pourboire

Les hôtels incluent en règle générale le service dans leurs factures (10 %). Dans les restaurants, le pourboire n'est pas compris dans l'addition : l'habitude est de laisser 10% de la note comme pourboire. Dans les taxis, il est d'usage d'arrondir le prix de la course.

Santé

Maladies

Les troubles intestinaux provoqués par le changement de régime alimentaire sont fréquents. Les moustiques, qui transmettent la **chikungunya** et la **dengue** dans les grandes villes et le **paludisme** en Amazonie (prévoir un traitement antipaludéen avant tout séjour), sont un réel danger. Évitez les eaux stagnantes, couvrez-vous le matin et à la tombée de la nuit et enduisez-vous de répulsifs antimoustiques. Protégez-vous du soleil, hors de la plage et a fortiori sur la plage. Exposez-vous modérément et surtout progressivement. Enfin, n'imitez pas les Brésiliens qui se rendent fréquemment de chez eux à la plage pieds nus : chaussez-vous, même légèrement.
Consultez, avant de partir, le site du ministère des Affaires étrangères : **www.diplomatie.gouv.fr/fr/conseils-aux-voyageurs.**

Trousse à pharmacie

Constituez-vous une trousse à pharmacie de première nécessité : aspirine ou paracétamol, antidiarrhéique, crème solaire (écran total), sparadrap, lotion antiseptique pour les petites plaies et lotion antimoustiques à utiliser abondamment dans le Pantanal, en Amazonie et dans les grandes villes l'été (nov.-mars). Emportez aussi des cachets pour traiter l'eau de boisson hors des grandes villes. Rappelez-vous enfin que le sida sévit au Brésil comme partout ailleurs : pensez donc à vous protéger.

Services médicaux

Premiers secours – Demandez à être conduit à un poste de secours *(pronto socorro)*. C'est gratuit.

Hôpitaux

Principaux établissements médicaux du pays :
Hospital de Base do DF – *SMHS, Área Especial, Quadra 101 , Brasilia- ✆ (61) 3350 8900..*
Clinica Galdino Campos – Av. N. S. de Copacabana 492, Rio - ✆ (21) 2548 9966 - www.clinicagaldinocampos.com.br. Médecins parlant anglais.
Albert Einstein Hospital – Av. Albert Einstein 627-701, Morumbi, São Paulo - ✆ (11) 2151 1233 - www.einstein.br.
Pharmacies – Emportez vos médicaments habituels et vos ordonnances. Les pharmacies sont nombreuses au Brésil, dans les grandes villes, souvent ouvertes nuit et jour. Sachez toutefois que vous n'y serez pas toujours accueilli par un pharmacien : selon les cas, préférez consulter un médecin auparavant.
Médecins – Les sites Internet de l'ambassade de France et des consulats de Rio et de São Paulo donnent une liste de médecins francophones. Au Brésil les consultations sont souvent très onéreuses. Si vous devez consulter en urgence, vos frais médicaux peuvent être remboursés sur facture (sur la base des tarifs forfaitaires français) après accord

du médecin-conseil de votre caisse d'assurance-maladie (démarche à accomplir après votre retour). Rens. www.ameli.fr.

Urgences

Pour toute urgence, composez le ✆ **192** (ambulances, *ambulâncias*).

Savoir-vivre

Voir « Traditions et art de vivre » p. 472.

Sécurité

Vols et agressions existent, et l'insécurité est un réel problème au Brésil. Toutefois, il n'y a pas lieu de dramatiser. Pour peu que vous respectiez quelques règles simples, il y a peu de probabilités que vous en soyez victime.

– Ne vous déplacez pas avec des objets de valeur en évidence (bijoux, montres, appareils photo, téléphones...), ni avec de grosses sommes d'argent. Soyez discret, ne prenez pas trop l'allure « touriste » et n'emportez qu'un minimum d'argent sur vous. Et si un agresseur vous demande un objet ou de l'argent, donnez-le, sans hésiter ni discuter.

– Faites une photocopie de vos papiers et de vos billets d'avion ou stockez une copie de vos documents sur un coffre-fort numérique et laissez les originaux dans un coffre à l'hôtel.

– D'une manière générale, n'allez pas là où l'on vous déconseille d'aller.

Consultez le site **www.diplomatie.gouv.fr/fr/conseils-aux-voyageurs/**.

Souvenirs

Voir la rubrique « Achats » p. 506.

Artisanat

L'artisanat du Brésil est très varié. Achetez les objets de préférence dans leur région d'origine : vous les paierez moins cher. Pensez également aux foires d'artisanat qui se tiennent le w.-end, dans les villes (*voir les rubriques « Shopping » dans la partie « Découvrir le Brésil »*).

Le Nordeste est la région où l'artisanat est le plus riche. On y trouve de la **dentelle**, du **linge brodé**, des **hamacs**. On trouve aussi des objets en **cuir** (sacs, ceintures, sandales...) ou en **paille** (chapeaux, sacs...), des **bijoux** en argent ou encore des bouteilles contenant du **sable coloré**.

Le Minas Gerais produit des objets avec la **pierre à savon** locale : statuettes, échiquiers, cendriers...

Sur l'île de Marajó (*p. 434*), en Amazonie, les Indiens fabriquent des vases, jarres ou plats en **terre cuite** recouverts d'une peinture couleur crème et décorés de figures géométriques. La **vannerie** est une autre spécialité des Indiens d'Amazonie. Attention, il est interdit de rapporter des plumes ou de l'artisanat confectionné à partir d'espèces animales protégées.

Vêtements

Vous trouverez des boutiques de maillots de bain sur tout le littoral, de Rio à Salvador. Même chose pour les tongs, les fameuses Havaianas.

Pierres précieuses et semi-précieuses

Aigue-marine, émeraude, topaze, améthyste, tourmaline, diamant, rubis, saphir, citrine, opale : le Brésil en est le premier producteur mondial (dans le Minas Gerais et à Bahia). Pour éviter toute mauvaise surprise, rendez-vous dans un magasin spécialisé et demandez un certificat d'authenticité.

Produits alimentaires

Pâtes de fruits, confitures, petits gâteaux et confiseries abondent dans toutes les régions du Brésil où ils font souvent office de dessert. On trouve de la *cachaça*, boisson nationale, partout dans le pays.

Surf

Il est pratiqué par les jeunes, de même que le *bodysurf*. On trouve des planches à louer dans les grandes villes. Le *stand-up paddle* est aussi très populaire.

Taxi

Dans les villes, si vous ne louez pas de voiture, vous devrez prendre un taxi pour visiter les monuments les plus excentrés et pour rentrer le soir, après dîner.
Voir les rubriques « Informations utiles » dans la partie « Découvrir le Brésil ».

Téléphone

Appels locaux et nationaux

Appel local (à l'intérieur de la zone couverte par le même indicatif régional) : composez directement les 8 chiffres (9 pour les portables).

Pour appeler hors de la zone où vous vous trouvez, c'est un plus complexe. Le système téléphonique brésilien a été entièrement privatisé : différents opérateurs se partagent le territoire et il faut composer leur code pour passer un appel **interurbain (ou international)**. Concrètement, il faut composer le 0 (pour sortir de la région) + le code opérateur à 2 chiffres + l'indicatif régional à 2 chiffres + le numéro de votre correspondant (8 ou 9 chiffres). Deux opérateurs couvrent la quasi totalité du territoire : Embratel (code 21) et Oi (code 31).

Téléphones portables

Au Brésil, le numéro des *celular*, ou *cel*, commence par un chiffre de 6 à 9 et compte 9 chiffres. Les opérateurs de téléphonie mobile français proposent des options internationales, variables selon votre forfait habituel. Informez-vous auprès de votre service client.

Il est possible d'acheter une carte SIM locale. Pour un forfait prépayé, la présentation du passeport suffit théoriquement. Le mieux est de l'acheter dès votre arrivée à l'aéroport auprès d'un opérateur local (Vivo, Oi, TIM, Claro...) : c'est un peu plus cher, mais le personnel parle anglais. Pour accepter une carte SIM brésilienne, il est nécessaire de faire débloquer votre appareil. Mieux vaut le faire avant de partir. La plupart des carte SIM prépayées intègrent une connexion gratuite et illimitée à Whatsapp, très utilisé au Brésil.

Appels internationaux

Pour téléphoner à l'étranger, composez le 00, suivi d'un code d'opérateur (21 par exemple), puis de l'indicatif du pays (33 pour la France, 32 pour la Belgique, 41 pour la Suisse et 1 pour le Canada) et du numéro de votre correspondant (sans le 0 pour la France, la Belgique et la Suisse).

Numéros utiles

Ambulances *(ambulãncias)* - ✆ 192.
Pompiers *(bombeiros)* - ✆ 193.
Police *(polícia)* - ✆ 190.

Toilettes publiques

Vous trouverez des toilettes publiques payantes dans les gares routières. Ailleurs, elles sont plutôt rares, mais vous pourrez utiliser les toilettes des restaurants et des bars.

Transports

Train

Le réseau ferroviaire est très limité : le train ne constitue donc pas une option à retenir pour visiter le Brésil.

Bus
C'est le moyen de transport le plus utilisé pour sillonner le Brésil, car toutes les villes du pays sont reliées entre elles. Les distances sont importantes, mais les bus sont plutôt rapides, relativement confortables (toilettes dans la plupart), et les liaisons de nuit souvent desservies par des véhicules à couchettes. Le principal avantage du bus est son coût, bien moindre que celui de l'avion pour les petites et moyennes distances (à l'échelle brésilienne...). Il n'existe pas de compagnie nationale, mais une multitude de compagnies privées qui ont toujours un bureau à la gare routière qu'elles desservent. Les sites passagemonibustransportal.com.br et brazilbustravel.com donnent les horaires et disponibilités.

Bateau
Manaus est le premier port fluvial du Brésil et le fleuve Amazone la principale voie de communication de la région. Des lignes régulières de bateaux relient Belém à Manaus (*p. 412*) ; de là partent les embarcations pour la forêt amazonienne.

Avion
Compte tenu des distances à parcourir, l'avion est le moyen le plus pratique pour se déplacer. Toutes les grandes villes sont équipées d'un aéroport. Les capitales d'État et les principales villes sont reliées entre elles par plusieurs vols quotidiens (certaines toutefois, comme Manaus ou Cuiabá, moins fréquemment que d'autres). Attention : toutes les liaisons ne sont pas directes, ce qui peut rallonger la durée du voyage. Sur place, sachez que les compagnies aériennes proposent toujours des tarifs promotionnels (sur les vols de nuit notamment).

Azul – (11) 40033255 - www.voeazul.com.br.
GOL – (11) 55044410 - www.voegol.com.br.
LATAM Airlines – 0300 570 5700 - www.latamairlines.com.

Vie nocturne
Elle est animée, joyeuse, festive : les concerts sont fréquents, la musique sort des bars (*barzinhos* ; l'entrée n'est payante que s'il y a un concert), dans la rue, on danse le *forró*. Pas besoin de programme, il suffit d'écouter, de se laisser entraîner.

Voiture

Location
Plusieurs grandes compagnies de location sont présentes dans tout le Brésil. Consultez leurs sites Internet pour obtenir la liste de leurs agences.

Foco – www.alguefoco.com
Movida – www.movida.com.br
Alamo – www.alamo.com

Vous pourrez consulter le site www.rentalcars.com qui propose dans le monde entier des locations à prix réduits pour toutes les compagnies.
Pour retirer votre véhicule, vous devrez présenter votre permis de conduire et une carte de crédit internationale. Renseignez-vous sur les assurances comprises dans le contrat de location.

Réseau routier
Le réseau routier brésilien est développé, mais pas toujours très bien entretenu. Peu d'autoroutes et de voies rapides, sauf dans le Sudeste, entre Rio et São Paulo (via Dutra), entre São Paulo et l'intérieur (via Castelo Branco) et entre São Paulo et la côte (via Anchieta).

Conduite et circulation
Les routes sont souvent chargées d'un important trafic de camions avec lesquels il est parfois difficile de composer.

En ville, à Rio et São Paulo notamment, les Brésiliens roulent vite, ce qui rend la circulation périlleuse. Pour des raisons de sécurité (éviter les agressions), il est fréquent de ne pas s'arrêter aux feux rouges la nuit : soyez vigilant. Roulez toujours vitres et portières fermées.

Tableau des Distances (en km)	Belém	Belo Horizonte	Brasília	Fortaleza	Manaus	Porto Alegre	Recife	Rio de Janeiro	Salvador	São Luís	São Paulo
Belém		2824	2140	1611	3445	3854	2074	3250	2100	806	2933
Belo Horizonte	2824		720	2299	4907	1630	1982	417	1330	2593	554
Brasília	2140	720		2086	3374	2098	2202	1192	1567	2084	1225
Fortaleza	1611	2299	2086		4273	4241	790	2558	1217	931	2905
Manaus	3445	4907	3374	4273		5475	4614	4652	5574	3631	4613
Porto Alegre	3854	1630	2098	4241	5475		3724	1523	3085	4004	1049
Recife	2074	1982	2202	790	4614	3724		2234	830	1533	2646
Rio de Janeiro	3250	417	1192	2558	4652	1523	2234		1595	2996	447
Salvador	2100	1330	1567	1217	5574	3085	830	1595		1650	2008
São Luís	806	2593	2084	931	3631	4004	1533	2996	1650		3185
São Paulo	2933	554	1225	2905	4613	1049	2646	447	2008	3185	

Agenda

Carnaval

Voir aussi p. 95, 122, 172, 216, 257, 295, 304, 316, 331 et 474.

Cette fête justifie à elle seule un séjour au Brésil ! Vous trouverez toutes les informations utiles pour profiter de cette liesse exceptionnelle dans la partie « Découvrir le Brésil » ; consultez aussi l'index en fin de volume.

Fêtes

Impossible de les citer toutes, elles sont trop nombreuses. En plus des fêtes communes à tout le pays (Carnaval, Semaine sainte, Noël et réveillon du Nouvel An), chaque ville ou village fête son saint patron.

Citons néanmoins :

2e jeudi de janvier – Lavagem do Bonfim. À Salvador (*p. 250*). Les femmes, vêtues de blanc, vont en procession laver les marches de l'Igreja N. S. do Bonfim.

2 février – Festa de Yemanjá. À Salvador (*p. 250*). La fête la plus importante du *candomblé*, dédiée à la déesse de la Mer.

En juin – Festas Juninas. Dans tout le pays : *forró* autour de feux pour fêter les saints Antoine, Jean et Pierre.

Entre fin juin et fin août – Festival Folclórico do Amazonas. À Manaus. Spectacles folkloriques et procession sur l'Amazone en l'honneur de saint Pierre.

En juin, juillet, août – Bumba-meu-Boi. À São Luís (*p. 476 et 359*). Musique, danse et théâtre.

Dernière sem. de juillet – Fortal. À Fortaleza (*p. 331*). Carnaval hors saison.

Dernière quinz. de juillet – Regata de Jangadas. À Fortaleza. Régate de bateaux traditionnels, les *jangadas*.

15 août – Dia de Yemanjá. À Fortaleza (*p. 331*).

Fin août – Folclore Nordestino. À Olinda. Danses et musiques folkloriques des régions du Nordeste.

7-14 septembre – Jubileu do Senhor Bom Jesus do Matosinhos. À Congonhas (*p. 177*). Une des plus grandes fêtes religieuses du Minas Gerais ; elle attire chaque année près de 600 000 pèlerins.

En octobre – Rio Jazz Festival. À Rio. Concerts et fêtes pendant 3 nuits. Musiciens nationaux et internationaux.

Fin octobre – Círio de Nazaré. À Belém (*p. 429*). Importante fête religieuse, avec procession et réjouissances.

1re semaine de déc. – Carnatal. À Natal (*p. 316*). Carnaval hors saison.

31 décembre – Dia de Yemanjá. Rio.

Livres, films, musique

Livres

Généralités

BENNASSAR Bartolomé, MARIN Richard, *L'Histoire du Brésil (1500-2000)*, Hachette, « Pluriel », 2014.

DUTILLEUX Christian, *Lula*, Flammarion, 2005.

L'Harmattan, « Horizons Amériques latines », 2016.

THÉRY Hervé, *Le Brésil*, Masson, 1985. Un classique sur l'histoire, la géographie et la société du Brésil.

Ethnologie

ALBERT Bruce, KOPENAWA Davi, *La Chute du ciel - Paroles d'un chaman yanomami*, Pocket, 2014.

BASTIDE Roger, *Les Religions africaines au Brésil*, PUF, 1998.

CLASTRES Pierre, *Chronique des Indiens Guayaki*, coll. Terre humaine, Plon, 1972.

COLLECTIF, *Brésil indien : les arts des Amérindiens du Brésil*, RMN, 2005. Le catalogue de l'exposition organisée à Paris dans le cadre de l'année du Brésil en France.

FALGAYRETTES-LEVEAU Christiane (sous la dir.), *Brésil : l'héritage africain*, Éditions Dapper, 2005. Un regard porté sur les racines africaines du Brésil.

FREYRE Gilberto, *Maîtres et esclaves : la formation de la société brésilienne*, Gallimard, 1952. Les relations entre colons, Indiens et esclaves noirs.

LÉVI-STRAUSS Claude, *Tristes Tropiques*, Plon, 1955, Pocket-Terre humaine, 1998. Plongée dans les tribus indiennes du Mato Grosso.

PARÉS Luis Nicolau, *La Formation du Candomblé - Histoire et rituel du vodun au Brésil*, Karthala, 2011.

PAVESI Diva, *Brésil en scène*, Yvelinédition, « Divine », 2014. Essai sur les diversités et mixités qui ont construit le Brésil.

Littérature

AMADO Jorge, *Bahia de tous les saints*, Gallimard, 1935 ; *Dona Flor et ses deux maris*, Livre de Poche, 1985 ; *Gabriella, girofle et cannelle*, Stock, 1983 ; *Cacao*, Stock, 1984 ; *Le Pays du carnaval*, Gallimard, 1990 ; *La Bataille du Petit Trianon*, Stock, 2011 ; *La Boutique aux miracles*, Stock, 2013. Une écriture baroque et brillante.

BLAS DE ROBLÈS Jean-Marie, *Là où les tigres sont chez eux*, Zulma, 2008. L'histoire d'un correspondant de presse au fin fond du Nordeste brésilien.

BUARQUE Chico, *Budapest*, Livre de Poche, 2006. Le grand musicien est également romancier. Et aussi : *www.chicobuarque.uol.com* : le site officiel de l'artiste.

CERF Muriel, *Amérindienne*, Librio, 1979. Le séjour d'une routarde au Brésil.

DELFINO Jean-Paul, *Pour l'amour de Rio*, Le Passage, 2012. Portrait d'une nation en marche vers son destin.

GUIMARÃES ROSA João, *Diadorim*, Albin Michel, 1965. L'un des chefs-d'œuvre de la littérature brésilienne.

LAPOUGE Gilles, *Équinoxiales*, Flammarion, 1977. Le regard d'un Européen ; *Dictionnaire amoureux du Brésil*, Plon, 2011.

LERAY Christian, *Amor do Mar*, L'Harmattan, 2015.

LINS Paulo, *La Cité de Dieu*, Folio, 2005 ; *Depuis que la samba est samba*, Asphalte éd., 2014.

MACHADO DE ASSIS Joachim Maria, *Don Casmurro et les yeux de ressac*, Métaillié, 1986 ; *L'Aliéniste*, Métaillié, 1986. L'un des plus grands écrivains brésiliens du 19e s.

ORSENNA Érik, *L'Exposition coloniale*, Le Seuil, 1988. De Levallois à Bélem do Pará, le héros poursuit sa quête d'ailleurs, si chère à sa grand-mère. Nostalgie de fin d'empire, rêves d'une France plus grande, une balade ironique et tendre dans la première moitié du 20e s.

RUFIN Jean-Christophe, *Rouge Brésil*, Folio, 2014. Prix Goncourt 2001. Histoire et aventure autour de la conquête française du Brésil au 17e s.

ZWEIG Stephan, *Le Brésil, terre d'avenir*, Livre de Poche, 1998. L'écrivain découvre le Brésil en exil, en 1940.

Art, architecture et photographie

CORRÊA DO LAGO Bia et Pedro, *Brésil : les premiers photographes d'un empire sous les tropiques*, Gallimard, 2005. Photographies du 19e s.

SALVAING Matthieu, *Oscar Niemeyer*, Assouline, 2007. Très belles photographies de l'œuvre de l'architecte le plus prolifique du 20e s.

COLLECTIF (avec Jacques Leenhardt, Roger Caillois, Gilles Clément...), *Dans les jardins de Roberto Burle Marx*, Nouvelle éd. augmentée, Actes Sud, 2011. Le premier livre consacré à l'itinéraire et à la démarche artistique du célèbre paysagiste brésilien.

MUNIZ Vik, *Le Musée imaginaire*, Actes Sud, 2011. Les chefs-d'œuvre de Cézanne, Warhol et autres grands noms de l'histoire de l'art reconstitués par l'artiste via des matériaux incongrus (laine, ketchup, sauce chocolat, pigments, magazines découpés, végétaux séchés, détritus...) pour être ensuite photographiés.

STOPPA Simona, *Brésil*, White Star éd., 2014. Histoire et géographie, culture et émotion, paysages et architecture.

Amazonie

BRAUDEAU Michel, *Le Rêve amazonien*, Gallimard, 2004. Des aventures et des aventuriers.

DROULERS Martine, LE TOURNEAU François-Michel, *L'Amazonie brésilienne et le développement durable*, Belin, 2011.

LAPAQUE Sébastien, *Court Voyage équinoxial*, Sabine Wespieser, 2005. Récit-reportage sur la Transamazonienne.

LEFÉBURE Antoine, *L'Amazonie disparue*, La Découverte, 2005.

SOUBLIN Jean, *Histoire de l'Amazonie*, Payot, 2000.

Gastronomie

CHOFFE Katiane, GLATZLE Adriana, *Saveurs du Brésil, 80 recettes authentiques*, Non Lieu, 2014.

PISA Clélia et GARCIA WEREBE Maria José, *Cuisine brésilienne en France*, Actes Sud, 2003.

Guia MICHELIN Rio de Janeiro – São Paulo.

Films

ANDRADE Alice de, *Le Diable à quatre*, 2006. Une comédie sociale, du Minas Gerais à Copacabana.

BABENCO Hector, *Carandiru*, 2004. La prison de Carandiru, à São Paulo, est la plus grande d'Amérique latine. Un médecin y découvre le monde parallèle des détenus.

CAMUS Marcel, *Orfeu Negro*, 1959. Transposition à Rio, pendant le Carnaval, du mythe d'Orphée. Sur une musique de Tom Jobim.

CASTRO Flavia, *Lettres et révolutions*, 2011. La réalisatrice retrace le parcours de son père, militant brésilien dont l'histoire recoupe les luttes qui ont secoué

l'Amérique latine depuis les années 1960.
DIEGUES Cacá, *Bye Bye Brasil*, 1979. Une troupe de saltimbanques tente de survivre en présentant son spectacle dans le nord du Brésil.
JOFFÉ Roland, *Mission*, 1986. Au 18e s., les aventures du frère jésuite Gabriel, qui fonde une mission sur les terres des Indiens Guaranis.
KAURISMÄKI Mika, *Moro no Brasil*, 2003. *Road movie* au son des rythmes brésiliens : *frevo, maracatu, forró*, samba... ; *Brasileirinho*, 2005. L'histoire du *choro*, du 19e s. à nos jours, à Rio.
MEIRELLES Fernando, *La Cité de Dieu*, 2002. Un gamin, dans une favela de Rio, rêve de devenir photographe.
MUYLAERT Anna, *Une seconde mère*, 2015. L'histoire de Val, domestique au sein d'une famille bourgeoise de São Paulo.
PEREIRA DOS SANTOS Nelson, *La Musique selon Antonio Carlos Jobim*, 2012. Du Rio de Janeiro des années 1950 à l'essor de la bossa-nova. Une ode magnifique à la diversité de la musique populaire brésilienne.
SALGADO Juliano Ribeiro, WENDERS Wim, *Le Sel de la Terre*, 2014. Documentaire sur le travail du photographe brésilien Sebastião Salgado.
SALLES Walter, *Central do Brasil*, 1998. L'histoire de Dora, ancienne institutrice devenue écrivain public à la gare centrale de Rio ; *Avril brisé*, 2003. La violence des traditions dans le Nordeste du début du 20e s. : le roman d'Ismail Kadaré, transposé au Brésil ; *Une famille brésilienne*, 2009. Une plongée dans le quotidien d'une famille de São Paulo.
ZIMBALIST Jeff et MOCHARY Matt, *Favela Rising*, 2005. Documentaire sur un jeune homme né dans l'une des favelas les plus violentes de Rio. Grâce à la musique, il échappe à son destin et fait évoluer les mentalités.

Musique

Voir aussi p. 483.
BETHÂNIA Maria, *Mar de Sophia*, Biscoito Fino, 2007.
CANTUÁRIA Vinícius, *Cymbals*, Naive, 2007.
CESAR Chico, *Beleza mano*, Discmedi, 2007.
CSS, *Cansei de Ser Sexy*, Sub Pop/Warner, 2006 ; *La Liberación*, Cooperative Music, 2011 ; *Planta*, Modulor, 2013.
GIL Gilberto, *Gil Revisitado*, Karonte, 2007.
Un best of du maître du tropicalisme ; *Gil Luminoso*, Discmedi, 2007. Et aussi : *www.gilbertogil.com.br*.
GILBERTO Bebel, *Momento*, V2, 2007 ; *All in One*, Verve, 2009 ; *Tudo*, Sony, 2014.
JORGE Seu, *Live at Montreux 2005*, Eagle, 2007.
LENINE, *In Cité*, *live* à la Cité de la Musique à Paris, en 2005 ; *Acustico MTV*, Sony Bmg, 2007.
MC GOWAN Chris, PESSANHA Ricardo, *Le Son du Brésil*, Lusophone, 1999, 2005. Samba, bossa-nova et musique populaire brésilienne.
MONTE Marisa, *Rose and charcoal*, 1994 ; *Universo ao meu redor*, Virgin UK, 2006.
SEPULTURA, *Nation*, Roadrunner, 2001.
TRIO MOCOTO, *Beleza ! Beleza ! Beleza !!!*, 2004.
VELOSO Caetano, *Rock tropical et révolution*, Serpent à plumes, 2003. Et aussi : *www.caetanoveloso.com.br*.
COLLECTIF, *Rio Baile Funk : Favela Booty Beats*, Essay Recordings, 2005.
COLLECTIF, *Funk Globo : The Sound of Neo Baile*, Mr Bongo Recordings, 2013.
COLLECTIF, *Daora : Underground Sounds of Urban Brasil*, Mais Um Discos, *2013*.

Se débrouiller en brésilien

Au Brésil on parle portugais, mais un portugais très différent de celui qu'on entend au Portugal. L'accent n'est pas le même, le vocabulaire non plus ; le portugais du Brésil se distingue du portugais du Portugal comme le québécois se distingue du français. C'est une langue chantante, très agréable à entendre.

Prononciation

Voyelles

Lettre	*Prononciation*
a	soit *a*, comme *sac*
	soit *æ*
e	soit *é*
	soit *è*
	soit *i*, mais très atténué
ê	*é* ; *ês* en fin de mot se prononce *éiss* ; ex. **três** *(tréiss)*, trois
é	*è*
i	*i*
o	soit *o*, comme *pot*
	soit *o*, comme *porte*
	soit *ou*
ó	*o*, comme *porte*
u/ú	*ou*
aí	*aï*, comme *maïs*
ai	soit *aï*, comme *ail*
	soit *a-i*, le *i* étant très atténué
au	soit *aou*
	soit *a-o*, le *o* étant très atténué
aú	*a-ou*
ei	soit *éï*, comme *déifier*
	soit *é-i*, en fin de mot, le *i* étant très atténué
eu	soit *éou*
	soit *é-o*, en fin de mot, le *o* étant très atténué
éu	*è-o*, le *o* étant très atténué
ia	*i-a*, le *a* étant très atténué
oi	*o-i*, le *i* étant très atténué
ou	*o-ou*, le *ou* étant très atténué

Une voyelle surmontée d'un tilde (~) est une voyelle nasale ; elle doit être prononcée « avec le nez ». Doit l'être aussi une voyelle suivie d'un *m* ou d'un *n*.

ã	*in*, comme *matin*
ãe	*æ-ing*, le *ing* étant très atténué
ão	*in-on*
õe	*o-ing*, le *ing* étant très atténué

an/ân/am	*an*
en/em	*én*
in/im	*i-n*
on/om	*on*
un/um	*oun*

Consonnes

Lettre	*Prononciation*
l	soit *l* soit *ou*, quand il est précédé d'une voyelle en milieu de mot ex. **algum**, *aougoun* soit *o*, le *o* étant très atténué, quand il est précédé d'une voyelle en fin de mot ; ex. **portal**, *porta-o*
nh	*gn*, comme *campagne*
di	*dji*
de	soit *dji*, en fin de mot et quand il s'agit de la préposition **de** soit *dé*
ti	*tchi*
te	soit *té* soit *tchi*, à la fin des mots, le *i* étant très atténué
que	soit *ké* soit *ki*, quand il s'agit de la conjonction **que**

Dialoguer

	Traduction	*Prononciation*
Bonjour	Bom dia	bon djia
Bonsoir, bonne nuit	Boa noite	boa noitchi
Au revoir	Até logo	atè logou
Enchanté de faire votre connaissance	Muito prazer	mouito prazèr
Merci	Obrigado (H)/obrigadou/ Obrigada (F)	obrigada
Merci beaucoup obrigada	Muito obrigado/mouitou obrigadou/obrigada	
De rien	De nada	dji nada
S'il vous plaît	Por favor	pour favor
Pardon (pour passer)	Com licença	con lissènsa
Excusez-moi	Disculpe	djichkoulpi
Je vous en prie	Pois não	poïs naon
Ça va bien	Tudo bem	toudou ben
Je suis français/ belge/suisse/ canadien	Eu sou francês/ belga/suíço/ canadense	éo so-ou fransseïs béouga/souïssou/ kanadenssi
Où ?	Onde ?	ondji
Quand ?	Quando ?	kouandou
Combien ?	Quanto ?	kouantou
Oui	Estou	essto-ou
Non	Não	naon

Le temps

	Traduction	Prononciation
Aujourd'hui	Hoje	oji
Demain	Amanhã	amagna
Hier	Ontem	onten
Maintenant	Agora	agora
Plus tard	Mais tarde	maïs tardji
An, année	Ano	ænou
Jour	Dia	djia
Soir	Noite	noitchi
Le matin	De manhã	dji magna
L'après-midi	De tarde	dji tardji
Le soir, la nuit	De noite	dji noitchi
Le printemps	A primavera	a primavèra
L'été	O verão	ou véraon
L'automne	O outono	ou o-outonou
L'hiver	O inverno	ou ïnvernou
Janvier	Janeiro	jænéïrou
Février	Fevereiro	févéréïrou
Mars	Março	marsou
Avril	Abril	abriou
Mai	Maio	maïou
Juin	Junho	jougnou
Juillet	Julho	jouliou
Août	Agosto	agostou
Septembre	Setembro	sétenbrou
Octobre	Outubro	o-outoubrou
Novembre	Novembro	novenbrou
Décembre	Dezembro	dézenbrou
Dimanche	Domingo	domingou
Lundi	Segunda-feira	ségounda-féïra
Mardi	Terça-feira	tersa-féïra
Mercredi	Quarta-feira	kouarta-féïra
Jeudi	Quinta-feira	kinta-féïra
Vendredi	Sexta-feira	sesta-féïra
Samedi	Sábado	sabadou
L'heure	A hora	a ora
Quelle heure est-il ?	Que horas são ?	ki oras saon
Il est 5h15	São cinco e quinze	saon sinkoui quinzi
Il est 7h30	São sete e meia	saon sétchi i méïa
Il est midi	É meio-dia	è méïou djia
Il est minuit	É meia-noite	è méïa noitchi

Les nombres

	Traduction	Prononciation
0	Zero	zérou
1	Um	oun
2	Dois	doïss
3	Três	tréïs

4	Quatro	kouatrou
5	Cinco	sïnkou
6	Seis	séïs
7	Sete	sétchi
8	Oito	oïtou
9	Nove	novi
10	Dez	déïs
11	Onze	onzi
12	Doze	dozi
13	Treze	trézi
14	Quatorze	katorzi
15	Quinze	kinzi
16	Dezesseis	dézésséïs
17	Dezessete	dézéssétchi
18	Dezoito	dézoïtou
19	Dezenove	dézénovi
20	Vinte	vintchi
21	Vinte e um	vintchi i oun
30	Trinta	trinta
40	Quarenta	kouarenta
50	Cinqüenta	sinkouenta
60	Sessenta	séssenta
70	Setenta	sétenta
80	Oitenta	oïtenta
90	Noventa	noventa
100	Cem	sen
1000	Mil	mio

Transports

	Traduction	*Prononciation*
La gare routière	A rodoviária	a rodoviaria
Le billet	A passagem	a passagen
Un billet AR pour Porto Alegre, SVP	Eu quero uma passagem de ida e volta para Porto Alegre	éo kérou ouma passagen dji ida vo-outa para Portou Alegri
Combien coûte le billet ?	Quanto custa a passagem ?	kouantou kousta a passagen
L'arrêt de bus	O ponto de ônibus	o pontou
Où se trouve l'arrêt de bus pour...	Onde é o ponto de ônibus para...	ondji è ou pontou dji onibous para...
Le métro	O metrô	ou métro
La station de métro	A estação de metrô	a éstassaon dji métro dji onibous
L'arrêt de taxi	O ponto de taxi	ou pontou dji taksi
Je voudrais aller au centre-ville	Quero ir ao centro da cidade	kérou ir aou sentrou da sidadji
L'autoroute	A rodovia	a rodovia
La route	A estrada	a estrada

Où se trouve la route qui mène à Rio ?	Onde fica a estrada que vai para i Rio ?	Ondji fica a estrada ki vaï para ou Riou ?
La voiture	O carro	Ou carou
Le permis de conduire	A carteira de motorista	a karteïra dji motorista
L'essence	A gasolina	a gazolina
Le plein, s'il vous plaît	Enche o tanque por favor	enchi ou tanki por favor
Danger	Perigo	périgou
L'accident	O acidente	ou assidentchi
Interdit/défense de	Proibido	proibidou
Attention	Cuidado	kouïdadou
Louer	Alugar	alougar
J'aimerais louer une voiture	Eu gostaria de alugar um carro	éo gostaria dji alougar oum carou
L'assurance	O seguro	ou ségouro
Les papiers de la voiture	Os documentos do carro	ous documentous dou carou
Le garage	A oficina	a ofissina
La voiture est en panne	O carro quebrou	ou carou kébro-ou
Où se trouve le garage le plus proche ?	Onde fica a oficina mais próxima ?	ondji fica a ofissina maïs prossima

En ville

	Traduction	*Prononciation*
La ville	A cidade	a sidadji
L'avenue	A avenida	a avénida
Le quartier	O bairro	ou baïrou
Le centre-ville	O centro	ou sentrou
Le bidonville	A favela	a favèla
La banlieue	A periferia	a périféria
La maison	A casa	a caza
Le bâtiment/l'immeuble	O edifício	ou édifissiou
L'appartement	O apartamento	ou apartamentou
La place	A praça	a prassa
L'église	A igreja	a igréja
Le bar/le café	A lanchonete	a lanchonetchi
Petit bar	Barzinho	barzignou
La boulangerie	A padaria	a padaria
L'épicerie	A quitanda	a kitanda
Est-ce que ce quartier est dangereux la nuit ?	Este bairro é perigoso à noite ?	ésstchi baïrou è périgosou a noïtchi
Où est le centre-ville ?	Onde é o centro da cidade ?	ondji è ou sentrou da sidadji
Où est le musée ?	Onde é o museu ?	ondji è ou mouséou
La plage	A praia	a praïa
Le nord	O norte	ou nortchi

L'est	O leste	ou lèsstchi
Le sud	O sul	ou souo
L'ouest	O oeste	ou oèsstchi

À l'hôtel

	Traduction	*Prononciation*
L'hôtel	O hotel	ou otéo
La pension	A pousada	a po-ouzada
La chambre	O quarto	ou kouartou
Le lit	A cama	a kæma
Le drap	O lençol	ou lensso-o
La couverture	O cobertor	ou kobértor
La salle de bains	O banheiro	ou bagnéïrou
La douche	O chuveiro	ou chouvéïrou
Le lavabo	A pia	a pia
Le petit-déj.	O café da manhã	ou kafé da magna
C'est combien par jour?	Quanto é a diária?	kouantou è a diaria
Est-ce que je peux voir la chambre?	Eu posso ver o quarto?	éo possou vérou kouartou
Je voudrais une chambre avec vue sur la mer	Quero um quarto com vista para o mar.	kérou oum kouartou kon vista para ou mar.
Acceptez-vous les cartes de crédit?	Aceita cartão de crédito?	asséïta kartaon dji krèditou
À quelle heure servez-vous le petit-déj.?	A que horas vocês servem o café da manhã?	a ki oras vosséïs sérven ou kafè da magna

Au restaurant

	Traduction	*Prononciation*
Le restaurant	O restaurante	ou réstaourantchi
Le repas	A refeição	a réfessaon
Le déjeuner	O almoço	ou aoumossou
Le dîner	O jantar	ou jantar
Le dessert	A sobremesa	a sobréméza
Chaud	Quente	kentchi
Froid	Frio	friou
Le sucre	O açúcar ou assoukar	
Sucré	Doce	dossi
Le sel	O sal	ou sao
Salé	Salgado	saougadou
Le café	O café	ou kafè
Le thé	O chá	ou cha
Le chocolat	O chocolate	ou chocolatchi
Le lait	O leite	ou léïtchi
Le pain	O pão	ou paon
La salade	A verdura	a verdoura
Le poisson	O peixe	ou péïchi

La viande	A carne	a karni
Le manioc	A mandioca	a mandioca
Les pâtes	O macarrão	ou macaraon
Boire	Beber	bébér
Le verre	O copo	ou copou
Eau minérale	água mineral	agoua minérao
Eau gazeuse	água com gás	agoua com gas
La bière	A cerveja	a sérvéja
Le soda	O refrigerante	ou réfrigérantchi
Le jus d'orange	O suco de laranja	ou soukou dji laranja
Le vin	O vinho	ou vignou
La glace/le sorbet	O sorvete	ou sorvètchi
Quels sont les ingrédients de ce plat ?	Quais ssão os ingredientes desse prato ?	kouaïs saon ouss ingrédientchiss déssi pratou
Bon appétit !	Bom apetite !	bon apétchitchi

Vie quotidienne

	Traduction	*Prononciation*
Ouvert	Aberto	abértou
Fermé	Fechado	féchadou
Le magasin	A loja	a loja
Le prix	O preço	ou préssou
Acheter	Comprar	conprar
La couleur	A cor	a kor
La taille	O tamanho	ou tamagnou
La pierre précieuse	A pedra preciosa	a pédra préssioza
La dentelle	A renda	a renda
Le hamac	A rede	a rédji
L'or	O ouro	ou o-ourou
L'argent	A prata	a prata
Combien ça coûte ?	Quanto custa isso ?	kouantou cousta issou
La banque	O banco	ou bancou
La pièce/la monnaie	A moeda	a moèda
Le billet	A nota	a nota
Changer de l'argent	Trocar dinheiro	trocar dignéïrou
Le bureau de change	A casa de câmbio	a caza dji canbiou
La police	A polícia	a polissia
L'hôpital	O hospital	ou osspitao
La pharmacie	A farmácia	a farmassia
Le médecin	O médico	ou mèdikou
Urgent	Urgente	ourgentchi
Le médicament	O remédio	ou rémèdiou
Où y a-t-il des toilettes ?	Onde tem um banheiro ?	ondji ten oum bagnéïrou
Est-ce que je peux vous prendre en photo ?	Eu posso tirar uma foto sua ?	éo possou tirar ouma fotou soua

L'ÉVASION À LA CARTE
734 NATIONAL 734
MICHELIN
Espagne • Portugal
Baleares
Espagne • Portugal
1/1 000 000 - 1 cm = 10 km
Distances temps de parcours
Index des localités
Sites touristiques LE GUIDE VERT
Carte routière et touristique
546 REGIONAL Allemagne 546
MICHELIN
Allemagne Sud-Est
Bayern
Allemagne Sud-Est
1/375 000 - 1 cm = 3,75 km
Index des localités au verso
Plans de ville
Distances, temps de parcours
Carte routière et touristique
761 NATIONAL 761
MICHELIN
USA
USA
1/3 450 000 - 1 cm = 34,5 km
Index des localités Plaatsenregister
Sites touristiques Toeristische locaties
Drapeaux Vlaggen
Carte routière et touristique Toeristische wegenkaart
MICHELIN

Rio de Janeiro : villes, curiosités et régions touristiques.
Niemeyer, Oscar : noms historiques ou termes faisant l'objet d'une explication.
Les sites isolés (châteaux, abbayes, grottes...) sont répertoriés à leur propre nom.

C

O

P

Q

R

S

T

U

V

W

Y

Z

Carte générale

1er rabat de couverture

Cartes des régions du guide

Plans de villes

Carte régionale

Carte des circuits

Note au lecteur

Michelin a apporté le plus grand soin à la rédaction de ce guide et à sa vérification. Toutefois, les informations pratiques (formalités administratives, prix, adresses, numéros de téléphone, adresses Internet, etc.) doivent être considérées comme des indications du fait de l'évolution constante de ces données.
Il n'est pas totalement exclu que certaines d'entre elles ne soient plus, à la date de parution du guide, tout à fait exactes ou exhaustives. N'hésitez pas à nous signaler toute omission ou inexactitude que vous pourriez constater, ainsi qu'à nous faire part de vos avis et suggestions sur les adresses contenues dans ce guide.
Avant d'entamer toute démarche, formalités administratives ou douanières notamment, vous êtes invité à vous renseigner auprès des organismes officiels. Ces informations ne sauraient, de ce fait, engager notre responsabilité.

Collection sous la direction de Philippe Orain

Responsable d'édition et rédactrice en chef du guide : Natacha Brumard

Secrétaire d'édition : Emmanuelle Souty

Rédaction : Serge Bathendier, Françoise Dupont, Gilles Guérard, Serge Guillot, Philippe Lansac, Christophe Lecarpentier, Lucia Monteiro, Philippe Pataud Célerier, Virginia Rigot-Müller, Jérôme Saglio, Charlotte Valade

Ont contribué à ce guide : Steluța Anghel, Leonard Pandrea, Costina-Ionela Lungu (**Cartographie**), Véronique Aissani, Carole Diascorn (**Couverture**), Marie Simonet, Marion Capera (**Iconographie**), Irina Răcaru, Claudiu Spiridon (**Données objectives**), Hervé Dubois, Pascal Grougon (**Prépresse**), Dominique Auclair (**Pilotage**)

Plans et cartes : © MICHELIN 2023

Conception graphique
Christelle Le Déan, Sandro Borel, Justeciel (maquette intérieure)
Véronique Aissani (couverture)

Régie publicitaire et partenariats
contact.clients@editions.michelin.com
Le contenu des pages de publicité insérées dans ce guide n'engage que la responsabilité des annonceurs.

Contacts
Vous souhaitez nous contacter ?
Rendez-vous dans la rubrique contact de notre site internet :
editions.michelin.com

Parution 2024

MICHELIN Éditions
Société par actions simplifiée au capital de 487 500 EUR
57 rue Gaston Tessier – 75019 Paris (France)
R.C.S. Paris 882 639 354

Dépôt légal : 08-2023 – ISSN 0293-9436
Compograveur : -MICHELIN Éditions, Paris
Imprimeur : -Chirat, St-Just-la-Pendue
Imprimé en France : 07 -2023

Sur du papier issu de forêts bien gérées